The Comprehension and Application of Currently Effective Administrative Litigation Judicial Interpretation

现行有效行政诉讼司法解释解读应用

蔡小雪 梁凤云 段小京 / 编著

人民法院出版社

图书在版编目（CIP）数据

现行有效行政诉讼司法解释解读应用/蔡小雪,梁凤云,段小京编著.—北京:人民法院出版社,2014.8
ISBN 978-7-5109-1016-6

Ⅰ.①现… Ⅱ.①蔡… ②梁… ③段… Ⅲ.①行政诉讼法－法律解释－中国 Ⅳ.①D925.305

中国版本图书馆 CIP 数据核字(2014)第 174160 号

现行有效行政诉讼司法解释解读应用
蔡小雪 梁凤云 段小京 编著

责任编辑	丁丽娜
出版发行	人民法院出版社
地　　址	北京市东城区东交民巷 27 号(100745)
电　　话	(010)67550608(责任编辑)　67550558(发行部查询)
	65223677(读者服务部)
网　　址	http://www.courtbook.com.cn
E-mail	courtbook@sina.com
印　　刷	保定市中画美凯印刷有限公司
经　　销	新华书店
开　　本	787×1092 毫米　1/16
字　　数	882 千字
印　　张	47.75
版　　次	2014 年 8 月第 1 版　2014 年 8 月第 1 次印刷
书　　号	ISBN 978-7-5109-1016-6
定　　价	118.00 元

版权所有　侵权必究

导　言

　　司法解释以及司法解释性质规范是最高人民法院根据法律的授权，对法律适用问题作出的正式的、法定的解释。司法解释是对法律的重述，是对不确定法律概念的厘清，是对如何适用问题的回应，已经成为社会主义法律体系的重要组成部分。中国特色社会主义法律体系的形成，对正确实施法律，以及司法解释与法律规定的高度一致性提出了更高的要求，适时开展司法解释清理工作，成为切实维护法制统一和权威的必要工作。

　　最高人民法院一直重视司法解释清理工作，截至 2010 年已经单独废止了七批 167 件司法解释、司法解释性质文件，"两高"还联合废止了 41 件司法解释、司法解释性质文件。2011 年 4 月，"两高"全面开展了对 1949 年至 2011 年 12 月 31 日期间制定的司法解释、司法解释性质文件的集中清理工作。这一时期最高人民法院单独制定、与最高人民检察院、中央有关部门联合发布的现行有效的司法解释、司法解释性质文件及其他规范性文件共计 3351 件。这里的"其他规范性文件"，是指除了司法解释和司法解释性质文件之外的司法行政管理类文件和人事管理类文件、最高人民法院或者最高人民法院相关审判业务部门仅针对某一具体案件的个案答复，以及由外单位牵头制定的文件。依照司法解释集中清理的甄别标准和方法，此次集中清理中确定 1600 件文件具有司法解释和司法解释性质文件性质，确定 1751 件文件为其他规范性文件。按照司法解释集中清理的工作要求，将 1600 件司法解释和司法解释性质文件纳入了集中清理范围，而未将 1751 件其他规范性文件未纳入此次集中清理范围。

　　鉴于 1980 年至 1997 年这一阶段最高人民法院尚无统一的司法解释制定样式、文号、程序和标准，根据《人民法院组织法》《全国人民代表大会常务委员会关于加强法律解释工作的决议》等有关规定，最高人民法院制定了一批司法解释。此次集中清理将以最高人民法院名义下发的有关法律适用问题的批复、意见、答复等文件定性为"司法解释"；将最高人民法院各部门下发的涉及法律适用相关问题的规范性文件，定性为"司法解释性质文件"。1997 年 7 月 1 日之后，根据《最高人民法院关于司法解释工作的若干规定》《最高人民法院关于司法解释工作的规定》等司法文件，司法解释工作逐步制度化和规范化。根据上述规定，最高人民法院以"法发""法""法办发"为发文字号的规范性文件，均界定为司法解释。对于各部门非以最高人民法院名义制发的有关法律适用的答复、复函等规范性文件，则根据不同情况作出了不同性质的界定：对仅仅适用于特定个案且未公开的文件，不定性为司法解释性质文件；对文件内容也适用于其他案件，而且曾经被最高人民法院有关司法解释选编丛书等其他形式予以公开的，界定为司法解释性质文件。

在清理过程中，对确定纳入集中清理范围的司法解释和司法解释性质文件根据不同情况作了区别处理：对于超越法律规定范围的、违背立法宗旨或者立法原意的、法律已经修改而司法解释尚未及时作出调整的以及不适应经济社会发展要求的司法解释和司法解释性质文件予以废止，并以公告的方式向社会公布；对于符合法律规定、现行有效的司法解释和司法解释性质文件予以保留；将司法解释中存在着部分应当废止、部分仍可适用的情形，考虑到审判工作的需要，不宜全部废止，但暂时难以重新制定的司法解释和司法解释性质文件纳入今后修改范畴，修改前的司法解释和司法解释性质文件中与现行法律不冲突的部分仍继续适用。

现行有效的行政诉讼司法解释及司法解释性质文件内容较多，既包括了长项司法解释，也包括了最高人民法院或者最高人民法院行政审判庭作出的批复、答复。对于现行有效的长项司法解释，由于内容较多，本书没有采取逐条阐释的方式，而是进行了集中的、专门的阐述。对于行政诉讼批复、答复，本书在筛选后进行了详细阐述。没有进行阐述的批复、答复中，有的内容极为简单，语义清晰无歧义；有的请示的问题因时间久远，虽无不当，但是无进一步阐释的必要；有的已经成为长项司法解释的部分，无独立阐释必要等等。基于以上考虑，本书选择了81件现行有效的批复、答复进行阐述。这些批复、答复有的涉及重大的法律适用问题、有的涉及不同行政职权之间的交叉问题，有的涉及行政诉讼法的理解问题，有的涉及与其他法律的关系等等。这些问题绝大多数是行政审判实践中的重大、疑难和复杂问题，对于这些问题的回答，既是维护法制统一的需要，也是完善行政诉讼制度的需要。这些批复、答复都是针对高级人民法院请示的问题作出的，具有极强的针对性、实务性和指导性，已经成为重要的行政诉讼规则。为了便于读者阅读，批复、答复的内容用楷体字标出。

本书作者参与了绝大多数司法解释的制定，批复、答复的办理和讨论，对于司法解释、批复、答复的背景、涉及的法律问题比较熟悉，在阐述相关问题时，尽可能本着尊重历史的态度，力求准确、客观和实用。除了此次司法解释清理后的现行有效司法解释外，我们还收录了清理活动结束后出台的若干司法解释及司法解释性质文件。最高人民法院行政审判庭的郭修江审判长撰写了其中四篇解读文章，在此鸣谢！本书既有一定的实用性，相信有助于行政审判人员、行政执法人员对相关司法解释、批复、答复的深入了解；本书又有一定的理论性，其中的理论阐释部分，具有鲜明的中国特色，对于行政法学研究人员也有较强的参考价值。需要说明的是，本书内容较多，加之是在业余时间完成的，错漏之处在所难免，敬请读者不吝指正。

作　者

二〇一四年七月

目　录

综合类编

1. 行政诉讼法司法解释的理解与适用
   ——《最高人民法院关于执行〈中华人民共和国行政诉讼法〉若干问题的解释》解读
   （2000 年 3 月 8 日　法释〔2000〕8 号） …………………（3）
2. 行政诉讼证据规则及运用
   ——《最高人民法院关于行政诉讼证据若干问题的规定》解读
   （2002 年 7 月 24 日　法释〔2002〕21 号） ………………（43）
3. 审理行政许可案件的基本规则
   ——《最高人民法院关于审理行政许可案件若干问题的规定》解读
   （2009 年 12 月 14 日　法释〔2009〕20 号） ………………（60）
4. 关于审理房屋登记案件中的若干问题
   ——《最高人民法院关于审理房屋登记案件若干问题的规定》解读
   （2010 年 11 月 5 日　法释〔2010〕15 号） ………………（76）
5. 关于审理政府信息公开行政案件中的若干问题
   ——《最高人民法院关于审理政府信息公开行政案件若干问题的规定》解读
   （2011 年 7 月 29 日　法释〔2011〕17 号） ………………（87）
6. 关于审理农村集体土地行政案件的若干问题
   ——《最高人民法院关于审理涉及农村集体土地行政案件若干问题的规定》解读
   （2011 年 8 月 7 日　法释〔2011〕20 号） …………………（108）

诉讼程序编

一、受案范围

7. 行政机关协助执行行为不具有可诉性
   ——《最高人民法院关于行政机关根据法院的协助执行通知书实施的行政行为是否属于人民法院行政诉讼受案范围的批复》解读
   (2004年7月13日　法释〔2004〕6号) ……………………(125)

8. 关于行政机关不履行协助执行义务行为可诉性问题答复的理解
   ——《最高人民法院关于行政机关不履行人民法院协助执行义务行为是否属于行政诉讼受案范围的答复》解读
   (2013年7月29日　〔2012〕行他字第17号) ……………(132)

9. 对地矿部门作出的非法采矿及破坏性采矿鉴定结论不得提起行政诉讼
   ——《最高人民法院行政审判庭关于地质矿产主管部门作出的非法采矿及破坏性采矿鉴定结论是否属于人民法院受案范围问题的答复》解读
   (2005年2月22日　〔2004〕行他字第16号) ……………(139)

10. 人事仲裁行为是否可诉
    ——《最高人民法院行政审判庭对人事争议仲裁委员会的仲裁行为是否可诉问题的答复》解读
    (2003年12月1日　〔2003〕行他字第5号) ……………(143)

11. 行政机关出具介绍信的行为是否属于可诉的具体行政行为
    ——《最高人民法院关于教育行政主管部门出具介绍信的行为是否属于可诉具体行政行为请示的答复》解读
    (2003年11月26日　〔2003〕行他字第17号) ……………(156)

12. 税务机关根据检察机关免予起诉决定及相应来函作出的税收缴款书是可诉的行政行为
    ——《最高人民法院对〈关于宋德基诉湛江市赤坎区国家税务局追缴税款行政纠纷最高人民检察院抗诉再审一案有关问题的请示〉的答复》解读
    (2003年9月22日　〔2001〕行他字第17号) ……………(163)

13. 监察机关作出的行政处分行为不属于人民法院受案范围
　　——《最高人民法院对孙德金诉海南省监察厅行政赔偿一案
　　　应否驳回上诉的请示的答复》解读
　　（2000年11月1日　行他字〔2000〕3号）……………（170）
14. 当事人对行政机关作出的全民所有制工业企业分立的决定不服
　　提起诉讼人民法院应当作为行政案件受理
　　——《最高人民法院关于当事人对行政机关作出的全民所有制
　　　工业企业分立的决定不服提起诉讼人民法院应作为何种
　　　行政案件受理问题的复函》解读
　　（1994年6月27日　法函〔1994〕34号）……………（176）
15. 刑事搜查等专门调查行为不可诉
　　——《最高人民法院行政审判庭关于公安机关未具法定立案
　　　搜查手续对公民进行住宅人身搜查被搜查人提起诉讼
　　　人民法院可否按行政案件受理问题的电话答复》解读
　　（1991年6月18日）……………………………………（186）
16. 监视居住行为不可诉
　　——《最高人民法院行政审判庭关于对公安机关采取监视居住
　　　行为不服提起诉讼法院应否受理问题的电话答复》解读
　　（1991年5月25日）……………………………………（196）

二、管辖

17. 关于行政案件管辖中的几个问题
　　——《最高人民法院关于行政案件管辖若干问题的规定》解读
　　（2008年1月14日　法释〔2008〕1号）………………（203）
18. 关于不服国有资产产权界定案件的管辖问题
　　——《最高人民法院关于国有资产产权管理行政案件
　　　管辖问题的解释》解读
　　（2001年2月16日　法释〔2001〕6号）………………（211）
19. 关于海事法院应否受理行政案件的问题
　　——《最高人民法院办公厅关于海事行政案件
　　　管辖问题的通知》解读
　　（2003年8月11日　法办〔2003〕253号）……………（214）

20. 农用运输车行政纠纷案件的管辖问题
 ——《最高人民法院关于对审理农用运输车行政管理纠纷案件
  应当如何适用法律问题的答复》解读
 (2000年2月29日 法行〔1999〕第14号) ……………………(218)
21. 限制人身自由的行政案件及其牵连案件的合并管辖
 ——《最高人民法院行政审判庭关于对山东省高级人民法院
  〈关于行政诉讼案件管辖问题的请示〉的电话答复》解读
 (1996年2月28日) ………………………………………………(226)

三、诉讼参加人

22. 地方国有资产监督管理委员会是否可以作为行政诉讼的被告
 ——《最高人民法院行政审判庭关于地方国有资产监督管理委员会
  是否可以作为行政诉讼被告问题的答复》解读
 (2009年8月4日 〔2009〕行他字第14号) …………………(234)
23. 土地实际使用人对行政机关出让土地行为不服可作为原告起诉
 ——《最高人民法院关于土地实际使用人对行政机关出让土地的
  行为不服可否作为原告提起诉讼问题的答复》解读
 (2005年6月3日 〔2005〕行他字第12号) …………………(240)
24. 作为委托机关的中国人民银行分支机构具备被告资格
 ——《最高人民法院关于诉商业银行行政处罚案件的
  适格被告问题的答复》解读
 (2003年8月8日 〔2003〕行他字第11号) …………………(252)
25. 行政行为的利害关系人具有原告主体资格
 ——《最高人民法院对内蒙古高院〈关于内蒙古康辉国际旅行社
  有限责任公司诉呼和浩特市工商行政管理局履行法定职责
  一案的请示报告〉的答复》解读
 (1999年11月24日 〔1999〕行他字第13号) ………………(264)

26. 在案件审理期间法定代表人被更换，新的法定代表人提出
撤诉申请的处理
　　——《最高人民法院行政审判庭关于对在案件审理期间
　　　法定代表人被更换，新的法定代表人提出撤诉申请，
　　　法院是否准予撤诉问题的电话答复》解读
　　(1998年10月28日　〔1998〕法行字第14号) ················ (281)

四、起诉与受理

27. 行政复议法第三十条第一款的理解与适用
　　——《最高人民法院关于适用〈行政复议法〉第三十条第一款
　　　有关问题的批复》解读
　　(2003年2月25日　法释〔2003〕5号) ······················· (291)
28. 不知道行政行为内容的，起诉期限应如何计算
　　——《最高人民法院行政审判庭关于对如何理解〈关于执行
　　　《中华人民共和国行政诉讼法》若干问题的解释〉
　　　第四十一条、第四十二条规定的请示的答复》解读
　　(2008年3月17日　〔2007〕行他字第25号) ················ (297)
29. 行政机关颁发自然资源所有权或者使用权证书的行为
不属于复议前置的情形
　　——《最高人民法院行政审判庭关于行政机关颁发自然资源所有权
　　　或者使用权证的行为是否属于确认行政行为问题的答复》解读
　　(2005年2月24日　〔2005〕行他字第4号) ·················· (306)
30. 行政机关在行政诉讼法实施后作出具体行政行为，当事人
不知道内容的起诉期限的计算
　　——《最高人民法院关于如何执行〈最高人民法院关于执行
　　　《中华人民共和国行政诉讼法》若干问题的解释〉
　　　第四十二条的规定的请示的答复》解读
　　(2002年8月2日　〔2002〕行他字第6号) ··················· (314)

31. 劳动教养行政案件无需复议前置
　　——《最高人民法院行政审判庭关于人民法院受理劳动教养行政
　　　案件是否需要复议前置问题的答复》解读
　　（1998年11月19日　〔1997〕法行字第27号）……………（321）
32. 法律规定行政案件起诉期限短于行政法规规定的起诉期限的，
　　起诉期限应当按照行政机关告知的起诉期限计算
　　——《最高人民法院行政审判庭关于税务行政案件起诉期限
　　　问题的电话答复》解读
　　（1990年12月27日）………………………………………（326）

五、审理与判决

33. 行政诉讼撤诉规则及适用
　　——《最高人民法院关于行政诉讼撤诉若干问题的规定》解读
　　（2008年1月14日　法释〔2008〕2号）…………………（332）
34. 关于行政诉讼是否适用简易程序的问题
　　——《最高人民法院关于开展行政诉讼简易程序
　　　试点工作的通知》解读
　　（2010年11月17日　法〔2010〕446号）…………………（348）
35. 审理房屋登记行政案件中发现涉嫌刑事犯罪应如何处理
　　——《最高人民法院行政审判庭关于审理房屋登记行政案件中
　　　发现涉嫌刑事犯罪问题应如何处理的答复》解读
　　（2008年9月23日　〔2008〕行他字第15号）……………（354）

六、其他

36. 行政机关申请法院强制执行维持或驳回诉讼请求判决应如何处理
　　——《最高人民法院行政审判庭关于行政机关申请法院强制
　　　执行维持或驳回诉讼请求判决应如何处理的答复》解读
　　（2013年12月23日　〔2013〕行他字第11号）……………（362）

37. 行政复议机关以不符合法定行政复议范围作出终止行政复议
决定，当事人不服的，人民法院应当审查该复议申请是否
属于行政复议范围
　　——《最高人民法院关于行政复议机关受理行政复议申请后，发现
　　　复议申请不属于行政复议法规定的复议范围，复议机关作出
　　　终止行政复议决定的，人民法院如何处理的答复》解读
　　（2005年6月3日　〔2005〕行他字第11号） ……………（371）
38. 一审行政判决书的样式
　　——《最高人民法院关于印发〈一审行政判决书样式（试行）〉
　　　的通知》解读
　　（2004年12月8日　法发〔2004〕25号） ………………（378）
39. 如何确定行政案件的案由
　　——《最高人民法院关于规范行政案件案由的通知》解读
　　（2004年1月14日　法发〔2004〕2号） …………………（399）

法律适用编

一、行政职权

40. 银行业监督管理机构依法对农村信用合作社的金融违法行为
行使监督管理职权
　　——《最高人民法院关于工商部门对农村信用合作社的
　　　不正当竞争行为是否有权查处问题的答复》解读
　　（2006年8月18日　〔2005〕行他字第10号） ……………（405）
41. 部门规章之间有关部门职权规定冲突的选择适用
　　——《最高人民法院对〈关于对塔式起重机的监督管理权限
　　　如何选择适用行政规章的请示〉的答复》解读
　　（2004年2月16日　〔2004〕行他字第2号） ……………（413）
42. 质量监督检验检疫部门负责生产领域的产品质量监督管理，
工商行政管理部门负责流通领域的产品质量监督管理
　　——《最高人民法院关于如何认定质量监督检验检疫部门在产品
　　　流通领域中行政管理职权问题的答复》解读
　　（2003年12月1日　〔2003〕行他字第15号） ……………（421）

43. 部门职权的一般规定与特别规定的判断与适用
    ——《最高人民法院关于工商行政管理部门对医疗机构购买工业氧
        代替医用氧用于临床的行为是否具有处罚权问题的答复》解读
    （2003年9月5日　〔2003〕行他字第8号）……………………（424）
44. 对违法收取电费的行为应当由物价行政管理部门监督管理
    ——《最高人民法院行政审判庭关于对违法收取电费的行为，
        应由物价行政管理部门监督管理的答复》解读
    （1999年11月17日　〔1999〕行他字第6号）…………………（433）
45. 进口货物在办妥手续前应当由海关监管
    ——《最高人民法院行政审判庭关于对佳木斯进出口公司第二部
        诉绥芬河市口岸管理委员会拍卖财产案的答复》解读
    （1996年7月25日　〔1996〕行他字第14号）…………………（437）

二、行政程序

46. 举报人对举报事项处理不服是否具有行政复议申请人资格
    ——《最高人民法院关于举报人对行政机关就举报事项
        作出的处理或者不作为行为不服是否具有
        行政复议申请人资格问题的答复》解读
    （2014年3月14日　〔2013〕行他字第14号）…………………（442）
47. 颁发个体工商户营业执照是否适用法律规定的环保评价前置许可
    ——《最高人民法院关于工商行政管理部门审查颁发个体
        工商户营业执照是否以环保评价许可为前置条件
        问题的答复》解读
    （2006年11月27日　〔2006〕行他字第2号）…………………（451）
48. 没收财产中"较大数额"的认定及其权限设定
    ——《最高人民法院关于没收财产是否应当进行听证及没收
        经营药品行为等有关法律问题的答复》解读
    （2004年9月4日　〔2004〕行他字第1号）……………………（455）
49. 行政复议机关有权自行改变其作出的已经生效的复议决定
    ——《最高人民法院关于复议机关是否有权改变复议决定
        请示的答复》解读
    （2004年4月5日　〔2004〕行他字第5号）……………………（462）

三、法律规范冲突与选择

50. 国务院办公厅发布的规范性文件的法律效力的判断与适用
    ——《最高人民法院行政审判庭关于征收中央直属发电厂的
    水力发电用水和火力发电贯流式冷却用水
    水资源费问题的答复》解读
    (2007 年 11 月 5 日 〔2007〕行他字第 17 号) ………… (468)

51. 应当根据社会的发展需要解决法律规定中有关部门职权的冲突
    ——《最高人民法院关于对无烟草专卖批发企业许可证经营
    烟草批发业务行为应当由何机关处理的答复》解读
    (2006 年 9 月 29 日 〔2006〕行他字第 1 号) ………… (478)

52. 地方性法规的行政处罚规定是否与上位法的规定相抵触的判断与适用
    ——《最高人民法院对〈关于秦大树不服重庆市涪陵区林业局行政
    处罚争议再审一案如何适用法律的请示〉的答复》解读
    (2003 年 6 月 22 日 〔2001〕行他字第 7 号) ………… (485)

53. 有关盐业管理的地方性法规与行政法规不一致的,应当适用行政法规
    ——《最高人民法院对人民法院在审理盐业行政案件中如何适用
    国务院〈食盐专营办法〉第二十五条规定与〈河南省盐业
    管理条例〉第三十条第一款规定问题的答复》解读
    (2003 年 4 月 29 日 法行〔2000〕36 号) ………… (493)

54. 食品卫生监督机构一般不进行计量认证但应依法进行计量器具检定
    ——《最高人民法院对人民法院在审理计量行政案件中涉及的应否
    对食品卫生监督机构进行计量认证问题的答复》解读
    (2003 年 4 月 29 日 法行〔2000〕29 号) ………… (497)

55. 征收企业专用码头货物港务费可以参照国务院法制机构意见
    ——《最高人民法院行政审判庭关于征收企业专用码头
    货物港务费适用规章的答复》解读
    (1996 年 5 月 7 日 〔1995〕行复字第 3 号) ………… (501)

56. 有关公路养路费征收的地方政府规章不能与行政法规相抵触
    ——《最高人民法院关于人民法院审理行政案件对缺乏法律和法规
    依据的规章的规定应如何参照问题的答复》解读
    (1994 年 1 月 13 日 〔1993〕法行复字第 5 号) ………… (505)

四、社会保障

57. 超过法定退休年龄的进城务工农民因工伤亡的，是否适用《工伤保险条例》进行工伤认定
    ——《最高人民法院行政审判庭关于超过法定退休年龄的进城务工农民因工伤亡的，应否适用〈工伤保险条例〉请示的答复》解读
    （2010年3月17日 〔2010〕行他字第10号） ………… (509)

58. 劳动行政部门在工伤认定程序中具有确认劳动关系职权
    ——《最高人民法院行政审判庭关于劳动行政部门在工伤认定程序中是否具有劳动关系确认权请示的答复》解读
    （2009年7月20日 〔2009〕行他字第12号） ………… (516)

59. 关于《工伤保险条例》第六十四条的理解与适用
    ——《最高人民法院行政审判庭关于〈工伤保险条例〉第六十四条理解和适用问题请示的答复》解读
    （2009年6月10日 〔2009〕行他字第5号） ………… (521)

60. 职工外出学习休息期间受到他人伤害应否认定为工伤
    ——《最高人民法院行政审判庭关于职工外出学习休息期间受到他人伤害应否认定为工伤问题的答复》解读
    （2007年9月7日 〔2007〕行他字第9号） ………… (524)

61. 离退休人员与现工作单位之间劳动关系的认定
    ——《最高人民法院行政审判庭关于离退休人员与现工作单位之间是否构成劳动关系以及工作时间内受伤是否适用〈工伤保险条例〉问题的答复》解读
    （2007年7月5日 〔2007〕行他字第6号） ………… (529)

62. 车辆挂靠其他单位经营，车辆实际所有人聘用的司机工作中伤亡能否认定为工伤
    ——《最高人民法院行政审判庭关于车辆挂靠其他单位经营车辆实际所有人聘用的司机工作中伤亡能否认定为工伤问题的答复》解读
    （2007年12月3日 〔2006〕行他字第17号） ………… (536)

63. 因第三人造成工伤的职工或其亲属在获得民事赔偿后还可以
  获得工伤保险补偿
    ——《最高人民法院关于因第三人造成工伤的职工或其亲属在获得
      民事赔偿后是否还可以获得工伤保险补偿问题的答复》解读
    (2006年12月28日 〔2006〕行他字第12号) ………………(541)
64. 《工伤保险条例》的溯及力
    ——《最高人民法院行政审判庭关于河南省高级人民法院就〈焦作
      爱依斯万方公司诉焦作市劳动局工伤认定案件的请示〉的
      电话答复》解读
    (2005年1月12日 〔2004〕行他字第14号) ………………(551)

五、工商管理

65. 学校向学生推销保险收取保险公司佣金入账的行为不构成
  不正当竞争行为
    ——《最高人民法院关于学校向学生推销保险收取保险公司
      佣金入账的行为是否构成不正当竞争行为的答复》解读
    (2004年1月8日 〔2003〕行他字第21号) ………………(561)
66. 企业审批机关进行特别清算和普通清算的情形
    ——《最高人民法院行政审判庭关于〈外商投资企业清算办法〉
      适用中有关清算问题请示的答复》解读
    (2003年12月31日 〔2003〕行他字第23号) ………………(570)
67. 法律行政法规对个体诊所办理营业执照未作规定的,
  可以参照适用地方性法规
    ——《最高人民法院行政审判庭对吉林省高院〈关于个体诊所是否
      应向工商行政部门办理营业执照的请示〉的答复》解读
    (1999年1月19日 〔1996〕法行字第14号) ………………(580)

六、公安

68. 公安交警部门不能以交通违章行为未受处理为由不予核发
  机动车检验合格标志
    ——《最高人民法院关于公安交警部门能否以交通违章行为未处理
      为由不予核发机动车检验合格标志问题的答复》解读
    (2008年11月17日 〔2007〕行他字第20号) ………………(586)

69. 对仅有一次盗窃行为的公民不能实行劳动教养

——《最高人民法院关于能否对仅有一次盗窃行为的公民实施劳动教养问题的答复》解读

（2005年7月21日 〔2005〕行他字第8号） ……………… (590)

70. 不满14周岁不予刑事处分的，必要时也可以由政府收容教养

——《最高人民法院对甘肃省高级人民法院〔2003〕甘行终字第98号请示的答复》解读

（2004年7月15日 〔2004〕行他字第10号） ……………… (597)

71. 司法解释适用于解释生效后发生的案件或者正在审理的案件

——《最高人民法院行政审判庭关于审理行政案件时对善意取得适用法律问题的答复》解读

（1999年11月24日 〔1999〕行他字第5号） ……………… (604)

72. 公安机关无权依据无法律法规依据的地方政府规章行使没收的行政处罚权

——《最高人民法院行政审判庭关于〈呼和浩特市废旧金属管理暂行规定〉的效力问题的答复》解读

（1996年9月23日 〔1996〕行他字第23号） ……………… (610)

73. 出售淫秽物品行为结束以及追诉时效的判断

——《最高人民法院行政审判庭关于出售淫秽物品如何计算追溯期限问题的电话答复》解读

（1991年8月21日） ………………………………………… (615)

74. 对无财产的已满14岁不满18岁的人可以适用罚款

——《最高人民法院行政审判庭关于对无财产的已满14岁不满18岁的人违反〈治安管理处罚条例〉可否适用罚款处罚问题的电话答复》解读

（1988年10月21日） ……………………………………… (620)

七、国土资源与房地产

75. 房地产管理机关可以撤销其作出的错误的注销抵押登记行为

——《最高人民法院关于房地产管理机关能否撤销错误的注销抵押登记行为问题的批复》解读

（2003年11月17日 法释〔2003〕17号） ……………… (625)

76. 关于对其他财产共有人起诉期限计算及对抵押权人是否适用
善意取得制度的问题
——《最高人民法院行政审判庭关于对其他财产共有人起诉期限
计算以及对抵押权人是否适用善意取得制度答复》解读
(2011年12月13日 〔2011〕行他字第75号) ………… (635)

77. 在已取得土地使用权的范围内开采砂石无需办理矿产开采证和
缴纳资源补偿费
——《最高人民法院行政审判庭关于在已取得土地使用权的范围内
开采砂石是否需办理矿产开采许可证问题的答复》解读
(2006年10月31日 〔2006〕行他字第15号) ………… (642)

78. 用水单位从水库取水应否缴纳水资源费，应当视有无供水功能而定
——《最高人民法院行政审判庭关于用水单位从水库取水应否
缴纳水资源费问题的答复》解读
(2004年4月25日 〔2004〕行他字第24号) ………… (647)

79. 行政机关对于雇工引起草原火灾的行为进行处罚属于越权行为
——《最高人民法院行政审判庭关于对雇工引起草原火灾的，
可否追究雇主的连带经济责任的答复》解读
(1998年7月7日 〔1998〕法行字第4号) ………… (652)

80. 对农民长期使用但未取得合法权属证明的土地应当参照规章
确定并给予适当补偿
——《最高人民法院行政审判庭关于对农民长期使用但未取得
合法权属证明的土地应如何确定权属问题的答复》解读
(1998年8月17日 〔1997〕行他字第17号) ………… (655)

81. 地下热水的双重属性及法律适用
——《最高人民法院关于对地下热水的属性及适用法律
问题的答复》解读
(1996年5月6日 〔1996〕法行字第5号) ………… (659)

82. 河道采砂应当缴纳矿产资源补偿费
——《最高人民法院关于对河道采砂应否缴纳矿产资源
补偿费问题的答复》解读
(1995年9月6日 法行〔1995〕9号) ………… (665)

八、其他

83. 雷电防护设施检测机构不需要进行计量认证
    ——《最高人民法院关于雷电防护设施检测机构是否应当进行
    计量认证问题的答复》解读
    (2003年11月26日 〔2003〕行他字第13号) ………… (671)

84. "立即停航通知"属于行政强制措施，不适用行政处罚法
    ——《最高人民法院行政审判庭关于对人民法院审理港务
    监督行政案件适用法律问题的答复》解读
    (2000年11月1日 行他〔2000〕第13号) ………… (677)

85. 建设工程质量监督站不需要经过计量认证
    ——《最高人民法院对山西省高级人民法院〈关于对县级以上
    人民政府设立的建设工程质量监督站是否应由计量行政
    主管部门进行计量认证问题的请示〉的答复》解读
    (1997年8月29日 〔1996〕法行字第7号) ………… (682)

行政赔偿编

86. 行政机关不履行、拖延履行法定职责如何承担行政赔偿责任
    ——《最高人民法院关于公安机关不履行、拖延履行法定职责
    如何承担行政赔偿责任问题的答复》解读
    (2013年9月22日 〔2011〕行他字第24号) ………… (689)

87. 犯罪嫌疑人、被告人或者罪犯在看守所羁押期间，被同仓人
    致残而引起的国家赔偿如何处理
    ——《最高人民法院行政审判庭关于犯罪嫌疑人、被告人或者
    罪犯在看守所羁押期间，被同仓人致残而引起的
    国家赔偿如何处理问题的答复》解读
    (2006年12月7日 〔2006〕行他字第7号) ………… (704)

88. 劳动教养管理所不履行法定职责应当承担行政赔偿责任
    ——《最高人民法院关于劳动教养管理所不履行法定职责
    是否承担行政赔偿责任问题的批复》解读
    (2001年7月4日 〔1999〕行他字第11号) ………… (711)

89. 乡政府应承担乡治安室工作人员侵权造成损失的赔偿责任
　　——《最高人民法院行政审判庭关于乡治安室工作人员
　　　执行职务中故意伤害当事人造成的损害乡人民政府
　　　应否承担责任问题的电话答复》解读
　　（1991年10月10日） ………………………………………（724）

附录：废止的行政诉讼司法解释、司法解释性质文件目录
　　　（1980年1月1日至2011年12月31日） ………………（739）

综合类编

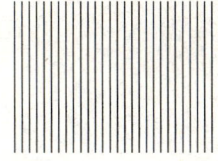

1. 行政诉讼法司法解释的理解与适用
——《最高人民法院关于执行〈中华人民共和国行政诉讼法〉若干问题的解释》解读

2000年3月8日　　　　　　　　　　　　法释〔2000〕8号

《最高人民法院关于执行〈中华人民共和国行政诉讼法〉若干问题的解释》（以下简称《若干解释》）是对1989年制定的行政诉讼法所作的综合性的解释，也是对1991年6月11日最高人民法院审判委员会讨论通过的《关于贯彻执行〈中华人民共和国行政诉讼法〉若干问题的意见（试行）》（以下简称《贯彻意见》）的修订。从1996年开始，最高人民法院行政审判庭开始草拟本解释条文。1999年11月24日最高人民法院审判委员会第1088次会议通过，2000年3月8日公布了该解释，并自2000年3月10日起施行。《若干解释》主要规定了以下几个方面的内容：

一、受案范围

《若干解释》规定的受案范围是对行政诉讼法第十一条和第十二条的解释。《若干解释》第一条第一款从宏观上规定了行政诉讼受案范围；第一条第二款、第二至五条是关于受案范围排除的规定。

（一）概括式的肯定

第一条第一款规定："公民、法人或者其他组织对具有国家行政职权的机关和组织及其工作人员的行政行为不服，依法提起诉讼的，属于人民法院行政诉讼的受案范围。"本款包含了两个内容：（1）具有国家行政职权的机关和组织。可诉的行为主体，既包括行政机关也包括不具有机关法人资格的组织；既包括具有法定行政职权的机关，也包括法律法规授权的组织，还包括行使行政职权的工作人员。不管是机关、组织还是个人，能否成为行政行为的主体，关键在于是否具有国家行政职权。用"国家行政职权"来表述，是为了与私权尤其是与一般社会组织和企业的行政管理权相区别。为了将拥有非国家行政管理权的主体排除出去，有必要使用"国家行政职权"的概念。（2）行政行为。其是指具有国家行政职权的机关、组织及其工作人员，与行使国家行政职权有关的，对公民、法人或者其他组织的权益产生实际影响的行为以及相应的不作为。行政行为不仅包括作为，也包括不作为；行政行为不仅包括单方行为，也包括双方行为；行政行为不仅包括法律行为，也包括非法律行为。

（二）列举式的排除

《若干解释》第一条第二款规定，公民、法人或者其他组织对下列行为不服提起诉讼的，不属于人民法院行政诉讼的受案范围：

1. 行政诉讼法第十二条规定的行为。《若干解释》第二条规定：行政诉讼法第十二条第（一）项规定的国家行为，是指国务院、中央军事委员会、国防部、外交部等根据宪法和法律的授权，以国家的名义实施的有关国防和外交事务的行为，以及经宪法和法律授权的国家机关宣布紧急状态、实施戒严和总动员等行为。第三条规定：行政诉讼法第十二条第（二）项规定的"具有普遍约束力的决定、命令"，是指行政机关针对不特定对象发布的能反复适用的行政规范性文件。第四条规定：行政诉讼法第十二条第（三）项规定的"对行政机关工作人员的奖惩、任免等决定"，是指行政机关作出的涉及该行政机关公务员权利义务的决定。第五条规定：行政诉讼法第十二条第（四）项规定的"法律规定由行政机关最终裁决的具体行政行为"中的"法律"，是指全国人民代表大会及其常务委员会制定、通过的规范性文件。

2. 公安、国家安全等机关依照刑事诉讼法的明确授权实施的行为。即公安、国家安全等机关依照刑事诉讼法的明确授权实施的行为，又称刑事司法行为。刑事司法行为被排除在行政诉讼受案范围的原因主要是：（1）根据我国现行的司法体制，刑事侦查等行为被视为司法行为，在习惯上不作为一般行政行为对待。（2）我国刑事诉讼法已经授权检察机关对刑事侦查行为等刑事行为进行监督。例如，刑事诉讼法[①]第七十六条规定："人民检察院在审查批准逮捕工作中，如果发现公安机关的侦查活动有违法情况，应当通知公安机关予以纠正，公安机关应当将纠正情况通知人民检察院。"第二百二十四条规定："人民检察院对执行机关执行刑罚的活动是否合法实行监督。如果

---

① 如无特别说明，均指1996年刑事诉讼法。

发现有违法的情况，应当通知执行机关纠正。"（3）根据我国国家赔偿法①的规定，因刑事侦查行为等刑事违法行为而致人损害的，受害人可以依据国家赔偿法的规定获得救济。如何区分行政行为与刑事司法行为的界限，是行政诉讼中的一个难点问题。划分两者之间的界限，应当注意以下几个问题：一是刑事司法行为的主体，目前只限于公安机关、国家安全机关、海关、军队保卫部门、监狱等特定机关。二是所实施的行为必须是刑事诉讼法所明确授权的行为。例如侦查、拘留、执行逮捕、预审、拘传、取保候审、监视居住、通缉、搜查、扣押物证书证、冻结存款汇款、保外就医等行为。没收、违法收审等行为不属于刑事诉讼法所明确授权的行为，故不属于刑事司法行为的范围。三是刑事侦查行为的目的，是查明犯罪事实，揭露犯罪，而不是为了捞取好处或徇私情为一方当事人讨债，为地方利益动用专政手段。公安、国家安全机关所实施的查封、扣押或者冻结等强制手段是否属于行政行为，必须对公安、国家安全机关相关行为的过程进行综合、全面的分析。通过分析该行为的过程，最终确定实施该行为的目的。如果一个行为确实属于为追究犯罪而搜集证据，就应当认定该行为属于刑事司法行为。但是，如果通过分析认为公安、国家安全机关实施上述强制措施的目的是为了干预经济纠纷或者为一方当事人讨债，则该行为属于行政行为的范畴。确定公安、国家安全机关实施上述行为的目的，一要看是否在开始阶段就确立了刑事侦查案件，二是要看采取上述措施的原因和过程，三是要分析所获取的钱财的流向（是依法移送司法机关还是作了其他处理），四要看行政相对人的行为是否明显地不构成犯罪。

3. 调解行为以及法律规定的仲裁行为。调解行为是指行政机关在进行行政管理的过程中，对平等主体之间的民事争议，在尊重当事人各方意志的基础上所做的一种处理。由于调解行为是否产生法律效力，不取决于行政机关的意志，也不具有强制力，而取决于当事人各方的意愿。当事人如对调解行为持有异议，完全可以拒绝在调解协议上签字，没有必要通过行政诉讼程序解决。如果行政机关及其工作人员在调解过程中采取了不适当的手段，例如发布强迫当事人意志的行政命令，这种行政命令属于行政行为，当事人对这种行为不服，可以向人民法院提起行政诉讼。

4. 不具有强制力的行政指导行为。行政指导是国家行政机关在其所管辖事务的范围内，对于特定的公民、企业、社会团体等，通过制定诱导性法规、政策、计划、纲要等规范性文件以及采用具体的示范、建议、劝告、鼓励、提倡、限制等非强制性方式并辅之以利益诱导促使相对人自愿作出或不作出

---

① 如无特别说明，均指1994年国家赔偿法。

某种行为，以实现一定行政目的的行为。行政指导行为不具有当事人必须履行的法律效果，当事人可以按照行政指导行为去做，也可以不按照行政指导行为去做。违反行政指导行为不会给行政管理相对人带来不利的法律后果。既然行政指导行为不具有强制性，而且当事人具有选择自由，不是必须通过行政诉讼的途径来解决。需要说明的是，这里所谓的"不具有强制性"，并非除了不具有强制性的行政指导行为之外还有有强制性的行政指导行为，加上这种限定，就是要特别强调行政指导行为是不具有强制性的。如果名为行政指导行为，实际却具有强制力或者要求当事人必须为一定行为或不为一定行为，行政管理相对人不履行或不执行将承担不利的法律后果，那么这种行为就不再属于行政指导行为，当事人对这种行为不服，可以向人民法院提起行政诉讼。

5. 驳回当事人对行政行为提起申诉的重复处理行为。所谓重复处理行为，是指行政机关所作出的没有改变原有行政法律关系、没有对当事人的权利义务产生新的影响的行为。这种行为通常在以下情形发生：当事人对历史遗留问题的行政行为、对已经超过起诉期限的行政行为或者行政机关具有终局裁决权的行为不服，向行政机关申诉，行政机关经过审查，维持原行为，驳回当事人的申诉。这种驳回申诉的行为，在行政法学上称为重复处理行为。对这类行为不能提起诉讼，主要基于三点考虑：一是重复处理行为没有对当事人的权利义务产生新的影响，没有形成新的行政法律关系；二是如果对此类重复处理的行为可以提起诉讼，就在事实上取消了行政复议和行政诉讼期限，意味着任何一个当事人在任何时候都可以通过申诉的方式重新将任何一个行政行为提交行政机关或者法院重新审查。三是如果将这类行为纳入到行政诉讼受案范围，不仅不利于行政法律关系的稳定，而且不利于行政管理相对人对行政行为的信任。

6. 对公民、法人或者其他组织权利义务不产生实际影响的行为。其是指还没有成立的行政行为以及还在行政机关内部运作的行为等。将这类行为排除在行政诉讼受案范围之外，是因为行政诉讼的重要目的是消除非法行政行为对行政相对人的权利义务的不利影响。如果某一行为没有对行政相对人的权利义务产生实际影响，提起行政诉讼就没有实际意义。[①]

[①] 最高人民法院行政审判庭编：《〈关于执行《中华人民共和国行政诉讼法》若干问题的解释〉释义》，中国城市出版社2000年版，第7~9页。

二、管辖

管辖部分主要规定了四个方面的内容：

（一）行政审判庭专门主管权

行政诉讼法第三条第二款规定，人民法院设行政审判庭，审理行政案件。这里的行政案件包括两类：一类是对公民、法人或者其他组织不服行政机关的行政行为而起诉的案件；另一类是对行政机关申请执行其行政行为的案件（即非诉行政执行案件）。各级人民法院不得设立其他类的审判庭审理行政诉讼案件和非诉行政执行案件。专门人民法院主要包括军事法院、海事法院、铁路运输法院等。按照人民法院组织法的规定，专门法院的组织和职权由全国人民代表大会常务委员会另行制定。全国人民代表大会未授权专门法院审理行政案件。人民法庭是基层人民法院的组成部分。根据《最高人民法院关于人民法庭若干问题的规定》第六条的规定，人民法庭主要审理民事案件、刑事自诉案件、经济案件、办理本庭审理案件的执行事项、指导调解委员会的工作等。该司法解释未规定人民法庭可以审理行政案件和审查非诉行政执行案件。《若干解释》第六条明确，各级人民法院行政审判庭审理行政案件和审查行政机关申请执行其具体行政行为的案件。专门人民法院、人民法庭不审理行政案件，也不审查和执行行政机关申请执行其具体行政行为的案件。

（二）明确特定概念的涵义

1. 改变原行政行为。《若干解释》第七条规定：复议决定有下列情形之一的，属于行政诉讼法规定的"改变原具体行政行为"：（1）改变原具体行政行为所认定的主要事实和证据的。复议决定改变原具体行政行为所认定的主要事实，是指涉及法定事实要件的事实，复议决定的认定与原具体行政行为的认定不同。复议决定所认定的事实与原具体行政行为认定的事实仅表述上不同，不影响原具体行政行为所确定的权利义务的，不属于改变原具体行政行为。复议决定改变原具体行政行为的证据，主要是指以下几种情况：第一，复议决定认定的主要事实和证据与原具体行政行为认定的主要事实和证据完全不同。第二，复议决定认定的事实与原具体行政行为认定的事实相同，但原具体行政行为所依据的证据少，复议决定增加了新的证据支持其认定的事实。第三，复议决定认定的事实与原具体行政行为认定的事实基本相同，原具体行政行为所依据的证据，复议决定没有采纳，而是依据原具体行政行为没有采纳的其他证据作出。（2）改变原具体行政行为所适用的规范依据且对定性产生影响的。改变原具体行政行为所适用的规范依据，是指复议决定所适用的法律、法规、规章及规章以下的规范性文件不同和具体适用的法条不同。复议决定仅仅适用的规范依据不同，但对定性不产生影响的，不属于改变原具体行政行为。(3) 撤销、部分撤销或者变更原具体行政行为处理结果的。

2. 本辖区内重大、复杂的案件。《若干解释》第八条规定，有下列情形之一的，属于行政诉讼法第十四条第（三）项规定的"本辖区内重大、复杂的案件"：（1）被告为县级以上人民政府，且基层人民法院不适宜审理的案件。被告为县级以上人民政府的案件主要集中在土地、林地、矿藏等所有权和使用权争议案件、征收征用土地及其安置补偿案件等。这类案件一般在当地影响较大，案件相对复杂，为了减少干扰，确保司法公正，应当由中级人民法院管辖。（2）社会影响重大的共同诉讼、集团诉讼案件。当事人一方或者双方为二人以上，其诉讼标的是共同的或者诉讼标的是同一种类，人民法院认为应当合并审理并经当事人同意的，为共同诉讼。集团诉讼是共同诉讼的一种特殊形式，当事人一方人数众多，其诉讼标的是同一种类，由其中一人或者数人代表主体相同权益人进行诉讼，法院判决效力及于主体相同权益人的诉讼。（3）重大涉外或者涉及香港特别行政区、澳门特别行政区、台湾地区的案件。涉外行政案件是指原告、第三人是外国人、无国籍人或者外国组织的行政案件。涉及港澳台的行政案件是指原告、第三人是香港特别行政区、澳门特别行政区、台湾地区的公民或者组织。涉及港澳台的案件一般应当由基层人民法院管辖，重大案件则由中级人民法院管辖。重大案件一般是指在政治上或者经济上有重大影响的案件。前者是当事人或者诉讼标的涉及的人或者事在政治上有重大影响；后者是指被行政行为处理的事项金额巨大或者经济价值很高，或者可能给涉外及港澳台的公民和组织造成经济利益损失，或者给国家和国内公民和组织造成重大经济利益损失。（4）其他重大、复杂案件。是指上述情形没有包括的重大复杂案件。那些案件属于重大复杂，由各地中级人民法院根据本地区实际情况灵活掌握。

（三）明确原告所在地和选择管辖权

为了简化诉讼程序，提高审判效率，节省人力物力，防止人民法院在同一问题上作出相互矛盾的判决，对行政机关基于同一事实既对人身又对财产实施行政处罚或者采取行政强制措施的，被限制人身自由的公民、被扣押或者没收财产的公民、法人或者其他组织对上述行为均不服提起诉讼的，人民法院应当将两个诉讼请求合并审理。但是行政诉讼法第十八条未明确规定这类案件由何地人民法院管辖。为了解决这一问题，《若干解释》第九条明确：

行政诉讼法第十八条规定的"原告所在地",包括原告的户籍所在地、经常居住地和被限制人身自由地。行政机关基于同一事实既对人身又对财产实施行政处罚或者采取行政强制措施的,被限制人身自由的公民、被扣押或者没收财产的公民、法人或者其他组织对上述行为均不服的,既可以向被告所在地人民法院提起诉讼,也可以向原告所在地人民法院提起诉讼,受诉人民法院可一并管辖。

(四)管辖异议

《若干解释》第十条规定,当事人提出管辖异议,应当在接到人民法院应诉通知之日起10日内以书面形式提出。对当事人提出的管辖异议,人民法院应当进行审查。异议成立的,裁定将案件移送有管辖权的人民法院;异议不成立的,裁定驳回。提出管辖权异议需满足三个条件:第一,提出管辖权异议的人必须是本案当事人,包括原告、被告、第三人;第二,当事人应当在接到人民法院参加诉讼的通知之日起10日内提出,期限届满未提出的,应当视为当事人对管辖无异议;第三,必须以书面的形式而不能以口头的形式提出。申请管辖权异议的当事人对驳回管辖异议的裁定不服,可以在法定期限内提出上诉。逾期不提出上诉和二审人民法院裁定驳回上诉,维持原裁定的,原审人民法院应当继续本案的审理。当事人就原审人民法院有无管辖权问题提出再审的,不影响原审人民法院对案件继续审理。

三、诉讼参加人

(一)原告

1. 近亲属。为了保障公民的合法权益,《若干解释》关于近亲属的范围规定得比较宽泛,特别是将"其他具有扶养、赡养关系的亲属"也纳入其范围。公民因限制人身自由不能提起诉讼的,被限制人身自由的公民既可以以书面形式也可以以口头形式委托近亲属提起诉讼。但近亲属不能以自己名义提起诉讼,只能以被限制人身自由的公民的名义提起诉讼。

2. 与行政行为有法律上的利害关系,是指行政机关的行政行为对公民、法人或者其他组织的权利义务已经或者将会产生实际影响。这种利害关系,包括不利的关系和有利的关系,但必须是一种已经或者必将形成的关系。[①]

[①] 最高人民法院行政审判庭编:《〈关于执行《中华人民共和国行政诉讼》若干问题的解释〉释义》,中国城市出版社2000年版,第27页。

与行政行为有利害关系的公民、法人或者其他组织，可能是行政行为的相对人，亦可能是行政行为的相关人。

3. 与行政行为有法律上利害关系的若干特殊情形。（1）涉及相对人相邻权或者公平竞争权的情形。相邻权是指不动产的占有人在行使物权时，对相邻的他人的不动产享有的特定支配权。公平竞争权是公民、法人或者其他组织的民事权利。在一般情况下，对公平竞争权的侵害主要来自于其他竞争者违反公平竞争原则的行为，但在特定情形下，行政行为破坏了公平竞争的环境或者规则的，也可能对公平竞争权造成侵害。主要表现为：①通过实施行政行为对平等主体之间的民事关系进行非法干预，或在实施行政行为时不平等对待具有竞争关系的各方当事人。例如，几家航空公司同时申请某一条航线，主管机关只批准了某一家航空公司占用该条航线，其他公司就不能经营该航线了，这将影响其他竞争者的权利，而且其他竞争者的条件还可能比获得批准的公司的条件更好。②不履行行政义务客观上使守法的竞争者处于不利的竞争地位。例如，对违法经营的竞争者不依法追究法律责任。③不公平的商检、评比行为。例如，在没有就相关经济领域进行充分论证的情况下，通过公布商检结果、抽样结果、质量排名、处罚结果等方式对特定品牌的商品占有率或者销售产生了不利影响。④政府单方处分行为。例如，行政机关作出决定，某企业被宣告破产后，只能由另一家公司接管，其他公司甚至是最大的债权人要参与竞购这一企业也就没机会了，等等。⑤信息歧视行为。行政机关对于关系到市场主体运作的信息，仅仅向特定主体公开，使特定主体在市场竞争中处于有利地位，从而对其他市场主体的公平竞争权构成侵害。①（2）与被诉的行政复议决定有法律上利害关系或者在复议程序中被追加为第三人的情形。行政复议决定的本质是行政行为，因此，与被诉的行政复议决定有法律上的利害关系的公民、法人或者其他组织，可以提起行政诉讼。在复议程序中被追加为第三人，同样说明该公民、法人或者其他组织与被诉的行政复议决定有法律上的利害关系，亦得提起行政诉讼。（3）要求主管行政机关依法追究加害人法律责任的情形。在行政行为中，受害人可能要求行政机关依法追究加害人责任，其与行政行为之间存在法律上利害关系，可以提起行政诉讼。这里所说的"受害人"主要是指因平等主体一方当事人加害而受损害的另一方当事人。受害人通常要求行政机关处罚加害人或者追究加害人的民事责任。如果行政机关不予处理或从轻处理，受害人就会认为行政机关处理不公正，因而向人民法院提起行政诉讼。（4）与撤销或者变更

---

① 江必新、梁凤云：《行政诉讼法理论与实务》（上卷），北京大学出版社2011年版，第363~364页。

具体行政行为有法律上利害关系的情形。撤销或者变更行政行为，除了可能直接涉及行政相对人之外，还可能涉及与撤销或者变更行政行为有法律上利害关系的行政相关人。

4. 诉讼代表人。诉讼代表人是当事人的一种，是一种独立的诉讼主体。与诉讼代理人不同。诉讼代表人可以是参与诉讼的组织的法定代表人或者实际的负责人，也可以是临时推选的人。主要包括以下情形：（1）合伙企业向人民法院提起诉讼的，应当以核准登记的字号为原告，由执行合伙企业事务的合伙人作诉讼代表人；其他合伙组织提起诉讼的，合伙人为共同原告。之所以规定由核准登记的字号为原告，主要是参照了《最高人民法院关于适用〈中华人民共和国民事诉讼法〉若干问题的意见》（以下简称《民诉意见》）第47条的规定，即个人合伙有依法核准登记的字号的，应在法律文书中注明登记的字号。由执行合伙企业事务的合伙人作诉讼代表人，主要是考虑到1997年合伙企业法第二十五条第二款规定，即执行合伙企业事务的合伙人，对外代表合伙企业。现行合伙企业法也作了类似的规定。值得注意的是，执行合伙企业事务的合伙人可能是一人，也可能是数人。其他合伙组织主要是指个人合伙。对于个人合伙的原告资格，参照了《民诉意见》第47条的规定，即个人合伙的全体合伙人在诉讼中为共同诉讼人。全体合伙人可以推选代表人；被推选的代表人，应由全体合伙人出具推选书。在行政诉讼中，个人合伙的全体合伙人既可以作为共同原告起诉，也可以推选代表人参加诉讼。（2）不具备法人资格的其他组织向人民法院提起诉讼的，由该组织的主要负责人作诉讼代表人；没有主要负责人的，可以由推选的负责人作诉讼代表人。本款规定主要是参照了民事诉讼法的有关规定。根据民事诉讼法[①]第四十九条的规定，其他组织由其主要负责人进行诉讼。不具备法人资格的其他组织，以其主要负责人为代表人。（3）同案原告为5人以上，应当推选1至5名诉讼代表人参加诉讼；在指定期限内未选定的，人民法院可以依职权指定。本款规定也是参照了民事诉讼法和相关司法解释的规定，根据《民诉意见》第60条至62条的规定，依照民事诉讼法第五十四条规定，当事人一方人数众多在起诉时确定的，可以由全体当事人推选共同的代表人，也可以由部分当事人推选自己的代表人；推选不出代表人的当事人，在必要的共同诉讼中可由自己参加诉讼，在普通的共同诉讼中可以另行起诉。依照民事诉讼法第五十五条规定，当事人一方人数众多在起诉时不确定的，由当事人推选代表人，当事人推选不出的，可以由人民法院提出人选与当事人协商，协商不成的，也可以由人民法院在起诉的当事人中指定代表人。

---

① 如无特别说明，均指1991年民事诉讼法。

5. 联营企业、中外合资或者合作企业的联营、合资、合作各方，认为联营、合资、合作企业权益或者自己一方合法权益受具体行政行为侵害的，均可以自己的名义提起诉讼。一般来说，联合企业通常包括以下几种：联营企业、中外合资企业、中外合作企业。联合企业是我国特有的现象。在公司法出台以前，这些企业没有完全按照公司法的操作规程操作，所以实践中产生很多争议。其中争议最多的是联营、合资或合作一方和另一方之间产生的争议。在争议产生后，一方往往请求招商局、工商局等有批准权的机关进行处理和干涉。这类纠纷所针对的行为通常是一方出于地方保护或者其他某些方面的原因要求或者申请行政机关实施的行为，这样的行为往往对一方有利，如果要求争议双方作为联营、合资或合作体一起提起诉讼是很困难的，虽然说行政机关的行为是针对联营、合资或合作体的，但不利后果的承担者实际上往往是联营、合资或合作体的其中一方，利益上的对立关系使双方很难联合起诉，而且产生纠纷时，联营、合资或合作体内部已经发生了内讧，如果不赋予受到损害的一方提起行政诉讼的资格，其合法权益就不可能得到救济。

6. 农村土地承包人等土地使用权人对行政机关处分其使用的农村集体所有土地的行为不服，可以自己的名义提起诉讼。农村土地承包，是指农业经济组织的个人或集体，依照承包经营合同，以承包的方式，对农业经济组织所有的，以及国家所有由农业经济组织依法使用的土地进行经营性使用和收益的行为。在司法实践中，存在着大量的行政机关违法处分农村集体所有土地的行为。例如，在承包期尚未届满的情况下，行政机关强行解除合同、分割承包成果或借延长合同之机，随意提高承包费等等，这些违法行政行为极大损害了土地承包者在内的土地使用权人合法权益。农村集体所有的土地大多以土地承包合同的方式承包给个人使用，当行政机关违法处分农村集体所有的土地时，土地使用权人是直接的利益相关人。因此，赋予其独立的诉权有利于维护土地使用权人的合法权益。[1]

7. 非国有企业被行政机关注销、撤销、合并、强令兼并、出售、分立或者改变企业隶属关系的，该企业或者其法定代表人可以提起诉讼。行政机关注销、撤销、合并、强令兼并、出售、分立或者改变非国有企业隶属关系的，属于侵犯企业经营自主权的行为，该企业或者代表该企业的法定代表人当然可以提起行政诉讼。但是，该条不适用于国有企业。主要原因是国有企业与政府的关系具有特殊性。现阶段国有企业实质上都是政府的，政府与国有企业的关系，往往涉及资产所有者与经营者的关系，这种关系是用公司法调整

---

[1] 江必新、梁凤云：《行政诉讼法理论与实务》（上卷），北京大学出版社2011年版，第374页。

还是用行政法来调整，是应由公法调整还是应由私法调整，还需进一步研究。①

8. 股份制企业的股东大会、股东代表大会、董事会等认为行政机关作出的具体行政行为侵犯企业经营自主权的，可以企业名义提起诉讼。一般来说，能够代表企业的是股东大会、股东代表大会、董事会等机构。以有限责任公司为例，有限责任公司股东会由全体股东组成。股东会是公司的权力机构，依照公司法行使职权。董事会则是对股东会负责的内部机构。根据2005年公司法第十三条的规定，公司法定代表人依照公司章程的规定，由董事长、执行董事或者经理担任，并依法登记。值得注意的是，该条规定有一个笔误。即根据公司法的有关规定，对于有限责任公司而言，权力机关是股东会，对于股份有限公司而言，权力机关是股东大会。对于股东代表大会并无相应规定。②

（二）被告

1. 经批准行政行为的被告确定。批准，是指上级对下级的意见、建议或者请求表示同意。对于经过上级行政机关批准的行政行为，当事人不服提起诉讼的，应当以对外发生法律效力文书上署名的机关或者组织为被告。对"经上级机关批准的具体行政行为"中的"批准"应当作广义的理解，既包括经过上级机关正式批准，也包括上级机关同意或者认可，还包括上级机关对下级机关请示的肯定批复等的情形。"对外发生法律效力的文书"，是指对公民、法人或者其他组织的权利义务具有法律效力的法律文书。"署名的机关为被告"，是指对外发生法律效力的文书上签署的是哪个机关的名称，加盖哪个机关的印章，哪个机关就是被告。主要包括以下情形：（1）下级机关或者部门为特定的具体行政行为，依照法律规定，须经上级机关或者政府批准。行政相对人不服经批准的具体行政行为向法院起诉，如果具体行政行为是以下级机关的名义作出的，当事人对经批准的具体行政行为不服提起诉讼，仍以对外发生法律效力的文书上署名的机关为被告。（2）下级机关在为某种具体行政行为时，事先请示了上级行政机关，行政相对人不服向法院起诉，此种情形属于行政机关内部请示行为，当事人不服，提起诉讼，应当以下级行政机关为被告。（3）被诉行政行为经过上级行政机关批准，在对外发生法

---

① 江必新、梁凤云：《行政诉讼法理论与实务》（上卷），北京大学出版社2011年版，第373页。

② 江必新、梁凤云：《行政诉讼法理论与实务》（上卷），北京大学出版社2011年版，第371～372页。

律效力的法律文书上署名的是上级行政机关。下级行政机关只是承办了具体事务，如接受申请材料、告知申请条件、程序和费用等，没有在法律文书上署名，该法律文书是以上级行政机关的名义作出的，应当以上级行政机关为被告。（4）被诉具体行政行为经上级行政机关批准，上级行政机关和下级行政机关同时在法律文书上署名，则应当以上级行政机关和下级行政机关为共同被告。此外，还应当注意以下三个问题：（1）下级行政机关作出行政行为，根据法定程序上报上级机关批准时，上级行政机关提出了与报批机关不同的意见。报批机关根据上级机关意见作出行政行为，当事人不服向人民法院提起诉讼，应当由谁当被告？根据《地方各级人民代表大会和地方各级人民政府组织法》第五十五条规定，下级行政机关有义务服从上级机关的领导和监督，即地方各级人民政府对本级人民代表大会和上一级国家行政机关负责并报告工作。全国地方各级人民政府都是国务院统一领导下的国家行政机关，都服从国务院。下级行政机关不能作出与上级机关意图不相一致的行政行为。上级机关改变下级机关的行政行为，意味着下级机关的意志被上级机关的意志所覆盖和改变。因此，应当以上级机关为被告。此时，实质意义上的"作出行政行为"的机关是"上级机关"，应当按照行政诉讼法第二十五条第一款的规定予以判断，不适用《若干解释》第十九条的规定。当然，这种情形在实践中比较稀少，除非下级机关和上级机关的意见均已经外化。（2）经批准的行为与上级机关决定下级机关组织实施的行为不同。批准行为须有报批程序，而上级机关决定下级机关组织实施的行为没有报批程序。例如，原《城市房屋拆迁管理条例》第十七条规定，被拆迁人或者房屋承租人在裁决规定的搬迁期限内未搬迁的，由房屋所在地的市、县人民政府责成有关部门强制拆迁。搬迁决定实际上是市、县人民政府作出的，"有关部门"只是组织实施，此时，即便有关部门在相关法律文书上盖章，其搬迁决定的真正作出主体仍是市、县人民政府，应当以市、县人民政府作为被告，当然，由于可能涉及赔偿等问题，还可以将"有关部门"列为第三人。（3）对于法律没有规定下级机关报请上级机关批准，下级机关主动报请上级机关批准的，属于"意定经批准"的情形。这种情况主要是下级机关认为涉及行政事项属于重大、复杂、疑难的情形，有些问题吃不准，报请上级机关指示。上级机关批准下级机关的行为的，该行为属于非法定的、内部的、程序性的行为，批准机关不能作为行政诉讼被告。批准机关虽然作出批准行为，但是该批准行为没有为法律规定为必要程序。下级机关"经批准"后作出行政行为，该行政行为仍然是下级机关根据法律规定（而非上级机关批准）以自己的独立意志作出的，下级机关是行政行为的作出者和适格被告。

2. 内设机构、派出机构或者其他组织作为被告。行政机关组建并赋予行政管理职能但不具有独立承担法律责任能力的机构，虽然以自己的名义作出行政行为，但因其没有取得法定行政主体资格，无法承担裁判可能科以的不利法律后果，只能作为行政机关委托的组织，其法律后果应当由组建该机构的行政机关承担，故组建该机构的行政机关为适格被告；行政机关内设机构或者派出机构在没有法律、法规或者规章授权的情况下，以自己的名义作出行政行为，该内设机构或者派出机构并无行政主体资格，仍然应当以行政机关为适格被告；法律、法规或者规章授权行使行政职权的行政机关内设机构、派出机构或者其他组织，在法定授权范围内实施行政行为，当事人不服提起诉讼的，应当以实施该行为的机构或者组织为适格被告；法律、法规或者规章授权行使行政职权的行政机关内设机构、派出机构或者其他组织，超出法定授权范围实施行政行为，当事人不服提起诉讼的，应当以实施该行为的机构或者组织为适格被告。

3. 无法律依据的授权，应当视为委托。即行政机关在没有法律、法规或者规章规定的情况下，授权其内设机构、派出机构或者其他组织行使行政职权的，应当视为委托。当事人不服提起诉讼的，应当以该行政机关为被告。本条的理论依据在于，行政主体应当遵循法律优位和法律保留的原则，没有法律、法规或者规章授权的执法主体，不能以自己的名义独立实施行政行为，不具有独立的行政主体资格；只有法律、法规或者规章直接授权的内设机构、派出机构或者其他组织才符合职权法定规则；如果由行政机关的内设机构、派出机构或者其他组织独立行使行政管理职权，将可能导致改变现行行政复议制度，直接影响相对人合法权益的救济。

4. 复议不作为被告的确定。复议机关在法定期间内不作复议决定，此时，可诉的行政行为有两个：原行政行为和行政复议机关的不作为行为。如果当事人对原行政行为不服提起诉讼的，应当以作出原行政行为的行政机关为被告；当事人对复议机关不作为不服提起诉讼的，应当以复议机关为被告。确定复议机关不作为情形下适格被告，应当根据原告提起诉讼的具体诉讼请求来确定。这样规定的考虑主要是：按照原告的诉讼请求确定适格被告，更加符合诉、审、判一致的原则；复议机关可以审查行政行为的合理性，当事人要求复议机关纠正原行政行为合理性问题的，复议机关不作为，就只能以复议机关为被告，解决了原告要求解决原行政行为不合理不适当的问题；赋予当事人更多的救济途径，有效地保障当事人的合法权益。

5. 变更和追加被告。在行政诉讼中，将不适格的被告变更为适格的被告，为被告的变更。变更被告的主要原因是原告起诉的被告不是应当承担法律责任的机关。行政诉讼法的一个重要目的在于监督和保障行政机关依法行使行政职权。对于行政机关的违法行为，公民的法律知识、法律水平可能存在不足，难以判断行政行为的违法性或者行为的真正主体，如果不通过诉讼指导，不赋予法院这方面的职权，不利于保护当事人的合法权益。特别是在公民不敢告的情况下，法院依职权追加和变更被告，实际上对原告有利，也没有违背原告的意志。因此，如果原告起诉的被告不适格，人民法院应当告知原告变更被告，原告不同意变更的，法院应当裁定驳回起诉，不能未经告知就简单地驳回起诉。在行政诉讼中，如果人民法院发现遗漏了被告，需要追加被告参加诉讼，应当依职权追加被告。但是，由于原告对于行政机关提起诉讼属于自己的权利，所以如果法院追加被告，应当获得原告的同意。原告不同意追加被告，法院通知其作为第三人参加诉讼，法院只能对已经开始的诉讼进行审理。

（三）第三人

行政诉讼法第二十七条规定，同提起诉讼的行政行为有利害关系的其他公民、法人或者其他组织可以作为第三人申请参加诉讼，或者由人民法院通知参加诉讼。行政行为涉及两个以上利害关系人，提起行政诉讼的部分利害关系人是原告，而未提起行政诉讼的另一部分利害关系人是该案中的第三人。第三人未申请参加诉讼的，法院有通知其参加诉讼的义务。第三人与被诉行政行为有利害关系，因此其可以提出与本案有关的诉讼主张。第三人的诉讼主张可以与原告或者被告的诉讼主张不同，也可以与其中一方的主张相同。由于第三人与被诉行政行为有利害关系，法院作出的裁判对其权利义务也产生实际影响。为了充分保障其诉权，第三人对法院的一审判决不服，可以提起上诉。

（四）诉讼代理人

当事人委托诉讼代理人，应当向人民法院提交由委托人签名或者盖章的授权委托书。授权委托书是委托和接受委托的证明文书，是委托代理人代为诉讼行为的依据。当事人及其法定代表人要委托他人代为诉讼，首先要与委托人签订委托合同，规定委托的事项及授权的范围等。同时，必须向人民法院提交书面形式的授权委托书。人民法院根据授权委托书确认代理人的代理资格和代理权限。授权委托书要载明被委托人的基本情况、委托的事项及授权的范围等。由于被委托人代为承认、放弃或者变更诉讼请求、进行和解和提起上诉等行为涉及当事人实体权益的处分，因此，当事人授予代理人这些权利的，要特别注明，否则即认为是一般代理，不能行使上述权利。委托因代理权限不同分为两种：一种是一般委托代理，即代理人只能代理被代理人进行诉讼行为，而无权处分被代理人的实体权利；另一种是特别委托代理，即代理人除代理被代理人进行诉讼外,还可以根据被代理人的特别授权,代为当事人承认、放弃或者变更诉讼请求,进行和解和提起上诉。公民在特殊情况下无法书面委托的,也可以口头委托。口头委托的,人民法院应当核实并记录在卷。被诉机关或其他有义务协助的机关拒绝人民法院向被限制人身自由的公民核实的,视为委托成立。当事人委托诉讼代理人应当向人民法院提交书面的授权委托书,但是,如果公民被限制了人身自由无法以书面形式提交授权委托书,公民也可以口头委托。人民法院应当核实是否为该委托人的真实意思表示,并应详细记录该委托事项及具体权限范围。在人民法院核实的过程中,如果被诉机关或其他有义务协助的机关拒绝人民法院向被限制人身自由的公民核实的,则视为委托成立。《若干解释》新增口头委托的情形,其目的在于最大限度地保护当事人的诉权,方便特殊情况下当事人进行诉讼。因为公民被限制人身自由的情况下,往往无法书面委托。在审判实践中应注意适用口头委托的条件:(1)公民在特殊情况下无法书面委托;(2)人民法院应当核实并记录在案;(3)有义务协助的机关拒绝人民法院向被限制人身自由的公民核实的,视为委托成立。变更或者解除委托的,当事人应当书面报告人民法院。诉讼代理权是基于委托合同而产生的,对委托代理合同,在一定条件下,双方都可以解除和变更。因此,如果双方变更或解除了委托代理合同的,诉讼代理权限也势必要变更和解除。如果委托人与委托代理人变更或解除了诉讼代理权限的,应及时书面通知人民法院,以便人民法院及时了解委托代理人权限的变化,防止出现无权代理、越权代理的情况,防止代理人损害委托人的利益。人民法院自收到当事人的变更或解除通知后,原授权委托书即失效。当事人变更或解除代理人权限的,对代理人原来的诉讼行为是否还继续有效,《若干解释》没有具体规定。但根据我国其他法律对代理制度的规定精神,代理人在代理期间、授权范围内的行为,在解除代理合同或者变更权限后,仍应对委托人继续有效,不因以后的变化而影响以前行为的效力。因此,如果当事人解除委托代理或者变更代理权限,之前的诉讼行为仍然对当事人有效。当事人不能因解除委托代理或者变更代理权限,而否认代理人已进行的诉讼行为。如代理人原来被授予了处分权,并且处分了当事人的诉讼权利或实体权利,之后虽然当事人取消了代理人的处分权,代理人的原处分行为对当事人仍然有效。但是,如果代理人与对方当事人恶意串通,故意损害委托人的合法权益,人民法院可以认定代理人的代理行为无效。

四、证据

(一) 被告的举证责任和举证期限

在行政诉讼中,被告对其作出的具体行政行为承担举证责任。在行政诉讼法上,被告对行政行为的合法性承担举证责任为行政诉讼法明确规定,这种明确规定属于义务性的规定。对于此种义务性的规定,不仅行政机关应当遵守,人民法院也应当遵守。也就是说,人民法院对于行政行为合法性的举证责任问题没有裁量的权限。据此,人民法院不能认为,由被告承担举证责任属于司法裁量的范畴;人民法院也不能认为,对于某些有关合法性的事项,也可以由原告来承担举证责任。原告当然可以提出有关行政行为合法性的材料,但这是原告提供证据的权利,也就是说通过提供证据证明行政行为违法是原告的权利,如果未证明行政行为违法,法院不能因此认为行政行为合法。举证范围仅仅包括行政行为的合法性,不包括合理性。法定举证责任里,只规定了行政机关对于行政行为的合法性必须举证,不包括一般的合理性问题。合法性和合理性是行政机关作出行政行为时的两个标准。对于合法性问题,行政机关必须通过举证来证明其合法性;对于合理性问题,大多数是属于行政机关裁量权限范围的事项,只有在极度的、令人难以忍受的不合理情形,行政机关才有义务证明其不存在此种情形。被告对于行政行为的合法性承担举证责任,对于合理性问题没有举证义务。除非行政机关在裁量过程中出现重大的事实误认、重大的程序瑕疵、超越裁量权限、不依法裁量或者滥用裁量权限的情况下,原告对于行政机关的合理性产生了极度的怀疑且有证据证明可能存在相关情形时,被告才承担举证责任。但是,这种"合理性"问题实际上已经转化为合法性问题,仍然没有脱离被告对行政行为合法性举证的一般规则。被告应当提供据以作出行政行为的全部证据。行政机关应当提供全部证据而不是主要证据;全部证据限于被告据以作出行政行为时的证据,即进入行政案卷的证据。基于案卷排他性原则,没有进入行政案卷的证据,无论是否与行政行为合法性相关,被告均不能向法院提供。

(二) 原告的举证责任

根据《若干解释》第二十七条的规定,原告对下列事项承担举证责任:

1. 证明起诉符合法定条件,但被告认为原告起诉超过起诉期限的除外。由于行政诉讼是由行政相对人的起诉行为启动的,因此,在正常的情况下,首先应当由行政相对人负担举证责任。"起诉符合法定条件"是指起诉必须符合行政诉讼法关于起诉条件的规定。根据行政诉讼法第四十一条的规定，提起诉讼应当符合下列条件：原告是认为具体行政行为侵犯其合法权益的公民、法人或者其他组织；有明确的被告；有具体的诉讼请求和事实根据；属于人民法院受案范围和受诉人民法院管辖。此外，原告还应当就起诉符合起诉期限以及是否经过行政复议等提供相应的证据材料。被告如果认为原告起诉超过起诉期限不符合起诉条件的，根据"谁主张，谁举证"原则，由被告承担举证责任。

2. 在起诉被告不作为的案件中，证明其提出申请的事实。原告必须提供提出申请的证据材料以证明其已经向行政机关申请履行法定职责，而行政机关没有作为。原告只要提供行政程序中提出申请的材料就意味着原告在行政程序中作出和行政机关发生法律上的权利义务关系的意思表示，而行政机关不予答复或者拒绝履行，原告举证责任就已经完成。对于原告在行政程序中提出申请的材料一般应当由原告来提供，因为此时申请材料可能在两个地方：一是在原告处；二是在被告处。在原告处应当由原告提供无疑。如果申请材料在被告处，其原因在于被告受理申请的登记制度不完备，此时由被告提供即可。

3. 在一并提起的行政赔偿诉讼中，证明因受被诉行为侵害而造成损失的事实。根据行政诉讼法和国家赔偿法的规定，对于行政赔偿责任应当满足以下几个要件：侵权主体是行政机关或者其工作人员；违法行为的存在；权益受到损害的事实；违法行为与权益受损之间存在相当因果关系。一般而言，对于损害事实，原告最为清楚，在证据距离上最近，因此，原告应当就其财产贬值、人身权受到伤害等方面的事项提供证据。而对于侵权主体、违法行为是否存在、违法行为与权益受损之间存在相当因果关系等待证事实由被告来承担。

4. 其他应当由原告承担举证责任的事项。审判实践中，对于要求原告举证的范围，需要最高人民法院通过司法解释或者批复答复予以明确。如果出现举证责任不明确的情形，可以通过请示由最高人民法院解释，不宜随意要求原告承担举证责任。

（三）被告特定情形下的补充证据

《若干解释》第二十八条规定，有下列情形之一的，被告经人民法院准许可以补充相关的证据：

1. 被告在作出具体行政行为时已经收集证据，但因不可抗力等正当事由不能提供的。本条第（一）项的内容属于延期提供证据，不属于补充证据的情形。该项规定已为《最高人民法院关于行政诉讼证据若干问题的规定》第一条第二款的内容所替代。

2. 原告或者第三人在诉讼过程中，提出了其在被告实施行政行为过程中没有提出的反驳理由或者证据的。行政诉讼法第三十三条规定，在诉讼过程中，被告不得自行向原告和证人收集证据。也就是说，在一般情况下，法院不允许被告在诉讼中补充证据。因为根据"先取证后裁决"的原则，被告不应当事后取证，而应当在作出行政行为之前取证。这一规定有一个前提条件，就是被告证据不足的原因在于其自身。根据行政诉讼法规定的精神，被告向法院提交的证据原则上必须是行政行为实施过程中所形成的，是在行政决定作出前已经收集的证据，事后获取的证据不能证明先前行为的合法性。从行政审判实践来看，有些具体情况下行政机关并无主观过错，这种情况下，应当允许被告补充证据。在一些特殊情况下，行政机关在行政程序中要求行政相对人提供相关的证据或者提出反驳理由，但是行政相对人未予提供。此时，造成证据不足的原因在于行政相对人。例如，行政机关在对行政相对人作出不利的行政处罚时，行政相对人不予配合，也不提交相关的材料，行政机关就收集到的现有证据作出了行政处罚。但是在诉讼过程中，原告提出了行政处罚存在减轻情节，行政机关没有考虑。也就是说，原告或者第三人在诉讼过程中，提出了其在被告实施行政行为过程中没有提出的反驳理由或者证据，意味着原告或者第三人提出的反驳理由或者证据没有作为行政机关在作出行政行为时的考虑因素。如果人民法院认可该"突袭"证据，将可能导致行政机关因"证据不足"而败诉。这对于行政机关而言，也是不公平的，也突破了案卷主义原则，此时应当给予行政机关补充证据的机会。但是，被告不能因此而补充其认为应当补充的证据，其应当针对原告或者第三人提出的"在被告实施行政行为过程中没有提出的反驳理由或者证据"。

（四）调取证据

《若干解释》第二十九条规定，有下列情形之一的，人民法院有权调取证据：

1. 原告或者第三人及其诉讼代理人提供了证据线索，但无法自行收集而申请人民法院调取的。本条是对行政诉讼法第三十四条第二款规定的进一步细化。本条第（一）项规定包括三个条件：（1）申请人应当是原告或者第三人，不包括被告。这是由于被告在行政程序中具有足够的收集证据的能力，因为行政机关如果连收集证据的能力都没有，就无法作出行政行为。当然，在极特殊的情形下，如果原告或者第三人在诉讼中提出了其在行政程序中没有提出的证据的，行政机关如果就此进行反驳，而且反驳证据并不处于其持有之下且无法获取的，似乎也可以申请人民法院调取证据。（2）原告或者第三人客观不能。不论是"不能自行收集"还是"无法自行收集",其基本涵义是指申请证据须客观不能。所谓客观不能是指不能收集证据的原因在于申请人的客观不能,不仅仅是指"不可抗力"或者"其他不能抗拒的原因"等。例如,如果证据处于对方当事人的持有之下,则对于申请人而言亦属于客观不能。是否属于客观不能,由法院根据案件具体情况加以确定。(3) 能够提供确切线索。原告或者第三人申请调取证据如果只是空泛地要求调取证据,必须能够提供一定的线索。因为原告或者第三人申请调取证据毋宁是对其举证行为的一种补充和帮助,而且对于提供证据线索而言,原告或者第三人并不需要特别的能力。因此,只有在三个条件同时具备时方可申请法院调取证据。

2. 当事人应当提供而无法提供原件或者原物的。当事人应当提供而无法提供原件或者原物,属于因客观原因不能自行收集证据的情形,法院可以依职权或者依申请调取证据。

(五) 非法证据排除规则

《若干解释》主要规定以下几个方面的内容:

1. 被告及其诉讼代理人在作出具体行政行为后自行收集的证据,不能作为认定被诉具体行政行为合法的根据。行政机关作出行政行为必须遵循"先取证、后裁决"规则。这是对取证的最主要的程序控制,行政机关对于适法性事实的认定,必须先于裁决进行。行政机关要收集、掌握行政相对人大量的材料,只有在掌握的证据足以证明行政相对人的行为满足相应法律的适用条件之时,才能进行裁决。被告及其诉讼代理人在作出行政行为后自行收集的证据,违背了"先取证、后裁决"规则,不能作为认定被诉行政行为合法的根据。

2. 被告严重违反法定程序收集的其他证据,不能作为认定被诉具体行政行为合法的根据。"严重违反法定程序"主要应当从以下几个方面进行判断:一是违反该法定程序是否严重影响了行政相对人的实体性权利。如果违反行政程序导致了实体性权益的损失,则属于严重违反法定程序。例如,在行政处罚中,行政机关不依法告知当事人行政处罚的事实、理由和根据,导致行政相对人合法权益受到损失。二是违反该法定程序是否违反了法律所保护的行政相对人的重大程序性权利。如果违反了法律所保护的行政相对人的重大程序性权利,则属于严重违反法定程序。例如,在行政处罚中,行政机关在作出责令停产停业、吊销许可证或者执照、较大数额罚款等行政处罚决定前,应当告知当事人有要求举行听证的权利。三是违反该法定程序导致行政行为无效或者不成立的。例如,根据行政处罚法第三条第二款的规定,不遵守法定程序的，行政处罚无效。这个规定可以进行反向推导，因不遵守法定程序导致行政处罚无效的，亦属于严重违反法定程序之情形。

3. 未经法庭质证的证据不能作为人民法院裁判的根据。质证是指在法庭审理过程中，由诉讼当事人及其诉讼代理人就法庭上所出示的证据材料采取询问、辩驳、辨认、质疑、说明等方式，对就证据的可采性和证明力等问题对法官产生内心确信的一种诉讼活动。质证是证据法上的重要内容，是当事人的一项诉讼权利，也是当事人为实现胜诉目的而采取的必要手段，同时也是法院审查认定证据的可采性和证明力的重要前提。未经质证的证据，违反了直接言词原则。在行政诉讼法上，直接原则主要包括三层涵义：一是法官必须在法庭上亲自听取诉讼当事人及其诉讼代理人的陈述、辩论，参加法庭调查，直接接触证据；二是法官和当事人、其他诉讼参与人必须亲自到庭参加庭审，同时在场；三是判决应当由参加庭审的法官作出并且以庭审中的接触到的证据来认定事实。言词原则，又称为言词审理、言词辩论或者口头主义原则，是指除了法律有特别规定之外，法庭审理应当以口头方式进行。未经法庭质证的证据，等于没有经过司法判断的证据，不具有合法性。这就是说，在一般情况下，对于提交到法院的证据材料必须经过质证的过程，否则引起的法律后果是——没有经过质证的，不能作为定案的依据。质证主要是通过直接主义和言辞主义来体现程序公正的，目的在于对证据材料的"三性"、证明力的大小等提出质疑、说明和辩驳，通过当事人的质证行为确定证据的证明力，最终确定案件事实。因此，质证是人民法院认定证据效力的前提。

4. 复议机关在复议过程中收集和补充的证据，不能作为人民法院维持原具体行政行为的根据。复议机关在复议过程中收集和补充的证据，是在原行政行为作出之后，复议机关收集和补充的证据，该证据违反了"先取证、后裁决"规则，不能作为人民法院维持原行政行为的根据。

5. 被告在二审过程中向法庭提交在一审过程中没有提交的证据，不能作为二审法院撤销或者变更一审裁判的根据。如果允许被告在二审过程中向法庭提交在一审过程中没有提交的证据，实际上等同于认可其"证据突袭"。因此，此类证据也不具有合法性。

五、起诉与受理

（一）法院对起诉的审查

人民法院对于起诉的审查，是一种程序意义上的审查。只要起诉人的起诉符合法律规定的要件，应当予以受理；对于不符合法定的要件的，可以裁定不予受理。根据行政诉讼法的规定，人民法院接到起诉状，经审查，应当在7日内立案或者作出裁定不予受理。这就是说，人民法院经过审查之后有两种结果：立案或者裁定不予受理。经过审查后，人民法院可以作如下处理：（1）决定受理。对于符合受理条件的，人民法院应当在7日内立案，并及时通知当事人。（2）先予受理。在司法实践中，有些疑难的行政案件由于需要向上级法院请示或者需要送请有关机关作出解释等等原因，可能在7日内无法作出准确的判断。此时，为了保障利害关系人的诉讼权利，如果7日内不能决定是否受理的，应当先予受理；受理后经审查不符合起诉条件的，裁定驳回起诉。（3）飞跃起诉。受诉人民法院在7日内既不立案，又不作出裁定的，起诉人可以向上一级人民法院申诉或者起诉。这是《若干解释》的新规定。上一级人民法院认为符合受理条件的，应予受理；受理后可以移交或者指定下级人民法院审理，也可以自行审理。这样规定比较灵活，有利于解决行政诉讼"告状难"的问题。这个规则对于保障人民法院依法行使行政审判权，排除地方干预具有积极意义。（4）要求限期补正。如果对受理条件有欠缺或者基本的事实根据不足的，人民法院可以责令起诉人限期补正。起诉人按期补正后，经审查，符合受理条件的，从人民法院收到补正材料之日起7日内立案。起诉人无法补正或者逾期不补正的，则在7日内作出不予受理的裁定。德国的做法是，对于诉状不符合诉状要求的，庭长或者其指定的主审法官要求起诉人在一定期限内进行必要补充并且可以确定补充的最后期限。该期限是除斥期限，不得再次延长。（5）裁定不予受理。对于不符合起诉条件的，人民法院应当裁定不予受理。《若干解释》第四十四条对适用裁定不予受理的情况进行了列举。当然，对于一部分到法院投诉或者带有试探性质、咨询性质的申诉，经过审判人员解释和宣传，投诉人认为没有异议，自愿放弃投诉、申诉的，则亦可以不作出不予受理的裁定；如果投诉人对审判人员的观点和意见持有异议，并且坚持起诉的，人民法院认为不符合起诉条件的，应当制作不予受理的裁定。当然，制作不予受理的裁定亦应当组成合议庭。由合议庭对起诉人的起诉进行审查，并由合议庭成员署名，加盖人民法院印章发出。在制作不予受理的裁定书时，也应当载明起诉人的基本情况、诉讼请求、不予受理的事实和法律依据，必要时还应当指出处理纠纷的法定途径等等。不宜简单表述为"经审查，原告的起诉不符合法定的起诉条件，裁定不予受理。"（6）告知上诉。人民法院应当在裁定中告知起诉人对不予受理裁定不服，可在接到裁定书之日起10日内向上一级人民法院提出上诉。

（二）行政复议与行政诉讼程序

1. 复议前置情形下的受理。行政诉讼法第三十七条第二款规定，法律、法规规定应当先向行政机关申请复议，对复议不服再向人民法院提起诉讼的，依照法律、法规的规定。行政复议法第十六条规定："公民、法人或者其他组织申请行政复议，行政复议机关已经依法受理的，或者法律、法规规定应当先向行政复议机关申请行政复议，对行政复议决定不服再向人民法院提起行政诉讼的，在法定行政复议期限内不得向人民法院提起行政诉讼。公民、法人或者其他组织向人民法院提起行政诉讼，人民法院已经依法受理的，不得申请行政复议。"上述规定表明，行政复议程序和行政诉讼程序是独立的程序，在程序进行中不能相互干涉，否则不利于发挥各自的优势。据此，在复议前置的情形下，公民、法人或者其他组织未申请复议直接提起诉讼的，人民法院不予受理。复议机关不受理复议申请或者在法定期限内不作出复议决定，属于复议机关不作为。公民、法人或者其他组织对此不作为不服依法提起诉讼的，人民法院应当依法受理。

2. 非复议前置情形下的受理。在行政复议不是必经程序的情况下，公民、法人或者其他组织既提起诉讼又申请行政复议的，行政复议机关或者人民法院已经受理的，该争议已经系属于复议或者诉讼，哪个机关先受理应当以哪个机关为管辖机关。在行政复议机关或者人民法院同时受理的情况下，由公民、法人或者其他组织选择，而非由行政复议机关和人民法院协商解决。公民、法人或者其他组织已经申请行政复议，在法定复议期间内又向人民法院提起诉讼的情形下，该行政争议已经系属于行政复议，人民法院不予受理。"法定复议期间"是指行政复议法第三十一条第一款的规定，即"行政复议机关应当自受理申请之日起六十日内作出行政复议决定；但是法律规定的行政复议期限少于六十日的除外。情况复杂，不能在规定期限内作出行政复议决定的，经行政复议机关的负责人批准，可以适当延长，并告知申请人和被申请人；但是延长期限最多不超过三十日。"

3. 撤回复议申请后的受理。法律、法规未规定行政复议为提起行政诉讼必经程序，公民、法人或者其他组织向复议机关申请行政复议后，经复议机关同意撤回复议申请，意味着行政复议程序终止，意味着公民、法人或者其他组织脱离了行政复议程序，意味着行政复议机关未对原行政行为进行审查。此时，公民、法人或者其他组织在法定起诉期限内对原行政行为提起诉讼的，人民法院应当依法受理。此时行政复议机关不存在作为或不作为情形，公民、法人或者其他组织不能以行政复议机关作为被告提起诉讼。

（三）撤诉

1. 撤诉是原告放弃或者处分自己诉讼权利的行为，也是原告放弃诉讼请求的一种方式。撤诉是导致具体诉讼法律关系终结的诉讼活动，撤诉成立将终结诉讼程序。法律上设定撤诉的审查和准许程序，目的是为了保证撤诉制度的严肃性。根据一事不再理原则，原告以同一事实和理由重新起诉的，人民法院不予受理。这一规定有利于促进当事人在处分自己的权利时仔细斟酌、认真考虑。如果撤诉是由于原告意志以外的原因造成的，或者是迫于行政机关的压力而撤诉的，意味着法院在审查时把关不严，属于准予撤诉的裁定确有错误的情形。此时，人民法院撤销准予撤诉的裁定，恢复对案件的审理，在理论上说得通，也给当事人提供了救济渠道。

2. 根据法律规定，对原告或者上诉人未按规定的期限预交案件受理费，又不提出缓交、减交、免交申请，或者提出申请未获批准的，人民法院应当按自动撤诉处理。按自动撤诉处理，属于当事人自动申请撤诉。对于人民法院裁定按撤诉处理后，原告或者上诉人在按规定预交了诉讼费或者经人民法院批准缓交、减交、免交诉讼费的，人民法院应予受理。出现该情况的原因是审判程序中有两个法定期限，一是预交诉讼费用的期限，二是提起诉讼和上诉的期限。《诉讼费用交纳办法》第二十二条第一、二款规定："原告自接到人民法院交纳诉讼费用通知次日起7日内交纳案件受理费；反诉案件由提起反诉的当事人自提起反诉次日起7日内交纳案件受理费。""上诉案件的案件受理费由上诉人向人民法院提交上诉状时预交。双方当事人都提起上诉的，分别预交。上诉人在上诉期内未预交诉讼费用的，人民法院应当通知其在7日内预交。"根据行政诉讼法的规定，原告提起诉讼的一般期限分别是15日和3个月，法律另有规定的除外，上诉人对一审判决提出上诉的期限是15日，对一审裁定提起上诉的期限是10日。在这种情况下，原告或者上诉人虽然未按照人民法院规定的期限交纳诉讼费，但由于案件未进入受理阶段，其撤诉行为应当视为未起诉或者未上诉，原告或者上诉人在法定起诉期限和上诉期限内再次起诉或者上诉，并按照规定解决了诉讼费用问题后，原告或者上诉人的再次起诉和上诉就是符合法律规定的，人民法院不应当将该行为视为"原告或者上诉人以同一事实和理由重新起诉或者上诉"。

（四）起诉期限

1. 根据有关法律法规和规章的规定，行政机关大多具有保护公民、法人或者其他组织人身权和财产权的法定职责。在公民、法人或者其他组织面临人身权财产权方面的侵害时，有权向有关行政机关申请保护。行政机关在收到公民、法人或者其他组织申请后,应当在一定期限内予以答复。如果法律、法规、规章或者其他规范性文件对行政机关履行职责的期限有规定的,应当依其规定。上述规范性文件之间对于期限规定不一致的,应当按照行政诉讼法第五十二条、第五十三条的规定予以处理。如果行政机关履行职责期限并无上述规范性文件规定,行政机关也应当在一个合理的期限——60日内履行相应职责。行政机关在接到申请之日起60日内不履行的,公民、法人或者其他组织向人民法院提起诉讼,人民法院应当依法受理。公民、法人或者其他组织在紧急情况下请求行政机关履行保护其人身权、财产权的法定职责,不能拘泥于上述期限的限制。例如公民请求公安机关制止歹徒正在进行的不法侵害、请求灭火等等。此时如果行政机关不立即采取措施,如不予答复或者行动迟缓,公民、法人或者其他组织立即向人民法院起诉,法院应当予以受理。

2. 原告的初步证明责任。行政机关在作出行政行为时,为了体现行政权力的庄重和依法行政原则,一般应当制作和送达相应的行政法律文书。行政机关在作出行政行为时不制作和送达相关文书,本身就属于违法的行为。行政机关不制作或者没有送达法律文书,公民、法人或者其他组织可能无法知道行政行为的存在,更谈不上行使其诉权。如果人民法院以起诉人因此无法指明或者确定被诉行政行为的存在而不予受理,将不符合行政诉讼法保护人民权益的立法宗旨。从公平的角度考虑,不能因为行政机关的违法行为,而将不利后果——不予受理转嫁到人民身上。原告只要能够证明行政行为存在,人民法院即应当受理。

3. 2年起诉期限。行政机关作出行政行为时,有责任告知相对人诉权和起诉期限。因为行政诉讼受案范围并非包括行政机关的全部的、各个种类的行政行为,法律对行政行为的可诉性有着明确的规定,起诉期限也因被诉行政行为的不同而有所区别。行政机关作出影响他人合法权益行为的同时有义务告知相对人诉权和起诉期限。行政机关未交待诉权和起诉期限,就很难确定相对人是否知道诉权和起诉期限。因此,起诉期限从公民、法人或者其他组织知道或者应当知道诉权或者起诉期限之日起计算。另一方面,也要考虑公共利益的需要,不能将起诉期限无限延长,应当确定必要的"时间段"。这个时间段的起点是知道或者应当知道行政行为内容之日,结点是从上述日期起最长不得超过2年。该"最长不得超过2年"的规定不受行政机关是否负有法定告知义务的影响。

4. 最长起诉期限。一般情况下,行政行为在作出之时,行政机关应当告知行政相对人行政行为的内容。根据行政法原理,如果行政机关在作出行政行为之时不告知行政相对人的,该行政行为对行政相对人不发生法律效力。

在司法实践中，经常出现行政相对人不知道行政行为已经作出和行政行为的内容的情况。行政相对人在知道行政行为的内容之时，已经时过境迁，超过了行政诉讼法规定的起诉期限。造成这种情况的原因是多方面的，有的是由于行政机关的工作失误造成的，有的是由于行政机关只将有关文书送达了直接的行政相对人，而对行政相关人、潜在的利害关系人没有进行通知等等。对于此种连行政行为的内容都不知道的情况，应当给予利害关系人保护。因为在这种情况下，利害关系人超过法定起诉期限是由于行政机关的原因或者其他非自身原因造成的，不应当由其承担超过起诉期限的不利后果。基于以上考虑，司法解释一方面规定，"公民、法人或者其他组织不知道行政机关作出的行政行为内容的，其起诉期限从知道或者应当知道该行政行为内容之日起计算。"这实际上是重述行政诉讼法的规定，以"知道或者应当知道"作为起算点。另一方面，为了保障行政法律关系的稳定，根据是否涉及不动产等情况的不同，对于起诉期限规定了最长的起诉期限。即对涉及不动产的行政行为从作出之日起超过 20 年，其他行政行为从作出之日起超过 5 年提起诉讼的，人民法院不予受理。

5. 期限的扣除。起诉人如果因不可抗力等非自身原因超过起诉期限的，因非自身原因而耽误的时间应在起诉期限中扣除。但是在扣除耽误的时间后，仍然超过起诉期限的，法院不予受理。起诉人被限制人身自由而不能起诉的，被限制人身自由的时间应在起诉期限中扣除，在扣除被限制人身自由的时间后，仍然超过起诉期限的，法院不予受理。如果起诉人被限制人身自由，仍然有条件委托代理人提起诉讼，并且可以出庭参加诉讼的话，则不在此列。

六、审理与判决

（一）合并审理

合并审理的基础是诉的合并。诉的合并是指基于各个诉的主体或者内容上的联系，将若干个诉合并在一起共同审理和解决。诉的合并基本目的在于通过一个审判程序解决多宗诉讼请求，以便提高司法效率、节省司法资源，防止数个诉在相关联的问题上作出相互矛盾的判决。诉的合并的基本前提是：若干个诉之间存在主体或者内容上的联系；不同的诉属于同一法院管辖；若干个诉属于同一审判程序和诉讼系列。如果不属于同一法院管辖的，不能进行合并。诉的合并通常发生在以下几种场合：（1）一个原告对若干行政机关提出了若干相关联的诉讼请求。即两个以上行政机关分别依据不同的法律、法规对同一事实作出行政行为，公民、法人或者其他组织不服向同一人民法院起诉的情形。(2) 两个以上的原告对同一行政机关提出了各自相关联的诉讼请求。即行政机关就同一事实对若干公民、法人或者其他组织分别作出行政行为,公民、法人或者其他组织不服,分别向同一人民法院起诉的情形。(3) 在诉讼过程中,被告对原告作出新的行政行为,原告不服向同一人民法院起诉的。(4) 人民法院认为可以合并审理的其他情形。主要包括:①一个原告对同一行政机关提出了若干相关联的诉讼请求。如果行政机关基于同一事实对行政相对人作出若干不同的行政行为的,或者行政机关对行政相对人作出不同的程序性的、阶段性的行政行为的,亦可进行诉的合并。再如,原告要求法院撤销行政机关的行政行为,并且赔偿因违法行政行为造成的损失。此时原告实际上一并提起了行政赔偿诉讼,可以进行诉的合并。②数个原告对若干行政机关提出了若干相关联的诉讼请求。例如,行政诉讼法第二十六条规定的,当事人一方或者双方为二人以上,因同一行政行为发生的行政案件,或者因同样的行政行为发生的行政案件,亦为诉的合并。③第三人参加诉讼,本诉讼与第三人参加的诉讼合并审理。

(二) 财产保全和先予执行

财产保全,是指人民法院在作出判决前,在可能因一方当事人的行为或者其他原因,使将来生效的判决不能执行或者难以执行的情况下,为保证将来生效判决得到全部执行,而对当事人的财产采取强制性的加以保护的措施。诉讼保全制度是保护利害关系人或者当事人合法权益免受损失的诉讼上的保护性措施的一种,对于维护当事人的合法权益并使其合法权益得到切实保障,防止胜诉判决成为空头支票,强化司法权威的法律制度。财产保全的条件有两个:(1) 财产保全的前提是可能由于当事人主观原因或者客观原因,使以后的生效判决不能执行或者难以执行。所谓主观原因是指一方当事人属于故意,对有争议的被诉行政行为所涉及的财物采取转移、隐匿、变更等方法,致使人民法院后来作出的生效判决无法执行或者难以执行。所谓客观原因是指当事人争议的被诉行政行为所涉及的物品,有变质、腐烂等自然灭失的可能,需要及时采取措施,以保存该物品的价款。(2) 需要财产保全的案件,必须具有给付内容。单纯是撤销、部分撤销或者变更原行政行为的诉讼和要求履行法定职责的诉讼,由于不涉及给付财产的内容,不能采取财产保全措施。

诉讼保全既可能是依申请作出的,还可能是依职权作出的。诉讼保全从其基本的立法意旨而言,主要是为了保护利害关系人的合法权益免受即将或者正在进行的侵害,而利害关系人通常对其合法权益是否存在上述侵害可能或者侵害现实最为清楚,因此,一般而言,人民法院应当依据利害关系人的申请作出是否准予诉讼保全的裁定。但是，在特殊的情况下，特别是在利害关系人不愿意提出诉讼保全的申请时，由于案件涉及国家利益、社会公共利益或者他人合法权益的情形下，人民法院得依职权作出财产保全的裁定。"必要时"主要是指以下两种情况：一是对方当事人有转移、隐匿财产的可能，而申请人因缺乏法律知识和经验，没有及时提出申请。二是争议的标的物有毁损、变质、降质、腐烂的危险，双方当事人互相推诿责任，都不对争议的财产积极处理，如果法院不及时裁定保全，损失继续扩大，判决后更难执行。

先予执行制度是人民法院在审理行政案件过程中，因原告的生活、生产等的特殊需要，根据当事人的申请预先裁定给付一定财物或者立即停止或者实施某种行为的诉讼制度。先予执行制度的目的在于解决特定案件中当事人在生产、生活等方面的特殊需要，从而保障正常的行政法律秩序。先予执行，又称为先行给付，是指人民法院在生效裁判确定之前裁定有给付义务的人，预先给付对方部分财物或者为一定行为的法律制度。在行政诉讼中，先予执行主要适用于控告行政机关没有依法发给抚恤金、社会保险金、最低生活保障费等案件和申请行政机关履行保护人身权和财产权的案件。先予执行是一种暂时权利保护的制度，其暂时性的特点就是对于当事人的权利保护不是最终的。人民法院对于先予执行的申请应当进行审查。先予执行应当符合以下条件：（1）当事人之间权利义务关系比较明确，即当事人之间的行政法律关系比较明确；（2）申请人有较大的胜诉机率；（3）不先予执行将严重影响申请人的生活或者生产经营；（4）被申请人有履行能力。

当事人对财产保全或者先予执行的裁定不服的，可以申请复议。复议期间不停止裁定的执行。人民法院对于当事人提出的复议应当及时审查，裁定正确的，通知驳回当事人的申请；裁定不正确的，作出新的裁定变更或者撤销原裁定。

（三）撤诉和缺席判决

原告或者上诉人经合法传唤，无正当理由拒不到庭或者未经法庭许可中途退庭的，可以按撤诉处理。所谓"合法传唤"就是要求依照法定的方式和程序传唤当事人，即将传票送达本人，并且由被送达人在送达回证上签名、盖章。"正当理由"是指不可抗力或者其他不能抗拒的事由。对于有正当事由不能参加诉讼的，人民法院不能视为原告申请撤诉，而应当另行确定开庭日期或者延期审理。原告或者上诉人未经法庭许可中途退庭，意味着原告或者上诉人以明示的方式拒绝法院的裁判，此时，法院可以按撤诉处理。当然，原告或者上诉人中途退庭的原因很多，有的是因为对于法院裁判不抱有信心，有的是对法院偏向行政机关存有异议。无论何种原因,原告或者上诉人应当等待人民法院的裁判。此处的"原告"不仅仅包括原告本人,如果丧失诉讼行为能力的原告的法定代理人无正当理由拒不到庭,亦不委托诉讼代理人的,也应当比照上述规定处理。

人民法院必须经过审查才能认定原告的行为属于"视为申请撤诉"。如果原告虽然没有到庭,但是委托诉讼代理人参加诉讼的,不能视为申请撤诉。只有原告无正当理由拒不到庭又不委托诉讼代理人参加诉讼的,才可以视为申请撤诉。也就是说,视为申请撤诉不是不经过人民法院审查就可以直接视为撤诉。

第三人经合法传唤无正当理由拒不到庭,或者未经法庭许可中途退庭的,不影响案件的审理。第三人是与被诉行政行为有利害关系的其他公民、法人或者其他组织。第三人的地位类似被告的,其经合法传唤无正当理由拒不到庭,或者未经法庭许可中途退庭的,其效果类似缺席判决;第三人地位类似原告的,其经合法传唤无正当理由拒不到庭,或者未经法庭许可中途退庭的,其效果类似视为放弃权利的撤诉。由于第三人是参与到他人诉讼中来的,因此,其经合法传唤无正当理由拒不到庭,或者未经法庭许可中途退庭的不利法律后果由其自己承担,并不影响案件审理的进程。

(四)撤销判决与复议决定

行政诉讼法第二十五条第二款规定,经复议的案件,复议机关决定维持原具体行政行为的,作出原具体行政行为的行政机关是被告。这一规定隐含的前提是,复议机关维持原行政行为时,原行政行为体现的是原行政机关的意志,复议机关只不过是对此加以强化和肯定而已,因此,实际上对公民、法人或者其他组织的权利义务产生影响的是原行政行为。复议决定维持原行政行为,被告是原行政机关,诉讼标的是原行政行为。法院判决撤销原行政行为,而复议机关维持原行政行为,基于司法最终的原则,复议决定自然无效。法院的裁判并不受复议机关决定的影响。因此,复议决定维持原具体行政行为的,人民法院判决撤销原具体行政行为,复议决定自然无效。

行政诉讼法第二十五条第二款规定,复议机关改变原具体行政行为的,以复议机关为被告。人民法院应当审查被诉行政复议行为。复议决定改变原具体行政行为,原行政行为的效力已经被行政复议决定所覆盖,此时生效的行政行为应当是改变原行政行为的行政复议决定。复议决定改变行政行为错误,人民法院应当予以撤销。行政复议决定撤销,并不能恢复原行政行为的效力,也并不能反证原行政行为合法。人民法院判决撤销复议决定后,原行政争议仍然存在,原告的诉讼请求往往也没有得到满足,从司法救济的角度来看，仍有必要要求行政机关有所作为，即重新作出行政行为。

（五）判决重作

人民法院判决被告重新作出具体行政行为，被告重新作出的具体行政行为与原具体行政行为的结果相同，但主要事实或者主要理由有改变的，不属于行政诉讼法第五十五条规定的情形。行政诉讼法第五十五条规定，人民法院判决被告重新作出行政行为的，被告不得以同一的事实和理由作出与原具体行政行为基本相同的具体行政行为。同一事实和理由中的"事实"是指行政机关所认定的据以作出行政行为的法律事实；"理由"是指行政机关据以作出行政行为的证据和所依据的规范性文件。判断事实和理由同一性的标准是主要事实和主要理由是否一致，即只要主要事实和主要理由一致，就属于行政诉讼法第五十五条规定的同一事实和理由，而仅仅次要事实和次要理由的改变则不影响定性和处理。一般说来，撤销重作判决所针对的行政行为至少应当在主要事实和主要理由上不能成立，仅在次要事实或者次要理由上有所改变，事实上并未改变行政行为违法性质，不属于行政诉讼法第五十五条规定的情形。

人民法院以违反法定程序为由，判决撤销被诉具体行政行为的，行政机关重新作出具体行政行为不受行政诉讼法第五十五条规定的限制。根据行政诉讼法第五十四条的规定，被诉行政行为违反法定程序的，人民法院应当判决撤销或者部分撤销，并可以判决被告重新作出行政行为。重作行政行为不能基于同一的事实和理由，但是其中以违反法定程序为由撤销重作的，不在此限。这是因为此种情形下的撤销判决，事实与理由都属于实体问题，不属于程序问题。违反法定程序固然可能影响实体处理的结果，但两者之间并无必然的联系。在法律上，原来的事实和理由仍然可能适用因违反法定程序而被撤销重作的行政行为。

行政机关以同一事实和理由重新作出与原具体行政行为基本相同的具体行政行为，人民法院应当根据行政诉讼法第五十四条第（二）项、第五十五条的规定判决撤销或者部分撤销，并根据行政诉讼法第六十五条第三款的规定处理。行政机关以同一事实和理由重新作出与原行政行为基本相同的行政行为，违反了行政诉讼法第五十五条"人民法院判决被告重新作出行政行为的，被告不得以同一的事实和理由作出与原具体行政行为基本相同的具体行政行为"的规定。对于违背生效裁判的行为，人民法院可以依据行政诉讼法第五十四条第（二）项的规定判决撤销或者部分撤销。此时，对于公然对抗法院裁判的行为，法院不必再根据行政诉讼法第五十四条第（二）项的规定判决被告重新作出行政行为。人民法院还可以根据行政诉讼法第六十五条第三款关于行政机关拒绝履行判决、裁定而采取的措施的规定作出处理，即法院对于以同一事实和理由作出基本相同的行政行为的行政机关可以采取执行罚，可以向有关部门提出司法建议，直至追究主管人员和直接责任人员刑事责任。

（六）不加重处罚规则

人民法院审理行政案件不得加重对原告的处罚，但利害关系人同为原告的除外。行政诉讼法第五十四条第（四）项规定，行政处罚显失公正的，可以判决变更。从变更的字面意思来看，其涵义包括减轻，也包括加重。行政诉讼法虽然没有规定变更处罚只能理解为减轻处罚而不能理解为加重处罚，但是从立法宗旨和法律精神来看，变更判决只能理解为减轻处罚，而不能加重处罚。从我国目前的行政审判实践来看，普遍存在民畏官、不敢告的现象，行政相对人在行政管理和行政诉讼中处于明显的劣势地位。因此，对其诉权的行使应当多一重保障，如果行政相对人提起诉讼之后，还可能面临法院更重的处罚，将会打击其通过诉讼解决纠纷的信心。此外，虽然行政诉讼法虽然没有明确变更判决不加重处罚原则，但是刑事诉讼法中明确的上诉不加刑原则可以佐证，起诉或者上诉都不能使当事人陷入更加不利的境地。据此，人民法院审理行政案件不得加重对原告的处罚。但是如果利害关系人同为原告，则可以在变更判决中加重对原告的处罚。这是因为，作为利害关系人的原告之间可能存在完全相反的利益。例如治安案件中的受害人和加害人，加害人认为畸重，受害人认为畸轻，此时法院应当根据案件事实和公平原则作出裁判，不再适用诉讼不加重行政处罚的原则。这一规定虽然只是针对行政处罚显失公正，但是随着行政诉讼的发展，还可能适用于居间裁决的行政行为。

人民法院审理行政案件不得对行政机关未予处罚的人直接给予行政处罚。这样规定是基于法院与行政机关之间的权力分工。法院在审理中可能发现行政机关对违法人员未予处罚，若人民法院对其直接进行处罚，则实际上侵夺了行政机关对违法行为的首次判断权和首次处罚权，属于代替行政机关作出行政行为，违反了职权分工原则。

（七）驳回原告诉讼请求判决

驳回原告诉讼请求判决属于广义的确认判决范畴。驳回原告诉讼请求判决在形成诉讼、给付诉讼和确认诉讼中都存在。该判决形式在行政诉讼法中没有规定，《若干解释》对此作出规定。有下列情形之一的，人民法院应当判决驳回原告的诉讼请求：

1. 起诉被告不作为理由不能成立的。原告起诉被告不作为理由成立的，人民法院将判决行政机关在一定期限内履行法定职责（义务）。原告起诉被告理由不成立的情形主要包括：（1）被告并无法定的职责（义务）；（2）被告已经履行相应的法定职责（义务）；（3）被告履行法定职责（义务）的期限尚未届满；（4）被告履行法定职责（义务）的条件尚未具备。不作为行为并没有特定的行为形态，判决维持犹如维持并不存在的行为，违背一般的常理。此时，针对原告诉讼请求作出判决，既合法也合理。

2. 被诉具体行政行为合法但存在合理性问题的。在根据行政诉讼法第五十四条的规定对行政行为进行审查后，发现其在职权、程序、认定事实、适用法律等方面均不违法，法院不能就此作出撤销判决。但是，这种行为经审查存在严重不合理的情形，作出维持判决就等于维持一个存在瑕疵的行政行为。例如，公安机关依照法律规定紧急封闭道路，但载有孕妇的车辆急于通过封闭的道路去附近医院，公安机关不予准许该车辆通过导致孕妇难产死亡。原告起诉被告的封路行为，虽然该封路行为是依照法律实施的，但是不合情理，亦不符合比例原则，法院不能作出维持判决。此时，法院可以作出驳回原告诉讼请求判决。

3. 被诉具体行政行为合法，但因法律、政策变化需要变更或者废止的。被诉行政行为依据当时的法律、法规是合法的，但这种法律、法规可能因其与法律位阶（层级）原则或者其他法律相冲突，可能因国家政策变化需要即将被宣布废止或者变更。法院在这种情况下，无论作出维持还是撤销判决，都是不正确的。此时，法院应当基于公平原则，针对情势变更后的结果作出相应判决。该种判决亦可称为"情势判决"（或者情况判决）。

4. 其他应当判决驳回诉讼请求的情形。根据行政诉讼法的规定，人民法院应当对行政行为的合法性而不是对原告诉讼请求是否合法进行审查，因此，驳回原告诉讼请求是一个兜底的、最终选择的判决方式。法院一般不能依据本项作出驳回原告诉讼请求的判决，防止滥用驳回原告诉讼请求判决。

（八）确认判决

1. 确认合法有效判决。人民法院作出该种判决的条件包括：（1）被诉行政行为合法。即人民法院经审查认为被诉行政行为符合行政诉讼法第五十四条第（一）项的规定或者《若干解释》第五十六条第（二）、（三）项的规定。（2）不适宜判决维持或者驳回原告诉讼请求。对于不适宜判决维持或者驳回诉讼请求的具体情况，由人民法院根据案件具体情况予以判断。司法实践中，该类判决较多运用于行政合同案件。

2. 确认违法无效判决。有下列情形之一的，人民法院应当作出确认被诉具体行政行为违法或者无效的判决：（1）被告不履行法定职责，但判决责令其履行法定职责已无实际意义的。在原告起诉被告不作为的情况下，人民法院经过审查认为被告的行为属于行政诉讼法第五十四条第（三）项"被告不履行或者拖延履行法定职责的"情形，法院可以判决被告在一定期限内履行。但是，在特定情形下，被告履行已经没有必要。例如，公民在紧急情况下请求公安机关保障其人身安全，公安机关不履行法定职责。法院经审查认为被告不作为成立，但法院判决履行法定职责已没有实际意义。此时，法院可以作出确认不作为违法（没有不作为无效的情形）的判决。对于因不作为受到损失的，原告可以请求赔偿。（2）被诉具体行政行为违法，但不具有可撤销内容的。行政诉讼法第五十四条规定了适用撤销判决的五种情形：主要证据不足、适用法律法规错误、违反法定程序、超越职权、滥用职权。但是，没有细分撤销判决可以撤销什么样的行政行为。实际上，违法的行政行为有的具有可撤销内容，有的没有可撤销内容。有可撤销内容的行政行为往往是具有行政处理事项的行政处罚、行政许可等行政行为。没有可撤销内容的行政行为则往往是殴打等暴力行为、事实行为，法院判决撤销该行为既不严肃，也不合理，法院可以作出确认违法（而非无效）的判决。（3）被诉具体行政行为依法不成立或者无效的。行政行为是否成立是一个事实状态的判断问题，其着眼点在于判明行政行为是否已经形成或者是否已经客观存在。"依法不成立"是法律对这种事实状态进行的价值判断。被诉行政行为依法不成立就是说这个行为在法律上还不存在。无效的行政行为是指被诉行政行为具有重大且明显的瑕疵，因而该行为自始无效的情形。"重大"说明行政行为的实施将会给行政相对人合法权益带来重大影响；"明显"说明行政行为的外化形态较易识别。无效的行政行为一般包括：违背地域专属管辖；无法辨认作出行政处理决定的行政机关；未依法作成书面决定；客观上不可能实施的行为；行政行为的实施可能导致相对人犯罪；违背善良风俗。

（九）情况判决

情况判决，也称为情势判决，是指在被诉行政行为违法，但撤销该行政行为将给国家利益或者公共利益造成重大损失的情况下，法院作出确认行政行为违法，被诉行政行为继续有效的确认判决。情况判决应当具备以下条件：（1）被诉行政行为违法。即被诉行政行为满足了行政诉讼法第五十四条第（二）项规定的撤销判决的五种情形。（2）撤销该行政行为将会给国家利益或者公共利益造成损失。由于行政行为都具有一定的国家利益性或者公共利益性，行政机关不能认为其是代表国家利益或者公共利益而要求法院作出情况判决。法院对于国家利益或者公共利益必须严格解释。（3）该损失必须是重大的损失。情况判决反映的是利益衡量，何谓重大，由法院根据案件具体情况予以判断。情况判决是一种特殊的判决形式，为了维护法律的严肃性，必须严格把握。补救措施主要是采取一些使被诉行政行为不失去效力的一些措施。如果造成当事人损失的，还应当判决承担赔偿责任。法院据此作出赔偿判决是其义务，法院不能以当事人未申请赔偿而拒不作出赔偿判决。

（十）履行判决

人民法院判决被告重新作出具体行政行为，如不及时重新作出具体行政行为，将会给国家利益、公共利益或者当事人利益造成损失的，可以限定重新作出具体行政行为的期限。行政诉讼法第五十四条第（二）项规定了撤销并重作的判决，但是没有规定重作的期限。一般认为，人民法院判决重作之后，行政机关只要在法定的处理期间作出行政行为即可。在特殊的情况下，人民法院应当限定行政机关重作的期限。限定重作期限应当满足以下两个条件：（1）重新作出行政行为在时间上具有急迫性。即当事人具有比较急迫的时间利益。（2）如果不及时重新作出行政行为，可能给国家利益、公共利益或者当事人利益造成损失。这种损失一般属于显而易见的损失。从这个意义上讲，限定重新作出行政行为的期限，具有一定的预防诉讼的性质。限定时间可以由人民法院根据案件具体情况予以确定。如果有法定的时限的，一般应当在法定时限内考虑；没有法定时限的，应当按照类似行政行为的期限标准确定。在确定时限方面，也要坚持平衡原则，既要考虑保护国家利益、公共利益或者当事人利益的急迫性，也要考虑行政机关的实际执法能力和效率水准。

人民法院判决被告履行法定职责，应当指定履行的期限，因情况特殊难于确定期限的除外。行政诉讼法第五十四条第（三）项规定，被告不履行或者拖延履行法定职责的，判决其在一定期限内履行。因此，法院在作出履行判决时，一般应当指定履行期限，只有在"情况特殊难于确定期限"时，可以作为例外。"情况特殊难于确定期限"由人民法院根据案件具体情况予以判断。

（十一）民事案件与行政案件一并审理

行政诉讼与民事案件一并审理是指，人民法院在审理行政案件的同时，对于引起该案件的行政争议有关的民事纠纷一并审理的诉讼活动。增设行政诉讼一并审理民事案件的规定，目的在于方便当事人诉讼，节省诉讼成本，提高行政审判效率，避免行政裁判和民事裁判矛盾，彻底解决行政纠纷和民事纠纷。行政诉讼与民事案件一并审理应当具备以下几个条件：（1）被诉行政行为是被告对平等主体之间民事争议作出的行政裁决，原告提起诉讼的标的不是行政裁决行为的，即便涉及民事纠纷，也不适用本条处理。（2）被诉行政裁决已经审查认定为违法。只有被诉行政裁决违法才涉及相关民事争议的解决，被诉行政裁决合法的，行政机关对民事争议处理合法，法院无须再行解决民事争议。（3）民事争议当事人要求法院一并解决相关民事争议。如果民事争议当事人没有申请法院一并审理，法院不能一并审理。这里的"民事争议当事人"是指民事争议当事人各方。如果有部分当事人同意一并审理，部分当事人不同意一并审理的，法院不应当一并审理。法院一并审理民事案件时，一般应当先审理行政部分，然后再审理民事部分。民事部分构成行政部分的审判前提，可能影响行政诉讼审理期限的，也可以先审理民事案件。如果民事部分案情较为复杂，可能影响行政诉讼审理期限的，法院也可以在对行政部分作出判决之后，再由同一审判组织继续审理民事部分。行政和民事裁判一般应当分别作出。

七、执行

（一）执行名义

对发生法律效力的行政判决书、行政裁定书、行政赔偿判决书和行政赔偿调解书，负有义务的一方当事人拒绝履行的，对方当事人可以依法申请人民法院强制执行。《若干解释》第八十三条对行政诉讼执行名义的规定主要包括以下四种：（1）行政判决。行政判决是指根据行政诉讼法第五十四条和司法解释相关规定作出的实体性的裁判。但是，并非所有的判决均有执行力。没有执行力的判决主要包括撤销判决、变更判决和确认合法、有效、违法、无效的判决。具有执行力的判决形式主要包括科以义务判决（例如强制履行判决）、变更判决、行政赔偿判决、维持判决等。（2）行政裁定。行政裁定是指根据行政诉讼法的相关规定作出的程序性的裁判。大多数的裁定没有执行力，但是也有一些裁定具有执行力。在行政诉讼中，具有执行力的裁定主要包括财产保全、证据保全、先予执行、准予执行非诉行政行为的裁定、承认和执行外国法院的行政判决的裁定。（3）行政附带民事诉讼判决和行政赔偿调解书。行政附带民事诉讼判决是指在行政诉讼中就相关民事争议作出的判决，这些判决通常具有具体的权利义务内容，具有执行力。行政赔偿调解书是指人民法院根据当事人在行政赔偿诉讼中就相关行政赔偿事宜自愿达成的协议而制作的法律文书。《最高人民法院关于审理行政赔偿案件若干问题的规定》（以下简称《行政赔偿规定》）第三十条规定，人民法院审理行政赔偿案件在坚持合法、自愿的前提下，可以就赔偿范围、赔偿方式和赔偿数额进行调解。调解成立的，应当制作行政赔偿调解书。第三十六条规定，发生法律效力的行政赔偿判决、裁定或调解协议，当事人必须履行。一方拒绝履行的，对方当事人可以向第一审人民法院申请执行。除了上述法律文书之外，具有执行力的法律文书还有决定书。在行政诉讼中有一些决定书是具有执行内容的。例如，行政诉讼法第四十九条所规定的对妨害诉讼行为的实施者处以罚款或者拘留的决定、第六十五条规定的对拒不履行判决、裁定的行政机关的罚款决定等。但是，这些决定书并非生效的最终处理决定，不包含在本条规定的范围内。

（二）非诉执行行政行为的条件

1. 依法可以由人民法院执行。依法可以申请人民法院强制执行的三种情形为：(1) 法律、法规没有赋予行政机关强制执行权，行政机关申请人民法院强制执行的，人民法院应当依法受理。例如，对于行政法律或者法规仅仅规定了行政行为，但是没有规定义务人如果不履行义务如何处理的，可以申请人民法院强制执行。即只要是行政行为，并且人民法院运用法律赋予的手段可以执行的，人民法院都可以受理。(2) 法律、法规规定既可以由行政机关依法强制执行，也可以申请人民法院强制执行，行政机关申请人民法院强制执行的，人民法院可以依法受理。例如，行政复议法第三十三条规定，申请人逾期不起诉又不履行行政复议决定的，或者不履行最终裁决的行政复议决定的，按照下列规定分别处理：维持行政行为的行政复议决定，由作出行政行为的行政机关依法强制执行，或者申请人民法院强制执行；变更行政行为的行政复议决定，由行政复议机关依法强制执行，或者申请人民法院强制执行。(3) 法律法规仅仅规定向人民法院申请强制执行的，人民法院应予受理。例如，邮政法第四十条第二款规定，当事人对处罚决定不服的，可以在接到处罚通知之日起15日内向人民法院起诉；逾期不起诉又不履行的，由工商行政管理部门申请人民法院强制执行。但是，法律法规仅仅赋予行政机关强制执行权，行政机关向人民法院申请强制执行的，人民法院不予受理。例如，公安机关对于抗拒拘留处罚的，可以采取强制执行；税务机关对于未按期缴纳税款的，除责令限期缴纳外可以采取扣缴、扣押、查封、拍卖等强制执行措施。法律对此类案件的执行已经作了明确授权，人民法院对此类行政案件不予受理。

2. 行政行为已经生效并具有可执行内容。已经生效是指行政行为已经符合生效条件，包括行政行为期限条件等已经满足。行政行为的生效必须以成立为前提。行政行为的成立条件一般包括：行政行为主体（或委托组织）之存在；行政权力之实际运用（或称公权力的实际运行）；产生可受法律评价的效果；行政表示行为的存在。如果一个行政行为尚未成立，那就谈不上生效的问题。所以生效要件是成立要件的后续要件。一个行政行为成立，仍须有生效要件满足才能发生效力。当然，一般情况下，具体行政行为一经成立后就会生效，但在附期限或附条件的情形下，行政行为虽然成立，但尚未生效，一俟期限到来或条件满足，行政行为才生效。在行政行为中，如果行政行为属于确认类的、形成类的行政行为，具有自我执行性，不具备可执行的内容。行政行为中可执行的内容可能是财产，包括金钱或者实物；也可能是行为，包括作为或者不作为。但是，人民法院对于被执行人的人身自由等没有强制执行权。因为一般来说，对于人身自由的强制属于公安机关的法定职权，人民法院只有在处理妨害行政诉讼时才能采取司法拘留等强制措施。

3. 申请人符合法律规定。即申请人是作出该行政行为的行政机关、法律、法规、规章授权的组织，以及行政裁决中的权利人。申请人主要包括三种情形：（1）作出该行政行为的行政机关。如果行政机关尚未作出行政行为，却申请人民法院强制执行的，人民法院可能因其没有可执行的内容而裁定不予受理。通常来说，行政行为主要表现为行政处理决定或者行政处罚决定。（2）作出该行政行为的法律、法规、规章授权的组织。例如，《铁路运输安全保护条例》第二十九条规定，当事人逾期不申诉、不起诉又不执行铁路部门处罚决定，铁路部门可以依法向人民法院强制执行。铁路部门的上述处罚权是基于行政法规的授权。有关法律、法规、规章授权的组织的范围可以参考本书行政诉讼被告的阐述。（3）行政裁决中的权利人。《若干解释》第九十条第二款规定，享有权利的公民、法人或者其他组织申请人民法院强制执行具体行政行为，参照行政机关申请人民法院强制执行具体行政行为的规定。因此，行政裁决中的权利人亦须符合有关法律和司法解释的规定。

4. 被申请人符合法律规定。申请人申请执行的对象不能是任何人，被申请人必须符合法定的要求。主要包括两个要求：一是被申请人是该行政行为所确定的义务人。"行政行为确定的义务人"与"与行政行为有法律上的利害关系人"并不相同。"与行政行为有法律上的利害关系人"不仅包括行政相对人，而且还包括行政相关人。被申请人是行政行为确定的义务人意味着被申请人是行政行为确定的直接的行政相对人。例如，行政处罚中的被处罚人。这个要求实际上排除了行政行为过程中的行政相关人，即行政程序中的第三人。例如，行政处罚中的受害人就属于行政处罚中的第三人。此第三人虽然与行政行为之间存在利害关系，但是却不是行政行为所确定的义务人。当然，在特殊的情况下，行政行为所确定的义务人有可能不是单纯的义务人，行政行为所确定的权利人也有可能不是单纯的权利人，因为权利和义务经常是交织在一起的。如果行政行为确定的权利人需要履行一定的义务，亦属于行政行为所确定的义务人。二是被申请人在行政行为确定的期限内或者行政机关另行指定的期限内未履行义务。在行政程序中，义务人需要在法定期限内履行义务。这里的"法定期限"既可能是行政行为确定的期限，也可能是行政机关另行指定的期限。例如，行政行为确定了履行期限后，因特定原因行政机关另行指定期限的，亦属于此处的"法定期限"。"未履行义务"包括拒不履行行政行为确定的义务，也包括拖延履行、怠于履行等情况。当然，这里的未履行义务主要是指由于行政相对人的主观原因导致的未履行，如果行政相对人由于客观原因，如不可抗力或者其他不能抗拒的正当事由导致未履行的，不在此限。

5. 符合法定的申请期限。这一规定要求申请人在法定期限内提出申请。申请人必须在法定的申请期限内提出申请，否则人民法院将不予受理。"法定的申请期限"主要是《若干解释》第八十八条和第九十条第一款规定的期限。主要包括两个期限：（1）行政机关申请人民法院强制执行其行政行为，应当自被执行人的法定起诉期限届满之日起180日内提出。（2）第九十条第一款规定，行政机关根据法律的授权对平等主体之间民事争议作出裁决后，当事人在法定期限内不起诉又不履行，作出裁决的行政机关在申请执行的期限内未申请人民法院强制执行的，生效具体行政行为确定的权利人或者其继承人、权利承受人在90日内可以申请人民法院强制执行。原《贯彻意见》第87条规定，法律文书中没有规定履行期间的，从该法律文书生效之日起计算。这个规定仍然可以借鉴。当然，这个法律文书如果指的是行政行为的文书，则存在硬性规定的缺陷；如果此法律文书尚包括行政行为之外的，诸如和解协议等，则该规定仍有适用之余地。申请执行的期限，从法律文书规定的履行期间的最后一日起计算。如果法律文书规定分期履行的，从规定的每次履行期间的最后一日起算。对于行政机关无正当事由逾期申请的，人民法院裁定不予受理。行政机关逾期申请的，并不一定导致行政行为无法实现。行政机关应当依法申请而逾期申请，责任在行政机关。上级行政机关可以追究有关行政执法人员怠于履行法定职责的行政责任，并可以依法重新作出行政行为进行弥补。

6. 属于受理申请执行的人民法院管辖。这一条件要求申请人必须向有管辖权的人民法院提出申请，即必须符合《若干解释》第八十九条关于管辖的规定。

（三）执行管辖

行政机关申请人民法院强制执行其具体行政行为的，由申请人所在地的基层人民法院受理；执行对象为不动产的，由不动产所在地的基层人民法院受理。在不动产执行管辖方面，《若干解释》实际上依据的是"被执行的财产所在地"。值得注意的是，"被执行的财产"并非"被执行人的财产"，这是两个不同的概念。民事诉讼法第二百零七条第二款规定的是"被执行的财产"，但是《民诉意见》第256条第2款规定的却是"被执行人的财产"。《民诉意见》的规定虽然与民事诉讼法的规定仅止一字之差，但是涵义完全不同。所以，这里的"执行对象为不动产"指的是"被执行的财产"，而非"被执行人的财产"。对于非不动产的执行管辖，仍然由申请人所在地的基层法院管辖。

基层人民法院认为执行确有困难的，可以报请上级人民法院执行；上级人民法院可以决定由其执行，也可以决定由下级人民法院执行。这里的"上级人民法院"可以是中级人民法院、高级人民法院，甚至最高人民法院。

（四）权利人的申请资格

行政机关根据法律的授权对平等主体之间民事争议作出裁决后，当事人在法定期限内不起诉又不履行，作出裁决的行政机关在申请执行的期限内未申请人民法院强制执行的，生效具体行政行为确定的权利人或者其继承人、权利承受人在90日内可以申请人民法院强制执行。所谓权利人主要是指对于行政行为的执行具有法律上的利益的一方当事人。通常表现为行政处罚中的受害人、行政裁决纠纷中的享有权利的人。在审判实践中，有些行政机关对平等主体之间的民事争议作出裁决，在法定期间内不愿意向法院申请强制执行。当然，原因比较复杂：有的是怕交执行费，有的怕麻烦，有的是因为人情关系。结果往往是因为超过申请期间而牺牲权利承受人的合法权益。《若干解释》颁布之前，学术界的流行观点认为，申请强制执行非诉行政行为的主体只能是作出非诉的行政行为的行政机关，其他人无权申请人民法院强制执行。然而，在现实的行政管理中，许多行政机关在对平等主体之间的民事争议作出裁决之后，不愿意申请人民法院强制执行，从而导致丧失申请人民法院强制执行的时机，致使相关的利害关系人的权利受损。《若干解释》第九十条赋予了权利人的申请权。这一规定突破了非诉的行政行为只能由作出该行政行为的行政机关申请法院强制执行且不能由其他权利人或者继承人或者权利承受人申请的樊篱。应当说这种突破是符合执行法律关系的真谛的。从执行法律关系来看，申请人资格最本质的特征应当是权利的承受；权利承受人申请法院强制执行非诉行政行为，不仅有利于减轻行政机关的负担，而且有利于权利人、权利承受人及时行使权利，使行政行为尽早得到实现，从而提高行政管理的效率。

(五) 非诉行政执行的合法性审查

人民法院受理行政机关申请执行其具体行政行为的案件后,应当在30日内由行政审判庭组成合议庭对具体行政行为的合法性进行审查,并就是否准予强制执行作出裁定;需要采取强制执行措施的,由本院负责强制执行非诉行政行为的机构执行。人民法院必须组成合议庭对非诉行政行为进行合法性审查。也就是说,对于非诉行政行为的合法性审查必须组成合议庭,而不能独任审查。合法性审查主要是通过书面进行审查。这是因为非诉行政行为主要是对其效力进行审查,与对被诉行政行为的审查存在较大区别,一般无须通过对事实等作进一步的核实,所以可以采用书面审查的形式。必须依照法定期限作出裁定。人民法院应当组成合议庭对申请执行的具体行政行为进行书面审查,对符合申请和受理条件,且具体行政行为具备法定执行效力的,应当在立案后5日内作出裁定。需要延长审查期限的,经本院院长批准,可以延长审查期限,但延长的期限最长不得超过30日。因涉及公共安全或者突发事件等紧急情况,行政机关申请人民法院立即执行具体行政行为的,经人民法院院长批准,人民法院可以在作出裁定之日起5日内予以执行。人民法院经过对非诉行政行为的合法性审查之后,应当作出准予执行或者不准予执行的裁定。一般情况下,如果人民法院经过合法性审查,认为行政行为认定事实基本清楚,适用法律法规基本正确,符合基本行政程序的,应当作出准予执行的裁定。当然,这几个"基本"是与行政诉讼案件中合法性审查相比较而言的。行政行为得到了司法权的认可,并且通过司法强制执行行为使行政行为所确定的权利义务关系得到确认和最终体现,行政行为的目的得以达成。

(六) 非诉行政执行中的先予执行

《若干解释》第九十四条规定:在诉讼过程中,被告或者具体行政行为确定的权利人申请人民法院强制执行被诉具体行政行为,人民法院不予执行,但不及时执行可能给国家利益、公共利益或者他人合法权益造成不可弥补的损失的,人民法院可以先予执行。后者申请强制执行的,应当提供相应的财产担保。本条规定从字面上看似乎与行政诉讼法第四十四条诉讼不停止执行规定相左。但是,如果将本规定放在行政诉讼法全文中分析,两者并不存在矛盾和冲突。行政诉讼法第六十六条规定的非诉强制执行是在第八章作出的规定。根据这一规定,行政机关申请人民法院强制执行其行政行为的条件是:公民、法人或者其他组织在法定期限内既不起诉也不履行,或者说只有完全符合上述条件,行政机关才能申请人民法院强制执行。其中"在法定期限内""不提起诉讼"和"不履行"等条件只有同时具备,行政机关才有申请人民法院强制执行的可能。而在诉讼中,行政机关申请人民法院强制执行的,公民、法人或者其他组织不存在"不提起诉讼"的问题,而是提起了诉讼,显然不符合上述规定的条件。因此应当以不予执行为原则。

(七) 裁定不准予执行的情形

被申请执行的具体行政行为有下列情形之一的,人民法院应当裁定不准予执行:(1) 明显缺乏事实根据的。即行政机关提供的证据不能证明非诉行政行为所认定的基本事实,亦即主要证据不足。(2) 明显缺乏法律依据的。一般情况下,"明显缺乏法律依据"主要包括:非诉行政行为没有可适用的规范性文件的;非诉行政行为所适用的规范性文件明显不适用于非诉行政行为所针对的事实的。需要注意的是,"明显缺乏法律依据"不仅包括实体法的规定,而且还包括了程序法的要求。也就是说,对于严重违反法定程序的,亦属于明显缺乏法律依据。(3) 其他明显违法并损害被执行人合法权益的。这是一个兜底条款,实践中主要是指超越法定职权的情形。非诉行政行为超越法定职权实际上属于重大明显缺乏法律依据的情形。超越法定职权主要包括超越事务管辖权、地域管辖权、时效管辖权等情形。

2. 行政诉讼证据规则及运用
——《最高人民法院关于行政诉讼证据若干问题的规定》解读

2002 年 7 月 24 日　　　　　　　　　　法释〔2002〕21 号

《最高人民法院关于行政诉讼证据若干问题的规定》（以下简称《证据规定》）由最高人民法院审判委员会于 2002 年 6 月 4 日通过，2002 年 7 月 24 日公布，自 2002 年 10 月 1 日起施行。它是一部关于行政诉讼证据问题的重要司法解释。突出改革精神、实现原告在诉讼程序中真正与被告处于平等地位、体现"案卷复审属性"、体现法治精神和适应 WTO 的要求等是制定该司法解释的指导思想。下面主要就该司法解释的主要内容作一粗浅的介绍。

一、举证责任与举证期限

（一）举证责任

举证责任，是法律规定由特定的当事人对特定的事项所承担的提供证据证明其诉讼主张成立的责任，负有举证责任的一方不能证明其诉讼主张成立的，将承担败诉或不利后果的法律制度。举证责任分为说服责任和推进责任。所谓说服责任，又称法定责任，这一责任由实体法规则确定，被确定有说服责任的一方当事人对自己的主张必须提供证据充分证明，使法官确信其主张成立。如果承担说服责任的当事人在法定诉讼期间内提出的证据不足以证明其诉讼主张成立，法官则必然得出其主张不能成立的结论。所谓推进责任，又称提供证据的责任，当事人对自己的主张并不必须证明其成立，而只须提供证据证明有成立的可能性，或者对对方的主张并不必须证明其不成立，而只须提供证据引起合理怀疑，证明其有不成立的可能性。如果对方无有力的证据予以反驳，无法合理地否定这种可能性时则对方的主张不能成立。凡是提出事实主张的当事人都负有举证责任，但是，负有举证责任的当事人不能证明主张成立时，并不必然受到败诉的裁判。只有承担说服责任的当事人在不能证明待证事实时，才将承担举证不能的败诉后果。

在行政管理活动中，被告处于管理者的地位，原告处于被管理的地位，被告所作的具体行政行为无需经行政相对人同意，完全按照自己的意志作出。因此，被告依照自己的判断单方作出的行政行为就是被告的主张，原告对被诉具体行政行为不服，实际上是对被告的主张不服。因此，行政诉讼法规定由被告承担证明其所作的具体行政行为合法性的说服责任，这也正是"谁主张，谁举证"的原则在行政诉讼中的充分体现。因此说，行政诉讼法亦采用"谁主张，谁举证"的原则。行政诉讼的原告对除了"被诉具体行政行为违法"主张之外的其他积极主张应当承担说服责任。据此，《证据规定》第一条中明确规定"被告对作出的具体行政行为负有举证责任"。第四条第一款规定："公民、法人或者其他组织向人民法院起诉时，应当提供其符合起诉条件的相应的证据材料。"第五条规定："在行政赔偿诉讼中，原告应当对被诉具体行政行为造成损害的事实提供证据。"

《若干解释》第二十七条将原告的举证责任作了具体分配和归纳："原告对下列事项承担举证责任：（一）证明起诉符合法定条件，但被告认为原告起诉超过起诉期限的除外；（二）在起诉被告不作为的案件中，证明其提出申请的事实；（三）在一并提起的行政赔偿诉讼中，证明因受被诉具体行政行为侵害而造成损失的事实；（四）其他应当由原告承担举证责任的事项。"在实施《若干解释》时，理论界对原告举证责任的范围提出了四点批评：一是《若干解释》第二十七条第（一）项规定的起诉人的起诉条件，并非原告的举证责任；第（二）项规定的"证明其提出申请的事实"，仍属于起诉条件的范畴；《若干解释》将这两项作为原告的举证责任不适当，因为在起诉人完成上述举证责任之前，法院并没有对其诉请正式受理，因此证明起诉条件的主体是起诉人，不应称为原告。在此称为起诉人的推进责任可能更加适当。二是行政诉讼法第四十一条规定原告起诉必须具备四个法定条件中的有具体的诉讼请求和明确的被告、属于人民法院受案范围和受诉人民法院管辖等起诉条件，属于人民法院审查起诉的内容，并不属于原告需要举证的情况。三是以行政主体的能动性划分，行政行为可以分为依申请的行为和依职权的行为。依职权行政行为不需要原告申请，《若干解释》第二十七条第（三）项没有将两种不同情形的不作为行政案件进行区分，一味地规定只要诉被告不作为的行政案件，均要求原告证明其提出申请的事实，这是不科学的。四是《若干解释》第二十七条第（四）项规定的其他应当由原告承担举证责任的事项这一兜底条款，很可能成为个别案件中的被告逃脱举证责任的借口。

在制定《证据规定》时对上述意见均予以了充分考虑，并对《若干解释》第二十七条关于原告举证责任的规定作了必要的补充和修改：一是增加了起诉人应提供其起诉符合起诉条件的相应的初步证明责任。该证明责任的具体内容为，证明被诉具体行政行为存在、起诉人与被诉具体行政行为之间存在法律上的利害关系和在法定起诉期限内提起诉讼。并将提供的证据材料限制在"相应"范围，从而将《若干解释》中要求原告提供的有关有具体的诉讼请求和明确的被告、属于人民法院受案范围和受诉人民法院管辖等问题排除在外。二是对被诉不作为行政案件，在强调原告应当提供其在行政程序中曾经提出申请的证据材料的，同时，考虑到依职权的行政行为不存在申请的问题和有些行政机关的登记制度不完备，没有按照有关要式行政行为的要求依法行政，导致原告在提供诉讼时，不能完成其提供相关证据材料的举证任务等特殊情况，明确规定，被告应当依职权主动履行法定职责的和原告因被告受理申请的登记制度不完备等正当事由不能提供相关证据材料并能够作出合理说明的，免除原告的举证责任。三是《若干解释》第二十七条第（三）项只规定了在一并提起的行政赔偿诉讼中，原告应当证明因受被诉具体行政行为侵害而造成损失的事实的情形，忽略了在单独提起行政赔偿诉讼中，原告应当承担的举证责任。为了弥补《若干解释》规定的不足，《证据规定》在第五条明确规定："在行政赔偿诉讼中，原告应当对被诉具体行政行为造成损害的事实提供证据。"四是取消了《若干解释》中原告承担举证责任的兜底条款。

通过上述修改，行政诉讼中原告（含起诉人）的举证责任便更加科学地划分出来，使行政诉讼举证责任的分配原则得到了充分的体现，进一步完善了行政诉讼举证责任制度。关于原告举证责任的规定，体现了行政诉讼举证制度的完整性，便于行政诉讼中当事人通过举证，有序地进行诉讼活动，同时也消除了理论界和审判实践中对原告承担举证责任的误解。

（二）举证期限

根据行政诉讼法第四十三条"被告应当在收到起诉状副本之日起十日内向人民法院提交作出具体行政行为的有关材料，并提出答辩状"的规定，被告的举证时限为在接到起诉状副本之日起十日之内。《若干解释》根据审判实践的需要，尊重了行政诉讼法的精神，不仅将被告举证时限完全统一到行政诉讼法规定上来，还明确规定了被告不按期提供证据将承担具体行政行为没有证据的法律后果。另外，考虑到审判实践中可能出现的复杂情况，《若干解释》第二十六条第二款规定："被告应当在收到起诉状副本之日起十日内提交答辩状，并提供作出具体行政行为时的证据、依据；被告不提供证据或者无正当理由逾期提供的，应当认定该具体行政行为没有证据、依据。"在贯彻执行《若干解释》的过程中，审判实践反映，由于对被告逾期提供证据的条件，即"正当理由"规定过于笼统，无形中给被告逾期提供证据的理由增加了自由解释的权利,人民法院对此也不好把握。另外,由于没有规定逾期提供证据的时间恢复程序,在具体操作上也缺乏法律依据。在充分考虑了审判实践的意见后,《证据规定》第一条规定:"根据行政诉讼法第三十二条和第四十三条的规定,被告对作出的具体行政行为负有举证责任,应当在收到起诉状副本之日起十日内,提供据以作出被诉具体行政行为的全部证据和所依据的规范性文件。被告不提供或者无正当理由逾期提供证据的,视为被诉具体行政行为没有相应的证据。被告因不可抗力或者客观上不能控制的其他正当事由,不能在前款规定的期限内提供证据的,应当在收到起诉状副本之日起十日内向人民法院提出延期提供证据的书面申请。人民法院准许延期提供的,被告应当在正当事由消除后十日内提供证据。逾期提供的,视为被诉具体行政行为没有相应的证据。"

在行政诉讼中,不仅被告有举证时限问题,原告和第三人同样要遵守举证时限的规定。从当事人诉讼地位平等原则考虑,被告提供证据的时间受到限制,原告和第三人提供证据的时间也应当受到限制。如果原告和第三人提供证据时间不受限制,不利于平衡当事人之间的关系,也不利于发现客观事实。为了提高行政审判效率,也为了公平对待当事人双方,实现当事人诉讼地位平等的原则,应当对原告提供证据的时间作出限制。根据行政诉讼法的精神,《证据规定》第七条明确规定:"原告或者第三人应当在开庭审理前或者人民法院指定的交换证据之日提供证据。因正当事由申请延期提供证据的,经人民法院准许,可以在法庭调查中提供。逾期提供证据的,视为放弃举证权利。原告或者第三人在第一审程序中无正当事由未提供证据而在第二审程序中提供证据的,人民法院不予接纳。"从上述规定看,原告和第三人的举证时限相对被告举证时限来讲更为宽泛,之所以对原告和第三人举证时限作这样宽泛规定,是考虑到原告在行政法律关系中始终处于弱势地位,其取证手段有限,取证较为困难。对原告和第三人的举证时限作宽泛规定,有利于保护原告和第三人在诉讼中的合法权益,有利于实现公平裁判。

(三) 当事人补充证据规则

根据行政诉讼法第三十四条和《证据规定》第二条、第九条的规定,当事人经人民法院准许可以补充相关证据的情况是:

1. 原告或者第三人在一审诉讼中提出的其在被告实施行政行为过程中没有提出的反驳理由或者证据的,经人民法院准许,被告可以补充相关证据。这个问题主要是讲原告在被告实施具体行政行为时没有提出反证,没有提出反证就不能要求被告针对这个反证提出相应的反驳证据。但是,在提起诉讼的时候提出了新的证据或者反驳意见,行政机关就可以根据新的证据或者反驳意见收集证据。不过,被告补充提供的证据,只能作为反驳原告或者第三人提出的理由或者证据的证据使用,不能直接作为被诉具体行政行为合法性的证据使用。根据《证据规定》第二条和第七条的规定,原告向法院提供证据一般限制在一审程序,被告补充证据也应当在一审中进行。

2. 在诉讼中,对当事人无争议,但涉及国家利益、公共利益或者他人合法权益的事实,人民法院可以责令当事人提供或者补充有关证据。被告补充的这类证据,不一定是被告在作出具体行政行为时已经收集的证据,而是用来证明被诉具体行政行为没有损害国家利益或者他人合法权益的证据。

3. 按照"先取证后裁决"原则,被诉具体行政行为的合法性只能由作出时所掌握的证据证明,被告在作出被诉具体行政行为之前应当调查收集到足够的证据,在此之后,不允许再自行调查取证。如果被告在具体行政行为作出后还需要补充调查收集证据,恰恰说明其在行政程序中调查取证不够充分。因此,无论是证明被诉具体行政行为合法性,还是履行举证责任,被告都只能提供作出被诉具体行政行为之前获得的证据。被告的诉讼代理人在诉讼期间不得自行向原告或者证人收集。

(四)人民法院对当事人举证事项负有告知义务

行政诉讼法并没有设定人民法院对当事人举证事项负有告知的义务,但是,从我国目前行政诉讼现状来看,行政诉讼当事人的举证意识还很薄弱,不能很好地完成举证义务。为了指导当事人全面、正确地履行举证责任,充分保护当事人的合法权益,《证据规定》第八条为人民法院设定了"告知当事人举证事项"的义务,即"人民法院向当事人送达受理案件通知书或者应诉通知书时,应当告知其举证范围、举证期限和逾期提供证据的法律后果,并告知因正当事由不能按期提供证据时应当提出延期提供证据的申请。"

二、提供证据的要求和调取、保全证据

(一)提供证据的要求

我国行政诉讼法虽然规定了行政诉讼证据的种类,但未规定当事人向法院提供各类证据的要求。在审判实践中,由于当事人提供的各类证据存在这样或者那样的问题,给法院质证和认证带来困难,造成拖延了审判时间,导致个别案件认定案件事实错误。为了规范当事人提供证据,提高审判效率,保障案件的公正性,《证据规定》根据有关法律、行政法规的规定,分别对当事人向法院提供的书证、物证、视听资料、证人证言、当事人陈述、鉴定

结论、勘验笔录、现场笔录等各类证据，提出了具体的要求。同时，还对涉及国家秘密、商业秘密和个人隐私的证据应当说明、当事人交换证据等问题作了具体的规定。

当事人向法院提供书证的，应当符合下列要求：第一，提供书证的原件，原本、正本、副本均属于书证的原件。提供原件确有困难的，可以提供与原件核对无误的复印件、照片、节录本；第二，提供由有关部门保管的书证原件的复制件、影印件或者抄录件的，应当注明出处，经该部门核对无异后加盖其印章；第三，提供报表、图纸、会计账册、专业技术资料、科技文献等书证的，应当附有说明材料；第四，被告提供的被诉具体行政行为所依据的询问、陈述、谈话类笔录，应当有行政执法人员、被询问人、陈述人、谈话人签名或者盖章。此外，法律、法规、司法解释和规章对书证的制作形式另有规定的从其规定。

当事人向法院提供物证的，应当符合下列要：第一，提供原物。提供原物确有困难的，可以提供与原物核对无误的复制件或者证明该物证的照片、录像等其他证据。第二，原物为数量较多的种类物的，提供其中的一部分。

当事人向法院提供计算机数据或者录音、录像等视听资料的，应当符合下列要求：第一，提供有关资料的原始载体。提供原始载体确有困难的，可以提供复制件；第二，注明制作方法、制作时间、制作人和证明对象等；第三，声音资料应当附有该声音内容的文字记录。

当事人向法院提供证人证言的，应当符合下列要求：第一，写明证人的姓名、年龄、性别、职业、住址等基本情况；第二，有证人的签名，不能签名的，应当以盖章等方式证明；第三，注明出具日期；第四，附有居民身份证复印件等证明证人身份的文件。

被告向法院提供的在行政程序中采用的鉴定结论，应当载明委托人和委托鉴定的事项、向鉴定部门提交的相关材料、鉴定的依据和使用的科学技术手段、鉴定部门和鉴定人鉴定资格的说明，并应有鉴定人的签名和鉴定部门的盖章。通过分析获得的鉴定结论，应当说明分析过程。

被告向法院提供的现场笔录，应当载明时间、地点和事件等内容，并由执法人员和当事人签名。当事人拒绝签名或者不能签名的，应当注明原因。有其他人在现场的，可由其他人签名。法律、法规和规章对现场笔录的制作形式另有规定的，从其规定。当事人向法院提供的在中华人民共和国领域外形成的证据，应当说明来源，经所在国公证机关证明，并经中华人民共和国驻该国使领馆认证，或者履行中华人民共和国与证据所在国订立的有关条约中规定的证明手续。当事人提供的在中华人民共和国香港特别行政区、澳门特别行政区和台湾地区内形成的证据，应当具有按照有关规定办理的证明手续。

当事人向人民法院提供外文书证或者外国语视听资料的,应当附有由具有翻译资质的机构翻译的或者其他翻译准确的中文译本,由翻译机构盖章或者翻译人员签名。

证据涉及国家秘密、商业秘密或者个人隐私的,提供人应当作出明确标注,并向法庭说明,法庭予以审查确认。

当事人应当对其提交的证据材料分类编号,对证据材料的来源、证明对象和内容作简要说明,签名或者盖章,注明提交日期。人民法院收到当事人提交的证据材料,应当出具收据,注明证据的名称、份数、页数、件数、种类等以及收到的时间,由经办人员签名或者盖章。

对于案情比较复杂或者证据数量较多的案件,人民法院可以组织当事人在开庭前向对方出示或者交换证据,并将交换证据的情况记录在卷。

(二) 调取证据

行政诉讼法第三十四条规定:"人民法院有权要求当事人提供或者补充证据。""人民法院有权向有关行政机关以及其他组织、公民调取证据。"尽管,该条中明确规定了法院有权向有关单位和个人调取证据。但是,我们认为,行政诉讼法确定当事人对其主张承担举证责任,为调动当事人提供证据的积极性,防止法院代行行政机关的职权,在一般情况下,法院不应当主动调取证据,法院主动调取证据和对当事人申请法院调取证据均应当有严格的条件限制。据此,《证据规定》第二十二条规定:"根据行政诉讼法第三十四条第二款的规定,有下列情形之一的,人民法院有权向有关行政机关以及其他组织、公民调取证据:(一)涉及国家利益、公共利益或者他人合法权益的事实认定的;(二)涉及依职权追加当事人、中止诉讼、终结诉讼、回避等程序性事项的。"第二十三条又规定:"原告或者第三人不能自行收集,但能够提供确切线索的,可以申请人民法院调取下列证据材料:(一)由国家有关部门保存而须由人民法院调取的证据材料;(二)涉及国家秘密、商业秘密、个人隐私的证据材料;(三)确因客观原因不能自行收集的其他证据材料。""人民法院不得为证明被诉具体行政行为的合法性,调取被告在作出具体行政行为时未收集的证据。"此外,还对有关调取证据的其他问题作出了具体的规定。

(三) 保全证据

行政诉讼法第三十六条规定:"在证据可能灭失或者以后难以取得的情况下,诉讼参加人可以向人民法院申请保全证据,人民法院也可以主动采取保全措施。"没有对保全的程序及具体可以采取哪些保全措施作出规定。因此,《证据规定》根据行政诉讼法的有关规定,参照民事诉讼法的有关规定,结合行政诉讼的特点,第二十七条规定:"当事人根据行政诉讼法第三十六条的规定向人民法院申请保全证据的,应当在举证期限届满前以书面形式提出,并说明证据的名称和地点、保全的内容和范围、申请保全的理由等事项。""当事人申请保全证据的,人民法院可以要求其提供相应的担保。""法律、司法解释规定诉前保全证据的,依照其规定办理。"第二十八条规定:"人民法院依照行政诉讼法第三十六条规定保全证据的,可以根据具体情况,采取查封、扣押、拍照、录音、录像、复制、鉴定、勘验、制作询问笔录等保全措施。""人民法院保全证据时,可以要求当事人或者其诉讼代理人到场。"

(四) 鉴定、鉴定结论

民事诉讼中的鉴定结论与行政诉讼中的鉴定结论相比有两个不同点:一是前者大部分产生在诉讼阶段,少数产生在诉讼之前;后者绝大部分产生在行政程序阶段,个别产生在行政诉讼阶段。二是前者是作为认定争议事实的证据材料;而后者一般是作为被诉具体行政行为的依据。在民事诉讼和行政诉讼中,如果认为法院委托有关部门作出鉴定结论存在问题,也就意味着,争议的事实无法确认,法院不能作出判决,所以必须重新鉴定才能对争议事实作出存在或者不存在的判断。在行政诉讼中,被告在行政程序中采纳的证据存在这些问题,或属于严重违反法定程序收集的证据,或鉴定结论的错误、不明确、不完整难以判断案件事实,这类证据法庭是不能采纳的。因为,行政诉讼是审查被诉具体行政行为的合法性问题,被告是将鉴定结论作为被诉具体行政行为的依据,依据错误当然被诉具体行政行为就不能成立,依据行政诉讼法第五十四条的规定,法院应当以被诉具体行政行为主要证据不足判决予以撤销,所以,法庭完全没有必要重新鉴定。据此,《证据规定》第二十九条规定:"原告或者第三人有证据或者有正当理由表明被告据以认定案件事实的鉴定结论可能有错误,在举证期限内书面申请重新鉴定的,人民法院应予准许。"第三十条规定:"当事人对人民法院委托的鉴定部门作出的鉴定结论有异议申请重新鉴定,提出证据证明存在下列情形之一的,人民法院应予准许:(一) 鉴定部门或者鉴定人不具有相应的鉴定资格的;(二) 鉴定程序严重违法的;(三) 鉴定结论明显依据不足的;(四) 经过质证不能作为证据使用的其他情形。""对有缺陷的鉴定结论,可以通过补充鉴定、重新质证或者补充质证等方式解决。"第六十二条规定:"对被告在行政程序中采纳的鉴定结论,原告或者第三人提出证据证明有下列情形之一的,人民法院不予采纳：(一)鉴定人不具备鉴定资格；(二)鉴定程序严重违法；(三)鉴定结论错误、不明确或者内容不完整。"

(五) 勘验现场

在行政诉讼中，法院为查明案件事实，在有些案件中需要现场勘察。为规范勘验行为，《证据规定》对勘验现场的程序、勘验笔录的制作以及对勘验结论的异议等问题作出了具体的规定。

三、证据的对质辨认和核实

行政诉讼法第三十一条第二款规定，证据经过法庭审查属实，才能作为定案的根据。也就是说，只有在法庭主持下，由当事人就庭审中出示的证据进行对质、辨认、核实后的证据，才可以作为定案的根据，未经法庭质证的证据，不得作为定案的根据。但对质证的程序、质证的方式、各类证据规则等没有作出规定。"证据的对质辨认和核实"，实际上就是质证。质证最基本的法律意义是确定证据效力的必经程序，即未经质证的证据不能作为定案的依据。质证直接体现了直接言辞原则和正当程序原则。

据此，《证据规定》在总结近年来行政审判方式改革经验的基础上，对质证问题作出以下几个方面的规定：

(一) 质证的原则及特殊情况的处理

1. 强调证据应当在法庭上出示，并经庭审质证。未经庭审质证的证据，不能作为定案的依据。同时，明确对在行政程序或者庭前交换证据中没有争议的证据，当事人在庭前证据交换过程中没有争议并记录在卷的证据，经审判人员在庭审中说明后，当事人无异议的视为已经质证过，可以在庭审中不再进行质证，作为认定案件事实的依据。

2. 涉及国家秘密、商业秘密和个人隐私或者法律规定的其他应当保密的证据，为了国家利益和他人的合法权益，法庭不得在开庭时公开质证，可以在不公开开庭中质证。若涉及不应当让对方当事人知道的国家秘密、商业秘密、个人隐私等，法庭可以不出示，但可以适当提示。

3. 经合法传唤，因被告无正当理由拒不到庭而需要依法缺席判决的，被告提供的证据，应当视为未经质证，故不能作为定案的依据，但当事人在庭前交换证据中没有争议的证据除外。这样规定有利于查清案件事实，有利于促使被告尊重庭审的价值和法庭的权威，有利于促使被告依法行政。

(二) 质证程序

《证据规定》除明确规定证据的出示外,还特别强调质证的内容是证据的关联性、合法性和真实性以及有无证明效力、证明效力大小。质证的方式是由当事人及其代理人就证据问题相互发问,也可以向证人、鉴定人或者勘验人发问。但当事人及其代理人相互发问,或者向证人、鉴定人、勘验人发问时,发问的内容应当与案件事实有关联,不得采用引诱、威胁、侮辱等语言或者方式。对书证、物证和视听资料进行质证时,当事人应当出示证据的原件或者原物。但考虑到一些特殊情况,作了两项例外规定:一是出示原件或者原物确有困难并经法庭准许可以出示复制件或者复制品;二是原件或者原物已不存在,可以出示证明复制件、复制品与原件、原物一致的其他证据。

在起草《证据规定》中,有人提出,我们各地法院的财政状况不同,有些基层法院至今未配有视听资料播放、显示设备,开庭中无法播放、显示,是否可以作出变通的规定,但我们认为,视听资料不经播放或者显示难以质证,将会影响到案件的质量,所以,明确规定,视听资料应当当庭播放或者显示,并由当事人进行质证。

(三) 证人出庭作证

当前,证人不出庭作证的问题相当普遍,由于证人不出庭作证影响到当事人对证人质证的权利实现,与直接言辞性原则相悖,因此,《证据规定》中明确规定:"凡是知道案件事实的人都有出庭作证的义务"。意在促使当事人积极寻找证人出庭作证,确保案件的审理质量。同时,又考虑到我国的国情和现实生活中的一些具体问题,《证据规定》又规定,有下列情形之一的,经人民法院准许,当事人可以提交书面证言:(1) 当事人在行政程序或者庭前证据交换中对证人证言无异议的;(2) 证人因年迈体弱或者行动不便无法出庭的;(3) 证人因路途遥远、交通不便无法出庭的;(4) 证人因自然灾害等不可抗力或者其他意外事件无法出庭的;(5) 证人因其他特殊原因确实无法出庭的。

《证据规定》中对证人的资格作了明确限定,不能正确表达意志的人不能作证。在确定证人是否具有资格的问题时,根据当事人申请,法院可以就证人能否正确表达意志进行审查或者交由有关部门鉴定。必要时,法院也可以依职权交由有关部门鉴定。此外,根据行政诉讼的特殊性,《证据规定》就行政执法人员出庭作证的问题作了具体的规定。

《证据规定》中明确规定了证人出庭作证的规则。如证人出庭作证时,应当出示证明其身份的证件。法庭应当告知其诚实作证的法律义务和作伪证的法律责任。出庭作证的证人不得旁听案件的审理。法庭询问证人时,其他证人不得在场,但组织证人对质的除外。证人应当陈述其亲历的具体事实。证人根据其经历所作的判断、推测或者评论,不能作为定案的依据。

由于行政诉讼涉及大量的专门性问题,为改变过去过分依赖鉴定结论的局面,提高审理案件的质量,《证据规定》中借鉴英美法系中的专家证人制度,明确规定,对被诉具体行政行为涉及的专门性问题,当事人可以向法庭申请由专业人员出庭进行说明,法庭也可以通知专业人员出庭说明。必要时,法庭可以组织专业人员进行对质。专业人员所作出的陈述不受其亲历的具体事实的限制,可以根据有关案情作出判断、推测或者评论。

四、证据的审核认定

证据的审核认定,即认定证据,是指审理案件的法官依照法定程序,根据一定的原则或规则,对经过质证或者不需要质证的证据材料的客观性、合法性和关联性即证据的"三性"进行审查判断,从而确定证据材料可否采信、可采信的证据的证明力的活动。认定证据的规则,是规范法官认定证据行为的规则总称。在证据规则中,认定证据规则具有举足轻重的地位,甚至可以说是狭义的证据规则。

(一)证明要求和认定证据的基本原则

法院审理案件时,没有重新再现案件发生时的事实的能力,一些案件由于种种原因,有些证据已经灭失不复存在,或已经失去鉴定、勘查的条件,或证人受到自身能力、当时的条件限制等等原因提供不出当时客观发生真实的情况的证据材料,致使法庭无法查清客观真实的案件事实。据此,行政诉讼的证明要求,应当是"法律真实",即在程序公正、公开的条件下,法院只能以证据能够证明的案件事实作为裁判的依据。据此,《证据规定》中明确规定:"人民法院裁判行政案件,应当以证据证明的案件事实为依据。""法庭应当对经过庭审质证的证据和无需质证的证据进行逐一审查和对全部证据综合审查,遵循法官职业道德,运用逻辑推理和生活经验,进行全面、客观和公正地分析判断,确定证据材料与案件事实之间的证明关系,排除不具有关联性的证据材料,准确认定案件事实。"所谓法官的职业道德,是指法官在从事法律职业时,为了维护法官的职业形象,规范其相关行为,在伦理道德上所应遵守的基本准则。所谓全面、客观,是指法官应当完全站在中立的立场上,不带有任何偏见、成见和个人情绪等主观色彩,对与待证事实有关的所有证据都要审查核实,并进行综合分析,避免先入为主,不任意取舍，坚持以证据为依据来认定案件事实。所谓逻辑推理是指从已知判断得到新判断的思维形式，它包括演绎推理、归纳推理和类比推理。所谓生活经验，是指人们日常生活中形成反映客观世界的自然现象和周边事物所亲身体验和感知并逐渐积累的一种规律性认识。

（二）合法性规则

1. 关于违反法定程序收集的证据的效力问题。《若干解释》第三十条第（二）项规定，被告严重违反法定程序收集的证据不能作为认定被诉具体行政行为合法的根据。在起草《证据规定》过程中，大家认为，任何违反法定程序收集的证据的行为，都是对程序所体现的"公平""正义"原则的违反，都是同种性质的问题。简单地以"严重"或"一般"违反法定程序收集的证据作为可否采信的标准，不界定清楚"严重"的内涵与外延，法官对"严重"与"一般"具有非常大的适用权，由于目前我国法官的普遍水平并不是很高，行政审判受到外部干扰较为严重，法官往往迁就行政机关，使程序的价值得不到充分的体现，客观上纵容个别行政机关以非法手段获取证据，不利于行政机关形成依法行政的观念和作风。但是，如果不以"严重"作为标准，一是与实事求是的哲学观不一致；二是排除轻微违法收集的证据成本太高。综合以上所有的意见，《证据规定》第五十七条规定，以下六种不符合法定程序收集的证据材料，应当予以排除，不得作为定案根据：（1）严重违反法定程序收集的证据材料；（2）以偷拍、偷录、窃听等手段获取并给他人合法权益造成侵害的证据材料；（3）以利诱、欺诈、胁迫、暴力等不正当手段获取的证据；（4）当事人无正当事由超出举证时限后提供的证据材料；（5）在中华人民共和国领域以外或者在中华人民共和国香港特别行政区、澳门特别行政区和台湾地区形成的未办理法定证明手续的证据材料；（6）不具有合法性的其他证据材料。

2. 关于以偷拍、偷录、窃听等手段收集的证据的效力问题。我国宪法和民法通则中明确规定，公民的人格尊严受法律保护。隐私权是人格权的一种。行政机关没有法律、法规的特别授权，窃听行政相对人之间的私人谈话和电话谈话，或偷录行政相对人在居所内的行为；公民采取偷录、窃听公民之间的谈话（包括电话等电讯谈话）和偷拍他人私生活。这些行为都侵害了公民的人格权，故属于非法搜集证据的行为。因此，这类证据应当从定案的证据中予以排除，否则，公民的合法权益将会遭到行政机关或者其他公民的侵害，不利于维护正常的社会秩序，扰乱公民的正常生活。行政机关在检查、调查过程中，发现行政相对人有违法行为，在未经行政相对人同意的情况下，进行拍摄、录音等方式取得视听资料。这种收集证据的方式是行政机关常用的手段，国外也是如此，这些手段常常为有关法律明示或者默示规定。行政机关依照法定职权在不侵犯他人合法权益的情况下，未经他人同意而采取拍摄、录制等方式获取的证据，不构成违法。行政机关的执法行为是公开进行的，行政相对人或与案件无关的公民在未经行政机关及其工作人员同意的情况下，采取拍摄、录制等方式获取的证据，不存在侵犯行政机关及其工作人员的合法权益，妨碍行政机关行政执法活动的问题，因此不构成违法；行政相对人在行政管理过程中，处于被管理的弱势一方，其取得证据较为困难，特别是取得行政执法违法的证据更加困难。如果将这种证据定为违法，显然不利于保护行政相对人的合法权益；经审查这类视听资料是真实的，采信这种证据有利于及时查清案件事实，提高审判效力，减少诉讼成本。据此，《证据规定》第五十七条中规定"以偷拍、偷录、窃听等手段获取并给他人合法权益造成侵害的证据"，不得作为定案根据。第五十八条规定："以违反法律禁止性规定或者侵犯他人合法权益的方法取得的证据，不能作为认定案件事实的依据。"

3. 案卷外证据的排除规则。在实行案卷主义的国家，一般情况下，法院不得接受行政机关补充的案卷以外的证据。我国在制定行政诉讼法时，鉴于当时行政程序法律规范不完善和行政水平不高，所以该法中没有明确规定实行案外证据排除规则。但是，根据"以事实为根据，以法律为准绳"的原则，我国行政法中将"先取证后裁决"作为行政机关行使职权时应当遵循的一项基本原则。也就是说，我国原则上将案卷外证据排除在行政诉讼的定案证据之外。《证据规定》中明确规定下列情形属于案外证据：（1）被告在行政程序中依照法定程序要求原告提供证据，原告依法应当提供而拒不提供，在诉讼程序中提供的证据，人民法院一般不予采纳。（2）被告及其诉讼代理人在作出具体行政行为后或者在诉讼程序中自行收集的证据和被告在行政程序中非法剥夺公民、法人或者其他组织依法享有的陈述、申辩或者听证权利所采用的证据，不能作为认定被诉具体行政行为合法的依据。（3）原告或者第三人在诉讼程序中提供的、被告在行政程序中未作为具体行政行为依据的证据。（4）复议机关在复议程序中收集和补充的证据，或者作出原具体行政行为的行政机关在复议程序中未向复议机关提交的证据，不能作为人民法院认定原具体行政行为合法的依据。

（三）真实性规则

1. 排除规则。这里所讲的排除规则，是指在实践中根据法官的经验就足以判断出此类证据是不真实的，应当排除在定案的证据之外的规则。以下四种证据材料应当排除在真实性证据之外，不得作为定案的根据：第一，当事人拒不提供原件、原物，又无其他证据印证，且对方当事人不予认可的证据的复制件或者复制品；第二，被当事人或者其他人进行技术处理而无法辨明真伪的证据；第三，不能正确表达意志的证人提供的证言；第四，不具有真实性的其他证据。

2. 最佳证据规则。行政诉讼的最佳证据规则，是指数个证据证明同一事实并都具有证明力，不同证据证明了相反的事实主张的情况下，法庭就有关各个证据证明力的大小所作出的认定规则的规定。法庭对证明同一事实的数个证据，其证明效力一般可以按照下列情形分别认定：（1）国家机关以及其他职能部门依职权制作的公文文书优于其他书证。（2）鉴定结论、现场笔录、勘验笔录、档案材料以及经过公证或者登记的书证优于其他书证、视听资料和证人证言。（3）书证的原件、物证的原物优于复制件、复制品。（4）法定鉴定部门的鉴定结论优于其他部门的鉴定结论。（5）法庭主持勘验所制作的勘验笔录优于其他部门主持勘验所制作的勘验笔录。（6）原始证据的证明力优于传来证据。（7）其他证人证言优于与当事人有亲属关系或者其他密切关系的证人提供的对该当事人有利的证言。（8）出庭作证的证人证言的证明效力优于未出庭作证的证人证言。（9）数个种类不同、内容一致的证据的证明效力优于一个孤立的证据。

3. 自认规则。一方当事人就对方当事人主张对其不利事实予以承认的声明或者表示，称之为"自认"。自认规则是自认的提出、审查、采信所应遵循的准则。能够作为定案的证据的自认必须具备以下三个条件：第一，必须是在诉讼中承认的自认才具有证明效力，诉讼外的自认由法官酌情裁量。第二，在诉讼中，当事人只有明示的自认才具有证明效力，默示的自认必须结合其他证据，作出综合性分析后，才能确定其证明效力。第三，当事人及其代理在其权限内所作的承认有证据上的约束力。此外，在不受外力影响的情况下，一方当事人提供的证据，对方当事人明确表示认可的，可以认定该证据的证明效力；对方当事人予以否认，但不能提供充分的证据进行反驳的，可以综合全案情况审查认定该证据的证明效力。

4. 推定规则。所谓推定，是指根据法律规定、已知事实或者日常生活经验法则，能够推断出另一个事实存在的一种证明规则。推定是根据严密的逻辑推理和人们日常生活经验，从已知事实推断未知事实存在，一旦前事实得到证明，法院可以径直根据前事实认定推定的事实，无须再对推定的事实加以论证。以推定的性质和依据来划分，可以将推定分为法律推定和事实推定两种。（1）法律推定。法律推定是指根据法律的规定从某一事实而推定另一事实存在的一种证明规则。以是否需要前提事实为标准，法律推定又可分为推论推定和直接推定。推论推定是以当事人一方已经向法庭证明了的前提事实为基础而进行的推定。当法律不依赖于任何事实就假定某一事实存在时，这种推定即为直接推定。法律推定作为建立在逻辑推理的基础上的一种判定，应当允许该推定不利一方当事人通过提供相反证据证明具体案件中的前提事实与推定事实之间不具有逻辑关系，或足以证明法律推定的前提事实具有虚假性。法庭只有在前提事实与推定事实之间具有逻辑关系，前提事实真实的前提下，才能作出判定，反之，推定是不能成立的。(2) 事实推定。事实推定是根据已知事实或者日常生活经验法则，推论与之相关的诉讼中需要证明的另一事实是否存在的一种证明规则。事实推定区别于法律推定的明显标志，在于无法律明文规定，而是根据已知事实或者日常生活经验规则进行推定。事实推定的适用必须同时具备以下四个条件：第一，必须是无法直接证明待证事实是否存在，因此只能借助间接事实推断待证事实。第二，前提事实必须已经得到法律上的确认，这是事实推定的前提条件。这些前提事实主要是指众所周知的事实、自然规律及定理、已依法证明的事实、日常生活经验等。因此，法官可以直接认定。第三，前提事实与推定事实之间应当具有必然的逻辑联系。即根据前提事实按照日常生活经验规则完全可以推论出推定事实的真实性。第四，允许对方当事人提出反证，并以反证的成立与否确认推定的事实是否成立。但是，自然规律及定理是不能推翻的。

在行政管理过程中，被告处于管理者的优势地位，可以利用行政管理的权力收集证据，而原告处于被管理者的弱势地位，在很多的情况下，因缺乏权力支持，难以收集证据。在行政诉讼中，经常发现，被告收集了大量的证据，特别是一些对原告极为有利的证据，其为了掩盖被诉具体行政行为中的违法问题，拒绝向法院提供原告无法提供的这些证据。为保护处于弱势地位的原告的合法权益，维护司法的公正性，原告确有证据证明被告持有的证据对原告有利，被告无正当事由拒不提供的，可以推定原告的主张成立。

人民法院作出的生效的裁判文书均具有既判力。根据这一理论，生效的裁判文书所认定的事实具有免证效力，一是因为该事实已经为人民法院作出的生效的判决、裁定所查明，客观上无再次证明的必要；二是因为该事实已经为人民法院发生法律效力的判决、裁定所认定，该判决、裁定具有法律约束力，这种约束力同时也包括对该事实认定上的不可更改。仲裁机构的生效裁决是人民法院的执行根据之一，从这一点而言，它与人民法院发生法律效力的判决、裁定具有同等的法律效力。在行政审判中，当事人举出的证据足以证明生效的裁判所认定的事实有重大问题的，一般都采取中止该案的审理，通过审判监督程序纠正生效的判决、裁定的错误，再恢复该案的审理。这样做法完全不违背实事求是的原则。

5. 补强证据规则。补强证据规则最初出现在刑事诉讼中，它是指为了保护被告人的权利，防止案件事实的误认，对某些证明力显然薄弱的证据，要求有其他证据予以证实才可以作为定案根据的规则。行政诉讼的补强规则的概念与刑事诉讼的补强概念的含义具有明显的不同。它是指某一证据由于其存在证据资格或者证据形式上的某些瑕疵，不能单独作为认定案件事实的依据，必须依靠其他证据的佐证，借以担保其真实性或者补强其证据价值，才能作为定案的依据。法庭对下列证据不能单独作为定案依据：（1）未成年人所作的与其年龄和智力状况不相适应的证言；（2）与一方当事人有亲属关系或者其他密切关系的证人所作的对该当事人有利的证言，或者与一方当事人有不利关系的证人所作的对该当事人不利的证言；（3）应当出庭作证而无正当理由不出庭作证的证人的证言；（4）难以识别是否经过修改的视听资料；（5）无法与原件、原物核对的复制件或者复制品；（6）经一方当事人或者他人改动，对方当事人不予认可的证据材料；（7）其他不能单独作为定案依据的证据材料。

（四）认定证据的方式

法庭对庭审中经过质证的证据，能够当庭认定的，应当当庭认定；不能当庭认定的，应当在合议庭合议时认定。人民法院应当在裁判文书中阐明证据是否采纳的理由。由于允许法庭当庭认证，就难免发生认定证据错误的问题，因此，就必须要有一个纠正错误认定证据的方式。

当庭认定证据错误，主要有三种情况，一是在庭审未结束之前发现当庭认定的证据有错误；二是在庭审结束后宣判前发现当庭认定证据有错误；三是在庭审结束后，合议庭合议中，发现新的证据材料可能推翻已认定的证据。对第一种情况，应当在庭审中重新作出认定，并阐明重新认定的理由。对第二种情况，可以在裁判文书中予以更正并说明理由，也可以再次开庭予以认定。第三种情况，只是反映当庭认定的证据可能出现错误，并不是说，已经发现错误，因此，对这种情况，必须再次开庭对新的证据和当庭认定的证据重新进行质证，在质证后进行认定。

五、附则

当前在行政审判实践中存在证人、鉴定人害怕打击报复，怕耽误时间，不敢或不愿出庭作证，特别是不敢为原告出庭作证的现象。证人不愿出庭作证，结果使正当的诉讼请求得不到法院的支持，使本来不太复杂的案件得不到公正的判决。为加强对证人和鉴定人的保护，强化对妨碍取证、作证的制裁，提高证人和鉴定人出庭作证这一最为有效的方式，《证据规定》规定："证人、鉴定人及其近亲属的人身和财产安全受法律保护。""证人、鉴定人要求对其住址和联系方式保密的,人民法院应当予以支持。""证人、鉴定人因出庭作证或者接受询问而支出的合理费用,由提供证人、鉴定人的一方当事人先行支付,由败诉一方当事人承担。""证人、鉴定人作伪证的,应当依照行政诉讼法第四十九条第一款第(二)项追究其法律责任。""诉讼参与人或者其他人对证人、鉴定人、勘验人及其近亲属实施威胁、侮辱、殴打、骚扰或者打击报复等妨碍行政诉讼行为的,应当依照行政诉讼法第四十九条第一款第(三)项、第(五)项或者第(六)项追究其法律责任。""对应当协助调取证据的单位和个人,无正当理由拒不履行协助义务的,可以依照行政诉讼法第四十九条第一款第(五)项追究其法律责任。"从而完善了对证人和鉴定人的保护制度。

《证据规定》的内容还是基本和初步的,随着对证据规律认识的深化和行政审判实践经验的丰富,我们将不断完善行政诉讼证据规则,为行政审判提供坚实的基础。

3. 审理行政许可案件的基本规则
——《最高人民法院关于审理行政许可案件若干问题的规定》解读

2009 年 12 月 14 日　　　　　　　　　　　　法释〔2009〕20 号

《最高人民法院关于审理行政许可案件若干问题的规定》（以下简称本解释）是审理行政许可案件的专项司法解释。2009 年 11 月 9 日最高人民法院审判委员会第 1476 次会议通过，自 2010 年 1 月 4 日起施行。本解释主要规定了以下几个方面的内容：

一、受案范围

（一）肯定的受案范围

本解释第一条规定，公民、法人或者其他组织认为行政机关作出的行政许可决定以及相应的不作为，或者行政机关就行政许可的变更、延续、撤回、注销、撤销等事项作出的有关具体行政行为及其相应的不作为侵犯其合法权益，提起行政诉讼的，人民法院应当依法受理。根据本条规定，下列案件属于行政许可诉讼案件：

1. 准予行政许可的决定。行政机关对行政许可申请进行审查后，除当场作出行政许可决定的外，应当在法定期限内按照规定程序作出行政许可决定。一般而言，行政许可相对于得到许可的行政相对人来说是一种授益性行政行为，而相对于未得到许可的相对人来说则是一项限制性行政行为。尤其是在特定的排他性行政许可中，行政许可行为必然会影响其他申请人取得许可证照，进而影响其获得相应的权益。这时，行政许可行为直接影响到了该行政许可领域内的公平竞争权益人。即认为赋予他人行政许可的行为实际造成了限制或剥夺其公平竞争权的人，可就其行政许可的公平申请权或要求排除赋予他人排他性许可的独占权而依法提起行政诉讼。

2. 变更行政许可的决定。被许可人要求变更行政许可事项的，应当向作出行政许可决定的行政机关提出申请；符合法定条件、标准的，行政机关应当依法办理变更手续。如果行政机关未经被许可人申请作出变更行政许可的决定、行政机关超越被许可人申请变更的行政许可事项作出变更行政许可决定，对利害关系人造成影响的，相关利害关系人得提起行政诉讼。

3. 延续行政许可的决定。被许可人需要延续依法取得的行政许可的有效期的，应当在该行政许可有效期届满30日前向作出行政许可决定的行政机关提出申请。但是，法律、法规、规章另有规定的，依照其规定。如果利害关系人认为行政机关延续行政许可的行为影响到其合法权益的，亦得提起行政诉讼。

4. 撤回行政许可。公民、法人或者其他组织依法取得的行政许可受法律保护，行政机关不得擅自改变已经生效的行政许可。行政许可所依据的法律、法规、规章修改或者废止，或者准予行政许可所依据的客观情况发生重大变化的，为了公共利益的需要，行政机关可以依法变更或者撤回已经生效的行政许可。如果利害关系人认为行政机关撤回行政许可的行为影响到自己合法权益的，得提起行政诉讼。

5. 注销行政许可。根据行政许可法第七十条的规定，有下列情形之一的，行政机关应当依法办理有关行政许可的注销手续：行政许可有效期届满未延续的；赋予公民特定资格的行政许可，该公民死亡或者丧失行为能力的；法人或者其他组织依法终止的；行政许可依法被撤销、撤回，或者行政许可证件依法被吊销的；因不可抗力导致行政许可事项无法实施的；法律、法规规定的应当注销行政许可的其他情形。如果利害关系人认为行政机关注销行政许可的行为影响到自己合法权益的，亦得提起行政诉讼。

6. 撤销行政许可。根据行政许可法第六十九条的规定，有下列情形之一的，作出行政许可决定的行政机关或者其上级行政机关，根据利害关系人的请求或者依据职权，可以撤销行政许可：行政机关工作人员滥用职权、玩忽职守作出准予行政许可决定的；超越法定职权作出准予行政许可决定的；违反法定程序作出准予行政许可决定的；对不具备申请资格或者不符合法定条件的申请人准予行政许可的；依法可以撤销行政许可的其他情形。被许可人以欺骗、贿赂等不正当手段取得行政许可的，应当予以撤销。依照前两款的规定撤销行政许可，可能对公共利益造成重大损害的，不予撤销。如果利害关系人认为行政机关撤销行政许可的行为影响到自己合法权益的，得提起行政诉讼。

(二) 公开类行政许可案件

本解释第二条规定，公民、法人或者其他组织认为行政机关未公开行政许可决定或者未提供行政许可监督检查记录侵犯其合法权益，提起行政诉讼的，人民法院应当依法受理。行政许可法确立了公众对准予行政许可决定和行政机关监督检查记录的查阅权。该法第四十条规定，行政机关作出的准予行政许可决定，应当予以公开，公众有权查阅。行政许可法第六十一条规定："行政机关应当建立健全监督制度，通过核查反映被许可人从事行政许可事项活动情况的有关材料，履行监督责任。行政机关依法对被许可人从事行政许可事项的活动进行监督检查时，应当将监督检查的情况和处理结果予以记录，由监督检查人员签字后归档。公众有权查阅行政机关监督检查记录。行政机关应当创造条件，实现与被许可人、其他有关行政机关的计算机档案系统互联，核查被许可人从事行政许可事项活动情况。"这两条规定实际上也赋予了公众的知情权，也科以了行政机关的公开义务。需要注意的是，行政许可法第四十条规定的是"准予行政许可决定"，对于不予许可的决定，行政机关没有公开义务。公民、法人或其他组织认为由于行政机关没有公开相关事项侵害其合法权益，提起诉讼的，应当属于人民法院受理范围。

(三) 程序性行为不可诉

本解释第三条规定，公民、法人或者其他组织仅就行政许可过程中的告知补正申请材料、听证等通知行为提起行政诉讼的，人民法院不予受理，但导致许可程序对上述主体事实上终止的除外。本条是关于程序性行为不可诉的规定。程序性行为是指行政机关在实施行政许可过程中对许可环节的阶段性处理。程序性行为大多属于不以发生法律效果为目的的事实行为。有时被称为"观念通知"。主要体现为行政许可程序中的通知和告知行为。主要是受理申请的通知、准予或者不准予听证的通知、补正材料的通知、告知申辩权、行政许可有关事项的告知等。但是，在特殊情况下，如果行政机关作出的告知、通知行为事实上对公民、法人或者其他组织造成了确定的不利影响，该行为不再是仍将继续进行的程序行为，而是已经终止的、具有确定意义的行政行为。例如，行政许可法第三十一条规定，行政机关不得要求申请人提交与其申请的行政许可事项无关的技术资料和其他材料。行政机关如果在程序中要求申请人提交与行政许可无关的材料，实际上意味着行政机关滥用职权，得为行政诉讼的标的。

二、被告资格

1. 对批准行为不服时被告的确定。即行政许可依法须经上级行政机关批准，当事人对批准或者不批准行为不服一并提起诉讼的，以上级行政机关为共同被告。这里的"依法"是指依照法律、法规和规章的规定，如果法律、法规和规章没有规定批准程序或者规章以下规范性文件规定的，不适用本条的规定。在行政许可领域，一些法律、法规和规章明确规定特定事项须经上级行政机关的批准，上级行政机关的批准实际上构成了生效法律行为的关键。上级行政机关的批准行为在事实上也对当事人的合法权益产生了实质影响。因此，上级行政机关的批准或者不批准行为属于可诉的行政行为，应当以上级行政机关为被告。如果当事人既对上级行政机关的批准或者不批准行为提起诉讼，又对行政许可行为提起诉讼的，应当以作出行政许可决定的机关和上级行政机关为共同被告。

2. 对初步审查和上报行为不服时被告的确定。即行政许可依法须经下级行政机关或者管理公共事务的组织初步审查并上报，当事人对不予初步审查或者不予上报不服提起诉讼的，以下级行政机关或者管理公共事务的组织为被告。这里的"依法"是指依照法律、法规和规章的规定，如果法律、法规和规章没有规定初步审查和上报程序或者规章以下规范性文件规定的，不适用本条的规定。一般情况下，初步审查并上报的行为属于行政内部行为。但是，如果法律、法规和规章对此有规定的，初步审查和上报行为（包括作为或者不作为）就具有一定的外部法律效果，得为可诉的行政行为。初步审查和上报的机关或者组织则为适格被告。这里的"管理公共事务的组织"是指行政许可法第二十三条规定的"法律、法规授权的具有管理公共事务职能的组织"，比如医院、学校、图书馆以及一些公用事业机构等，只承担管理本组织自身事务责任的，不能算作具有管理公共事务职能的组织。"管理公共事务的组织"应当具备以下条件：（1）该组织必须是依法成立的；（2）被授权实施的行政许可事项应当与该组织管理公共事务的职能相关联；（3）该组织应当具有熟悉与被授权实施的行政许可有关的法律、法规和专业的正式工作人员；（4）组织应当具备实施被授权实施的行政许可所必需的技术、装备条件等；（5）能对实施被授权实施的行政许可引起的法律后果独立承担责任，包括对外能够对自己的行为负责，对内有效地管理从事行政许可的工作人员，并接受上级机关的监督。

3. 统一办理、联合办理和集中办理情形下被告的确定。行政许可法第二十六条第二款规定，行政许可依法由地方人民政府两个以上部门分别实施的，本级人民政府可以确定一个部门受理行政许可申请并转告有关部门分别提出意见后统一办理，或者组织有关部门联合办理、集中办理。统一办理是指，一级人民政府确定一个部门受理行政许可申请并转告有关部门提出意见，由该部门根据有关部门的意见对申请人予以答复的制度；联合办理是指，涉及多个部门的行政许可事项，由政府组织相关部门联合办公；集中办理是指，由政府指定专门场所，将负有行政许可职责的行政机关集中起来，申请人只需去该场所无需去有关行政机关即可申请材料或者获悉处理结果。在统一办理的情形下，该行政许可行为是经过有关部门分别提出意见之后办理的，体现了统一办理机关、其他有关部门的意志，如果一概由统一办理机关作被告，有失公平。因此，在这种情形下，当事人对行政许可行为不服提起诉讼，以对当事人作出具有实质影响的不利行为的机关为被告。对于联合办理和集中办理情形下被告的确定，亦可参照适用上述条文。

三、证 据

本解释第八条规定，被告不提供或者无正当理由逾期提供证据的，与被诉行政许可行为有利害关系的第三人可以向人民法院提供；第三人对无法提供的证据，可以申请人民法院调取；人民法院在当事人无争议，但涉及国家利益、公共利益或者他人合法权益的情况下，也可以依职权调取证据。第三人提供或者人民法院调取的证据能够证明行政许可行为合法的，人民法院应当判决驳回原告的诉讼请求。本条主要包含以下内容：

1. 第三人提供证据的权利。《证据规定》第一条明确，根据行政诉讼法第三十二条和第四十三条的规定，被告对作出的行政行为负有举证责任。被告不提供或者无正当事由逾期提供证据的，视为被诉行政行为没有相应的证据。行政许可行为不仅涉及申请人的合法权益，也可能涉及申请人之外的第三人的合法权益。在司法实践中，有的行政机关与申请人联合起来恶意诉讼，申请人作为原告提起诉讼后，行政机关故意不提供或者无正当理由逾期提供证据，以使法院作出撤销生效行政许可，从而转嫁矛盾，利用司法程序损害第三人的合法权益。对于这种行为，法院应当注意发挥两个能动性：第三人的能动性和人民法院自身的能动性。《证据规定》规定了第三人"提供证据"的权利。对于第三人提供证据能够证明行政行为合法性的，人民法院应当客观公正作出评断。根据行政诉讼法和司法解释的规定，被诉行政行为没有相应证据包括客观上没有相应证据和法律拟制的没有相应证据两种。法律拟制没有相应证据的目的在于惩罚被诉行政机关不依法举证的行为，而非惩罚对被诉行政行为合法性不承担举证责任的第三人。因此，如果人民法院适用《证据规定》第一条的规定可能正中被诉行政机关和原告的下怀，这对对行政许可享有合法权益的第三人是不公平的。因此，第三人如果能够证明被诉行政行为合法的，人民法院应当认定被诉行政行为的合法性。此外，根据《证据规定》的相关规定，第三人既可以申请人民法院调取证据，人民法院也可以依职权调取证据。本条规定仍然存在两个缺陷：(1) 第三人既可能是对行政许可享有权利的公民、法人或者其他组织，也可能是与行政许可行为相关的行政机关（类似被告地位的第三人）。本条规定针对的是前者，对于后者没有规定。行政机关作为第三人，由于其与被诉行政许可行为不具有合法权益（一般是行政机关之间的权力关系），一般不适用本条规定。因此，本条中的"与被诉行政许可行为有利害关系的第三人"应当修订为"与被诉行政许可行为有利害关系的公民、法人或者其他组织"，在行政诉讼法上，"公民、法人或者其他组织"是与原告或者起诉人相当的概念。(2) 本条第一款规定，人民法院在当事人无争议的情况下也可以依职权调取证据。本条规定的内容实际上涉及的是第三人权利的保护问题，既然涉及第三人权益，原告、被告和第三人之间就不可能"无争议"。并且即便当事人有争议，根据《证据规定》第二十二条的规定，亦不影响人民法院依职权调取证据。因此，"当事人无争议"的限定并无必要。

2. 维持判决、确认合法有效判决和驳回原告诉讼请求判决的选择。与被诉行政许可行为具有利害关系的公民、法人或者其他组织或者人民法院调取的证据能够证明行政许可行为合法的，说明原行政许可行为在客观上是合法的。但是由于被诉行政机关没有提供证据或者无正当理由逾期提供证据，法院如果作出维持判决，不利于对被诉行政机关的监督，不利于强化其举证意识，更可能使行政机关在类似案件中出现怠惰举证。因此，法院不宜作出维持判决。同理，法院也不宜作出确认合法有效判决。为了保障被诉行政行为所保障的第三人（主要是公民、法人或者其他组织）的合法权益，法院可以作出驳回原告诉讼请求判决。

四、起诉与受理

本解释第六条规定了不予答复的可诉性，即行政机关受理行政许可申请后，在法定期限内不予答复，公民、法人或者其他组织向人民法院起诉的，人民法院应当依法受理。前款"法定期限"自行政许可申请受理之日起计算；以数据电文方式受理的，自数据电文进入行政机关指定的特定系统之日起计算；数据电文需要确认收讫的，自申请人收到行政机关的收讫确认之日起计算。这一规定包括以下两个内容：

1. 行政机关受理行政许可申请后，在法定期限内不予答复，属于行政不作为，公民、法人或者其他组织不服的，可以提起行政诉讼。行政许可法规定的期限主要包括以下内容：（1）除可以当场作出行政许可决定的外，行政机关应当自受理行政许可申请之日起 20 日内作出行政许可决定。20 日内不能作出决定的，经本行政机关负责人批准，可以延长 10 日，并应当将延长期限的理由告知申请人。但是，法律、法规另有规定的，依照其规定。行政许可采取统一办理或者联合办理、集中办理的，办理的时间不得超过 45 日；45 日内不能办结的，经本级人民政府负责人批准，可以延长 15 日，并应当将延长期限的理由告知申请人。（2）依法应当先经下级行政机关审查后报上级行政机关决定的行政许可，下级行政机关应当自其受理行政许可申请之日起 20 日内审查完毕。但是，法律、法规另有规定的，依照其规定。（3）行政机关作出准予行政许可的决定，应当自作出决定之日起 10 日内向申请人颁发、送达行政许可证件，或者加贴标签、加盖检验、检测、检疫印章。（4）行政机关作出行政许可决定，依法需要听证、招标、拍卖、检验、检测、检疫、鉴定和专家评审的，所需时间不计算在内。行政机关应当将所需时间书面告知申请人。

2. 随着现代通信技术和互联网的发展，申请人可以通过信函、电报、电传、传真、电子数据和电子邮件等方式向行政机关提出申请。行政许可法第二十九条第三款对此作了规定。对于采用数据电文形式申请的，其法定期限的起算日期，借鉴了合同法的有关规定。合同法第十六条规定，采用数据电文形式订立合同，收件人指定特定系统接收数据电文的，该数据电文进入该特定系统的时间，视为到达时间；未指定特定系统的，该数据电文进入收件人的任何系统的首次时间，视为到达时间。由于行政机关往往设置了特定系统，因此，不涉及合同法规定的"未指定特定系统"的情形。如果数据电文需要确认收讫的，该确认收讫的时间应当为起算日期，即自申请人收到行政机关的收讫确认之日起计算。

五、审理与判决

(一) 行政许可基础行为的合法性审查

本解释第七条规定,"作为被诉行政许可行为基础的其他行政决定或者文书存在以下情形之一的,人民法院不予认可:(一)明显缺乏事实根据;(二)明显缺乏法律依据;(三)超越职权;(四)其他重大明显违法情形。"该条规定了以下两个内容:

1. 关于行政许可基础行为的合法性审查。基础行为是作为行政许可基础或者前提的行政行为。例如,某行政许可决定作出时,必须以其他行政行为作为基础,后者即为基础行为。基础行为可以是行政许可行为,也可以是行政许可之外的行政行为(例如行政登记等)。在行政许可诉讼中,被诉行政行为是行政许可行为,是否也要对行政许可的基础行为进行合法性审查,司法实践中并不统一。鉴于基础行为是被诉行政许可行为是否合法的重要组成部分,因此不审查基础行为的合法性就无法判断或者无法正确判断行政许可行为的合法性。因此,基础行为不存在是否进行合法性审查的问题,而是应如何进行合法性审查的问题。基础行为不是被诉行政许可行为,因此,不能适用行政诉讼法第五十四条的规定。基础行为也并非证据,因此不能对其进行证据审查,例如证据的合法性、真实性和关联性审查。特别是由于基础行为相当多地表现为行政公文,如果采用证据审查,可能会因为公文书证效力较高,导致法院直接认定其效力。因此,对于基础行为的合法性审查,既不能是对被诉行政行为合法性的审查,也不能与行政诉讼证据合法性审查等量齐观。对于基础行为的审查,应当是基于两者之间的度——无效审查。即只有基础行为存在无效情形的,法院才不能将其作为认定被诉行政许可行为的依据。

2. "重大且明显"合法性审查标准。对"重大且明显"程度的合法性审查,已经涉及到行政行为效力的审查。对于无效情形,《若干解释》规定了确认无效中的"无效"情形和对非诉行政执行"重大且明显"情形。由于对于无效的具体情形,学术界和实务界尚有不同意见。本司法解释借鉴了《若干解释》第九十五条的规定,即被申请执行的具体行政行为有下列情形之一的,人民法院应当裁定不准予执行:(1)明显缺乏事实根据的;(2)明显缺乏法律依据的;(3)其他明显违法并损害被执行人合法权益的。本司法解释增加了"超越职权"的情形,包括超越地域管辖权和超越事物管辖权。基础行为是由没有职权的行政机关作出的，其违法性亦应当属于"重大且明显"的情形。"明显缺乏事实根据"是指基础行为毫无事实根据或者一般理性人认为明显没有根据。"明显缺乏法律依据"是指基础行为没有任何法律依据或者一般理性人认为法律依据明显不足。这一规定与"超越职权"有一定的重合。"其他明显违法并损害被执行人合法权益的"主要包括以下情形：（1）基础行为应当采用书面形式而未采用书面形式；（2）基础行为的作出机关无法辨认；（3）基础行为事实上无法得到执行；（4）基础行为的实施可能导致行政处罚或者刑事处罚；（5）基础行为违背公序良俗；（6）基础行为明显滥用职权达到恣意不羁的程度等。

（二）法律适用

本解释第九条规定，人民法院审理行政许可案件，应当以申请人提出行政许可申请后实施的新的法律规范为依据；行政机关在旧的法律规范实施期间，无正当理由拖延审查行政许可申请至新的法律规范实施，适用新的法律规范不利于申请人的，以旧的法律规范为依据。该条主要包含以下内容：

1. 实体从旧原则。基于法不溯及既往的原则，行政相对人的申请行为发生在新法实施之前，行政机关在作出行政许可行为时，应当适用旧法的规定，此谓"实体从旧"原则。《最高人民法院关于审理行政案件适用法律规范问题的座谈会纪要》在"关于新旧法律规范的适用规则"部分规定，根据行政审判中的普遍认识和做法，行政相对人的行为发生在新法施行以前，具体行政行为作出在新法施行以后，人民法院审查具体行政行为的合法性时，实体问题适用旧法规定，程序问题适用新法规定，但下列情形除外：（1）法律、法规或规章另有规定的；（2）适用新法对保护行政相对人的合法权益更为有利的；（3）按照具体行政行为的性质应当适用新法的实体规定的。这是关于"实体从旧，程序从新"的表述。据此，一般来说，申请人申请的时间与行政机关作出行政行为时适用的法律规范是相同的，因此人民法院审理行政许可案件，应当以申请人提出行政许可申请时正在生效的法律规范作为依据，而不能以申请后实施的法律规范为依据。但是，如果申请人申请后行政机关作出行政许可行为之间，新的法律规范生效的，行政许可行为应当适用新的法律规范。这是因为法院审查行政行为时，要审查行政行为作出时的法律规范，因此行政机关应当按照新的法律规范作出行政行为。最高人民法院其他的司法解释也对此作了规定。例如《最高人民法院关于审理国际贸易行政案件若干问题的规定》第四条规定，当事人的行为发生在新法生效之前，行政机关在新法生效之后对该行为作出行政处理决定的，当事人可以依照新法的规定提起行政诉讼。本条规定的从旧原则从立法技术上尚有值得完善之处。本条第一句"人民法院审理行政许可案件,应当以申请人提出行政许可申请后实施的新的法律规范为依据"应当修订为:"人民法院审理行政许可案件,申请人的申请行为发生在新法生效前,行政机关在新法生效之后作出行政许可决定的,应当以行政机关在作出行政许可决定时适用的新的法律规范为依据"。

2. 有利于申请人原则(权利保护原则)。立法法确立了权利保护原则,该法第八十四条规定,法律、行政法规、地方性法规、自治条例和单行条例、规章不溯及既往,但为了更好地保护公民、法人和其他组织的权利和利益而作的特别规定除外。《最高人民法院关于审理行政案件适用法律规范问题的座谈会纪要》也将"适用新法对保护行政相对人的合法权益更为有利的"作为实体从旧原则的例外。

(三) 继续确认诉讼

本解释第十条规定,被诉准予行政许可决定违反当时的法律规范但符合新的法律规范的,判决确认该决定违法;准予行政许可决定不损害公共利益和利害关系人合法权益的,判决驳回原告的诉讼请求。主要包含以下内容:

1. 本条是关于继续确认诉讼的规定。继续确认诉讼是指,在已经开始的行政诉讼中,因出现特殊情况导致行政行为已经发生变化,但法院并不终结诉讼而继续审理的诉讼类型。继续确认诉讼是一种补充性的诉讼,用以补充撤销诉讼、给付诉讼和确认诉讼。在行政许可诉讼中,被诉准予行政许可决定违反当时的法律规范,该被诉行政许可决定的违法性是确定的,依照行政诉讼法第五十四条的规定,应当判决撤销。但是,由于被诉准予行政许可决定符合新的法律规范,如果撤销就会直接影响被许可人(通常是第三人)的利益。被许可人需要再行申请行政许可,行政机关也需要再行作出行政许可决定。为了节省行政成本,也为了减少被许可人申请成本,人民法院可以保留行政许可行为的效力,而否认行政许可行为的合法性,作出确认违法的判决。之所以作出确认违法判决这种转换的、补充性的判决,也在于保障原告的合法权益。一般情况下,既然行政许可行为违法,原告期待的是撤销该许可行为并取得相应赔偿。人民法院判决确认违法也是为了保障原告实体上的求偿权。有观点认为,上述规定是关于瑕疵治愈的内容,是不正确的。瑕疵治愈是德国法上的概念,主要包括两种方式:违法处分之补正和违法处分之转换。后者大体上相当于行政机关改变行政行为,在此不论。违法处分之补正,是指除了违反"重大且明显"标准导致无效的情形外,在特定情形下可以补正:依申请的行为,申请人已经事后申请;必须载明的理由已获载明;应当给予陈述意见已经事后给予;应当以委员会方式作出的行政行为事后已经委员会决议等等。被诉准予行政许可决定违反当时的法律规范但符合新的法律规范的,被诉准予行政许可决定并不因新的法律规范而"治愈",其仍然"罹患"违法病灶。

2. 准予行政许可决定不损害公共利益和利害关系人合法权益的判决。人民法院经审查认为准予行政许可决定违法,应当按照行政诉讼法和本条第一句的规定作出撤销判决或者确认违法判决。这里有一个隐含的前提——准予行政许可决定损害公共利益和利害关系人合法权益。但是,在特殊的情况下,人民法院经审查认为准予行政许可决定不损害公共利益和利害关系人合法权益的,人民法院可以作出驳回原告诉讼请求的判决(实际上也属于广义上的确认判决)。当然,这一句的规制意义不是很强。既然准予行政许可决定不损害公共利益和利害关系人合法权益,那么原告也就不具有利害关系人资格,原告是如何进入诉讼的呢?

(四)行政许可无裁量余地时的判决

本解释第十一条规定,人民法院审理不予行政许可决定案件,认为原告请求准予许可的理由成立,且被告没有裁量余地的,可以在判决理由写明,并判决撤销不予许可决定,责令被告重新作出决定。本条规定的是行政许可无裁量余地时的判决方式。行政机关在作出行政许可决定时,应当根据申请材料并斟酌相关因素。行政许可法第三十四条第一款规定了行政机关的审查权限(斟酌权限、裁量权限),即行政机关应当对申请人提交的申请材料进行审查。行政许可机关对于行政许可事项的裁量余地各有不同。有时法律赋予了行政机关进行实质审查的权力,有的法律赋予了行政机关进行形式审查的权力;行政机关有的裁量权限很宽裕,有的裁量权限则很窄仄,有的裁量权限几乎没有。在大陆法系国家,后一种情况又称为裁量缩减为零。行政机关的裁量权限愈大,法院应当对其愈加尊重;行政机关的裁量权限愈小,法院应当具有更多的裁量权。在德国,根据德国《行政法院法》第130条的规定,当"裁量缩减为零"时,法院可以直接变更原行政行为。考虑到我国行政诉讼法对于直接变更的情形只限于"行政处罚显失公正",司法解释可以通过其他判决方式达到同样的目的即可。因此,人民法院可以在写明判决理由的基础上判决撤销不予许可决定并责令被告重新作出决定。

本条规定适用的条件包括:(1)不予行政许可决定案件。对于撤销准予行政许可的案件,不适用本条的规定。(2)认为原告请求准予许可的理由成立。对于这类案件，人民法院主要审查被诉不予行政许可决定是否合法和原告请求准予许可的理由是否成立。一般说来，这两个审查对象是一致的。特别情况下，两者可能存在不一致。例如被诉不予行政许可决定违法，但原告请求亦不成立。对于这种情形，也不适用本条处理。(3) 被告没有裁量余地的。如果被告还有裁量余地的，不适用本条的规定。例如行政许可决定需要通过听证、招标、拍卖、检疫、检验、检测等特殊行政程序、方式，或者涉及复杂的裁量因素，不宜由人民法院判断的，不适用本条的规定。对于符合上述条件的，人民法院可以在写明判决理由的基础上，判决撤销不予许可决定，责令被告重新作出决定。本条的立法技术也需要进一步完善。例如"可以在判决理由写明"，是写明"原告请求准予许可的理由成立"还是"被告没有裁量余地"还是两者兼而有之，不明确。实际上，法院在判决理由中应当写明的是，原告请求准予许可的理由成立，被告行政机关应当在一定期限内作出准予行政许可决定。

(五) 判决查阅

本解释第十二条规定，被告无正当理由拒绝原告查阅行政许可决定及有关档案材料或者监督检查记录的，人民法院可以判决被告在法定或者合理期限内准予原告查阅。行政许可法规定了公众的查阅权。该法第四十条规定，行政机关作出的准予许可决定，应当予以公开，公众有权查阅。第六十一条第二款规定，行政机关依法对被许可人从事行政许可事项的活动进行监督检查时，应当将监督检查的情况和处理结果予以记录，由监督检查人员签字后归档。公众有权查阅行政机关监督检查记录。考虑到行政诉讼法没有规定公益诉讼，因此任何组织不能代表公众提起行政诉讼。只有与拒绝查阅行政许可决定及有关档案材料或者监督检查记录的行为有利害关系的人，才具有原告资格。行政许可法并未规定对档案材料的查阅权。但是，行政机关在作出行政许可决定的过程中，应当保留有相应的行政卷宗。这些行政卷宗对于利害关系人而言，不仅不应当保密，而且应当成为利害关系人的法定权利。例如行政复议法第二十三条第三款规定，申请人、第三人可以查阅被申请人提出的书面答复、作出行政行为的证据、依据和其他有关材料，除涉及国家秘密、商业秘密或者个人隐私外，行政复议机关不得拒绝。根据政府信息公开条例的规定，这些由行政机关制作或者保存的信息，应当予以公开。本条规定的"档案材料"实际上是指行政行为的证据、依据和其他有关材料，并非档案。由于档案法的法律位阶高于政府信息公开条例，因此，对于档案的公开应当适用档案法的规定。考虑到可能的误读，建议借鉴行政复议法的规定，将本条规定的"档案材料"修订为"行政行为的证据、依据和其他有关材料"。人民法院应当判决被告在法定或者合理期限内准予原告查阅。对于被告无正当理由拒绝原告查阅行政许可决定及有关档案材料或者监督检查记录的,人民法院应当(而非可以)判决被告在法定或者合理期限内准予原告查阅。行政许可法没有规定查阅权的期限,因此这里的"法定期限"应当考诸单行法律法规对法定期限的规定。如果法律法规没有规定查阅期限(这是一般情况),人民法院可以根据实际情况确定合理期限判令被告准予原告查阅。

(六) 赔偿责任

本解释第十三条规定,被告在实施行政许可过程中,与他人恶意串通共同违法侵犯原告合法权益的,应当承担连带赔偿责任;被告与他人违法侵犯原告合法权益的,应当根据其违法行为在损害发生过程和结果中所起作用等因素,确定被告的行政赔偿责任;被告已经依照法定程序履行审慎合理的审查职责,因他人行为导致行政许可决定违法的,不承担赔偿责任。在行政许可案件中,当事人请求一并解决有关民事赔偿问题的,人民法院可以合并审理。这一规定主要包括以下内容:

1. 被告在实施行政许可过程中,与他人恶意串通共同违法侵犯原告合法权益的,应当承担连带赔偿责任。这是关于共同侵权的规定。民法通则第一百三十条规定,二人以上共同侵权造成他人损害的,应当承担连带责任。狭义上的共同侵权行为是指两个以上的人故意或者过失直接实施加害行为的情形。共同故意,例如民法通则第五十八条第(四)项规定的"恶意串通,损害国家、集体或者第三人利益的行为"、第六十六条第三款规定的"代理人和第三人串通,损害被代理人的利益的"行为等。侵权责任法第八条规定,二人以上共同侵权,造成他人损害的,应当承担连带责任。"恶意串通"属于共同故意,又称为恶意通谋,是指行为人双方以损害他人利益为目的,弄虚作假的违法行为。被告与他人恶意串通共同违法侵犯原告利益的,被告和他人必须对外承担连带责任,原告有权请求被告、他人或者两者承担全部责任。由于法院判断行政机关"恶意串通"的主观状态比较困难,法院可以通过对被告工作人员的行为、被告行为的特点综合予以判断。

2. 被告与他人违法侵犯原告合法权益的,应当根据其违法行为在损害发生过程和结果中所起作用等因素,确定被告的行政赔偿责任。这是关于混合侵权的规定。侵权责任法第十二条规定,二人以上分别实施侵权行为造成同一损害,能够确定责任大小的,各自承担相应的责任;难以确定责任大小的,平均承担赔偿责任。《最高人民法院关于审理人身损害赔偿案件适用法律若干问题的解释》（以下简称《人身损害赔偿解释》）第三条第一款规定，二人以上没有共同故意或者共同过失，但其分别实施的数个行为间接结合发生同一损害后果的，应当根据过失大小或者原因力比例各自承担相应的赔偿责任。这些都是按份责任的规定。民法学上，按份责任，又称为分割责任，是连带责任的对称，是指责任人为两个以上责任人时，责任人按照各自份额向债权人承担的清偿责任；是按份债务人不履行债务而招致的法律后果。根据本条规定，确定责任的标准是"违法行为在损害发生过程和结果中所起作用等因素"。一般说来，法院可以根据违法行为在损害发生过程和结果中所起作用等因素确定责任；法院无法判断的，判决平均承担赔偿责任。本条规定要求人民法院必须分清责任并判决按份赔偿。实际上，人民法院无法分清责任时，也不能拒绝判决，可以判决平均承担赔偿责任。

3. 被告已经依照法定程序履行审慎合理的审查职责，因他人行为导致行政许可决定违法的，不承担赔偿责任。行政许可行为违法并造成他人损害的，应当承担赔偿责任。被告违法有的是自身原因造成的，有的是由于申请人或者他人行为造成的。行政许可法第三十八条规定，申请人的申请符合法定条件、标准的，行政机关应当依法作出准予行政许可的书面决定。准予行政许可的决定是行政机关依法作出的对行政许可申请事项积极、全面、肯定的书面决定，意味着申请人完全具备了法律规定的全部条件、标准。行政机关必须积极履行审查责任，不能不作为；对符合法定条件、标准的不予行政许可，不能乱作为，对不符合法定条件、标准的随意许可。行政许可是依申请的行为，行政机关需要对申请材料进行审查，行政机关应当尽到审慎审查的义务；他人（申请人或者利害关系人）应当如实提交申请材料，他人（申请人或者利害关系人）应当尽到诚实义务。本条可以分解为以下几个方面：（1）如果被告已经依照法定程序履行审慎合理的审查职责，因他人（申请人或者利害关系人）的不诚实行为导致行政许可决定违法的，应当由他人（申请人或者利害关系人）承担相应的赔偿责任；（2）如果被告未依照法定程序履行审慎合理的审查职责，因他人（申请人或者利害关系人）的不诚实行为导致行政许可决定违法的，被告和他人应当承担按份责任；（3）如果被告已经依照法定程序履行审慎合理的审查职责，因不能归属于他人（申请人或者利害关系人）的原因，导致行政许可决定违法的，根据行政诉讼法和国家赔偿法确立的"违法归责原则"，由被告承担赔偿责任。

4. 在行政许可案件中，当事人请求一并解决有关民事赔偿问题的，人民法院可以合并审理。"有关民事赔偿问题"并非前述的行政赔偿，而是指民事主体之间因民事行为（例如侵权之债、合同之债等）发生的赔偿问题。当事人请求解决有关民事赔偿问题的，基于司法裁判的一致性和救济的及时性考虑，可以对有关民事赔偿问题合并审理。

（七）行政补偿诉讼

本解释第十四条规定，行政机关依据行政许可法第八条第二款规定变更或者撤回已经生效的行政许可，公民、法人或者其他组织仅主张行政补偿的，应当先向行政机关提出申请；行政机关在法定期限或者合理期限内不予答复或者对行政机关作出的补偿决定不服的，可以依法提起行政诉讼。行政许可法第八条第二款规定，行政许可所依据的法律、法规、规章修改或者废止，或者准予行政许可所依据的客观情况发生重大变化的，为了公共利益的需要，行政机关可以依法变更或者撤回已经生效的行政许可。由此给公民、法人或者其他组织造成财产损失的，行政机关应当依法给予补偿。这一规定是有关信赖保护原则的规定。行政许可所依据的法律、法规、规章修改或者废止的情形，例如，在某种保护区，建房需要事先取得许可，后来通过修改法律规范扩大了保护区的范围，那么原来依法取得的行政许可就可以变更或者撤回；准予行政许可所依据的客观情况发生重大变化的情形，例如，公民经批准建房，后经地质调查，此处是地质灾害易发地带，行政机关为了公共安全，可以撤回或者变更原行政许可。该条实际上确立了行政机关的主动补偿义务。行政诉讼法确立了行政机关先行赔偿机制。根据行政诉讼法第六十七条第二款规定，公民、法人或者其他组织单独就损害赔偿提出请求，应当先由行政机关解决。对行政机关的处理决定不服，可以向人民法院提起诉讼。行政补偿虽然不同于行政赔偿，但其原理有一定的类似之处，可以参照适用。并且由行政机关先行处理相关补偿争议，有利于查清事实，有利于矛盾化解。因此，本条规定，公民、法人或者其他组织仅主张行政补偿的，应当先向行政机关提出申请。公民、法人或者其他组织向行政机关申请之后，行政机关的行为（包括作为和不作为）仍然属于可诉的行政行为。据此，本条规定，行政机关在法定期限或者合理期限内不予答复或者对行政机关作出的补偿决定不服的，可以依法提起行政诉讼。"行政机关作出的补偿决定"既可能是行政补偿决定，也可能是不予补偿决定。

本解释第十五条规定，法律、法规、规章或者规范性文件对变更或者撤回行政许可的补偿标准未作规定的，一般在实际损失范围内确定补偿数额；行政许可属于行政许可法第十二条第（二）项规定情形的，一般按照实际投入的损失确定补偿数额。法律、法规、规章或者规范性文件对变更或者撤回行政许可的补偿标准作出规定，人民法院应当按照有关规定确定补偿数额。

这是补偿法定原则的体现。如果法律、法规、规章或者规范性文件对变更或者撤回行政许可的补偿标准未作规定，人民法院应当按照实际损失确定补偿数额。"实际损失"是指补偿申请人实际投入支出和必然可得的利益。"必然可得的利益"是指行政许可期限届满前的预期利益。这一损失范围大于行政诉讼法和国家赔偿法规定的直接损失。行政许可属于行政许可法第十二条第（二）项规定情形的，一般按照实际投入的损失确定补偿数额。行政许可法第十二条第（二）项规定："有限自然资源开发利用、公共资源配置以及直接关系公共利益的特定行业的市场准入等，需要赋予特定权利的事项"。这一规定实际上属于特许，主要功能是分配有限资源，主要特征是：（1）相对人取得特许权一般要支付一定费用；（2）一般有数量限制；（3）行政机关实施这类许可一般具有裁量权；（4）申请人获得此类许可要承担很大的公益义务，例如提供普遍服务的义务，不得擅自停止从事活动等。从实践来看，大多数的特许事业使用有限资源对价较低，因此，对于这类事项的补偿，可以适当低于其他许可的标准。即一般按照实际投入的损失确定补偿数额。但是，有些领域特许事业的市场化比较明显，此时应当适当提高补偿标准，甚至可以补偿必然可得的利益。因此，本条规定的是"一般"情况，特殊情况应当由人民法院根据案件具体情况予以确定。

4. 关于审理房屋登记案件中的若干问题
——《最高人民法院关于审理房屋登记案件若干问题的规定》解读

2010年11月5日　　　　　　　　　　法释〔2010〕15号

《最高人民法院关于审理房屋登记案件若干问题的规定》（以下简称本解释）是关于审理房屋登记行政案件的专项司法解释。本解释2010年8月2日由最高人民法院审判委员会第1491次会议通过，自2010年11月18日起施行。本解释主要规定了以下内容：

一、受案范围

（一）房屋登记行为可诉性

本解释第一条规定，公民、法人或者其他组织对房屋登记机构的房屋登记行为以及与查询、复制登记资料等事项相关的行政行为或者相应的不作为不服，提起行政诉讼的，人民法院应当依法受理。本条是关于房屋登记行为可诉性的规定。"房屋登记机构的房屋登记行为"是指《房屋登记办法》中规定的房屋登记行为。房屋登记是指房屋登记机构依法将房屋权利和其他应当记载的事项在房屋登记簿上予以记载的行为，包括权利登记和其他登记。权利登记主要包括：（1）所有权登记。包括所有权初始登记、所有权转移登记、所有权变更登记、房屋所有权注销登记等。（2）抵押权登记。包括抵押权设立登记、抵押权变更登记、抵押权转移登记、抵押权注销登记、最高额抵押权确定登记等。（3）地役权登记。包括地役权设立登记、地役权变更、转移、注销登记等。其他登记包括：（1）预告登记。（2）变更登记。（3）异议登记。"与查询、复制登记资料等事项相关的行政行为"是指房屋登记机构在公民、法人或者其他组织申请查询、复制登记资料等事项过程中作出的行为或者不作为。《房屋登记办法》第二十八条第二款规定，申请查询、复制房屋登记资料的，应当按照规定的权限和程序办理。行政机关就查询、复制登记资料等事项作出的行为或者不作为属于行使行政职权的行为，应当属于行政诉讼受案范围。

(二) 受案范围的排除规定

本解释第二条规定了不予受理的三种情形：

1. 房屋登记机构根据人民法院、仲裁委员会的法律文书或者有权机关的协助执行通知书以及人民政府的征收决定办理的房屋登记行为，公民、法人或者其他组织不服提起行政诉讼的，人民法院不予受理，但公民、法人或者其他组织认为登记与有关文书内容不一致的除外。一般而言，纯执行性的非自主行为，人民法院不予受理。房屋登记机关的登记行为如果是为了执行其他法律规定的有权机关的法律文书，该登记行为由于缺乏自主决定的意思要素，而不具有可诉性。房屋登记机构的登记行为执行名义包括：(1) 人民法院、仲裁委员会的法律文书。物权法第二十八条规定，因人民法院、仲裁委员会的法律文书或者人民政府的征收决定，导致物权设立、变更、转让或者消灭的，自法律文书或者人民政府的征收决定等生效时发生效力。《房屋登记办法》第三十五条第二款规定，因人民法院或者仲裁委员会生效的法律文书取得房屋所有权，人民法院协助执行通知书要求房屋登记机构予以登记的，房屋登记机构应当予以办理。房屋登记机构予以登记的，应当在房屋登记簿上记载基于人民法院或者仲裁委员会生效的法律文书予以登记的事实。(2) 有权机关的协助执行通知书。这里的"有权机关"包括司法机关和其他可以要求协助执行的机关。对于司法机关要求房屋登记机构登记的协助执行行为，其不可诉性已为司法解释所确认。《最高人民法院关于行政机关根据法院的协助执行通知书实施的行政行为是否属于人民法院行政诉讼受案范围的批复》(法释〔2004〕6号) 规定，行政机关根据人民法院的协助执行通知书实施的行为，是行政机关必须履行的法定协助义务，不属于人民法院行政诉讼受案范围。但如果当事人认为行政机关在协助执行时扩大了范围或者违法采取措施造成其损害，提起行政诉讼的，人民法院应当受理。(3) 人民政府的征收决定。根据物权法第二十八条的规定，人民政府的征收决定亦为房屋登记机构登记行为的执行名义。例外地，公民、法人或者其他组织认为登记与有关文书内容不一致的，该执行性行为具有可诉性。

2. 房屋登记机构作出未改变登记内容的换发、补发权属证书、登记证明或者更新登记簿的行为，公民、法人或者其他组织不服提起行政诉讼的，人民法院不予受理。无法律效果的程序性行为，人民法院不予受理。《房屋登记办法》中规定了房屋登记机构可以依申请换发、补发权属证书、登记证明或者更新登记簿。《房屋登记办法》第二十七条规定了三个方面的内容：（1）房屋权属证书、登记证明破损的，权利人可以向房屋登记机构申请换发。房屋登记机构换发前，应当收回原房屋权属证书、登记证明，并将有关事项记载于房屋登记簿。（2）房屋权属证书、登记证明遗失、灭失的，权利人在当地公开发行的报刊上刊登遗失声明后，可以申请补发。房屋登记机构予以补发的，应当将有关事项在房屋登记簿上予以记载。补发的房屋权属证书、登记证明上应当注明"补发"字样。（3）在补发集体土地范围内村民住房的房屋权属证书、登记证明前，房屋登记机构应当就补发事项在房屋所在地农村集体经济组织内公告。这些换发、补发行为是对原权利义务关系载体的更新，本身并未设定或者改变原有法律关系，相当于房屋登记机构并未作出任何行政行为。公民、法人或者其他组织就此类行为不服提起行政诉讼的，人民法院不予受理。

3. 房屋登记机构在行政诉讼法施行前作出的房屋登记行为，公民、法人或者其他组织不服提起行政诉讼的，人民法院不予受理。行政机关在行政诉讼法施行前作出的行政行为，如果当时的法律法规并未规定可以提起行政诉讼的，该行政行为不具有可诉性；如果当时的法律法规规定可以起诉，该行政行为具有可诉性。《最高人民法院关于行政案件受理问题的复函》（法行函〔1989〕11号，1989年1月23日）和《最高人民法院行政审判庭关于当事人起诉的行为发生在行政诉讼法施行以前，起诉时行政诉讼法已施行且未超过起诉期限的，人民法院是否受理的答复》（〔2004〕行他字第21号，2005年4月4日）对此问题作了明确。在行政诉讼法施行前，法律法规并未规定对于房屋登记行为可以提起行政诉讼，公民、法人或者其他组织不服起诉的，人民法院不予受理。

（三）起诉不受若干因素影响

人民法院对房屋登记行为进行审查，目的在于确定房屋登记行为是否符合法律规定。不受房屋登记的客体、房屋登记行为的现时状况、房屋登记载体状况变化的影响。本解释第三条规定，公民、法人或者其他组织对房屋登记行为不服提起行政诉讼的，不受下列情形的影响：

1. 房屋灭失。房屋灭失影响的是房屋价值判断和评估的问题，并不影响房屋登记行为权利关系。

2. 房屋登记行为已被登记机构改变。这里的"改变"包括注销、变更、更正和撤销。房屋登记行为即便发生改变，利害关系人对改变前的房屋登记行为不服的，得提起行政诉讼。人民法院应当就改变前的行政行为进行审查。当然，对于改变后的房屋登记行为的可诉性是毋庸置疑的。

3. 生效法律文书将房屋权属证书、房屋登记簿或者房屋登记证明作为定案证据采用。一般情况下，房屋权属证书、房屋登记簿或者房屋登记证明并不对房屋登记行为的合法性产生必然的影响，因为两者是果与因的关系。也就是说，房屋登记的合法性存在瑕疵的，必然会对房屋权属证书、房屋登记簿或者房屋登记证明产生直接的影响；但是，房屋权属证书、房屋登记簿或者房屋登记证明作为定案证据使用，并不能反面证明房屋登记行为的合法性和可诉性。特别是，在一些民事案件中，房屋权属证书、房屋登记簿或者房屋登记证明是作为证据审查的。证据审查虽然也会审查其合法性，但这种审查主要是从证据的取得方式、证据是否符合法定形式等角度进行审查的，并不对房屋登记的实体权利义务关系进行审查。因此，即便生效的民事法律文书将房屋权属证书、房屋登记簿或者房屋登记证明作为定案证据采用，由于它们是作为证据使用的，并不对房屋登记行为的可诉性产生影响。需要注意的是，如果在民事诉讼或者其他行政诉讼中，房屋权属证书、房屋登记簿或者房屋登记证明确立了权利义务关系，该权利义务关系又作为审判前提和基础事实存在的，人民法院应当保证该权利义务关系的稳定性。对于这类民事先行的案件，由于相关法律关系已经在生效法律文书中确定，依据一事不再理原则，相关行政案件不应受理。

二、起诉与受理

（一）房屋登记机构为债务人办理房屋转移登记的受理情形

房屋登记机构为债务人办理房屋转移登记，债权人不服提起诉讼，一般情况下，人民法院不予受理。这是因为债权人和债务人之间的民事权利义务关系，一般能够通过民事诉讼来解决，且一般情况下债权人与行政行为并无法律上的利害关系。但是，在下列情形下，债权人对房屋登记机构的行为可以提起行政诉讼：（1）以房屋为标的物的债权已办理预告登记的。物权法第二十条第一款规定，预告登记后，未经预告登记的权利人同意，处分该不动产，不发生物权效力。物权法确立了预告登记后不得办理处分登记的原则。预告登记后并非所有与预告登记所涉及的房屋都不得办理登记，只是不能办理处分登记。房屋登记中有一个重要的原则是登记同意原则——即办理房屋登记过程中，必须取得其权利因该登记而被涉及的民事主体对登记所表示的同意。《房屋登记办法》第六十八条第一款规定，预告登记后，未经预告登记的权利人书面同意，处分该房屋申请登记的，房屋登记机构应当不予办理。预告登记的首要效力在于担保功能，即防止房屋权利人违反义务对不动产进行处分。"处分该房屋申请登记的"指的是申请处分登记,包括转移房屋所有权的登记、设定房屋抵押权的登记以及注销房屋所有权的登记等。因此,房屋登记机构为债务人办理包括房屋转移登记在内的处分登记,债权人与此具有法律上的利害关系,债权人得提起行政诉讼。(2)债权人为抵押权人且房屋转让未经其同意的。物权法第一百九十一条第二款规定了"抵押权追及效力模式",即抵押期间,抵押人未经抵押权人同意,不得转让抵押财产,但受让人代为清偿债务消灭抵押权的除外。担保法第四十九条规定,抵押期间,抵押人转让已经办理登记的抵押物的,应当通知抵押权人并告知受让人转让物已经抵押的情况;抵押人未通知抵押权人或者未告知受让人的,转让行为无效。《房屋登记办法》第三十四条规定,抵押期间,抵押人转让抵押房屋的所有权,申请房屋所有权转移登记的,除提供本办法第三十三条规定材料外,还应当提交抵押权人的身份证明、抵押权人同意抵押房屋转让的书面文件、他项权利证书。可见,在房屋登记行政程序中,房屋登记机构必须审查抵押权人同意抵押房屋转让的书面文件,抵押权人是该登记行为的利害关系人,得提起行政诉讼。(3)人民法院依债权人申请对房屋采取强制执行措施并已通知房屋登记机构的。根据《房屋登记办法》第三十五条的规定,因人民法院生效的法律文书,权利人转让该房屋所有权时,应当将房屋登记到权利人名下后,再办理房屋所有权转移登记或者房屋抵押权设立登记。因人民法院生效的法律文书取得房屋所有权,人民法院协助执行通知书要求房屋登记机构予以登记的,房屋登记机构应当予以办理。房屋登记机构予以登记的,应当在房屋登记簿上记载基于人民法院或者仲裁委员会生效的法律文书予以登记的事实。可见,债权人申请对房屋采取强制措施并通知房屋登记机构的,房屋登记机构应当予以办理。债务人此时申请房屋登记,与债权人的权利、房屋登记机构所承担的义务存在冲突。此时,债权人可以提起行政诉讼。(4)房屋登记机构工作人员与债务人恶意串通的。房屋登记机构工作人员与债务人恶意串通,目的在于损害债权人的利益。虽然该行为是房屋登记机构工作人员具体承办的,但对外是房屋登记机构作出的,因此房屋登记机构难辞其咎。行政诉讼法第二条规定,公民、法人或者其他组织认为行政机关和行政机关工作人员的行政行为侵犯其合法权益,有权依照本法向人民法院提起诉讼。可见,即便是行政机关工作人员作出的行政行为,利害关系人亦得提起行政诉讼。根据《房屋登记办法》第九十二条第二款的规定,行政机关承担责任后,可以向故意或者重大过失造成登记错误的工作人员追偿。

(二)连续登记的可诉性

本解释第五条规定了连续登记的可诉性问题。房屋登记机构对同一房屋进行多次登记的，该多次登记行为均为独立的行政行为。只要符合原告资格、起诉期限等条件的，人民法院都应当受理。也就是说，无论是首次登记，还是之后的若干次登记，在理论上均属于可诉的行政行为。但是，物权法第九条规定，不动产物权的设立、变更、转让和消灭，经依法登记，发生法律效力；未经登记，不发生效力，但法律另有规定的除外。这就意味着，经过多次转移登记之后，最后的登记是发生最终法律效力的登记。在多次转移登记中，首次登记是第二次登记的依据，第二次登记又是之后登记的依据，以此类推。如果不审查首次登记行为，其他多次登记行为的合法性就无法确定；如果仅仅审查首次登记之后的登记行为，亦无法从根本上解决房屋登记的合法性问题。因此，首次转移登记的合法性是必需的诉讼标的，原房屋权利人和原利害关系人在起诉时，可以就首次转移登记行为本身起诉，亦可以就首次转移登记与之后多次转移登记行为起诉。但是，原房屋权利人和原利害关系人仅仅对后续转移登记行为提起行政诉讼的，人民法院不予受理。原因在于：(1) 后续转移登记行为可能因作出登记行为当时与其没有法律上的利害关系；(2)《房屋登记办法》第十九条规定，对于房屋所有权初始登记，房屋登记机构应当实地查看。对于后续转移登记，房屋登记机构可以进行书面审查。房屋登记机构作出后续转移登记时，一般是根据其转移登记申请材料进行审查，往往并不会涉及首次转移登记，而不审查首次转移登记。后续转移登记单独进入诉讼无法从根本上查明事实。

三、当事人

本解释第六条规定，房屋登记行政案件中的第三人与被诉行政行为之间具有利害关系，第三人可以申请或者应人民法院通知参加诉讼。考虑到房屋登记行为涉及第三人的重大权益，本司法解释明确了人民法院的通知义务。人民法院有义务通知下列利害关系人参加诉讼：(1) 房屋登记簿上载明的权利人。房屋登记簿上载明的权利人无疑属于利害关系人。这些权利人狭义上包括所有权人和他项权利人，广义上还应当包括预告登记、查封登记的权利人，例如预购商品房的买受人、查封申请人等。(2) 被诉异议登记、更正登记、预告登记的权利人。异议登记是指利害关系人认为房屋登记簿记载的事项错误，而权利人不同意更正的，利害关系人可以持登记申请书、申请人的身份证明、房屋登记簿记载错误的证明文件等材料，申请登记机构予以登记的行为。物权法第十九条第二款规定，不动产登记簿记载的权利人不同意更正的，利害关系可以申请异议登记。异议登记的提起人是利害关系人，如其提起行政诉讼，人民法院有义务通知权利人作为第三人参加诉讼。更正登记是指权利人、利害关系人认为不动产登记簿记载的事项有错误时，依照其申请，及其提交的登记簿记载的权利人对更正的书面同意或者证明登记却有错误的证据，申请登记机构对错误事项进行更正的登记。物权法第十九条规定，权利人、利害关系人认为不动产登记簿记载的事项错误的，可以申请更正登记。权利人是指记载于登记簿上的权利主体；利害关系人则是指登记记载错误可能损害自己利益的人，即对登记簿记载的上述权利的归属存有异议，认为自己才是真正权利人的人，或者对权利内容存有异议，认为权利内容与实际状况不符，从而损害自己利益的人。本项规定只规定了人民法院有义务通知权利人，未明确利害关系人。预告登记是指为了保全关于不动产物权的请求权而将该请求权予以登记。物权法第二十条第一款规定，当事人签订买卖房屋或者其他不动产物权的协议，为保障将来实现物权，按照约定可以向登记机构申请预告登记。预告登记后，未经预告登记的权利人同意，处分该不动产的，不发生物权效力。《房屋登记办法》第六十七条规定，有下列情形之一的，当事人可以申请预告登记：预购商品房；以预购商品房设定抵押；房屋所有权转让、抵押；法律法规规定的其他情形。预告登记的权利人已经记载于房屋登记簿，利害关系人提起诉讼的，人民法院有义务通知权利人作为第三人参加诉讼。(3) 人民法院能够确认的其他利害关系人。除了以上情形之外，如果人民法院能够确认其他利害关系人，也应当通知其参加诉讼。

四、管辖

本解释第七条规定，房屋登记行政案件由房屋所在地人民法院管辖，但有下列情形之一的也可由被告所在地人民法院管辖：(一) 请求房屋登记机构履行房屋转移登记、查询、复制登记资料等职责的；(二) 对房屋登记机构收缴房产证行为提起行政诉讼的；(三) 对行政复议改变房屋登记行为提起行政诉讼的。行政诉讼法第十九条规定，因不动产提起的行政诉讼，由不动产所在地人民法院管辖。之所以如此规定，主要是为了便于人民法院调查取证、勘验、保全和生效裁判的执行。"因"不动产主要针对的是法院须对不动产本身进行调查的情形，并非是指只要涉及不动产的行政行为，一律以不动产所在地人民法院为管辖法院。在特定情形下，被诉行政行为虽然涉及不动产，但法院只对行政行为的合法性进行审查，不审查不动产本身，也无须对不动产进行调查取证和执行。此时，为了方便公民、法人或者其他组织起诉，应当给予原告选择管辖的权利。

五、证据

本解释第九条规定,被告对被诉房屋登记行为的合法性负举证责任。被告保管证据原件的,应当在法庭上出示。被告不保管原件的,应当提交与原件核对一致的复印件、复制件并作出说明。当事人对被告提交的上述证据提出异议的,应当提供相应的证据。《房屋登记办法》第十一条规定,申请房屋登记,申请人应当向房屋所在地的房屋登记机构提出申请,并提交申请登记材料。申请登记材料应当提供原件。不能提供原件的,应当提交经有关机关确认与原件一致的复印件。可见,被告在作出房屋登记行为时,在特定情形下已经收取和保存了申请的材料。此外,对于被告制作的证据材料,被告应当在法庭上出示证据的原件。根据《房屋登记办法》第十一条的规定,申请人不能提供原件的,应当提交经有关机关确认与原件一致的复印件。该复印件如果交由被告保存的,被告应当提交该复印件。该复印件须"与原件核对一致"。被告提交上述证据是履行举证义务的行为。原告或者第三人对于上述证据持有异议的,依照"谁主张谁举证"的原则,应当提供相应的证据。

六、审理与判决

(一) 判决驳回原告诉讼请求

本解释第十条规定,被诉房屋登记行为合法的,人民法院应当判决驳回原告的诉讼请求。根据行政诉讼法第五十四条第(一)项的规定,行政行为证据确凿,适用法律、法规正确,符合法定程序的,判决维持。因此,被诉房屋登记行为合法的,人民法院可以判决维持房屋登记行为。在本司法解释制定时,有的意见认为,维持判决作出之后,由于维持判决对行政行为的羁束力,行政机关在有新的证据证明应当进行变更登记时,无法进行变更登记。因此建议法院针对原告的诉讼请求作出判决。被诉房屋登记行为合法,也就意味着原告的诉讼请求应当驳回,且不影响行政机关可能的变更、注销等登记行为。本司法解释对此作了规定。当然,也有观点认为,人民法院的维持判决是基于行政卷宗主义原则作出的,也就是说,维持判决是根据现有证据作出的。如果行政机关发现新的证据,完全可以依据新的证据作出新的行政行为,维持判决对其并不产生影响。且维持判决属于广义上的确认判决,也并不具有撤销判决那样的形成力。目前,行政诉讼法尚未修订,应当执行行政诉讼法关于维持判决的规定。

（二）撤销判决

1. 部分撤销判决。有的房屋可能涉及多个权利主体（例如共有），经过人民法院审理后认定部分共有人不具有共有权利，部分主体的房屋登记应予撤销。根据《房屋登记办法》第十条的规定，房屋登记按照基本单元进行登记（套、幢、层、间等）。房屋基本单元是指有固定界限、可以独立使用并且有明确、唯一的编号（幢号、室号等）的房屋或者特定空间。国有土地范围内成套住房，以套为基本单元进行登记；非成套住房，以房屋的幢、层、间等有固定界限的部分为基本单元进行登记。集体土地范围内村民住房，以宅基地上独立建筑为基本单元进行登记；在共有宅基地上建造的村民住房，以套、间等有固定界限的部分为基本单元进行登记。非住房以房屋的幢、层、套、间等有固定界限的部分为基本单元进行登记。房屋属于可分割物的，对于部分不合法的房屋登记，人民法院可以作出部分撤销的判决。

2. 继续确认判决。行政诉讼法第五十一条规定，被诉行政行为在行政诉讼程序中可以改变。《若干解释》第五十条规定："被告在一审期间改变被诉具体行政行为的，应当书面告知人民法院。原告或者第三人对改变后的行为不服提起诉讼的，人民法院应当就改变后的具体行政行为进行审理。被告改变原具体行政行为，原告不撤诉，人民法院经审查认为原具体行政行为违法的，应当作出确认其违法的判决；认为原具体行政行为合法的，应当判决驳回原告的诉讼请求。原告起诉被告不作为，在诉讼中被告作出具体行政行为，原告不撤诉的，参照上述规定处理。"根据上述规定，可以得出以下结论：（1）在诉讼中，被诉房屋登记行为已经被房屋登记机构改变的，人民法院应当征求原告是否撤诉，原告撤诉的，人民法院可以裁定准予撤诉；（2）在诉讼中，被诉房屋登记行为已经被房屋登记机构改变，人民法院应当征求原告是否撤诉，原告不撤诉的，人民法院经审查认为原被诉房屋登记行为违法的，应当作出确认其违法的判决；（3）在诉讼中，被诉房屋登记行为已经被房屋登记机构改变，人民法院应当征求原告是否撤诉，原告不撤诉的，人民法院经审查认为原被诉房屋登记行为合法的，应当作出驳回原告诉讼请求判决。

3. 情况判决。《若干解释》第五十八条规定："被诉具体行政行为违法，但撤销该具体行政行为将会给国家利益或者公共利益造成重大损失的，人民法院应当作出确认被诉具体行政行为违法的判决，并责令被诉行政机关采取相应的补救措施；造成损害的，依法判决承担赔偿责任。"据此，被诉房屋登记行为违法，但判决撤销将给公共利益造成重大损失的，人民法院可以判决确认被诉行为违法。物权法规定了受让人的善意取得制度。《最高人民法院关于审理房屋登记行政案件中发现涉嫌刑事犯罪问题应如何处理的答复》(〔2008〕行他字第15号,2008年9月23日)中规定,第三人购买的房屋属于善意取得,房屋登记机关未尽审慎审查职责的,依据物权法第一百零六条等有关法律的规定,第三人的合法权益应当予以保护,人民法院可以判决确认被诉行政行为违法。本司法解释吸收了上述批复内容。本条中"不撤销登记行为"是赘语,无规制意义。

(三) 混合侵权赔偿责任

本解释第十二条规定,申请人提供虚假材料办理房屋登记,给原告造成损害,房屋登记机构未尽合理审慎职责的,应当根据其过错程度及其在损害发生中所起作用承担相应的赔偿责任。这是关于混合侵权赔偿责任的规定。(1) 在房屋登记行为中,房屋登记机构承担审慎审查的义务。物权法第二十一条规定:"当事人提供虚假材料申请登记,给他人造成损害的,应当承担赔偿责任。因登记错误,给他人造成损害的,登记机构应当承担赔偿责任。登记机构赔偿后,可以向造成登记错误的人追偿。"《房屋登记办法》第十八条规定:"房屋登记机构应当查验申请登记材料,并根据不同登记申请就申请登记事项是否是申请人的真实意思表示、申请登记房屋是否为共有房屋、房屋登记簿记载的权利人是否同意更正,以及申请登记材料中需进一步明确的其他有关事项询问申请人。询问结果应当经申请人签字确认,并归档保留。房屋登记机构认为申请登记房屋的有关情况需要进一步证明的,可以要求申请人补充材料。"根据上述规定,房屋登记机构登记错误,是指登记的行政行为错误,而非登记的结果错误。因此,行政机关并非对登记行为承担结果责任或者无过错责任。(2) 在房屋登记行为中,申请人应当承担如实提供材料的诚实义务。房屋登记行为是一个双方的行政行为,申请人提供材料,房屋登记机构审查后作出登记。一个完整的、合法的登记行为,不仅需要行政机关承担审慎审查的义务,也需要申请人承担如实提供材料的义务。《房屋登记办法》第十一条第三款规定,申请人应当对申请登记材料的真实性、合法性、有效性负责,不得隐瞒真实情况或者提供虚假材料申请房屋登记。第九十二条规定,申请人提交错误、虚假的材料申请房屋登记,给他人造成损害的,应当承担相应的法律责任。房屋登记机构及其工作人员违反本办法规定办理房屋登记,给他人造成损害的,由房屋登记机构承担相应的法律责任。房屋登记机构承担赔偿责任后,对故意或者重大过失造成登记错误的工作人员,有权追偿。从以上规定可以看出,房屋登记行为应当是适用过错原则的。对于房屋登记行为给利害关系人造成损害的,房屋登记机构和申请人应当承担其过错范围内的责任。不同的过错程度,也直接导致其在损害中发生的作用有所不同。因此，本解释第十二条规定"应当根据其过错程度及其在损害发生中所起作用承担相应的赔偿责任"。这里的过错，对于行政机关而言，因其属于公法人，很难确定其主观意图，一般采用"公务过错"，即推定过错方式。这一条也可以反推为，申请人提供虚假材料办理房屋登记，给原告造成损害，房屋登记机构已经尽到合理审慎职责的，其过错程度就是"零"，不承担赔偿责任，而由申请人承担相应的赔偿责任。

（四）连带赔偿责任

本解释第十三条规定，房屋登记机构工作人员与第三人恶意串通违法登记，侵犯原告合法权益的，房屋登记机构与第三人承担连带赔偿责任。这是关于共同侵权应当承担连带赔偿责任的规定。民法通则第一百三十条、第五十八条第（四）项、第六十六条第三款和侵权责任法第八条规定，二人以上共同侵权，造成他人损害的，应当承担连带责任。"恶意串通"属于共同故意。房屋登记机构与第三人恶意串通共同违法侵犯原告利益的，房屋登记机构和第三人必须对外承担连带责任，原告有权请求房屋登记机构、第三人或者两者承担全部责任。由于法院判断行政机关"恶意串通"的主观状态比较困难，法院可以通过对房屋登记机构工作人员的行为、房屋登记机构的行为特点综合予以判断。

（五）民行交叉的处理

本解释第八条规定，当事人以作为房屋登记行为基础的买卖、共有、赠与、抵押、婚姻、继承等民事法律关系无效或者应当撤销为由，对房屋登记行为提起行政诉讼的，人民法院应当告知当事人先行解决民事争议，民事争议处理期间不计算在行政诉讼起诉期限内；已经受理的，裁定中止诉讼。基于房屋流转的原因，房屋登记行为往往是以民事行为作为基础行为。房屋所有权的转移，可以基于买卖、共有、赠与、抵押、婚姻、继承等民事行为。如果利害关系人对这些民事法律关系存在异议，请求法院撤销或者宣告其无效，应当提起民事诉讼。民事争议解决之后，相关基础事实也就得到确定。此时，利害关系人一般应当先申请行政机关变更登记。行政机关拒绝变更或者未予变更，或者变更之后，利害关系人不服这些新房屋登记行为，可以提起行政诉讼。利害关系人也可以就原房屋登记行为起诉，前述民事争议处理期间不计算在行政诉讼起诉期限内；已经受理的，裁定中止诉讼。

5. 关于审理政府信息公开行政案件中的若干问题
—— 《最高人民法院关于审理政府信息公开行政案件若干问题的规定》解读

2011年7月29日　　　　　　　　　　　　法释〔2011〕17号

《最高人民法院关于审理政府信息公开行政案件若干问题的规定》（以下简称本解释）是关于审理政府信息公开行政案件的专门司法解释。本解释于2010年12月13日由最高人民法院审判委员会第1505次会议通过，自2011年8月13日起施行。本解释主要包括以下几个方面的内容：

一、受案范围

（一）肯定的受案范围

本解释第一条规定，公民、法人或者其他组织认为下列政府信息公开工作中的具体行政行为侵犯其合法权益，依法提起行政诉讼的，人民法院应当受理：

1. 向行政机关申请获取政府信息，行政机关拒绝提供或者逾期不予答复的。《中华人民共和国政府信息公开条例》（以下简称《条例》）规定了行政机关对公民、法人或者其他组织的公开信息或者答复义务。《条例》第十三条规定："除本条例第九条、第十条、第十一条、第十二条规定的行政机关主动公开的政府信息外，公民、法人或者其他组织还可以根据自身生产、生活、科研等特殊需要，向国务院部门、地方各级人民政府及县级以上人民政府部门申请获取政府信息。"本条规定确立了行政机关的主动公开义务和依申请公开政府信息的义务。主动公开是行政机关根据法律的规定和本行政机关的职权，在政府信息形成以后，主动向社会公开有关信息内容，是行政机关主动实施的信息公开行为;依申请公开是行政机关根据公民、法人和其他组织的申请,依法提供所掌握的政府信息。主动公开是为了满足社会公众普遍的信息需求,是行政机关对社会公众的点对面服务;依申请公开是为了满足特定公民、法人或者其他组织自身生产、生活、科研等特殊的信息需求,是行政机关对有特殊需求人群的点对点服务。主动公开是政府信息公开的主要方式。公民、法人或者其他组织向国务院部门、地方各级人民政府及县级以上地方人民政府部门申请获取相关信息,上述部门具有提供或者答复的义务。对于提供义务,根据《条例》第二十六条的规定,行政机关依申请公开政府信息,应当按照申请人要求的形式予以提供;无法按照申请人要求的形式提供的,可以通过安排申请人查阅相关资料、提供复制件或者其他适当形式提供。根据便民原则,行政机关依申请公开政府信息,从提供政府信息的形式上而言,首先应当按照申请人要求的形式予以提供,做到尽量为公民、法人或者其他组织提供方便。从效率原则出发,可以通过安排申请人查阅相关资料、提供复制件或者其他适当形式提供申请人所需要的政府信息。对于答复义务,根据《条例》第二十一条的规定,对申请公开的政府信息,行政机关根据下列情况分别作出答复:(1)属于公开范围的,应当告知申请人获取政府信息的方式和途径。申请公开的政府信息属于政府已经主动公开的,行政机关应当告知申请人该政府信息主动公开的方式和获取途径;申请公开的政府信息虽然属于公开范围,但尚未主动公开的,或者申请人对已经公开的信息有更具体的要求的,行政机关应当告知申请人办理获取政府信息手续的时间、地点、形式等程序性事项。(2)属于不予公开范围的,应当告知申请人并说明理由。对于涉及国家秘密、商业秘密或者个人隐私的政府信息,行政机关应当根据政府信息公开保密审查机制的审查结果确定是否予以公开,如果确属上述范围的,行政机关应当告知申请人其申请的政府信息属于哪一种不予公开情形,并说明理由。(3)依法不属于本行政机关公开或者该政府信息不存在的,应当告知申请人,对能够确定该政府信息的公开机关的,应当告知申请人该行政机关的名称、联系方式。(4)申请内容不明确的,应当告知申请人作出更改、补充。答复义务一般针对的是无法提供政府信息的情形。《条例》规定了行政机关即便无法提供政府信息,也要承担相应的答复义务。所谓拒绝提供,是指行政机关以明示的作为形式不予提供的行为。拒绝提供的原因很多,有的可能是行政机关认为申请人不符合申请政府信息公开的条件,而书面或者口头对申请人作出的拒绝行为。例如,国务院办公厅《关于施行〈中华人民共和国政府信息公开条例〉若干问题的意见》(国办发

〔2008〕36号,2008年4月29日)和国务院办公厅《关于做好政府信息依申请公开工作的意见》(国办发〔2010〕5号,2010年1月12日)明确,行政机关对申请人申请公开与本人生产、生活、科研等特殊需要无关的政府信息,可以不予提供。拒绝提供的行为既可能是合法的,也可能是违法的。《条例》第二十四条第一、二款规定:"行政机关收到政府信息公开申请,能够当场答复的,应当当场答复。""行政机关不能当场答复的,应当自收到申请之日起15个工作日内予以答复;如需延长答复期限的,应当经政府信息公开工作机构负责人同意,并告知申请人,延长答复的期限最长不得超过15个工作日。"可见,答复的一般期限为15日,最长期限为30日。行政机关在上述期限内没有作出答复的,属于"逾期不予答复"。值得注意的是,行政机关如果能够提供政府信息的,应当提供政府信息;不能提供政府信息的,应当作出答复。只要行政机关提供政府信息或者作出答复的,行政机关就已经履行了行政义务,公民、法人或者其他组织就不能以本项内容为依据提起行政诉讼。

2. 认为行政机关提供的政府信息不符合在申请中要求的内容或者法律、法规规定的适当形式的。《条例》第二十条第二款规定,政府信息公开申请应当包括下列内容:申请人的姓名或者名称、联系方式;申请公开的政府信息的内容描述;申请公开的政府信息的形式要求。这里规定"内容描述"主要是考虑到行政机关掌握的政府信息量大面广,处理政府信息申请必然会在检索政府信息方面耗费大量的人力资源和时间成本。为了降低行政成本,提高行政效率,保证申请人准确及时地获取自己所需要的政府信息,要求申请人在提出申请时描述申请公开的政府信息的有关内容是非常必要的。也就是说,申请人有内容描述的义务。这里的"形式要求"是指申请人可以自主选择以何种方式获取自己申请公开的政府信息。之所以这样规定,既是为了尊重申请人的主观意愿,节省申请成本,也是对行政机关的约束,要求行政机关做好政府信息相关的服务工作。申请人提出申请后,原则上应当按照申请人要求的形式提供;无法按照申请人要求的形式提供的,可以其他适当形式提供。我国也采取了"申请人申请形式+其他适当形式"的做法。《条例》第二十六条规定,行政机关依申请提供政府信息,应当按照申请人要求的形式予以提供;无法按申请人要求的形式提供的,可以通过安排申请人查阅相关资料、提供复制件或者其他适当形式提供。行政机关应当根据申请人申请的内容提供政府信息。与行政机关拒绝提供和逾期不予答复不同,本项规定的行政机关已经提供信息。"行政机关提供的政府信息不符合在申请中要求的内容"主要包括：（1）申请人申请提供 A 信息，而行政机关提供 B 信息；（2）申请人申请提供 A 信息，而行政机关提供 A 信息的一部分；（3）申请人申请 A 信息的具体事项，行政机关只提供 A 信息的索引或者大纲；（4）申请人申请 A 时限期间内的信息，行政机关提供 B 时限期间内的信息等等。行政机关应当尽可能按照申请人要求的形式予以提供。能够提供原件的，应当提供原件；不能提供原件的，提供复制件；不能提供复制件的，安排申请人查阅相关资料或者其他能够向申请人公开的适当形式。但是，考虑到采取何种方式提供总体上属于行政机关自由裁量的范畴，对于申请人的合法权益造成的不利影响较小。如果严格要求按照申请人要求的形式提供，可能会不恰当地增加行政成本。因此，本项规定在"适当形式"上增加"法律、法规规定的"的定语，只有法律、法规明确的形式，而非申请人主观认为的形式，才能在司法救济中得到保护。

3. 认为行政机关主动公开或者依他人申请公开信息侵犯其商业秘密、个人隐私的。这是关于反向诉讼的规定。反向诉讼是指当事人对行政机关公开政府信息行为不服或者禁止行政机关公开信息而提起的行政诉讼。由于这种诉讼是针对政府信息的公开行为，与普通的信息公开诉讼在方向上正好相反，故称为"反向诉讼"。这类诉讼的原告一般是公司或者企业的经营者，也可能是认为侵害隐私权的个人。法院在判断当事人的利益是否受到不利影响时，依据的是行政诉讼法反向诉讼中涉及最多的是商业秘密问题。商业秘密涉及企业在市场竞争中的优势地位。政府由于行政管理的需要，在一些情况下需要掌握企业的商业秘密。政府获得商业秘密的渠道主要是政府在行政管理过程中要求企业提供或者在一定条件下企业主动向政府提供。商业秘密对于信息的所有者而言，具有极大的财产价值。如果政府公开此类信息，将会影响企业的竞争地位。尤其是对于有利害关系、竞争关系的企业而言，此种信息的公布有时候是毁灭性的。因此，对于此类商业秘密，政府有义务加以保护。即使政府在极特殊的情况下予以公开，也必须衡量公民的知情权和政府保护企业创新之间的利益。我国反不正当竞争法第十条对于商业秘密的定义是，不为公众所知悉，能为权利人带来经济利益，具有实用性并经权利人采取保密措施的技术信息和经营信息。商业秘密主要包括设计、程序、产品配方、制作工艺、制作方法、管理诀窍、客户名单、货源情报、产销策略、招投标中的标的及标书内容等信息。在政府信息公开方面，商业秘密的范围大体上与反不正当竞争法规定的内容一致。行政机关为了履行行政管理职能，其拥有大量企业和经济组织的信息，相当数量涉及企业的商业秘密，如果对外公开，为企业的竞争对手所掌握，必然损害企业的经济利益。因此，行政机关对企业提供的商业秘密负有保密义务。个人隐私是指关系个人财产、名誉或者其他利益的不宜对外公开的情况和资料。行政机关及其工作人员在行政管理过程中根据需要有权调查和搜集个人的有关秘密和隐私信息。比如税务机关了解纳税人的生产、经营情况，公安部门为侦查犯罪了解个人社会关系和人际交往，卫生机关为了防止传染病、保障公共卫生了解个人健康状况。对于公民个人而言，有义务配合协助行政机关的调查行为，按照要求提供必要的个人隐私信息，也有权要求行政机关及其工作人员保守所知悉的个人隐私信息。如果行政机关向他人公开涉及个人隐私的信息，泄露和扩散了个人隐私，应当承担相应的法律责任。《条例》第十四条第四款规定："行政机关不得公开涉及国家秘密、商业秘密、个人隐私的政府信息。但是，经权利人同意公开或者行政机关认为不公开可能对公共利益造成重大影响的涉及商业秘密、个人隐私的政府信息，可以予以公开。"根据这一规定，行政机关在公开相关政府信息时，不得公开涉及商业秘密和个人隐私的政府信息。但是，如果经权利人同意的，行政机关可以公开涉及商业秘密和个人隐私的政府信息。在特殊情况下，为了公共利益的需要，不需要经过权利人同意也可以公开政府信息。这就是政府信息公开中的"公益优越"原则。《条例》第二十三条规定了对商业秘密和个人隐私权利人的程序保护。该条规定了三个基本内容：一是行政机关的书面征求意见义务。即行政机关认为申请公开的政府信息涉及商业秘密、个人隐私，公开后可能损害第三方合法权益的，应当书面征求第三方意见。只要公开的政府信息可能损害第三方合法权益的，行政机关就应当启动征求意见程序，这是对商业秘密和个人隐私权利人的预先保护，也是行政机关的法定程序义务。二是第三方的异议权。在征求意见程序中，如果第三方不同意公开的，不得公开。三是公益优越原则。即行政机关认为不公开可能对公共利益造成重大影响的，应当予以公开，并将决定公开的政府信息内容和理由通知第三方。这里的"重大影响"是指不公开该政府信息可能给公共利益造成的损害，要显著大于公开该政府信息给第三方所造成的损害。本项规定中的"侵犯其商业秘密、个人隐私的"包括实体侵犯和程序侵犯两个方面。在实体侵犯方面，主要包括：公开的政府信息泄露商业秘密和个人隐私；公开的政府信息涉及的商业秘密和个人隐私指向单一，易为判断和知晓；针对依申请的政府信息已经为申请人之外的人知晓等等。在程序侵犯方面，主要包括：应当征求第三方的意见而未征求；应当书面征求第三方意见而未书面征求；书面征求第三方意见而未给第三方以足够的合理的考虑时间等等。本项规定的"行政机关主动公开或者依他人申请公开信息"包括了行政机关主动公开信息和依他人申请公开信息两个方面。主动公开信息是一种针对社会公众的、普遍的事实行为,在未造成损害的情况下,本身具有可诉性,即不符合本条关于"政府信息公开工作中的具体行政行为"的条件,而其一旦实施,并为权利人所质疑,其行为性质就变成针对性的、个别性的行政行为,具有可诉性。从广义上,本项规定中关于主动公开的内容,也可以并入本条第二款关于行政赔偿诉讼的内容当中,放在此处的目的也在于突出强调对于商业秘密和个人隐私权利人的保护。

4. 认为行政机关提供的与其自身相关的政府信息记录不准确,要求该行政机关予以更正,该行政机关拒绝更正、逾期不予答复或者不予转送有权机关处理的。本条规定的是个人信息诉讼。《条例》第二十五条规定:"公民、法人或者其他组织向行政机关申请提供与其自身相关的税费缴纳、社会保障、医疗卫生等政府信息的,应当出示有效身份证件。""公民、法人或者其他组织有证据证明行政机关提供的与其自身相关的政府信息记录不准确的,有权要求该行政机关予以更正。该行政机关无权更正的,应当转送有权更正的行政机关处理,并告知申请人。"这是关于公民、法人或者其他组织要求提供自身信息和要求更正信息的权利。行政机关在履行行政管理职能时,大量地获取和保存着诸如税费缴纳、社会保障、医疗卫生等与公民、法人或者其他组织密切相关的信息。行政机关掌握的这些信息对于公民、法人或者其他组织的投资、就业、融资、经营和正常的生产、生活都将产生极大的影响。赋予公民、法人或者其他组织获取自身信息和更正自身信息的权利,是维护市场经济秩序、维护市场信用、维护交易安全的重要方面。但是,由于行政机关在搜集、登记和整理上述个人信息时,可能由于种种原因会产生失误、错漏,因此,为了防止这些不准确、不正确的信息给公民、法人或者其他组织的正常生产生活造成影响,行政机关应当按照法定程序进行审查后及时更正。对于更正申请属于受理的行政机关职责的,应当及时予以更正;对于该政府信息准确无误,无须更正的,应当书面答复申请人;对于行政机关无权更正该政府信息的,应当及时转送有权更正的行政机关处理,并书面告知申请人。本项规定的"拒绝更正"是指行政机关以明示方式不予更正。"逾期不予答复"是指行政机关在收到更正申请之后,在法定期限或者合理期限,以默示方式不予答复或者不完全答复。"不予转送"是指行政机关对于不属于本机关职权范围内的政府信息公开,应当转送其他有权行政机关而不转送的情形。

5. 认为行政机关在政府信息公开工作中的其他具体行政行为侵犯其合法

权益的。本项规定是兜底条款。本条第一款没有明确列举的，只要属于"在政府信息公开工作中的具体行政行为"均可以提起行政诉讼。

6. 公民、法人或者其他组织认为政府信息公开行政行为侵犯其合法权益造成损害的，可以一并或单独提起行政赔偿诉讼。行政诉讼法第六十七条规定："公民、法人或者其他组织的合法权益受到行政机关或者行政机关工作人员作出的具体行政行为侵犯造成损害的，有权请求赔偿。公民、法人或者其他组织单独就损害赔偿提出请求，应当先由行政机关解决。对行政机关的处理不服，可以向人民法院提起诉讼。"这一规定赋予了行政管理相对人请求行政赔偿的诉权。行政赔偿争议是行政机关与行政管理相对人对行政行为是否造成相对人的损害，以及行政机关是否或怎样承担赔偿责任的争议。这种争议不同于行政行为争议。行政行为争议的内容是行政行为是否正确合法，而行政赔偿争议的内容是是否造成损害，或如何承担赔偿责任。这种争议也不同于民事赔偿争议，民事赔偿争议是平等的法律主体之间的争议，而行政赔偿争议则是管理者与被管理者之间的争议。这里的"政府信息公开行政行为"与本条引言部分的"政府信息公开工作中的具体行政行为"虽然表述不一致，但是其实际涵义是一致的。在范围上，不仅包括了第一条第一款的情形，也包括了第一条第一款没有包括的情形。此外，根据《若干解释》第一条的规定，行政行为不仅包括行政法律行为也包括行政事实行为。本条规定的"造成损害"是指政府信息公开行为与损害之间存在相当因果关系。

（二）排除的范围

本解释第二条规定了受案的排除范围：

1. 要求申请人作出更改、补充的告知行为且对申请人权利义务不产生实际影响的告知行为。《条例》第二十一条第（四）项规定，申请内容不明确的，行政机关应当告知申请人作出更改、补充。告知行为一般具有以下特征：（1）附属性。即告知行为是行政机关实施的行政程序性行为，依附于独立的行政行为。告知行为在大多数情况下属于观念通知，并不直接对外发生法律效力。（2）程序性。即告知行为往往是作为行政机关在行政程序法上的义务性行为存在的。程序性主要体现为预备性、阶段性、中间性等程序性特征。（3）裁量性。即行政机关采取何种告知方式，属于行政机关的裁量范畴。政府信息公开案件中，行政机关告知申请人作出更改、补充的行为，属于程序性行为，对申请人的权利义务不产生实际影响，不属于人民法院行政诉讼受案范围。

2. 要求行政机关提供政府公报、报纸、杂志、书籍等公开出版物，行政机关予以拒绝的。《条例》第十五条规定，行政机关应当将主动公开的政府信息，通过政府公报、政府网站、新闻发布会以及报刊、广播、电视等便于公众知晓的方式公开。《中共中央办公厅、国务院办公厅关于进一步推进政务公开的意见》也要求行政机关继续通过政府公报、报刊、广播、电视、网络等媒体公开政务。政府公报、报纸、杂志、书籍等公开出版物及时载有政府信息，应当视为行政机关已经履行了主动公开政府信息的义务。申请人提出申请，行政机关没有提供的义务。

3. 要求行政机关为其制作、搜集政府信息，或者对若干政府信息进行汇总、分析、加工，行政机关予以拒绝的。《条例》第二条规定，政府信息是指行政机关在履行职责过程中制作或者获取的，以一定形式记录、保存的信息。可见，政府信息应当是行政机关在履行职责过程中形成的现存的信息，不需要行政机关加工、梳理或者汇总的信息。《国务院办公厅关于做好政府信息依申请公开工作的意见》（国办发〔2010〕5号）第二条第三款规定，行政机关向申请人提供的政府信息，应当是现有的，一般不需要行政机关汇总、加工或者重新制作（作区分处理的除外）。行政机关一般不承担为申请人汇总、加工或者重新制作政府信息以及向其他行政机关和公民、法人或者其他组织搜集信息的义务。对于行政机关拒绝为其制作、搜集政府信息，或者对若干政府信息进行汇总、分析、加工的请求不服，申请人提起诉讼的，人民法院不予受理。

4. 行政程序中的当事人、利害关系人以政府信息公开名义申请查阅案卷材料，行政机关告知其应当按照相关法律、法规的规定办理的。即对于已经受卷宗阅览权保障的信息，应当按照相关法律法规的规定办理。卷宗阅览权是指行政相对人在行政程序中依法查阅行政机关搜集、制作的与行政案件有关的卷宗的权利。卷宗阅览权是实现公民、法人或者其他组织参与行政程序，实际影响行政行为形成的前提，一般可以通过抄写、阅览、复印或者摄影等方式予以实现。例如行政复议法第二十三条第二款规定，申请人、第三人可以查阅被申请人提出的书面答复、作出行政行为的证据、依据和其他有关材料，除涉及国家秘密、商业秘密或者个人隐私外，行政复议机关不得拒绝。行政许可法第四十条规定的公众有权查阅行政机关应当公开的准予行政许可的决定及第六十一条规定的公众有权查阅行政机关监督检查记录等，均为卷宗阅览权的规定。广义上，卷宗阅览权属于知情权的范畴，且卷宗中体现的信息往往大于政府信息的范围。对于可以通过相关法律、法规的规定办理的，申请人应当申请卷宗阅览，无须提起政府信息公开诉讼。

（三）行政先行

本解释第三条规定了主动公开信息情形下行政先行的问题。该条规定，公民、法人或者其他组织认为行政机关不依法履行主动公开政府信息义务，直接向人民法院提起诉讼的，应当告知其先向行政机关申请获取相关政府信息。对行政机关的答复或者逾期不予答复不服的，可以向人民法院提起诉讼。《条例》第九条规定，行政机关对符合下列基本要求之一的政府信息应当主动公开：（1）涉及公民、法人或者其他组织切身利益的；（2）需要社会公众广泛知晓或者参与的；（3）反映本行政机关机构设置、职能、办事程序等情况的；（4）其他依照法律、法规和国家有关规定应当主动公开的。第十条、第十一条和第十二条还规定了重点公开的政府信息。主动公开信息义务，是行政机关针对社会公众的义务。主动公开的信息，与社会公众的知情权息息相关。主动公开义务针对的对象是社会公众。只有社会公众才能在诉讼中挑战行政机关的公开义务。但是，行政诉讼法和司法解释并未确立公益诉讼或者公众诉讼、民众诉讼。因此，公民、法人或者其他组织认为行政机关不依法履行主动公开政府信息义务，直接向人民法院提起诉讼的，该公民、法人或者其他组织并非适格原告。但是，根据《条例》第十三条的规定，公民、法人或者其他组织可以根据自身生产、生活、科研等特殊需要，向国务院部门、地方各级人民政府及县级以上地方人民政府部门申请相关政府信息。如果公民、法人或者其他组织要获取本应当由政府主动公开的政府信息，可以按照该条规定，先申请公开政府信息。此时，申请人与行政机关的信息公开行为之间产生了法律上的利害关系，行政机关的答复或者逾期不予答复的，申请人得为政府信息公开诉讼的原告。实际上，是将主动公开信息"转换"成为了依申请公开信息。

二、被告

本解释第四条规定了被告资格的确定：

1. 依申请公开情形下被告资格的确定。行政诉讼法第二十五条规定，公民、法人或者其他组织直接向人民法院提起诉讼的，作出行政行为的行政机关是被告。因此，公民、法人或者其他组织对国务院部门、地方各级人民政府及县级以上地方人民政府部门依申请公开政府信息行政行为不服提起诉讼的，以作出答复的机关为被告。公民、法人或者其他组织对行政机关的不作为不服向人民法院提起诉讼的，应当以不作为的行政机关为被告，因此，国务院部门、地方各级人民政府及县级以上地方人民政府部门逾期未作出答复的，以受理申请的机关为被告。

2. 主动公开信息情形下被告资格的确定。本解释第一条第（三）项规定，公民、法人或者其他组织认为行政机关主动公开政府信息侵犯其商业秘密、个人隐私，依法提起行政诉讼的，人民法院应当受理。在这种情形下，应当以公开或者即将公开该政府信息的机关为被告。这里的"主动公开信息"仅限于涉及侵犯其商业秘密、个人隐私的情形，而非所有的主动公开的情形。公民、法人或者其他组织对属于主动公开政府信息范围的不作为不服的，不能直接向人民法院起诉，人民法院应当告知其先向行政机关申请获取相关政府信息。将该主动公开政府信息转换为依申请公开政府信息行为后，公民、法人或者其他组织对行政机关的答复或者逾期不予答复的行为不服的，可以向人民法院提起诉讼。作出答复或者逾期不予答复的行政机关应当作为被告。

3. 法律、法规授权的具有管理公共事务职能的组织被告资格的确定。行政诉讼法第二十五条第四款规定，由法律、法规授权的组织所作的具体行政行为，该组织是被告。《条例》第三十六条规定，法律、法规授权的具有管理公共事务的组织公开政府信息的活动，适用本条例。据此，本解释第三款规定，公民、法人或者其他组织对法律、法规授权的具有管理公共事务职能的组织公开政府信息的行为不服提起诉讼的，以该组织为被告。《条例》第三十七条规定，教育、医疗卫生、计划生育、供水、供电、供气、供热、环保、公共交通等与人民群众利益密切相关的公共企事业单位在提供社会公共服务过程中制作、获取的信息的公开，参照本条例执行，具体办法由国务院有关主管部门或者机构制定。该条没有规定须经法律、法规授权，对于上述公共企事业单位在提供社会公共服务过程中制作、获取的信息的公开行为不服的，可以该企事业单位为被告。

4. 对外发生法律效力的文书上署名的机关为被告的情形。《若干解释》第十九条规定，当事人不服经上级行政机关批准的行政行为，向人民法院提起诉讼的，应当以在对外发生法律效力的文书上署名的机关为被告。本司法解释对此作了适度扩大适用。主要包括：（1）政府信息公开与否的答复依法报经有权机关批准的。《条例》第七条第二款规定，行政机关发布政府信息依照国家有关规定需要批准的，未经批准不得发布。行政机关经有权机关批准后，以对外发生法律效力的文书上署名的机关为被告。（2）政府信息是否可以公开系由国家保密行政管理部门或者省、自治区、直辖市保密行政管理部门确定的。《条例》第十四条第三款规定，行政机关对政府信息不能确定是否可以公开时，应当依据法律、法规和国家有关规定报有关主管部门或者同级保密部门确定。实际上，一般也不发生国家保密行政管理部门或者省、自治区、直辖市保密行政管理部门确定可以公开后以自己名义公开的情形。本项的规定属于提示性的规定。（3）行政机关在公开政府信息前与有关行政机关进行沟通、确认的。《条例》第七条第一款规定，行政机关发布政府信息涉及其他行政机关的，应当与有关行政机关进行沟通、确认，保证行政机关发布的政府信息准确一致。这里的沟通、确认行为，一般属于行政机关内部的意见交换、沟通和协调，本身不具有可诉性，且该沟通、确认机关也并不会直接作出政府信息公开行政行为，不能作为行政诉讼被告。经过沟通、确认程序之后，行政机关再行作出对外发生法律效力的行政行为。作出政府信息公开行政行为（同时也是对外发生法律效力的行政行为）的行政机关为被告。本项的规定亦属于提示性规定。

三、证据

本解释第五条规定了政府信息公开案件的证据问题，主要包括：

1. 被告对拒绝行为承担举证责任。拒绝行为属于行政机关作出的行政行为，因此适用行政诉讼法第三十二条的规定，即被告对作出的行政行为负有举证责任，应当提供作出该行政行为的证据和所依据的规范性文件。根据本条的规定，主要包括以下两种情形：（1）被告拒绝向原告提供政府信息的，应当对拒绝的根据以及履行法定告知和说明理由义务的情况举证。"拒绝的根据"一般是指行政机关认为行政相对人的申请不符合《条例》的条件。主要包括：①原告要求公开的信息不属于政府信息。例如刑事执法信息、立法机关和司法机关制作的信息、内部信息、过程性信息等。根据《条例》第二条的规定，政府信息是指行政机关在履行职责过程中制作或者获取的，以一定形式记录、保存的信息。②原告要求公开的信息是尚未形成的政府信息。③公开信息将会危及国家安全、公共安全、经济安全和社会稳定。《条例》第八条规定，行政机关公开政府信息，不得危及国家安全、公共安全、经济安全和社会稳定。行政机关据此公开的，需要证明公开原告要求的信息将会危及"三安全一稳定"。④被告并非适格的公开义务主体。《条例》第十七条规定，行政机关制作的政府信息，由制作该信息的行政机关负责公开；行政机关从公民、法人或者其他组织获取的政府信息，由保存该政府信息的行政机关负责公开；法律法规对政府信息公开的权限另有规定的，从其规定。行政机关拒绝公开的，应当就其不属于制作、保存机关或者法律法规没有规定相关权限举证。⑤信息公开后可能影响商业秘密、个人隐私。《条例》第二十三条规定，行政机关认为申请公开的政府信息涉及商业秘密、个人隐私，公开后可能损害第三方合法权益的，应当书面征求第三方的意见，第三方不同意公开的，不得公开。行政机关拒绝公开的，应当就公开可能损害第三方合法权益等事项举证。⑥原告申请内容不明确。⑦申请公开的政府信息中含有不应当公开的内容，且不能区分处理。⑧原告申请提供与其自身相关的税费缴纳、社会保障、医疗卫生等政府信息，不能出示有效身份证件或者证明文件。⑨原告申请公开的信息不存在。行政机关以此为理由拒绝公开的，应当举证证明已经经过合理的检索，未能发现信息的存在。"履行法定告知和说明理由义务"一般是指行政机关根据《条例》的规定履行相应的告知和说明义务。这里的"告知"义务主要是指《条例》第二十一条的规定的义务，包括：①属于公开范围的，应当告知申请人获取该政府信息的方式和途径；②属于不予公开范围的，应当告知申请人并说明理由；③依法不属于本行政机关公开或者该政府信息不存在的，应当告知申请人，对能够确定该政府信息的公开机关的，应当告知申请人该行政机关的名称、联系方式；④申请内容不明确的，应当告知申请作出更改、补充。（2）被告拒绝更正与原告相关的政府信息记录的，应当对拒绝的理由进行举证和说明。《条例》第二十五条第二款规定，公民、法人或者其他组织有证据证明行政机关提供的与其自身相关的政府信息记录不准确的，有权要求该行政机关予以更正。该行政机关无权更正的，应当转送有权更正的行政机关处理并告知申请人。据此，行政机关拒绝更正的，应当就该信息准确或者虽然该信息不准确但被告无权更正并履行了转送义务进行举证。

2. 被告对涉及商业秘密、个人隐私政府信息公开的举证责任和说明义务。《条例》第十四条第四款规定，行政机关不得公开涉及国家秘密、商业秘密、个人隐私的政府信息。但是，经权利人同意公开或者行政机关认为不公开可能对公共利益造成重大影响的涉及商业秘密、个人隐私的政府信息，可以予以公开。与国家秘密的绝对不公开不同，对于涉及商业秘密、个人隐私的政府信息，属于相对不公开的情形，即在特定情形下可以公开。本条规定体现的是政府信息公开中的利益平衡原则。行政机关在公开政府信息时，一方面要注意保护公民、法人或者其他组织的商业秘密和个人隐私，另一方面如果涉及上述内容的政府信息不公开可能对国家利益、社会公共利益造成重大影响，行政机关可以依据裁量权限决定公开。但是，行政机关有必要就公开政府信息涉及公共利益以及不公开可能对公共利益造成重大影响的理由进行举证和说明。

3. 国家秘密可以不在诉讼中提交。对于涉及国家秘密的政府信息，由于固有的保密性和专业性，应当采取特殊的举证规则。行政机关不能仅仅声称政府信息涉及国家秘密就不予提交相关证据，否则，行政机关就会滥用该项权力。被告能够提供相应的书面证据材料，证明其拒绝公开的政府信息已经依照法定程序确定为国家秘密或者能够提供有关主管部门、同级保密部门出具的政府信息公开保密审查结论的，人民法院可以不要求其提供该政府信息，但是有下列情形之一的除外：（1）人民法院认为相关证据材料不充分的；（2）人民法院认为需要对政府信息中含有的不应当公开的内容与可以公开的内容作区分处理的。

4. 被告主张政府信息不存在，原告能够提供该政府信息系由被告制作或者保存的相关线索的，可以申请人民法院调取证据。政府信息不存在是指申请人申请的政府信息没有相关的记录。如果政府信息不存在，行政机关应当就已经履行检索义务和告知义务等承担相应举证责任。根据《证据规定》第二十三条的规定，对于由国家有关部门保存而须由人民法院调取证据材料，原告或者第三人不能自行收集，但能够提供确切线索的，可以申请人民法院调取。据此，原告能够提供该政府信息系由被告制作或者保存的相关线索的，可以申请人民法院调取证据。

5. 原告对"三需要"的说明义务。《条例》第十三条规定，除行政机关主动公开的政府信息外，公民、法人或者其他组织还可以根据自身生产、生活、科研等特殊需要，向国务院部门、地方各级人民政府及县级以上地方人民政府申请获取相关政府信息。《国务院办公厅关于实施〈中华人民共和国政府信息公开条例〉若干问题的意见》中明确，行政机关对申请人申请公开与本人生产、生活、科研等特殊需要无关的政府信息，可以不予提供。从以上规定看出，行政机关认为申请人申请公开的政府信息与本人生产、生活、科研等特殊需要无关，应当就该主张举证，而申请人则应当对申请公开的政府信息与本人生产、生活、科研等特殊需要相关举证。考虑到原告在诉讼中偏于弱势，本司法解释没有明确规定原告对该项内容和主张（即"三需要"）的举证责任。但是，人民法院可以要求原告对特殊需要事由作出说明。

6. 原告在起诉被告拒绝更正政府信息记录情形下的举证责任。《证据规定》第四条第二款规定，在起诉被告不作为的案件中，原告应当提供其在行政程序中曾经提出申请的证据材料。原告起诉被告拒绝更正政府信息记录的，其应当提供其向被告提出过更正申请的证据。在这种情形下，原告通常主张被告制作或者保存的政府信息与自身相关且记录不准确，根据"谁主张谁举证"规则，原告应当承担相应的举证责任。

四、审理与判决

（一）特殊审理方式

本解释第六条规定，人民法院审理政府信息公开行政案件，应当视情采取适当的审理方式，以避免泄露涉及国家秘密、商业秘密、个人隐私或者法律规定的其他应当保密的政府信息。"视情采取适当的审理方式"是指按照案件的具体情况采取适当的审理方式。根据行政诉讼法的规定，审理方式包括公开审理和不公开审理两种。根据行政诉讼法第四十五条的规定，人民法院公开审理行政案件，但涉及国家秘密、个人隐私和法律另有规定的除外。该条虽然没有规定商业秘密，但是毫无疑问商业秘密属于"法律另有规定"的情形（例如反不正当竞争法）。不公开审理并非书面审理，不公开审理也是开庭审理，只是对案外人不公开，不允许群众旁听，也不允许新闻记者采访报道等。此外，不公开审理仅是审理过程的不公开，对于审理的结果（判决裁定）仍然应当公开。可见，不公开审理并非政府信息公开案件审理的特征。一般说来，政府信息公开案件审理的特点是单方审理，即为了防止泄露国家秘密、商业秘密和个人隐私，另外一方当事人不应当在场。

（二）法律适用

政府信息由被告的档案机构或者档案工作人员保管的，该档案属于机关档案，处于尚未移交国家档案馆的状态。机关档案一般是行政机关在完成特定的行政任务之后形成的政府信息。如果这些政府信息由被告保管（不论是被告的档案机关还是被告档案工作人员），该信息仍然属于行政机关自己保存的信息，应当按照《条例》的规定予以公开。

对于移交国家档案馆的政府信息，应当受到档案法的规制。档案法第十九条规定："国家档案馆保管的档案，一般应当自形成之日起三十年向社会开放。经济、科学、技术、文化等档案向社会开放的期限,可以少于三十年,涉及国家安全或者重大利益以及其他到期不宜开放的档案向社会开放的期限,可以多于三十年,具体期限由国家档案行政管理部门制订,报国务院批准施行。"关于档案的公布,《档案法实施办法》第二十四条规定:"公布属于国家所有的档案,按照下列规定办理:(一)保存在档案馆的,由档案馆公布;必要时,应当征得档案形成单位同意或者报经档案形成单位的上级主管机关同意后公布;(二)保存在各单位档案机构的,由各该单位公布;必要时,应当报经其上级主管机关同意后公布;(三)利用属于国家所有的档案的单位和个人,未经档案馆、档案保存单位同意或者前两项所列主管机关的授权或者批准,均无权公布档案。属于集体所有、个人所有以及其他不属于国家所有的对国家和社会具有保存价值的档案,其所有者向社会公布时,应当遵守国家有关保密的规定,不得损害国家的、社会的、集体的和其他公民的利益。"《国务院办公厅关于施行〈中华人民共和国政府信息公开条例〉若干问题的意见》规定,已经移交档案馆及档案工作机构的政府信息的管理,依照有关档案管理的法律、行政法规和国家有关规定执行。可见,对于已经移交国家档案馆的政府信息,已经成为档案法的规制对象。档案法的法律位阶高于《条例》,应当执行档案法和档案管理的有关法规、国家规定。据此,本条明确政府信息已经移交各级国家档案馆的,依照有关档案管理的法律、行政法规和国家有关规定执行。

(三)不予公开范围

《条例》第十四条规定:"行政机关应当建立健全政府信息发布保密审查机制,明确审查的程序和责任。行政机关在公开政府信息前,应当依照《中华人民共和国保守国家秘密法》以及其他法律、法规和国家有关规定对拟公开的政府信息进行审查。行政机关对政府信息不能确定是否可以公开时,应当依照法律、法规和国家有关规定报有关主管部门或者同级保密工作部门确定。行政机关不得公开涉及国家秘密、商业秘密、个人隐私的政府信息。"该条规定明确了政府信息涉及国家秘密、商业秘密或者个人隐私的,不得公开。人民法院经审查认为确属于不予公开范围的,应当按照《条例》予以认定。《条例》第十四条还规定:"但是,经权利人同意公开或者行政机关认为不公开可能对公共利益造成重大影响的涉及商业秘密、个人隐私的政府信息,可以予以公开。"这就是政府信息公开领域中的利益衡量原则,即政府公开信息时应当在信息公开所保护的国家利益、公共利益和信息不公开所保护的个人利益之间寻求一种平衡。赋予行政机关在政府信息公开工作一定的裁量权，有助于保障由于不予公开政府信息范围所要保护的社会利益。对于涉及商业秘密、个人隐私的政府信息，如果权利人同意公开，或者不公开可能对公共利益造成重大影响的，人民法院可以认定该政府信息属于公开范围。涉及国家秘密的政府信息，由于关系到国家安全和利益，无论在任何情况下均不得公开。

（四）给付判决

1. 被告对依法应当公开的政府信息拒绝或者部分拒绝公开的，人民法院应当撤销或者部分撤销被诉不予公开决定，并判决被告在一定期限内公开。行政诉讼法第五十四条第（二）项规定，行政行为主要证据不足、适用法律错误、违反法定程序、超越职权、滥用职权的，判决撤销或者部分撤销。《条例》第二十四条规定，行政机关收到政府信息公开申请，能够当场答复的，应当当场答复；行政机关不能当场答复的，应当自收到申请之日起15个工作日内予以答复；如需延长答复期限的，应当经政府信息公开机构负责人同意，并告知申请人，延长答复的期限最长不得超过15个工作日。该条例仅规定了行政机关的答复义务，并未要求行政机关作出决定。在实践中，一些行政机关作出了不予公开决定，该决定属于行政行为，得为撤销诉讼的标的。本条规定有一个缺陷，"政府信息拒绝或者部分拒绝公开的"既可能有"决定"也有可能是没有"决定"的行为。在没有"决定"的情况下，就谈不上撤销或者部分撤销被诉不予公开决定。人民法院在判决撤销上述行政行为之后，同时判决被告在一定期限内公开。本条的第二句规定："尚需被告调查、裁量的，判决其在一定期限内重新答复"。这是因为行政机关对于政府信息是否公开尚需要进行一定裁量，此时，人民法院不宜直接判决公开，而是判决行政机关在一定期限内重新答复。"重新答复"的依据是行政诉讼法第五十四条第（二）项"判决被告重新作出行政行为"的规定。

2. 被告提供的政府信息不符合申请人要求的内容或者法律、法规规定的适当形式的，人民法院应当判决被告按照申请人要求的内容或者法律、法规规定的适当形式提供。"被告提供的政府信息不符合申请人要求的内容"，是指被告提供的政府信息与申请人要求的内容不一致。当然，前提是申请人的申请符合《条例》第二十条和国务院办公厅有关规范性文件的规定。例如申请人的申请符合"一事一申请"等要求。《条例》第二十六条规定，行政机关依申请公开政府信息，应当按照申请人要求的形式予以提供；无法按照申请人要求的形式提供的,可以通过安排申请人查阅相关资料、提供复制品或者其他适当形式提供。据此,本条作出上述规定。值得注意的是,《条例》并未限定适当形式须是"法律、法规规定的适当形式",而是列举了"适当形式"——安排申请人查阅相关资料、提供复制品或者其他适当形式。法律法规一般对此并未作出相应的细化规定。人民法院可以直接根据《条例》的规定作出相应判决,无须查证法律法规是否对此有规定。

3. 人民法院经审理认为被告不予公开的政府信息内容可以作区分处理的,应当判决被告限期公开可以公开的内容。《条例》第二十二条规定,申请公开的政府信息中含有不应当公开的内容,但是能够作区分处理的,行政机关应当向申请人提供可以公开的信息内容。据此,本条作出上述规定。

4. 被告依法应当更正而不更正与原告相关的政府信息记录的,人民法院应当判决被告在一定期限内更正。《条例》第二十五条第二款规定,公民、法人或者其他组织有证据证明行政机关提供的与其自身相关的政府信息记录不准确的,有权要求该行政机关予以更正。该行政机关无权更正的,应当转送有权更正的行政机关处理,并告知申请人。根据这一规定,如果申请人有证据证明行政机关提供的与其自身相关的政府信息记录不准确,行政机关就有义务予以更正。对于是否更正,尚需被告调查、裁量的,人民法院判决其在一定期限内重新答复。《条例》规定了其转送的义务,被告无权更正的,也应当履行转送义务,据此人民法院可以判决其转送有权更正的行政机关处理。但是,本条规定有一个缺陷,本条第一句的前提是"被告依法应当更正而不更正与原告相关的政府信息记录的",既然属于被告依法更正的情形,就谈不上转送的问题。本条第三句准确的涵义是"原告申请更正与其相关的政府信息记录,被告无权更正的,判决其转送有权更正的行政机关处理"。

5. 行政诉讼法第五十四条第(三)项规定,被告不履行或者拖延履行法定职责的,人民法院判决其在一定期限内履行。被告"无正当理由逾期不予答复的",属于不履行或者拖延履行法定职责的情形,应当适用行政诉讼法第五十四条第(三)项的规定。原告一并请求判决被告公开或者更正政府信息且理由成立的,参照本解释第九条的规定处理。原告在要求公开或者更正政府信息的申请被被告无正当理由逾期不予答复的,原告可以针对被告的行为提起给付诉讼,要求行政机关作出行为和作出特定行为。要求作出行为是一般给付诉讼,要求作出特定行为是课以义务诉讼。对于原告一并请求判决被告公开或者更正政府信息且理由成立的,人民法院可以参照第九条的规定,作出要求行政机关公开、部分公开、限期公开、限期部分公开、限期更正等判决。

（五）反向诉讼判决和禁令判决

1. 反向诉讼判决。《条例》第十四条第四款规定，行政机关不得公开涉及国家秘密、商业秘密、个人隐私的政府信息。但是，经权利人同意公开或者行政机关认为不公开可能对公共利益造成重大影响的涉及商业秘密、个人隐私的政府信息，可以予以公开。根据这一规定，对于国家秘密，《条例》规定绝对不公开。对于商业秘密和个人隐私则是相对不公开，也就是说在一定条件下可以公开。这些条件是：（1）经权利人同意公开；（2）行政机关认为不公开可能对公共利益造成重大影响。对于权利人同意公开的，权利人不会提起诉讼。因此，只有在"行政机关认为不公开可能对公共利益造成重大影响"情形下才适用本条第一款的内容。行政机关应当就"不公开可能对公共利益造成重大影响"进行举证，包括可能性、重大影响、公共利益三个内容。人民法院经审理认为，行政机关应当举证的三个方面没有相应证据证明的，应当认定为"不存在公共利益等法定事由"。这里的"等"实际上只有两项：可能性和重大影响。由于信息公开造成了权利人损失，因此法院可以责令被告采取相应的补救措施。对于造成损害的，法院应当考察原告是否提出赔偿请求，原告未提出赔偿请求或者在诉讼中未增加相应诉讼请求的，法院一般不直接判决被告承担赔偿责任。这是因为，原告的损失应当由其提供相应证据，法院直接判决赔偿损失在事实上也有一定难度。据此，本条规定"造成损害的，根据原告请求依法判决被告承担赔偿责任"。这一规定与《若干解释》相关规定有所差别。《若干解释》第五十八条有关情况判决的内容是："被诉具体行政行为违法，但撤销该具体行政行为将会给国家利益或者公共利益造成重大损失的，人民法院应当作出确认被诉具体行政行为违法的判决，并责令被诉行政机关采取相应的补救措施；造成损害的，依法判决承担赔偿责任。"其中"造成损害的，依法判决承担赔偿责任"并无"根据原告请求"的限制，即法院可以依职权判决承担赔偿责任。

2. 禁令判决。即在被告公开政府信息涉及原告商业秘密、个人隐私且不存在公共利益等法定事由的情形下，政府信息尚未公开的，应当判决行政机关不得公开。根据《条例》第二十三条规定，行政机关认为申请公开的政府信息涉及商业秘密、个人隐私，公开后可能损害第三方合法权益的，应当书面征求第三方的意见；第三方不同意公开的，不得公开。但是，行政机关认为不公开可能对公共利益造成重大影响的，应当予以公开，并将决定公开的政府信息内容和理由书面通知第三方。可见，行政机关在涉及商业秘密和个人隐私政府信息公开中，有书面征求第三方意见的程序。这个程序本来是获得第三方同意的程序，如果第三方同意公开，则行政机关应当公开，第三方不同意公开的，不得公开。但是，该条规定了例外情形——行政机关认为不公开可能对公共利益造成重大影响的，应当予以公开，并将决定公开的政府信息内容和理由书面通知第三方。此时，第三方如果不及时提起禁止诉讼，其合法权益将遭受侵害，且其通过征求意见程序实际上已经知道即将作出的行政行为，因此，对此"即将作出的行政行为"提起诉讼。人民法院经审理认为被告公开政府信息涉及原告商业秘密、个人隐私且不存在公共利益等法定事由的情形下，政府信息尚未公开的，应当判决行政机关不得公开。

3. 暂时停止公开。行政诉讼法第四十四条规定，诉讼期间，不停止具体行政行为的执行。但有下列情形之一的，停止具体行政行为的执行：（1）被告认为需要停止执行的；（2）原告申请停止执行，人民法院认为该具体行政行为的执行会造成难以弥补的损失，并且停止执行不损害社会公共利益，裁定停止执行的；（3）法律、法规规定停止执行的。在反信息公开诉讼中，原告要求是禁止公开信息。信息一旦公开，损失和影响就会在瞬间造成，也就属于"会造成难以弥补的损失"。此时，原告可以申请停止公开相关政府信息。据此，本条第二款规定，诉讼期间，原告申请停止公开涉及其商业秘密、个人隐私的政府信息，人民法院经审查认为公开该政府信息会造成难以弥补的损失，并且停止公开不损害公共利益的，可以依照行政诉讼法第四十四条的规定，裁定暂时停止公开。这里的"可以"是指人民法院对该申请具有一定的裁量权限。

（六）判决驳回原告诉讼请求

判决驳回原告诉讼请求是《若干解释》第五十六条确立的判决方式。根据现行行政诉讼法的规定和司法实践，适用驳回原告诉讼请求判决大多针对的是给付请求（例如要求作为、要求给付金钱物品等）。政府信息公开诉讼大多是要求获得政府信息，是典型的给付诉讼，因而适用最多的判决方式是判决公开或者判决驳回原告诉讼请求。适用本解释的前提是"被告已经履行法定告知或者说明理由义务"。《条例》第二十一条规定了被告的告知和说明理由义务："对申请公开的政府信息，行政机关根据下列情况分别作出答复：（一）属于公开范围的，应当告知申请人获取该政府信息的方式和途径；（二）属于不予公开范围的，应当告知申请人并说明理由；（三）依法不属于本行政机关公开或者该政府信息不存在的，应当告知申请人，对能够确定该政府信息的公开机关的，应当告知申请人该行政机关的名称、联系方式；（四）申请内容不明确的，应当告知申请人作出更改、补充。"无论行政机关是否决定公开，都负有告知和说明理由的义务。因此，适用本判决的前提是行政机关已经履行法定告知或者说明理由义务的，如果没有履行前述义务，法院不能作出驳回原告诉讼请求判决。有下列情形之一，被告已经履行法定告知或者说明理由义务的，人民法院应当判决驳回原告的诉讼请求：

1. 不属于政府信息、政府信息不存在、依法属于不予公开范围或者依法不属于被告公开的。"不属于政府信息"是指原告申请公开的信息不属于行政机关在职责范围内所制作或者保存的政府信息。例如刑事侦查信息、过程信息等。"政府信息不存在"是指原告要求获取的信息尚不存在。例如政府信息虽经合理检索仍然没有查到的信息。"依法属于不予公开范围"是指原告申请公开的信息虽然属于政府信息，但依法不予公开。例如涉及国家秘密、商业秘密或者个人隐私等政府信息。

2. 申请公开的政府信息已经向公众公开，被告已经告知申请人获取该政府信息的方式和途径的。申请人申请公开的政府信息已经由行政机关在其网站或者其他渠道予以公开，包括申请人在内的公众的知情权已经得到保障。被告已经告知申请人获取该政府信息的方式和途径后，申请人应当根据上述方式和途径获取政府信息。其向法院申请公开，法院不予支持。

3. 起诉被告逾期不予答复，理由不成立的。对于被告逾期答复的，法院应当判决公开或者确认逾期不予答复的行为违法。"起诉被告逾期不予答复"属于"起诉被告不作为"情形，根据《若干解释》第五十六条第（一）项的规定，起诉被告不作为理由不能成立的，人民法院应当判决驳回原告的诉讼请求。

4. 以政府信息侵犯其商业秘密、个人隐私为由反对公开，理由不成立的。在信息公开诉讼中，原告应当提供证据证明政府信息侵犯其商业秘密或者个人隐私、未经权利人同意。根据《条例》第十四条第四款的规定，可以公开的情形包括：（1）权利人同意；（2）行政机关认为不公开可能对公共利益造成重大影响。政府需要证明的事实是不公开可能对公共利益造成重大影响。如果原告不能证实自己的主张或者被告能够证明自己主张成立的，属于原告"理由不成立"，法院可以判决驳回原告诉讼请求。

5. 要求被告更正与其自身相关的政府信息记录，理由不成立的。《条例》第二十五条第二款规定，公民、法人或者其他组织有证据证明行政机关提供的与其自身相关的政府信息记录不准确的,有权要求该行政机关予以更正。言下之意,公民、法人或者其他组织没有证据证明行政机关提供的与其自身相关的政府信息记录不准确的,属于"理由不成立",法院可以判决驳回原告诉讼请求。

6. 不能合理说明申请获取政府信息系根据自身生产、生活、科研等特殊需要,且被告据此不予提供的。《条例》第十三条规定,除本条例第九条、第十条、第十一条、第十二条规定的行政机关主动公开的政府信息外,公民、法人或者其他组织还可以根据自身生产、生活、科研等特殊需要,向国务院部门、地方各级人民政府及县级以上地方人民政府部门申请获取相关政府信息。《国务院办公厅关于施行〈中华人民共和国政府信息公开条例〉若干问题的意见》规定,行政机关对申请人申请公开与本人生产、生活、科研等特殊需要无关的政府信息,可以不予提供。因此,申请人在申请相关政府信息时,应当就与本人生产、生活、科研等特殊需要相关提供相应证据。"不能合理说明"与提供相应证据还有所不同,只要申请人能够合理说明的,人民法院即可认定其系根据自身生产、生活、科研等特殊需要。从这个意义上讲,本司法解释实际上并未将生产、生活、科研等特殊需要作为原告的举证责任内容。

7. 无法按照申请人要求的形式提供政府信息,且被告已通过安排申请人查阅相关资料、提供复制件或者其他适当形式提供的。《条例》第二十六条规定,行政机关依申请公开政府信息,应当按照申请人要求的形式予以提供;无法按照申请人要求的形式提供的,可以通过安排申请人查阅相关资料、提供复制件或者其他适当形式提供。可见,通过安排申请人查阅相关资料、提供复制件或者其他适当形式也属于法规规定的合法形式。被告已经履行相关义务的,人民法院可以判决驳回原告诉讼请求。

8. 其他应当判决驳回诉讼请求的情形。本项属于兜底性条款。

6. 关于审理农村集体土地行政案件的若干问题
——《最高人民法院关于审理涉及农村集体土地行政案件若干问题的规定》解读

2011年8月7日　　　　　　　　　　　　　　　法释〔2011〕20号

《最高人民法院关于审理涉及农村集体土地行政案件若干问题的规定》（以下简称本解释）是为了解决涉及农村集体土地行政案件中的法律问题。最高人民法院于2009年开始启动调研。2011年5月9日，经最高人民法院审判委员会第1522次会议讨论通过，于2011年8月7日公布，自2011年9月5日起实施。本解释主要包括了以下六个问题：

一、受案范围

（一）肯定的受案范围

本解释第一条规定，农村集体土地的权利人或者利害关系人（以下简称土地权利人）认为行政机关作出的涉及农村集体土地的行政行为侵犯其合法权益，提起诉讼的，属于人民法院行政诉讼的受案范围。"农村集体土地的权利人和利害关系人"包括以下五种情形：（1）农村集体土地所有权人。我国现行法律对于农村土地集体所有权的主体界定为"农民集体"这一点是非常明确的。宪法概括规定农村土地属于集体所有，民法通则进一步确认了集体土地所有权主体为村农民集体或乡（镇）农民集体。此后土地管理法则又进一步确认了农村集体土地属村内集体经济组织或村民小组范围内的农民集体所有。这样，我国现行法律基本明确了三类农村土地集体所有权主体，即村内农村集体经济组织或村民小组范围内农民集体、村范围内农民集体、乡（镇）范围内农民集体。"农民集体"不是指乡（镇）、村或者村以内的农村集体经济组织，也不是指某级行政组织如乡（镇）政府或某级自治组织如村民委员会。也就是说，农村集体经济组织或者村民委员会都没有土地所有权，它们只能经营、管理属于"农民集体所有"的土地。（2）农村集体土地使用权人。农村集体土地使用权人包括土地承包人，建设用地使用权人，自留地、自留山的使用权人，依法使用国土土地的农民集体或个人。①土地承包经营权人。土地承包经营权是指自然人、法人或者其他组织对农村用于农业的土地，通过农业生产的方式加以利用的用益物权。土地承包经营权人是指依法享有农村土地承包经营权的公民、法人或者其他组织。②建设用地使用权人。是指经依法批准使用本集体经济组织农民集体所有的土地，兴办乡镇企业、建设住宅或者乡镇村公共设施和公益事业建设的权利人。③自留山、自留地的使用权人。自留山和自留地是农业合作化以后集体分配给社员长期使用的土地。享有使用自留地、自留山的农民，即为自留地、自留山的使用权人。④合法的土地实际使用人。是相对于土地使用权人而言的，是指没有土地权利证书但合法使用农村集体土地的权利人。⑤使用国有农用地的单位或者个人。物权法第一百三十四条规定，国家所有的农用地实行承包经营的，参照本法的有关规定。土地管理法第十五条规定，国有土地可以由单位或者个人承包经营，从事种植业、林业、畜牧业、渔业生产。农业法规定，国有的宜林荒山荒地可以由个人或者集体承包造林。这些依法使用国有农用地的集体或者个人，属于本解释规定的土地权利人。（3）农村集体土地抵押权人。抵押权是指为担保债务的履行，债务人或者第三人不转移财产的占有，将该财产抵押给债权人，债务人不履行到期债务或者发生第三人约定的实现抵押权的情形，债权人有权就该财产优先受偿。抵押人是指为担保债的履行而提供抵押财产的债务人或者第三人。抵押权人是指接受抵押担保的债权人。（4）利害关系人。是指土地权利人以外的与土地行政行为有法律上利害关系的当事人。例如政府信息公开的申请人和关系人、土地行政许可的申请人和关系人、土地行政处罚的相对人和相关人等。这些人有些是土地权利人，有些不是土地权利人，但因土地管理部门作出的行政行为或者相应的不作为而产生法律上的利害关系。

（二）受案范围的排除

本解释第二条规定，土地登记机构根据人民法院生效裁判文书、协助执行通知书或者仲裁机构的法律文书办理的土地权属登记行为，土地权利人不服提起诉讼的，人民法院不予受理，但土地权利人认为登记内容与有关文书内容不一致的除外。主要包括如下内容：（1）人民法院的生效裁判文书是指发生法律效力的判决书、调解书和裁定书等。（2）协助执行通知书。协助执行是指由人民法院以外的组织或者个人，依照法院通知，协助法院执行法律文书。（3）仲裁机构的法律文书，包括仲裁裁决和调解书。根据仲裁法的规定，仲裁庭在作出裁决之前，可以先行调解。当事人自愿调解的，仲裁庭应当调解。调解不成的，应当及时作出裁决。调解达成协议的，仲裁庭应当制作调解书或者根据协议的结果制作裁决书。调解书和裁决书具有同等法律效力。土地登记机构未按照有关法律文书进行登记的，不属于执行生效法律文书的，而属于其自主作出的行为，也是可诉的行政行为。需要强调的是，这里规定的土地权利人"认为"，是一种主观的标准，只要土地权利人提出的诉讼理由是认为登记内容与有关文书的内容不一致，而非针对生效法律文书，则人民法院应当受理。

二、当事人

（一）集体经济组织的原告资格

本解释第三条规定了两个内容：

1. 村民委员会或者农村集体经济组织对涉及农村集体土地的行政行为不起诉的，过半数的村民可以以集体经济组织名义提起诉讼。民法通则第七十四条第二款规定："集体所有的土地依照法律规定属于村农民集体所有，由村农业生产合作社等农业集体经济组织或者村民委员会经营、管理。已经属于乡（镇）农民集体经济组织所有的，可以属于乡（镇）农民集体所有。"可见，农村集体土地所有人包括三种：（1）村农民集体。土地管理法第十条规定，农民集体所有的土地依法属于村农民集体所有的，由村集体经济组织或者村民委员会经营管理。（2）农村集体经济组织的农民集体。土地管理法第十条规定，已经分别属于村内两个以上农村集体经济组织的农民集体所有的，由村内各该农村集体经济组织或者村民小组经营管理。（3）乡（镇）农民集体。民法通则第七十四条第二款和土地管理法第十条规定，已经属于乡（镇）农村集体经济组织所有的，可以属于乡（镇）农民集体所有。综上，物权法第六十条规定："对于集体所有的土地和森林、山岭、草原、荒地、滩涂等，依照下列规定行使所有权：（一）属于村农民集体所有的，由村集体经济组织或者村民委员会代表集体行使所有权；（二）分别属于村内两个以上农民集体所有的,由村内各该集体经济组织或者村民小组代表集体行使所有权;(三)属于乡镇农民集体所有的,由乡镇集体经济组织代表集体行使所有权。"根据上述规定,村民委员会或者农村集体经济组织可以对涉及农村集体土地的行政行为以集体经济组织名义提起行政诉讼。

2. 农村集体经济组织成员全部转为城镇居民后,对涉及农村集体土地的行政行为不服的,过半数的原集体经济组织成员可以提起诉讼。在司法实践中,特别是在一些征地案件中,由于村民委员会或者农村集体经济组织利益常常与征地单位密切相关,甚至自身就是违法用地主体,因此往往怠于或者拒绝行使诉权。因此,有必要赋予其他主体以集体经济组织名义起诉的资格。借鉴村民委员会组织法第二十二条的规定,即由本村半数以上成年村民或者本村三分之二以上的户参加的村民会议,可以行使村集体的决策权。上述规定虽然是针对村民委员会的,对其他农村集体经济组织也可以参照适用。同时,考虑到目前成年村民往往在外务工,召集半数以上的村民实际上并不容易。因此,本条规定的条件实际上比较严格,不会导致当事人滥用诉权。

(二) 土地使用权人或者实际使用人的原告资格

本解释第四条规定,土地使用权人或者实际使用人对行政机关作出涉及其使用或实际使用的集体土地的行政行为不服的,可以以自己的名义提起诉讼。土地使用权人包括土地承包经营权人、宅基地使用权人以及建设用地使用权人等。实际使用人虽然不完全等同于合法权益人,但是由于其可能属于应当或者能够合法取得土地所有权使用权而未取得的人,其权益亦可能受到行政机关涉及集体土地行为的实际影响。

(三) 土地储备机构侵权时被告的确认

本解释第五条规定,土地权利人认为土地储备机构作出的行为侵犯其依法享有的农村集体土地所有权或使用权的,向人民法院提起诉讼的,应当以土地储备机构所隶属的土地管理部门为被告。土地储备,是指市、向人民政府国土资源部门为实现调控土地市场、促进土地资源合理利用目标,依法取得土地,进行前期开发、储存以备供应土地的行为。土地储备不是单一行为,而是由多个连续性的行为组成的储备开发流程,是土地储备机构根据法定程序,依法通过收购、征收、置换和回收的方式,将土地集中起来,进行开发、整理和储存,再通过法定机构以法定形式供应土地。土地储备包括两个阶段:土地集中和土地整理。土地整理主要是对收储土地的测量、勘查、项目设计、建筑物拆除、道路和水电气通讯建设等；土地集中主要包括土地收购、土地征收、土地回收和土地置换等。根据国土资源部、财政部、中国人民银行《土地储备管理办法》的规定，土地储备机构应为市、县人民政府批准成立、具有独立的法人资格、隶属于国土资源管理部门、统一承担本行政辖区内土地储备工作的事业单位。根据行政诉讼法和《若干解释》的规定，土地储备机构只有获得法律、法规或者规章的授权才具有行政诉讼被告资格。而土地储备机构设立的依据是作为规章的《土地储备管理办法》，该规章明确其应当隶属于国土资源管理部门，因此其实施的土地储备行为属于受委托的行为，公民、法人或者其他组织提起行政诉讼的，应当以其所隶属的土地管理部门为被告。

三、起诉与受理

（一）复议及诉讼的关系

本解释第六条规定了两个方面的内容：

1. 土地权利人认为乡级以上人民政府作出的土地确权决定侵犯其依法享有的农村集体土地所有权或者使用权，经复议后向人民法院提起诉讼的，人民法院应当依法受理。即对土地确权决定不服的，应当实行复议前置。行政复议法第三十条第一款规定，公民、法人或者其他组织认为行政机关的具体行政行为侵犯其已经依法取得的土地、矿藏、水流、森林、山岭、草原、荒地、滩涂、海域等自然资源的所有权或者使用权的，应当先申请行政复议；对行政复议决定不服的，可以依法向人民法院提起行政诉讼。最高人民法院就该款规定作了两个司法解释。《最高人民法院关于适用〈行政复议法〉第三十条第一款有关问题的批复》（法释〔2003〕5号，2003年2月25日）规定，根据行政复议法第三十条第一款的规定，公民、法人或者其他组织认为行政机关确认土地、矿藏、水流、森林、山岭、草原、荒地、滩涂、海域等自然资源的所有权或者使用权的具体行政行为，侵犯其已经依法取得的自然资源所有权或者使用权的，经行政复议后，才可以向人民法院提起行政诉讼，但法律另有规定的除外；对涉及自然资源所有权或者使用权的行政处罚、行政强制措施等其他具体行政行为提起行政诉讼的，不适用行政复议法第三十条第一款的规定。《最高人民法院行政审判庭关于行政机关颁发自然资源所有权或者使用权证的行为是否属于确认行政行为问题的答复》（〔2005〕行他字第 4 号,2005 年 2 月 24 日)规定,最高人民法院法释〔2003〕5 号批复中的"确认",是指当事人对自然资源的权属发生争议后,行政机关对争议的自然资源的所有权或者使用权所作的确权决定。有关土地等自然资源所有权或者使用权的初始登记,属于行政许可性质,不应包括在行政确认范畴之内。据此,行政机关颁发自然资源所有权或者使用权证书的行为不属于复议前置的情形。本条规定也适用于农村集体土地的自然资源所有权或者使用权的确权处理决定。因此,土地权利人对于乡级以上人民政府作出的土地确权决定不服的,应当先申请行政复议。

2. 法律、法规规定应当先申请行政复议的土地行政案件,复议机关作出不受理复议申请的决定或者以不符合受理条件为由驳回复议申请,复议申请人不服的,应当以复议机关为被告向人民法院提起诉讼。行政复议法第十九条规定,法律、法规规定应当先向行政复议机关申请行政复议、对行政复议决定不服再向人民法院提起行政诉讼的,行政复议机关决定不予受理或者受理后超过行政复议期限不作答复的,公民、法人或者其他组织可以自收到不予受理决定书之日起或者行政复议期满之日起 15 日内,依法向人民法院提起行政诉讼。对于行政复议机关不予受理决定书不服的提起诉讼的,应当以复议机关为被告。行政复议法实施条例第四十八条规定,有下列情形之一的,行政复议机关应当决定驳回行政复议申请:(1)申请人认为行政机关不履行法定职责申请行政复议,行政复议机关受理后发现该行政机关没有相应法定职责或者在受理前已经履行法定职责的;(2)受理行政复议申请后,发现该行政复议申请不符合行政复议法和本条例规定的受理条件的。上级行政机关认为行政复议机关驳回行政复议申请的理由不成立的,应当责令其恢复审理。正如行政诉讼一审不予受理裁定、驳回起诉裁定均得提起上诉一样,对于行政复议机关的不予受理决定、驳回行政复议申请决定,均具有可诉性,均得以行政复议机关为被告。

(二)非复议前置案件的受理

本解释第七条规定,土地权利人认为行政机关作出的行政处罚、行政强制措施等行政行为侵犯其依法享有的农村集体土地所有权或者使用权,直接向人民法院提起诉讼的,人民法院应当依法受理。行政复议法第三十条第一款规定了行政复议前置的情形,即公民、法人或者其他组织认为行政机关的具体行政行为侵犯其已经依法取得的土地、矿藏、水流、森林、山岭、草原、荒地、滩涂、海域等自然资源的所有权或者使用权的,应当先申请行政复议;

对行政复议决定不服的,可以依法向人民法院提起行政诉讼。对于这类行政行为,均是指行政机关对有关土地等自然资源的所有权和使用权的行政确权决定。《最高人民法院关于适用〈行政复议法〉第三十条第一款有关问题的批复》规定:"根据《行政复议法》第三十条第一款的规定,公民、法人或者其他组织认为行政机关确认土地、矿藏、水流、森林、山岭、草原、荒地、滩涂、海域等自然资源的所有权或者使用权的具体行政行为,侵犯其已经依法取得的自然资源所有权或者使用权的,经行政复议后,才可以向人民法院提起行政诉讼,但法律另有规定的除外;对涉及自然资源所有权或者使用权的行政处罚、行政强制措施等其他具体行政行为提起行政诉讼的,不适用《行政复议法》第三十条第一款的规定。"本条规定吸收了上述司法解释的规定。

(三) 土地权属登记的既判力

本解释第八条规定,土地权属登记(包括土地权属证书)在生效裁判和仲裁裁决中作为定案证据,利害关系人对该登记行为提起诉讼的,人民法院应当依法受理。土地权属登记(包括土地权属证书)是土地权利的证明载体。在涉及土地权属的诉讼或者仲裁过程中,土地权属登记(包括土地权属证书)作为土地登记部门颁发给权利人的权利凭证,由于其属于公文书证,具有较高的证明效力,人民法院或者仲裁机构往往将其作为定案证据予以采纳。但是,在一些情况下,利害关系人在诉讼或者仲裁程序中才发现该土地权属登记(包括土地权属证书),认为该权属登记行为损害其合法权益的,人民法院应当依法受理。这是因为,土地权属登记(包括土地权属证书)在生效裁判和仲裁裁决中作为定案证据,虽然人民法院和仲裁机构会对其进行合法性审查,但是对证据的合法性审查和对登记行为的合法性审查的程度、内容均有所不同。根据《证据规定》第五十五条的规定,证据的合法性是从证据是否符合法定形式、证据的取得是否符合法律、法规、司法解释和规章的要求、是否有影响证据效力的其他违法情形等方面进行审查。第五十八条规定,以违反法律禁止性规定或者侵犯他人和权益的方法取得的证据,不能作为认定案件事实的依据。第七十条还规定了生效法律文书确认的事实虽然可以作为定案证据,但并不具有终局的效力,即生效的人民法院裁判文书或者仲裁机构裁决文书确认的事实,可以作为定案证据。但是如果发现裁判文书或者裁决文书认定的事实有重大问题的,应当中止诉讼,通过法定程序予以纠正后恢复诉讼。而人民法院对行政行为合法性的审查,主要是依据行政诉讼法第五十四条的规定，审查行政行为是否超越职权、滥用职权、违反法定程序、主要证据是否充分、适用法律法规是否错误等。两者并不相同。因此，土地权属登记（包括土地权属证书）即便在生效裁判和仲裁裁决中作为定案证据，也并不意味着其不具有可争议性。利害关系人依法对该登记行为提起诉讼的，人民法院应当依法受理，并对登记行为的合法性进行审查。

（四）经公告行为的起诉期限

本解释第九条规定，涉及农村集体土地的行政决定以公告方式送达的，起诉期限自公告确定的期限届满之日起计算。涉及农村集体土地的行政决定主要包括：（1）土地征收及征地补偿、安置方案公告。是指征收土地方案被批准后，被征收土地所在地的市、县人民政府在组织实施征地过程中，将批准征地机关、批准文号、征收土地的用途、范围、面积以及征地补偿标准、农业人员安置办法和办理征地补偿的期限等内容制作为行政法律文书，在被征收土地所在地的乡（镇）、村予以公开发布，让被征地农民广泛晓谕的行政程序。《征收土地公告办法》第十四条规定："未依法进行征收土地公告的，被征地农村集体经济组织、农村村民或者其他权利人有权依法要求公告，有权拒绝办理征地补偿登记手续。未依法进行征地补偿、安置方案公告的，被征地农村集体经济组织、农村村民或者其他权利人有权依法要求公告，有权拒绝办理征地补偿、安置手续。"可见，未经依法公告程序，相关征地决定和征地补偿方案、安置方案对被征地单位和个人不发生法律效力。（2）其他行政决定公告。涉及农村集体土地的行政决定还包括土地确权、土地行政处罚、土地行政强制等行政决定。这些行政决定亦可以参照民事诉讼法的规定，直接送达、留置送达、委托送达、邮寄送达、转交送达等方式无法送达的，可以采取公告送达的方式。行政诉讼法第三十九条第一款规定，公民、法人或者其他组织直接向人民法院提起诉讼的，应当在知道作出行政行为之日起3个月内提出。这里的起算点是"知道作出行政行为之日"，对于公告送达的行政决定而言，起诉期限自公告确定的期限届满之日起计算，即公告期满之日起次日开始起算。

（五）行政机关先行裁决

本解释第十条规定，土地权利人对土地管理部门组织实施过程中确定的土地补偿有异议，直接向人民法院提起诉讼的，人民法院不予受理，但应当告知土地权利人先申请行政机关裁决。《土地管理法实施条例》第二十五条第三款规定，市、县人民政府土地行政主管部门根据经批准的征收土地方案，会同有关部门拟订征地补偿、安置方案，在被征收土地所在地的乡（镇）、村予以公告，听取被征收土地的农村集体经济组织和农民的意见。征地补偿、安置方案报市、县人民政府批准后，由市、县人民政府土地行政主管部门组织实施。对补偿标准有争议的，由县级以上地方人民政府协调；协调不成的，由批准征收土地的人民政府裁决。根据上述规定，被征收土地的农村集体经济组织和农民对征地补偿、安置方案有异议，协调不成的，应当向批准征收土地的人民政府申请裁决，通过行政裁决解决征地补偿安置标准争议。《征收土地公告办法》第十五条第一款规定，因未按照依法批准的征收土地方案和征地补偿、安置方案进行补偿、安置引发争议的，由市、县人民政府协调；协调不成的，由上一级地方人民政府裁决。上述行政裁决先行程序，既有助于行政争议的实质性化解，也有助于被征地农民实体权益的保护。因此，土地权利人对土地管理部门组织实施过程中确定的土地补偿有异议的，应当先行申请裁决，其直接向人民法院提起诉讼的，人民法院不予受理，但应当告知土地权利人先申请行政机关裁决。人民政府作出行政裁决后，土地权利人对行政裁决不服，依法向人民法院提起行政诉讼的，人民法院应当予以受理。

（六）非法占地处罚时效

本解释第十一条规定，土地权利人以土地管理部门超过两年对非法占地行为进行处罚违法，向人民法院起诉的，人民法院应当按照行政处罚法第二十九条第二款的规定处理。所谓非法占用土地，是指单位或者个人未经批准擅自占用土地、采取欺骗手段骗取批准占用土地以及超过批准的数量多占土地的违法行为。行政处罚的追诉时效是指对违反行政处罚法的行为追究行政责任和给予行政处罚的有效期限。之所以规定追诉时效，主要原因是：第一，敦促行政机关提高行政效率，尽快稳定行政管理秩序。对于违法行为行政机关应当及时发现，及时处理，尽快稳定行政管理秩序。如果行政机关不能及时发现违法行为，就可能导致证据出现灭失或者其他难以取得的情形。第二，体现行政处罚的教育与处罚相结合的原则。对于违法行为已经过了追诉时效的，不再追究其行政法律责任，不再给予行政处罚。违法人员在追诉时效内没有再实施违法行为，说明其已经逐步改过自新，不再危害社会，通过行政处罚来惩罚和警戒违法行为人的意义已经不大，这体现了行政处罚的教育与处罚相结合的原则。行政处罚法第二十九条规定："违法行为在二年内未被发现的，不再给予行政处罚，法律另有规定的除外。""前款规定的期限，从违法行为发生之日起计算；违法行为有连续或者继续状态的，从行为终了之日起计算。"所谓"连续"状态，是指行为人基于同一的或者概括的违法目的，连续多次实施性质相同的违法行为，而触犯同一个法条的情况。这种违法行为又称为"连续犯"。所谓"继续状态"，是指行为人的一个违法行为实施后，该行为及其造成的不法状态处于不间断的持续状态的情况。这种违法行为又称为"继续犯"。例如，污染企业持续对农田进行排放污染物的行为。有连续状态或者继续状态的违法行为都处在一定的延续时间内，为了使这类行为得到应有的处罚，行政处罚法规定其追诉时效从违法行为终了之日起计算。对于继续状态的认定，最高人民法院行政审判庭曾经作出过批复。例如，最高人民法院行政审判庭在针对国土资源部《关于如何计算土地违法行为追诉时效的请示》（〔1997〕国土（法）字第135号）作出的《关于如何计算土地违法行为追诉时效的答复》（〔1997〕法行字第26号，1998年5月4日）中明确："对非法占用土地的违法行为，在未恢复原状之前，应视为具有继续状态，其行政处罚的追诉时效，应根据行政处罚法第二十九条第二款的规定，从违法行为终了之日起计算；破坏耕地的违法行为是否具有连续或继续状态，应根据案件的具体情况区别对待。"根据这一批复，可以得出以下几点结论：第一，非法占地的行为继续状态的终期时间点在"未恢复原状之前"。恢复原状之后，应当认定为违法行为终了。第二，非法占地行为的继续状态应当适用行政处罚法第二十九条第二款的规定。第三，破坏耕地的行为是否具有连续或者继续状态，不能一概而论，应当根据具体案情具体分析。综合以上的考虑，本条明确，对于非法占地的行为如果超出二年之后未处罚的，因其行为有继续状态，应当从违法行为终了之日，即土地恢复原状之日起计算。即适用行政处罚法第二十九条第二款的规定。

四、审理与判决

本解释第十二条规定了两个方面的内容：

1. 征收农村集体土地时涉及被征收土地上的房屋及其他不动产，土地权利人可以请求依照物权法第四十二条第二款的规定给予补偿。物权法第四十二条和第四十四条规定，财产征收的标的物是集体所有的土地和单位、个人的房屋及其他不动产。第四十二条规定："为了公共利益的需要，依照法律规定的权限和程序可以征收集体所有的土地和单位、个人的房屋及其他不动产。""征收集体所有的土地，应当依法足额支付土地补偿费、安置补助费、地上附着物和青苗的补偿费等费用，安排被征地农民的社会保障费用，保障被征地农民的生活，维护被征地农民的合法权益。""征收单位、个人的房屋及其他不动产，应当依法给予拆迁补偿，维护被征收人的合法权益；征收个人住宅的，还应当保障被征收人的居住条件。""任何单位和个人不得贪污、挪用、私分、截留、拖欠征收补偿费等费用。"本司法解释涉及的第二款，即征收集体所有的土地，应当依法足额支付土地补偿费、安置补助费、地上附着物和青苗的补偿费等费用，安排被征地农民的社会保障费用，保障被征地农民的生活，维护被征地农民的合法权益。之所以这样规定，主要是由于土地管理法有关补偿标准没有考虑到土地本身的价值，没有考虑土地的预期收益，因此，在现实生活中，存在征收土地的补偿标准过低、补偿不到位的问题，侵害了群众的合法权益。权利人请求依照物权法依法给予补偿，并不意味着土地权利人根据土地管理法的规定请求依法给予补偿的，人民法院就不予支持。正确的理解是，人民法院在审查权利人的补偿请求是否"足额支付"时，可以参照土地管理法关于补偿费用的计算方式，如果经过计算，补偿费用确实已经"足额支付"的，人民法院应当对该补偿费用予以认可；如果经过计算，补偿费用虽已经足额支付，但是有关社会保障费用没有落实的，人民法院应当从保障被征地农民生活的角度，判决维护被征地农民的合法权益；如果经过计算，补偿费用没有按照土地管理法的规定支付的，人民法院应当判决足额支付；如果经过计算，补偿费用虽然支付，但是没有到达"足额支付"的，人民法院也应当判决足额支付。第二，"土地权利人"可以理解为包括土地管理法规定的被征用土地、房屋以及其他不动产的所有权人和使用权人，也可以理解为物权法规定的所有权人、用益物权人和担保物权人。

2. 征收农村集体土地时未就被征收土地上的房屋及其他不动产进行安置补偿，补偿安置时房屋所在地已纳入城市规划区，土地权利人请求参照执行国有土地上房屋征收补偿标准的，人民法院一般应予支持，但应当扣除已经取得的土地补偿费。我国对于国有土地上房屋征收和集体土地征收，是分别由原《城市房屋拆迁管理条例》和土地管理法来规制的。如果对国有土地上房屋征收，则适用原《城市房屋拆迁管理条例》；如果对集体土地进行征收，则适用土地管理法的有关规定。原《城市房屋拆迁管理条例》第二条规定，在城市规划区内国有土地上实施房屋拆迁，并需要对被拆迁人补偿、安置的，适用本条例。可见，原《城市房屋拆迁管理条例》适用的对象是"城市规划区内国有土地"。《最高人民法院行政审判庭关于农村集体土地征用后地上房屋拆迁补偿有关问题的答复》（〔2005〕行他字第5号）中明确："行政机关征用农村集体土地之后，被征用土地上的原农村居民对房屋仍享有所有权，房屋所在地已被纳入城市规划区的，应当参照《城市房屋拆迁管理条例》及有关规定，对房屋所有权人予以补偿安置。"值得注意的是，《城市房屋拆迁管理条例》废止后，《国有土地上房屋征收与补偿条例》第二条规定："为了公共利益的需要，征收国有土地上单位、个人的房屋，应当对被征收房屋所有权人给予公平补偿。"这一规定表明，该条例适用于所有国有土地上房屋征收活动，但不仅限于城市规划区内。即上述答复可以理解为，行政机关征用农村集体土地之后，被征用土地上的原农村居民对房屋仍享有所有权，应当按照《国有土地上房屋征收与补偿条例》及有关规定，对房屋所有权人予以补偿安置。

五、审理期限的计算

本解释第十三条规定，在审理土地行政案件中，人民法院经当事人同意进行协调的期间，不计算在审理期限内。当事人不同意继续协商的，人民法院应当及时审理，并恢复计算审理期限。根据最高人民法院的司法文件，在民事诉讼中，调解期间不计入审理期限。根据行政诉讼法第五十七条和第六十条的规定，一审行政案件的审理期限是3个月，二审行政案件的审理期限是2个月。在土地行政案件中，人民法院往往要进行大量的协调，难以在上述审理期限内结案。为了促进案结事了，本条规定人民法院经当事人同意进行协调的期间，不计算在审理期限内。同时为了防止法院久调不决和强迫当事人接受协调，本条规定当事人不同意继续协商的，人民法院应当及时审理，并恢复计算审理期限。

六、非诉执行问题

《土地管理法实施条例》第四十五条规定："违反土地管理法律、法规规定，阻挠国家建设征收土地的，由县级以上人民政府土地管理部门责令交出土地；拒不交出土地的，申请人民法院强制执行。"根据这一规定，对于县级以上人民政府土地管理部门作出的责令交出土地的决定，可以申请人民法院强制执行。本解释第十四条规定，县级以上人民政府土地管理部门根据土地管理法实施条例第四十五条的规定，申请人民法院执行其作出的责令交出土地决定的，应当符合下列条件：

1. 征收土地方案已经有权机关依法批准。土地管理法第四十八条规定，征地补偿安置方案确定后，有关地方人民政府应当公告，并听取被征地的农村集体经济组织和农民的意见。《土地管理法实施条例》第二十条规定，在土地利用总体规划确定的城市建设用地范围内，为实施城市规划占用土地的，市、县人民政府按照土地利用年度计划拟定征收土地方案分批次逐级上报给有批准权的人民政府，有批准权的人民政府土地行政主管部门对征收土地方案进行审查，提出审查意见，报有批准权的人民政府批准，征收土地方案经批准后，由市县人民政府组织实施。可见，征地方案需要经过有权机关依法批准，是责令交出土地决定行政行为合法性的必要条件。

2. 市、县人民政府和土地管理部门已经依照土地管理法和土地管理法实施条例规定的程序实施征地行为。这里的"土地管理法和土地管理法实施条例规定的程序"主要是指《土地管理法实施条例》第二十五条："征收土地方案经依法批准后，由被征收土地所在地的市、县人民政府组织实施，并将批准征地机关、批准文号、征收土地的用途、范围、面积以及征地补偿标准、农业人员安置办法和办理征地补偿的期限等，在被征收土地所在地的乡（镇）、村予以公告。被征收土地的所有权人、使用权人应当在公告规定的期限内，持土地权属证书到公告指定的人民政府土地行政主管部门办理征地补偿登记。市、县人民政府土地行政主管部门根据经批准的征收土地方案，会同有关部门拟订征地补偿、安置方案，在被征收土地所在地的乡（镇）、村予以公告，听取被征收土地的农村集体经济组织和农民的意见。征地补偿、安置方案报市、县人民政府批准后，由市、县人民政府土地行政主管部门组织实施。对补偿标准有争议的，由县级以上地方人民政府协调；协调不成的，由批准征收土地的人民政府裁决。征地补偿、安置争议不影响征收土地方案的实施。征收土地的各项费用应当自征地补偿、安置方案批准之日起3个月内全额支付。"主要是"两公告一登记"。

3. 被征收土地所有权人、使用人已经依法得到安置补偿或者无正当理由拒绝接受安置补偿，且拒不交出土地，已经影响到征收工作的正常进行。在补偿安置合法的前提下，如果被征收土地所有权人、使用人已经依法得到安置补偿（或者无正当理由拒绝接受安置补偿），且拒不交出土地，已经影响到征收工作的正常进行，权利人的合法权益已经得到保障或者补偿，其拒绝交出土地的，属于行政诉讼法第六十六条规定的"不履行"义务的情形。

4. 符合《若干解释》第八十六条规定的条件。《若干解释》第八十六条规定了申请非诉执行的条件，即行政机关根据行政诉讼法第六十六条的规定申请执行其具体行政行为,应当具备以下条件:(1)具体行政行为依法可以由人民法院执行;(2)具体行政行为已经生效并具有可执行内容;(3)申请人是作出该具体行政行为的行政机关或者法律、法规、规章授权的组织;(4)被申请人是该具体行政行为所确定的义务人;(5)被申请人在具体行政行为确定的期限内或者行政机关另行指定的期限内未履行义务;(6)申请人在法定期限内提出申请;(7)被申请执行的行政案件属于受理申请执行的人民法院管辖。人民法院对符合条件的申请,应当予以受理,并通知申请人;对不符合条件的申请,应当裁定不予受理。

诉讼程序编

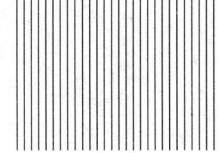

一、受案范围

7. 行政机关协助执行行为不具有可诉性
——《最高人民法院关于行政机关根据法院的协助执行通知书实施的行政行为是否属于人民法院行政诉讼受案范围的批复》解读

2004年7月13日　　　　　　　　　　　法释〔2004〕6号

一、问题的提出

规划行政主管部门和房产行政登记机关，根据人民法院制送的民事协助执行通知书，将被执行人的违章建筑规划、登记在民事案件案外人的名下，其颁发规划许可证、房产证的行政行为是否属于人民法院行政诉讼受案范围？山东省高级人民法院审委会经讨论，产生以下两种意见：

第一种意见认为，属于人民法院行政诉讼受案范围。理由是：第一，被规划、登记的房产属于违章建筑，不属于合法财产，不能作为执行标的物，不属于民事诉讼法①第二百三十条规定的，需要办理有关财产权证转移手续的事项，建设规划行政许可主管部门和房产登记机关不能适用本条规定，更不能直接给民事案件的案外人补办手续。其次，行政机关的规划行政许可行为、房产行政登记行为是行政行为，符合《若干解释》第一条第一款的规定，也不属于该条第二款排除受案范围的情形，故违章建筑建设人依据行政诉讼法第二条的规定，向人民法院提起行政诉讼并无不当。第三，《若干解释》第四十四条第一款第（十）项"诉讼标的为生效判决的效力所羁束的"规定，仅指受生效判决、裁定的羁束，对"生效判决"一语不宜作扩大解释。行政机关仅依据法院制送的协助执行通知书直接给民事案件的案外人办

---

① 如无特别说明，均指1991年民事诉讼法。

理建设规划许可和房产登记无法律依据。第四，司法行为与行政行为是两种各自独立的执法行为。也就是通常所说的"司法权不能代替行政权，行政权也不能干预司法权"。法院的协助执行通知书只是启动行政程序，行政机关应当依法协助执行，不能违法行政。违章建房应当依法予以拆除。至于是否拆除、能否给予登记是行政机关的审查范围，行政机关仅依据人民法院的协助执行通知书实施的建设规划行政许可行为、房产行政登记行为属于人民法院行政诉讼受案范围。

第二种意见认为，不属于人民法院行政诉讼受案范围。理由是：首先，法院的协助执行通知书虽然不是生效的判决裁定，但它是法院的司法行为，行政权不能对抗司法权，协助执行不是行政机关想做不想做的问题，而是必须履行的法定协助义务。其次，虽然违章建房未办理合法手续，但法院在执行程序中已经变卖和下达了协助执行通知书，涉案房产的所有权已经界定清楚，即变卖给了案外人，要求行政机关予以办理，行政机关必须按照通知要求办理。最后，法院的协助执行通知书是根据法院执行中的查封、扣押裁定而成就，而法院的执行裁定执行的是法院的生效民事判决，从这个角度讲，市规划局、市政府的行政行为不是自主行政行为，也不受协助执行通知书及作为执行根据的民事判决效力羁束。因此，应当适用《若干解释》第四十四条第一款第（十）项的规定，行政机关依据法院的协助执行通知书实施的建设规划许可行为、房产行政登记行为，不属于人民法院行政诉讼受案范围。

第二种意见是倾向性意见。

二、分析

本案涉及的仍然是协助执行行为是否为人民法院行政诉讼受案范围的问题。我们认为，行政机关协助执行的行为是否具有可诉性的基本标准是行政机关是否创设、变更或者消灭了行政法律关系。如果行政机关作出的行为首次创设、变更或者消灭了行政法律关系，则该行为属于可诉的行政行为；如果行政机关作出的行为属于执行司法机关已经确定的司法命令，该行为属于司法权的延伸，不具有可诉性。

问题是，民事诉讼法第二百三十条规定："在执行中，需要办理有关财产权证照转移手续的，人民法院可以向有关单位发出协助执行通知书，有关单位必须办理。"民诉意见第二百九十二条进一步规定，人民法院在执行中需要办理房产证、土地证、山林所有权证、专利证书、商标证书、车辆执照等有关财产权证照转移手续的，可以依照民事诉讼法第二百二十七条规定办理。可以说，如果人民法院需要行政机关协助办理有关证照手续，行政机关必须办理，也就是说，行政机关有办理的法定义务。此时，行政机关与公民、法人或者其他组织的法定义务是一致的，民事诉讼法第二百三十条和《民诉意见》第292条并非针对行政机关的特殊规定。

那么，人民法院要求行政机关履行协助执行义务，行政机关是否要对人民法院的协助执行通知书以及其他必要的材料进行审查呢？一种意见认为，行政机关不能审查人民法院的协助执行通知书。理由是：司法权大于行政权，行政机关如果审查司法机关的协助执行通知书，意味着行政机关可以拒绝协助执行，也意味着行政机关在以自身意志作出行政行为，这显然与协助执行的宗旨不符。另一种意见是，行政机关可以审查人民法院的协助执行通知书。理由是，司法机关与行政机关之间有着明确的分工，司法机关不能代替行政机关行使行政职权。如果不允许行政机关审查协助执行通知书，意味着行政机关可以不依照法律法规行事，意味着行政机关成为司法机关的执行工具，可能会引起严重后果，进而引起行政赔偿。①

我们认为，司法机关作为法律纠纷的最终裁决者，其对法律关系的最终确定应当得到尊重和维护。就生效判决而言，其效力主要包括四种：一是拘束力。即法院在作出判决后，除非有特殊的理由，不能任意加以变更或者取消。二是确定力。即形式上的确定力和实质上的确定力。前者是指判决一经生效，当事人不得就判决认定事实提起诉讼或者提出上诉；后者则是指依确定判决承认或者否认的权利或者法律关系使之在后诉中不变的效力。三是形成力。即生效判决引起行政法律关系发生、变更或者消灭的法律效果。四是执行力。判决的执行力是指在给付判决中，当义务人不依照判决确定的内容履行应当履行的义务时，权利人可以申请法院强制执行的效力。② 也就是说，生效判决确定的法律关系具有最终性和不可争议性。因此，从原理上讲，行政机关执行人民法院生效判决或者生效判决确定的协助执行通知书，实际上是司法行为的延伸，而非行政机关独立作出的行政行为。

有人提出的疑问，如果行政机关执行人民法院的生效判决错误，由谁来承担相应的法律责任？前已阐述，根据国家赔偿法及其司法解释的规定，对于因协助执行行为产生的损害，由人民法院承担相应的法律责任。但是，行政机关毕竟是依照国家法律行使行政职权的，对于属于行政管理权限的事项，是否只能是被动地执行呢？也不是。如果行政机关认为司法机关的协助执行

---

① 广州市工商局外资处：《对协助执行司法裁定方式的思考》，载《工商行政管理》2000年第22期。

② 有关判决效力的内容还可以参见江必新、梁凤云：《行政诉讼法理论与实务》（下卷），北京大学出版社2011年版，第1133～1143页。

通知书存在重大且明显的错误,可以向人民法院提出审查建议,但不应当停止办理协助执行事项。但是,无论行政机关是否向人民法院提出审查建议,均不影响人民法院对协助执行的法律责任。

这个问题在最高人民法院和国土资源部、建设部联合下发的司法文件中有了明确的答案。2004年2月10日,最高人民法院、国土资源部、建设部联合下发《关于依法规范人民法院执行和国土资源房地产管理部门协助执行若干问题的通知》(法发〔2004〕5号)对于涉及行政机关协助执行义务和是否实体审查的问题,明确以下内容:第一,人民法院在办理案件时,需要国土资源、房地产管理部门协助执行的,国土资源、房地产管理部门应当按照人民法院的生效判决文书和协助执行通知书办理协助执行事项。第二,人民法院对土地使用权、房屋实施查封或者进行实体处理前,应当向国土资源、房地产管理部门查询该土地、房屋的权属。第三,国土资源、房地产管理部门在协助人民法院执行土地使用权、房屋时,不对生效法律文书和协助执行通知书进行实体审查。国土资源、房地产管理部门认为人民法院查封、预查封或者处理的土地、房屋权属错误的,可以向人民法院提出审查建议,但不应当停止办理协助执行事项。第四,在执行人民法院确认土地、房屋权属的生效法律文书时,应当按照人民法院生效法律文书所确认的权利人办理土地、房屋权属变更、转移手续。

这一通知的核心在于明确行政机关对于协助执行事项有必须办理的义务,且不对人民法院的生效法律文书和协助执行通知书等进行实体审查,但可以向人民法院提出审查建议。协助执行行为属于人民法院司法行为的延伸的性质可以确定。另一方面,如果行政机关超出协助执行通知书的内容或者违法采取措施,该行为属于行政机关自主意志的行为,不属于协助执行行为,应当具有可诉性。

2004年7月6日,最高人民法院作出《关于行政机关根据法院的协助执行通知书实施的行政行为是否属于人民法院行政诉讼受案范围的批复》(法释〔2004〕6号,以下简称本批复)。批复的内容是:"山东省高级人民法院:你院'关于行政机关根据法院的协助执行通知书实施的行政行为是否属于人民法院行政诉讼受案范围的请示'收悉。经研究,批复如下:行政机关根据人民法院的协助执行通知书实施的行为,是行政机关必须履行的法定协助义务,不属于人民法院行政诉讼受案范围。但如果当事人认为行政机关在协助执行时扩大了范围或违法采取措施造成其损害,提起行政诉讼的,人民法院应当受理。"

对于本批复,有的学者解读认为:"(批复中)'认为'二字,强调的是当事人的主观感受,而非客观实际。这个规定与行政诉讼法第二条的规定是一脉相承的,即'公民、法人或者其他组织认为行政机关和行政机关工作人员的具体行政行为侵犯其合法权益,有权依照本法向人民法院提起诉讼'。在这个意义上讲,批复似乎对所有协助执行的行政行为提起的诉讼都不禁止,因为客观事实如何要经过法院的审理,而当事人只要'认为'这种行为侵犯了其合法权益即可提起行政诉讼。"笔者认为,这种观点是不准确的。这里的"认为"是一种仿照行政诉讼法规定的通常表述,与行政诉讼法规定的"认为"的含义一致。行政诉讼法规定的"认为"要与行政诉讼法规定的受案范围、起诉条件等结合起来理解,并非公民、法人或者其他组织只要"认为受到侵犯的",凭借其主观感受就可以提起行政诉讼,这是不准确的。还有的学者认为,本批复不符合行政诉讼法规定的精神。理由是,根据行政诉讼法的规定,行政机关依据人民法院协助执行通知书所作的行政行为并没有被排除在行政诉讼受案范围之外,可以说这个批复限制了公民、法人和其他组织的诉权。[①] 这种观点的理由也不充分。行政诉讼法将司法行为(包括司法行为的延伸)排除在行政诉讼受案范围之外是不言而喻的,不需要进行论证。如果允许人民法院对自己作出的行为(或者自己行为的延伸)进行合法性审查,自己作自己案件的法官,既有悖常理,也不符合行政诉讼法的规定。

本批复下发后,一些地方房产登记机关向建设部反映,应当事人申请,不同法院先后对同一房地产进行查封和轮候查封。在查封期间,进行轮候查封的法院向房地产管理部门发出协助执行通知书。房地产管理部门根据民事诉讼法第二百三十条关于"在执行中,需要办理有关财产权证照转移手续的,人民法院可以向有关单位发出协助执行通知书,有关单位必须办理"的规定,进行了所有权转移登记。因此,作出查封裁定的人民法院在协助执行通知书要求不能实现的,便直接裁定房地产管理局部门对登记当事人或者利害关系人的损失承担全额赔偿责任,甚至冻结或者强行划转该房屋权属登记机关财务账户的办公经费或者廉租住房专项资金,影响房地产管理部门正常登记业务的办理和房地产权利人的合法权益。[②] 2006年10月16日,建设部向最高人民法院发出《关于房地产权属登记机关协助人民法院执行造成转移登记错误,人民法院对当事人提起的行政诉讼的受理及赔偿责任问题的函》(建住房函〔2006〕281号)。其内容主要是:一是房屋权属登记机关协助人民法院执行而进行的转移登记行为,是否属于司法行为的延伸;二是当事人就该转移登记行为向人民法院提起

[①] 任进、张步洪、赵芳芳:《根据法院协助执行通知书实施的行为是否属于行政诉讼受案范围》,载《人民检察》2007年第19期。

[②] 王达:《司法权在协助执行中的限制及其责任承担——房地产登记机关协助人民法院执行中的问题探析》,载《房地产法律》2007年第4期。

行政诉讼，人民法院是否受理；三是造成进入查封的执行申请人损失的，应当由房地产管理部门承担赔偿责任或者由错误发出协助执行通知的法院承担司法赔偿责任，还是进行执行回转；四是人民法院能否不通过审判而直接通过裁定即确定房地产管理部门承担赔偿责任。

2006年12月25日，最高人民法院向建设部发出《关于房地产管理部门协助人民法院执行造成转移登记错误，人民法院对当事人提起的行政诉讼受理及赔偿责任问题的复函》。复函的内容是："建设部：你部《关于房地产权属登记机关协助人民法院执行造成转移登记错误，人民法院对当事人提起的行政诉讼的受理及赔偿责任问题的函》（建住房函〔2006〕281号）收悉。经研究，函复如下：一、根据最高人民法院《关于行政机关根据法院的协助执行通知书实施的行政行为是否属于人民法院行政诉讼受案范围的批复》（法释〔2004〕6号）的规定，行政机关根据人民法院的协助执行通知书实施的行为，是行政机关必须履行的法定协助义务，不属于人民法院行政诉讼受案范围。但如果当事人认为行政机关在协助时缩小或扩大了范围或违法采取措施造成其损害，提起行政诉讼的，人民法院应当受理。二、根据最高人民法院、国土资源部、建设部《关于依法规范人民法院执行和国土资源房地产管理部门协助执行若干问题的通知》（法发〔2004〕5号）第三条规定，国土资源、房地产管理部门在协助人民法院执行土地使用权、房屋时，不对生效法律文书和协助执行通知书进行实体审查。国土资源、房地产管理部门认为人民法院查封、预查封或者处理的土地、房屋权属错误的，可以向人民法院提出审查建议，但不应当停止办理协助执行事项。三、根据最高人民法院《关于人民法院民事执行中查封、扣押、冻结财产的规定》（法释〔2004〕15号）第二十八条规定，对已被人民法院查封的财产，其他人民法院可以进行轮候查封。查封解除的，登记在先的轮候查封即自动生效。在查封尚未解除之前，轮候查封的法院要求协助处置查封标的物的，房地产管理部门应当及时告知查封法院，以便人民法院之间及时协调，在协调期间，协助执行的义务机关暂停协助执行事项。轮候查封的法院违法要求协助义务机关处置查封标的物造成执行申请人损失的，应当进行执行回转，无法执行回转的，根据《最高人民法院关于审理人民法院国家赔偿确认案件若干问题的规定（试行）》（法释〔2004〕10号）第十一条第（八）项的规定，由错误发出协助执行通知的法院承担司法赔偿责任，协助执行义务机关不承担赔偿责任。"在理解前述批复和本复函内容时，应当注意以下两个问题：

一是关于轮候查封的问题。《最高人民法院关于人民法院民事执行中查封、扣押、冻结财产的规定》（法释〔2004〕15号）第二十八条规定，对已被人民法院查封的财产，其他人民法院可以进行轮候查封。查封解除的，登记在先的轮候查封即自动生效。在司法实践中，一些轮候查封的法院基于地方保护或者其他事由，对房屋、土地、知识产权等标的物进行查封，导致正式查封法院与轮候查封法院之间的矛盾和冲突。一些轮候查封法院为了"夺得先机"，甚至按照民事诉讼法第一百零三条的规定，对负有协助执行义务的行政机关予以司法罚款甚至裁定其承担赔偿责任。为了防止轮候查封法院滥用司法强制措施权力，最高人民法院司法解释规定了相应的程序制约和法律责任。在程序制约方面，在查封尚未解除之前，轮候查封的法院要求协助处置查封标的物的，房地产管理部门应当及时告知查封法院，以便人民法院之间及时协调，在协调期间，协助执行的义务机关暂停协助执行事项。在法律责任方面，轮候查封的法院违法要求协助义务机关处置查封标的物造成执行申请人损失的，应当进行执行回转，无法执行回转的，根据《最高人民法院关于审理人民法院国家赔偿确认案件若干问题的规定（试行）》（法释〔2004〕10号）第十一条第（八）项的规定，由错误发出协助执行通知的法院承担司法赔偿责任，协助执行义务机关不承担赔偿责任。也就是说，当事人的损失如果能够通过执行回转救济，应当先通过执行回转方式救济；当事人的损失如果不能执行回转，由错误发出协助执行通知的法院根据国家赔偿法和相应的司法解释承担司法赔偿责任。由于该协助执行行为实际上属于人民法院作出的行为，因此，协助执行义务机关不承担赔偿责任。

  二是关于人民法院能否直接裁定协助执行义务机关承担赔偿责任的问题。根据民事诉讼法第一百零三条的规定，有协助执行义务的行政机关拒绝协助执行的，人民法院可以采取以下措施：责令其履行协助义务；罚款；对其主要负责人或者直接责任人员予以罚款；拘留；向监察机关或者有关机关提出予以纪律处分的司法建议。可见，法律并未规定人民法院可以直接裁定协助执行义务机关承担赔偿责任。也就是说，对于协助执行行为造成的损害，人民法院不能直接裁定协助执行义务机关承担赔偿责任；也不能通过民事判决确定其承担赔偿责任。当然，如果当事人认为行政机关在协助时缩小或扩大了范围或违法采取措施造成其损害提起行政诉讼，人民法院可以通过对该被诉行政行为的合法性审查，认定行政机关是否因"扩大了范围或违法采取措施"造成损害，确定其相应的行政赔偿责任。

8. 关于行政机关不履行协助执行义务行为可诉性问题答复的理解
——《最高人民法院关于行政机关不履行人民法院协助执行义务行为是否属于行政诉讼受案范围的答复》解读

2013 年 7 月 29 日　　　　　　　　　　　　〔2012〕行他字第 17 号

一、问题的提出

辽宁省高级人民法院在审理宫起斌诉大连市道路客运管理处（以下简称市客运管理处）、大连市金州区交通局（以下简称区交通局）、大连市金州区公路运输管理所（以下简称区运管所）不履行法定职责及行政赔偿再审案时，就行政机关不履行协助执行义务的行为是否可诉向最高人民法院请示。案件的主要事实是：宫起斌于 1996 年 10 月 18 日至 1998 年 5 月 20 日期间，购买了他人三辆客运中巴车（含线路经营权）用于客运。因当时原告户口不在当地，委托本地居民宫云梅为代名车主，将该三辆车的车籍及线路经营权等有关手续登记在宫云梅名下。后宫起斌因与宫云梅发生上述财产权属和承包合同纠纷，向大连市金州区人民法院起诉，该院于 2003 年 1 月 17 日作出〔2002〕金民初字第 2233 号民事判决：一、确认车牌号为辽 B69596 号、辽 B63438 号、辽 B62208 号"牡丹"牌三辆旅行车的所有权人及大交运批字第 3-084、3-006、3-021 号线路经营权人为宫起斌；二、解除宫起斌与宫云梅之间的车辆承包合同；三、宫云梅于本判决生效后 10 日内返还宫起斌上述旅行车三辆并协助办理三辆车及线路经营权的转籍过户手续。宫云梅不服上诉，大连市中级人民法院于 2003 年 5 月 26 日作出〔2003〕大民终字第 348 号民事判决，驳回上诉维持原判。宫起斌依据生效民事判决向金州区人民法院申请执行。2003 年 8 月 6 日，金州区人民法院向区运管所送达〔2003〕金执字第 2347 号协助执行通知书，请区运管所协助将宫云梅名下的三条线路经营权变更为宫起斌。区运管所就此向市客运管理处请示。同月 20 日，市客运管理处向区运管所回函称，《辽宁省道路运输管理条例》明确规定："经营者不得擅自转卖客运经营权"、"禁止转让客运经营权"，行业管理部门不宜协助执行法规已明确的违规行为，把违规行为通过协助执行合法化。此后，金州区人民法院多次向市客运管理处、区运管所致函，发协助执行通知书，要求其协助履行，但市客运管理处、区运管所始终拒不履行协助义务，并提出应当通过宫云梅放弃三条线路经营权、宫起斌另行申请线路的方式实现生效判决内容。最终，在金州区人民法院主持协调下，宫起斌与宫云梅达成和解，宫云梅公开申明放弃三条线路经营权，宫起斌另行申请线路经营权。2006 年 7 月 4 日，区运管所对宫起斌的申请作出答复，准予宫起斌在金州至三十里堡、金州至石河两条公路客运线路经营。之后，宫起斌以金州区人民法院执行并交付的三辆客车停运三年，合法权益受到侵害为由，提起行政诉讼，请求确认三被告不履行法定协助执行义务的行为违法；责令市客运管理处支付赔偿费 1588800 元；责令区交通局支付赔偿费 1765482 元；判令区运管所对上项赔偿费用承担连带赔偿责任。

一审判决认为：根据 2004 年 7 月 1 日起施行的《道路运输条例》第七条、第十条第一款第（一）项规定，金州区道路运输管理机构是区运管所，原告起诉金州区交通局不妥，故对原告要求区交通局赔偿损失的意见不予采纳。〔2002〕金民初字第 2233 号民事判决书判决主文第三项明确：宫云梅于本判决生效后 10 日内协助宫起斌办理该三辆车及线路经营权的转籍过户手续。根据民事诉讼法（2007 年修订）第一百零三条的规定，在执行中需要办理有关财产权证转移手续的，人民法院可以向有关单位发出协助执行通知书，有关单位必须办理。营运许可是公共资源配置的市场准入行政许可，不是财产权证。当事人申请营运许可，行政机关不但要审查申请人的从业资格、拟营运车辆的状况、所配备人员的从业资格，还要结合公共资源配置的实际情况，才能作出是否许可决定。而财产权证只要有当事人转让的合意，行政机关无需审查。因此，"财产权证"不应包括行政许可证。就本案来讲，行政机关最初是对宫云梅的申请进行审查后，作出道路运输经营许可，是对宫云梅道路运输经营资格的确认，并非是对宫起斌道路运输经营资格的确认。宫起斌在宫云梅拒不协助将客运线路经营许可证更名过户的情况下，要求区运管所直接履行将宫云梅的客运线路经营许可证更名过户至其名下的义务，不符合行政许可法的规定。原告主张被告不履行法定协助义务行为违法并赔偿其经济损失的理由不能成立。依据《道路运输条例》第七条第三款、第十条第一款第（一）项、第二款、行政许可法第二十三条、第四十九条、行政诉讼法第二十五条第四款、《若干解释》第五十六条第（一）项之规定，原审判决驳回原告宫起斌的诉讼请求。

二审裁定认为，本案当事人双方争议的是区运管所等是否存在拖延履行协助法院执行义务的情形以及该行为是否违法和应否赔偿的问题。根据最高人民法院法释〔2004〕6号司法解释的规定，宫起斌原审诉讼请求不属于人民法院行政诉讼受案范围，对其原审起诉依法应予驳回。原审判决认定事实清楚，适用法律不当。根据行政诉讼法第六十一条第（二）项、《若干解释》第四十四条第一款第（一）项之规定，裁定撤销大连市金州区人民法院〔2008〕金行初字第10号行政判决；驳回上宫起斌的起诉。

辽宁省高级人民法院审判委员会对行政机关不予协助执行行为是否属于行政诉讼受案范围问题产生分歧意见。多数意见认为不属于行政诉讼受案范围，主要理由是：第一，行政机关不履行法定职责中的"法定职责"不包含依法院的协助执行通知书予以协助的行为。"法定"是指"法律规定"，包括法律、法规规定的行政职责，也包括规章以及规章以下的规范性文件规定的行政职责。"职责"既是其权力，又是其责任。职权是法定的，权责是统一的，有职权才会有职责。依法院的协助执行通知书执行只有义务，没有权力。因此，不是"法定职责"。第二，行政机关收到人民法院的协助执行通知书后不予协助的行为，应与行政机关不执行人民法院生效判决、裁定的处理方式一致。协助执行机关不能对抗人民法院的执行要求，如其认为执行是错误的，可以向人民法院提出异议，异议期间不应停止办理。只要行政机关在实施协助执行行为时没有加入自己的意志（扩大范围或违法采取措施），其行为的后果应当由司法机关承担。因此，对拒不履行协助执行通知义务的行政机关，应比照法院生效判决、裁定对待，根据民事诉讼法（2007年修订）第一百零三条的规定和行政诉讼法第六十五条第三款规定的相应措施执行。少数意见认为，属于人民法院收案范围。主要理由是：第一，不履行人民法院协助执行义务，属于不履行法定职责的行为，人民法院判决裁定确定的义务，属于行政机关的法定职责。第二，行政机关不履行协助执行义务的行为可能会造成当事人权利受损，若不给予提起行政诉讼的权利，当事人的损失无法获得有效救济。因不能确定如何适用法律，辽宁省高级人民法院向最高人民法院请示。

二、法理分析

（一）行政机关履行人民法院协助执行义务行为通常不可诉

2004年7月6日，最高人民法院审判委员会第1318次会议通过的法释

〔2004〕6号《关于行政机关根据法院的协助执行通知书实施的行政行为是否属于人民法院行政诉讼受案范围的批复》规定:"行政机关根据人民法院的协助执行通知书实施的行为,是行政机关必须履行的法定协助义务,不属于人民法院行政诉讼受案范围。但如果当事人认为行政机关在协助执行时扩大了范围或违法采取措施造成其损害,提起行政诉讼的,人民法院应当受理。"也就是说,通常情况下,行政机关执行人民法院协助执行义务的行为不可诉。之所以作出如此解释,是因为进入人民法院执行程序后,作为协助执行义务人的行政机关,必须服从人民法院的指令,接受人民法院监督,行政机关并无对协助执行内容审查判断的权力,只有执行的义务。行政机关严格按照人民法院协助执行通知书和生效裁判文书履行协助执行义务的,实际上执行的人民法院的意志,而非行政机关的意志,即便执行错误,其法律后果也不应由协助执行的行政机关承担,而应由执行法院或者作出生效裁判的人民法院承担。协助执行通知、执行裁定错误的,当事人应当按照国家赔偿法规定的民事诉讼、行政诉讼中对判决、裁定及其他生效法律文书执行错误造成损害的司法赔偿程序予以救济;据以执行的生效判决、裁定错误的,当事人应当申请再审,通过审判监督程序,依法纠正错误的生效裁判,通过执行回转获得救济。

但是,如果行政机关在协助执行过程中,背离了人民法院协助执行通知、执行裁定或者生效裁判的内容,扩大了协助执行范围,或违法采取措施,造成当事人损害的,实际上已经加入了行政机关的自身意志,不再属于执行法院判决裁定范围内的行为,对行政机关依据自身意志作出的行为,当然应当由行政机关自己承担相应的法律责任。因此,法释〔2004〕6号规定,当事人认为行政机关在协助执行时扩大了范围或违法采取措施造成其损害的,有权通过行政诉讼途径依法予以救济。

(二)执行过程中行政机关不履行协助执行义务的,人民法院应当依法采取强制措施

在民事诉讼强制执行过程中,有关单位接到人民法院协助执行通知书后,拒不协助办理有关财产权证照转移手续的,人民法院应当依照民事诉讼法(2012年修订)第一百一十四条第(三)项以及第一百一十五条规定,责令负有协助执行义务的行政机关履行协助义务,并可对该行政机关处以100万元以下罚款,同时可以对其主要负责人或者直接责任人员予以10万元以下罚款处罚;对仍不履行协助义务的,可以对其主要负责人或者直接责任人员处以15日以下拘留,并可以向监察机关或者有关机关提出予以纪律处分的司法建议。由此可以看出,民事诉讼法就负有协助执行义务的行政机关不履行协助执行义务行为的处理已经作出明确规定,赋予人民法院采取罚款、拘留、

司法建议等措施予以强制执行的权力。如果执行法院不依法采取相应的执行措施，而是要求当事人通过另一个诉讼解决负有协助执行义务的行政机关不履行协助执行义务的问题，这一做法本身就直接违反了上述法律规定。同时，即便准予当事人对行政机关不履行协助执行义务行为另行提起行政诉讼，人民法院终审判决责令行政机关限期履行协助执行义务，如果行政机关仍不履行人民法院生效行政判决的义务，因法院不能代替行政机关履行相关协助执行义务，行政机关不履行协助执行义务问题依然无法彻底解决，反而容易形成循环诉讼，增加当事人的诉累，浪费司法资源，也严重损害司法权威。因此，通常情况下，行政机关不履行协助执行义务的行为不可诉。

民事诉讼法（2012年修订）第一百一十四条第（三）项中"财产权证照"的内容，是否包括具有行政许可性质的财产权利？本请示案一审判决认为不包括。笔者认为，一审判决理由不能成立，财产权证照应当包括具有行政许可性质的财产权利。理由是：第一，有限自然资源开发利用、公共资源配置以及直接关系公共利益的特定行业的市场准入的行政许可，对于获得行政许可的当事人而言，实际上就是一种财产权利。只是法律、法规对这类权利的流转作出了限制或者禁止性的特别规定。第二，将具有行政许可性质的财产权利排除在人民法院强制执行的财产范围之外，不准许人民法院强制拍卖或者强制抵债，可能会使债务人借此逃避债务，不利于对债权人合法权利的保护。第三，对于法律限制或者禁止流通的财产权利，法律并不禁止通过司法强制手段予以流转。只是在强制流转的过程中，人民法院应当充分考虑取得这种财产权利的法定特殊条件，在强制拍卖或者抵债的过程中，首先审查受让人是否符合法定特殊条件，只有在受让人符合相关法定条件的情况下，人民法院才能准许其参与拍卖或者裁定抵债给债权人。第四，如果人民法院将相关行政许可性质的财产权利强制转让给不具备相应法定条件的受让人，要求行政机关履行有关财产权证照转移登记手续的，行政机关可以向执行法院提出异议，由法院依法作出是否继续办理过户手续的决定，人民法院的决定行政机关必须无条件执行。第五，协助执行完成之后，发现受让人不符合取得行政许可法定条件情形的，人民法院应当通过审判监督程序予以纠正，撤销转让或者抵债裁定，重新组织拍卖，转让给符合行政许可条件的受让人，拍卖价款抵债。

（三）执行终结后，当事人认为行政机关不履行协助执行义务造成其损害，请求确认行政机关不履行协助执行义务行为违法并要求行政赔偿的，人民法院应当受理

根据法释〔2004〕6号司法解释的基本原理，只有行政机关依照人民法

院协助执行通知书、执行裁定以及生效裁判作出的行为，才是完全履行司法裁判的行为。对此，协助执行的行政机关不承担法律责任。其理论基础是：行政机关对于损失的形成没有主观过错，错误完全在于人民法院。但是，行政机关不履行协助执行义务造成当事人损失的，并非执行法院命令的结果，而是行政机关自由意志的体现。因此，相关法律责任当然应由行政机关承担。当事人对不履行协助执行义务的行政机关提起行政诉讼，请求确认违法并行政赔偿，就是实现行政机关承担法律责任的具体路径。

在执行工作中，也曾有法院通过执行裁定直接裁决不履行协助执行义务的单位，对因此造成申请执行人的损失予以赔偿。这种方式裁定赔偿损失，固然便捷快速。但是，由于程序不完善，缺乏救济途径，容易形成执行权的滥用。而且，从理论上讲，不履行协助执行义务造成当事人损失，是一个新的侵权行为，通过执行裁定对一个新的侵权纠纷直接裁决赔偿，也不符合诉讼程序要求。因此，即便是银行等普通协助执行义务人不履行协助执行义务造成当事人损失的，通常也是通过另行提起民事侵权之诉解决这一新的争议。行政机关作为协助执行义务人不履行协助执行义务时，构成行政不作为，当事人通过行政诉讼途径解决确认不作为行为违法和行政赔偿问题，这与一般协助执行义务人不履行协助执行义务造成当事人损失的纠纷路径选择是一致的。

综上，最高人民法院经研究，于2013年7月29日作出〔2012〕行他字第17号《关于行政机关不履行人民法院协助执行义务行为是否属于行政诉讼受案范围的答复》："行政机关根据人民法院的协助执行通知书实施的行为，是行政机关必须履行的法定协助义务，公民、法人或者其他组织对该行为不服提起诉讼的，不属于人民法院行政诉讼受案范围。""行政机关拒不履行协助执行义务的，人民法院应当依法采取执行措施督促其履行；当事人请求人民法院判决行政机关限期履行协助执行义务的，人民法院不予受理。但当事人认为行政机关不履行协助执行义务造成其损害，请求确认不履行协助执行义务行为违法并予以行政赔偿的，人民法院应当受理。"

三、审判实践中应当注意的问题

（一）关于当事人依据生效判决裁定申请行政机关办理财产权证照转移登记手续，行政机关不履行行为的可诉性问题

笔者认为，对于当事人依据人民法院生效判决、裁定申请行政机关办理有关财产权证照转移手续的案件，由于人民法院未直接介入变更登记程序，

人民法院生效判决、裁定仅仅是行政机关办理有关财产权证照转移手续的权属根据，变更登记行为完全属于行政机关的行政行为，当事人申请变更登记，行政机关不履行法定职责的，属于人民法院行政诉讼收案范围。当事人对此提起行政诉讼，人民法院应当依法受理。

当然，在受理当事人变更登记申请后，行政机关作出的变更登记行为要受生效判决、裁定的拘束，行政机关只能审查人民法院生效判决、裁定的真实性，无权审查其合法性。行政机关以生效判决、裁定不合法为由，拒不履行当事人申请的变更登记法定职责，当事人提起行政诉讼的，人民法院受理后通常应当判决行政机关限期履行变更登记的法定职责。如果法院受理当事人对行政机关不履行变更登记法定职责行为提起的诉讼后，发现生效判决、裁定确实存在错误的，应当中止本案审理，通过审判监督程序纠正错误的生效判决、裁定。审判监督程序撤销生效判决、裁定后，当事人请求行政机关履行法定变更登记义务失去了根据，恢复审理后，可以判决驳回原告诉讼请求。

（二）关于当事人以生效判决、裁定错误为由，请求撤销行政机关根据申请作出的变更登记行为的可诉性问题

生效判决、裁定所确定的权利人，依法申请行政机关根据生效判决、裁定变更财产权证照的权利人。行政机关依法作出变更登记行为后，原权利人不服，对行政机关的变更登记行为提起行政行政诉讼，人民法院是否应当受理？笔者认为，不应当受理。理由是：原权利人不具有适格原告主体资格。生效判决、裁定已经将财产权证照项下的财产权利确定为新的权利人所有。根据物权法第二十八条规定，因人民法院判决、裁定等法律文书导致物权设立、变更、转让或者消灭的，自法律文书生效时发生效力。也就是说，人民法院生效判决、裁定确定的权利归属之日，相关财产权利已经转移至新的权利人，履行变更登记手续，并不是财产权利转移的时间。换句话说，在行政机关根据新的权利人申请进行变更登记时，原权利人对相关财产已经不享有任何权利，自然，原权利人与变更登记行为也就不具有法律上的利害关系，当然也就不是适格的原告。如果原权利人认为变更登记有错误，只能对生效判决、裁定申请再审。

9. 对地矿部门作出的非法采矿及破坏性采矿鉴定结论不得提起行政诉讼
——《最高人民法院行政审判庭关于地质矿产主管部门作出的非法采矿及破坏性采矿鉴定结论是否属于人民法院受案范围问题的答复》解读

2005 年 2 月 22 日　　　　　　　　　〔2004〕行他字第 16 号

一、问题的提出

河北省高级人民法院〔2004〕冀法行字第 1 号《关于地质矿产主管部门作出的非法采矿及破坏性采矿鉴定结论是否属于人民法院受案范围问题的请示报告》称：《最高人民法院关于审理非法采矿、破坏性采矿刑事案件具体应用法律若干问题的解释》第六条规定："破坏性的开采方法以及造成矿产资源破坏的数额，由省级以上地质矿产主管部门出具鉴定结论，经查属实后予以认定。"地质矿产主管部门出具鉴定结论的行为是否属于法院行政诉讼受案范围？对此问题，河北省高级人民法院存在两种不同意见：

一种意见认为，不属于人民法院行政诉讼受案范围。理由：此鉴定结论并不是地质矿产主管部门基于法定职责而作出的具体行政行为。其在公安机关办理刑事案件中只起到证据的作用，必须在庭审中接受当事人的质证，"经查证属实后予以认定"，对人民法院没有绝对的拘束力，对当事人的权利和义务亦不产生直接的影响。

另一种意见认为，属于人民法院行政诉讼受案范围。理由：此鉴定结论是一种确认行为，是特定的行政机关代表国家所作的一种判断，对当事人的法律责任已经作出明确划分。特别是在经过行政复议情况下，人民法院不予受理尤为不妥。

该院审判委员会倾向于第一种意见。

二、分析

关于当事人对行政机关作出的鉴定结论不服可否提起行政诉讼的问题，在法学界和实务界存在不同的认识。

不少学者认为，行政机关或者法律法规授权的组织作出的鉴定结论，均属于可诉的行政行为。理由有两点：其一，无论是行政机关还是法律法规授权的组织作出的鉴定结论，其作出的主体是行政主体，它代表国家行使鉴定的行政职权，其结论具有法律约束力，其他机构的鉴定行为没有这个特点。其二，行政机关或者法律法规授权的组织行使鉴定职权与其他行政职权相比，有不同的特点。它的技术性、专业性较强。但是，由于公证、鉴定机关均属于法律、法规授权的组织，其行为属于行政证明行为，虽然此类行为并不直接创设对行政相对人发生法律效果的权利和义务，而是对已经形成的权利和义务加以某种形式的认可，增强该行为的确定性，所以，会间接影响当事人的法律地位，应该具有可诉性。[①]

也有不少学者认为，行政机关或者法律法规授权的组织作出的鉴定结论有两种情况：一种是外化的鉴定结论。它是指行政机关或者法律法规授权的组织所作出的鉴定结论已经向社会或者一定人群公开，并对当事人产生某种不利或者有利的后果。例如，技术监督检验检疫机关将抽检产品的鉴定结论依据产品质量法的有关规定向社会公布。当这一鉴定结论公布后，即被行政机关确定，增强该鉴定结论的确定性，对当事人的声誉等将产生一定的影响，有时比行政处罚造成的影响还大。为此，我们认为，外化的鉴定结论属于可诉的具体行政行为。当然，鉴定行为的技术性、学术性、专业性、知识性较强，一般不宜由法院进行事实方面的审查，而应该进行法律审查。对于违反法定程序或合法要件的鉴定行为，法院可以依法进行必要的审查，并作出相应的裁判。

另一种未外化的鉴定结论。它是指行政机关或者法律法规授权的组织所作出的鉴定结论未向社会公开，而是作为其作出具体行政行为的证据使用。未外化的鉴定结论是否对当事人的权益产生影响，取决于行政机关最终作出的有关行政行为。如果行政机关未将该鉴定结论作为行政行为认定实事的依据，对当事人的权益不会产生任何影响；如果行政机关将该鉴定结论作为其行政行为认定实事的依据，对当事人的权益才发生影响，但是这种影响是非常间接的，最终产生实际影响的是行政行为或者司法机关的处理结果。据此，

---

① 参见马怀德：《行政诉讼范围研究》，载《诉讼法学研究》2002 年第 1 期。

我们认为,未外化的鉴定结论不具有可诉性。

根据《最高人民法院关于审理非法采矿、破坏性采矿刑事案件具体应用法律若干问题的解释》第六条的规定,地质矿产主管部门所作的鉴定结论系公安机关、人民检察院、人民法院办理刑事案件的依据,对当事人不直接产生权利和义务的实质影响,该鉴定结论还没有外化。如果鉴定结论、证明行为外化后,可能对行政相对人的权利义务产生实际影响,一旦产生实际影响就成为可诉的具体行政行为。这里所说的"外化",是指行政机关所作出的鉴定结论送达给当事人并要求当事人执行所确定的内容或向社会公开,并且对当事人产生某种不利或者有利的后果。因此,利害关系人对地质矿产主管部门出具的鉴定结论有异议,可以向上一级地质矿产主管部门申请重新鉴定,如因鉴定结论而向人民法院提起行政诉讼的,不属于法院受案范围。

最高人民法院行政审判庭采纳了后一种意见,于2005年2月22日作出〔2004〕行他字第16号《关于地质矿产主管部门作出的非法采矿及破坏性采矿鉴定结论是否属于人民法院受案范围问题的答复》中指出:"《最高人民法院关于审理非法采矿、破坏性采矿刑事案件具体应用法律若干问题的解释》第六条中规定的'地质矿产主管部门所作的鉴定结论',作为刑事案件中的证据,将在刑事诉讼中接受审查,对当事人不直接产生权利义务的实质影响。因此,当事人对地质矿产主管部门作出的上述鉴定结论有异议,可以依照刑事诉讼法的有关规定要求重新鉴定,一般不能直接向人民法院提起行政诉讼。"

三、应注意的问题

人民法院在处理具体行政案件,适用〔2004〕行他字第16号答复时,需要注意以下两个问题:

(一)未外化的鉴定结论均不得提起行政诉讼

最高人民法院对待高级人民法院的请示,一般仅就请示的问题,予以答复,对未请示的问题不作答复。河北省高级人民法院的请示报告,仅就地质矿产主管部门作出的非法采矿及破坏性采矿鉴定结论是否属于人民法院受案范围问题请示。故〔2004〕行他字第16号答复,仅就此问题作出答复。根据这一法理,其他的鉴定结论除外化的外,亦属于不可诉的行为。

(二)注意区分外化与未外化的鉴定结论

外化与未外化的鉴定结论是区分该鉴定结论是否可诉的重要条件,确定外化与未外化的区别点是:"向社会公布,不需借助另一行政行为即可实现其效力"。行政机关未向社会公布或需借助另一行政行为才可实现其效力,仅供有关机关处理具体案件时作为证据使用的鉴定结论,属于未外化的鉴定结论,不具有可诉性。行政相对人通过行政机关内部途径或者在行政处理、诉讼中得到行政机关未向社会公布的鉴定结论,仍属于未外化的性质,仍不具有可诉性。反之,向社会公布且不需借助另一行政行为即可实现其效力的,则属于外化的鉴定结论,具有可诉性。

10. 人事仲裁行为是否可诉
——《最高人民法院行政审判庭对人事争议仲裁委员会的仲裁行为是否可诉问题的答复》解读

2003 年 12 月 1 日　　　　　　　　　　〔2003〕行他字第 5 号

一、问题的提出

1965 年 3 月，原告周孝平由四川省江北县仁睦公社介绍到县农业机械管理站学习后进入木耳区分站工作。1966 年取得机手执照，正式担任分站机手，从事机务管理工作。2000 年 2 月，渝北区农机水电局将原告清退回家。2000 年 12 月 20 日，原告向渝北区人事争议仲裁委员会申请人事争议仲裁，渝北区人事争议仲裁委员会作出不予受理通知书。2001 年 4 月，原告又向渝北区劳动争议仲裁委员会申请劳动争议仲裁，渝北区劳动争议仲裁委员会作出不予受理通知书。此后，原告多次向渝北区人事争议仲裁委员会申请人事争议仲裁，未得到答复，于是诉请渝北区人民法院判令被告履行人事争议仲裁的法定职责。

关于人事争议仲裁委员会是否适格被告，人事争议仲裁是否是具体行政行为，重庆市高级人民法院审委会存在两种意见。第一种意见认为，人事争议仲裁委员会是适格被告。理由是：第一，根据《人事争议处理暂行规定》（人事部 1997 年）第五条规定，人事部设定人事仲裁公正厅，处理管辖范围内的人事争议。省（自治区、直辖市）副省级市、地（市）、县（市、区）设立人事争议仲裁委员会，分别负责处理管辖范围内的人事争议。第七条规定，仲裁委员会办事机构设在同级人民政府人事行政部门。《重庆市人事争议仲裁条例》第七条规定，市、区、县设定人事争议仲裁委员会，市、区、县人事争议仲裁委员会分别由市、区、县人民政府组建。由此可见，人事争议仲裁委员会是法规授权的，由政府部门分离出来的行使行政管理职权的组织，其行使的仲裁权属于准司法性质的行政管理权。根据《若干解释》第一条第二款第（三）项之规定，调解和法律规定的仲裁行为不属于人民法院行政案件受案范围。因为，法律规定的仲裁主要限于劳动争议和经济合同仲裁，当事人对劳动争议仲裁不服的，可以向人民法院提起诉讼；对经济合同不服的，除因仲裁程序违法等少数事由可向人民法院提起撤销仲裁裁决的诉讼外，一般为终局裁决。人事争议仲裁的法律依据来源于地方性法规和部门规章，这些规范性的文件并没有对人事争议仲裁的救济作出规定，当事人如果认为人事争议仲裁的裁决侵犯其合法权益，在没有其他救济的情况下，应当允许其提起行政诉讼。第二，根据《人事争议处理暂行规定》第二条规定，人事争议仲裁的范围包括：国家行政机关与工作人员之间因录用、调动、履行聘任合同发生的争议；事业单位与工作人员之间因辞职、辞退以及履行聘任合同或履行聘用合同发生的争议；企业单位与管理人员和专业技术人员之间因履行聘任合同或聘用合同发生的争议；依照法律、法规、规章规定可以仲裁的人才流动争议和其他人事争议。其中第（一）项内容，与行政诉讼法第十二条第（三）项规定的行政机关对其工作人员的奖惩任免等决定是一致的。因此，凡涉及第（一）项内容的仲裁裁决亦不属于人民法院行政案件受案范围。但第（二）、（三）、（四）项内容，行政诉讼法法并没有规定不属于行政案件受案范围，当事人就涉及第（二）、（三）、（四）项内容的仲裁裁决提起行政诉讼，人民法院应当予以受理。综上，渝北区人事争议仲裁委可以作为本案的适格被告，其作出的仲裁裁决，当事人不服可以提起行政诉讼，包括提起要求被告履行作出仲裁裁决法定职责的诉讼。第二种意见认为：人事争议仲裁虽然不属于法律规定的仲裁，依照《若干解释》规定，对该仲裁不服可以向人民法院提起诉讼。但是，人事争议仲裁专业性、政策性较强，法院对人事争议仲裁进行合理性审查存在技术障碍，国家人事主管部门及其人事局对法院受理此类案件有异议。从实际情况看，即使法院受理判决也难以执行。此时，目前法院不宜受理此类案件。

重庆高院审委会倾向于第二种意见。

二、分析

本案的焦点问题是人事争议仲裁的性质以及对于人事争议仲裁不服的司法救济途径问题。我们首先来作一个简单的回顾。

（一）我国和域外人事争议仲裁制度的发展

1. 我国的人事争议仲裁制度的发展

众所周知，仲裁是一种解决争议的方式。一般是指争议双方在争议发生之前或者争议发生之后达成协议，自愿将争议交给第三方作出裁决的解决争议的方式。仲裁又称为公断，"仲"表示地位居中，"裁"表示衡量和判断，

"仲裁"表示由第三方在双方之间进行裁断。仲裁既适用于解决民商事纠纷，也适用于解决劳动纠纷和行政纠纷。

新中国成立后，我国最早建立的是国家贸易仲裁和海事仲裁。进入二十世纪80年代后，我国颁布了经济合同法。国务院以行政法规的形式颁布了《经济合同仲裁条例》（1983年8月22日）①和《技术合同仲裁机构管理暂行规定》（1991年1月21日）②，建立了经济合同仲裁和技术合同仲裁制度。1994年7月5日，第八届全国人大常委会通过了劳动法，以基本法律的形式确立了劳动仲裁制度。在这一阶段，仅有劳动仲裁是以法律形式确立的，机构设立在市县劳动行政机关；经济合同与技术合同仲裁是以行政法规形式设立的，机构设在各工商行政机关与各级科委。1995年9月1日实施的仲裁法，规范了民商事范畴内的纠纷。该法明确了民间仲裁、一裁终局、法院不再受理、仲裁需要当事人明确协议等基本原则。在法律层面，与仲裁法并行的制度只有劳动争议仲裁。

人事争议仲裁是随着市场经济的发展和人事制度的改革的深化出现的。1996年5月24日，人事部下发了《关于成立人事部人事仲裁公正厅有关问题的通知》（人发〔1996〕46号）。1997年8月8日，人事部下发了《人事争议处理暂行规定》（人发〔1997〕71号）。该规章第二条对人事争议仲裁的范围确定为：国家行政机关与工作人员之间因录用、调动、履行聘任合同发生的争议；事业单位与工作人员之间因辞职、辞退以及履行聘任合同或聘用合同发生的争议；企业单位与管理人员和专业技术人员之间因履行聘任合同或聘用合同发生的争议；依照法律、法规、规章规定可以仲裁的人才流动争议和其他人事争议。1999年9月6日，人事部下发了《人事争议处理办案规则》（人发〔1999〕99号）和《人事争议仲裁员管理办法》。从此，我国的人事争议仲裁制度建立了起来。但是，对于人事争议仲裁制度的法律性质、人事争议仲裁机关的法律地位等问题仍然存在较大争议。

2002年7月，国务院办公厅转发了人事部《关于在事业单位试行人员聘用制度的意见》，事业单位与职工的聘用制度逐步取代事业单位终身制的管理模式，事业单位聘用制度逐步合同化和法治化。事业单位聘用制度实施之后，产生了大量的人事争议。为了审理好这类案件，2003年8月27日，最高人民法院发布了《关于人民法院审理事业单位人事争议案件若干问题的规定》。该司法解释规定的人事争议是指事业单位与其工作人员之间因辞职、辞退及履行聘用合同所发生的争议。对于事业单位与其工作人员之间因辞职、

---

① 该条例已为《国务院关于废止2000年底以前发布的部分行政法规的决定》所废止。
② 该规定已为《国务院关于废止2000年底以前发布的部分行政法规的决定》所废止。

辞退及履行聘用合同所发生的争议，适用劳动法的规定处理。该司法解释还规定了事业单位与其工作人员发生争议的救济方式：当事人对依照国家有关规定设立的人事争议仲裁机构所作的人事争议仲裁裁决不服，自收到仲裁裁决之日起15日内向人民法院提起诉讼的，人民法院应当依法受理。

2006年1月1日起施行的公务员法对于公务员与所在机关发生人事争议规定了两种救济途径：（1）复核和申诉制度。根据该法第九十条的规定，公务员对于涉及本人的人事处理不服，可以向原处理机关申请复核、向同级公务员主管部门或者作出该人事处理的机关的上一级机关提出申诉。（2）仲裁和诉讼制度。聘任制公务员与所在机关之间因履行聘任合同发生争议，可以向人事争议仲裁委员会申请仲裁。当事人对仲裁不服的，可以向人民法院提起诉讼。

2007年8月9日，中共中央组织部、人事部、总政治部印发了《人事争议处理规定》。该规章对其适用范围作了新的规定。该规章是对《人事争议处理暂行规定》的修订。该规章第一条规定："本规定适用于下列人事争议：（一）实施公务员法的机关与聘任制公务员之间、参照《中华人民共和国公务员法》管理的机关（单位）与聘任工作人员之间因履行聘任合同发生的争议。（二）事业单位与工作人员之间因解除人事关系、履行聘用合同发生的争议。（三）社团组织与工作人员之间因解除人事关系、履行聘用合同发生的争议。（四）军队聘用单位与文职人员之间因履行聘用合同发生的争议。（五）依照法律、法规规定可以仲裁的其他人事争议。"适用范围与《人事争议处理暂行规定》相比，主要有以下变化：一是将"国家行政机关与工作人员之间因录用、调动、履行聘任合同发生的争议"修订为"实施公务员法的机关与聘任制公务员之间、参照《中华人民共和国公务员法》管理的机关（单位）与聘任工作人员之间因履行聘任合同发生的争议"，对于其他公务员与行政机关之间的人事争议没有规定，缩小了适用范围。二是增加了"社团组织与工作人员之间因解除人事关系、履行聘用合同发生的争议"和"军队聘用单位与文职人员之间因履行聘用合同发生的争议"。三是取消了"企业单位与管理人员和专业技术人员之间因履行聘任合同或聘用合同发生的争议"。2011年，该规章作了再次修改。

2. 域外人事争议解决机制

域外对于人事争议的解决一般有以下几种方式：

一是申诉、仲裁和诉讼式。例如美国对人事争议采取申诉、仲裁和诉讼相结合的方式。美国《文官法实施细则》在第四部分"一般性规定"中规定了文官的申诉制度。业务机关和文官委员会经过联合调查，如果认为文官确有违反《文官法》的行为（主要是参加被禁止的政治活动），应当由独立的文官委员会作出起诉。起诉包括对有关雇员的指控声明并寄达有关雇员，允许其在 15 天内作出答复。是否允许雇员申诉，由文官委员会考虑，不是文官的当然权利。例如，有关雇员已经承认有违禁活动或者违禁活动已经有确凿证据，就不必允许其申诉。申诉程序是一个准司法的程序。申诉应当在华盛顿的文官委员会办事处内进行。一切证词都必须经过宣誓或者证明无误。雇员可以聘请律师。文官委员会不能在会上向被告提出有关指控的证据，也没有签发传票的权力。文官委员会将记录作为依据，并依此提出处分意见。雇员如果不服，可以要求文官委员会重新审议，以便确定其违禁活动是否需要撤职。申诉程序包括协定的申诉程序和法定的申诉程序。前一程序适用于和雇员的职业有关的事项，包括对集体协定的解释和违反的争议在内；后一程序则不仅适用于劳动和管理关系。对于破坏集体协定的行为，雇员工会和管理方面有权提出申诉，对于协定的程序未能解决的申诉，必须使用强制的仲裁。在美国，保障公务员权利的机构为"功绩制保护委员会"。委员由 3 名委员组成，总统任命，参议院批准。该委员会的职责是保护功绩制和公务员不受滥用权力和被禁止的做法的侵害，受理公务员的申诉。对于经过申诉和仲裁的人事争议处分，是否可以向法院寻求救济问题，美国法律没有将其排除出法院受案范围。美国法院对于行政案件的司法审查排除包括法定的排除和默示的排除，这两种排除均未包括人事争议处分[1]。如果公务员的公民权利在行政机关中受到侵害，也可以向普通法院提起诉讼[2]。可以认为，美国法院并不禁止对人事争议作出裁判。

二是双轨制，即根据是否公务员采取不同的诉讼程序。在法国，人事争议仲裁实行双轨制，对于公务员的人事争议由行政法院直接处理；对于非公务员的人事争议（包括私营企业的职工，相当于我国的劳动争议），由工会、行政法院先后处理。主要是两种途径：（1）公务员人事争议直接由行政法院处理。法国管理公务员的机构是法国公共职能、国家改革与地方分权部，但是该机构没有对人事争议进行仲裁的权力。法国中央国家行政机关各部都设有一个专门调解的机构。如果公务员对这个机构的调解不服，可以请求部长复核；也可以在争议发生后 1 个月内向地方公务员委员会直至国家公务员最高委员会申诉。在调解无效后，公务员可以向行政法院提起诉讼。法国行政法院处理的各类案件中，有关人事争议的案件占 20%。对于行政法院的裁判不服，公务员可以向包括最高行政法院在内的上诉法院提出上诉。最高行政

---

[1] 阎青义、李淳编：《世界公务员法手册》，吉林大学出版社 1988 年版，第 37～42 页；王名扬：《美国行政法》，中国法制出版社 1995 年版，第 219～220、604～616 页。

[2] 谭建主编：《国家公务员手册》，社会科学文献出版社 1988 年版，第 254 页。

法院解决不了的，公务员可以直接向总理或者总统申诉，也可以提交给"共和国协调人"。共和国协调人作为一个人时，由总统任命，任期6年，作为一个机构时，相对独立于行政机关。但最高行政法院处理某一人事争议缺乏法律依据时，当事人就可以通过议会议员、参议员提交给共和国协调人处理。如果该人事争议反映出了共性问题，共和国协调人就可以提出修改或者制定新法律法规意见。（2）非公务员人事争议由工会和行政法院先后处理。非公务员是指在非国有单位工作的所有人员，主要是私营企业工人。非公务员同企业发生争议，首先由工会派出代表与企业老板进行对话。工会，又称为蒲鲁东理事会，其主要职能是通过人事仲裁来处理和协调劳资关系，又被称为"人事仲裁庭""人事仲裁委员会"，隶属于司法部巴黎复审法庭。法国一年的人事争议仲裁案件有20万件。法国工会具有独立性，在全国有很大影响，其裁决往往能够得到执行。如果对仲裁不服，当事人可以上诉到上诉行政法院，直至最高行政法院。全国20万件案件中，50%到上诉法院，1/3上诉到最高行政法院。[①]

三是专门机构和法院结合式。例如，英国采取"公务争议协议制"保障公务员的合法权利。公务员因权益侵害与所在机关发生冲突时，由本部门的惠特利会议协商处理，惠特利会议由公务员代表和政府代表共同组成。如果协商未获成功，再交由公务仲裁法院裁决。[②]

四是申诉和诉讼相结合式。德国联邦《官员法》规定了官员的申诉程序。官员对其处分不服的，可以向直至其所在单位的最高行政机关提出申诉。如果官员的申诉是针对他的直接领导人的，则其可以将申诉呈文直接递交给更高一级的领导人。官员可以将申诉呈文送交联邦人事委员会。在由官员关系引起的诉讼中，官员目前所隶属的或者官员结束时隶属的最高行政机关代表雇主。按照《官员劳保法》第53条至61条提出要求时，最高行政机关代表雇主。调停机关服从最高行政机关的具体指示。在最高行政机关不再存在，而新的行政机关尚未产生的情况下，联邦内政部长代表最高行政机关。此外，该法也适用于高等学校的领导、教授和大学助教。这些人员是直接的联邦官员。如果高校的人员是为联邦直属的法定团体、机构和基金会服务的，前述人员属于间接的联邦官员。德国为解决行政机关和公务员、监狱和犯人、学校和学生的公法争议，有所谓特别权力关系学说。官员可以将其人事争议提交行政法院裁判。

[①] 袁志筱：《法国人事争议仲裁制度启示》，载《仲裁庭》2006年第12期；袁志筱：《制度健全的法国人事争议仲裁》，载《中国人才》2007年第2期。

[②] 谭建主编：《国家公务员手册》，社会科学文献出版社1988年版，第254页。

五是行政和司法纪律处分结合式。例如，瑞士联邦《公务员法》规定了行政和司法共同参与的行政纪律处分制度。根据该法的规定，只有经过调查，方可宣布纪律处分。公务员有权了解对其的指控以及给予处分的根据，其可以充分揭示，要求重新调查，也可申辩。执行纪律处分的机构包括：联邦法院对本院职员；联邦委员会及其制定单位对其他所有公务人员；在行政法院开庭期间审理联邦委员会或者其附属机构所采取的纪律处分。当联邦法院行政法院闭庭期间，联邦委员会及其下属机构可以最终宣布纪律处分的决定。可见，瑞士联邦对公务员的处分通过行政程序或者司法程序进行。

（二）人事争议仲裁的法律适用问题

对于人事争议仲裁而言，主要涉及的法律问题是人事争议仲裁的法律性质问题。我们认为，对于人事争议仲裁的可诉性不能一概而论。既不能因为"人事争议仲裁"冠以"仲裁"排除在受案范围外，也不能将全部人事争议仲裁案件全部纳入到行政诉讼受案范围。由于前述请示案件涉及当时的规章适用问题，即《人事争议处理暂行规定》，本书主要从该规章的规定进行阐述。此外，考虑到《人事争议处理规定》已经替代《人事争议处理暂行规定》，本书也就今后这类案件的处理作一探讨。

《人事争议处理暂行规定》是在仲裁法实施之后颁布的，而仲裁法对于人事争议仲裁并未作出规定。绝大多数的省份在制定相关规定时，对于该规章规定的人事争议仲裁行为的性质，有着不同的意见。但是，大多数的规定都认为是行政行为。安徽省、云南省、沈阳市、南京市、深圳市、武汉市等均结合本地情况制定了人事争议仲裁暂行规定。这些规定的特点是：（1）明确仲裁机构、人员的行政机关性质。例如，《云南省人事争议仲裁暂行规定》第六条规定："省、地、州、市、县、市辖区设立人事争议仲裁委员会。仲裁委员会由同级人民政府批准设立"。第八条规定："仲裁委员会由主任一人，副主任二至四人和委员若干人组成。主任由同级人民政府分管人事工作的负责人或者政府人事行政部门的主要负责人担任，副主任、委员由人事行政部门和有关部门负责人及有实际工作经验的人员担任。"《安徽省人事争议仲裁暂行规定》第四条规定："省、地区、设区的市、县（市、区）设立人事争议仲裁委员会。仲裁委员会由同级人事、科技、教育、劳动、法制等部门的负责人组成。"第五条规定："仲裁委员会设主任一人，副主任一至二人和委员若干人。仲裁委员会主任由本级人民政府分管人事工作负责人担任。仲裁委员会下设办事机构，负责日常具体工作。办事机构设在同级人民政府人事部门。"（2）明确人事争议的范围。例如，《沈阳市人事争议仲裁暂行规定》第十二条规定："仲裁机关受理下列人事争议案件：（一）国家机关面向社会公开招录工作人员发生的争议;(二)因人才流动发生的争议;(三)因国家机关、事业单位工作人员辞职、被辞退或除名发生的争议;(四)合同制干部因履行人事合同发生的争议;(五)因适用干部人事法规需要仲裁的其它争议。"(3)明确仲裁裁决的非司法执行性。仲裁法规定的仲裁需要申请人民法院执行,具有司法执行性。而人事争议仲裁却采用了行政机关行政行为的执行方式,排除了司法执行。例如,《云南省人事争议仲裁暂行规定》第三十九条规定:"发生法律效力的裁决书、调解书,当事人应当在规定的期限内履行。有关单位、部门应当协助执行。对拒不履行发生法律效力的裁决书、调解书的当事人,仲裁委员会可以建议其上级主管机关给予行政处分,或者由人事行政部门采取相应措施。"《安徽省人事争议仲裁暂行规定》第二十八条规定:"发生效力的调解书和仲裁决定书,当事人应当履行。如当事人不履行,仲裁委员会有权依法责令其履行,通知有关部门协助执行。"(4)救济方式具有行政救济性。例如,《沈阳市人事争议仲裁暂行规定》第三十六条规定:"当事人对县、区仲裁机关的裁决不服的,应在收到裁决书之日起十五日内向市仲裁机关申请复议;复议机关应在收到申请书之日起三十日内作出复议决定。"第三十七条规定:"当事人对市仲裁机关的裁决不服的或申请人对复议决定不服的,可在收到裁决书或复议决定书之日起十五内向当地人民法院提起诉讼。复议机关逾期不作出决定的,申请人可在复议期满之日起十五日内向人民法院提起诉讼"。有的学者认为,上述行政复议制度与行政复议法并没有原则性的差别。可见,当时对于人事争议仲裁的性质,大体上是倾向于行政性质。

需要特别说明的是,在本案处理过程中,最高人民法院制定的《若干解释》颁布实施。《若干解释》第一条第二款第(三)项规定,法律规定的仲裁行为不属于人民法院的受案范围。在我国,"法律规定的仲裁"主要是仲裁法。此外还包括:(1)劳动法规定的劳动争议仲裁。劳动法第七十九条规定,劳动争议发生后,当事人可以向本单位劳动争议调解委员会申请调解;调解不成,当事人一方要求仲裁的,可以向劳动争议仲裁委员会申请仲裁。当事人一方也可以直接向劳动争议仲裁委员会申请仲裁。对仲裁裁决不服的,可以向人民法院提出诉讼。依照劳动法的规定,劳动仲裁委员会对劳动争议的仲裁属于法律规定的仲裁。之所以将其排除于行政诉讼的受案范围,主要基于如下考虑:第一,劳动争议仲裁委员会虽然属具有行政性的仲裁机构,与所在地的劳动部门有从属关系,但是它是由政府劳动主管部门、工会以及用人单位三方面的代表组成,并不是行政机关。第二,劳动争议的仲裁仅是诉讼的前置程序,并不是一裁终局,双方当事人如果对于仲裁结果不服,可以向人民法院提起民事诉讼,因此,从对双方当事人的权利维护机制来看,已经是比较完善了，没有必要以仲裁委员会为被告，提起行政诉讼。最高人民法院认为，根据劳动法第七十九条规定的精神，劳动争议案件经劳动争议仲裁委员会仲裁是提起诉讼的必经程序。劳动争议仲裁委员会逾期不作出仲裁裁决或者作出不予受理的决定，当事人不服向人民法院提起行政诉讼的，人民法院不予受理；当事人不服劳动争议仲裁委员会作出的劳动争议仲裁裁决，可以向人民法院提起民事诉讼。① （2）农村土地承包法规定的农村集体经济组织内部的农业承包合同纠纷的仲裁。即该法第五十一条第二款规定的，当事人不愿协商、调解或者协商、调解不成的，可以向农村土地承包仲裁机构申请仲裁，也可以直接向人民法院起诉。当事人对农村土地承包仲裁机构的仲裁裁决不服的，可以在收到裁决书之日起30日内向人民法院起诉。逾期不起诉的，裁决书即发生法律效力。② 根据立法法第八条的规定，仲裁制度只能制定法律。参与立法法制定的学者认为，仲裁机构的性质虽与公安司法机关有所区别，但仲裁行为与司法行为一样，应当体现国家与社会的公道和正义，因此，国家有关仲裁制度的事项也必须是统一的，应当由最高立法机关制定统一的规范。③ 由此可见，对于法律规定以外的"仲裁"不仅不符合立法法的规定，也不符合《若干解释》规定的排除范围。据此，2003年12月1日，最高人民法院行政审判庭作出《对人事争议仲裁委员会的仲裁行为是否可诉问题的答复》（〔2003〕行他字第5号）："重庆市高级人民法院：你院〔2002〕渝高法行示字第68号《关于周孝平诉渝北区人事争议仲裁委履行法定职责一案的请示》收悉。经研究，答复如下：人事争议仲裁是人事主管部门对当事人的人事争议进行的人事裁决，该裁决直接涉及到当事人的人身权、财产权，根据《中华人民共和国行政诉讼法》第十一章第十二条和《最高人民法院关于人民法院审理事业单位人事争议仲裁》侵犯其人身权、财产权的，可依法提起行政诉讼，但国家行政机关与其工作人员之间发生的人事争议和事业单位与其工作人员之间因辞职、辞退及履行聘用合同所发生的争议除外。"

三、应当注意的问题

在适用上述答复时，应当需要注意以下三个问题：

---

① 最高人民法院《关于劳动仲裁委员会逾期不作出仲裁裁决或者作出不予受理通知的劳动争议案件人民法院应否受理的批复》（1998年9月2日，法释〔1998〕24号）。
② 江必新、梁凤云：《行政诉讼法理论与实务》，北京大学出版社2011年版，第278～279页。
③ 张春生主编：《中华人民共和国立法法释义》，法律出版社2000年版，第59页。

一是要注意《人事争议处理暂行规定》第一条第（二）项规定的"国家行政机关与工作人员之间因录用、调动、履行聘任合同发生的争议"与行政诉讼法第十二条第（三）项"行政机关对行政机关工作人员的奖惩、任免等决定"规定的关系问题。有一种观点认为，《人事争议处理暂行规定》的上述规定与行政诉讼法的规定是一致的。我们认为，这种观点不正确。《人事争议处理暂行规定》规定的录用是指国家机关依照法律规定的程序和原则，采用一定方式，从考试合格者中选拔、录用国家公务员的工作；调动是指国家公务员在行政机关内跨职类或者跨部门、跨单位转换岗位任职，以及行政机关以外的工作人员调入行政机关、公务员调出行政机关等；履行聘任合同是指实行聘任制的公务员和行政机关之间的履行聘任合同行为。行政诉讼法规定的奖惩、任免是指行政机关对其所属工作人员作出的警告、记过、撤职、留用察看、开除等纪律处分以及停职检查或者任免等措施，是行政机关内部的行政行为。[①]《若干解释》第四条规定，行政诉讼法第十二条第（三）项规定的"对行政机关工作人员的奖惩、任免等决定"，是指行政机关作出的涉及该行政机关公务员权利义务的决定。这里的"决定"的涵义并非行政处理决定，而是指对公务员的权利义务作出的处置行为，又可称为人事处理决定。根据公务员法第九十条的规定，主要包括：处分；辞退或者取消录用；降职；定期考核定为不称职；免职；申请辞职、提前退休未予批准；未按规定确定或者扣减工资、福利、保险待遇；法律、法规规定可以申诉的其他情形。此外，行政机关违反公务员法的规定，违法要求公务员履行义务的，亦可属于此处的决定。可见，《人事争议处理暂行规定》的受案范围规定与行政诉讼法排除受案范围的规定并不一致，也就是说，不能根据行政诉讼法关于奖惩、任免的排除规定而排除《人事争议处理暂行规定》规定的行为。

二是要注意人事争议仲裁机构、受案范围的变化。（1）人事争议仲裁机构的变化。人事争议仲裁机构最初设立时的性质是行政机关。《人事争议处理暂行规定》第五条规定，人事部设立人事仲裁公正厅，处理管辖范围内的人事争议。省（自治区、直辖市）、副省级市、地（市）、县（市、区）设立人事争议仲裁委员会，分别负责处理管辖范围内的人事争议。第六条规定，仲裁委员会的主任可以由同级人民政府分管人事工作的负责人或者政府人事行政部门的主要负责人担任。有的学者认为，不论是人事仲裁公正厅还是仲裁委员会，均属于准司法性质的行政机关，其办事机构与人事行政主管部门相应机构是"一套人马，两块牌子"，其独立性和公正性饱受质疑。[②] 2002年7月12日，人事

[①] 胡康生主编：《行政诉讼法释义》，北京师范学院出版社1989年版，第27~28页。
[②] 宋心然：《公务员人事争议仲裁模式的现实选择》，载《中国律师》2007年第9期。

部颁布《关于修改〈人事争议处理暂行规定〉和〈人事争议处理办案规则〉有关条款的通知》(人发〔2002〕75号),将原规章第五条规定修订为"人事部设立中央国家机关在京直属事业单位人事争议仲裁委员会",并对管辖作了相应修订。经过这一修订,人事部下设的"人事仲裁公正厅"改设为"中央国家机关在京直属事业单位人事争议仲裁委员会"。但是,需要明确的是,原规章的管辖范围并无变化。根据该仲裁委员会管辖的"国务院各部委、直属机构在京直属事业单位以及国务院直属事业单位的人事争议",所谓的"中央国家机关在京直属事业单位人事争议仲裁委员会"应当理解为"中央国家机关、在京直属事业单位人事争议仲裁委员会",不能理解为只有事业单位的人事争议才能提交该仲裁委员会。2007年8月9日,中共中央组织部、人事部、总政治部颁布《人事争议处理规定》。该规定第六条规定,中央机关及所属事业单位人事争议仲裁委员会设在人事部。省(自治区、直辖市)、副省级市、地(市、州、盟)、县(市、区、旗)设立人事争议仲裁委员会。2011年8月15日,中共中央组织部、人力资源和社会保障部、总政治部下发《关于修改人事争议处理规定的通知》(人社部发〔2011〕88号),该通知将《人事争议处理规定》第六条第一款"中央机关及所属事业单位人事争议仲裁委员会设在人事部"删去。(2) 人事争议仲裁受案范围的变化。《人事争议处理暂行规定》第二条规定受案范围包括:国家行政机关与工作人员之间因录用、调动、履行聘任合同发生的争议;事业单位与工作人员之间因辞职、辞退以及履行聘任合同或聘用合同发生的争议;企业单位与管理人员和专业技术人员之间因履行聘任合同或聘用合同发生的争议;依照法律、法规、规章规定可以仲裁的人才流动争议和其他人事争议。《人事争议处理规定》第二条规定的受案范围为:实施公务员法的机关与聘任制公务员之间、参照公务员法管理的机关(单位)与聘任工作人员之间因履行聘任合同发生的争议;事业单位与工作人员之间因解除人事关系、履行聘用合同发生的争议;社团组织与工作人员之间因解除人事关系、履行聘用合同发生的争议;军队聘用单位与文职人员之间因履行聘用合同发生的争议;依照法律、法规规定可以仲裁的其他人事争议。两者相比较,最重大的改变是第(一)项关于公务人员人事争议的受案范围,由几乎包括人事争议缩小为实行公务员法的机关与聘任制的公务员之间因聘任合同产生争议。对于行政机关与不实行聘任制的公务员之间的人事争议如何处理,没有作出规定。

三是要注意公务员法的有关规定。公务员法对于人事争议的处理主要有两种方式:(1)人事争议仲裁。公务员法第一百条第一款规定,国家建立人事争议仲裁制度。聘任制公务员与所在机关之间因履行聘任合同发生争议的,可以自发生争议之日起60日内向人事争议仲裁委员会申请仲裁。根据上述规定,人事争议仲裁适用的条件是:聘任制公务员与所在机关之间因履行聘任合同发生争议。所谓"聘任制公务员"是指国家机关通过公开招聘或者直接选拔的方式，以平等自愿、协商一致的原则，从事专业性较强和辅助性工作的公务员。聘任制公务员是相对于考任制公务员、委任制公务员、选任制公务员而言的。根据公务员法第九十五条的规定，机关根据工作需要，经省级以上公务员主管部门批准，可以对专业性较强的职位和辅助性职位实行聘任制。聘任合同内容主要包括合同期限、职位、职责要求、工资福利等。履行聘任合同的争议是指针对上述内容的争议。公务员法关于人事争议仲裁的内容符合立法法关于仲裁制度只能制定法律的规定，根据《若干解释》的规定，对于该人事争议仲裁，不属于人民法院行政诉讼受案范围。（2）复核、申诉和再申诉。根据公务员法第九十条的规定，公务员对涉及本人的下列人事处理不服的，可以自知道该人事处理之日起30日内向原处理机关申请复核；对复核结果不服的，可以自接到复核决定之日起15日内，按照规定向同级公务员主管部门或者作出该人事处理的机关的上一级机关提出申诉，自知道该人事处理之日起30日内直接提出申诉：处分；辞退或者取消录用；降职；定期考核为不称职；免职；申请辞职、提前退休未予批准；未按规定确定或者扣减工资、福利、保险待遇；法律、法规规定可以申诉的其他情形。对省级以下机关作出的申诉处理决定不服的，可以向作出处理决定的上一级机关提出再申诉。复核是公务员对涉及本人的人事处理决定不服，向原处理机关陈述理由，并请求重新处理的行为；申诉是公务员向原处理机关的同级公务员主管部门或者作出该人事处理的机关的上一级机关或者行政监察机关提出申辩诉求；再申诉是公务员对第一次申诉的结果不服，可以再向上一级机关提出再申诉，再申诉决定为终局决定。再申诉程序有其特别条件，即公务员对省级以下作出的申诉处理决定不服的，才可以向作出申诉决定的机关的上一级机关提出再申诉，但对省级机关（如省政府、国务院组成部门等机关）作出的申诉决定不服的，不能再申诉。有一种观点认为，根据上述规定，对于非聘任制的公务员的救济机制似乎只有申请复核、申诉和再申诉三种。我们认为，这种观点是不正确的。对于涉及公务员权利义务的行政处理决定，公务员有权依照行政诉讼法的规定提起行政诉讼。理由是：第一，行政诉讼法并未将所有的人事管理行为排除在行政诉讼受案范围之外。行政诉讼法第十二条仅仅将行政机关对行政机关工作人员的"奖惩、任免等决定"排除在外。公务员法关于人事争议处理的范围要大于行政诉讼法规定的人事争议处理。除了行政诉讼法规定的排除范围，公务员法规定的其他人事处理决定可以依照行政诉讼法的规定处理。第二，根据公务员法第九十三条的规定，公务员认为机关及其领导人员侵犯其合法权益，可以依法向上级机关或者有关的专门机关提出控告。这里的"合法权益"是指公务员基于公务员身份和公民身份的合法权利，主要包括公务权益和个人权益。前者主要有执行公务保障权（例如排除妨害、公款公务使用权、了解国家秘密权）和公务身份保障权（即未经法定程序和法定事由，公务员不应当受到人事处理）；后者主要包括政治生活权（例如出版权、批评建议权、申诉控告权、信仰自由权等）、经济保障权（例如获得劳动报酬权、享受福利保险权、享受法定休假权、按规定辞职择业权等）和素质发展权（例如学习权、业务知识培训权等）。这里的"控告"是指公民对任何国家机关和国家工作人员的违法失职行为对自己造成损害时，有向有关国家机关进行揭发和指控的权利。公务员"依法"控告是指公务员可以依据刑事法律、民事法律、行政法律、诉讼法律以及其他规范性文件提起控告，毋庸讳言，"控告"包括了向人民法院提起行政诉讼。目前，对于哪些人事处理决定可以纳入行政诉讼受案范围还存在较大争议。在学术界也有人认为，对于公务员的特定人事处理决定不服的，可以提起行政诉讼。但是，对于一些属于管理行为的纪律惩戒行为，例如警告、记过、记大过、降职降级等，因其不具有法律意义，不宜纳入到行政诉讼受案范围。①

---

① 陈柳裕、龚和艳、唐明良：《人事争议仲裁制度的反思与重构》，载《中国劳动》2007年第8期。

11. 行政机关出具介绍信的行为是否属于可诉的具体行政行为
——《最高人民法院关于教育行政主管部门出具介绍信的行为是否属于可诉具体行政行为请示的答复》解读

2003 年 11 月 26 日　　　　　　　　〔2003〕行他字第 17 号

一、问题的提出

辽宁省高级人民法院在审理陈见旭诉大连市教育局出具介绍信的行为请示一案中认定如下事实：2000 年 1 月 18 日，大连宏良实业发展有限公司（以下简称宏良公司）向大连市教育委员会（以下简称大连市教委）提交了《关于成立兴华高中的请示》。该请示的主要内容是："我公司与陈见旭等人合作，举办民办大连兴华高级中学，学校实行董事会领导下的校长负责制，投资体制为股份合作制，陈见旭为学校法定代表人，学校拟于 2000 年秋季招收 6 个班 300 名寄宿制学生，一并呈上《兴华高中办学章程》。"2000 年 6 月 1 日，大连市教委下达了《关于同意成立兴华高中的批复》的大教委字〔2000〕73 号文件，对宏良公司的请示作如下批复：学校名称为大连兴华高级中学，学校性质为民办普通高级中学，校长、法定代表人为陈见旭，原则批准兴华高中章程等内容。兴华高中章程第 6 条规定"学校董事会是本校的最高权力机构"，第 25 条规定"本校筹建工作，由宏良公司委托代表全权负责；学校成立并正式运转后，由董事会执行权力"。2000 年 7 月 28 日，大连市物价局下发了行政事业性收费许可证。后兴华高中刻制了行政章、财务章和法定代表人印章，但没有成立董事会。2000 年 9 月 11 日，宏良公司向大连市教委提交了《关于聘任周家昌同志为兴华高中校长的报告》，该报告的内容为："根据工作需要，经研究决定，聘任周家昌同志为兴华高中校长

（法人代表），免去陈见旭同志的兴华高中校长（法人代表）职务。请予备案。"由于宏良公司更换兴华高中法定代表人并称兴华高中的财务章和公章丢失，应宏良公司的请求，大连市教委向相关单位出具了介绍信。9月11日，大连市教委向商业银行甘井子支行和大连日报社出具介绍信，内容为"更换兴华高中法人事宜"和"办理关于更换兴华高中法人印章及财务印章作废声明事宜"。9月24日，大连市教委又向甘井子公安分局和大连报社出具介绍信，内容为"刻大连兴华高中校印"和"大连兴华高级中学公章作废"。陈见旭诉至原审法院，要求撤销市教委出具介绍信的行政行为；并在原审庭审中增加诉讼请求，要求恢复其兴华高中法定代表人身份。经大连中院查明，该校开办时刻制的三枚印章存放在陈见旭处，大连市教委更名为大连市教育局。

辽宁省高级人民法院审判委员会在讨论该案时，对大连市教育局为大连兴华高中出具介绍信的行为是否属于具体行政行为的问题，形成以下两种不同意见。

第一种意见认为，大连市教委出具介绍信的行为，不是可诉的具体行政行为。因为大连市教委出具的四份介绍信的内容分别是：到公安局刻校印，变更在银行所留的法人印鉴，声明作废原公章，变更法人印章和作废财务印章。从这四份介绍信的内容看，都是向有关单位证明持信人可以办理相关事项，介绍信本身不设定权利义务，仅就当事人已经具有的法律规定应具备的法定条件进行反映，起证明作用。根据《社会力量办学条例》第三十二条第一款的规定，大连市教委出具介绍信的行为是其法定职责，这种行政职责是行政主体在行使职权过程中依法必须承担的义务，这种义务所产生的行为，第一，没有为相对人设定权利或义务，第二，如涉及了相对人的权利或使相对人权利义务产生了实际影响也是因为在开出介绍信之前这种权利义务关系已经确定，介绍信只是向他人明确肯定被证明对象的法律地位。也就是说校长法定代表人的变更，不是因介绍信行为而致，诉开具介绍信的行为，解决不了变更法定代表人的问题。

第二种意见认为，行政机关出具介绍信的行为是准行政行为，应为可诉的具体行政行为。理由如下：第一，根据《若干解释》第一条的规定，可诉行政行为包括法律行为、准法律行为和事实行为。出具介绍信的行为系证明行为，属准法律行为的范畴，应在可诉之列。根据《若干解释》第一条第二款的规定，证明行为不在排除之列。第二，教育局出具介绍信的行为符合可诉行政行为的三个特征。首先，根据教育法的规定，教育局是在本区域内的教育行政管理机关，符合可诉行为的主体特征。其次，介绍信的内容与行使教育管理职权有关，符合可诉行为与行使行政职权有关的内容特征，这也是判断该行为是否可诉的根本标准。本案中，教育局依据《社会力量办学印章管理暂行规定》第五、七、十二、十三条之规定，有出具介绍信的教育行政管理职权。再次，介绍信关于"更换兴华高中法人，更换法人印章、财务章、声明原印章作废、重新刻制兴华高中校印"等内容对申请人宏良公司办学，对外行使权利产生影响，符合可诉行政行为必须对行政管理相对人的权利义务产生实际影响的后果特征。原来学校印章均在陈见旭手中，教育局根据宏良公司印章丢失的申请，向公安局出具介绍信声明原印章作废，使宏良公司重新刻制了校印，对外得以行使学校职权，对原任校长陈见旭的影响显而易见，如没刻新印章，陈对外仍可行使校长职权。反过来，如宏良公司申请，教育局不给开介绍信，宏良公司依法可告教育局不作为，那么不作为的行为可诉，作出的行为就是当然可诉。第三，教育局对民办校长的变更具有批准权，并非备案权。根据《社会力量办学条例》第二十二条三款规定，本案中教育局未履行批准权，就开具介绍信的证明，不能说对相对人没有影响。

该院审判委员会讨论后倾向第二种意见。因该案应否受理的问题，涉及对行政诉讼法就有关的司法解释的理解问题，且涉及面大，故向最高人民法院请示。

二、分析

根据行政诉讼法第十一条的规定，公民、法人或者其他组织对行政机关作出的具体行政行为不服，可以向人民法院提起行政诉讼。换言之，公民、法人或者其他组织对行政机关非具体行政行为的行为不服，不能提起行政诉讼。因此，有必要弄清具体行政行为的概念。

何谓具体行政行为？这是一个理论和实践上均存在争议的问题。行政诉讼法没有对此明确作出解释。行政诉讼法立法之初，最高人民法院在参考当时的法学教材并征求了法学界意见的基础上，《贯彻意见》试图通过给具体行政行为下定义的方式解决受案范围的问题。其第一条将"具体行政行为"定义为："国家行政机关和行政机关工作人员、法律法规授权的组织、行政机关委托的组织或者个人在行政管理活动中行使行政职权，针对特定的公民、法人或者其他组织，就特定的具体事项，作出的有关该公民、法人或者其他组织权利义务的单方面行为。"该定义在后来的实践中遭到行政法学界的强烈反对。归纳起来主要提出如下几点质疑：一是将行政机关委托的组织或者个人列入行使行政职权的主体范围，容易让人误解行政机关委托的组织或者个人也可以成为行政主体；二是行使行政职权的提法，容易让人误解为违法的行政行为，特别是无效的行政行为不是行政行为；三是单方行为的限制，明确排除了双方行政行为（如行政合同）的可诉性；四是，将具体行政行为界定为"作出的……行为"，容易让人误认为行政不作为行为不具有可诉性。①

由于《贯彻意见》为具体行政行为所下的定义存在诸多缺陷，加之行政审判实践不断丰富，为了使具体行政行为的定义更为科学，最高人民法院在最初起草《若干解释》时提出了三个方案：第一方案是全面列举。由于全面列举难以将所有具体行政行为全部列举穷尽，故没有被采纳。第二种方案是给具体行政行为下一个定义。有学者主张，应当定义具体行政行为。可以表述为"公民、法人或者其他组织对行政机关及其工作人员基于行政职权作出的对其权利义务产生实际影响的行为不服，依法提起行政诉讼的，属于人民法院的受案范围。"这种方案存在两个问题：一是这种表述只规定可诉的行政机关作出的具体行政行为，没有包括行政机关的行政不作为行为；二是行政机关作出对行政相对人权利义务产生影响的行为，未必都是行政行为，更可能不是具体行政行为，而是民事行为。基于这两点，该方案未被采纳。②第三种方案采用排除法，即除不受理的行政行为外，其余的行政行为都具有可诉性。这种方案虽然未给具体行政行为下一个准确的定义，仍不尽人意，但便于各级人民法院立案时掌握行政诉讼的受案范围，因此最终《若干解释》采纳了第三种方案。

《若干解释》第一条规定："公民、法人或者其他组织对具有国家行政职权的机关和组织及其工作人员的行政行为不服，依法提起诉讼的，属于人民法院行政诉讼的受案范围。""公民、法人或者其他组织对下列行为不服提起诉讼的，不属于人民法院行政诉讼的受案范围：（一）行政诉讼法第十二条规定的行为；（二）公安、国家安全等机关依照刑事诉讼法的明确授权实施的行为；（三）调解行为以及法律规定的仲裁行为；（四）不具有强制力的行政指导行为；（五）驳回当事人对行政行为提起申诉的重复处理行为；（六）对公民、法人或者其他组织权利义务不产生实际影响的行为。"

根据《若干解释》第一条的规定，具体行政行为应当包括四个方面的构成要件：一是作出的主体必须具有国家行政职权的机关和组织，它包括行政机关和法律、法规、规章授权的组织；二是其内容必须与行使职权有关；三是必须针对特定的事项，不能反复使用；四是必须是对公民、法人或者其他组织权利义务产生实际影响。具有这四个方面构成要件的行为，同时不属于《若干解释》第一条第二款规定的不属于人民法院行政诉讼的受案范围的行

---

① 参见胡建淼主编：《行政诉讼法学》，高等教育出版社2003年版，第26页。
② 参见甘文：《行政诉讼法司法解释之评论》，中国法制出版社2000年版，第16页。

为，就应当认定为可诉的具体行政行为。

在行政法理论中，将符合行政行为的特征，包含行政行为的某些基本要素，但又因欠缺某些或者某个要素，而不同于一般行政行为的一类行为，称之为准行政行为。准行政行为的概念源于欧洲大陆法系的行政法理论，在我国台湾地区已被行政法学界所普遍接受，我国大陆行政法学理论也有此概念。在通常情况下，准行政行为指以下四种行为：（1）受理行为。即行政机关接受行政相对人的申请并启动行政程序的行为。（2）通知行为。即行政机关的一种告知行为，形式不尽相同。有些通知是行政机关已经作出了一个行政决定，然后将内容告诉行政相对人。（3）确认行为。即行政机关对于一定的事实和法律关系存在争议或疑问时，通过公断，确认其是否存在、是否正确。（4）证明行为。即行政主体对特定的法律关系或者法律事实证明其存在与否的行为，是行政机关依职权或者依申请，对法律上的事实、性质、权利、资格或者关系进行甄别和认定。

本案教育行政主管部门出具介绍信的行为是一个较为典型的准行政行为中的证明行为，正因为准行政行为欠缺行政行为某些或者某个的要素，因此，准行政行为是否具有可诉性，还须对照可诉的具体行政行为的构成要件进行分析。就本案被诉行为是否具有可诉性，应当从以下五个方面进行分析：第一，本案涉及行为是大连市教育局为大连兴华高中出具介绍信行为。也就是说，出具介绍信的主体是大连市教育局，其性质是行政机关，符合政行主体的要求。第二，大连市教育局出具介绍信的内容为："更换兴华高中法人，更换法人印章、财务章、声明原印章作废、重新刻制兴华高中校印"。依据《社会力量办学条例》第二十二条第三款①和《社会力量办学印章管理暂行规定》第五条、第七条、第十二条、第十三条②的规定，教育局具有更换学校法人代表和印章、学校刻制印章、学校更名等法定职权。因此说，大连市教育局为大连兴华高中出具介绍信行为与其行使职权有关。第三，本案大连市教育局出具介绍信的行为，仅仅针对更换兴华高中法人代表，更换法人印章、

---

① 《社会力量办学条例》第二十二条第三款规定："教育机构的校长或者主要行政负责人的人选，设立校董会的，由校董会提出；不设立校董会的，由举办者提出，经审批机关核准后聘任。"

② 《社会力量办学印章管理暂行规定》第五条规定："学校刻制印章，必须持教育行政部门出具的证明，到所在地的县级以上公安机关办理审批手续，经批准后，方可到指定的刻字社或工厂刻制。"第七条规定："学校及其职能机构的印章所刊名称、刻章枚数，须以教育行政部门出具的证明为准，其他组织和个人不得擅自变动。"第十二条规定："学校更改名称，应将原印章交到批准办学的教育行政部门，刻制新印章按本规定执行。"第十三条规定："印章丢失，须向同意和批准刻制印章的教育行政部门和公安机关报告，并声明作废。刻制新印章按本规定重新申请。"

财务章、声明原印章作废、重新刻制兴华高中校印章的特定事项,不具有反复使用性。第四,原来学校印章均在该校原任校长陈见旭手中,教育局根据宏良公司印章丢失的申请,向公安局出具介绍信声明原印章作废,使宏良公司重新刻制了校印,对外得以行使学校职权,正因为这一行为外化,对原任校长陈见旭的影响显而易见,如没刻新印章,陈见旭对外仍可行使校长职权。换言之,对原告陈见旭的名声权、管理学校的经营权都会产生实际影响。第五,被诉出具介绍信的行为,不属于《若干解释》第一条第二款规定的排除人民法院行政诉讼受案范围的行为。据此,从辽宁省高级人民法院请示报告中所认定的事实,本案被诉行为属于行政诉讼的受案范围。

合议庭在讨论中,同意上述分析意见,但考虑到,为防止上级法院代替下级法院行使审判权,故只对请示中的法律问题作出答复,不宜对具体案件如何处理作出答复。据此,最高人民法院2003年11月26日作出的〔2003〕行他字第17号《关于教育行政管理部门出具介绍信的行为是否属于可诉具体行政行为请示的答复》中指出:"教育行政主管部门出具介绍信的行为对行政相对人的权利义务产生实际影响的,属于可诉的具体行政行为。"因此答复是针对辽宁省高级人民法院的请示所作出的,所以,明确的主体是教育行政主管部门。按照行政诉讼法的理论推论,只要是行政机关出具介绍信的行为,对行政相对人的权利义务产生实际影响的,都属于可诉的具体行政行为。

三、应注意的问题

人民法院在确认准行政行为是否具有可诉性时,应当注意以下几个问题:

(一) 关于受理行为的可诉性问题

引起受理行为诉讼的,有两种情况:一种是行政相对人向行政机关提出申请后,行政机关不予受理或者不予答复;另一种是行政机关受理了行政相对人的申请,其他利害关系人对其受理行为提起诉讼。根据行政诉讼法第十一条的规定,这两种诉讼除当事人要求公安机关实施刑事侦查行为不能起诉外,其他受理行为均已纳入行政诉讼的受案范围。法学理论界对受理行为可诉性问题没有争论,对这类行为,只要行政相对人依法起诉,法院均应受理。

(二) 关于通知行为的可诉性问题

有些通知是行政机关已经作出了一个行政决定,然后将内容告知行政相对人。这类通知本身没有形成任何权利义务关系,因此,对这类通知提起行政诉讼是没有必要的。但是,在有些情况下,行政机关先前并未作出一个行政决定，而是以通知的形式确定或者直接涉及到公民、法人或者其他组织的权利义务，对这类通知提起的行政诉讼，不应被排除在行政诉讼受案范围之外。

（三）关于确认行为的可诉性问题

行政机关作出的有关权属的确认、工伤事故的确认、医疗事故的确认等等确认行为，都属于可诉的行政行为。

（四）关于证明行为的可诉性问题

证明行为尽管是准行政行为，但其主体是行政机关，其内容多数与行使职权有关，而且是针对特定的事项，不能反复使用。但是，有些证明行为对行政相对人的权利义务产生实际影响，有些不产生实际影响。产生实际影响的证明行为，多数是被外化的，即向行政相对人或者社会公布；未产生实际影响的，多数是没有被外化的，即未向行政相对人或者社会公布。因此，对证明行为一是要审查证明的内容是否对起诉人有实际影响。如果没有，就可以驳回起诉人的起诉；如果有，就要审查该证明的内容是否向行政相对人或者社会公开，未公开，仅仅作为证据的，因不直接影响起诉人的权利义务，依据《若干解释》第一条第二款第（六）项的规定，不属于行政诉讼的受案范围。

12. 税务机关根据检察机关免予起诉决定及相应来函作出的税收缴款书是可诉的行政行为
——《最高人民法院对〈关于宋德基诉湛江市赤坎区国家税务局追缴税款行政纠纷最高人民检察院抗诉再审一案有关问题的请示〉的答复》解读

2003 年 9 月 22 日　　　　　　　　　〔2001〕行他字第 17 号

一、问题的提出

广东省高级人民法院审委会对宋德基与湛江市赤坎区国家税务局（以下简称赤坎国税局）追缴税款行政纠纷一案的处理存在分歧意见，请示最高人民法院。该案的基本情况是：

1995 年 9 月至 1996 年 2 月，赤坎国税局立案调查立球贸易公司税务违法问题。根据调查的事实，于 1996 年 2 月 16 日，对立球贸易公司作出追补税款和教育附加费共 4487865.04 元的处理决定。该处理决定列明龙天柱为立球贸易公司法定代表人，立球贸易公司没有履行该决定。1996 年 11 月 29 日，赤坎国税局将立球贸易公司逃避追缴欠税案移送赤坎区检察院。同年 12 月 9 日，赤坎区检察院对宋德基立案侦查。1996 年 12 月 16 日，赤坎区检察院具函赤坎国税局："赤坎立球贸易公司宋德基逃避追缴欠税一案我院已办结，决定作免予起诉处理，并追缴宋德基被我院已冻结在中国银行湛江分行的存款 2548382.17 元及其利息，上缴国库。请你局办理有关入库手续。"同一天，赤坎国税局填发了〔1994〕粤缴计字 00028795 号税收缴款书，将被上诉人的 2548382.17 元划入国库，缴交 1994 年 4 月至 10 月的税款。宋德基对〔1994〕粤缴计字 00028795 号《中华人民共和国税收缴款书》不服，起诉至湛江中级人民法院，请求：一、撤销〔1994〕粤缴计字 00028795 号税收缴款书；二、将违法收缴的 2548382.17 元返还给原告。

湛江市中级人民法院经审理认为：税务机关是国家唯一享有税收征收管理权力的职能部门，除它之外任何机关均无权对税收征收进行管理。根据最高人民检察院、最高人民法院、国家税务局 1991 年 10 月 31 日高检会〔1991〕31 号通知："偷税、抗税构成犯罪的，应当按照税收法规补税。这部分税款属于国家应征税款的一部分，对其处理不能按一般赃款对待，不宜由人民检察院或者人民法院追缴后直接上交地方财政，应当由税务机关依法征收，并办理上交国库手续。"被告根据检察机关的追缴税款通知，应当对原告是否应当缴税进行审查，至少要查清原告是否纳税人。否则，税务机关应当根据《税收征收管理法实施细则》第三条之规定："……拒绝执行与税收法律、行政法规相抵触的决定……"但被告却在没有做任何调查的情况下，不顾原告并非纳税人的这一事实，填发了税收缴款书，将原告的款项划入国库。其行为既无事实依据，又无法律依据。据此，湛江市中级人民法院于 1997 年 8 月 6 日作出〔1997〕湛中法行初字第 2 号行政判决：撤销被告 1996 年 12 月 16 日填发的〔1994〕粤缴计字 00028795 号税收缴款书。

赤坎国税局不服一审判决，上诉至广东高院。广东高院二审认为：根据税收征收管理法第四条规定，纳税人是法律、行政法规规定负有纳税义务的单位和个人。上诉人赤坎区国税局将被上诉人宋德基确定为纳税人，向被上诉人发出税收缴款书且将被上诉人存款划入国库，但未能提供证据证实被上诉人按法律、行政法规规定负有纳税义务。上诉人认为一审判决不标明宋德基是立球贸易公司总经理的身份，客观上规避了其作为纳税义务人这一特定身份，理由不能成立。立球贸易公司经工商登记开业，属集体所有制企业，依照有关法律规定，纳税义务人应是立球贸易公司，而不是立球贸易公司总经理。因此，不管宋德基是否担任总经理职务，都不应承担立球贸易公司的纳税义务。上诉人认为立球贸易公司是宋德基个人开办的私营企业，应由宋德基承担纳税义务，但未能提供证据予以证实。因此，上诉人所实施的征税行为于法不符，法院不予支持。上诉人认为被上诉人不服其征税行为应先经复议才能起诉，但按照税收征收管理法第五十六条规定，当事人对该征收措施不服，可以向上级税务机关申请复议，也可以直接向人民法院起诉，被上诉人向法院起诉，法院依法应予受理。上诉人主张被上诉人必须先经复议才能起诉，理由不能成立。原审法院判决撤销上诉人的税收缴款决定，认定事实清楚，适用法律法规正确，程序合法，应予维持。上诉人上诉理由不足，二审法院不予采纳。二审法院于 1998 年 11 月 23 日依照行政诉讼法第六十一条第（一）项的规定，作出〔1997〕粤高法行终字第 22 号行政判决：驳回上诉，维持原判。

上诉人不服广东高院终审判决,向最高人民检察院申诉,最高人民检察院抗诉认为:广东高院〔1997〕粤高法行终字第 22 号行政判决认定事实错误,并且导致适用法律错误。其理由有以下两点:1. 终审判决认定事实错误。在本案的一、二审诉讼过程中,国税局都向法庭提交了赤坎区检察院 1996 年 12 月 16 日请国税局"办理有关入库手续"的函、湛赤检刑免字〔1996〕第 27 号免予起诉决定书、湛江中行 1996 年 12 月 17 日给赤坎区检察院的《协助扣划存款通知书(回执)》等证据。这些证据足以证明:国税局虽然填发了〔1994〕粤缴计字 00028795 号税收缴款书,但是,上述款项是赤坎区人民检察院冻结并通知银行划拨的,国税局的行为是典型的司法协助行为。据此,赤坎区人民检察院冻结并通知银行划扣宋德基的存款。两审判决将司法机关的扣划行为错误地认定为国税局的行政行为,不仅违背了"以事实为根据"的法律原则和法律关于法院依证据认定事实的规定,而且影响了判决内容的正确性。2. 终审判决适用法律错误。宋德基向法院提起行政诉讼的请求事项有两项。一项是撤销国税局于 1996 年 12 月 16 日填发的〔1994〕粤缴计字 00028795 号税收缴款书;另一项是国税局返还违法收缴的增值税款人民币 2548382.17 元。从诉讼中法院获取的证据来看,扣划款项的行为是检察机关作出的。根据当时的法律规定,人民检察院依法对偷税、抗税案件负有侦查职责,并有免予起诉的权力。检察机关的免予起诉决定是发生法律效力的司法决定,作出免诉决定的检察机关或者其上级检察机关非经法定程序不得撤销。检察机关的侦查行为、免予起诉行为均不受法院行政审判权的审查。因此,国税局扣划宋德基税款的行为不属于行政诉讼的受案范围。终审判决违背了行政诉讼法第十一条的规定,致使该判决生效后,法院执行机构以此判决为根据,将检察机关的司法行为作为执行标的。

最高人民法院指令广东高院再审本案。

广东高院经讨论,对本案的处理形成两种意见:

第一种意见认为,本案赤坎国税局发出〔1994〕粤缴计字 00028795 号税收缴款书征收宋德基税款的行为是具体行政行为,湛江中级人民法院受理本案符合行政诉讼法的有关规定。税务机关征收税款的行为是其他任何机关无法代替的职权行为,不能脱离司法审查的范畴。法律没有关于检察机关作出的决定有关部门要协助执行的规定,更没有税务机关无条件协助检察机关办理追缴税款的规定。税务机关必须独立地按照有关法律、行政法规的规定征缴税款。《税收征收管理法实施细则》还规定,税务机关有权拒绝执行与税收法律、行政法规相抵触的决定,并向上级税务机关报告。本案是税务机关移送检察机关的案件,不是检察机关直接受理的案件,不适用最高人民法院、最高人民检察院、国家税务总局联合颁布的高检会〔1991〕31 号规定第三条的规定。即使是检察院直接受理的案件，税务机关在作出税收决定时，也应选择适用税收征收管理法及其实施细则的规定，独立进行收税。综上，本案赤坎国税局发出〔1994〕粤缴计字00028795号税收缴款书征收税款的行为，尽管与检察院的司法行为有一定的关联，但仍是独立的具体行政行为，而不是司法协助行为。在本案审理期间，赤坎国税局未能提供立球公司被工商机关或者司法机关依法确认为属于宋德基所有的私有企业的证据材料，其主张宋德基是必然的纳税义务人，缺乏事实根据。原终审判决正确，再审应予维持。

第二种意见认为，依据最高人民法院、最高人民检察院、国家税务总局联合颁布的高检会〔1991〕31号规定第三条的规定，本案赤坎国税局作出〔1994〕粤缴计字00028795号税收缴款书，是对检察机关司法行为予以协助的司法协助行为。国税局的行为虽是可诉的具体行政行为，但国税局对检察机关免予起诉的决定，只有协助的义务，而没有审查的权利，因此，国税局的行为以检察机关的司法决定为依据，是合法的。本案应撤销原一、二审判决，驳回宋德基的诉讼请求。

第一种意见为倾向性意见。

此外，广东高院审委会认为本案需要就法律适用问题请示最高人民法院。对适用法律问题也有两种意见：第一种意见认为，本案应适用税收征收管理法及其实施细则的规定和刑法、全国人大的决定等有关规定，认定赤坎国税局作出〔1994〕粤缴计字00028795号税收缴款书不属司法协助行为，是独立的具体行政行为，原一、二审受理和裁判正确。第二种意见认为，本案应适用最高人民法院、最高人民检察院、国家税务总局联合颁布的高检会〔1991〕31号规定第三条的规定，认定赤坎国税局作出〔1994〕粤缴计字00028795号税收缴款书是对检察机关司法行为予以协助的司法协助行为，并作出相应的判决。第一种意见是倾向性意见。

二、分析

本案请示有两个问题，即税务机关的税收缴款行为是否属于可诉的行政行为以及法律如何适用的问题。实际上，如果能够确定税务机关的税收缴款行为是否可诉，法律适用问题也就相应明确了。也可以说，本案只有一个问题，即税收缴款行为是否属于可诉的行政行为。我们认为，本案中的税收缴款行为属于独立的、可诉的具体行政行为。理由是：

第一，税收缴款行为是税务机关依照税收征收管理法等法律规定作出的。本案的被诉行为是税务机关的税收缴款行为，而非检察机关的免予起诉决定。

被诉行为是以税务机关的名义而非检察机关名义作出的。根据税收征收管理法第三条第二款的规定，任何机关、单位和个人不得违反法律、行政法规的规定，擅自作出税收开征、停征以及减税、免税、退税、补税的决定。税收征收管理法第五条的规定，税务部门是税收征收的主管部门。2001年4月28日修正的税收征收管理法增加了第二十九条的规定："除税务机关、税务人员以及经税务机关依照法律、法规委托的单位和人员外，任何单位和个人不得进行税款征收活动。"《税收征收管理法实施细则》第二条规定："凡依法由税务机关征收的各种税收的征收管理，均适用税收征管法及本细则；税收征管法及本细则没有规定的，依照其他有关税收法律、行政法规的规定执行。"据此，税务机关作出税收决定，应当根据税收法律法规进行，是一种独立的税务行政管理行为。本案中，赤坎国税局发出税收缴款书，征收宋德基1994年4月至10月的税款。该税收缴款书从形式上和内容上，都反映出税务机关而非检察机关征收税款的行为，该行为是否根据赤坎区检察院的通知而作出不能改变其具体行政行为的性质。

第二，税务机关没有义务作出与法律、行政法规相抵触的决定。《税收征收管理法实施细则》第三条规定："税收的开征、停征以及减税、免税、退税、补税，依照税收法律、行政法规的规定执行。税务机关有权拒绝执行与税收法律、行政法规相抵触的决定，并向上级税务机关报告。"这一规定明确了税务部门只能依照税收法律和行政法规的规定作出税收行为，没有义务且有权拒绝执行检察院作出的不符合税收法律法规的决定。也就是说，检察机关的通知行为并非税务机关作出行政行为的依据，税务机关没有义务且不能作出与法律、行政法规相抵触的决定。此外，1992年全国人大常委会《关于惩治偷税、抗税犯罪的补充规定》第七条规定："对犯本规定之罪的，由税务机关追缴不缴、少缴、欠缴、拒缴或者骗取的税款。对依法免予刑事处罚的除由税务机关追缴不缴、少缴、欠缴、拒缴或者骗取的税款外，处不缴、少缴、欠缴、拒缴或者骗取的税款五倍以下的罚款"。这一规定实际上也在强调税务机关必须严格依照法律的规定行使职权。

第三，税务机关必须独立地作出行政行为。法律、行政法规和司法解释对涉及税务案件的刑事责任和行政违法责任的追究是各自分开、独立办理的。两种责任在性质上不能互相替代，必须由不同国家机关（即司法机关和行政机关）依据相应的法律规范追究违法犯罪行为人的相应责任。在税务犯罪案件中，行政权和司法权的界限是很清楚的，不存在协助检察机关办理税务事宜的问题。税务部门办理与刑事案件相关的税收案件时应当按照前述的《税收征收管理法实施细则》第三条的规定办理有关税收事宜，并应对自己独立作出的具体行政行为承担相应的法律后果。即使是检察机关交办的案件，税务部门也应当按照法律、法规的规定决定是否征缴。如果检察机关的来函、通知符合法律、行政法规的规定，税务机关作出的征缴决定应当与检察机关是一致的，但即便一致也并不意味着检察机关代替行政机关作出征缴决定；如果检察机关的决定与法律、行政法规的规定相抵触，税务机关有权拒绝执行，并且按照法律、行政法规的规定决定是否征缴。因此，不存在税务机关无条件执行检察机关的决定的司法协助行为问题。

第四，联合通知不能作为审理本案的法律依据。本案涉及最高人民检察院、最高人民法院、国家税务局1991年10月31日联合下发的《关于办理偷税抗税案件追缴税款统一由税务机关缴库的规定》（高检会〔1991〕31号）。该规定的内容是："一、根据《中华人民共和国刑法》第一百二十一条规定的精神，偷税、抗税构成犯罪的，应当按照税收法规补税。这部分税款属于国家应征税款的一部分，对其处理不能按一般赃款对待，不宜由人民检察院或者人民法院追缴后直接上交地方财政，应当由税务机关依法征收，并办理上交国库手续。二、税务机关移送人民检察院处理的偷税、抗税犯罪案件，移送前可先行依法追缴税款，将所收税款的证明随案移送人民检察院。三、人民检察院直接受理的偷税、抗税案件，已追缴的税款，应当由税务机关办理补缴税款手续。案件提起公诉时，将所收税款的证明随卷移送人民法院。四、偷税、抗税案件经人民法院判决应当予以追缴或退回的税款，判决生效后，由税务机关依据判决书收缴或退回。对被告人和其他当事人以及有关单位，拒绝依据判决书缴纳或划拨税款的，由人民法院强制执行。"该规定适用的是人民检察院直接受理的偷税、抗税案件，已追缴的税款，应当由税务机关办理补缴税款手续，而本案是税务局移送给检察院的案件，不适用该规定。退一步讲，即便适用该规定，"由税务机关办理补缴税款手续"也不应当理解为税务机关和检察机关所认为的附属于司法行为的不可诉的司法协助行为。税务机关办理补缴税款手续是一个独立的行政行为，税务机关并非按照检察机关的意旨作出行为，其应当对被诉具体行政行为的合法性负责。

第五，税收缴款行为并非所谓司法协助行为。司法协助行为有特定的涵义，是指两个国家之间根据国际条约或者互惠原则，互相代为送达司法文书等的行为。民事诉讼法对此进行了专门规定。除此之外，比较接近所谓"司法协助行为"的概念还有协助执行行为。刑事诉讼法、民事诉讼法和行政诉讼法规定了对人民法院的裁判，有关部门有协助执行的义务。对于检察机关作出的决定，是否要进行协助执行，前述法律没有规定。法律更没有关于税务机关无条件协助检察机关办理追缴税款义务的规定。

据此，2003年9月22日，最高人民法院作出《对〈关于宋德基诉湛江市赤坎区国家税务局追缴税款行政纠纷最高人民检察院抗诉再审一案有关问题的请示〉的答复》（〔2001〕行他字第 17 号）："广东省高级人民法院：你院《关于宋德基诉湛江市赤坎区国家税务局追缴税款行政纠纷最高人民检察院抗诉再审一案有关问题的请示》收悉。经研究，答复如下：湛江市赤坎区国家税务局作出的［94］粤缴计字 00028795 号《中华人民共和国税收缴款书》是可诉的具体行政行为。当事人提起行政诉讼的，人民法院应当依法对其进行合法性审查。"

13. 监察机关作出的行政处分行为不属于人民法院受案范围
——《最高人民法院对孙德金诉海南省监察厅行政赔偿一案应否驳回上诉的请示的答复》解读

2000 年 11 月 1 日　　　　　　　　　　　　　行他字〔2000〕3 号

一、问题的提出

孙德金不服海口市中级人民法院〔1999〕海中法行初字第 11 号行政裁定向海南省高级人民法院上诉一案，海南省高级人民法院组成合议庭进行了评议，并业经该院审判委员会讨论。该案的基本情况是：

原审原告孙德金于 1999 年 9 月 1 日向海口市中级人民法院递交了以海南省监察厅为被告的行政赔偿起诉状。原审原告诉称：1992 年 3 月 12 日被告海南省监察厅以琼监审〔1992〕2 号文件《关于给予孙德金同志行政处分的决定》给予原告开除处分。1999 年 3 月 12 日，原告接到中华人民共和国监察部监审复字〔1999〕2 号复核决定书，撤销被告对原告的开除处分决定。原告孙德金请求法院根据国家赔偿法[①]判令被告海南省监察厅赔偿其工资、奖金等损失人民币 855.26 万元。海口市中级人民法院受理原审原告的起诉后，于 1999 年 10 月 14 日作出了〔1999〕海中法行初字第 11 号行政裁定书。裁定认为，中华人民共和国监察部监审复字〔1999〕2 号复核决定书撤销了海南省监察厅给予孙德金行政开除处分的琼监审〔1992〕2 号处分决定和琼监审〔1997〕020 号复审决定，给予孙德金同志行政记过处分；原告对被告的行政开除处分造成的损失有权要求赔偿，但应由行政机关内部予以处理；原告为此向人民法院提起行政赔偿诉讼，不属人民法院受案范围。原审法院

[①] 如无特别说明，均指 1994 年国家赔偿法。

依照《行政赔偿规定》第二十一条第（六）项和第二十七条第二款的规定，裁定驳回孙德金的起诉。孙德金不服此裁定，向海南高院提出上诉。

孙德金不服原审裁定上诉称一审裁定错误。理由是：根据国家赔偿法第十三条行政先行原则，上诉人向被上诉人提出过赔偿申请，被上诉人未予答复，上诉人才被迫依法向原审法院提起行政赔偿诉讼；被上诉人作出的对上诉人开除处分的决定是具体行政行为，其给上诉人的经济、财产等造成了极大的损失；根据国家赔偿法第一条、第二条、《行政赔偿规定》第一条等规定，上诉人有取得国家赔偿的权利。国家赔偿法第五条并没有排除对违法的行政处分的损害后果请求赔偿的权利。按最高人民法院前述司法解释第二条、第五条及行政诉讼法第十一条第（八）项规定，本案属于人民法院受案范围。上诉人还称，根据最高人民法院前述司法解释第三十五条的规定，原审法院就本案下达行政裁定书是错误的。上诉人请求撤销一审裁定，将本案发回原审法院重审。

海南省监察厅答辩称：1992年3月12日，答辩人根据孙德金的违纪事实，依法作出对其开除处分的决定，由于当时孙德金同时被海南省人民政府劳动教养管理委员会决定劳动教养1年，在被提前解除劳动教养后不知去向，在长达4年多的时间里从未回过原单位提出安排工作的要求，直到1997年5月26日省安全厅有关部门领导偶然遇到他时，才将该决定送给他。1997年5月28日，孙德金向答辩人提出复审申请，10月13日，答辩人作出《关于对孙德金行政开除处分的复审决定》，维持原给予孙德金的行政开除处分。孙德金不服，向监察部申请复核，监察部于1999年2月23日作出监审复字〔1999〕2号复核决定书，认定孙德金违反规定兼职取酬的事实存在，应予处分；违反保密纪律、存放淫秽书画等物品以及与张某某发生性关系致张怀孕堕胎等问题是错误的，应予严肃批评教育；在海南中外资信发展公司领取1100元工资问题、与陈某两性关系问题，证据不足，不予认定，据此，将答辩人给予孙德金的行政开除处分变更为行政记过处分。纵观本案事实，不难看出：第一，孙德金作为省安全厅的国家公务员，属于答辩人的监察对象。对其违反行政纪律的行为，答辩人有权也有责任调查处理，不存在任何超越职权的问题。第二，孙德金确有行政违纪行为，对此，监察部的复核决定及海南省人民政府劳动教养管理委员会〔1992〕琼劳教字58号劳动教养决定书均明确予以确认。第三，监察部将答辩人给予孙德金的行政开除处分变更为行政记过处分，只能说明答辩人在对孙德金的违纪行为行使行政处分的自由裁量权过程中，存在处分偏重问题，而不能据此认定答辩人"违法行使职权"。第四，本案纯属行政监察机关对孙德金的行政处分引起的，因孙德金的行政处分变更而产生的善后处理问题，如工作的安排、工资的发放，均属行政机关的内部问题，也只有在行政机关内部才可以得到妥善处理。根据行政诉讼法第十二条第（三）项之规定，人民法院不受理对"行政机关对行政机关工作人员的奖惩、任免等决定"提起的诉讼。一审法院认定本案不属于人民法院的受案范围，并裁定驳回孙德金的起诉，是完全正确的。答辩人请求驳回孙德金的上诉，维持一审裁定。

本案合议庭评议后认为：原审法院以原审原告对原审被告的行政开除处分的赔偿要求应由行政机关内部予以处理、不属于人民法院受案范围为由裁定驳回原审原告的起诉，理由不能成立。理由是：第一，国家赔偿法第四条第（四）项规定了对行政机关及其工作人员在行使行政职权时"造成财产损害的其他违法行为"，受害人有取得赔偿的权利；该法第二章行政赔偿第三节赔偿程序规定了对前述违法行为申请赔偿直至提起诉讼的权利。《行政赔偿规定》第一条规定：国家赔偿法第三条、第四条规定的其他违法行为，包括具体行政行为和与行政机关及其工作人员行使行政职权有关的，给公民、法人或者其他组织造成损害的，违反行政职责的行为。该司法解释第四条第二款规定：赔偿请求人单独提起行政赔偿诉讼，须以赔偿义务机关先行处理为前提，赔偿义务机关逾期不予赔偿，赔偿请求人有权向人民法院提起行政赔偿诉讼。我国行政诉讼法第十二条虽然规定了公民、法人或者其他组织对"行政机关对行政机关工作人员的奖惩、任免等决定"提起的诉讼，人民法院不予受理，但我国有关国家赔偿的现行法律和司法解释的排除条款中，并没有关于对以行政处分违法侵害合法权益为由向法院单独提起行政赔偿诉讼的案件、法院不予受理或者驳回起诉的规定。本案原审原告孙德金所诉海南省监察厅作出的行政开除处分的决定，虽为内部行政行为，但属具体行政行为。原审原告孙德金以前述行政行为违法给其造成损失请求赔偿为由向法院起诉，根据上述法律及司法解释之规定，应属人民法院受案范围。第二，原审原告孙德金的起诉亦符合《行政赔偿规定》第二十一条所规定的其他条件，即原告具有请求资格、有明确的被告、有具体的赔偿请求和受损害的事实根据、加害行为为具体行政行为的该行为已被确认为违法（本案中监察部撤销了海南省监察厅对上诉人的开除处分决定，将海南省监察厅对孙德金的开除处分变更为记过处分，故符合此条件）、赔偿义务机关已先行处理或超过法定期限不予处理（本案上诉人的赔偿申请已通过邮电部门于1999年7月1日投递给海南省监察厅，海南省监察厅在2个月内未作处理）、属于受诉人民法院管辖、符合法律规定的起诉期限。因此，上诉人上诉理由成立，一审裁定应予撤销。据此，合议庭的一致意见为：本院应依照《贯彻意见》第77条之规定，作如下裁定：（一）撤销海口市中级人民法院〔1999〕海中法行初字第11号行政裁定；（二）发回海口市中级人民法院对本案重新审理。

海南高院审委会对本案讨论后一致意见为，应驳回孙德金的上诉，维持一审裁定。理由是：海南省监察厅对海南省安全厅干部孙德金开除处分的行为，属行政机关内部行为，根据行政诉讼法的规定，就此类行为起诉的案件，不属于人民法院行政诉讼受案范围。国家赔偿法及最高人民法院有关司法解释也没有规定可以对此类行为单独提起行政赔偿诉讼。因此，一审裁定驳回起诉正确，应予维持。

二、分析

本案争议焦点为涉及行政处分内容的行政监察行为是否属于内部行政行为。

监察机关是人民政府行使监察职能的机关，依照行政监察法[①]的规定对国家行政机关、国家公务员和国家行政机关任命的其他人员实施监察。根据监察对象不同，行政监察法确立了分级监察的体制。行政监察法第十五条规定，国务院监察机关对下列机关和人员实施监察：国务院各部门及其国家公务员；国务院及国务院各部门任命的其他人员；省、自治区、直辖市人民政府及其领导人员。第十六条规定，县级以上地方各级人民政府监察机关对下列机关和人员实施监察：本级人民政府各部门及其国家公务员；本级人民政府及本级人民政府各部门任命的其他人员；下一级人民政府及其领导人员。县、自治县、不设区的市、市辖区人民政府监察机关还对本辖区所属的乡、民族乡、镇人民政府的国家公务员以及乡、民族乡、镇人民政府任命的其他人员实施监察。行政监察法第十八条规定，监察机关为行使监察职能，履行下列职责："（一）检查国家行政机关在遵守和执行法律、法规和人民政府的决定、命令中的问题；（二）受理对国家行政机关、国家公务员和国家行政机关任命的其他人员违反行政纪律行为的控告、检举；（三）调查处理国家行政机关、国家公务员和国家行政机关任命的其他人员违反行政纪律的行为；（四）受理国家公务员和国家行政机关任命的其他人员不服主管行政机关给予行政处分决定的申诉，以及法律、行政法规规定的其他由监察机关受理的申诉；（五）法律、行政法规规定由监察机关履行的其他职责。"第二十四条规定，监察机关根据检查、调查结果，遇有下列情形之一的，可以作出监察决定或者提出监察建议："（一）违反行政纪律，依法应当给予警告、记过、记大过、降级、撤职、开除行政处分的；（二）违反行政纪律取得的财物，依法应当没收、追缴或者责令退赔的。对前款第（一）项所列情形作出监察

[①] 如无特别说明，均指 1997 年行政监察法。

决定或者提出监察建议的，应当按照国家有关人事管理权限和处理程序的规定办理。"也就是说，监察机关有权依据行政监察法的规定对包括公务员在内的监察对象实施监察，作出监察决定。

笔者认为，本案监察机关作出的开除处分行为，不属于人民法院行政诉讼受案范围。理由是：

第一，本案行政监察决定不属于行政诉讼法规定的行政行为。根据行政监察法第十五、十六条的规定，监察机关有权对政府和工作部门以及公务员实施监察。公务员法第二条规定，本法所称公务员，是指依法履行公职、纳入国家行政编制、由国家财政负担工资福利的工作人员。本案中，孙德金是省国家安全厅的国家公务员，属于监察机关的监察对象。对其违反行政纪律的行为，监察机关有权也有责任调查处理。监察机关是设立在行政机关系统内部的监督机构，其监察行为属于行政诉讼法和《若干解释》规定的"行政机关作出的涉及该行政机关公务员权利义务的决定"，不具有可诉性。有意见认为，本案中孙德金是国家安全厅的公务员，省监察厅作出的监察决定属于国家安全厅之外的其他行政机关作出的行为，具有外部性。且根据行政诉讼法第十二条第（三）项规定的行政机关"对其工作人员"是"对隶属于其的工作人员"之意。也就是说，只有国家安全厅的行政处分才不具有可诉性。我们认为，这种观点是不正确的，对于公务员的管理特别是涉及公务员权利义务的管理除了本行政机关之外还有设置在整个行政系统的监察机关。正因如此，行政诉讼法第六十五条第（三）项规定人民法院可以向该行政机关的上一级行政机关或者监察、人事机关提出司法建议。监察和人事机关都是行政机关及其工作人员的内部管理机关。

第二，行政赔偿针对的行政行为是外部行政行为，而非内部行政行为。国家赔偿法第二条规定，国家机关和国家机关工作人员行使职权，有本法规定的侵犯公民、法人和其他组织合法权益的情形，造成损害的，受害人有依照本法取得国家赔偿的权利。在国家赔偿法第二章第一节赔偿范围的规定中，行政机关及其工作人员行使职权侵犯公民、法人或者其他组织人身权、财产权，造成损害的，受害人有权获得行政赔偿。也就是说，行政赔偿的前提是行政机关针对行政相对人作出（或者不作出）行政行为造成损害，双方之间形成了外部行政法律关系。国家赔偿法使用的"行政机关"和"公民、法人或者其他组织"等法律概念，清晰表明了两者之间必须有外部法律关系。有观点认为，国家赔偿法第四条第（四）项规定的行政机关及其工作人员在行使行政职权时"造成财产损害的其他违法行为"，包括了内部行政行为，受害人有取得赔偿的权利。这种观点也是不正确的。"其他违法行为"也应当是行政行为，包括行政法律行为和行政事实行为，但是不包括内部行政处分。

第三，行政监察决定撤销不等于可以就监察决定申请国家赔偿。本案中，监察决定被撤销，但是该撤销决定属于行政系统内部的监督处理决定，是行政自我监督的一种方式。行政监察决定的撤销，只能表明申诉的监察决定可能存在错误，应当由下级监察机关予以变更或者撤销，不能认为该监察决定违法性已经被确认，从而可以申请国家赔偿。

第四，行政监察决定的救济具有内部性。行政监察法第三十九条规定，对主管行政机关作出的行政处分决定或者行政处分的复核决定不服的，可以向该主管行政机关同级的监察机关提出申诉。也就是说，对于行政监察机关作出的行政处分行为不服的，被监察对象可以通过申诉途径予以救济，不能向人民法院提起行政诉讼。

据此，2000年11月1日，最高人民法院作出《对孙德金诉海南省监察厅行政赔偿一案应否驳回上诉的请示的答复》（行他〔2000〕3号）："海南省高级人民法院：你院〔1999〕琼行终字第12号《关于孙德金诉海南省监察厅行政赔偿一案应否驳回上诉的请示报告》收悉。经研究，原则同意你院审判委员会的意见，即：本案监察机关作出的开除处分行为，不属于人民法院行政诉讼受案范围。"

三、应当注意的问题

值得注意的是，监察机关作出的行为并非全部属于行政处分行为。本答复针对的仅仅是监察机关对被监察人员作出给予行政处分的监察决定。对于监察决定中不涉及行政处分的行为，应当具体分析。根据行政监察法第二十四条的规定，监察决定适用于两种情形：违反行政纪律，依法应当给予警告、记过、记大过、降级、撤职、开除行政处分的；违反行政纪律取得的财物，依法应当没收、追缴或者责令退赔的。对第一种情形作出监察决定或者提出监察建议的，应当按照国家有关人事管理权限和处理程序的规定办理。但是，对于第二种情形没有规定适用何种程序。对于责令没收、追缴、责令退赔的监察决定不服的，是否可以提起行政诉讼？有观点认为，行政机关对公务员作出没收、追缴或者责令退赔的行政处理的前提是公务员有违反行政纪律的行为，并因此获得财物。行政机关只有经过检查、调查，确定了公务员存在违反纪律的行为并且因此取得财物时，才能作出没收、追缴或者责令退赔的决定，对于该决定，人民法院不予受理。笔者认为，对于不涉及行政处分的行政监察决定，因其可能涉及相对人的合法权益和外部行政法律关系，应当作进一步的具体研究，不能一概而论。

14. 当事人对行政机关作出的全民所有制工业企业分立的决定不服提起诉讼人民法院应当作为行政案件受理
——《最高人民法院关于当事人对行政机关作出的全民所有制工业企业分立的决定不服提起诉讼人民法院应作为何种行政案件受理问题的复函》解读

1994年6月27日　　　　　　　　　　　　法函〔1994〕34号

一、问题的提出

山西省运城地区彩印服务总公司因不服运城地区行政公署商业局对其作出的关于企业分立的决定，向法院提起行政诉讼。运城地区中级人民法院于1994年1月11日作出终审判决，以"不属法律、法规规定的可向人民法院提起诉讼的侵犯经营自主权行为"为由，撤销了一审原判，并驳回原告的诉讼请求。运城地区彩印服务总公司向山西省高级人民法院提出再审申请。山西高院审委会对当事人因不服行政机关作出的关于企业分立的决定而起诉的，应否作为侵犯企业经营自主权的案件予以受理，存在以下分歧意见：

第一种意见认为，根据全民所有制工业企业法第十八条和《全民所有制工业企业转换经营机制条例》（以下简称《条例》）第四十二条第（四）项的规定，决定企业分立是政府及其职能部门的职责，是政府在实施宏观调控过程中对所属企业进行组织结构调整的行为，不属企业享有的经营自主权，即使不当，也构不成对企业经营自主权的侵犯，应依照《条例》第四十七条的规定，经当事人申诉后，由上级行政机关责令改正，法院受理此案无法律依据。

第二种意见认为：根据《条例》第三十五条的规定，政府及有关部门对企业的分立只享有"批准权",若违反企业分立的程序,采取行政手段强行将企业的分支机构分立出来,必然导致企业失去对合法取得的部分国家财产享有的经营管理权。这种行为是侵犯企业经营管理权的行为。《条例》第四十七条第一款第(十一)项规定:"未依照法定程序和条件,阻止或者强迫企业进行组织结构调整的",政府及有关部门应承担相应的法律责任。根据《条例》第二十二条第二款的规定和参照山西省政府制订的《山西省全民所有制工业企业转换经营机制实施办法》第三十七条的规定,企业对此不服,既可向上级行政机关或监察部门申诉,也可直接向法院起诉,当事人起诉的,法院作为侵犯企业经营自主权的行政案件受理。

第二种意见为倾向性意见。

二、分析

本案涉及的是政府对全民所有制企业作出的分立决定是否属于侵犯企业经营自主权的行为。我们认为,该案中被诉行政行为属于侵犯企业经营自主权的行为,理由是:

第一,政府对企业分立合并的批准权不等于政府可以作出企业分立合并的决定。法律和法规规定了政府对于企业合并分立的批准权。例如,全民所有制工业企业法第十八条规定:"企业合并或者分立,依照法律、行政法规的规定,由政府或者政府主管部门批准。"《条例》第四十二条第(四)项规定,决定或者批准企业的资产经营形式和企业的设立、合并(不含兼并)、分立、终止、拍卖,批准企业提出的被兼并申请和破产申请是政府及其有关部门的职责。但是,政府拥有批准权不等于政府可以完全按照自己意志强行合并或者分立。企业的分立合并必须建立在平等协商的基础上。例如,《条例》第三十五条规定:"经政府批准,企业可以分立。企业分立时,应当由分立各方签订分立协议,明确划分分立各方的财产和债权债务等。"国务院经济贸易办公室和国家经济体制改革委员会《关于全民所有制工业企业实行产品结构和组织结构调整的决定》(1993年3月26日,国经贸企〔1993〕161号)规定,凡产品不符合国家产业政策,严重滞销;经营管理混乱,严重亏损;缺少资金,无力转产的企业,经政府决定或批准,并经合并各方充分协商,订立合并协议后实行合并。企业兼并,应由兼并与被兼并企业充分协商,达成协议,自主决定。也就是说,只有在尊重企业自主权的基础上,各方订立协议后,经政府批准后企业可以分立合并,而非政府直接以自己意志强行对企业进行分立合并。

第二,政府作出的企业分立决定侵犯了法律法规规定的经营自主权。法律法规明确规定了企业的经营自主权。全民所有制工业企业法第二条规定："全民所有制工业企业（以下简称企业）是依法自主经营、自负盈亏、独立核算的社会主义商品生产和经营单位。""企业的财产属于全民所有，国家依照所有权和经营权分离的原则授予企业经营管理。企业对国家授予其经营管理的财产享有占有、使用和依法处分的权利。""企业依法取得法人资格，以国家授予其经营管理的财产承担民事责任。"第五十八条规定："任何机关和单位不得侵犯企业依法享有的经营管理自主权；不得向企业摊派人力、物力、财力；不得要求企业设置机构或者规定机构的编制人数。"《中共中央、国务院关于认真贯彻执行〈全民所有制工业企业转换经营体制条例〉的通知》（1992年10月15日）中强调："转换企业经营机制的重点是落实企业经营性自主权。各级政府要遵照《条例》的有关规定，不折不扣地把经营自主权下放给企业，使企业真正成为自主经营、自负盈亏、自我发展、自我约束的商品生产者和经营者。要加强法制观念，对侵犯企业经营自主权的行为，上级政府要按照《条例》规定追究有关部门和人员的法律责任，确保企业经营自主权真正落实到企业。"在本案中政府无视企业分立的程序，采取行政手段强行将企业的分支机构分立出来，导致企业失去对合法取得的部分国家财产享有的经营管理权，该行为是侵犯企业经营管理权的行为。

第三，对于非法撤并企业的行为，法律法规都明确了相应的法律责任。针对前述政府非法撤并企业的行为，法律法规明确其违法性，并规定了相应的法律责任。全民所有制工业企业法第六十一条规定："政府和政府有关部门的决定违反本法第五十八条规定的，企业有权向作出决定的机关申请撤销；不予撤销的，企业有权向作出决定的机关的上一级机关或者政府监察部门申诉。接受申诉的机关应于接到申诉之日起三十日内作出裁决并通知企业。"《条例》第三十一条规定："企业可以通过转产、停产整顿、合并、分立、解散、破产等方式，进行产品结构和组织结构调整，实现资源合理配置和企业的优胜劣汰。"第四十七条规定："政府有关部门违反本条例，有下列行为之一的，上级机关应当责令其改正；情节严重的，由同级机关或者有关上级机关对主管人员和直接责任人员，给予行政处分，构成犯罪的，由司法机关依法追究刑事责任；……（十一）未依照法定程序和条件，阻止或者强迫企业进行组织结构调整的；……"《山西省全民所有制工业企业转换经营机制实施办法》第三十七条规定："政府主管部门违反《条例》和本办法，有《条例》第四十七条以及未经企业同意擅自变更未到期承包合同行为之一的，企业或企业负责人可向负责实施本办法的部门反映，要求调解；十日内得不到解决的，可向上级机关或监察部门投诉。上级机关或监察部门按到投诉后，应在三日内作出是否受理的决定，并根据情节在三十日内作出如下处理，并将处理结果通知投诉人：（一）情节轻微的，责令其限期改正。（二）情节严重或没有在规定期限内改正的，按干部管理权限对主要负责人和直接责任人给予行政处分。触犯法律的，由司法机关依法追究法律责任。对侵犯企业合法权益的行为，企业也可依法直接向人民法院起诉。"因此，人民法院受理该类行政案件有着充分的法律依据。

1994年6月27日，最高人民法院作出《关于当事人对行政机关作出的全民所有制工业企业分立的决定不服提起诉讼人民法院应作为何种行政案件受理问题的复函》（法函〔1994〕34号）。复函的内容是："山西省高级人民法院：你院〔1994〕晋法行字第14号请示收悉。经研究，我们认为，根据《中华人民共和国全民所有制工业企业法》第二条第二款、《全民所有制工业企业转换经营机制条例》第六条和《中华人民共和国行政诉讼法》第十一条第一款第（三）项的规定，当事人对行政机关强行作出的关于全民所有制工业企业分立的决定不服，依法向人民法院提起行政诉讼的，人民法院应作为'侵犯法律规定的经营自主权'的行政案件受理。"

三、应当注意的问题

在适用本答复时，有以下三个问题需要注意：

（一）关于案由竞合情形下如何确定案由的问题

在司法实践中，是否按照"侵犯法律规定的经营自主权"行政案件立案受理可能存在一些争议，可能出现适用行政诉讼法第十一条相关条款的竞合问题。例如，有的行政机关通过采取罚款、没收财产等行政处罚干涉企业经营行为，有的行政机关采取查封、扣押等行政强制措施干涉企业经营行为，有的行政机关对企业的乱摊派行为，既侵犯了企业的经营自主权，也是违法要求企业履行义务的行为。这种情况实际上是由于行政诉讼法的立法技术造成的，在受案范围的肯定列举中，行政处罚和行政强制措施是按照行政行为的类型规定的，而认为行政机关违法要求履行义务是按照赋权或者课以义务来划分的。这些违法行为分别符合行政诉讼法第十一条规定的"对拘留、罚款、吊销许可证和执照、责令停产停业、没收财物等行政处罚不服的""对限制人身自由或者对财产的查封、扣押、冻结等行政强制措施不服的""认为行政机关违法要求履行义务的"等情形。不同的情形分属不同的案由，而不同的案由可能导致法院审查对象和审查重点有所不同。例如，企业如果对非法干预经营的行政处罚行为不服，法院将审查行政处罚是否有法律依据、行政处罚主体是否适格、处罚程序是否合法等等；企业如果对非法摊派的行为不服，法院将审查企业是否有相应的容忍义务、行政机关是否具有课以义务的相应行政职权等；企业如果对侵犯企业经营自主权的行为不服，法院将审查企业是否具有法定的经营自主权、行政机关的行为是否违反有关企业经营自主权的保护性法律等。我们认为，在确定具体案由时，应当将原告的诉讼请求和行政行为合法性结合考虑。如果原告已经选择"行政处罚"等具体的案由，法院可以在说明法院审理重点等内容的情况下，尊重原告的选择，可以不以侵犯企业经营自主权立案；如果原告没有选择具体案由，法院可以依照案件的具体情况确定案由；如果法院经初步审查认为，采取某一特定案由更有利于保护原告合法权益，应当按照有利于原告的原则确定案由。

（二）关于被行政机关强行变更、终止、合并、分立的原企业是否具有原告资格

行政诉讼法第二十四条第三款规定："有权提起诉讼的法人或者其他组织终止，承受其权利的法人或者其他组织可以提起诉讼。"但该款规定没有明确被终止的企业不服行政机关的终止决定，能否以原企业名义提起行政诉讼的问题。我们认为，原企业应当具有原告资格。理由是：第一，行政诉讼法和相关法律法规已经明确将侵犯企业经营自主权的行政行为纳入到行政诉讼受案范围。根据民法通则、合同法等相关民事法律的规定，对于企业是否变更、终止、合并、分立，完全属于企业经营自主权。行政机关侵犯该种权利的，应当接受人民法院的司法监督。第二，行政诉讼法第十一条第一款规定，人民法院保障行政相对人的人身权和财产权。行政机关决定变更、合并、分立或者终止的，侵犯企业经营自主权的实质是侵犯了企业的人身权（包括人格权和身份权）和财产权，应当属于人民法院受案范围。第三，对于被行政机关强行变更、终止、合并、分立的原企业来说，如果不赋予其原告资格，实际上导致行政机关的违法行为无人或者鲜有人提起行政诉讼，可能导致行政诉讼法和相关法律法规的立法目的实际落空，这显然不利于深化国家经济体制改革，更不利于现代企业制度的建立。第四，行政诉讼法第二十四条第三款只是明确了承受其权利的法人或者其他组织"可以"提起诉讼，并没有否定原企业的原告资格。对于行政诉讼法第二十四条第三款的规定不能作狭义理解。据此，《若干解释》第十七条规定，非国有企业被行政机关注销、撤销、合并、强令兼并、出售、分立或者改变企业隶属关系的，该企业或者其法定代表人可以提起诉讼。该司法解释仅仅规定了非国有企业，没有回答国有企业或者其法定代表人是否可以提起诉讼的问题。在司法实务中，对于这一问题主要有两种意见：

一种意见认为，国有企业与其他企业应享有同样的诉讼权利。理由是：

第一,在企业改制过程中,国有企业被强行合并、强令兼并等等行为实际上是侵犯了企业的经营自主权。国有企业当然可以以此为理由提起行政诉讼。本批复也规定,当事人对行政机关强行作出的关于全民所有制工业企业分立的决定不服,依法向人民法院提起行政诉讼的,人民法院应作为"侵犯法律规定的经营自主权"的行政案件受理。第二,国有企业与行政机关上述纠纷不属于民事纠纷,不应当通过民事诉讼来解决。最高人民法院司法解释明确,因政府及其所属主管部门在对企业国有资产调整、划转过程中引起相关国有企业之间的纠纷,应由政府或所属国有资产管理部门处理。国有企业作为当事人向人民法院提起民事诉讼的,人民法院不予受理。当事人不服政府及其所属主管部门依据有关行政法规作出的调整、划转企业国有资产决定,向人民法院提起行政诉讼,凡符合法定起诉条件的,人民法院应予受理。①

另一种意见认为,国有企业不能提起诉讼。理由是:其一,国有企业与政府的关系具有特殊性,因为国有企业实质上都是政府的,政府与国有企业的关系,往往涉及资产所有者与经营者的关系,这种关系是用公司法调整还是用行政法来调整,是应由公法调整还是应由私法调整,还需进一步研究。其二,国有企业在改制过程中涉及的关系比较复杂,引发的社会问题也比较突出,尤其涉及职工安置问题时往往很难处理。其三,我国的国有企业还实行党管干部的制度,对企业人员的管理还是按照国家机关工作人员或者事业单位的人员来进行的。有些大型国有企业,还是由党委决定其法定代表人的人选,如果仅仅靠法院的审判,人事任免问题和对职工的安置问题,处理起来都比较困难。其四,最高人民法院的司法解释中,对于国有企业免去或者变更厂长经理职务的事项认定为人事任免争议,人民法院不予受理。例如,《最高人民法院关于企业经营者依企业承包经营合同要求保护其合法权益的起诉人民法院应否受理的批复》(1991年8月13日,法〔经〕复〔1991〕4号)。因此主张涉及国有企业方面的上述问题暂时不宜纳入行政诉讼的受案范围。

当前,政府和国有企业的关系还需进一步研究。两者的关系在许多情况下是管理者与被管理者的关系、监督与被监督的关系,是行政机关与相对人的关系,如治安处罚、消防之类,国有企业对涉及这一类关系的行为当然可以提起行政诉讼。改变企业隶属关系往往也涉及政府对企业的行为到底是私法还是公法上的行为的问题,还涉及政策问题。是否纳入行政诉讼的调整范围,还需要进一步研究。

---

① 《最高人民法院关于因政府调整划转企业国有资产引起的纠纷是否受理问题的批复》(法复〔1996〕4号)。

我们认为，行政诉讼法在确定受案范围或者原告资格时并没有作出国有或非国有企业的限定，从建立社会主义法治国家，为行政相对人提供充分救济的角度看，国有企业应当一视同仁地受到保护。从理论上说，国有企业对行政机关的上述行政行为是可以提起行政诉讼的。但是国有企业问题在我国是一个很特殊的问题，由于过去计划经济体制影响，政府与国有企业之间关系在很大程度上类似于公司的董事与经理之间的关系，这种关系与纯粹的行政管理关系有所差别，在目前我国国有企业进行改制过程中，政府的这种行政行为具有相当的复杂性，处理起来难度很大。因此，还需要从政策上进行权衡，对这类案件作进一步研究。

（三）关于界定资产产权决定的可诉性问题

司法实践中，在地方政府及其所属主管部门对一些企业国有资产以改变隶属关系或者分设新企业等方式进行调整、划转之后，出现了企业不服政府及其所属主管部门的决定，要求收回已被调整、划转资产的纠纷。企业如果对国有资产产权决定不服的，是否可以提起行政诉讼，存在着不同的意见。

根据《条例》的规定，所谓的企业国有资产，是指国家对企业各种形式的投资和投资所形成的权益，以及依法认定为国家所有的其他权益。所谓产权，是指财产所有权以及与财产所有权有关的经营权、使用权等财产权，不包括债权。所谓产权界定，是指国家依法划分财产所有权和经营权、使用权等产权归属，明确各类产权主体行使权利的财产范围及管理权限的一种法律行为。国有资产管理部门是国有资产的管理机关，具有产权登记权、界定权和处理国有资产纠纷权，国有资产管理部门应会同有关部门负责组织实施产权界定工作。中华人民共和国是国有资产所有权的唯一主体，国务院代表国家行使国有资产的所有权，国家对国有资产实行分级分工管理，国有资产分级分工管理主体的区分和变动不是国有资产所有权的分割和转移。根据有关的法律法规，没有法律依据归属于集体、个人或者外国政府、法人、公民所有的财产均属于国有资产，以下以全民所有制企业和集体所有制企业为例说明。

对于全民所有制企业而言，下列投资形成的资产属于国有资产：（1）有权代表国家投资的部门和机构以货币、实物和所有权属于国家的土地使用权、知识产权等向企业投资，形成的国家资本金；（2）全民所有制企业运用国家资本金及在经营中借入的资金等所形成的税后利润经国家批准留给企业作为增加投资的部分以及从税后利润中提取的盈余公积金、公益金和未分配利润等；（3）以全民所有制企业和行政事业单位（以下统称全民单位）担保，完全用国内外借入资金投资创办的或完全由其他单位借款创办的全民所有制企业，其收益积累的净资产；(4) 全民所有制企业接受馈赠形成的资产；(5) 在实行《企业财务通则》《企业会计准则》之前，全民所有制企业从留利中提取的职工福利基金、职工奖励基金和"两则"实行后用公益金购建的集体福利设施而相应增加的所有者权益；(6) 全民所有制企业中党、团、工会组织等占用企业的财产，不包括以个人缴纳党费、团费、会费以及按国家规定由企业拨付的活动经费等结余购建的资产。

集体所有制企业国有资产具有一定的特殊性。根据《集体企业国有资产产权界定暂行办法》的规定，所谓集体企业国有资产产权界定，是指国家依法划分和认定存在于集体所有制企业中国有资产的所有权归属，并明确国家作为所有者对这部分国有资产行使权利的财产范围和管理权限的一种法律行为。集体企业国有资产的界定主要包括如下情形：第一，全民所有制企业、事业单位、国家机关等（以下简称全民单位）投资或创办的集体企业，以及虽不隶属于全民单位，但全民单位实际以货币、实物、无形资产等给予扶持和资助的集体企业国有资产所有权界定，依下列办法处理：(1) 全民单位以货币、实物和所有权属于国家的土地使用权、知识产权等独资创办的以集体所有制名义注册登记的企业单位，其资产所有权界定按对国有企业产权界定规定办理。但依国家有关国有资产管理法律、法规规定或协议约定并经国有资产管理部门认定的属于无偿资助的除外。(2) 新建的企业，开办资金完全由全民单位以银行贷款及借款形式筹措，生产经营以集体性质注册的，其资产产权界定比照前款规定。(3) 全民单位用国有资产在集体企业中的投资及按照投资份额（或协议约定）应取得的资产收益界定为国有资产。(4) 全民单位以资助、扶持等多种形式向集体企业投入资金或设备，凡投入时没有约定是投资或债权关系的，一般应视同投资性质。如有争议，可由双方协商，重新确定法律关系并补办有关手续，协商不成的，由国有资产管理部门会同有关部门进行界定。但下列情况不作为投资关系：凡属于1979年以前投入的，可视同垫支借用性质；凡集体企业已按期支付折旧等费用，可视同租用关系处理。第二，集体企业在发展过程中，使用银行贷款、国家借款等借贷资金形成的资产，全民单位只提供担保的，不界定为国有资产。但履行了连带责任的，全民单位应予追索清偿。集体企业确实无力按期归还的，经双方协商可转为投资。转为投资的部分界定为国有资产。第三，集体企业依据国家统一的法律、法规和政策享受减免税优惠而形成的资产，不界定为国有资产。集体企业在开办初期或发展过程中，享受国家特殊减免税优惠政策，凡在执行政策时与国家约定其减免税部分为国家扶持基金并实行专项管理的，界定为扶持性国有资产，单独列账反映。集体企业享受国家税前还贷和以税还贷等特殊优惠政策而形成的资产，其中国家税收应收未收部分，界定为扶持性国有资产,单独列账反映。第四,集体企业无偿占用城镇土地的,其土地所有权属于国有,企业可以有偿使用,经界定后单列入账。第五,集体企业中的下列资产,不界定为国有资产:(1)国家以抚恤性质拨给残疾人福利企业的实物和资金等形成的资产;(2)全民单位在劳动就业服务企业开办时拨给的闲置设备等实物资产;(3)全民单位所属人员将属于自己所有的专利、发明等带给集体企业所形成的资产;(4)明确约定为借款或租赁性质支持集体企业发展而形成的资产;⑤其他经认定不属国有的资产。

对于国有资产产权纠纷案件,人民法院是否应当受理,有两种不同意见。一种意见认为,国有资产产权纠纷案件属于政策调整行为,并非真正的法律行为,人民法院不宜受理。第二种意见,包括国有资产产权界定行为在内的国有资产产权纠纷,人民法院应当依法受理。理由是,国有资产产权纠纷涉及国家、集体或者其他组织的重大经济利益,必须依法通过司法途径予以保护。最高人民法院就国有资产纠纷出台了相应的司法解释。主要包括两个方面的内容:一是对于因政府及其所属主管部门在对企业国有资产调整、划转过程中引起相关国有企业之间的纠纷,应由政府或所属国有资产管理部门处理。国有企业作为当事人向人民法院提起民事诉讼的,人民法院不予受理。二是当事人不服政府及其所属主管部门依据有关行政法规作出的调整、划转企业国有资产决定,向人民法院提起行政诉讼,凡符合法定起诉条件的,人民法院应予受理。① 这一司法解释将国有资产产权纠纷分为国有企业之间的产权纠纷和行政机关针对国有资产的决定两种情形,明确了对于后一类行政案件由于涉及企业的经营自主权,应当纳入到行政诉讼的受案范围。

此外,最高人民法院还就国有资产产权管理行政案件管辖问题作了专门的规定。即当事人因国有资产产权界定行为提起行政诉讼的,应当根据不同情况确定管辖法院。产权界定行为直接针对不动产作出的,由不动产所在地人民法院管辖。产权界定行为针对包含不动产在内的整体产权作出的,由最初作出产权界定的行政机关所在地人民法院管辖;经过复议的案件,复议机关改变原产权界定行为的,也可以由复议机关所在地人民法院管辖。②

此外,还有一个值得注意的问题是,国家国有资产管理局《关于国有资产产权纠纷调处工作有关政策问题的通知》(1998年2月1日,国资法规发〔1998〕1号)中称:"产权纠纷当事人对国有资产管理部门作出的行政裁决不服的,应按本《通知》第四条的规定办理(即当事人对本级国有资产管理

---

① 《最高人民法院关于因政府调整划转企业国有资产引起的纠纷是否受理问题的批复》(法复〔1996〕4号)。

② 《最高人民法院关于国有资产产权管理行政案件管辖问题的解释》(法释〔2001〕6号)。

部门作出的产权纠纷裁决不服的，应首先向上一级国有资产管理部门申请行政复议）。如向人民法院提起行政诉讼而法院又受理的，国有资产管理部门应积极应诉，主动向人民法院阐明国家有关规定及作出裁决的依据，接受人民法院的监督。"这一规定设立的行政复议前置与行政复议法的相关规定相冲突，应当不予参照适用。

当然，随着市场经济的逐步推进，今后政府对于国有企业的干预模式主要包括宏观的政策引导和行政指导行为，通过国有企业的职工代表大会、股东代表大会或者董事会才能实现。因此，政府对界定国有资产产权等决定将越来越少，对企业的干预主要体现为宏观指导或者间接作用，从这个意义上来讲，政府的行为是否构成可诉的行政行为不无疑问，也将会呈现更加复杂的态势，需要根据案件的具体情况予以判断。

15. 刑事搜查等专门调查行为不可诉
——《最高人民法院行政审判庭关于公安机关未具法定立案搜查手续对公民进行住宅人身搜查被搜查人提起诉讼人民法院可否按行政案件受理问题的电话答复》解读

1991 年 6 月 18 日

一、问题的提出

四川省某公安机关,接到群众和单位被盗的报案后,没有立案,也没有合法的搜查手续,在没有掌握任何证据的情况下,即对作案怀疑对象的住宅、人身进行搜查。被搜查人以公安机关非法搜查侵犯住宅、人身权利为由向法院提起诉讼,要求公安机关恢复名誉,消除影响。对此类诉讼,法院可否按行政案件受理,四川省高级人民法院审委会在讨论中产生两种意见:

第一种意见认为,不属于行政诉讼受案范围。这种搜查住宅、人身的行为,虽然不符合法定手续,但仍属于刑事侦查措施,不属于行政诉讼法调整的范围,应告知被搜查人向其上级公安机关反映解决,或者向检察机关提出控告,人民法院不应按行政案件受理。

第二种意见认为,属于行政诉讼受案范围。刑事侦查措施应当按照刑事诉讼法的规定采取,公安机关既未依法立案,又未具备合法搜查手续,即对公民的住宅、人身进行搜查,侵犯了公民的人身权利,根据行政诉讼法第十一条第一款第(八)项的规定,行政机关及其工作人员在执行职务中侵犯了公民的人身权、财产权,应当属行政案件的受案范围,人民法院应按行政案件受理。在判决方式上,可宣告公安机关搜查违反刑事诉讼法的规定,造成对公民名誉权的损害,责令公安机关赔礼道歉,恢复名誉,消除影响。如果搜查中造成公民人身伤害和财产损失的,应按行政侵权赔偿一并审理。

第一种意见为倾向性意见。

二、分析

本请示案件涉及包括搜查在内的公安机关的刑事侦查行为是否可以通过行政诉讼予以救济的问题。

（一）侦查行为的概念和特征

公安机关既按照治安管理处罚法等行政管理法律、法规承担行政管理职责，也按照刑事诉讼法等法律承担刑事侦查职能。2012年刑事诉讼法第三条规定，对刑事案件的侦查、拘留、执行逮捕、预审，由公安机关负责。第十八条第一款规定，刑事案件的侦查由公安机关进行，法律另有规定的除外。第一百零六条第（一）项规定，"侦查"是指公安机关、人民检察院在办理案件过程中，依照法律进行的专门调查工作和有关的强制性措施。一般认为，公安机关的侦查行为是指公安机关在刑事案件立案后，依照刑事诉讼法等相关法律进行的专门调查工作和采取的强制措施。

侦查行为一般具有如下特征：

1. 刑事目的性。侦查行为的直接目的是为了查明犯罪事实，查获犯罪嫌疑人，证实罪与非罪，揭露犯罪，证实犯罪。侦查并非一种单纯的探求事实真相的活动，其主要目的在于通过认定犯罪嫌疑人、被告人有罪或者无罪、罪轻或者罪重等，从而实现准确适用和执行法律。也就是说，侦查的目的包括收集证据和查获犯罪嫌疑人两个方面，进而调查和确认犯罪事实是否存在以及刑事责任的大小。侦查行为不能用来调查和处理行政案件和民事案件，否则构成对国家权力的滥用和对公民合法权益的侵犯。[①]

2. 法律授权性。侦查行为的种类及其实施都必须有刑事诉讼法的明确规定。根据刑事诉讼法的规定，侦查活动包括专门调查工作和强制性措施两个方面。前者包括讯问犯罪嫌疑人、询问被害人、询问证人、勘验、检查、辨认、鉴定等；后者主要包括拘传、取保候审、监视居住、拘留和逮捕等强制措施，还包括为了配合收集证据材料和查获犯罪嫌疑人而使用的强制性的专门手段，如搜查、扣押物证、书证、通缉等。如果公安机关违反法律授权性，实施刑事诉讼法授权以外的行为，违反法律明确列举的行为种类、适用条件、适用对象，一般不能认定为侦查行为。

3. 程序法定性。侦查活动是一种专业性非常强的、艰巨而复杂的工作，

[①] 陈朴生：《刑事诉讼法专题研究》，台湾地区三民书局1985年版，第123页。

必须有严格的法定程序作为保证。侦查措施所具有的强制性和公权力性极容易侵犯犯罪嫌疑人、被告人的合法权益。即使是强制力最轻微的询问证人、被害人等也会对相对人的权益造成一定的损害，影响相对人的正常生活，甚至侵犯当事人的隐私。此外，侦查阶段收集的证据是审查起诉和法庭审判的基础，没有程序保证的侦查行为必然出现纰漏和错误。因此，公安机关实施侦查行为的步骤、方式、方法等必须严格依照法律的规定。

4. 主体特定性。为了防止侦查权被滥用，现代国家普遍规定只有警察、检察等法定机关才有权进行侦查活动。根据刑事诉讼法的规定，侦查行为必须由公安机关、国家安全机关、检察机关、军队保卫部门和监狱等法定的国家机关行使，其他任何机关、团体和个人都无权侦查。擅自进行侦查活动的，属于应当受到法律制裁的违法行为。

（二）刑事侦查行为的具体样态

在刑事诉讼法学上，侦查行为一般被分为任意性侦查行为和强制性侦查行为。前者是指无需采取强制手段，无须对相对人采取限制、剥夺权利的措施，通过相对人自愿配合实施的侦查措施；后者是相对于强制性侦查行为而言的，是指采用强制性手段，对相对人的权利只有予以剥夺、限制的侦查措施。对于前者，侦查机关在收集犯罪证据、查获犯罪嫌疑人时，应当遵循最小侵害原则，尽可能减少对相对人合法权益的损害；对于后者，侦查机关应当遵循法定原则，即侦查行为必须有法律的明确授权，必须在法律授权的范围内，依照法定程序实施。根据刑事诉讼法的规定，刑事侦查行为主要包括专门调查工作和强制性措施两个方面，以下分述之：

1. 专门调查工作

（1）讯问犯罪嫌疑人。讯问犯罪嫌疑人是指侦查机关以言词方式，依照法定程序就案件事实和其他有关情况，对犯罪嫌疑人进行讯问的侦查行为。讯问犯罪嫌疑人必须由人民检察院或者公安机关的侦查人员进行。讯问的时候，侦查人员不得少于2人。犯罪嫌疑人被送交看守所羁押以后，侦查人员对其进行讯问，应当在看守所内进行。对不需要逮捕、拘留的犯罪嫌疑人，可以传唤到犯罪嫌疑人所在市、县内的指定地点或者到他的住处进行讯问，但是应当出示人民检察院或者公安机关的证明文件。对在现场发现的犯罪嫌疑人，经出示工作证件，可以口头传唤，但应当在讯问笔录中注明。传唤、拘传持续的时间不得超过12小时；案情特别重大、复杂，需要采取拘留、逮捕措施的，传唤、拘传持续的时间不得超过24小时。不得以连续传唤、拘传的形式变相拘禁犯罪嫌疑人。传唤、拘传犯罪嫌疑人，应当保证犯罪嫌疑人的饮食和必要的休息时间。

(2) 询问证人。询问证人是指侦查机关以言词方式,就案件有关情况向证人调查和了解的一种侦查行为。侦查人员询问证人,可以在现场进行,也可以到证人所在单位、住处或者证人提出的地点进行,在必要的时候,可以通知证人到人民检察院或者公安机关提供证言。在现场询问证人,应当出示工作证件,到证人所在单位、住处或者证人提出的地点询问证人,应当出示人民检察院或者公安机关的证明文件。询问证人应当个别进行。

(3) 勘验、检查。勘验、检查是指侦查机关对与犯罪有关的场所、物品、实体、人身等进行实地勘验或者检查,以便发现、搜集、固定犯罪活动遗留下来的各种痕迹和物品的侦查行为。侦查人员对于与犯罪有关的场所、物品、人身、尸体应当进行勘验或者检查。在必要的时候,可以指派或者聘请具有专门知识的人,在侦查人员的主持下进行勘验、检查。任何单位和个人,都有义务保护犯罪现场,并且立即通知公安机关派员勘验。侦查人员执行勘验、检查,必须持有人民检察院或者公安机关的证明文件。对于死因不明的尸体,公安机关有权决定解剖,并且通知死者家属到场。为了确定被害人、犯罪嫌疑人的某些特征、伤害情况或者生理状态,可以对人身进行检查,可以提取指纹信息,采集血液、尿液等生物样本。犯罪嫌疑人如果拒绝检查,侦查人员认为必要的时候,可以强制检查。检查妇女的身体,应当由女性工作人员或者医师进行。勘验、检查的情况应当写成笔录,由参加勘验、检查的人和见证人签名或者盖章。人民检察院审查案件的时候,对公安机关的勘验、检查,认为需要复验、复查时,可以要求公安机关复验、复查,并且可以派检察人员参加。为了查明案情,在必要的时候,经公安机关负责人批准,可以进行侦查实验。侦查实验的情况应当写成笔录,由参加实验的人签名或者盖章。进行侦查实验,禁止采取一切足以造成危险、侮辱人格或者有伤风化的行为。

(4) 搜查。搜查是指侦查机关依法对犯罪嫌疑人或者可能隐藏罪犯、犯罪证据的人的身体、物品、住处和其他有关地方,强制进行搜索、检查的侦查行为。为了收集犯罪证据、查获犯罪人,侦查人员可以对犯罪嫌疑人以及可能隐藏罪犯或者犯罪证据的人的身体、物品、住处和其他有关的地方进行搜查。任何单位和个人,有义务按照人民检察院和公安机关的要求,交出可以证明犯罪嫌疑人有罪或者无罪的物证、书证、视听资料等证据。进行搜查,必须向被搜查人出示搜查证。在执行逮捕、拘留的时候,遇有紧急情况,不另用搜查证也可以进行搜查。在搜查的时候,应当有被搜查人或者他的家属、邻居或者其他见证人在场。搜查妇女的身体,应当由女性工作人员进行。搜查的情况应当写成笔录,由侦查人员和被搜查人或者他的家属、邻居或者其他见证人签名或者盖章。如果被搜查人或者他的家属在逃或者拒绝签名、盖章，应当在笔录上注明。

（5）查封、扣押物证、书证。查封、扣押物证、书证是指侦查机关依法强制扣留、提存、留置和封存与案件有关的物品、文件的侦查行为。在侦查活动中发现的可用以证明犯罪嫌疑人有罪或者无罪的各种财物、文件，应当查封、扣押；与案件无关的财物、文件，不得查封、扣押。对查封、扣押的财物、文件，要妥善保管或者封存，不得使用、调换或者损毁。对查封、扣押的财物、文件，应当会同在场见证人和被查封、扣押财物、文件持有人查点清楚，当场开列清单一式两份，由侦查人员、见证人和持有人签名或者盖章，一份交给持有人，另一份附卷备查。侦查人员认为需要扣押犯罪嫌疑人的邮件、电报的时候，经公安机关或者人民检察院批准，即可通知邮电机关将有关的邮件、电报检交扣押。不需要继续扣押的时候，应即通知邮电机关。

（6）查询、冻结犯罪嫌疑人的财产。查询、冻结犯罪嫌疑人的财产是指侦查机关依法对犯罪嫌疑人在金融机构、邮电等部门的存款、汇款、债券、股票、基金份额等财产进行查询、了解，必要时冻结其账户的侦查行为。人民检察院、公安机关根据侦查犯罪的需要，可以依照规定查询、冻结犯罪嫌疑人的存款、汇款、债券、股票、基金份额等财产。有关单位和个人应当配合。犯罪嫌疑人的存款、汇款、债券、股票、基金份额等财产已被冻结的，不得重复冻结。对查封、扣押的财物、文件、邮件、电报或者冻结的存款、汇款、债券、股票、基金份额等财产，经查明确实与案件无关的，应当在3日以内解除查封、扣押、冻结，予以退还。

（7）鉴定。鉴定是指侦查机关指派或者聘请具有专门知识的人就案件的专门性问题进行鉴别和判断的侦查行为。为了查明案情，需要解决案件中某些专门性问题的时候，应当指派、聘请有专门知识的人进行鉴定。鉴定人进行鉴定后，应当写出鉴定意见，并且签名。鉴定人故意做虚假鉴定的，应当承担法律责任。侦查机关应当将用作证据的鉴定意见告知犯罪嫌疑人、被害人。如果犯罪嫌疑人、被害人提出申请，可以补充鉴定或者重新鉴定。

（8）技术侦查措施。根据刑事诉讼法的规定，公安机关在立案后，对于危害国家安全犯罪、恐怖活动犯罪、黑社会性质的组织犯罪、重大毒品犯罪或者其他严重危害社会的犯罪案件，根据侦查犯罪的需要，经过严格的批准手续，可以采取技术侦查措施。采取技术侦查措施，必须严格按照批准的措施种类、适用对象和期限执行。侦查人员对采取技术侦查措施过程中知悉的国家秘密、商业秘密和个人隐私，应当保密；对采取技术侦查措施获取的与案件无关的材料，必须及时销毁。采取技术侦查措施获取的材料，只能用于对犯罪的侦查、起诉和审判，不得用于其他用途。公安机关依法采取技术侦查措施，有关单位和个人应当配合，并对有关情况予以保密。为了查明案情，在必要的时候，经公安机关负责人决定，可以由有关人员隐匿其身份实施侦查。但是，不得诱使他人犯罪，不得采用可能危害公共安全或者发生重大人身危险的方法。对涉及给付毒品等违禁品或者财物的犯罪活动，公安机关根据侦查犯罪的需要，可以依照规定实施控制下交付。

（9）通缉。通缉是指公安机关通令缉拿依法应当逮捕而在逃犯罪嫌疑人的侦查行为。应当逮捕的犯罪嫌疑人如果在逃，公安机关可以发布通缉令，采取有效措施，追捕归案。各级公安机关在自己管辖的地区以内，可以直接发布通缉令；超出自己管辖的地区，应当报请有权决定的上级机关发布。

2. 刑事强制措施

刑事强制措施是指人民法院、人民检察院和公安机关等刑事司法机关在刑事诉讼中依法采取的限制或者剥夺被告人、犯罪嫌疑人的人身自由的强制方法。主要包括以下五种：

（1）拘传。拘传是指人民法院、公安机关和人民检察院对未被羁押的犯罪嫌疑人、被告人到案接受讯问的一种强制措施。拘传是强制措施中最轻微的一种。2012年刑事诉讼法第六十四条规定，人民法院、人民检察院和公安机关根据案件情况，对犯罪嫌疑人、被告人可以拘传、取保候审或者监视居住。公安机关根据案件情况对需要拘传的犯罪嫌疑人或者经过传唤没有正当理由不到案的犯罪嫌疑人，可以拘传其到指定地点进行询问。

（2）取保候审。取保候审是指刑事诉讼过程中，公安机关、人民检察院和人民法院责令犯罪嫌疑人、被告人提供保证人或者交纳保证金，保证犯罪嫌疑人、被告人不逃避或者妨碍侦查、起诉和审判，并随传随到的一种强制措施。2012年刑事诉讼法第六十五条规定，人民法院、人民检察院和公安机关对有下列情形之一的犯罪嫌疑人、被告人，可以取保候审：可能判处管制、拘役或者独立适用附加刑的；可能判处有期徒刑以上刑罚，采取取保候审不致发生社会危险性的；患有严重疾病、生活不能自理，怀孕或者正在哺乳自己婴儿的妇女，采取取保候审不致发生社会危险性的；羁押期限届满，案件尚未办结，需要采取取保候审的。取保候审由公安机关执行。第六十六条规定，人民法院、人民检察院和公安机关决定对犯罪嫌疑人、被告人取保候审，应当责令犯罪嫌疑人、被告人提出保证人或者交纳保证金。

（3）监视居住。监视居住是指公安机关、人民检察院和人民法院依法将犯罪嫌疑人、被告人限制在其住处或者指定区域在一定期限内不得离开，并对其行动予以监视的一种强制措施。2012年刑事诉讼法第七十二条规定，人民法院、人民检察院和公安机关对符合逮捕条件，有下列情形之一的犯罪嫌疑人、被告人，可以监视居住：患有严重疾病、生活不能自理的；怀孕或者正在哺乳自己婴儿的妇女；系生活不能自理的人的唯一扶养人；因为案件的特殊情况或者办理案件的需要，采取监视居住措施更为适宜的；羁押期限届满，案件尚未办结，需要采取监视居住措施的。对符合取保候审条件，但犯罪嫌疑人、被告人不能提出保证人，也不交纳保证金的，可以监视居住。监视居住由公安机关执行。第七十三条规定，监视居住应当在犯罪嫌疑人、被告人的住处执行；无固定住处的，可以在指定的居所执行。对于涉嫌危害国家安全犯罪、恐怖活动犯罪、特别重大贿赂犯罪，在住处执行可能有碍侦查的，经上一级人民检察院或者公安机关批准，也可以在指定的居所执行。但是，不得在羁押场所、专门的办案场所执行。

（4）先行拘留。先行拘留是指公安机关、人民检察院等侦查机关对直接受理的案件，在侦查过程中遇有紧急情况，依法临时剥夺特定现行犯或者重大嫌疑分子人身自由的一种强制措施。2012年刑事诉讼法第八十条规定，公安机关对于现行犯或者重大嫌疑分子，如果有下列情形之一的，可以先行拘留：正在预备犯罪、实行犯罪或者在犯罪后即时被发觉的；被害人或者在场亲眼看见的人指认他犯罪的；在身边或者住处发现有犯罪证据的；犯罪后企图自杀、逃跑或者在逃的；有毁灭、伪造证据或者串供可能的；不讲真实姓名、住址，身份不明的；有流窜作案、多次作案、结伙作案重大嫌疑的。拘留是一种临时性措施，随着诉讼的进程，拘留一定会发生变更，或者转为逮捕，或者转为取保候审、监视居住、释放等。

（5）逮捕。逮捕是指公安机关、人民检察院和人民法院为了防止犯罪嫌疑人、被告人逃避侦查、起诉和审判，进而妨碍刑事诉讼，或者为了防止发生社会危险性而依法剥夺其人身自由的一种强制措施。逮捕是刑事诉讼强制措施中最严厉的一种，其不仅剥夺了犯罪嫌疑人、被告人的人身自由，而且逮捕后除了发现不应当追究刑事责任和符合变更强制措施的条件之外，对被逮捕人的羁押期间一般要到人民法院判决生效为止。2012年刑事诉讼法第七十九条规定，对有证据证明有犯罪事实，可能判处徒刑以上刑罚的犯罪嫌疑人、被告人，采取取保候审尚不足以防止发生下列社会危险性的，应当予以逮捕：可能实施新的犯罪的；有危害国家安全、公共安全或者社会秩序的现实危险的；可能毁灭、伪造证据，干扰证人作证或者串供的；可能对被害人、举报人、控告人实施打击报复的；企图自杀或者逃跑的。对有证据证明有犯罪事实，可能判处十年有期徒刑以上刑罚的，或者有证据证明有犯罪事实，可能判处徒刑以上刑罚，曾经故意犯罪或者身份不明的，应当予以逮捕。被取保候审、监视居住的犯罪嫌疑人、被告人违反取保候审、监视居住规定，情节严重的，可以予以逮捕。

（三）请示案件中涉及的法律适用问题

有观点认为，侦查机关不能在不掌握任何证据的情况下就搜查身体、物品、住处和其他有关地方。因此，为了防止侦查机关滥用搜查权力，应当通过行政诉讼审查其是否已经掌握相关证据。我们认为，根据刑事诉讼法的规定，为了收集犯罪证据、查获犯罪人，侦查人员可以对犯罪嫌疑人以及可能隐藏罪犯或者犯罪证据的人的身体、物品、住处和其他有关的地方进行搜查。公安机关实施搜查行为可以出于两个方面的目的：收集犯罪证据和查获犯罪人。搜查对于侦查机关及时收集证据，查获犯罪嫌疑人，防止其逃跑、毁灭、转移证据，揭露、证实犯罪具有重要意义。

根据刑事诉讼法的规定，公安机关发现犯罪事实或者犯罪嫌疑人，应当按照管辖范围，立案侦查。公安机关对于报案、控告、举报和自首的材料，应当按照管辖范围，迅速进行审查，认为有犯罪事实需要追究刑事责任的，应当立案；认为没有犯罪事实，或者犯罪事实显著轻微，不需要追究刑事责任的时候，不予立案，并且将不立案的原因通知控告人。公安机关对已经立案的刑事案件，应当进行侦查，收集、调取犯罪嫌疑人有罪或者无罪、罪轻或者罪重的证据材料。公安机关经过侦查，对有证据证明有犯罪事实的案件，应当进行预审，对收集、调取的证据材料予以核实。也就是说，公安机关只有在立案之后，才能实施包括搜查在内的刑事侦查行为。

立案标准实际上成为侦查行为实施的前提条件。根据刑事诉讼法的规定，立案的条件包括两个方面：一是有犯罪事实。有犯罪事实包括两个方面：（1）有依照刑法的规定构成犯罪的行为，包括预备犯罪、犯罪未遂、犯罪中止或者已经实施完毕的犯罪行为。对于一般违法行为、违反党纪、政纪或者社会道德要求的行为，以及民事纠纷、行政纠纷等，不能认定为犯罪行为。也就是说，首先要划清罪与非罪的界限。（2）犯罪事实必须有一定的证据加以证明，不能出于臆测、擅断、主观想像、猜测、捕风捉影、道听途说就予以立案。但是，此时对证据的要求与逮捕、提起公诉、作出判决时的证明标准并不相同，也就是说，此时证据并不要求达到充分的程度。查明案件事实、情节、查获犯罪嫌疑人并明确其犯罪目的、动机等是立案之后侦查阶段要完成的任务。二是需要追究刑事责任。即行为人的行为已经构成犯罪，应当依照法律规定追究其刑事责任。即现有证据证明行为人的行为所实施的行为不具有无罪或者不予追究刑事责任的法律依据。在法律明确规定不追究刑事责任的情况下，也不应当立案。例如，2012年刑事诉讼法第十五条规定，有下列情形之一的，不追究刑事责任：情节显著轻微、危害不大，不认为是犯罪的；犯罪已过追诉时效期限的；经特赦令免除刑罚的；依照刑法告诉才处理的犯罪，没有告诉或者撤回告诉的；犯罪嫌疑人、被告人死亡的；其他法律规定免予追究刑事责任的。

我们认为，对于搜查行为不能提起行政诉讼。理由是：第一，刑事诉讼程序包括立案、侦查、提起公诉、审判和执行五个诉讼阶段。刑事案件立案之后，就开始进入刑事诉讼程序。如果对立案之后的搜查行为可以提起行政诉讼，就意味着法院可以对刑事诉讼程序中的行为进行合法性审查，这可能影响刑事诉讼程序的顺利进行。第二，违法的刑事司法行为不等于非刑事司法行为。在司法实践中，有的公安机关不出示相关搜查手续，随意扩大搜查的范围、不注意被搜查人的知情权保护等，这些行为是违反刑事诉讼法的行为，但并非不属于刑事司法行为。第三，存在一定的监督救济机制。对于非法搜查的行为，当事人可以向检察机关、公安机关或者其上级机关举报，因搜查行为造成实际损失的，还可以申请国家赔偿。第四，行政诉讼只承担对行政行为合法性的审查，如果将搜查行为纳入，就意味着法院要对刑事立案是否准确、立案程序是否违法、是否存在犯罪事实等事实进行审查，这是行政诉讼无法承担的职责。

据此，1991年6月18日，最高人民法院行政审判庭作出《关于公安机关未具法定立案搜查手续对公民进行住宅人身搜查被搜查人提起诉讼人民法院可否按行政案件受理问题的电话答复》："四川省高级人民法院：你院川法研〔1991〕22号请示收悉。经研究，同意请示中第一种意见。公安机关在侦破刑事案件中，对公民的住宅、人身进行搜查，属于刑事侦查措施。对于刑事侦查措施不服提起诉讼的，不属于行政诉讼调整范围。如果公安机关在采取上述措施时违反法定程序，可以向该公安机关或其上级机关及有关部门反映解决，人民法院不应作为行政案件受理。"

（四）其他刑事侦查行为的法律适用问题

最高人民法院对刑事侦查行为，采取了排除在行政诉讼受案范围之外的态度。除了前述的监视居住、搜查、扣押行为之外，比较明确的还有，对取保候审、留置措施，也排除在行政诉讼受案范围之外。例如，1998年8月19日，最高人民法院行政审判庭作出《对内蒙古自治区高级人民法院〈关于李树华、王英不服呼盟毕拉河林业公安局收容审查申诉一案的请示报告〉的答复》（〔1998〕行他字第10号）："内蒙古自治区高级人民法院：你院《关于李树华、王英不服呼盟毕拉河林业公安局收容审查申诉一案的请示报告》收悉。经研究认为：1. 收容审查属于强制性行政审查措施，当事人对公安机关作出的收容审查决定不服向人民法院提起诉讼的，人民法院应作为行政案件受理。2. 取保候审属于刑事强制措施，当事人对公安机关作出的取保候审决定不服向人民法院提起诉讼的,人民法院不予受理。"① 再比如,1997年10月29日,最高人民法院行政审判庭作出《关于对当事人不服公安机关采取的留置措施提起的诉讼法院能否作为行政案件受理的答复》(〔1997〕法行字第21号):"安徽省高级人民法院:你院〔1997〕皖行请字第03号请示报告收悉。经研究,基本同意你院的第一种意见,即留置是公安机关行政管理职权的一种行政强制措施,属于《行政诉讼法》第十一条第一款第二项规定的人民法院行政诉讼受案范围。"从上述司法批复和司法实际来看,最高人民法院将包括专门调查工作和强制性措施在内的所有刑事侦查行为排除于行政诉讼受案范围之外。

---

① 此外,公安部也曾经就取保候审的法律性质和可诉性作了界定,其结论与最高人民法院相同。例如,1995年9月18日,公安部法制司作出《对〈关于解除刑事强制措施后是否可以提起行政诉讼的请示〉的答复》,内容是:"公安机关在办理刑事案件中依法对被告人采取取保候审等刑事强制措施,是刑事司法行为,不是具体行政行为,根据《行政诉讼法》的规定,不属于行政诉讼受案范围,解除刑事强制措施后也不能提起行政诉讼。公安机关采取的取保候审等刑事强制措施如果确有错误或者执行不当,应当通过公安机关内部监督或人民检察院予以纠正。根据《国家赔偿法》的规定,公安机关错误采取取保候审措施的,不属于国家赔偿的范围,受害人对此不服不能请求国家赔偿。如果公安机关和人民警察在采取取保候审措施中,有刑讯逼供、非法拘禁或者以其他方法非法剥夺公民人身自由等违法行为侵犯了公民的人身、财产权利造成损害的,受害人可以依照《国家赔偿法》的有关规定,申请国家赔偿。"

16. 监视居住行为不可诉
—— 《最高人民法院行政审判庭关于对公安机关采取监视居住行为不服提起诉讼法院应否受理问题的电话答复》解读

1991 年 5 月 25 日

一、问题的提出

福建省高级人民法院在全省法院进行行政案件立案方面的调查中，发现对公安机关所采取监视居住措施，公民向法院提起行政诉讼，法院如何把关，存在一些不同意见。公民向法院起诉中涉及公安机关采取监视居住措施的，包括两种情形：第一种情形是，公安机关作出监视居住决定，并按公安部的有关规定，由监视居住对象居住地派出所和受委托单位，对监视居住对象在其居住场所和单位区域内执行监视居住。这是一种典型的刑事侦查措施。第二种情形是，公安机关作出监视居住决定，但将监视居住对象关押在派出所、拘留所，或者限制在其居住城镇的招待所之类场所，或者限制在外县（市）某单位内。这是一种以"监视居住"为名，实则限制公民人身自由的具体行政行为。在上述两种情形下，法院如何审查立案存在不同意见。

（一）针对第一种情形的分歧意见

对于第一种情形，起诉人以不服监视居住决定，请求法院撤销监视居住决定的，福建高院的一致意见认为，公安机关的行为并非具体行政行为，而是刑事侦查措施，不属于行政诉讼法规定的受案范围，公民对此不服起诉，法院应裁定不予受理。

起诉人以不服公安机关借监视居住名义限制人身自由的行政强制措施为由，请求法院撤销公安机关的行政强制措施。对此有两种意见。一种意见认为，法院不予受理，理由是其属于刑事侦查措施。另一种意见认为，法院应予受理，理由是：起诉人认为公安是以监视居住名义对其实际上实施限制人身自由的行政强制措施，侵犯其人身权，对此不服起诉符合行政诉讼法规定的受案范围。法院应先在 7 日内作出立案决定。法院经审理后，如公安机关举证证明公安机关的监视居住行为合法，是刑事侦查措施，法院可裁定驳回原告的起诉。福建高院审委会倾向于第一种意见。

（二）针对第二种情形的分歧意见

对于第二种情形，起诉人以不服公安机关借监视居住名义限制人身自由的行政强制措施为由，请求法院撤销公安的行政强制措施，对此起诉，法院能否立案受理，存在两种意见：

第一种意见认为，这类起诉均不予受理。理由是，公安的监视居住措施不是具体行政行为，不属于行政诉讼受案范围。

第二种意见认为，法院应当立案受理。理由是：起诉人是不服公安限制人身自由的行政强制措施而起诉，是针对具体行政行为并非"监视居住"决定。而且从起诉人起诉的事实根据中反映出，公安机关虽名义上作出了监视居住决定，但对起诉人采取了并非"监视居住"的限制人身自由的行政强制措施，因此，起诉人起诉符合行政诉讼的起诉条件。另外，从社会效果看，法院受理能够有效地制约公安机关借监视居住名义，规避行政诉讼。例如某些公安机关以"监视居住"为名，拘禁、收审行政相对人而使当事人无起诉权的现象则可以减少或避免。当然，法院如果经审理确认公安机关所执行的监视居住措施并非起诉人所述，可以裁定驳回原告的起诉。

福建高院审委会倾向于第二种意见。

二、分析

本请示案件的焦点问题在于监视居住行为是否属于人民法院行政诉讼受案范围。

所谓监视居住，是指人民法院、人民检察院、公安机关在刑事诉讼中限令犯罪嫌疑人、被告人在规定的期限内不得离开住处或者指定的居所，并对其行为加以监视、限制其人身自由的一种强制措施。该制度的设立目的是为了防止犯罪嫌疑人、被告人逃避或者妨碍刑事诉讼，以便保证刑事诉讼活动的顺利进行。其手段是将犯罪嫌疑人或者被告人的活动区域适当限制。一般来说，监视居住必须严格按照刑事诉讼法的规定进行，主要包括以下几个方面的内容：

1. 监视居住的适用条件。修订前的刑事诉讼法对于监视居住和取保候审适用同样的条件。2012 年刑事诉讼法修订时,对监视居住措施适当重新定位,明确规定了其适用条件:"监视居住同取保候审类似,都是限制犯罪嫌疑人、被告人人身自由的强制措施,但限制自由的程度不同。现行刑事诉讼法对这两种强制措施规定了相同的适用条件。考虑到监视居住的特点和实际执行情况,将监视居住定位于减少羁押的替代措施,并规定与取保候审不同的适用条件比较妥当。"① 根据 2012 年刑事诉讼法第七十一条的规定,人民法院、人民检察院和公安机关对符合逮捕条件,有下列情形之一的犯罪嫌疑人、被告人,可以监视居住:(1)患有严重疾病、生活不能自理的;(2)怀孕或者正在哺乳自己婴儿的妇女;(3)系生活不能自理的人的唯一扶养人;(4)因为案件的特殊情况或者办理案件的需要,采取监视居住措施更为适宜的;(5)羁押期限届满,案件尚未办结,需要采取监视居住措施的;(6)对符合取保候审条件,但犯罪嫌疑人、被告人不能提出保证人,也不交纳保证金的,可以监视居住。

2. 监视居住的决定程序。2012 年刑事诉讼法第六十四条规定,人民法院、人民检察院和公安机关根据案件情况,对犯罪嫌疑人、被告人可以拘传、取保候审或者监视居住。是否采取监视居住的强制措施由公安机关、法院或者检察院决定。监视居住由公安机关执行。例如,根据《最高人民检察院、公安部关于适用刑事强制措施有关问题的规定》(2000 年 8 月 28 日,高检会〔2000〕2 号)规定,人民检察院决定对犯罪嫌疑人采取监视居住措施的,应当核实犯罪嫌疑人的住处。犯罪嫌疑人没有固定住处的,人民检察院应当为其指定居所。人民检察院核实犯罪嫌疑人住所或者为其指定居所后,应当制作监视居住执行通知书,将有关法律文书和有关案由、犯罪嫌疑人基本情况的材料,送交犯罪嫌疑人住处或者居所地的同级公安机关执行。人民检察院可以协助公安机关执行。公安机关收到有关法律文书和材料后,应当立即交由犯罪嫌疑人住处或者居所地的县级公安机关执行。负责执行的县级公安机关应当在 24 小时以内,核实被监视居住人的身份和住所或者居所,报告县级公安机关负责人后,通知被监视居住人住处或者居所地的派出所执行。

3. 监视居住的地点。2012 年刑事诉讼法第七十三条规定,监视居住应当在犯罪嫌疑人、被告人的住处执行;无固定住处的,可以在指定的居所执行。这里的"住处"是指犯罪嫌疑人、被告人在办案机关所在市、县内经常和连

---

① 全国人民代表大会常务委员会副委员长王兆国《关于〈中华人民共和国刑事诉讼法修正案(草案)〉的说明——2012 年 3 月 8 日在第十一届全国人民代表大会第五次会议上》,载中国网 2012 年 3 月 8 日。

续居住的合法房屋;"居所"一般是指办案机关在本市、县内为没有固定住处的犯罪嫌疑人、被告人指定的生活居住的房屋。对于涉嫌危害国家安全犯罪、恐怖活动犯罪、特别重大贿赂犯罪,在住处执行可能有碍侦查的,经上一级人民检察院或者公安机关批准,也可以在指定的居所执行。但是,不得在羁押场所、专门的办案场所执行。一般认为,"指定的居所"是指检察机关或者公安机关指定的犯罪嫌疑人原有"住处""羁押场所、专门的办案场所"以外的可以临时居住的处所。指定居所监视居住的,除无法通知的以外,应当在执行监视居住后24小时以内,通知被监视居住人的家属。被监视居住的犯罪嫌疑人、被告人委托辩护人,适用刑事诉讼法第三十三条的规定。人民检察院对指定居所监视居住的决定和执行是否合法实行监督。

4. 监视居住的转换。根据2012年刑事诉讼法第七十五条的规定,被监视居住的犯罪嫌疑人、被告人应当遵守以下规定:未经执行机关批准不得离开执行监视居住的处所;未经执行机关批准不得会见他人或者通信;在传讯的时候及时到案;不得以任何形式干扰证人作证;不得毁灭、伪造证据或者串供;将护照等出入境证件、身份证件、驾驶证件交执行机关保存。被监视居住的犯罪嫌疑人、被告人违反前款规定,情节严重的,可以予以逮捕;需要予以逮捕的,可以对犯罪嫌疑人、被告人先行拘留。第七十六条规定,执行机关对被监视居住的犯罪嫌疑人、被告人,可以采取电子监控、不定期检查等监视方法对其遵守监视居住规定的情况进行监督;在侦查期间,可以对被监视居住的犯罪嫌疑人的通信进行监控。第七十七条规定,人民法院、人民检察院和公安机关对犯罪嫌疑人、被告人监视居住最长不得超过6个月。在监视居住期间,不得中断对案件的侦查、起诉和审理。对于发现不应当追究刑事责任或者取保候审、监视居住期限届满的,应当及时解除取保候审、监视居住。解除取保候审、监视居住,应当及时通知被取保候审、监视居住人和有关单位。

从上述对于监视居住的规定来看,监视居住与行政行为在法律特征上有几点重大的区别:第一,监视居住的目的是通过对犯罪嫌疑人或者被告人的活动区域予以限制来保证刑事诉讼的顺利进行。监视居住具有实现刑事诉讼目标的目的,而行政行为则是通过行政管理活动实现行政目标。第二,监视居住的作出主体是刑事司法机关。根据刑事诉讼法的规定,人民法院、人民检察院和公安机关有权作出监视居住的决定。人民法院、人民检察院和公安机关都是刑事诉讼法明确授权的可以采取刑事强制措施的机关。公安机关虽然具有刑事司法机关和行政机关的双重法律主体地位,但在刑事诉讼程序中,其法律地位是刑事司法机关。第三,监视居住行为是刑事诉讼法明确规定的刑事强制措施。刑事诉讼法规定了拘传、取保候审、监视居住、拘留和逮捕等五种刑事强制措施。而行政行为是根据行政法律、法规等规范性文件作出的，对于行为的类型没有规定。第四，监视居住应当按照刑事诉讼法规定的程序进行，而行政行为应当按照行政强制法、行政处罚法的规定作出。

判断是否属于人民法院受案范围的基本标志是行为的性质。行政诉讼法第二条规定，公民、法人或者其他组织认为行政机关和行政机关工作人员的具体行政行为侵犯其合法权益，有权依照本法向人民法院提起诉讼。第五条规定，人民法院审理行政案件，对具体行政行为是否合法进行审查。也就是说，行政诉讼是对行政行为的救济，对非行政行为的救济通过其他途径予以解决。很显然，监视居住行为的性质不属于行政行为。因此，一般观点认为，对于监视居住行为不属于人民法院受案范围。此外，即便从行政诉讼受案范围的列举来看，也只有限制人身自由的行政处罚和行政强制措施才能提起行政诉讼，且监视居住亦不属于"法律、法规规定可以提起诉讼的其他行政案件"。

据此，1991年5月25日，最高人民法院行政审判庭作出《关于对公安机关采取监视居住行为不服提起诉讼法院应否受理问题的电话答复》："福建省高级法院行政庭：你院闽法传字〔1991〕147号关于《对公安机关采取监视居住或名义上监视居住行为不服起诉法院应否立案受理问题的请示报告》收悉。现答复如下：《中华人民共和国刑事诉讼法》①第三十八条规定，'人民法院、人民检察院和公安机关根据案件情况，对被告人可以拘传、取保候审或者监视居住。被监视居住的被告人不得离开指定的区域……'，公安机关为了防止被告逃避侦查而作出监视居住决定，限制其活动区域和住所，是刑事侦查措施。不属行政诉讼法受案范围所列行为，公民对此不服坚持起诉，法院应裁定不予受理。至于公安机关作出监视居住决定，但将监视居住对象关押在派出所、拘留所等场所的做法，这是刑事侦查过程中的违法行为，不属于行政诉讼法受案范围。公民对此不服坚持起诉，法院应裁定不予受理。其可向上级公安部门及有关单位反映。"

三、应当注意的问题

在适用本答复时，应当注意以下几个问题：

1. 2012年刑事诉讼法修订后，相应的条文体现在第六十四条，即人民法院、人民检察院和公安机关根据案件情况，对犯罪嫌疑人、被告人可以拘传、取保候审或者监视居住。人民法院在适用本答复时，应当注意刑事诉讼法修

---

① 此处指1979年《中华人民共和国刑事诉讼法》。编者注。

订后的条文变化。

2. 对于违反刑事诉讼法规定的监视居住的救济问题。对于监视居住的行为，主要有两种方式：（1）检察监督。2012 年刑事诉讼法第八条规定，人民检察院依法对刑事诉讼实行法律监督。根据该法第七十三条的规定，人民检察院对指定居所监视居住的决定和执行是否合法实行监督。根据《最高人民检察院、公安部关于适用刑事强制措施有关问题的规定》（2000 年 8 月 28 日，高检会〔2000〕2 号）规定，人民检察院应当加强对公安机关、人民检察院办案部门适用刑事强制措施工作的监督，对于超期羁押、超期限办案、不依法执行的，应当及时提出纠正意见，督促公安机关或者人民检察院办案部门依法执行。在司法实践中，作为承担法律监督职能的监察机关，由于自身亦作为监视居住的适用机关，自身在适用该措施中也存在一些问题，监督公安机关自然难以启齿。[1] 因此，对于检察监督的具体方式应当法定化和规范化，否则可能流于形式。（2）上级机关监督。公民向上级机关的申诉权为宪法所确认，这是不言而喻的。有的观点认为，对于监视居住行为还可以通过国家赔偿法来予以救济。[2] 一般认为，国家赔偿法对于限制人身自由采取实际羁押原则，而监视居住实际上并未实施羁押行为，因此不属于国家赔偿范围。[3]

3. 对于监视居住的违法行为与以"监视居住"为名非法限制相对人人身自由的事实行为的区别。刑事诉讼法对于监视居住的条件、适用范围、监视居住的地点等作了详细的规定。但是，在司法实践中，有的机关违反刑事诉讼法的规定，在看守所、行政拘留所、留置室或者公安机关的其他工作场所执行监视居住。在一些地方，监视居住的 603 人中，置于治安拘留所执行的就达到了 588 人。[4] 这种行为既违反了刑事诉讼法的规定，同时侵犯了公民的人身自由，实际上变相恢复了刑事诉讼法已经取消的收容审查。这些都是违法的"监视居住"行为。这些违法的"监视居住"行为一般具有法定的手续，并且能够提供犯罪嫌疑人、被告人的初步证据，对于这种行为，人民法院经审查属于刑事强制措施的，裁定不予受理。起诉人以公安机关采取了限制人身自由的"行政强制措施"或者起诉人以公安机关以"监视居住"为名非法限制相对人人身自由为由起诉的，应当审查起诉人的起诉理由和事实、

---

[1] 陈建新：《对监视居住措施实施现状的调查与思考》，载《人大研究》2003 年第 1 期。
[2] 原洋：《侦查行为可诉性之原理初探》，载《山西煤炭管理干部学院学报》2007 年第 3 期。
[3] 江必新、梁凤云、梁清：《国家赔偿法理论与实务》（上卷），中国社会科学出版社 2010 年版，第 543 页。
[4] 陈建新：《对监视居住措施实施现状的调查与思考》，载《人大研究》2003 年第 1 期。

公安机关采取监视居住行为的相关材料，综合进行判断。经过审查，公安机关如果有初步证据能够证明监视居住是按照法定程序、且有一定证据证明存在监视居住事由的，应当裁定驳回起诉；根据《若干解释》第三十二条的规定，在法定的7日内不能决定是否受理的，应当先予受理；受理后经审查不符合起诉条件的，裁定驳回起诉。

二、管辖

17. 关于行政案件管辖中的几个问题
——《最高人民法院关于行政案件管辖若干问题的规定》解读

2008 年 1 月 14 日　　　　　　　　　　　　　　法释〔2008〕1 号

人民法院的生命力在于公正,而中立则是公正的基础。事实上,干扰行政审判现象普遍存在,行政诉讼独立审判的形势非常严峻,人们普遍担忧行政诉讼制度发展的进程。2007 年 12 月 17 日最高人民法院审判委员会第 1441 次会议讨论通过了《关于行政案件管辖若干问题的规定》(以下简称《管辖规定》),该解释于 2008 年 1 月 14 日公布,自 2008 年 2 月 1 日起施行。

(一) 制定《管辖规定》的背景和意义

行政诉讼法施行以来,行政审判工作虽然取得了可喜的成果,但是,由于我国法院系统与行政区划对应设置,司法辖区与行政辖区合一,司法权地方化特征明显。法院的人事任免和财政供给分别受同级权力机关和行政机关的控制。换言之,司法机关赖以运转的人、财、物受制于同级党委、人大和政府。这样,在局部利益之间、局部利益与整体利益之间产生矛盾和冲突时,极易形成地方保护主义、部门保护主义现象。行政诉讼是法治国家解决行政争议的司法手段,作为被告的行政机关为了维护其行政行为的权威,避免在司法程序中败诉,往往通过上述机关以工作指导、人事任免[①]、经济控制等形式来贯彻自己的意志,对法院、法官施加压力,从而干预审判权的独立行使。因此,按行政机关所在地原则设置司法管辖权,不便于人民法院独立行

[①] 党委管着院长,院长管着庭长,庭长管着法官,法院缺乏独立性,法官更是缺乏独立性,法院内部行政色彩浓厚。

使审判权。① 鉴于此，行政审判工作的开展举步维艰，行政机关的不当干预，使人民法院特别是基层法院难以独立公正行使审判职能，严重影响了司法的权威性和公信力。因此，改革和完善行政诉讼管辖制度，是在现行司法体制和制度下，建立和完善公正、高效、权威行政审判制度的必然选择。近年来，各地法院对行政案件管辖制度改革进行了积极探索，在指定异地管辖方面积累了不少有益经验，取得较好的法律效果和社会效果。② 在司法改革的背景之下，浙江、河南、江苏、山东等地积极探索行政案件管辖制度改革，摸索出一些成功经验。其中浙江高院尝试着进行了行政诉讼管辖制度的改革实践，在全省范围内提高行政案件审级；在山东济宁进行异地管辖，大幅度地提升了行政审判的权威性，2004年济宁法院一审行政诉讼案件突破三千件，③ 数量在全国领先。在浙江台州法院推行异地管辖，成功地创造了"台州经验"在全国进行推广。实践表明，行政案件管辖制度的改革，可以使法院和法官能够在没有直接干预和压力的条件下依法公正地审理行政案件，以较小的代价解决长期困扰行政审判中的突出问题，对于保证人民法院依法独立公正审判，并以此推进我国司法体制改革，都具有重要的现实意义和深远的历史影响。

　　针对我国行政诉讼的困境和现行管辖制度存在的弊端，理论界和实务界提出解决问题的四种方案：设立独立的行政法院、提高审级、异地管辖、集中管辖。建立人财物相对独立的行政法院是学界最为推崇的法院模式和管辖模式。④ 建立人财物相对独立并垂直于最高人民法院的行政法院系统，必将改变当前行政诉讼立案难、审理难、执行难的局面。而且也可能成为整个司法体制乃至整个政治体制改革的切入点。尽管优势很多，但是建立行政法院似有"三权分立、分权制衡"的嫌疑，一些人会忧心忡忡，决策者下决心也因此顾虑重重，修改宪法或者人民法院组织法难度很大，此乃最高人民法院不可能实现的方案。提级管辖会大幅度增加中高级法院的压力，人财物调整

---

① 吴尚伟、柴国权：《行政案件指定管辖中的几个问题》，载《人民司法·应用》2007年第2期。

② 浙江省台州市中级人民法院率先在其辖区推行异地管辖制度，取得了可喜的成绩，成功地创造了"台州经验"。

③ 2004年山东济宁两级法院共受理一审行政案件2121件，2005年收案3827件，2007年收案3423件。

④ 刘飞：《建立独立的行政法院可为实现司法独立之首要步骤》，载《行政法学研究》2002年第3期；陈红：《论建立我国行政法院体制的必要性和可行性》，载《浙江学刊》2001年4期；马怀德、解志勇《行政诉讼案件执行难的现状及对策——兼论我国行政法院必要性和可行性》，载《法商研究》1999年第6期；陈有西：《我国行政法院设置及相关问题探讨》，载《中国法学》1995年第1期。

的幅度较大，不符合中央提出的争议化解在基层的要求。相比之下，异地管辖可以在现有的人财物配置情况下实现司法公正目标，属于比较务实的改革方案。异地管辖可以确立司法中立、重塑行政诉讼等腰三角形结构①，法院的中立地位可以保证，法官的压力可以得到排解，行政审判的公信力得以体现。当然，也有人质疑行政案件异地管辖制度的法律依据。其实，行政诉讼法第二十二条规定："有管辖权的人民法院由于特殊原因不能行使管辖权的，由上级人民法院指定管辖。"第二十三条规定："上级人民法院有权审判下级人民法院管辖的第一审行政案件，也可以把自己管辖的第一审行政案件移交下级人民法院审判。"行政诉讼法对指定管辖所作的较为原则的规定，出于审判实践的需要，《管辖规定》通过对法律条款的细化解释，既增强了上述规定的可操作性，又体现了行政诉讼制度的功能和目的，并且已被实践证明是可行的，为行政诉讼法修改乃至司法体制改革奠定基础。在现行司法体制和制度下，地方法院的人员、经费及物资装备等均受制于地方政府和行政机关，从某种意义上说，法院与同级政府之间存在直接的、密切的利害关系，受理以当地政府和行政机关为被告的案件，事实上存在应当回避的事由。实行异地管辖及适当提级管辖，法院能够公正审理行政案件，能够实现权利保障与权力监督的目的。

（二）本辖区内重大、复杂案件的理解问题

"县法院审不了县政府"成为我国行政审判的现状。《管辖规定》第一条是对行政诉讼法第十四条的解释，也是对《若干解释》第八条第（一）项的再解释。《若干解释》第八条第（一）项关于"被告为县级以上人民政府，且基层人民法院不适宜审理的案件"由中级法院管辖的规定，存在两个方面缺憾：一是"不适宜"的概念在理解和操作上都存在较大的不确定性。基层人民法院之所以不适宜审理，可能因为该法院的人财物受制于地方政府和行政机关难以公正审理；可能因为一些法律关系复杂；也可能因为基层法院法官与原告或者第三人存在利害关系难以公正审理。二是以县级以上政府名义颁发不动产权属证书的案件数量较多，一律提到中级法院一审，既无必要又大量增加中级法院和高级法院的工作量。颁发国有土地使用权证书、山林确权以及部分地区仍然存在的颁发房屋权属证书，名义上是政府实际上土地、林业、房屋等政府职能部门的行为。这些行为属于物权登记，实质上涉及平等主体的原告和第三人之间的民事权益争议，政府一般不会干预法院公正审

---

① 浙江省高级人民法院课题组：《关于行政案件管辖问题的调研报告》，载《法律适用》2007年第1期。

理。因此,《管辖规定》对此规定为:被告为县级以上人民政府的案件由中级法院管辖,但以县级以上人民政府名义颁发不动产权属证书的案件可以除外。司法解释中表述为"可以",是为了保留一定的灵活性,以避免将一些确实重大复杂的案件也排除在外。一般而言,以自然人为原告的此类案件无需由中级法院管辖;以法人为原告的此类案件通常属于重大复杂的案件,应当由中级法院管辖。

《管辖规定》第一条规定了应当由中级法院管辖的行政案件,有观点认为应当由中级法院管辖的行政案件仍然可以指定本辖区异地基层法院管辖,我们不同意该观点。此条规定系刚性规定,其实此条规定的由中级法院受理的案件大约占案件总数量的5%,① 这5%的案件由中级法院和高级法院一审,在中高级法院充实行政审判队伍的情况下,可以承受。

目前,数量较多且影响重大的行政案件一般为城市房屋征收拆迁、集体土地征收、劳动与社会保障、环境保护等类型的案件,这些类型的案件一般涉及某一群体的共同利益,因此极易产生集团诉讼、共同诉讼。上述案件应当通过提高审级排除可能存在的干扰,一般由中级法院一审,影响特别重大的可以由高级法院一审。

本司法解释第一条第(三)项规定的"涉外或者涉及香港特别行政区、澳门特别行政区、台湾地区的案件"是指行政诉讼的原告或者第三人为国外或者香港特别行政区、澳门特别行政区、台湾地区的公民或者法人。以香港特别行政区、澳门特别行政区、台湾地区的政府或者行政机关为行政诉讼被告的起诉,人民法院不予受理。

(三) 当事人直接向中级人民法院提起行政诉讼的处理问题

根据行政诉讼法第十四条第(三)项规定,重大复杂的案件由中级法院管辖。"重大复杂"的判断权交给当事人还是交给中级法院存在理解和操作上的分歧,在审判实践中更多的是由中级法院进行掌握,如此操作导致原告寻求上级法院管辖的路径并不畅通,为了保护原告的诉权,《管辖规定》第二条规定,当事人以案件重大复杂为由或者认为有管辖权的基层人民法院不宜行使管辖权,可以直接向中级人民法院起诉。起诉到中级法院后,对于是否确实属于重大复杂或者有管辖权的基层人民法院不宜行使管辖权,中级法院应当进行判断。对于确属于重大复杂或者有管辖权的基层人民法院不宜行使管辖权的案件,中级法院可以指定本辖区其他基层人民法院管辖也可以决

---

① 浙江省高级人民法院课题组:《关于行政案件管辖问题的调研报告》,载《法律适用》2007年第1期。

定由本院自己审理；对于不属于重大复杂或者有管辖权的基层人民法院不宜行使管辖权的案件，中级法院书面告知当事人向有管辖权的基层人民法院起诉。之所以规定书面告知，是为了防止基层法院不受理，以充分保护原告的诉权。目前，人们普遍认为上级法院抗干扰能力比下级法院强，所以行政诉讼原告总是希望上级法院管辖，于是便将一般案件以重大复杂或者有管辖权的基层人民法院不宜行使管辖权案件为由，向中级法院起诉，以寻求上级法院管辖。这样本来在基层法院起诉的行政案件恐怕大部分都会起诉到中级法院，增加中级法院的工作压力。但是，这种运转一般属于程序性的，即中级法院作出指定管辖裁定书和告知当事人起诉通知书。按照最高人民法院关于立审分离的有关规定，确定管辖应当由中级法院立案庭具体操作，但是确定管辖需要了解基层法院行政审判庭的人员配备、办案能力等情况，立案庭难以胜任，最高人民法院考虑到实际操作方面的问题，下发了《最高人民法院关于贯彻实施两个司法解释的通知》，该通知明确了中级法院立案庭在确定管辖法院之前应征求行政庭意见。为了简化繁琐的文字，这种运转程序不需要撰写审查报告。

根据行政诉讼法第二十二条"有管辖权的人民法院由于特殊原因不能行使管辖权的，由上级人民法院指定管辖"的规定。由于基层法院与地方政府或行政机关之间在人财物等方面存在直接的利害关系，法院在受理、审判和执行行政案件中，往往难以抵御和排除来自当地政府和行政机关的干预。为了有效防止和排除当地行政机关的干扰和压力，公民、法人或者其他组织如果认为案件重大复杂或者不宜由基层法院管辖的，可以直接向中级法院起诉。中级法院受理后，可以根据案件情况选择三种处理方式：第一，中级法院决定自己审理。当事人直接向中级法院起诉，中级法院认为属于重大复杂或者有管辖权的基层人民法院不宜行使管辖权的案件，决定本院直接管辖，按照诉讼程序审理即可。中级法院决定是否本院审理，必须考虑本院人员配备和案件数量。有人认为采取提级管辖可以更好地实现司法公正，但是中级法院大量受理行政案件，必然会造成高级法院受理大量二审案件，与中央提出矛盾化解在基层的要求相背离，而且人员也需要重新调整。任何改革只要涉及大量的人事调整，改革的成本和风险就会增大，目前法院的经费、人事都由地方管理和保障，仅仅通过最高人民法院的司法解释难以实现人事调整的改革。第二，中级法院受理后可以指定本辖区其他基层人民法院审理。异地管辖应当作为本司法解释中管辖改革的常态，一旦原告以县级政府为被告向中级法院起诉，中级法院一般至少应当指定异地管辖。异地管辖可以较少的代价获得最好的效果，虽然被告可能通过异地党委政府实施干预，但是这种干预就从直接转变为间接，力度就会降低，受诉法院和审理法官就可以排除干扰。中级法院在指定异地管辖时应当注意（1）避开固定对应管辖，以避免基层法院之间的"默契"，仍然影响司法公正；（2）考虑基层法院的人员配备、办案能力和该基层法院辖区产生案件的数量，基层法院辖区产生行政案件的数量增加，随之应当调配增加行政法官，必要时中级法院可以明确要求相应的法院调配增加行政法官[①]；（3）原告诉讼的便捷，最高人民法院行政审判庭相关负责人在该司法解释新闻发布会上明确指出"目前交通条件大为改善，原告宁愿多走几步路而选择司法公正，况且胜诉后其诉讼费用由被告承担。"第三，中级法院受理后还可以书面告知当事人向有管辖权的基层人民法院起诉。当事人持有中级法院的通知书向基层法院起诉，在一定程度上也保护了原告的诉权，也有部分中级法院辖区内只有一个基层法院，中级法院不直接管辖就意味着只能由有管辖权的基层法院管辖。

该司法解释第一条的规定既可以使原告获得寻求上级司法机关救济或者异地管辖的可能，又赋予了上级法院灵活处理的方式。当事人直接向中级法院起诉后，中级法院应当在7日内指定本辖区其他基层法院管辖或者决定本院审理或书面告知当事人向有管辖权的基层人民法院起诉。

（四）基层法院报请中级法院确定管辖的处理问题

行政诉讼法第二十三条第二款规定："下级人民法院对其管辖的第一审行政案件，认为需要由上级人民法院审判的，可以报请上级人民法院决定。"基层法院管辖的一些行政案件往往受到干预难以公正审理，受诉基层法院为了排除干扰，便报请中级法院审理或者指定异地审理。中级法院接到基层法院的报送请求后，可以根据案件情况选择三种处理方式：第一，中级法院决定本院审理，按照诉讼程序审理即可。中级法院是否决定本院审理，要看案件是否属于基层法院不宜审理的案件，同时还应当考虑本院行政庭人员配备和案件数量。中级法院直接受理固然可以较好地保护诉权，实现司法公正，但是中级法院大量受理行政案件，必然会造成高级法院受理大量二审案件，与中央提出矛盾化解在基层的要求相背离，而且审判队伍也需要重新调整。牵一发动全身，任何改革只要涉及大量的人事调整，改革的成本和风险就会增大。目前法院的经费、人事都由地方管理和保障，仅仅依靠通过最高人民法院的司法解释难以实现人事调整的改革。第二，中级法院接受基层法院请求后，认为基层法院确实不宜审理的可以指定本辖区其他基层法院审理。异

[①] 浙江省丽水市中级人民法院制定的中发〔2007〕77号《关于试行行政诉讼案件相对集中指定管辖制度的意见》中明确要求该市莲都区法院和龙泉市法院合理配置行政审判法官，充实行政审判力量。

地管辖应当作为本司法解释中管辖改革的常态。基层法院为间接追求司法公正,便寻求中级法院的正当干预,通过改变管辖以消除影响司法公正的因素。中级法院一般应当指定异地管辖,异地管辖可以较少的代价获得最好的效果,虽然被告可以通过异地党委政府实施干预,但是这种干预就从直接转变为间接,受诉法院和审理法官就可以排除干扰。第三,中级法院接受基层法院请求后,认为基层法院公正审理没有问题,也可以决定由报请的基层法院管辖,也有部分中级法院辖区内只有一个基层法院,中级法院不直接管辖就意味着只能由有管辖权的基层法院管辖。

(五) 中级法院提级管辖或者指定异地管辖问题

基层法院受理行政案件后,公正审理受到影响,《管辖规定》第四条规定了基层法院对其管辖的第一审行政案件,认为需要由中级人民法院审理或者指定管辖的,可以报请中级法院决定,但是,一些"特殊"的案件,基层法院碍于面子或迫于压力不能也不愿意报请中级法院决定管辖。行政诉讼法第二十三条第一款规定:"上级人民法院有权审判下级人民法院管辖的第一审行政案件,也可以把自己管辖的第一审行政案件移交下级人民法院审判。"据此,中级法院为了实现司法公正的目的,依职权主动改变管辖帮助基层法院排解压力,使得法院、法官从高压和多压中解放出来。《管辖规定》第五条规定:"中级人民法院对基层人民法院管辖的第一审行政案件,根据案件情况,可以决定自己审理,也可以指定本辖区其他基层人民法院管辖。"如何发现基层法院受理的行政案件的公正审理受到影响呢?中级法院可以根据基层法院的"汇报",可以根据当事人的反映,也可以根据案件抽查、调研发现问题。一旦发现基层法院受理的行政案件公正审理受到影响,中级法院可以提级管辖,也可以指定本辖区异地管辖。提级管辖会增加中高级法院的工作压力,造成疲于办案、疏于指导,未能将矛盾化解在基层。通常情形,指定异地管辖是最优选择。有人担心异地管辖将不利于案件协调,将会切断法院与地方政府行政机关的联系,甚至失去一些"利益"。这些担心是不必要的,异地管辖法院进行协调时,被告所在地法院可以协同配合、参与协调,同时,非诉执行的管辖没有改变而且本地法院仍然管辖一些诉讼案件,这样法院联系政府行政机关的纽带仍然存在。

(六) 指定管辖裁定的送达、审理期限、高级法院提级指定管辖等问题

指定管辖裁定应当送达被指定管辖法院和案件当事人,中级法院根据基层法院报请的指定管辖裁定还应当送达报请的法院作为结案的依据。《若干

解释》第六十三条规定，当事人对指定管辖裁定不可以上诉；《管辖规定》第七条规定："对指定管辖裁定有异议的，不适用管辖异议的规定。"因此，中级法院改变管辖所作出的指定管辖裁定是终局的，当事人无权提出上诉。

行政诉讼法第五十七条规定："人民法院应当在立案之日起三个月内作出第一审判决。"人们普遍感觉行政案件审理期限过短，基于当事人申请的指定管辖、基层法院报请的指定管辖、中级法院依职权的指定管辖和中级法院提级管辖需要起诉材料的内部流转，需要在法院内部立案庭和行政庭之间的沟通协调，上述材料的流转以及沟通协调需要时间，如果指定管辖前的程序所需要时间也计算在法定的审理期限内，那么，行政案件的审理期限更是捉襟见肘。鉴于此，《管辖规定》第八条规定："执行本规定的审理期限，提级管辖从决定之日起计算；指定管辖或者决定由报请的人民法院审理的，从收到指定管辖裁定或者决定之日起计算。"

前述均是涉及基层法院和中级法院提级管辖和异地管辖的问题。同样，中级法院和高级法院之间也存在提级管辖和异地管辖问题，《管辖规定》第九条规定："中级人民法院和高级人民法院管辖的第一审行政案件需要由上一级人民法院审理或者指定管辖的，参照本规定。"全国四级法院受理行政案件应当呈金字塔形，包括最高人民法院在内的上级法院应当适量办理一定数量的案件，对下级法院起到示范和指导作用。最高人民法院办理二审案件需要高级法院办理一审案件，同样高级法院办理二审案件需要中级法院办理一审案件。山东高院通过案件考评制度明确要求中级法院办理一定数量的一审案件，江苏高院通过案件管辖规定，[①] 明确规定了哪些案件中级法院一审以及哪些案件高级法院一审，使得案件呈金字塔形分布。案件分布力戒两个极端：一是大量的案件从基层法院往上级法院转移，使得矛盾没能化解在基层，上级法院疲于应付案件，无暇调研和指导；二是上级法院办理的案件过少，无法起到指导和示范的作用。山东和江苏的成功经验具有普遍的积极意义。

通过确定以异地管辖和适当提级管辖为方向的行政案件管辖制度改革，《管辖规定》试图缓解目前行政审判的困境，为修改行政诉讼法、人民法院组织法进行有益尝试并奠定基础。但是，它只是司法改革中的一部分，司法改革并非一蹴而就，不是包医百病的良药。管辖制度改革具有司法改革的前瞻性，但是，也难免存在局限性，需要在适用中不断完善和改进。各地也可以在异地管辖的框架下，积极探索和完善行政首长出庭制和行政首长协调参与制，以更好地实现行政诉讼法的目的。

---

① 江苏省高级人民法院 2005 年 11 月 10 日由审判委员会第 49 次会议讨论通过的《关于行政诉讼案件管辖若干问题的意见（试行）》。

18. 关于不服国有资产产权界定案件的管辖问题
——《最高人民法院关于国有资产产权管理行政案件管辖问题的解释》解读

2001 年 2 月 16 日　　　　　　　　　　法释〔2001〕6 号

一、问题的提出

在司法实践中，有些地方法院往往以国有产权包含不动产产权为由，于当地立案审理。由于涉案单位产权均包含不动产产权，且有的涉案单位在几地都有不动产，由此在行政诉讼的管辖权问题上经常发生争议。由于地方人民法院对国有资产管理法规理解不一，个案判决往往差别很大，个别判决甚至损害了国家或者中央政府的利益。

涉及国有资产的产权纠纷，一般表现为涉案单位整体产权纠纷，其中，有些纠纷标的涉及不动产，有些则不涉及不动产。产权界定部门认为，在不动产产权归属无争议的情况下，仅以整体产权包含不动产为由，即适用行政诉讼法第十九条的规定，由不动产所在地人民法院立案审理，不符合行政诉讼法关于管辖权问题的立法宗旨。为了加强国有资产的管理，保护国有资产，正确理解和贯彻行政诉讼法，请最高人民法院对因国有资产产权管理行政行为提起行政诉讼的管辖问题作出司法解释，以利于统一国有资产产权管理行政行为的诉讼案件的审判标准。

产权界定部门建议，凡因国有资产产权管理行政行为提起的行政诉讼，除具体行政行为直接涉及不动产产权归属界定及处置的行政诉讼案件由不动产所在地人民法院管辖外，一律由作出国有资产产权管理行为的行政机关所在地人民法院管辖。

二、分析

司法实践中遇到的问题一定程度上反映了某些地方法院在涉及不动产产权的产权界定行政诉讼案件管辖方面存在一定的问题，有必要对这类案件的管辖问题作统一的司法解释。

根据国家国有资产管理局1993年12月发布的《国有资产产权界定和产权纠纷处理暂行办法》第二条的规定，"产权界定，系指国家依法划分财产所有权和经营权、使用权等产权归属，明确各类产权主体行使权利的财产范围及管理权限的一种法律行为。"行政诉讼法第十九条规定，"因不动产提起行政诉讼的案件，由不动产所在地人民法院管辖。"行政诉讼法规定了不动产所在地法院对不动产纠纷的专属管辖权。凡因不动产提起行政诉讼的行政案件，均由不动产所在地人民法院管辖。但是，产权界定可能直接涉及不动产产权归属的界定，也可能间接涉及不动产产权归属的界定。直接涉及不动产产权归属界定的行政诉讼案件，应当由不动产所在地人民法院管辖。问题是，产权界定间接涉及不动产产权归属的，是否应当由不动产所在地人民法院管辖。

一般而言，直接涉及不动产产权归属界定及处置具体行政行为，是指针对确定的不动产的产权归属问题进行具体界定及处置而作出的具体行政行为。因对不动产的产权界定及处置不服而提起行政诉讼，产权界定部门认为，应由不动产所在地人民法院管辖。例如：甲、乙对某一栋楼房的产权归属发生了争议，产权界定部门对该栋楼房的产权归属进行了界定，认定该栋楼房的产权归甲。如果乙因对该栋楼房的产权界定不服提起行政诉讼，应由该栋楼房所在地人民法院管辖。

间接涉及不动产的产权界定则指如下情形：例如，甲、乙对某公司（公司总部办公楼在乙所在地）的产权归属发生争议，产权界定部门对该公司的产权归属进行了界定，认定该公司的产权归甲。如果乙对该公司的产权界定不服提起行政诉讼，产权界定部门认为应由产权界定部门所在地人民法院管辖。因为，产权界定部门是对公司产权（包括所有权、经营权）进行界定，乙对该产权界定不服提起的行政诉讼，诉讼标的是公司的整体产权，不是具体的不动产，根据行政诉讼法第十七条的规定，应由最初作出具体行政行为的行政机关所在地人民法院管辖，即产权界定部门所在地人民法院管辖。

产权界定部门对涉案单位整体产区作出界定后，当事人对产权界定不服，提起行政诉讼，意味着当事人对整体产权存在异议。由于整体产权中包括了不动产，因此，除非当事人声明对其中的不动产产权没有争议，法院不能当然地推定当事人对其中的不动产产权没有争议。在这种情况下，可以有两种不同的处理方式。

一种处理方式是，只要当事人没有对其中的不动产申明没有异议，该案就由不动产所在地人民法院管辖；当事人申明对其中的不动产没有异议，由被告所在地人民法院管辖。另一种处理方式是，无论当事人是否对其中的不动产有异议，均由被告所在地人民法院管辖。

我们认为，第二种处理方式符合行政诉讼法的有关规定。理由有三：一是产权界定部门对整体产权进行界定，既可能涉及动产也可能涉及不动产，而其中的不动产可能分布在不同的地区，如果采用第一种处理方式，在当事人没有申明对其中的不动产没有异议的情况下，只要是不动产所在地的人民法院（可能有多个）都有管辖权，这可能会造成管辖权上的混乱。二是当事人对产权界定部门的整体产权界定不服，提起诉讼，是因整体产权的归属而提起的诉讼。而行政诉讼法第十九条规定的是，因不动产提起诉讼的由不动产所在地人民法院管辖。这里的"因不动产"，不能理解为当事人提起诉讼的原因，而是指当事人对针对不动产作出的具体行政行为不服。产权界定部门针对整体产权作出的产权界定行为，不属于"因不动产"的情形。从原告的诉讼请求看，当事人对整体产权界定行为不服，其诉讼请求只能是要求撤销、变更针对整体产权作出的产权界定行为，即使当事人对其中的不动产产权归属不服是提起行政诉讼的直接原因，或者对其中的不动产产权归属有异议，当事人提起行政诉讼，也不属于"因不动产"提起的行政诉讼。三是产权界定部门对整体产权作出界定，当事人提起行政诉讼，不服的是有关整体产权的产权界定行为，其中，既可能是对涉及不动产的界定不服，也可能是对涉及动产的界定不服。而不动产可能在整体产权中只占有极少的份额，如果这类案件由不动产所在地人民法院管辖，不利于法院对产权界定行为进行合法性审查。

综上，当事人因国有资产产权界定行为提起行政诉讼的，应当根据不同情况确定管辖法院。产权界定行为直接针对不动产作出的，由不动产所在地人民法院管辖。产权界定针对包含不动产在内的整体产权作出的，由最初作出产权界定的行政机关所在地人民法院管辖；经过复议的案件，复议机关改变原产权界定行为的，也可以由复议机关所在地人民法院管辖。

19. 关于海事法院应否受理行政案件的问题
——《最高人民法院办公厅关于海事行政案件管辖问题的通知》解读

2003 年 8 月 11 日　　　　　　　　　　　　　法办〔2003〕253 号

行政诉讼法没有明确规定海事法院等专门法院应否受理行政案件，在起草《贯彻意见》以及后来起草《若干解释》的过程中都存在不同意见。

有人主张海事等专门法院应当受理涉及海事等方面的行政案件。理由主要有三点：其一，行政诉讼法第三条第二款规定："人民法院设行政审判庭，审理行政案件。"人民法院组织法①第二条规定："中华人民共和国审判权由下列人民法院行使：（一）地方人民法院；（二）军事法院等专门人民法院；（三）最高人民法院。"根据这两条的规定，海事法院等专门法院属于人民法院，设立行政审判庭审理涉及海事等方面的行政案件符合法律规定。其二，涉及海事等方面的行政案件具有很强的专业性，海事法院配有既懂法律又懂专业技术的法官，由海事法院审理涉及海事方面的行政案件，有利于这类案件的及时正确的审理。其三，普通法院受制于地方政府的因素较多，在审理行政案件中受到地方政府的非法干预时，难于排除。海事法院受制于地方政府的因素相对较小，由海事法院审理涉及海事方面的行政案件有利于排除地方政府非法干扰，确保司法公正。

最高人民法院在起草《贯彻意见》和《若干解释》的过程中，关于海事等专门法院应否受理行政案件的问题，经过反复论证，并征求了全国人大常委会法制工作委员会、最高人民检察院、国务院以及各高级人民法院的意见。各机关都一致认为，根据有关法律的规定，海事法院等专门法院不应受理行政案件。因而在《贯彻意见》第 9 条中明确规定，"专门人民法院不应设行政审判庭，不受理行政案件。"《若干解释》）第六条第二款与《贯彻意见》第 9 条的规定基本一致，并且进一步明确规定，专门人民法院除了不审理行

---

① 如无特别说明，均指 1986 年修改后的人民法院组织法。

政案件外，还不审查和执行行政机关申请执行其具体行政行为的案件。具体理由如下：

第一，有权机关没有特别授权海事等专门法院受理行政案件。全国人民代表大会常务委员会 1984 年 11 月 14 日发布的《关于在沿海港口城市设立海事法院的决定》第三条规定："海事法院管辖第一审海事案件和海商案件，不受理刑事案件和其他民事案件。"所谓海事、海商案件是指平等主体之间有关因海事侵权、海商合同等发生纠纷诉至法院的案件。而行政案件是公民、法人或者其他组织不服行政机关的具体行政行为诉至人民法院的案件，这类案件属于不平等主体之间的权益纠纷。因此说，海事、海商案件不包含行政案件。人民法院组织法第二十九条规定："专门人民法院的组织和职权由全国人民代表大会常务委员会另行规定。"全国人民代表大会常务委员会未授权海事等专门法院审理行政案件，也就意味着，海事法院受理行政案件缺乏特别授权依据。

第二，海事法院受理行政案件有悖行政诉讼立法原意。一是行政诉讼法第三条第二款规定："人民法院设行政审判庭，审理行政案件。"各地海事法院从未设立行政审判庭，如果海事法院受理行政案件，其受理的一审行政案件，由海事法院中民事审判庭受理，上诉到二审法院以后，根据《关于海事法院受理案件范围的若干规定》（以下简称《海事法院受理案件规定》）第六十四条的规定，应由分管海事海商的审判庭（即以前的经济庭，现在的民二庭）审理。这种做法显然违反了行政诉讼法第三条第二款的规定。二是海事法院受理行政案件提高了级别管辖。我国海事法院的设置相当于中级法院，没有设置基层法院。根据行政诉讼法第十三条和第十四条的规定，第一审行政案件由基层人民法院管辖；中级人民法院管辖的第一审行政案件有：确认发明专利权的案件、海关处理的案件，对国务院各部门或者省、自治区、直辖市人民政府所作的具体行政行为提起诉讼的案件，本辖区内重大、复杂的案件。如果海事法院受理涉及海事的行政案件，也就意味着，不论这类案件是否重大、复杂，均要由高级法院作二审，无疑提高了行政案件的级别管辖，有悖我国行政诉讼法规定的级别管辖原则。三是有悖行政诉讼法有关地域管辖的规定。根据行政诉讼法第十七条和第十八条的规定，行政案件由最初作出具体行政行为的行政机关所在地人民法院管辖。经复议的案件，复议机关改变原具体行政行为的，也可以由复议机关所在地人民法院管辖。对限制人身自由的行政强制措施不服提起的诉讼，由被告所在地或者原告所在地人民法院管辖。海事法院管辖范围都是跨省、自治区、直辖市的。最初作出具体行政行为的行政机关或者被限制人身权的原告所在地若没有海事法院的，也就剥夺了原告向最初作出具体行政行为的行政机关或者被限制人身权的原告所在地的人民法院起诉的权利，显然不符合行政诉讼法有关地域管辖的规定。

第三，海事法院受理行政案件不便于当事人诉讼和法院办案。我国目前10个海事法院分别设在北海、广州、海口、厦门、宁波、上海、青岛、天津、大连和武汉。根据海上交通安全法、渔业法、内河交通安全管理条例等法律、行政法规的规定，沿海水域的交通安全、内河交通安全和渔业捕捞运输安全等行政管理工作，分别由沿海、内河各港口的港务监督机构、渔政渔港监督机构等有关部门负责。这些部门分散在沿海、内河各地，目前只有少数几个城市设有海事法院，如果由海事法院受理涉及海事方面的行政案件，绝大多数案件的原告和被告都要到异地进行诉讼，既不方便当事人诉讼，也不便于人民法院办案。例如，黑龙江省依兰县依兰渡口船员张勇诉黑龙江海事局有关水上交通事故的行政处罚决定案，如果由海事法院管辖，该案的原告与被告都要从黑龙江到辽宁省大连市去打官司，显然不便于当事人诉讼和法院办案。类似的情况还很多。

第四，由海事法院管辖行政案件对于克服地方保护主义意义不大。我国海事行政管理的设置分为两部分：一部分是中央管理水域。其管辖范围为我国沿海水域和长江水域。凡属中央水域的行政管理由中央垂直管理，即由交通部垂直管理。另一部分是地方管理水域。各地设有海事局，人、财、物由当地人民政府管理，业务由交通部指导。人民法院审理行政案件的干扰主要来自地方人民政府。属于地方管理的水域中，海事局是地方政府的一个部门，多数情况下，海事法院受理和审理行政案件时，受到地方政府的干扰与普通法院的干扰基本相同，由海事法院管辖行政案件对于克服地方保护主义实际意义并不大。地方法院在审理行政案件时，遇到严重干扰时，根据行政诉讼法及相关司法解释的规定，上级法院发现下级法院受理的行政案件受到干扰难以审理的可以提审，也可以指定其他法院管辖。这对于有效地防止地方保护主义的干扰有着重要作用。需要注意的是，海事法院以前隶属有关交通行政部门，近几年虽要求脱离有关交通行政部门，但从人、财、物等方面看，其与交通行政部门仍有千丝万缕的联系，在业务上也多有往来，因此在案件处理上难免会受其影响，从而产生部门保护主义问题。

第五，普通法院受理涉及海事方面的行政案件，可以解决有关专业技术问题。《证据规定》第四十八条规定："对被诉具体行政行为涉及的专门性问题，当事人可以向法庭申请专业人员出庭进行说明，法庭也可以通知专业人员出庭说明。必要时，法庭可以组织专业人员进行对质。"根据该条规定，普通法院审理涉及的一些较强的专业技术问题，完全可以通过咨询有关专家等方式，解决有关技术方面的问题。

第六，由海事法院受理涉及海事方面的行政案件浪费司法资源。在我国审判实践中，涉及海事方面的行政案件很少，平均到各个海事法院每年一般均在 10 件以下，如果每个法院配备 1 个合议庭的人员，平均每人只有 3～5 件案件，工作量严重不足，如果配备 1 个人除不符合合议制度外，很难保障审理的案件质量。也就是说，由海事法院受理涉及海事方面的行政案件还存在浪费司法资源的问题。

最高人民法院 2001 年 9 月 11 日作出《海事法院受理案件规定》中明确规定，海事法院管辖涉及海事方面的行政案件、行政赔偿案件、行政机关申请执行的涉及海事方面的具体行政行为的案件。同时还规定，当事人不服海事法院作出的行政判决的上诉案件，由分管海事海商的审判庭审理。这一规定施行以后有些海事法院受理了一些涉及海事方面的行政案件，有些普通法院拒绝受理涉及海事方面的行政案件，导致有关海事行政案件管辖问题的混乱。黑龙江省高级人民法院、广东省高级人民法院就海事法院应否受理行政案件向最高人民法院请示。为规范海事行政案件的管辖问题，同时考虑到一些海事法院受理一小部分海事行政案件的现实情况，最高人民法院办公厅根据本院审判委员会 1282 次会议决定于 2003 年 8 月 11 日下发了《关于海事行政案件管辖问题的通知》。该通知明确指出："行政案件、行政赔偿案件和审查行政机关申请执行其具体行政行为的案件仍由各级人民法院行政审判庭审理。海事等专门人民法院不审理行政案件、行政赔偿案件，亦不审查和执行行政机关申请执行其具体行政行为的案件。""本通知下发之前，海事法院已经受理的海事行政案件、行政赔偿案件，继续由海事法院审理；海事法院已作出的生效行政判决或者行政裁定的法律效力不受影响。"

20. 农用运输车行政纠纷案件的管辖问题
——《最高人民法院关于对审理农用运输车行政管理纠纷案件应当如何适用法律问题的答复》解读

2000 年 2 月 29 日　　　　　　　　　　　　　法行〔1999〕第 14 号

一、问题的提出

河南省省信阳市中级人民法院受理的陈礼银不服固始县公安局交警大队行政处罚上诉一案中，涉及农用运输车辆的管理权问题。对于此问题，国务院、公安部、农业部作出了不同的规定：

1. 《国务院办公厅关于印发农业部职能配置内设机构和人员编制规定的通知》（1998 年 6 月 25 日；国办发〔1998〕88 号）中规定："农业部农业机械化管理司负责组织实施拖拉机、联合收割机、农用运输车等农业机械的安全监理、产品质量检验、鉴定和认证管理。"这就明确了农用运输车属于农业机械，其管理权也由农业部门行使。但是，1997 年《国务院办公厅关于农用运输车和拖拉机道路交通管理工作的协调意见》中规定："国发〔1986〕94 号《国务院关于改革道路交通管理体制的通知》和《道路交通管理条例》对机动车道路交通由公安机关实施统一管理已有明确规定，作为机动车一种类型的农用运输车，其道路交通管理包括检验、发牌和驾驶员考核、发证等，依法适用上述规定。"这个规定说明农用运输车属于机动车，应由公安部门行使管理权。

2. 《公安部关于农用运输车按机动车进行管理的批复》（公复字〔1996〕10 号）中规定"农用运输车不是农业机械，是《道路交通管理条例》第三条所称机动车的一种类型，其管理问题不适用该条例第九十一条第一款的规定，而应依据该条例第八条的规定，由公安机关按机动车进行管理，不得委托其他部门管理"。

3. 《农业部关于农用运输车管理问题的复函》（农（机监）〔1996〕28号）和《关于农业机械管理有关问题的函》（农（机监）〔1996〕30号）分别规定"农用运输车是一种新型的农业机械，是农用拖拉机的变形产品。""对拖拉机和其他农业机械实施牌证管理是农机管理部门的职责。"

由于上述文件规定的内容相冲突，信阳中级人民法院审理该案时对应适用哪一部门的规定意见不一致，向河南省高级人民法院请示。河南高院认为对农用运输车的管理目前我国法律尚无明文规定，而上述各部门的规定又不一致，特请最高人民法院对此问题作出相应的司法解释。

二、分析

对于农用运输车的管理权限问题，长期以来各方的争论比较大，最主要是农用运输车应当由农业部门还是公安交通管理部门管辖的问题。我们先来回顾一下有关这个问题的法律、法规和政策。

二十世纪80年代，由于城乡道路标准低、质量差，人车混杂，交通管理又分别由公安、交通、农业部门负责，机构重叠，互相扯皮。国务院决定，全国城乡道路由公安机关统一管理。1986年10月7日，国务院发布《关于改革道路交通管理体制的通知》（国发〔1986〕94号）。通知中涉及到公安交通管理部门和农业部门分工的内容主要包括：（1）全国统一的道路安全管理法规，由公安部起草，征求交通部、城乡建设环境保护部、农牧渔业部等有关部门的意见，经批准后由公安机关负责实施。（2）公安机关对全国城乡道路交通依法管理，包括交通安全宣传教育、交通指挥、维护交通秩序、处理交通事故和车辆检验、驾驶员考核与发牌发证、路障管理以及交通标志、标线等安全设施的设置与管理等。农用拖拉机的道路交通管理工作，除专门从事农田作业的拖拉机及其驾驶员由农业（农机）部门负责管理外，凡上道路行驶的专门从事运输和既从事农田作业又从事运输的拖拉机及其驾驶员，由公安机关按机动车辆进行管理。有关道路行驶安全技术检验、驾驶员考核、核发全国统一的道路行驶牌证等项工作，公安机关可以委托农业（农机）部门负责，并有权进行监督、检查。（3）公安机关对于车辆检验、驾驶员考核，可委托给有设备和技术条件的单位，按照标准和公安机关的要求代行办理。公安机关有权对受托单位进行监督、检查和决定变更委托事项。该通知是关于公安交通管理部门和农业部门在涉及农用运输车（拖拉机）管理方面的重要政策依据。这个政策确定的道路交通管理体制是：第一，道路交通由公安机关统一管理，对于不上道路行驶的专门从事农田作业的拖拉机及其驾驶员由农业部门管理，对于上道路行驶的专门从事运输的拖拉机和既从事运输又从事农田作业的拖拉机及其驾驶员，由公安机关按照机动车辆进行管理。第二，公安机关对于车辆检验、驾驶员考核、核发全国统一的道路行驶牌证等工作，公安机关可以委托农业部门负责，并有权进行监督。也就是说，公安机关对于车辆检验、驾驶员考核、核发全国统一的道路行驶牌证等工作享有管辖权，但是可以委托农业部门负责。公安交通管理部门和农业部门之间是委托与被委托的关系，根据委托理论，法律后果由委托人——公安交通管理部门承担。

上述政策（亦可称为准行政法规）明确对于拖拉机的管理职权，并未明确提出"农用运输车"。1987年6月30日，《公安部关于加强农用运输车道路交通管理问题的通知》（〔1987〕公交第446号）主要涉及四个方面的内容：（1）对农用运输的管理工作（包括车辆检验、发牌、驾驶员考核、发证及行车安全管理等），一律由公安交通管理机关按机动车进行管理。（2）各地要按国家机械委工程农机局《关于加强农用运输车生产管理工作的通知》（机农生字〔1987〕55号）中公布的农用运输车生产企业及产品目录，凭车辆来历证明及产品出厂合格证，按照机动车安全检验标准检验合格后，核发拖拉机号牌。目录以外的产品一律不发牌证。（3）对农用运输车驾驶员的培训及考核等参照方向盘式拖拉机的有关规定执行，其大、小型的划分参照方向盘式拖拉机的划分标准执行，在机动车驾驶证上不单独设农用运输车准驾记录，经考核合格的农用运输车驾驶员，给予签注相应的方向盘式拖拉机准驾记录，具有方向盘式拖拉机准驾记录者，准许驾驶相应的农用运输车。（4）各地对于拖拉机安全管理的有关规定，也适用于农用运输车。这个规章将包括拖拉机在内的农用运输车纳入到公安交通管理部门管辖。

《国务院关于改革道路交通管理体制的通知》有关公安机关委托农业部门从事道路行驶安全技术检验、驾驶员考核和核发行驶牌证的规定比较原则，对于委托事项是全国统一委托还是地方公安机关具体委托，还有不同理解。1987年9月2日，《公安部、农牧渔业部关于农用拖拉机道路交通管理问题的通知》（〔1987〕公（交管）字82号）在委托方面明确四个主要问题：（1）除城市（不包括郊区乡、镇）、县城的机关团体、工矿企业、运输联社和非农业个体户专营运输的拖拉机外，其余上道路行驶专门从事运输和既从事农田作业又从事运输的拖拉机安全技术检验、驾驶员考核和核发道路行驶牌证等项工作，由各省、自治区、直辖市公安厅、局委托农业（农机）厅、局负责（江西、西藏等省、区尚无省级农机监理机构，可暂不委托），各级农机监理部门具体实施，公安机关有权进行监督检查。委托工作应尽快进行，其具体委托办法、步骤以及规费的处理，由各省、自治区、直辖市公安厅、局与农业（农机）厅、局商定或报人民政府决定。（2）凡上道路行驶的拖拉机和驾驶员，必须遵守交通规则；持有公安机关规定的全国统一的号牌。拖拉机号牌、行车执照、驾驶执照由各省、自治区、直辖市公安厅、局交通管理局（处）统一编号。新考驾驶员，公安和接受委托的农业（农机）部门一律核发公安交通管理部门现行驾驶执照。（3）对在道路上行驶的拖拉机的检查、纠正违章、处理交通事故等，统一由公安交通管理部门负责。在道路外发生的拖拉机事故由农机监理部门处理，需给以治安管理处罚和追究刑事责任的由公安机关处理。① （4）公安和农业（农机）部门要密切合作，互相支持，共同搞好拖拉机的管理工作。这个联合规章采取的委托方式是全国统一委托，对于"上道路行驶专门从事运输和既从事农田作业又从事运输的拖拉机安全技术检验、驾驶员考核和核发道路行驶牌证等项工作"，由省级公安厅（局）委托省级农业厅（局）负责。

《道路交通管理条例》（1988年）有关农用运输车的管理与《关于改革道路交通管理体制的通知》的表述一致。该条例第九十一条规定，上道路行驶的专门从事运输和既从事农田作业又从事运输的拖拉机安全技术检验、驾驶员考核、核发全国统一的道路行驶牌证等项工作，公安机关可以委托农业（农机）部门负责，并有权进行监督、检查。

1993年5月17日，公安部下发了《关于农用运输车道路交通管理的规定》。该规定要求，农用运输车（包括四轮和三轮）的检验、核发牌证和驾驶员培训、考核、发证等管理工作，一律由公安机关交通管理部门按机动车统一进行管理。

1996年7月24日，公安部交通管理局针对贵州省交警总队的请示，作出《关于农用运输车管理问题的批复》（公交管〔1996〕137号），再次重申了公安交通管理部门对于农用运输车的管理职权："《中华人民共和国道路交通管理条例》（以下简称《条例》）第三条所称的机动车包括农用运输车。因为农用运输车是在《条例》发布后，近年来发展起来的在道路上行驶、专门从事货物运输、最高车速不大于50km/h的一种低速度机动车。它包括发动机为柴油机、功率不大于7.4kw、载质量不大于500kg、最高车速不大于40km/h的三轮农用运输车和发动机为柴油机、功率不大于28kw、载质量不大于1500kg、最高车速不大于50km/h的四轮农用运输车。其结构、性能不同于拖拉机，它不是农业机械。所以，农用运输车应当按机动车的有关规定

---

① 《公安部关于拖拉机事故是否委托农机部门处理的批复》（1992年4月15日，公交管〔1992〕42号）对此再次明确："处理道路交通事故是公安机关的职责，特别是在处理事故中还要涉及依法追究当事人的刑事、行政和民事责任，这是其他部门无法代替的。据此，对在道路上发生的拖拉机交通事故，公安机关不能委托农业（农机）部门处理。"

进行管理，其道路交通管理不适用《条例》第九十一条第一款的规定，而应依据《条例》第八条的规定，由公安机关按机动车进行管理，不得委托其他部门管理。"1996年8月6日，《公安部关于农用运输车按机动车进行管理的批复》（公复字〔1996〕10号）再次重申农用运输车不是农业机械，应当由公安机关按照机动车进行管理，不得委托其他部门管理。

但是，公安部和农业部对于农用运输车的管理问题仍然没有达成统一意见。1997年12月25日，国务院办公厅召集公安部、农业部、原机械工业部和原国务院法制局对农用运输车和拖拉机交通管理问题进行了研究，会议形成了四点协调意见。1998年7月20日，国务院办公厅下发《关于农用运输车和拖拉机道路交通管理工作的协调意见》。该意见中涉及到公安部和农业部的职权内容主要是：（1）《国务院关于改革道路交通管理体制的通知》（国发〔1986〕94号）和《道路交通管理条例》对机动车道路交通由公安机关实行统一管理已有明确规定，作为机动车一种类型的农用运输车，其道路交通管理包括检验、发牌和驾驶员考核、发证等，依法适用上述规定。由公安部研究采取措施，加强农用运输车道路交通管理，减少交通事故特别是重、特大交通事故，保证道路安全畅通。（2）农业（农机）部门受一些地方公安机关委托负责拖拉机道路行驶安全技术检验、驾驶员考核、核发全国统一的道路行驶牌证等工作，应严格按照国家规定办理，对违反国家规定的问题，要认真予以纠正。对此，公安部要督促各地公安机关依法履行监督、检查职责，发现问题及时采取措施，以维护正常的道路交通管理秩序。（3）道路交通管理工作关系到人民生命财产安全，必须依法严格管理。请农业部等有关部门对公安机关的执法工作给予支持，应在各自的职责范围内，继续做好驾驶员安全教育和农用车服务等工作，共同努力，提高我国城乡道路交通管理水平。（4）我国道路交通管理法的起草工作正在进行，请国务院法制局会同有关部门抓紧做好这项工作。起草的内容应强调，道路交通由公安机关统一管理，拖拉机道路交通管理有关工作不宜再由公安机关委托农机部门负责。这一协调意见再次明确，道路交通由公安机关统一管理，农用运输车的道路交通管理除了少数地区外，有关工作不宜再由公安机关委托农机部门负责。1998年8月14日，公安部交通管理局为贯彻上述协调意见，下发了《关于加强农用运输车和拖拉机道路交通管理工作的通知》（公交管〔1998〕209号），该通知明确，各级公安交通管理部门依法对农用运输车（包括三轮、四轮农用运输车）的登记、检验、发牌和驾驶员考核、发证等工作实行统一管理，不得委托农业（农机）等其他部门进行管理。

根据上述政策和规范性文件的规定，最高人民法院经审查认为，《黑龙江省农业机械安全监督管理条例》（1996年）第七条、第十四条规定，农用三轮车应经农业机械安全监理机构检验合格、领取号牌、行驶证、使用证后，方可使用。该项规定是依据《道路交通管理条例》第九十一条有关拖拉机的核发牌证等项工作由公安机关委托农业（农机）部门负责制定的。在该条例制定之前（1996年之前），有关部门对于该项职权尚未取得一致意见，该地方性法规只能依据《道路交通管理条例》制定。据此，1998年9月1日，最高人民法院行政审判庭作出《关于对黑龙江高级人民法院〈关于刘兰宝不服牡丹江市林口县公安交警大队扣押、罚款一案的请示报告〉的答复意见》（〔1998〕法行第09号）。答复的内容是："黑龙江省高级人民法院：你院〔1998〕黑行他字第1号请示收悉，经研究答复如下：《中华人民共和国道路交通管理条例》第九十一条对上道路行驶的专门从事运输和既从事农田作业又从事运输的拖拉机安全技术检验、驾驶员考核、核发全国统一的道路行驶牌证等项工作以及对该运输工具的监督、检查事宜作了明确规定。根据这一规定，公安部、农牧渔业部联合下发了〔1987〕公（交管）字82号文件；黑龙江省人民政府下发了黑政发〔1990〕3号文件；黑龙江省公安厅、农业厅亦联合下发了黑公发〔1991〕18号文件。上述文件中的有关规定与《条例》第九十一条的规定并不抵触，人民法院审理此类行政案件时，应以该条例及上述规范性文件的有关规定为准。"值得注意的是，本案涉及的地方性法规制定之时，有关各方意见并不统一，黑龙江有关地方性法规依据道路交通管理条例并无不当。但是，1996年之后，有关各方经过协调，达成了一致的协调意见，有关农用运输车的管理职权逐步明确，统一由公安交通管理部门管辖。因此，2000年2月29日，最高人民法院作出《关于对审理农用运输车行政管理纠纷案件应当如何适用法律问题的答复》（法行〔1999〕第14号）："河南省高级人民法院：你院〔1999〕豫法行请字第1号《关于审理农用运输车行政管理纠纷案件应当如何适用法律的请示报告》收悉。经研究，答复如下：机动车道路交通应当由公安机关实行统一管理；作为机动车一种的农用运输车，其道路交通管理包括检验、发牌和驾驶员考核、发证等，也应当由公安机关统一负责。人民法院审理农用运输车行政管理纠纷案件，涉及相关行政管理职权的，应当适用《中华人民共和国道路交通管理条例》和《国务院关于改革道路交通管理体制的通知》的有关规定。"

但是，上述批复是在道路交通安全法制定之前作出的，适用于道路交通安全法之前发生的案件。对于发生在道路交通安全法之后的案件，不再适用。因为道路交通安全法对农用运输车的管辖作了明确规定。

在制定道路交通安全法过程中，有关农用运输车管辖的争议再次被提出。有些委员和部门针对草案中规定的由公安机关负责道路交通安全工作的内容，要求维持1986年以来的做法，即1986年10月《国务院关于改革道路交通管理体制的通知》中有关公安机关委托农业部门负责有关工作的做法。全国人大法工委考虑到这个问题争议较大,建议由国务院法制办公室就关于《道路交通安全法(草案)》中农用运输车管理体制的问题专门作出说明。①

2002年7月26日,国务院法制办来函说明了国务院的意见,坚持由公安机关交通管理部门对机动车实行统一管理的体制。国务院的理由是:第一,农用运输车作为机动车的一种,由公安机关一家管理便于严格管理,明确责任。第二,维护道路交通安全,必须对机动车牌证和驾驶证实行统一管理。如果按照城市汽车、农用运输车分别管理,不实行统一的牌证管理,势必造成道路交通管理秩序的混乱。第三,国家有关部门对农用运输车的性质和统一管理的意见和规定是明确的。全国人大常委会、最高人民法院以及国务院就这一问题均作过规定。第四,农业部门对农用运输车实施管理的主体是基层农机公司或者农机站,不应承担执法工作。②

在二次审议中,全国人大农业和农村委员会和有些委员对此继续提出意见。全国人大农业和农村委员会建议修改草案有关由公安交通管理部门统一管理的规定。理由是:第一,草案的有关规定与我国当前农业机械管理的实际情况不符。第二,公安部门难以有力量管理农业机械。第三,公安部门管理农机会增加农民负担。第四,由公安部门管理农机,不利于更好地落实国家促进农业机械化发展的优惠政策,也不利于农业部门组织、指导农机社会化服务。第五,农机部门已经形成了一支经验比较丰富的管理队伍和管理体系。③

由于存在上述争议,九届法律委员会研究后建议国务院继续研究。

2003年1月20日,国务院法制办重申了国务院仍然维持对机动车实行统一管理的意见。法律委员会决定经过本届常委会三次会议审议后,根据审议意见和各方面的意见进一步研究。④

经过进一步审议,对于农用运输车的牌证发放,是由公安交通管理部门还是由农业(农机)部门负责,主要有三种意见:第一种意见主张维持1986年以来实行的管理体制,由公安机关交通管理部门委托农业(农机)部门负

---

① 第九届全国人大法律委员会《关于〈中华人民共和国道路交通安全法(草案)〉修改情况的汇报》(2002年8月20日)。

② 国务院法制办公室《关于农用运输车统一纳入机动车道路交通管理有关情况的说明》(2002年7月26日)。

③ 全国人大农业与农村委员会《对〈中华人民共和国道路交通安全法(草案)〉涉及农业机械管理问题的意见》(2002年7月29日)。

④ 第十届全国人大法律委员会《关于〈中华人民共和国道路交通安全法(草案)〉修改情况的汇报》(2003年6月18日)。

责。第二种意见主张在保持现行管理体制的基础上，进行适当调整，拖拉机和小型农用运输车的牌证发放由农业（农机）部门负责，大中型农用运输车的牌证发放由公安机关交通管理部门负责。第三种意见主张由公安机关交通管理部门统一负责，但要采取便民措施，减轻农民负担。法律委员会、法制工作委员会经研究认为，三种意见各有一定的道理，都应给予重视。解决这个问题，既要坚持把人民的生命财产安全放在第一位，坚持道路交通安全管理的统一性，保障道路交通安全；同时，也要认真考虑我国对农用机动车牌照发放的管理现状，区分拖拉机和其他农用机动车的不同情况。据此，建议在坚持由公安机关交通管理部门对机动车实施统一管理的前提下，对农用机动车作具体分析、区别对待。运输车不宜分工业用、农业用、商业用等，应予同等对待，其牌证发放均由公安机关交通管理部门统一负责。拖拉机则有所不同，多数拖拉机既从事农田作业又从事运输活动，不论对其技术性能的检验，还是对其驾驶人员的考核，都要兼顾这两个方面，宜按 1986 年以来实行的管理体制，拖拉机的牌证发放可由农业（农机）部门负责，但应受公安机关交通管理部门监督。此外，从方便农民、减轻农民负担考虑，对农业（农机）部门在道路交通安全法施行前已经发放的机动车牌证，应当允许继续使用，不必重新换发。法律委员会、法制工作委员会就以上考虑，同国务院法制办交换了意见。国务院办公厅、法制办同有关部门协调后，经向国务院领导报告，同意法律委员会、法制工作委员会的意见。据此，法律委员会建议在草案三次审议稿附则中增加一条："对上道路行驶的拖拉机，由农业（农业机械）主管部门行使本法第八条、第十三条、第十九条、第二十三条规定的公安机关交通管理部门的管理职权。""农业（农业机械）主管部门依照前款规定行使职权，应当遵守本法有关规定，并接受公安机关交通管理部门的监督；对违反规定的，依照本法有关规定追究法律责任。""本法施行前由农业（农业机械）主管部门发放的机动车牌证，在本法施行后继续有效。"此外，建议将草案三次审议稿第二十条第一款修改为："机动车的驾驶培训实行社会化，由交通主管部门对驾驶培训学校、驾驶培训班实行资格管理，其中专门的拖拉机驾驶培训学校、驾驶培训班由农业（农业机械）主管部门实行资格管理。"[①] 上述建议最后体现为道路交通安全法第一百二十一条。至此，有关农用运输车的管辖问题，最后确定由农业（农业机械）部门管辖，并接受公安交通部门的监督。

[①] 全国人大法律委员会《关于〈中华人民共和国道路交通安全法（草案）〉审议结果的报告》（2003 年 10 月 20 日）。

21. 限制人身自由的行政案件及其牵连案件的合并管辖
——《最高人民法院行政审判庭关于对山东省高级人民法院〈关于行政诉讼案件管辖问题的请示〉的电话答复》解读

1996 年 2 月 28 日

一、问题的提出

1995 年 10 月 28 日，山东省高级人民法院就原告郭明春、唐汉刚（昌乐县人民法院干警）和昌乐县人民法院诉宁夏回族自治区石嘴山市公安局一案的管辖问题向最高人民法院请示。

原告郭明春、唐汉刚和昌乐县人民法院诉宁夏回族自治区石嘴山市公安局三个行政行为：一是限制人身自由的行政行为；二是扣押昌乐县人民法院银行汇票的行为；三是殴打、侵害法院干警人身健康权的行为。

潍坊市中级人民法院根据行政诉讼法的规定，受理了郭明春、唐汉刚诉被告限制人身自由的行政行为。根据行政诉讼法的规定，被告扣押法院银行汇票的行为，由被告所在地的人民法院受理。潍坊中院为了方便诉讼和便于审理，主张对被告的限制人身自由、扣押汇票行政强制行为和殴打原告的事实行为也一并受理。

山东高院认为潍坊中院的主张成立，因存在分歧意见，向最高人民法院请示。

二、分析

本案涉及的是合并管辖（或者合并审理）的问题。

（一）合并管辖的意义

所谓合并管辖，又称为牵连管辖，是指对特定案件有管辖权的法院，可以管辖与该案存在牵连关系的其他案件。行政诉讼法第二十六条是关于合并审理的规定："当事人一方或者双方为二人以上，因同一具体行政行为发生的行政案件，或者因同样的具体行政行为发生的行政案件、人民法院认为可以合并审理的，为共同诉讼。"民事诉讼法[①]第一百二十六条规定："原告增加诉讼请求，被告提出反诉，第三人提出与本案有关的诉讼请求，可以合并审理。"这是合并审理的规定，也是合并管辖的规定。

合并管辖有以下特征：第一，受诉法院实施合并管辖的目的在于将被合并管辖的案件与已经受理的案件进行合并审理。第二，被合并管辖的案件与法院已经受理的案件具有牵连关系。合并管辖的最大特点就在于案件牵连性，相互之间没有牵连关系的案件不能合并管辖。此外，有观点认为，合并管辖还有第三个特征，即受诉法院对被合并管辖的案件没有法定的管辖权。理由是，如果某一法院对几个有牵连关系的案件均具有管辖权，无论该法院是否进行合并审理，其都当然能够行使管辖权，而非合并管辖，因为"合并"的实质就在于受诉法院对原本没有法定管辖权的案件能够一并纳入管辖权的行使范围。[②] 笔者认为，这种观点不够准确。以民事诉讼法第一百二十六条规定的"原告增加诉讼请求"为例，审理本案的法院未必对增加的诉讼请求没有管辖权。这个问题在本文最后还有进一步的论述。

合并管辖的意义主要在于提高诉讼效率和减少司法成本。从提高诉讼效率角度而言，将两个以上的诉讼请求、诉讼程序合并于一个诉讼程序当中，并以同一诉讼程序就本案和与本案有牵连关系的案件作出判断，远比两次以上的诉讼程序甚至向两个以上法院起诉，耗费的时间要少得多。同时，也有利于法院尽快查清案件事实，提高办案效率。从减少司法成本而言，合并管辖可以有效减少两个以上法院可能的重复劳动。当事人参加两个以上诉讼，两个以上法院分别审理裁判，既不利于节省当事人的诉讼成本，也不利于节约国家和社会的成本。

合并管辖有两个方面的效力：一是取得管辖的效力。合并管辖的结果是审理本案的法院取得了牵连案件的管辖权。正如前文所述，有的时候，合并管辖的法院本身就具有对牵连案件的管辖权。例如，行政机关既对行政相对人实施限制人身自由的处罚又对其实施财产扣留的处罚，原告向被告所在地

[①] 如无特别说明，均指 1991 年民事诉讼法。
[②] 张晋红：《民事诉讼合并管辖立法研究》，载《中国法学》2012 年第 2 期。

的人民法院提起对财产处罚的行政诉讼,其又对限制人身自由的处罚不服的,原告仍可就此向被告所在地的人民法院提起诉讼,只不过法院可以一并审理而已。而在有的时候,合并管辖的法院并不具有对牵连案件的管辖权。例如,行政机关(所在地为 B 区)既对行政相对人(户籍所在地为 A 区)实施限制人身自由的处罚又对其实施财产扣留的处罚,原告就行政机关实施限制人身自由的处罚向其户籍所在地的 A 区人民法院提起行政诉讼,而后其拟提起对财产处罚的行政诉讼。根据行政诉讼法的规定,只有 B 区人民法院才具有管辖权。此时,A 区人民法院虽无对财产处罚案件的管辖权,但因两个案件具有牵连性,合并管辖后,A 区人民法院取得管辖权。二是排除原本对牵连案件具有管辖权法院的管辖。合并管辖后,原本对牵连案件具有管辖权的法院不能再行行使管辖权。但这种排除效力不能排除专属管辖。专属管辖具有极强的排斥力。专属管辖不仅排除一般地域管辖的效力,而且排除特殊地域管辖的效力。行政诉讼法第十九条规定了专属管辖:因不动产提起的行政诉讼,由不动产所在地人民法院管辖。例如,在行政诉讼中,原告在本案中因不动产提起诉讼,与本案相牵连的涉及不动产的案件不能合并到本案来管辖。对于合并管辖,法律和司法解释一般规定的是"可以",而非"应当"。对本案有管辖权的法院即便对非专属管辖的牵连案件合并未果,牵连案件的管辖法院仍然可以作出相应的裁判;而如果对本案有管辖权的法院对专属管辖的牵连案件强行合并,其合并管辖也并未取得管辖权。对于后者,将构成"管辖错误"的再审事由。①

(二)诉的合并和合并管辖

合并管辖的基础理论是诉的合并。诉的合并是指基于各个诉的主体或者内容上的联系,将若干个诉合并在一起共同审理和解决。诉的合并基本目的在于通过一个审判程序解决多宗诉讼请求,以便提高司法效率、节省司法资源,防止数个诉在相关联的问题上作出相互矛盾的判决。

诉的合并的基本前提有两个:一是若干个诉之间存在主体或者内容上的联系,也就是具有牵连性。例如,英国《司法审查规则》第 2 条规定,当事

---

① 有学者认为,行政诉讼法第十九条规定的专属管辖和第十八条规定的选择管辖,是并列的关系,专属管辖也不具有排斥力。在两者发生冲突的时候,相对人应当有选择权。对限制人身自由的行政强制措施不服,又对不动产实施行政强制措施的,相对人应当享有选择被告所在地、原告所在地和不动产所在地法院管辖的权利。参见甘文:《行政诉讼法司法解释之评论——理由、观点与问题》,中国法制出版社 2000 年版,第 58 页。这种观点显然是不正确的,专属管辖作为特殊的地域管辖,具有最强的排斥力,如果关联案件的管辖权"联接点"是不动产,只能由不动产所在地人民法院管辖,当事人没有选择的余地。

人依司法审查途径申请前条规定的任何救济，如果请求救济所基于的事实是相同的，或者相关的，或者相联系的，可以提起合并诉讼或者以其中一项救济取代其他任何救济。二是不同的诉可以由同一法院管辖。如果管辖权属于专属管辖的，不能进行合并。我国澳门特区《行政诉讼法典》第44条明确，审理各申诉之管辖权属不同法院所有的，不得合并。德国《行政法院法》第44条亦规定，多个诉讼请求如针对同一被告、相互关联并属同一法院管辖时，可以诉讼合并。当然，受理前诉的法院认为后诉法院有必要进行合并的，可以进行移送。例如，荷兰《行政法通则》第8章第13条规定，法院如认为有必要由一个法院进行合并审理，可将自己审理的案件移交给正在审理另一案件的法院。如另一法院同意合并，法院应当将与案件有关的文件移交于该法院。不过，对于这一特点，学术界还有争论，有的学者认为，诉的合并必须要求本诉的受理法院具有对牵连案件的管辖权，如果没有对牵连案件的管辖权，不能合并。笔者不赞成此说。

在诉讼理论上，一般有三种分类方法：

第一种分类是将诉的合并分为客观的诉的合并和主观的诉的合并。所谓客观的诉的合并是指针对同一被告，原告数宗相关联的诉讼请求在同一诉讼程序中时合并的情形。客观的诉的合并又可以分为以下三种：（1）顺序的诉的合并。法院在对第一个权利主张支持的基础上才能提出第二个权利主张完成诉的合并。（2）备位的诉的合并。即原告的第一个权利主张不能被法院接受的情况下，备位主张第二个权利主张完成诉的合并。（3）重叠的诉的合并。即原告的数个权利主张均为法院所支持而完成诉的合并。所谓主观的诉的合并，又称为共同诉讼，是指在同一诉讼程序中当事人一方为多数的情形。主观的诉的合并一般需要达到以下条件：多个行政机关共同作出同一行政行为；诉讼标的或者法律上的利害关系为同一的；诉讼标的或者法律上的利害关系的原因为同一的等等。

第二种分类是将诉的合并分为主体的合并和客体的合并。所谓主体的合并是指若干个主体集合于同一诉讼当中。例如当事人之诉与第三人之诉合并于同一诉讼中；数个原告、数个被告和数个第三人之诉合并于同一诉讼中。所谓客体的合并，是指将同一原告（包括共同诉讼中的全体原告）对同一被告（包括共同诉讼中的全体被告）提出的多宗请求合并于同一诉讼程序中审理。

第三种分类是将诉的合并分为有牵连关系的合并和无牵连关系的合并。前者是指数宗请求在法律上有牵连关系，第二宗请求是否正当取决于对第一宗请求之判定；后者是指数宗请求基于各自不同的原因，互相之间没有法律上的关系，合并审理的目的纯粹是为了加快审判速度，减少人、财、物的浪费。

当然，并非诉的合并越多，就越能提高司法效率，越能实现合并的目的。因此，判断若干个诉是否可以合并，需要紧扣合并的目的，确定合并还是不合并更有利于提高司法效率，更有利于裁判的统一性和确定性。决定是否将若干个诉合并，应当考虑以下几个因素：一是观察数宗请求是否属于同一审判程序和诉讼序列。如果一个请求属于一审程序，另一个请求属于二审程序，强行合并不仅增加案件审理的复杂性，而且还会牵涉级别管辖和上诉权的问题。再比如，一个诉讼请求属于行政诉讼请求，而其他的诉讼请求属于民事诉讼请求，就不能合并，如果符合附带条件的话，只能附带。二是观察数宗请求是否分别具备诉的要素，并且属于同一个法院管辖，不属于同一法院管辖的案件，不能合并审理。三是观察数宗请求合并审理是否有利于提高司法效率，是否有利于裁判的确定性和统一性。一般而言，客体的合并必须是数宗请求存在于同一原告和被告之间。如果一个原告对数个被告提起并不相牵连的请求，则不宜合并管辖和审理。

诉的合并，既可以由当事人提出，也可以由人民法院依职权予以确定。这一规则亦为大陆法系国家所遵循。例如，在法国，为了不使案件数量成倍增加，允许当事人提出追加之诉和反诉。追加之诉和反诉必须具备的条件是追加之诉和本诉之间具有紧密的关联性，且必须尽早提出，不得将追加之诉变成迟延诉讼的手段。此外，法官亦有就相同当事人之间与第三人之间的诉讼进行合并和分离的权力。在我国，人民法院对当事人提出的诉的合并请求，应当根据客观情况，决定准许或者不予准许。法院驳回当事人合并请求，应当说明理由。诉合并之后，各宗诉的相对独立性仍然存在。因此，法院在审理中仍须就每宗诉讼请求分别予以审查。需要分别作出判决的，应当分别判决。

此外，行政诉讼法对诉的合并问题没有直接的规定，但是司法解释有一些相关的规定。结合行政审判实践，诉的合并通常发生在以下几种场合：（1）两个以上的原告对同一行政机关提出了各自相关联的诉讼请求。例如，《若干解释》第四十六条第（二）项规定的"行政机关就同一事实对若干公民、法人或者其他组织分别作出行政行为，公民、法人或者其他组织不服分别向同一人民法院起诉的"情形。（2）一个原告对同一行政机关提出了若干相关联的诉讼请求。如果行政机关基于同一事实对行政相对人作出若干不同的行政行为的，或者行政机关对行政相对人作出不同的程序性的、阶段性的行政行为的，亦可进行诉的合并。如，原告要求法院撤销行政机关的行政行为，并且赔偿因违法行政行为造成的损失。此时原告实际上一并提起了行政赔偿诉讼，可以进行诉的合并。（3）一个原告对若干行政机关提出了若干相关联的诉讼请求。例如《若干解释》第四十六条第（一）项规定的"两个以上行政机关分别依据不同的法律、法规对同一事实作出行政行为，公民、法人或者其他组织不服向同一人民法院起诉的"情形。（4）数个原告对若干行政机关提出了若干相关联的诉讼请求。例如，行政诉讼法第二十六条规定的"当事人一方或者双方为二人以上，因同一行政行为发生的行政案件，或者因同样的行政行为发生的行政案件、人民法院认为可以合并审理的"，亦为诉的合并。（5）第三人参加诉讼，本诉讼与第三人参加的诉讼合并审理。（6）在诉讼过程中，被告对原告作出新的行政行为，原告不服向同一人民法院起诉的。此外，《若干解释》第六十一条关于"被告对平等主体之间民事争议所作的裁决违法，民事争议当事人要求人民法院一并解决相关民事争议的，人民法院可以一并审理"的规定，也可以称为广义上的诉的合并。

借鉴域外行政诉讼合并管辖制度和实践，在修订行政诉讼法时，还应当注意从以下几个方面完善诉的合并制度：（1）单纯的合并。是指两个本身属于单独的诉的合并。这两个诉本身可以单独存在，且相互间牵连性并不紧密。例如，行政机关在作出行政处罚的同时，又作出查封的行政强制措施。原告在提出撤销行政处罚的诉讼请求的同时，也提出撤销行政强制措施的诉讼请求。亦有学者认为单纯的合并并非合并管辖应当讨论的问题。（2）诉的客观预备合并。又称为顺位合并，是指原告考虑到其所提出的请求可能依据不足或者诉讼理由不能成立，而同时提起其他诉讼请求，以预备前一诉讼请求无理由时对预备的请求进行裁判。例如，原告因行政机关没收财产的行为，提出行政机关应当赔偿其财产损失的诉讼请求，但考虑到行政行为可能不违法，便提出返还被没收财产的诉讼请求。（3）诉的选择合并。是指原告在同一诉讼请求中提出多项不同的诉讼请求，并要求法院对各项诉讼请求均进行审理和判决，被告在该多项诉讼请求中，可以选择其中之一履行。例如，原告提出被告应当就拆除的房屋对其进行货币补偿或者实物置换。（4）交叉请求的合并。即部分共同诉讼对同一方的其他共同诉讼人提出的与诉讼标的相牵连的诉讼请求。（5）对第三人之诉的合并。被告认为其对原告应当承担的责任应当由第三人承担，因而提出要求第三人承担责任的诉讼请求。例如，在房屋登记行政案件中，行政机关认为房产登记错误是由于第三人提供的虚假材料造成的，因而在诉讼中提出要求第三人承担相应责任的诉讼请求，对于该诉讼请求也应当合并审理。

（三）本案的处理及其司法解释的肯定

在本案处理之前，最高人民法院曾经对在同一事实中对同一当事人，行政机关同时作出限制人身自由和扣押财产两种具体行政行为，原告在其住所地起诉的,是否可以合并的问题作出答复。1993年7月9日,最高人民法院作出《关于江西省高级人民法院赣高法函〔1993〕4号请示的答复》:"江西省高级人民法院:你院赣高法函〔1993〕4号《关于在同一事实中对同一当事人,行政机关同时作出限制人身自由和扣押财产两种具体行政行为,当事人依法向其住所地法院起诉,受诉法院是否可以合并审理问题的请示》收悉。经研究,我们原则同意你院的意见。行政机关基于同一事实,对同一当事人作出限制人身自由和扣押财产两种具体行政行为,如果当事人对这两种具体行政行为均不服,向原告所在地人民法院提起诉讼,原告所在地人民法院可以将当事人的两个诉讼请求合并审理。"[1]

在上述答复中,原告对于扣押财产的行政行为,一般只能向被告所在地的人民法院提起行政诉讼。而由于原告首先或者同时就限制人身自由的行政行为提起行政诉讼,原告所在地人民法院具有管辖权。由于行政机关基于同一事实对同一当事人作出两个行政行为,这两个行政行为在认定事实方面具有紧密的甚至是不可分割的联系。这种"牵连性"使原告所在地人民法院具备了合并管辖的条件,即原告所在地可以合并管辖其本来不具有的对扣押财产行为的管辖权。

本案涉及的问题与前一答复的内容基本一致。由于前述批复已经对本案请示的问题作了明确,1996年2月28日,最高人民法院行政审判庭作出《关于在同一事实中对同一当事人,行政机关同时作出限制人身自由和扣押财产两种具体行政行为,当事人依法向其住所地法院起诉,受诉法院是否可以合并审理问题的答复》:行政机关基于同一事实,对同一当事人在作出限制人身自由的同时又作出其他具体行政行为,如果当事人对几种具体行政行为均不服,向原告所在地人民法院提起诉讼,原告所在地人民法院可以将当事人的几个诉讼请求合并审理。

之后,《若干解释》吸收了上述两个司法答复的内容,并作了适度扩大。行政诉讼法第十八条规定,对限制人身自由的行政处罚如行政强制措施不服提起的诉讼,由被告所在地或者原告所在地人民法院管辖。这就排除了对于限制人身自由的行政拘留不服提起诉讼的,由原告所在地人民法院进行管辖的可能。根据这一规定,行政机关基于同一事实即对人身又对财产采取行政强制措施的,被限制人身自由的公民对上述行为不服的,既可以向被告所在地人民法院提起诉讼,也可以向原告所在地人民法院提起诉讼,受诉人民法院一并管辖应当毫无疑问。《若干解释》第九条第二款所作的扩大是将行政机关基于同一事实即对人身又对财产实施行政处罚的行为,也适用选择管辖

---

[1] 该请示案件的案情和相关法律问题的材料已佚。

和合并管辖。该款的内容吸收上述批复精神并经过完善后，最后确定为："行政机关基于同一事实既对人身又对财产实施行政处罚或者采取行政强制措施的，被限制人身自由的公民、被扣押或者没收财产的公民、法人或者其他组织对上述行为均不服的，既可以向被告所在地人民法院提起诉讼，也可以向原告所在地人民法院提起诉讼，受诉人民法院可一并管辖。"① 之所以说是"适度扩大"，是因为选择管辖并未扩大到单纯限制人身自由的行政处罚（治安拘留），对于限制人身自由的行政处罚，只能由被告所在地人民法院管辖，原告所在地人民法院无管辖权。

《若干解释》第十八条的内容从侧面证明了合并管辖的法院既可以是对牵连案件无管辖权的法院，也可以是对牵连案件有管辖权的法院。例如，行政机关（所在地为 A 区）基于同一事实对原告（户籍地为 B 区）既实施扣押财产又实施了限制人身自由的强制措施，原告向 B 区人民法院就扣押财产行为提起行政诉讼，之后又对限制人身自由的行政强制措施提起行政诉讼。此时，B 区人民法院可以合并管辖对限制人身自由的行政强制措施的诉讼，而 A 区作为被告所在地对于限制人身自由的行政强制措施，本身就有管辖权，司法解释采用的措辞是"可一并管辖"。既然如此，又回到本文开始讨论的问题：合并管辖是否须以无牵连案件管辖权为要件呢？回答显然是否定的。要言之，是否对牵连案件具有管辖权，不是合并管辖的要件。

---

① 该条中的"一并管辖"与合并管辖同义。

三、诉讼参加人

22. 地方国有资产监督管理委员会是否可以作为行政诉讼的被告
——《最高人民法院行政审判庭关于地方国有资产监督管理委员会是否可以作为行政诉讼被告问题的答复》解读

2009 年 8 月 4 日　　　　　　　　　　　　　〔2009〕行他字第 14 号

一、问题的提出

山东省泰安市中级人民法院在审理曹明华诉临沂市财政局、临沂市科学技术局资产认定行政批复一案中认定如下事实：2001 年 4 月 3 日，临沂市国有资产管理局、临沂市科学技术委员会联合下文，作出《关于对沂南县科委〈关于申请界定沂南县金桥科技开发中心国有资产的报告〉的批复》（以下简称《批复》），认定：（1）国家国有资产管理局《关于国家事业行政单位在创收活动中加强国有资产管理工作的暂行规定》（国资农发〔1991〕13 号文）第四条规定："事业行政单位设立的从事创收活动的经营实体，对其占用的各种形式的国有资产，在申报工商登记注册时，不得变更资产的所有制性质；已登记注册为集体所有制的，其产权仍归国家所有。"并在 1991 年 2 月下发的《关于用国有资产开办的集体企业或经营单位产权归属问题的通知》中明确提出："今后凡完全用国有资产开办的企业和经营单位，除国家另有规定者外，均不得变更为集体所有制性质。"为此，建议沂南县工商行政管理局，对沂南县金桥科技开发中心的经济性质重新核定。（2）根据国家国有资产管理局发布的《集体企业国有资产产权界定暂行办法》第八条第一款和《国有资产产权界定和产权纠纷处理暂行办法》第八条第一、二款之规定，沂南县技术市场管理办公室向沂南县金桥科技开发中心的投入的注册资本金 60560 元及其收益，界定为国有资产。（3）沂南县工商局要会同沂南县科学技术委员会，对沂南县金桥科技开发中心的全部资产、债务进行彻底的清理，认定国有资产存量，办理国有资产产权登记手续。（4）对不接受产权界定或不如实反映和提供资料，使产权界定无法进行，损害国家利益的，视情节轻重，对企业领导人和直接负责人给予通报批评，提请有关部门给予行政处分。触犯刑律的，移交司法机关惩处。

2001年4月22日，沂南县工商局根据《批复》作出了沂工商字〔2001〕第27号《关于重新核定沂南县金桥科技开发中心经济性质的决定》（以下简称《决定》），将沂南县金桥科技开发中心的企业经济性质核定为国有。曹明华不服，于2001年6月5日提起诉讼，请求撤销沂南县工商局作出的《决定》，并将作出《批复》的临沂市国有资产管理局、临沂市科学技术委员会列为第三人，同时请求撤销第三人作出的《批复》。

2004年6月11日，临沂中院作出判决：维持沂南县工商局作出的《决定》，对原告请求撤销第三人《批复》以不属本案审理范围为由驳回其诉讼请求。曹明华不服，提出上诉，该案被裁定中止审理。

2005年5月24日，曹明华以临沂市财政局（临沂市国有资产管理局原为财政局下属的二级局）、临沂市科学技术局（原临沂市科学技术委员会）为被告提起诉讼，请求撤销《批复》。临沂市中级人民法院裁定以超起诉期限为由驳回起诉。曹明华不服提出上诉，山东省高级人民法院裁定撤销一审裁定，指定临沂市中级人民法院继续审理，该院于2006年9月12日裁定中止诉讼。2006年10月25日，山东省高级人民法院指定泰安市中级人民法院管辖。

本案庭审中，曹明华书面申请追加临沂市国有资产监督管理委员会（以下简称国资委）为被告。被告市财政局亦辩称，自2004年临沂市政府作出临政办发〔2004〕158号文成立市国资委以后，市财政局对企业国有资产的管理、产权界定职责已划入市国资委，市财政局不再有此职责，其已不是本案适格被告。法院通知临沂市国资委参加诉讼，临沂市国资委提交了书面答辩状辩称：（1）根据2003年国务院颁布实施的《企业国有资产监督管理暂行条例》（以下简称《条例》）的规定，国资委只代表市政府履行出资人职责，对外承担民事法律责任，不具有行政管理职责，不应成为行政诉讼的被告；（2）原国有资产管理部门是国家机关，而现在的国资委是政府的特设机构，是民事主体，二者性质不同；（3）临政办发〔2004〕158号文将"企业国有资产产权界定与登记转让"与"授权经营、资产评估"等职责并列划入市国资委，说明其性质与"授权经营、资产评估"一样，都是属于出资人职责的范围，而不是行使行政管理职权，不能成为被告；（4）金桥科技开发中心属县级企业，根据临政办发〔2005〕29号《关于加强县区国有资产监督管理的通知》，其中涉及国有资产管理等问题由各区县人民政府负责，各区县可确定财政部门为监督管理部门，金桥科技开发中心的资产管理应属各区县职责。

泰安市中级人民法院审理中，在确认国资委被告资格问题上如何适用法律，即国资委是否为适格被告，形成两种意见：一种意见认为，国资委进行产权界定是行使行政管理职能，是本案的适格被告。理由有二：一是根据《条例》第六条、第七条的规定，国有资产监督管理机构根据授权，依法履行出资人的职责，不行使政府的社会公共管理职能。但该法第三十一条规定，国有资产监督管理机构依照国家的有关规定，负责企业国有资产的产权界定等。因此，国资委具有双重身份：一是代表政府履行出资人职责；二是国有资产管理人的身份。虽然《条例》规定国资委不行使政府的社会公共管理职能，但作为政府的特设机构，根据法律授权可以行使行政职权，能够作为行政诉讼被告。二是从国有资产管理、产权界定职能演变过程看，虽然现行的《条例》对国资委的身份规定比较模糊，但根据财政部1989年8月30日下发的《关于国家国有资产管理局〈关于落实我局"三定"方案明确与财政部有关业务分工协作问题的请示〉的批复》第九条规定，国家国有资产管理局负责组织各级国有资产管理机构，负责国有资产产权的清理、界定、保护和划转等项工作。根据上述规定，2001年4月3日，临沂市国有资产管理局作为行使国有资产管理职权的行政机关，在作出本案被诉《批复》行为时，其具有企业国有资产产权界定的职能。在临沂市国有资产管理局被撤销后，该项职能转归临沂市财政局，2004年后又从临沂市财政局划入临沂市国资委。根据行政诉讼法第二十五条第五款的规定，行政机关被撤销的，继续行使其职权的行政机关是被告，临沂市国资委作为原临沂市国有资产管理局的继受机关，具备行政诉讼主体资格，是本案的适格被告。

另一种意见认为，国资委不是适格被告。理由是：第一，《条例》第七条第二款规定，国有资产监督管理机构不行使政府的社会公共管理职能。第二，《条例》第十三条列举的国有资产监督管理机构的主要职责中没有涉及国有资产产权界定的内容。

该院倾向第一种意见。为了慎重起见，向山东省高级人民法院请示。山东省高级人民法院审委会经研究亦倾向第一种意见，并决定向最高人民法院请示。

二、分析

地方国资委行使企业产权确认职权后是否可以作为行政诉讼的被告需要从其机关的性质及行为的性质两个方面进行分析。

（一）关于地方国资委是否属于行政机关的问题

行政机关，是指法律规定行使国家行政职能，执行法律、法规，组织管理行政事务的国家机关。它是由国家设立的，享有行政管理职权，具有独立的组织形式，有一定的组织成员，有独立的行政经费，设置了办公地点和必要的办公条件，通过公开正式的方式宣告成立，能以自己名义实施行政活动。2003 年，国务院机构改革中新设立了"国务院国有资产监督管理委员会"，鉴于国资委既不同于对全社会各类企业进行公共管理的政府行政机构，也不同于一般的企事业单位，具有特殊性质，定为国务院直属的正部级特设机构。国资委的内设机构与组成部门一样，设置司、处两层。国务院的"三定方案"中对其主要职责、内设机构和人员编制等都作出了明确规定。在此之后，地方各级人民政府批准设立了同级的地方国有资产委员会，并对其主要职责、内设机构和人员编制等都作出了明确规定。从上述分析来看，各级国资委都属于行政机关。

（二）关于国资委行使职权的性质问题

《国务院国有资产监督管理委员会主要职责内设机构和人员编制规定》第二条规定，国有资产监督管理委员会主要职责：(1) 根据国务院授权，依照公司法等法律和行政法规履行出资人职责，监管中央所属企业（不含金融类企业）的国有资产，加强国有资产的管理工作。(2) 承担监督所监管企业国有资产保值增值的责任。建立和完善国有资产保值增值指标体系，制订考核标准，通过统计、稽核对所监管企业国有资产的保值增值情况进行监管，负责所监管企业工资分配管理工作，制定所监管企业负责人收入分配政策并组织实施。(3) 指导推进国有企业改革和重组，推进国有企业的现代企业制度建设，完善公司治理结构，推动国有经济布局和结构的战略性调整。(4) 通过法定程序对所监管企业负责人进行任免、考核并根据其经营业绩进行奖惩，建立符合社会主义市场经济体制和现代企业制度要求的选人、用人机制，完善经营者激励和约束制度。(5) 按照有关规定，代表国务院向所监管企业派出监事会，负责监事会的日常管理工作。(6) 负责组织所监管企业上交国有资本收益，参与制定国有资本经营预算有关管理制度和办法，按照有关规定负责国有资本经营预决算编制和执行等工作。(7) 按照出资人职责，负责督促检查所监管企业贯彻落实国家安全生产方针政策及有关法律法规、标准等工作。(8) 负责企业国有资产基础管理，起草国有资产管理的法律法规草案，制定有关规章、制度，依法对地方国有资产管理工作进行指导和监督。(9) 承办国务院交办的其他事项。地方国资委的职权除没有制定规章职权外，与国资委的职权基本相同。从上述分析来看，各级国资委都属于行政机关。该规定重申国资委将继续履行"出资人职责"，按照这一定位，新方案对国资委的主要职责做了两大调整。一是要求国资委"加强指导推进国有企业改革和重组的职责，加快国有经济布局和结构调整，推动国有资本更多地投向关系国家安全和国民经济命脉的重要行业和关键领域"。二是要求国资委"强化国有资产经营财务监督、风险控制和经济责任审计的职责，进一步完善所监管企业经营业绩考核制度，促进企业履行社会责任"。换言之，各级国资委主要职责，是根据公司法规定的以出资人的身份对国有资产进行监督管理。《条例》第六条进一步规定："国务院，省、自治区、直辖市人民政府，设区的市、自治州级人民政府，分别设立国有资产监督管理机构。国有资产监督管理机构根据授权，依法履行出资人职责，依法对企业国有资产进行监督管理。"第七条第二款规定："国有资产监督管理机构不行使政府的社会公共管理职能，政府其他机构、部门不履行企业国有资产出资人职责。"因此，国资委行使的大多数职权行为是代表政府履行出资人职责，因此，其行使出资人职责的行为，不是行使行政管理职责的行为，不属于行政行为，而是属于民事行为，对外承担民事法律责任，故不应成为行政诉讼的被告。但是，《条例》第三十条规定："国有资产监督管理机构依照国家有关规定，负责企业国有资产的产权界定、产权登记、资产评估监管、清产核资、资产统计、综合评价等基础管理工作。"产权界定是指国家依法划分财产所有权和经营权等产权归属，明确各类产权主体行使权利的财产范围及管理权限的一种法律行为。国有资产产权登记是指财政（国资）部门代表国家对应属国家所有的资产而组织进行的产权登记，是依法确认国家对国有资产的所有权以及企业、单位占有、使用国有资产的法律行为。它揭示了两层含义：一是国有资产产权登记是一种法律行为，其结果是以法律文件的形式表现出来的，具有法律效力并受法律保护。二是国有资产产权登记是对国家取得所有权和授予企业、单位经营使用权的两方面同时确认。国资委所作出的有关产权界定的决定和国有资产产权登记均不是代表政府履行出资人职责，而是行使行政管理职责的行为。其行使国有资产界定、国有资产产权登记等行政管理职责的行为，行政相对人不服，依法向人民法院提起行政诉讼时，其就应当成为行政诉讼的被告。

（三）关于承继职权的问题

临沂市国资局被撤销后，其确权职能先是被财政局所承受，2004年临沂市国资委成立后，该职能又从财政局转入国资委。所以，临沂市国资局被撤销后，其确认企业权属的职能最终为临沂市国资委所承受。根据行政诉讼法

第二十五条第五款"行政机关被撤销的，继续行使其职权的行政机关是被告"的规定，应当由临沂市国资委做被告。

根据上述分析，最高人民法院行政审判庭于 2009 年 8 月 4 日作出〔2009〕行他字第 14 号《关于地方国有资产监督管理委员会是否可以作为行政诉讼被告问题的答复》中明确指出："按照《中华人民共和国行政诉讼法》第二十五条第五款规定，原地方国有资产管理局被撤销，其确认企业资产性质的职能为地方国有资产监督管理委员会所承受，当事人对原地方国有资产管理局作出的确认企业资产性质的行为不服提起行政诉讼的，应当以地方国有资产监督管理委员会为被告。"

三、应注意的问题

人民法院在审理此类案件时，需要注意以下两问题：

（一）要注意分清国资委行为的性质

国资委主要是代表政府履行出资人职责的特设机构，其行为具有多重性，有的是属于民事行为，有的是属于行政行为，因此要注意分清其行为的性质。公民、法人或者其他组织对其代表政府履行出资人职责的行为不服而提起的诉讼，不能作为行政案件受理，对其行使行政管理职责的行为而提起的诉讼，应当作为行政案件受理。

（二）应注意国有资产界定案件的管辖问题

公民、法人或者其他组织因国有资产界定行为提起行政诉讼的，应当根据不同情况确定管辖法院。产权界定行为直接针对不动产作出决定，如针对特定的土地、房屋等构建物作出的产权界定的，由不动产所在地人民法院管辖。产权界定行为针对包含不动产在内的整体产权作出的，如对某企业全部资产作出产权界定的，由最初作出产权界定的行政机关所在地人民法院管辖；经过复议的案件，复议机关改变原产权界定行为的，也可以由复议机关所在地人民法院管辖。

23. 土地实际使用人对行政机关出让土地行为不服可作为原告起诉
—— 《最高人民法院关于土地实际使用人对行政机关出让土地的行为不服可否作为原告提起诉讼问题的答复》解读

2005 年 6 月 3 日　　　　　　　　　　〔2005〕行他字第 12 号

一、问题的提出

辽宁省高级人民法院审理的李永明诉长海县人民政府出让国有土地使用权上诉一案中，涉及被上诉人李永明是否具备行政诉讼原告主体资格的问题，经该院审委会讨论，决定向最高人民法院请示。该案的基本情况是：

2003 年 5 月 29 日，经长海县人民法院（以下简称县法院）民事调解，大连长海水产集团公司（以下简称水产公司）与于志洋达成协议，以其坐落于长海县王家镇东滩村山嘴屯 788.92 平方米房屋抵顶欠款人民币 136000 元。同日，县法院根据该民事调解书向长海县国土规划城乡建设环境保护局（以下简称县国土规划局）作出办理土地过户手续的协助执行通知书。5 月 30 日，水产公司也根据民事调解书向该局出具《关于水产公司处理王家公司与于志洋债权债务关系的证明》。长海县政府（以下简称县政府）根据该证明作出长政地字〔2003〕53 号批复给王家镇政府，其主要内容是："1. 同意将坐落在你镇东滩村国有土地 0.6502 公顷（其中工矿用地 0.6502 公顷），出让给于志洋，作为仓储用地，出让年限五十年。用地范围详见平面位置图。2. 同时收回原大连长海集团公司国有土地使用权，注销原土地使用证。3. 接到本批复后，由你镇土地管理部门现场核拨土地，界定用地范围。"《划拨土地使用权补办出让手续及土地登记申请审批表》得到审批。县国土规划局与于志洋签订国有土地使用权出让合同，于志洋缴纳了土地使用权出让金。此外，于志洋于 5 月 16 日向县政府提出用地申请,并分别于 5 月 28 日、29 日、30 日取得相关房屋所有权证。根据大连市政府《关于长海县石城乡和王家镇划归庄河市管理的会议纪要》,王家镇于 6 月 1 日起成建制划归庄河市代管。

同年 5 月 19 日,李永明向案外人邹明和、邹明军购买位于王家镇东滩村山嘴屯的二层房屋 324.25 平方米(该房原系水产公司所有,因欠邹明军债务,法院判决以房抵债)以及经批准在楼后建造使用的临时建筑,包含其已围占的土地面积 800 余平方米,邹明和无该土地使用凭证,但缴纳了相关的土地使用税。李永明于同日取得了所购房屋的所有权证,在其准备办理相关土地使用手续时,县政府作出被诉批复,该批复出让的国有土地中包含其正在使用的土地,故其向大连市政府申请复议,大连市政府以大政行复决定〔2004〕第 10 号复议决定维持了被诉批复。遂李永明向大连市中级人民法院提起行政诉讼,请求撤销被诉批复,并由县政府承担本案的全部诉讼费用。

大连市中级人民法院经审理认为,县政府具有作出被诉批复的法定职权。李永明与被诉批复具有法律上的利害关系,具备原告的诉讼主体资格。被诉批复系根据水产公司处置债权债务证明作出,但因该债权债务关系经县法院依法确认和水产公司证实,于志洋由此取得的房屋面积为 788.92 平方米,即使与其取得的其他房屋所有权证照面积合并计算,也与该批复出让的土地面积相差悬殊,故被诉批复主要证据不足。被告陈述该国有土地为协议出让,因其提供的证据不能证明其符合《大连市国有土地使用权出让和转让管理办法》《辽宁省城镇国有土地使用权出让和转让实施办法》等相关法律法规关于协议出让国有土地使用权的条件要求和程序规定,故被诉批复适用法律法规错误且违反法定程序。故根据行政诉讼法第五十四条(二)项第一至三目的规定判决撤销被诉批复。

该案经辽宁高院审委会讨论,产生两种意见。

第一种意见认为,李永明没有原告资格。主要理由是:

第一,根据《划拨土地使用权管理暂行办法》第五条及第三十二条的规定,"未经市、县人民政府土地管理部门批准并办理土地使用权出让手续,交付土地使用权出让金的土地使用者,不得转让、出租、抵押土地使用权。""土地使用权转让、出租、抵押,当事人不办理土地登记手续的,其行为无效,不受法律保护。"邹明和虽然同意李永明使用土地,但李永明并未经法定有权机关批准,也未办理登记手续即实际使用了争议土地,其并未对该土地取得合法的使用权。李永明与邹明和的买卖协议中虽然约定了争议土地,但不能据此认定李永明对被诉批复所调整的权利关系的客体即国有土地使用权,只有主张民事实体法上请求权的资格。

第二,《若干解释》第十三条第(二)项规定"与被诉的行政复议决定有法律上利害关系或者在复议程序中被追加为第三人的"可以依法提起行政诉讼,但本案中不能适用该项规定。首先,本案起诉的是原行政行为而非复议决定;其次,李永明也不是"在复议程序中被追加为第三人"而是复议的申请人。且本案复议机关虽然受理了复议申请并作出维持原行政行为的复议决定,但该决定在认定事实和"本机关认为"部分清楚地阐述了这样的观点,即"邹明和擅自圈占土地属于违法占地,其所建临时建筑超过使用期限,属于违章建筑。申请人基于和邹明和的房屋买卖协议来证明已取得了违法圈占土地的使用权,以此提出其合法权益受到侵犯,没有任何法律依据。"因此,不宜以复议机关受理复议申请为由给予李永明原告资格。

第三,本案中为证明被上诉人是否与被诉批复有法律上的利害关系、是否具有原告资格而对相关证据进行的质证和认证,是对案件程序方面相关事实和证据的认定,并非是对案件实体内容的审查,因为行政诉讼是对被诉行为合法性进行全面审查,本案中只有对被诉批复诸方面的合法性审查才是真正意义上的实体审查,对原告资格问题所涉及的事实和证据的审查是程序性的审查,因此,并不存在通过实体审查来认定原告资格的问题。原告主体资格问题作为行政诉讼起诉条件的一个方面,行政诉讼法第四十一条将原告界定为"认为具体行政行为侵犯其合法权益的公民、法人或者其他组织"。《若干解释》第十二条将原告进一步解释为"与具体行政行为有法律上利害关系的公民、法人或者其他组织",之所以规定为"法律上的利害关系"而不是简单的"利害关系",正是与行政诉讼法第四十一条中的"合法"权益相互呼应,这种利害关系应当是受法律保护的合法权益。行政诉讼关于起诉条件的规定比民事诉讼更为复杂,除了民事诉讼法规定的条件外,还要同时符合关于原告资格、起诉期限及其他相关条件的规定,才能认定符合起诉条件从而对被诉行为进行实体审查。

第四,虽然邹明和连续三年交纳了土地使用税,但使用人的完税证明不能用以证明其对土地是否取得合法使用权,依法取得土地使用权所交纳的土地出让金是交到政府土地管理部门而非税务部门。因此,本案也不能以完税证明来证明被上诉人与被诉批复有"法律上"的利害关系,进而赋予其原告资格。

第五,虽然2002年5月9日实施的国土资源部第11号令关于《招标、拍卖、挂牌出让国有土地使用权规定》第四条规定:"商业、旅游、娱乐和商品住宅等各类经营性用地,必须以招标、拍卖或者挂牌方式出让。前款规定以外用途的土地的供地计划公布后,同一宗地有两个以上意向用地者的,也应当采用招标、拍卖或者挂牌方式出让。"2002年4月9日,辽宁省国土资源厅辽国土资发〔2002〕38号关于《规范协议出让国有土地使用权的若干意见》第二条也规定了例外情形:"划拨土地使用权补办出让手续、国有企业改革中处置划拨土地使用权以及工业用地等确实不能采用招标拍卖方式出让国有土地使用权的,可采用协议方式。"也就是说,2002年后出让土地使用权的,也不是必须采用招标拍卖或挂牌的方式,对划拨土地仍然允许采用协议出让的方式。本案中,水产公司解体后,于志洋的公司接收了大量的下岗职工,县政府将水产公司原来使用的国有土地出让给于志洋也是在国有企业改制过程中对划拨土地使用权的处置。因此,也不能认定被诉批复没有采用招标拍卖或挂牌方式出让国有土地就是严重违反法定程序,从而侵犯了李永明的公平竞争权,因此给予李永明原告主体资格。

第二种意见认为,李永明具有原告资格的主要理由是:

第一,长海县政府批复的第二项内容收回0.65502公顷土地中包括李永明实际使用的800平方米及其地上超期临时建筑。李永明是临时建筑的所有者、800平方米土地的实际使用者(李永明从邹明和处购房后还未及办手续)。故李与收回土地的行为有其他公民所不具有的特别的利害关系。虽然这种利害关系不受法律保护,但与被诉具体行为有法律上的利害关系,既包括受法律保护的利害关系也包括不受法律保护的利害关系。只要李永明"认为"收回行为侵犯自己合法权益就应有原告资格。

第二,李永明所购房已办了房照,将李永明的后院800平方米收回出让给于志洋,李永明起诉称,"于志洋申请办理抵债房屋涉及土地使用权,而被告将水产公司全部土地批给于志洋",认为"为方便生活,其在楼后占用一定数量的土地是合法的,并无不当,其只是还未来得及办手续而已",这样"使原告购买的楼成了一座'孤楼'",据此可分析认为,没给原告留适当面积,不方便生活,侵犯了李永明相邻权。从相邻权的角度而言,原告与收回土地行为也有法律上的利害关系。

第三,从批复出让土地中涉及的800平方米使用权来看,李永明与于志洋处于同等地位。于志洋基于与水产公司的债务关系取得相关房屋产权,李永明亦是。某种程度上李永明还优越于志洋:李永明有未续期的临时建筑,而于志洋没有;李永明购房是5月19日,于志洋是5月29日;800平方米在李永明的房后,与李永明相邻,与于志洋没有相邻。从李永明在合理期限内申请办理手续看,李永明也有使用800平方米土地的意向。根据国土资源部2002年5月9日实施的11号令第四条,"商业、旅游、娱乐和商品住宅等各类经营性用地,必须以招标、拍卖或者挂牌方式出让,前款规定以外用途的土地的供地计划公布后,同一宗地有两个以上意向用地者的,也应当采用招标、拍卖或者挂牌方式出让"。5月29日,于志洋与水产公司达成调解,5月30日长海县政府即作出批复,剥夺了李永明的公平竞争权,从这个角度,李永明又与该出让行为有法律上的利害关系。

第四，该案大连中院是按复议前置受理的，退一步讲，即便李永明临时建筑未续期不受法律保护，那么李永明是复议程序中的申请人，无论复议维持或改变原行为，李永明不服提起诉讼的，均应认可李永明的行政诉讼原告资格，与《若干解释》第十三条第（二）项的精神是一致的。

第二种意见为倾向性意见。

二、分析

本案涉及以下两个方面的问题：一是李永明作为土地的实际使用人，是否与国有土地使用权变更登记行为之间具有法律上的利害关系，即涉及对"法律上利害关系"的理解以及判断问题；二是由于本案中李永明尚未办理相关登记手续，其是否具有合法权益，是否符合行政诉讼法第二条规定的问题。

（一）"法律上的利害关系"和"实际影响"

行政诉讼法颁布后《若干解释》颁布前有一种观点认为，原告资格应当按照"法律上利害关系"和"不利影响"双重标准来确定。该观点认为，行政行为必须与起诉人之间存在利害关系，二者之间的关系是因果关系，行政行为是因，合法权益受侵害是果。没有因果关系存在，行政诉讼不会发生，原告资格也就无从谈起。可诉行政行为的利害关系不能限于所针对的对象，但也不能漫无边际地扩大到所有有利害关系的人，这里的关键是把握"法律上的利害关系"。"法律上的利害关系"主要是权利义务的关系，凡是权利义务受到行政行为的影响，就可以视为二者之间存在利害关系，只要是行政行为给公民、法人或者其他组织带来了不利的法律后果，如剥夺、限制、取消公民、法人或者其他组织的权利，增加相应的义务，就应当认定利害关系的存在。利害关系不局限于直接受到影响，只要是行政行为给公民、法人或者其他组织带了不利影响，而不论法律后果是直接的还是间接的，该公民、法人或者其他组织就具有了原告资格。[①]《若干解释》几乎完全采纳了这种观点。《若干解释》第十二条规定了"法律上利害关系标准"，第一条第二款第（六）项则规定了"实际影响"标准。

1. 法律上的利害关系

如前文所述，《若干解释》规定的"法律上的利害关系"作为原告资格

[①] 张树义：《冲突与选择——行政诉讼的理论与实践》，时事出版社1992年版，第133页。

标准,既是参考了民事诉讼法的规定,也是借鉴了第三人的资格标准,同时也呼应了行政诉讼法第二条、第二十四条和第四十一条的相关内容。行政诉讼法虽然有原告资格的规定,但是没有对原告资格的可操作的规则和标准,《若干解释》对此作了规定。

有学者认为,《若干解释》之所以规定原告与被诉行政行为必须具有法律上利害关系,主要由两个原因:一是为了实现原告资格和第三人资格的衔接。根据行政诉讼法第二十七条的规定,同提起诉讼的行政行为有利害关系的其他公民、法人或者其他组织,可以作为第三人申请参加诉讼,或者由人民法院通知参加诉讼。行政诉讼实践中,人们往往将原告限定为行政机关行政行为针对的对象,而与行政行为有利害关系的当事人作为第三人参加诉讼。于是,就有了这样的问题,即行政行为的相对人不提起诉讼,与行政行为有利害关系的当事人就无法作为第三人参加诉讼。那么第三人的合法权益将无法获得司法救济。《若干解释》明确了与行政行为有法律上利害关系的当事人可以提起诉讼,对于纠正原告必须是行政机关行政管理对象的错误观点具有一定意义。二是受行政诉讼法第四十一条规定的限制。在法院审理行政诉讼案件之前,要求法院对行政行为和起诉人之间的利害关系作出判断是很困难的。该条规定原告起诉必须提供事实根据,是一个重大的立法失误。诉讼尚未开始,即要求原告提供其合法权利受行政机关行政行为侵害的事实根据,是很荒谬的。《若干解释》的规定,恰恰是囿于行政诉讼法第四十一条的规定。该观点还认为,只要公民、法人或者其他组织认为行政机关的行政行为侵犯其合法权益,无论是否有根据,或者是否有利害关系,法院均应当受理。[①] 这一观点对于原告资格的解读不是十分正确。主要是:第一,原告资格的确定,并非要解决作为"可能的行政诉讼第三人"起诉的问题,这一问题也是一个伪问题。由于行政诉讼法对于原告资格的宽松规定,这一问题实际上也并不存在。第二,作为司法解释,原告资格必须严格按照行政诉讼法的规定来确定。行政诉讼法对于原告资格规定了法定的条件,对于这些条件可以通过解释予以放宽,但是不能超出解释的"射程"。

《若干解释》体现了一种制度框架下的进步。我国行政诉讼法的宗旨定位是以救济公民权利为主,以监督和保障行政机关依法行政为辅,通过救济当事人的权利来促进和保障行政机关依法行政。因此,重在权利保障体现在原告资格上,就应当以利害关系为基点。由于我国处理行政争议的资源有限,所以必须将原告资格限定在与自身有利害关系的范围之内。从理论上说,

---

① 甘文:《行政诉讼法司法解释之评论——理由、观点与问题》,中国法制出版社2000年版,第62~64页。

这种限定并非理想和科学，因为其标准是基于一种利己的动机，即对自己有无利害关系来确定，而非从公民的责任心即监督行政机关依法行政的角度确定的。按照有错必纠原则和行政诉讼法监督、保障行政机关依法行政的宗旨，只要行政行为违法，任何一个公民都可以提起诉讼，而我国目前只允许具有利害关系的人提起行政诉讼，是因为我国解决行政争议的资源有限，行政法制还不够完善，完全取消原告资格的条件还不成熟。当然，在司法实践中，一方面要坚持"利害关系"原则，也要对"利害关系"从宽解释。利害关系可以从不同角度进行分类，也有不同程度的利害关系。法律对公民权利的保护首先应当保护最紧要的利害关系，对次要一些的利害关系的保护处于从属地位；对某些权利的保护要到条件成熟时或者国家有充分能力进行保护时才予以保护。因此，对利害关系的理解也有一个不断扩大的过程。在现实情况下，对法律上利害关系的理解应当从宽解释，即只要某个人证明其与他人与被诉行政行为有着不同的关系，具有特殊的利害关系，就应当视为与被诉行政行为之间有着法律上的利害关系。[①] 总体而言，作为司法解释的《若干解释》对于原告资格标准的确定，无意突破行政诉讼法的规定，符合行政诉讼法逐步扩大范围的立法思路，符合中国行政诉讼发展的渐进模式。"法律上利害关系"标准降低了对原告的限制条件，因为只要原告提出在法律上可以或者应该主张的直接利益，不论其依据行政法、宪法还是民法上的利益，也不论该利益是否已经被法律规范界定为明确称谓的特定权利，起诉人都可以拥有原告资格。在此意义上，"法律上的利害关系"标准是一种进步。[②] 大多数的学者认为，行政诉讼原告资格从"相对人资格论"到"法律上利害关系论"的转变，"应当视为对我国行政诉讼原告资格制度认识的一个新发展，在理论上和实践上均具有重要的指导意义。"[③]

但是，也有一些学者对"法律上利害关系"的原告资格标准提出批评意见。主要是：第一，"法律上的利害关系"必然是指实证法（包括实体法和程序法）上予以保护的利益或者权益。假定起诉人所主张的、希望得到司法保护的利害关系在特定法律规范中已经得到明确的保护，该起诉人就一目了然地具有了原告在这一方面的资格条件；但如果一项利害关系在实证法上的规定是模糊或者模棱两可的，甚至没有加以明确保护的，起诉人的原告资格就不够充分了。起诉人的利害关系（权益）是否得到法律保护是同其胜诉权

[①] 江必新：《中国行政诉讼制度之发展——行政诉讼法解释解读》，金城出版社2001年版，第156~157、249页。

[②] 杨寅：《行政诉讼原告资格新说》，载《法学》2002年第5期。

[③] 沈福俊：《论对我国行政诉讼原告资格制度的认识及其发展》，载《华东政法学院学报》2000年第5期。

相关的问题,如果用胜诉权的模糊性来否定起诉人的起诉权,否定了其原告资格的话,就等于是在司法审查之前剥夺了起诉人请求审查的权利,这是对法治原则的重大侵犯。第二,行政诉讼法第二条将"认为侵犯了合法权益"作为标准,并无"法律上的利害关系"的限制条件。"法律上的利害关系"标准等于是限制了起诉权。"认为侵犯了合法权益"标准的认定权在起诉人,而"法律上的利害关系"标准的认定权则是在法院。[①] 笔者认为,"法律上利害关系"标准虽然众说纷纭,但其有着特定的涵义,应当在今后一段时间内继续作为原告资格的标准。首先,"法律上的利害关系"不一定是指实证法上保护的利害关系。这里的"法律"是指法律,而非特定的法律规范。法律上的利害关系主要排除不值得法律保护的利害关系。其次,"法律上的利害关系"与"事实上的利害关系"并非对立的关系。"法律上的利害关系"与"事实上的利害关系"加起来也并不等于"利害关系"的全部。再次,"法律上利害关系"并未排斥"合法权益"。比较盛行的一种观点认为"法律上的利害关系"强调了法院的判断,忽视了起诉人自身对合法权益的感受。"法律上利害关系"是法院判断原告资格的标准,必须具有一定的客观性,而起诉人认为自身合法权益受到侵害只是一种主观判断,法院并不禁止其起诉,也就是保证其起诉权,但是其是否具有原告资格,需要法院根据相关标准来判断。最后,"法律上利害关系"标准宽于民事诉讼法规定的"直接利害关系"标准。民事诉讼中,原告不仅要与本案有利害关系,还需要有"直接的"利害关系,排除了"间接的"利害关系。但是,几乎没有人认为,该标准限制了民事诉讼原告的资格。利害关系只是一个过滤器,过滤好事者和不相关人的诉讼。

2. 实际影响

"实际影响"是有关原告资格的第二个标准或者条件。不能认为有关原告资格的标准或者条件多了,原告资格的限制就越多。事实上,原告资格标准之间存在着相互联系、相互贯通、相互补充的作用。"实际影响"标准来自于美国联邦《行政程序法》第702条:"因行政机关而使其法定权利受到侵害的人,或者受到有关法律规定范围之内的机关行为的不利影响或者损害的人,均有权要求司法审查。"美国有学者认为:"原告资格的标准是受不利之影响。如果原告提出,他受到他所要求复审的行政行为的不利影响,也就是说这个行政行为在经济上或者在其他方面损害了他,那么原告就既有可以根源于经济损害,也有可以根源于非经济价值的损害。"[②] 所谓"实际"是指

[①] 杨寅:《行政诉讼原告资格新说》,载《法学》2002年第5期。
[②] [美]伯纳德·施瓦茨:《行政法》,徐炳译,群众出版社1986年版,第420页。

行政行为客观、真实存在，而非臆想、虚构的；所谓"影响"是指行政行为已经发生法律效力、即将不可逆转地产生法律效力。产生实际影响是针对正常的法律关系、法律地位而言的，如果行政行为作出以后不履行就可能进行强制执行的过程，按照正常的法律秩序就必然对当事人的法律地位产生影响，包括以下几种情形：一是行政行为作出之后已经执行完毕；二是基础性的行为与执行性的行为合二为一，例如即时强制；三是行政行为已经成立但是还没有执行；四是暴力行为等侵害性的事实行为，一经实施，即时产生影响；五是申请履行行政义务，超过法定或者约定时间不履行也不答复的，实际影响已经产生。

"实际影响"标准并未出现在行政诉讼原告的条文中，而是出现在受案范围中。《若干解释》第一条第二款规定，对公民、法人或者其他组织权利义务关系不产生实际影响的行为，不属于人民法院行政诉讼受案范围。而根据行政诉讼法第四十一条第（四）项的规定，不属于人民法院受案范围的，不具备相应的起诉条件。而该条件是和第（一）项关于原告资格的规定相并列的。根据《若干解释》第十二条的规定，法院审查行政诉讼原告资格时，考虑到其是否具有法律上的利害关系，主要审查公民、法人或者其他组织是否与"具体行政行为"有法律上利害关系，审查的基本方式是行政行为是否已经产生实际影响。如果行政行为尚未产生实际影响，公民、法人或者其他组织的法律地位、法律保护的权益等就未发生变化。

在本案中，李永明购买了邹明军通过法院判决以房抵债所得的房屋，但是未办理相应的土地过户手续，涉案土地仍然登记在长海公司名下。根据物权法第二十八条的规定，因人民法院判决裁定导致物权设立、变更、转让或者消灭的，自判决裁定生效时发生法律效力，邹明军实际上已经获得了涉案土地的使用权。李永明未办理相关手续，不享有涉案土地的使用权，但是不等于李永明不具有法律保护的行政法律地位。于志洋与长海县政府之间形成的行政法律关系与李永明与长海县政府之间形成的行政法律关系相类似。唯一的区别是，于志洋申请国有土地使用权过户，李永明没有申请过户。县政府给于志洋办理过户手续的行政行为，直接导致李永明丧失了涉案土地的实际使用和只要通过完善手续就可以获得的使用权，县政府的行政行为已经对李永明使用该幅土地造成了实际影响，改变了其在使用该幅土地上的法律地位，行政机关的行政行为与李永明之间已经产生了法律上的利害关系，李永明具有行政诉讼原告资格。

（二）合法权益

行政诉讼法第二条规定，公民、法人或者其他组织认为行政机关和行政机关工作人员的具体行政行为侵犯其合法权益，有权依照本法向人民法院提起诉讼。有的学者认为，起诉人只要认为自身合法权益受到侵犯，就可以提起行政诉讼。公民、法人或者其他组织起诉与否，完全取决于其主观愿望。据此，有的学者在阐述行政诉讼原告资格标准时，认为"合法权益"标准较之于"法律上利害关系"标准更具可操作性。这种观点认为，第一，与行政诉讼法规定的"合法权益"相比，"法律上利害关系"的原告资格标准是一种倒退。"权益"一词包括权利和利益。利益是权利的落脚点，是权利的内容；权利是权益的法律化，是利益实现的手段。权利是由法律规范明确规定的，具有主观性；利益则是现时的法律规范尚未加以规定的，具有客观性。根据"合法权益"标准，行政诉讼法既强调行政相对人认为其依法享有的主观权利受到行政行为侵犯时的原告资格，也承认行政相对人认为其并不与法律规范相违背的客观利益受到行政行为侵犯时的原告资格。"法律上的利害关系"的实质是将本来属于客观范畴的行政相对人的利益通过法律规范加以确认，从而形成主观范畴的权利。可见，"法律上利害关系"标准限制了行政相对人对侵犯其合法权益的行政行为不服时的原告资格。第二，"法律上利害关系"标准没有注意到权利和利益的差异性，由于"利害关系"的内涵在理论上具有模糊性，行政相对人对行政行为不服的，必须首先要判断是否存在利害关系，即是否为现有法律规范予以保护的利害关系。而且行政相对人最终能否享有原告资格，还有赖于法院对是否具有因果关系的判断，是法院而不是行政相对人在决定是否具有原告资格问题上占有主导地位。反观"合法权益"标准，评价利益的合法性的标准是其与现行的法律规范相抵触与否，即不违法就是"合法权益"。在判断行政相对人的权利和利益与行政行为的联系性方面，只要行政行为可能赋予、增加、减损或者消灭行政相对人的特定权利或者利益，就具有原告资格。因此，"合法权益"标准比"法律上利害关系"标准可操作性强。第三，与行政诉讼法规定的行政诉讼第三人的"利害关系"标准相比，"法律上利害关系"标准也是一种倒退。行政诉讼法第二十七条规定的"利害关系"包括了法律上的利害关系和事实上的利害关系。《若干解释》意图将行政诉讼第三人赋予原告资格的同时，却人为地将利害关系限定为法律上的利害关系。[①] 这种观点认为应当将行政诉讼法第二条规定的"合法权益"确定为原告资格标准。该条是关于起诉权的规定，虽然与原告资格有关，但毕竟不是原告资格的直接依据。事实上，法院也无法根据该条的规定来判断原告资格。

[①] 高新华：《论新司法解释中行政诉讼原告资格的历史局限性》，载《辽宁师范大学学报》（社会科学版）第28卷第4期（2005年7月）。

值得注意的是，有的观点认为"合法权益"与"权利"的概念完全相当。这种观点认为，就权利来说，是法律规定的，而且是法律明确规定的。而"权益"的表述，从表面上看，比权利多了一个"益"，好像比权利范围更广泛一些，其实不然。此处的"益"受到两个限制：一是"权"的限制，二是"合法"的限制。这种利益，是指行使权利而获得的利益，是以权利为前提的，利益只有附属的性质，只有法律规定的权利并行使了该法律权利，才会有权利之下的利益。因此，"合法权益"并不比"权利"的范围更广，两者的涵义基本是等同的。① 笔者认为，与法律规定的权利相比，"合法权益"的内涵更为广泛。首先，"权益"包括权利和利益。域外行政诉讼一般保障"利益"，而不仅仅是"权利"。例如，英国在1977年最高法院规则在修改后的第53号命令中第3条规则第5款规定申请司法审查的起诉资格如下："司法审查必须根据法院的规则得到高等法院的同意，除非该院认为申请人对于申诉事项具有足够的利益"。这个规定，以申请人必须具有足够的利益作为申请司法审查的资格。② 从世界范围来看，原告资格标准也经历了一个从法定权利向法律保护的权益或者法律上值得保护的利益的扩展过程。其次，从"合法"的概念来看，行政相对人的"合法权益"并非是指有明确法律依据的权益，而是指法律并不禁止的利益。行政诉讼法对于行政机关的合法要求严格依照法律的规定，正因为如此，行政诉讼法第五十四条规定的行政行为"合法"的条件——行政行为证据确凿、适用法律、法规正确、符合法定程序，缺一不可。这是"法律优先"和"法律保留"原则的必然要求。对于公民而言，合法的涵义全然不同。只要法律不禁止的，都是合法的。公民行走在街道上是合法的，公民乘坐交通工具也是合法的。"合法"就是合乎法律规定的意旨。法律并未规定公民的步行权、乘车权，但是无疑公民步行和乘车都是一种合乎法律规定的权益。行政机关作出封堵道路的决定，侵犯的既非公民的人身权，也非公民的财产权或者其他法律明确规定的权利，但是侵犯了公民的合法权益。因此，对于"合法权益"的理解不能过于狭隘。

在本案中，李永明作为土地的实际使用者，其具有法律允许的权益，而非非法利益。法律允许其在完善相关手续后取得土地的使用权，法律也允许其在没有取得使用权证的情况下实际使用该幅土地。既然是法律所允许的，其使用土地的权益就是合法的，法律就应当给予保护。有观点认为，由于李

---

① 杨小君：《行政诉讼问题研究与制度改革》，中国人民公安大学出版社2007年版，第160~161页。

② 王名扬：《英国行政法》，中国政法大学出版社1987年版，第200~201页。

永明之外的其他利害关系人不愿意提起诉讼,因此具有原告资格,即经过民事判决、房屋买卖两次转让后,无论是长海公司,还是案外人邹明和、邹明军,对涉案房屋所占用的土地权均不会再关心,合法权益真正受到长海县政府收回土地使用权行为影响的是现在的实际土地权利人和土地使用人李永明,李永明与该被诉行为形成法律上的利害关系,李永明对长海县政府收地行为具有原告资格。① 笔者认为这种观点不准确。李永明具有法律上的利害关系,是因为其实际使用人的法律地位,而非他人不关心该幅土地使用权,只能由李永明提起行政诉讼的原因。

据此,2005年6月3日,最高人民法院作出《关于土地实际使用人对行政机关出让土地的行为不服可否作为原告提起诉讼问题的答复》(〔2005〕行他字第12号)。答复的内容是:"辽宁省高级人民法院:你院〔2005〕辽行终字第1号《关于李永明是否具有原告资格的请示》收悉。经研究,答复如下:同意你院审委会多数人意见。根据《中华人民共和国行政诉讼法》第二条和《最高人民法院关于执行〈中华人民共和国行政诉讼法〉若干问题的解释》第十二条的规定,土地的实际使用人对行政机关出让土地行为不服,可以作为原告提起行政诉讼。"

---

① 郭修江:《土地实际使用权人对行政机关出让土地行为具有行政诉讼原告资格》,载最高人民法院行政审判庭编:《行政执法与行政审判》(总第45集),中国法制出版社2011年版。

24. 作为委托机关的中国人民银行分支机构具备被告资格

——《最高人民法院关于诉商业银行行政处罚案件的适格被告问题的答复》解读

2003年8月8日　　　　　　　　　〔2003〕行他字第11号

一、问题的提出

2003年，北京市高级人民法院分别受理了北京达明伟业经贸有限公司诉中国人民银行行政处罚纠纷上诉案、北京思曼百浪工贸有限公司诉中国人民银行行政处罚纠纷上诉案，该两起案件均涉及当事人对商业银行实施的行政处罚不服而提起行政诉讼，应如何确定被告的问题，向最高人民法院请示。该两个案件的基本情况是：

（一）北京达明伟业经贸有限公司诉中国人民银行行政处罚纠纷案

北京达明伟业经贸有限公司（以下简称达明伟业公司）诉称，2000年公司成立后，在中国建设银行石景山支行（以下简称石景山支行）开设一账号。2001年11月23日，达明伟业公司在该账号还有43万元的情况下，开出一张40万元的转账支票。石景山支行认为达明伟业公司开出的是一张空头支票，于2001年11月26日以开出的支票印鉴不符为由，依据《票据管理办法》《支付结算办法》作出行政处罚，强行从达明伟业公司账户上划走20000元。达明伟业公司认为石景山支行行政处罚的权力来源于中国人民银行的行政委托，以中国人民银行为被告提起行政诉讼，请求人民法院判决撤销石景山支行作出的行政处罚。一审法院裁定不予受理，达明伟业公司不服裁定，向北京高院提起上诉。

（二）北京思曼百浪工贸有限公司诉中国人民银行行政处罚纠纷上诉案

北京思曼百浪工贸有限公司（以下简称思曼百浪公司）诉称，自己开办的新街口电讯器材营业厅自2000年始便在北京市商业银行股份有限公司新街口支行（以下简称新街口支行）开设账户，进行款项往来中的结算业务。2001年11月30日，思曼百浪公司因业务需要，签发收款人为孙云才，票面金额为人民币32000元，号码为526744的转账支票一张。由于出票时较为匆忙，导致该支票上的财务专用章部分重影。2001年12月3日，新街口支行以印鉴不符不由，依据《票据管理办法》《支付结算办法》对思曼百浪公司处以支票票面金额5%的罚款，出具该行印制的"特种支票借方传票"为载体的书面罚款凭证，并从账户上强行划走罚款。思曼百浪公司认为新街口支行行政处罚的权力来源于中国人民银行的行政委托，以中国人民银行为被告提起行政诉讼，请求人民法院判决撤销新街口支行作出的行政处罚。一审法院裁定不予受理，思曼百浪公司不服裁定，向北京高院提起上诉。

北京高院受理当事人的上诉后，在审理案件过程中认为中国人民银行制定的《支付结算办法》（银发〔1997〕393号）第二百三十九条关于"对单位和个人承担行政责任的处罚，由中国人民银行委托商业银行执行"存在模糊理解，不能确定商业银行行使行政处罚权力来源于中国人民银行的行政委托还是行政授权。北京高院依据《若干解释》第五十一条第（五）项的相关规定，函请中国人民银行对该条作出明确解释。中国人民银行以《中国人民银行关于结处处罚问题的复函》（银函〔2003〕111号）对《支付结算办法》第二百三十九条的含义解释为：对单位和个人违反银行结算管理制度行为的行政处罚，由中国人民银行授权商业银行实施。这里的"中国人民银行授权"包括中国人民银行总行、分行、营业管理部、省会（首府）城市中心支行、支行的授权。石景山支行对单位和个人违反银行结算管理制度的行为实施行政处罚，应当由中国人民银行营业管理部（原中国人民银行北京分行）授权。北京高院认为，根据该解释，石景山支行和新街口支行作出行政处罚权力应当来源于中国人民银行行政规章的授权。

就此类案件应如何处理，存在着三种不同意见。

第一种意见认为：此类行政案件应以商业银行为被告。理由是：行政诉讼法只规定了法律、法规授权的组织实施行政行为时，被授权的组织是被告；行政机关委托其他组织实施行政行为的，委托机关是被告。对于规章授权行政机关的内设机构、派出机构和其他组织行使行政职权的应当由谁作被告，行政诉讼法没有作出规定。但《若干解释》第二十一条规定，行政机关在没有法律、法规和规章规定的情况下授权其内设机构和派出机构或者其他组织行使行政职权的应当视为委托,当事人不服提起诉讼的,应当以该行政机关为被告,在事实上承认了行政机关在规章规定的情况下授权其内设机构和派出机构或者其他组织行使行政职权的,应当视为规范授权,当事人不服提起诉讼的,应当以实施该行为的机构或者组织为被告。根据《中国人民银行关于结处处罚问题的复函》的解释,商业银行对单位和个人违反银行结算管理制度的行为实施行政处罚,其权力来源于行政规章的授权,因此当事人对商业银行实施的行政处罚不服,应以该商业银行为被告。

第二种意见认为:此类行政案件应当以中国人民银行营业管理部为被告。理由是,《支付结算办法》第二百三十九条规定:"对单位和个人承担行政责任的处罚,由中国人民银行委托商业银行执行。"从字面上理解,商业银行对单位和个人实施行政处罚,是受中国人民银行委托作出的。且依据《中国人民银行行政处罚程序规定》第六条关于人民银行处理金融违法行为管辖分工的规定,该两起案件的行政委托方是中国人民银行营业管理部。所以,当事人对行政处罚不服,只能起诉委托机关,即中国人民银行营业管理部。

第三种意见认为:此类行政案件应以中国人民银行营业管理部为被告,但理由不同于第二种意见。行政处罚法第十七条规定:"法律、法规授权的具有管理公共事务职能的组织可以在法定授权范围内实施行政处罚。"行政诉讼法第二十五条规定:"由法律、法规授权的组织所作的具体行政行为,该组织是被告。"据此,我国目前的法律只认可了法律、法规可以授权具有管理公共事务职能的组织实施行政处罚权,而规章不可以授权。此类行政案件,中国人民银行通过行政规章对商业银行授权实施行政处罚权,该授权没有法律依据,不能成立。另行政处罚法第十八条第一款规定:"行政机关依照法律、法规或者规章的规定,可以在其法定权限内委托符合本法第十九条规定条件的组织实施行政处罚。行政机关不得委托其他组织或者个人实施行政处罚。"依照第十九条第(一)项的规定,受委托组织必须是依法成立的管理公共事务的事业组织。按照我国政治、经济体制改革政企分开的要求和有关法律规定,商业银行应为企业,而不是事业组织。因此,中国人民银行委托商业银行实施行政处罚的行政委托行为无效,行政委托也不成立。这种情况下,商业银行从上诉人账户上自行划走资金的行为,应视为协助行政机关执行行政处罚的行为,而行政处罚应视为由中国人民银行营业管理部作出。上诉人对行政处罚不服,应起诉中国人民银行营业管理部。

第二种意见为倾向性意见。

二、分析

本案涉及行政授权、行政委托和行政协助的讨论。

（一）行政授权、行政委托和行政协助

行政诉讼法第二十五条第四款规定，由行政机关委托的组织所作的具体行政行为，委托的行政机关是被告。行政机关委托的组织，是指行政机关委托的不具有一级行政机关资格的组织，如乡政府委托村民委员会就土地行政管理所作的具体行政行为，不能以村民委员会作被告，而应以乡政府作被告。再如门前三包单位受市环境卫生管理部门的委托，可以对吐痰、乱扔果皮纸屑的人处以罚款，被处罚人不服，依照本条规定被告不是具体实施处罚的单位，而是市环境卫生管理部门。[①] 行政委托理论来源于民法上关于代理（委托）理论，受托人必须以委托人名义行使被委托权限内的行政职权，所产生的法律效果直接归属被委托人。这一规定明确了行政委托情况下，被告如何确定的问题。

所谓行政委托，是指行政主体依法将部分行政职权或者行政公务委托给其他行政机关、法人、其他组织、个人行使的法律制度。这一概念包括以下几个要点：

第一，行政委托必须有法律、法规和规章的依据。行政委托必须有明确的法律依据。行政委托不同于民事主体之间的委托，其属于涉及行政职权或者行政公务的委托，涉及公民、法人或者其他组织的合法权益的保护，对于这种委托，行政机关必须非常慎重。因此，一般需要有法律、法规或者规章的依据。例如，行政处罚法第十八条规定，行政机关依照法律、法规或者规章的规定，可以在其法定权限内委托符合该法第十九条规定条件的组织实施行政处罚。行政机关不得委托其他组织或者个人实施行政处罚。委托行政机关对受委托的组织实施行政处罚的行为应当负责监督，并对该行为的后果承担法律责任。受委托组织在委托范围内，以委托行政机关名义实施行政处罚；不得再委托其他任何组织或者个人实施行政处罚。第十九条规定："受委托组织必须符合以下条件：（一）依法成立的管理公共事务的事业组织；（二）具有熟悉有关法律、法规、规章和业务的工作人员；（三）对违法行为需要进行技术检查或者技术鉴定的，应当有条件组织进行相应的技术检查或者技

[①] 参见胡康生主编：《行政诉讼法释义》，北京师范学院出版社 1989 年版，第 45 页；黄杰主编：《行政诉讼法释论》，中国人民公安大学出版社 1989 年版，第 46~47 页。

术鉴定。"行政许可法第二十四条规定,"行政机关在其法定职权范围内,依照法律、法规、规章的规定,可以委托其他行政机关实施行政许可。委托机关应当将受委托行政机关和受委托实施行政许可的内容予以公告。委托行政机关对受委托行政机关实施行政许可的行为应当负责监督,并对该行为的后果承担法律责任。受委托行政机关在委托范围内,以委托行政机关名义实施行政许可;不得再委托其他组织或者个人实施行政许可。"从以上两部法律规定来看,对于行政职权的委托,特别是涉及公民、法人或者其他组织重大权益的行政职权的委托,必须有法律、法规或者规章的依据。如果法律、法规或者规章禁止行政机关委托,行政机关也不得委托。例如,治安拘留只能由公安机关行使,公安机关不得委托其他组织行使。再比如,行政强制法第十七条规定,行政强制措施由法律、法规规定的行政机关在法定职权范围内实施。行政强制措施权不得委托。也就是说,行政强制措施只能由法定的行政机关依法实施,行政机关不能委托,其他法律、法规和规章等规范性文件对此问题不能作出不一致的规定。在法国,有些重要事项,例如纪律处分的决定,不能委托。西班牙《行政程序法》第13条第1项规定,涉及国家元首、政府首脑、议会、自治区主席及自治区议会关系的事务;一般性规定的制定;成为申诉对象的行为的行政部门内进行的申诉裁决;具有法律地位的规定所确定的内容,不得委托。亦为当例。但是,为了防止行政机关以"没有法定委托职权"逃避责任。司法解释在一定程度上承认了没有法律法规规章依据的"授权"。《若干解释》第二十一条规定,行政机关在没有法律、法规或者规章规定的情况下,授权其内设机构、派出机构或者其他组织行使行政职权的,应当视为委托。当事人不服提起诉讼的,应当以该行政机关为被告。这是一种为了方便确定被告而设立的特殊规则。

第二,委托事项包括行政职权或者行政公务。有观点认为,行政委托的对象仅仅包括行政职权。理由是,行政委托的实质是行政职权行使权的转移,是行政主体将自己拥有的全部或者部分行政职权委托给其他行政主体或者组织予以行使的活动。[①] 从目前行政规范性文件来看,行政委托涉及的主要是行政职权,特别是课以义务行为的行政职权。但是,行政行为不仅仅包括课以义务类的行为,还包括赋予权利、提供社会服务的行政公务行为。对于这类事项,也属于委托事项。

第三,委托人是行政主体。有观点认为,行政诉讼法第二十五条第四款规定的委托的"行政机关"是形式意义上的行政机关,不包括由法律、法规

[①] 王青斌、游浩寰:《浅析行政委托》,载《广西大学学报》(哲学社会科学版)第25卷第1期(2003年2月)。

授权的组织。理由是：第一，行政处罚法第十八条和国家赔偿法第七条第四款规定的都是"行政机关"委托的组织或者个人。因此，立法者已经通过法律的形式固定了行政委托主体就是行政机关，不包括由法律法规授权组织。第二，由法律、法规授权组织本身就属于特殊的行政主体。法律法规通常只是在行政机关无法面对特殊社会事务时才会授权个别的非行政机关以行政职权。可见授权组织本身就是特例，而作为特例存在的行政主体如果尚可以将自己特殊且并不全面的行政职权再行委托出去，似乎辜负了法律的信任，也有类似转委托之嫌，也违背了法律当初设置授权组织的初衷。① 笔者认为这种观点不正确。行政诉讼法规定的"行政机关"与"由法律法规授权的组织"共同构成了行政主体。行政诉讼法关于行政机关的权利义务完全适用于"由法律法规授权组织"。因此，在行政委托中，委托人既可以是行政机关，还可以是"由法律、法规授权的组织"。

第四，受委托人可以是具备相应资格条件的其他行政机关、法人、其他组织和个人。广义上讲，"其他行政机关"也可以作为受委托人。行政机关之间的委托也应当包括在内。例如，行政许可法第二十四条第一款规定，行政机关在其法定职权范围内，依照法律、法规、规章的规定，可以委托其他行政机关实施行政许可。再比如，原《治安管理处罚条例》（1994 年）第三十三条规定，对违反治安管理行为的处罚，由县、市公安局、公安分局或者相当于县一级的公安机关裁决。警告、五十元以下罚款，可以由派出所裁决；在农村，没有公安派出所的地方，可以由公安机关委托乡（镇）人民政府裁决。一般来说，受委托人必须是有管理公共事务职能的组织。我国的事业单位一般均承担一定的公共职能，所以受委托人是事业单位的情形也特别多。例如，行政处罚法第十九条规定，受委托组织必须是依法成立的管理公共事务的事业组织。受委托人从事的委托行政事务是一种专业技术很强的公共职能，例如《家畜家禽防疫条例》规定，农牧部门及其畜禽防疫机构可以委托有条件的饲养户或饲养单位检疫，家禽出售者可持有被委托检疫的饲养户或检疫单位的检疫证明进入市场。从长远来看，法人和个人如果具备相应的条件，亦可作为受委托人。例如，国家赔偿法第七条第四款规定，受行政机关委托的组织或者"个人"在行使受委托的行政权力时侵犯公民、法人和其他组织的合法权益造成损害的，委托的行政机关为赔偿义务机关。受委托人一般需要具备下列实体条件：（1）受委托人必须具备相应的技术鉴定、技术检查的能力。这是受委托人必须具备的物质或技能要素。受委托人只有具备此项要素，才能较好地完成委托任务。实际上，正是由于受托人具备了这样的

---

① 王晨：《行政委托内涵之重构》，载《行政与法》2008 年第 11 期。

技术鉴定或技术检查的能力才得以成为行政机关委托其执行行政公务的重要原因。例如，计量法第二十条规定，县级以上人民政府计量行政部门可以根据需要设置计量检定机构，或者授权其他单位的计量检定机构，执行强制检定和其他检定、测试任务。值得注意的是，这里的"授权"实际上是"委托"。（2）受委托人必须具有熟悉有关法律、法规、规章和行政公务的人员。这是受委托人必须具备的人员要素。受委托人是代行委托人的行政职能，这种职能的行使必须由受法律法规规范的人员来进行，这也是依法行政的要求。如果有关工作人员不熟悉有关法律法规规章，就很难保障受委托行政公务能准确、有效地执行。[1]

行政委托与行政授权不同。首先，两者行为名义和效果归属不同。行政授权中，被授权人实施行政行为以自己名义进行，而且行为的效果归属于自己；在行政委托中，由于行政职权没有发生转移，受委托人只能以委托行政机关名义进行，该行政行为的效果自然归属于委托机关。其次，行政职权的设定和转移不同。行政授权导致行政职权的设定和转移，行政委托并不导致行政职权和转移。行政授权是立法机关授予特定行政机关或者公务组织以行政职权；行政委托中，受委托人虽然行使行政职权，但是行政职权仍然归属于委托行政机关，受托人只是"代行"行政职权而已。

行政委托与公务协助也不相同。有的学者提出，行政委托不应当包括事项委托。事项委托的情形诸如，甲行政机关委托乙行政机关处理具体的执行事项。甲县公安局委托乙县公安局拘留逃至乙县的违法人员；甲地税务机关委托乙地边防检查机关阻止在甲地偷税的外籍纳税人出境等。在处理该行政事项过程中，甲行政主体所执掌的职权并未得到行使，得到行使的是乙行政主体所执掌的职权，行政职权行使所产生的法律效果应当由职权的执掌者承担。[2] 有的学者同意也持同一看法，所谓被委托机关行使的实际上是自己依法被赋予的职权而不是其他机关转移过来的职权，是自己的行政行为，应当由自己负责，充当被告。[3] 笔者认为，这种关系实际上属于行政法学上的公务协助关系。公务协助关系是指行政机关在作成行政公务行为时，得请求其他行政机关作成法律行为或者事实行为，公务协助关系必须具备以下两个条件：第一，行政机关之间不存在领导关系，即不存在隶属性的指挥关系；第二，公务协助被申请行政机关提供的协助不能是其本职工作，即申请协助的

---

[1] 梁凤云：《行政主体》，参见朱维究、王成栋主编：《一般行政法原理》，高等教育出版社2005年版，第165~166页。

[2] 周公法：《论行政委托》，载《行政法学研究》1998年第3期。

[3] 杨小君：《析行政诉讼上的授权与委托》，载《法商研究》1998年第3期。

事项仍属于申请行政机关职权范围。但公安机关的协助是例外。公安机关的协助是一种特殊的公务协助，这种协助本身就是公安机关的职权范围。公安机关仅对其协助行为（例如执行行为，这种执行行为多是一种事实行为）负责，至于行政公务决定的作出则由申请行政机关负责。公务协助行为的性质既可能是法律行为，又可能是事实行为。例如递送档案或其他行政文件以备查阅使用、对所知悉的事实予以证明，对相对人进行调查，提供人力物力，制作检验、鉴定结论、作成行政公务行为等均是。公务协助行为以提出申请为其法律要件。被申请的行政机关有多个时，应当尽可能从请求机关及所属下级行政机关中选择行政级别最低的行政机关提供协助。① 在公务协助关系中，涉及两个行政行为，一个是请求方的行政行为，另一个是被请求方的执行行为。当事人如果对于请求方的行政行为不服，则应当以请求方行政机关作为被告；被请求方的执行行为的性质取决于其是否超越请求方行政机关的公务协助范围。如果被请求方完全按照请求方行政机关的要求作出执行行为，则此执行行为属于实质意义上的事实行为，行政诉讼被告为请求方行政机关；如果被请求方行政机关的执行行为超出请求方行政机关要求协助执行的范围，则在超出范围内以被请求行政机关作为被告。即请求方行政机关就其请求另一行政机关为公务协助行为以合法性承担法律责任，被请求方行政机关就其公务协助的执行行为负法律责任。所以，严格来讲，所谓的事项委托、执行委托并非真正意义上的行政委托，不能适用行政诉讼法关于行政委托情形下行政诉讼被告的规定。

　　被委托的组织只能在委托的范围内行使行政职权，如果被委托组织超出委托事项的范围，对于超出委托事项范围的行政行为，应当由谁当被告？主要有四种意见：第一种意见认为，由受委托的组织作为被告。理由是，根据民法上关于委托代理的理论，对于超出委托权限的部分，应当由被委托的组织作为行政诉讼被告。第二种意见认为，应当由委托的行政机关作为被告。理由是，委托行为是由委托行政机关作出的，法律效果应当归于委托的行政机关。第三种意见认为，应当由委托的行政机关和被委托的组织作为共同被告。② 理由是，委托的行政行为是由两个组织共同作出的。第四种意见认为，应当由委托的行政机关作为被告，被委托的组织作为第三人参加诉讼。笔者认为，如果针对的是超出委托事项的行政行为，第四种意见是比较稳妥的。理由是：第一，民法上关于委托的规定不能直接适用于行政法，因此不能将

---

① 梁凤云：《行政主体》，参见朱维究、王成栋主编：《一般行政法原理》，高等教育出版社2005年版，第157~158页。

② 杨小君：《析行政诉讼上的授权与委托》，载《法商研究》1998年第3期。

民法上关于超越委托范围的规定直接用于行政诉讼当中。况且，民法上尚有表见代理之制，即对于代理人之行为，虽无代理权，而有可使第三人信其有代理权之事由，因而使本人对于相对人负授权人责任之无权代理。① 行政委托事项由于其具有的对公权力行为的先定力、公定力等效力，相对人一般予以信赖，大多数情况下可准用民法上关于"表见代理"的规定处理，即以委托的行政机关作为行政诉讼被告。第二，被委托的组织大多数不是行政机关，因此将其与委托的行政机关一起列为共同被告，在理论上还存在障碍。但是，对于超越委托事项范围的行为，如果没有被委托组织的参与，案件的事实有可能难以查清。根据《若干解释》的规定，与被诉的行政行为有法律上的利害关系即权利义务关系的应当列为第三人。被委托组织显然与被诉行政行为存在法律上的权利义务关系，应当列为第三人。

（二）本案中的委托行政机关

在本案中，首先应当确定的是，中国人民银行与商业银行之间是否存在委托关系。

中国人民银行制定的《支付结算办法》（银发〔1997〕393号）第二百三十九条规定，对单位和个人承担行政责任的处罚，由中国人民银行委托商业银行执行。《中国人民银行关于结处处罚问题的复函》（银函〔2003〕111号）对该条的含义解释为：对单位和个人违反银行结算管理制度行为的行政处罚，由中国人民银行授权商业银行实施。这里的"中国人民银行授权"包括中国人民银行总行、分行、营业管理部、省会（首府）城市中心支行、支行的授权。

根据立法法和《规章制定程序条例》的规定，规章制定机关对规章的解释与规章具有相同的效力。有观点据此认为，本案属于规章授权，即规章已经将相应的行政处罚权力授予了商业银行。《若干解释》已经肯认了规章授权组织可以作为行政诉讼被告，因此，本案被告应当是商业银行。这一观点是极少数的观点。民事委托与民事授权意义相当。但是，行政授权与行政委托全然不同。在我国的许多法律、法规和规章的规定中，"授权"的规定实际上相当于"委托"。不能因为规章解释中出现"授权"字样，就认为属于规章授权。最高人民法院在其他答复中明确了这一观点，例如，《最高人民法院关于公路路政管理机构行政主体资格及有关法律适用问题的答复》（1995年1月15日，〔1994〕行复字第4号）规定："四川省高级人民法院：你院《关于公路路政管理机构行政主体资格及有关法律适用问题的请示》收

---

① 史尚宽：《民法总论》，中国政法大学出版社2000年版，第545~546页。

悉，经研究并征求全国人民代表大会常务委员会法制工作委员会和国务院法制局的意见，答复如下：（一）《中华人民共和国公路管理条例实施细则》第九条规定的授权只能理解为是委托授权，公路养护管理总段（分段）不具备行政主体资格，且省政府也不具备该项行政管理权的授权主体资格。（二）四川省人大常委会发布的《四川省公路路政管理条例》第五条中有关'其他单位和个人占用、挖掘公路，应向交通部门缴纳公路占用费'的规定，与《中华人民共和国公路管理条例》的有关规定不一致，人民法院审理具体行政案件时，应执行《中华人民共和国公路管理条例》的有关规定。"可见，授权是指立法机关通过法律、法规和规章的授权，而不是行政机关自身的"授权"，后者只能视为"委托"。此外，该规章解释是"中国人民银行授权"中的"中国人民银行"的解释，而非对"授权"，更非所谓"规章授权"的解释。

《支付结算办法》属于部门规章，对于规章设定的行政处罚，行政处罚法第十八条第一款已经明确予以认可。本案中委托的行政机关是"中国人民银行"，受委托的组织是"商业银行"（中国建设银行石景山支行和北京商业银行股份有限公司新街口支行）。根据行政诉讼法第二十五条的规定，由行政机关委托的组织所作的具体行政行为，委托的行政机关是被告。可见，本案的行政诉讼被告应当是"中国人民银行"。

中国人民银行是国务院部门，根据中国人民银行法的规定，具有包括行政处罚在内的相应的行政职权。对中国人民银行作出的行政行为不服的，公民、法人或者其他组织可以提起行政诉讼。例如，中国人民银行法第四十七条规定，当事人对行政处罚不服的，可以依照行政诉讼法的规定提起行政诉讼。但是，中国人民银行总行不一定是本案的被告。主要理由是：第一，商业银行对于结处处罚数量较为庞大，如果将中国人民银行总行列为被告，中国人民银行将会陷入大量的诉讼当中。第二，中国人民银行法中的中国人民银行包括了中国人民银行总行及其分支机构。例如，中国人民银行法第十三条规定，中国人民银行根据履行职责的需要设立分支机构，作为中国人民银行的派出机构。中国人民银行对分支机构实行统一领导和管理。中国人民银行的分支机构根据中国人民银行的授权，维护本辖区的金融稳定，承办有关业务。

为了进一步明确前述规章中"中国人民银行"的涵义，中国人民银行的复函中称，这里的"中国人民银行授权"包括中国人民银行总行、分行、营业管理部、省会（首府）城市中心支行、支行的授权。本案涉及的是营业管理部和分行、支行的具体范围。

1998年12月26日和1999年1月1日，中国人民银行先后发布《关于管理体制改革的公告》和《关于管理体制重大改革的公告》。这两个公告决定从 1999 年 1 月 1 日起，撤销中国人民银行各省、自治区、直辖市分行，作为中国人民银行的派出机构。撤销中国人民银行北京市分行，设立中国人民银行营业管理部。在不设中国人民银行分行的省会城市，共设立 20 个中心支行。中国人民银行（包括县级市、旗）支行保持现状，职责不变。就本案来讲，前述规章中"中国人民银行"包括中国人民银行总行、营业管理部、中国人民银行石景山支行和中国人民银行新街口支行。

在本案中，中国人民银行总行不是委托的行政主体。理由是：第一，中国人民银行分支机构是中国人民银行的派出机构，具有相对独立的行政主体地位。中国人民银行法第十二条规定，中国人民银行根据履行职责的需要设立分支机构，作为中国人民银行的派出机构。中国人民银行对分支机构实行集中统一领导和管理。中国人民银行的分支机构根据中国人民银行的授权，负责本辖区的金融监督管理，承办有关业务。[①] 第二，中国人民银行总行和分支机构在行政处罚方面存在管辖分工。《中国人民银行行政处罚程序规定》（2001 年 2 月 9 日，中国人民银行令〔2001〕第 3 号）第三条规定，中国人民银行实施行政处罚，实行分级管理、分工负责。第五条规定，中国人民银行总行负责查处下列金融违法行为：总行直接监管的金融机构的违法行为；全国范围内有重大影响的违法行为；总行认为应当由其直接查处的其他违法行为。第六条规定，中国人民银行分支机构负责查处辖区内的下列金融违法行为：所监管金融机构的违法行为；中国人民银行总行授权其监督管理的金融机构的违法行为；其他单位和个人的违法行为。前款规定所称中国人民银行分支机构包括中国人民银行分行、营业管理部、金融监管办事处、分行营业管理部、中心支行和支行。根据这一规定，中国人民银行分支机构而非中国人民银行总行负责查处辖区内的金融违法行为。第三，中国人民银行分支机构具有行政主体资格。最高人民法院办公厅给中国人民银行办公厅的《关于中国人民银行分支机构是否具有行政诉讼主体资格问题的复函》（2002 年 5 月 31 日，法办〔2002〕119 号）中称，根据中国人民银行法等法律法规章和行政诉讼法及司法解释的有关规定，当事人对人民银行分支机构依法律授权作出的金融监管的具体行政行为不服提起行政诉讼的，应当以人民银行分支机构为被告。可见，本案中的委托行政主体应当是中国人民银行分支机构，即中国人民银行营业管理部、中国人民银行石景山支行和中国人民银行新街口支行。

[①] 中国人民银行法 1995 年 3 月 18 日第八届全国人民代表大会第三次会议通过，2003 年 12 月 27 日修订。修订前与修订后，该条内容未作变动。

在讨论中，有人提出，中国人民银行营业管理部并非本案的委托的行政主体，理由是，中国人民银行营业管理部只是承担了中国人民银行北京市分行的业务，并不承担相应的处罚职责。这种观点不正确。前述《关于管理体制改革的公告》和《关于管理体制重大改革的公告》明确规定，撤销中国人民银行北京市分行，设立中国人民银行营业管理部，承担原中国人民银行北京市分行的职责和业务。且该营业管理部有权"依法查处辖区内金融违法违规案件"。可见，中国人民银行营业管理部亦为本案中委托行政主体。

综上，2003年8月8日，最高人民法院作出《关于诉商业银行行政处罚案件的适格被告问题的答复》（〔2003〕行他字第11号）。答复的内容是："北京市高级人民法院：你院京高法〔2002〕191号《关于当事人不服商业银行行政处罚提起行政诉讼，应如何确定被告的请示》收悉，经研究，答复如下：根据《中华人民共和国中国人民银行法》第十二条和《支付结算办法》第二百三十九条的规定，商业银行受中国人民银行的委托行使行政处罚权，当事人不服商业银行行政处罚提起行政诉讼的，应当以委托商业银行行使行政处罚权的中国人民银行分支机构为被告。"

三、应当注意的问题

在实践中，需要注意以下两个问题：一是本案请示报告中涉及的"规章授权"的问题。实际上，本案并不涉及规章授权。中国人民银行给北京市高级人民法院的复函中虽然称"中国人民银行授权商业银行"，但这里的"授权"是指"委托"，与规章授权没有关系。二是中国人民银行的规章再次重申了中国人民银行分支机构的行政处罚权，停止了委托商业银行执行的规定。《中国人民银行关于对签发空头支票行为实施行政处罚有关问题的通知》（2005年4月30日，银发〔2005〕114号）规定，依据行政处罚法、《票据管理实施办法》的有关规定，由中国人民银行及其分支机构实施对签发空头支票出票人的行政处罚。《支付结算办法》第一百二十五条、第二百三十九条规定停止执行。《票据管理实施办法》第三十一条规定，签发空头支票或者签发与其预留的签章不符的支票，不以骗取财物为目的的，由中国人民银行处以票面金额5%但不低于1000元的罚款，中国人民银行及其分支机构依据上述规定对空头支票的出票人予以处罚。该规章事实上取消了中国人民银行分支机构的委托权限。

25. 行政行为的利害关系人具有原告主体资格
——《最高人民法院对内蒙古高院〈关于内蒙古康辉国际旅行社有限责任公司诉呼和浩特市工商行政管理局履行法定职责一案的请示报告〉的答复》解读

1999年11月24日　　　　　　　　　〔1999〕行他字第13号

一、问题的提出

内蒙古自治区呼和浩特市中级人民法院受理的原审被告呼和浩特市工商行政管理局和第三人内蒙古康辉通讯技术有限责任公司不服呼和浩特市新城区人民法院〔1998〕新行初字第10号行政判决提出上诉的内蒙古康辉国际旅行社有限责任公司要求呼市工商行政管理局履行法定职责一案，就该案是否属于行政诉讼受案范围请示内蒙古自治区高级人民法院。该案的基本情况是：

一审判决认定：呼和浩特市康辉无线寻呼公司按照其《公司章程》第7条"公司可以采取横向联合股份制经营达到融资的目的，向内蒙旅行社交纳管理费"的规定，与广州诚华发展有限责任公司、内蒙科龙经济技术开发总公司、内蒙古永胜（集团）有限责任公司和15名自然人联合组建内蒙古康辉通讯技术有限责任公司（本案第三人），经全体股东会议决定，并委托扈成为代理人，办理公司登记、申办营业执照等一切所需手续。1997年6月10日起，扈成向被告申请办理第三人企业法人营业执照，并提交了公司章程、投资组建该公司的协议书、股东名单、验资报告、注册资本、任职证明、经营场所、电信业务经营许可证等手续，经被告审核后，于1997年6月20日核准颁发了第三人企业法人营业执照。原告认为扈成等人的行为直接违反了内蒙体改委、内蒙工商局《关于股份制企业审批权限问题的通知》内政体改〔1995〕2号文件的有关规定，认为被告在扈成等人缺乏内蒙旅行社和内蒙体改委批文的情况下，给第三人颁发企业法人营业执照，违反了内政体改〔1995〕2号文件。故于1998年4月28日提起诉讼，请求依法判令被告履行法定职责，撤销给第三人内蒙古康辉通讯技术有限责任公司的企业法人营业执照。

一审判决认为，被告在给第三人核发企业法人营业执照时，未进行认真的审查，在没有内蒙旅行社和内蒙体改委进行审批的情况下，即对第三人核发营业执照，违反了有关法律和政策的规定，违反了法定程序。康辉寻呼公司是由内蒙旅行社投资组建的，根据内蒙古自治区国有资产管理局1998年6月8日内国资产字〔1998〕110号《关于对原呼和浩特市康辉无线寻呼公司的产权界定的批复》，界定"原呼市康辉无线寻呼公司，原始投资及收益形成的资产属国有性质"。为了防止国有资产的流失，保护企业的利益，故原告的诉讼请求应予支持。依据行政诉讼法第五十四条第（三）项的规定，判决呼和浩特市工商行政管理局履行法定职责撤销第三人内蒙古康辉通讯技术有限责任公司的企业法人营业执照。诉讼费100元，由被告承担。

二审查明的事实：内蒙古康辉国际旅行社有限责任公司的前身中国康辉内蒙古旅行社在1993年2月25日至8月20日期间，分别向内蒙古自治区无线电管理委员会、内蒙古自治区电信管理局、内蒙古自治区通信行业管理办公室、内蒙古自治区邮电行业管理办公室、呼和浩特市电信局提出建立呼和浩特市康辉无线寻呼公司的申请，上述部门审查后分别作出了同意建台、准许组建寻呼公司的批复，并办理了电信业务经营许可证、电台执照等特种行业的批件。之后，中国康辉内蒙古旅行社支出268734.80元，于1993年12月在呼和浩特市工商行政管理局回民分局以集体所有制名义办理了注册登记，注册资金为87万元，主管部门为中国康辉内蒙旅行社，法定代表人是卫占山。1994年6月1日，中国康辉内蒙古旅行社任命扈成（系中国康辉内蒙古旅行社的在册职工）为呼市康辉无线寻呼公司的法定代表人，并在回民区工商分局办理了变更登记。1996年12月，中国康辉内蒙古旅行社的上级主管部门——中国康辉旅行社总社与中国国际旅行总社、内蒙古电力总公司及公司职工持股共资组建成内蒙古康辉国际旅行社有限责任公司，将中国康辉内蒙古旅行社旅游业务的全部资产作为出资股本金，并注销了中国康辉内蒙古旅行社。新组建的内蒙古康辉国际旅行社有限责任公司，承担了原中国康辉内蒙古旅行社的全部债权债务。1997年6月，呼市康辉无线寻呼公司自行与广州诚华发展有限责任公司、内蒙科龙经济技术开发总公司、内蒙古永胜

（集团）有限责任公司及15名自然人签订了关于联合组建内蒙古康辉通讯技术有限责任公司的协议，并在呼市工商行政管理局登记注册，领取了营业执照，法定代表人是扈成，但原呼市康辉无线寻呼公司没有注销。内蒙古康辉国际旅行社有限责任公司认为内蒙古康辉通讯技术有限责任公司的注册登记直接违反了《公司登记管理条例》和内蒙古自治区经济体制改革委员会内政体改〔1995〕2号文件的规定，在客观上为扈成等人改变呼市康辉无线寻呼公司资产的国有性质，将其无偿的转归个人所有的行为提供了保护，于1997年11月18日向呼市工商局递交了《关于申请撤销内蒙古康辉通讯技术有限责任公司的报告》，未得到解决，遂于1998年4月28日向新城区人民法院提起诉讼。一审宣判后，原审被告呼和浩特市工商行政管理局、原审第三人内蒙古康辉通讯技术有限责任公司不服，并提起上诉。

内蒙古高院和呼和浩特中院审委会讨论形成两种意见，向最高人民法院请示。

（一）呼和浩特市中级人民法院意见及理由

第一种意见是，此案不属人民法院受理范围。理由是：第一，原审原告"康辉"公司不是本案相对人，因为工商局没有就具体事项对其设定权利义务，原审原告仅是相对人以外的"第三者"认为工商局的具体行政行为侵犯了自己权益的受害人，但据目前的有关规定看，仅治安行政案件的被侵害人认为公安机关不依法对侵害人处罚，享有提起行政诉讼权外，其他法律、法规没有规定受害人可以提出行政诉讼。目前对此案起诉，除有明确规定可以受理的外，暂不受理。第二，根据行政诉讼法第十一条第一款第（四）项规定，对颁发执照类案，仅规定拒绝颁发或不予答复两种情形下可提起行政诉讼，公司法与《公司登记管理条例》的起诉范围也未超出上述规定，本案不属两种法定情形之一的情况，故不属法院受案范围。

第二种意见是，此案属于行政案件受理范围。理由是：第一，受理此案符合行政诉讼法的要求。行政诉讼法第二条规定："公民、法人或者其他组织认为行政机关和行政机关工作人员的具体行政行为侵犯其合法权益，有权依照本法向人民法院提起诉讼。"行政诉讼法第五条规定："人民法院审理行政案件，对具体行政行为是否合法进行审查。"本案一审原告的请示符合上述两条的规定。行政诉讼法第十一条关于行政诉讼受案范围的规定没有列当事人申请有关行政机关撤销不合法的行政行为，而行政机关拒绝撤销的情况。在第十二条规定的不受理范围中也没包括这种情况。因此，行政诉讼法对此类情况没明确规定不能受理，也没规定可以受理。从制定法律的一般原则说，分则不明确的，按照总则精神执行。该案应执行行政诉讼法的总则。第二，一审原告具备行政诉讼主体资格。根据行政诉讼法第二条和第二章受案范围的第十一条第一款第（八）项的规定，呼市工商局的行政行为侵犯了一审原告的合法权益，因此具备诉讼资格。第三，采取其他诉讼不能解决本案争议的实质问题。本案争议的实质问题是康辉寻呼台归谁所有，要证明这个问题，财物是次要的，重要的是开办寻呼台的一系列行政批文是批给谁的，民事诉讼只能对财物确权而不能对行政批文确权，因此说民事调整对此案无济于事，只有通过行政诉讼解决营业执照的合法性，才能解决寻呼台归谁所有的问题。第四，呼市工商局对内蒙古康辉通讯技术有限责任公司的审批确有不妥之处。主要是混淆了设立登记、变更登记和企业改组的界线，因此应按《公司登记管理条例》及有关规定进行规范。

（二）内蒙古高院审查意见及理由

内蒙古高院审判委员会讨论形成两种意见：

第一种意见认为，内蒙古康辉国际旅行社有限责任公司不享有原告资格，此案不属行政诉讼受案范围。原《贯彻意见》第一条规定："'具体行政行为'是指国家行政机关和行政机关工作人员、法律法规授权的组织、行政机关委托的组织或者个人在行政管理活动中行使行政职权，针对特定的公民、法人或者其他组织，就特定的具体事项，作出的有关该公民、法人或者其他组织权利义务的单方行为。"公民、法人和其他组织认为行政机关及其工作人员侵犯其合法权益的具体行政行为，表明公民、法人和其他组织与被诉的具体行政行为之间具有特定的行政法律关系，符合特定的行政法律关系的起诉人才具备起诉资格。也就是说，起诉人是具体行政行为的作用对象和承受人，是具体行政行为的参与者，即行政相对人，在该案中具体行政行为的作用对象和承受人是内蒙古康辉通讯技术有限责任公司，内蒙康辉国际旅行社有限责任公司仅仅是具体行政行为的作用对象以外的第三者。关于具体行政行为侵犯第三者合法权益，第三者能否作为原告提起行政诉讼的问题，应看法律、法规有无作出特别规定，目前对此作出特别规定的只有《治安管理处罚条例》。因此，只有在法律、法规作出特别规定的情况下，这种人才有权起诉而享有原告资格。另外，行政诉讼法第十一条第一款第（四）项规定，对颁发许可证和执照类案件，仅规定拒绝颁发或者不予答复两种情形下可提起行政诉讼，公司法与《公司登记管理条例》的起诉范围也未超出上述规定，本案不属于两种法定情形之一的情况，亦不属于行政诉讼受案范围。

第二种意见认为，内蒙古康辉国际旅行社有限责任公司享有原告资格，该案应属行政诉讼受案范围。行政诉讼法第二条规定："公民、法人或者其他组织认为行政机关和行政机关工作人员的具体行政行为侵犯其合法权益，有权依照本法向人民法院提起诉讼。"内蒙古康辉国际旅行社有限责任公司虽然不是具体行政行为的直接承受者，但其认为具体行政行为也侵犯了其合法权益，因此，其与该具体行政行为构成特定的行政法律关系。对此类情况在没有明确规定的情况下，应执行行政诉讼法总则的规定。内蒙古康辉国际旅行社有限责任公司应享有原告资格提起行政诉讼。行政诉讼法第十一条第一款第（八）项规定"认为行政机关侵犯其他人身权、财产权的"，它明确了凡是有关人身权、财产权方面的具体行政行为，而又是前七项具体列举所不能包括的，都属于本规定的内容，人民法院都可依据本项规定作为行政案件予以受理。据此，该案应按照该项规定，属行政诉讼受案范围。

第二种意见是倾向性意见。

二、分析

本案涉及行政诉讼法第二条、第十一条、第二十四条、第四十一条的理解问题，同时涉及原告资格标准的重大理论问题。

（一）关于行政诉讼法第二条、第十一条、第二十四条、第四十一条的涵义和相互关系的问题

关于行政诉讼法第二条的规定，有的学者认为是概括式的行政诉讼受案范围，有的认为是原告资格的表述；行政诉讼法第十一条的规定，有的学者认为是完全表述，应当按照字面意思进行严格解释，有的认为是不完全表述，该条款是倡导性的条款，应当根据司法实践作相应的变通解释；第四十一条规定的起诉条件，有的认为是仅仅涉及原告资格的表述，有的认为是对全部起诉条件的表述，有的认为是起诉条件的不完全表述等等。考虑到这些问题在本请示案件中产生了严重的理解分歧，下文将作一比较完整的阐述。

行政诉讼法第二条规定："公民、法人或者其他组织认为行政机关和行政机关工作人员的具体行政行为侵犯其合法权益，有权依照本法向人民法院提起诉讼。"参与行政诉讼法制定的学者认为该条是关于"诉权"的规定，分为六个层次：（一）"公民、法人或者其他组织""行政机关和行政机关工作人员"。从行政诉讼主体说，原告必须是认为自己的合法权益受到行政机关和行政机关工作人员的具体行政行为侵犯的公民、法人或者其他组织，不包括自己的合法权益未受到具体行政行为侵犯的公民、法人或者其他组织。

被告是行政机关，不包括司法机关、立法机关、军事机关和党的机关。（二）"行政行为"。从法律关系说，可以提起诉讼的是因行政机关和行政机关工作人员行使行政权力，同公民、法人或者其他组织发生行政法律关系而引起的行政争议。（三）"具体（行政行为）"。从行政行为的种类说，可以提起诉讼的是具体行政行为，不包括抽象行政行为。（四）"侵犯"。从行政诉讼标的说，人民法院原则上只管违法的具体行政行为。具体行政行为侵犯公民、法人或者其他组织合法权益中的"侵犯"，是指违法情形。对于行政机关在法定范围内行使自由裁量权的当与不当的行为，法院一般不管，只有行政处罚显失公正的才是例外。（五）"合法权益"。从具体行政行为引起的后果说，不仅是指公民、法人或者其他组织的权利受到行政机关的侵犯，可以提起诉讼，还包括他们的合法权益受到行政机关的侵犯，也可以提起诉讼。（六）"有权依照本法提起诉讼"。其包括两层意思：一是有权提起诉讼的公民、法人或者其他组织应当依照该法第十一条的规定的受案范围提起诉讼；二是应当依照行政诉讼法规定的起诉条件提起诉讼，人民法院才予受理。①

还有的参加过行政诉讼法制定的学者认为，第二条是关于"诉权"和不完全"起诉条件"的规定。主要包括四个要点：（一）"认为"。公民、法人或者其他组织向人民法院提起诉讼时，案件的事实、证据，当事人的过错等问题尚未得到人民法院的认定，因此不能说行政机关和行政机关工作人员的具体行政行为一定侵犯了公民、法人或者其他组织的合法权益。人民法院受理案件也不必以行政机关和行政机关工作人员的具体行政行为确实侵犯了公民、法人或者其他组织的合法权益为前提。起诉权是人民的权利，只要人民在主观上认为侵犯存在，即可依据行政诉讼法规定的程序提起诉讼。（二）"具体行政行为"。排除行政管理法规或者抽象行政行为。（三）"侵犯其合法权益"。合法权益包括依法享有的政治权利、财产权利、人身权利和其他受到法律保护的权利。行政机关的具体行政行为对这些权利产生"不利影响"时，即构成对合法权益的侵犯。这种侵犯不是臆想的，而是实际存在的。有时候行政机关并未对相对人的合法权益造成实际侵犯，而只是"可能"造成侵犯。在这种情况下，人民法院应当充分考虑公共秩序和人民权利的平衡原则确定当事人是否享有诉权。（四）"行政机关和行政机关工作人员"。这是对具体行政行为主体范围的限定。此外，起诉还必须按照行政诉讼法规定的复议、起诉与受理的条件、期限以及法院应予告知的情况等。这些都是提起

---

① 胡康生主编：《行政诉讼法释义》，北京师范学院出版社1989年版，第5~7页。

诉讼时应当遵守的。①

总体而言，行政诉讼法第二条是关于诉权的规定。也就是说，该条规定是从"公民、法人或者其他组织"角度来保障其"起诉权"的，这一起诉权首先充分体现了公民、法人或者其他组织主观意愿和主观判断——"认为"标准。这一标准被认为充分体现了制度优势："'认为'这两个字对于保障人民的诉权是至关重要的，这同我国历史上的行政诉讼法一比就清楚了。1914年袁世凯北洋军阀颁布的和1932年蒋介石政府颁布的行政诉讼法都没有'认为'，他们的规定是，人民对于损害他们权利的违法处分可以提起诉讼。这是把'违法'当成了起诉条件。但在起诉阶段，谁能断定该处分是否违法？原告无权断定，法院未经裁判也不能认定，行政机关不会承认，所以，这样规定实际上是为起诉设置障碍，不让人民起诉，而法院却可以随意驳回起诉，加上'认为'二字，第一，它是实事求是的，反映了起诉阶段的特点；第二，人民可否行使诉权，主动权是在自己手里。如果他认为该具体行政行为同他的合法权益的损失有因果关系，他就有权起诉。认为有因果关系和事实上有因果关系不是一回事，但行政相对人在'认为'以后就有权起诉。一般说来，法院就应当受理。法院受理也不意味着法院承认了这个因果关系，也不说明法院有什么倾向性，是否有因果关系，还要经过审理和判决。"② 诉权是一种"主观标准"，具有更多的宣示意味。原告资格与诉权关系紧密。但是，原告资格不能仅仅从诉权角度判断，还应当从法院审查的角度、从行政诉讼法的具体规定来判断。因此，可以说，行政诉讼法第二条是诉权、受案范围、起诉条件等的总括规定，是一个原则性、统领性的规定。这个总括规定必须与具体规定结合起来理解，但是具体规定不能违背该总括规定的基本理念。

对于行政诉讼法第十一条的规定，实践中也有不同的理解。有的观点认为，只有该条明确列举的行政行为才能提起诉讼。也就是说，只有对行政处罚、行政强制措施、侵犯经营自主权、拒绝颁发许可证照或者不予答复、拒绝履行保护人身权、财产权法定职责或者不予答复、未依法发给抚恤金、违法要求履行义务以及法律、法规规定可以提起诉讼的其他行政案件。这种理解在行政诉讼法实施初期，人们对于受案范围理解不是十分深入的时期或许存在，随着司法实践的发展和包括司法解释在内的行政诉讼制度的健全，这

---

① 黄杰主编：《行政诉讼法释论》，中国人民公安大学出版社1989年版，第5~7页。
② 最高人民法院《行政诉讼法》培训班编：《行政诉讼法专题讲座》，人民法院出版社1989年版，第146页。

种观点已经很少有人主张。

在本请示案件中,有观点认为"对颁发许可证和执照类案件,仅规定拒绝颁发或者不予答复两种情形下可提起行政诉讼",未包括颁发证照的行为,并据此否定内蒙古康辉国际旅行社有限责任公司具有原告资格。这种观点是不成立的。从该条的表面字义来看,行政许可案件局限在"拒绝颁发"和"不予答复"两种情形。实际上,该条关于肯定式的列举规定,是一种例示性的规定,并不是排除其他情形的规定。如果涉及拒绝颁发行政许可证照或者不予答复的案件,属于当然的行政诉讼受案范围。事实上,根据该条第一款第(八)项的规定,只要涉及公民、法人或者其他组织人身权和财产权的,除了前述七项列举外,都在受案范围之列。例如,人身权方面的生命健康权、姓名权、名称权、肖像权、名誉权、荣誉权、婚姻自主权等等。财产权方面的物权(所有权、地上权、地役权、抵押权、质权、留置权、典权等)、债权、继承权、专利权、商标权等。[①] 这同样意味着只要涉及行政许可行为,无论何种形式,公民、法人或者其他组织均可以提起行政诉讼。行政许可法第七条规定:"公民、法人或者其他组织对行政机关实施行政许可,享有陈述权、申辩权;有权依法申请行政复议或者提起行政诉讼。"这意味着,公民、法人或者其他组织(包括证照申请人、公平竞争人和其他利害关系人)对行政机关违法颁发证照的行为均得提起行政诉讼。原《贯彻意见》第一条对"具体行政行为"作了解释。之后,《若干解释》第一条第一款规定,公民、法人或者其他组织对具有国家行政职权的机关和组织及其工作人员的行政行为不服,依法提起诉讼的,属于人民法院行政诉讼受案范围。这一规定实际上承担了概括式受案范围的功能,除非法律对不可诉的行政行为有明确列举,均属于人民法院行政诉讼受案范围。这个规定界定了可诉性行政行为的要素:可诉性行政行为必须是拥有行政管理职权的机关、组织和个人所实施的行为;可诉性行政行为必须是与行使行政职权有关的行为;行政行为必须是对公民、法人或者其他组织产生实际影响的行为。[②] 从这个意义上讲,行政诉讼法第十一条肯定式列举规定已经成为纯粹的例示性规定,主要是为了方便当事人起诉和人民法院受理,并非受案范围的限制性的、排斥性和封闭性的规定。

行政诉讼法第二十四条规定,依照本法提起诉讼的公民、法人或者其他

[①] 最高人民法院《行政诉讼法》培训班编:《行政诉讼法专题讲座》,人民法院出版社1989年版,第117页。

[②] 江必新:《中国行政诉讼制度之发展——行政诉讼司法解释解读》,金城出版社2001年版,第28~29页。

组织是原告。对于该条的规定，应当重在讨论"依照本法提起诉讼"而非"公民、法人或者其他组织"，因为这是不言而喻的，无需作为一种原告资格提出，因为除了公民、法人这些法律上的人格外，不可能有其他提起诉讼者。① 参加过行政诉讼法制定的学者认为，原告资格由两个部分构成："认为"和"起诉"。原告资格由行政诉讼法第二条和第二十四条共同构成。"依照本法"主要是指依照本法第二条，即公民、法人或者其他组织认为行政机关和行政机关工作人员的具体行政行为侵犯其合法权益，有权依照本法向人民法院提起诉讼。从原告资格角度来看，本法第二条揭示了作为原告的要件之一是，必须认为具体行政行为侵犯了自己的合法权益，也就是说原告必须和具体行政行为有利害关系。作为原告资格要件之二是必须向人民法院提起诉讼。虽然认为具体行政行为侵犯了自己的合法权益，但是没有向人民法院提起诉讼的，仍然不能称为原告。② 如果这一观点成立，行政诉讼法第四十一条的规定就应当作进一步的讨论。行政诉讼法第四十一条第（一）项规定，原告是认为具体行政行为侵犯其合法权益的公民、法人或者其他组织。该项规定重在"认为""侵犯其合法权益"。考虑到原告的权益是否受到侵犯，只有在对全案审理完毕才能确认，所以作为起诉条件，只要原告主观上"认为"自己的合法权益受到侵犯，就可以提起诉讼，而不是把客观上确实受到行政机关的违法侵害作为起诉条件；"侵犯其合法权益"就是说原告必须是与本案有直接利害关系的人，只有他们的合法权益受到行政机关的侵犯并且不服这种侵犯，他们才有资格作本案的原告。③

可见，行政诉讼法第四十一条第（一）项的规定，在原告资格方面的核心涵义与行政诉讼法第二条的规定相当。由于第四十一条是关于起诉条件的规定，第二条的规定也可以认为是起诉条件的部分要件。第二十四条关于"提起诉讼"的程序要件和第二条关于"认为"的主观要件构成了原告资格的两个方面。在司法实践中，对于原告资格的把握，既要注意结合行政诉讼法第二条的规定，还要注意结合第二十四条的规定；在理解第二十四条的规定时，还要注意行政诉讼法和司法解释关于受案范围的内容。

（二）行政程序中的相对人和相关人

本文中两个请示案件，由于起诉人均非行政行为直接针对的对象，引发

---

① 张树义：《冲突与选择——行政诉讼的理论与实践》，时事出版社1992年版，第130页。
② 胡康生主编：《行政诉讼法释义》，北京师范学院出版社1989年版，第41页。
③ 胡康生主编：《行政诉讼法释义》，北京师范学院出版社1989年版，第66页。

对其原告资格的争议。有的学者提出，行政诉讼原告就是在行政程序中的相对人。但是，对于相对人的范围，有较大争议。主要有三种观点：第一种观点认为，行政相对人是行政行为的直接承担者。例如行政处罚针对处罚对象。第二种观点认为，行政相对人是行政行为的直接承担者和间接承担者。例如行政处罚针对的处罚对象和受害人。第三种观点认为，行政相对人是行政行为的利害关系人或者实际影响人。

第一种观点的局限性显而易见。第二种观点的典型例子是治安管理处罚中的被处罚人和受害人。治安管理领域的受害人并非行政处罚的直接相对人，但是可以依法提起行政诉讼。行政诉讼法实施之前生效的原《治安管理处罚条例》第三十九条规定："被裁决受治安管理处罚的人或者被侵害人不服公安机关或者乡（镇）人民政府裁决的，在接到通知后五日内，可以向上一级公安机关提出申诉，由上一级公安机关在接到申诉后五日内作出裁决；不服上一级公安机关裁决的，可以在接到通知后五日内向当地人民法院提起诉讼。"这一规定既赋予了治安管理被处罚人起诉权，也赋予了被侵害人起诉权。对某一致害人进行的处罚是为了保护受害公民的生命健康权、住宅权等合法权益，所以受害人也是这个决定的法律后果的直接承担者，其因决定作出而使自己的合法权益得到保障和恢复。[①] 因此，对于行政相对人的概念，不能仅仅局限于行政行为直接承担人，而且还要扩展到受害人等间接承担人。

在本请示案件中，有意见认为，只有原《治安管理处罚条例》中规定的受害人才能提起行政诉讼，其他行政领域的受害人由于没有法律依据，不能提起行政诉讼。这个问题也可以转换为，在行政处罚的情况下，是否所有受害人都具有原告资格？例如，农田的所有人能否通过行政诉讼的方式要求环保部门处罚或者加重处罚排放污水污染其农田的某工厂？因吃下有毒食品而中毒的人能否通过行政诉讼的方式要求食品卫生管理部门处罚或者加重处罚出售有毒食品的人？一般的观点认为，加害人与受害人均是具有利害关系的双方，只允许受处罚人认为处罚过重而起诉，不允许受害人认为行政机关应当处罚而不予处罚或者处罚过轻而起诉，于理难平。此外，防止行政机关工作人员渎职或者失职，保障行政机关依法行使职权也是行政诉讼的重要目的之一，广泛赋予受害人以行政诉讼的原告资格，对于监督行政机关依法行使职权，提高行政效率，防止因怕当被告而放弃职责的现象的发生，也具有重

[①] 最高人民法院行政诉讼法培训班编：《行政诉讼法专题讲座》，人民法院出版社 1989 年版，第 145 页。

要的意义。① 行政行为的作出，大多数情形下是以"裁决"方式（例如治安裁决、确权裁决等）作出的，因此，行政机关的行为不仅影响直接相对人，同时也影响到间接相对人——相关人。受害人是行政程序中的相关人（或者称第三人），该行政相关人亦具有原告资格。在行政法律规定中，采用了"公民、法人或者其他组织"的措辞，而没有采用"被处罚人""行政许可申请人"等措辞，用意即在于此。例如，行政处罚法第六条第一款规定，公民、法人或者其他组织对行政机关所给予的行政处罚，享有陈述权、申辩权；对行政处罚不服的，有权依法申请行政复议或者提起行政诉讼。行政许可法第七条规定，公民、法人或者其他组织对行政机关实施行政许可，享有陈述权、申辩权；有权依法申请行政复议或者提起行政诉讼；其合法权益因行政机关违法实施行政许可受到损害的，有权依法要求赔偿。可见，那种认为只有治安处罚领域中的受害人才能提起行政诉讼的观点，是完全不正确的。

我们认为，第二种观点虽然基本正确，但仍然存在局限性。采用行政相对人理论阐述行政诉讼原告资格存在着天生的缺陷。因此，行政诉讼原告资格不仅需要讨论行政相对人，还要讨论行政相关人——利害关系人。也就是说，是否具有原告资格，不仅要看行政行为最终的结果，而且还要看当事人是否与行政行为具有法律上的利害关系。下文详细阐述。

（三）利害关系人

将利害关系人作为原告的资格条件，最早为我国民事诉讼法所规定。《民事诉讼法（试行）》第八十一条规定："起诉必须符合以下条件：（一）原告是与本案有直接利害关系的个人、企业事业单位、机关、团体；……"有学者认为，所谓与本案有直接利害关系，是指其民事权益收到侵犯或者发生争执，为了维护自己的权益，可以向人民法院提起诉讼。② 这里的利害关系须是"直接的利害关系"，不是间接的利害关系。因此，无独立请求权的第三人不能作为原告人。③ 民事诉讼法第一百零八条规定："起诉必须符合下列条件：（一）原告是与本案有直接利害关系的公民、法人和其他组织；……"可见，在民事诉讼中，与本案有直接利害关系是原告资格的基础要

---

① 江必新：《行政诉讼法——疑难问题探讨》，北京师范学院出版社 1991 年版，第 120~121 页。

② 刘家兴、程延陵、成城编著：《中华人民共和国民事诉讼法（试行）讲话》，法律出版社 1982 年版，第 46 页。

③ 中央政法干部学校教务处编：《〈中华人民共和国民事诉讼法（试行）〉短训班部分讲义》（内部学习材料），第 112 页。

件。在行政诉讼法制定之初,比较通常的观点也认为,原告须与被诉行政行为具有直接的利害关系。①

行政诉讼中有关"利害关系"的讨论源于行政诉讼法关于第三人的规定。行政诉讼法第二十七条规定,同提起诉讼的具体行政行为有利害关系的其他公民、法人或者其他组织,可以作为第三人。这是关于第三人资格的原则性规定。参与行政诉讼法制定的学者认为,这里的"利害关系"是指有独立的利害关系,如果不是独立的利害关系,那么就不是第三人,而是必要的共同诉讼人。对诉讼争议的行政行为"有独立的利害关系"包括两种情况:一是有直接的利害关系。如专利局把某项专利权授予甲,乙对专利局的授权决定不服,提起诉讼,并认为该项专利权应当属于自己,也提出撤销专利局授权决定的请求。二是有间接的利害关系。例如规划部门批准了甲的建房申请,但是甲的房屋被水利部门以违章建筑强制拆除,甲对水利部门的拆除决定不服提起行政诉讼。规划部门虽与水利部门的拆除决定没有直接的利害关系,但是与拆除决定审查的结果有利害关系。如果人民法院判决拆除决定合法,那么甲就会向规划部门提出赔偿建房损失的要求。② 原《贯彻意见》对行政诉讼法第二十七条作了进一步的解释:"行政诉讼法第二十七条中的'同提起诉讼的具体行政行为有利害关系'是指与被诉具体行政行为有法律上的权利义务关系。"所谓"有法律上的权利义务关系"主要从两个方面来理解:第一,这种法律上的利害关系,是一种法定的权利义务关系,是行政实体法中确定的权利义务关系。如行政行为所确定的经营自主权、名誉权、人身权、专利权以及依法纳税义务、实行计划生育义务等。公民、法人或者其他组织只有同被诉行政行为具有特定的行政法上的权利义务关系,才能视为同提起诉讼的行政行为存在法律上的权利义务关系,人民法院才能将其确认为行政诉讼的第三人。第二,这种法律上的利害关系必须直接或者间接影响到公民、法人或者其他组织的权利义务。行政行为首先对行政行为的对象有最直接的利害关系,相对一方的权益变化往往会影响到第三者权益的变化,主要这种变化直接或者间接地来自行政行为这一法律事实,就可以视为与被诉行政行为有法律上的利害关系。③ 这种对法律上的利害关系的理解,与行政法律关系的概念已经完全等同。

行政法律关系是指由行政法律规范确认和调整的因行政权力的行使或者

---

① 参见胡康生主编:《行政诉讼法释义》,北京师范学院出版社1989年版,第41页;黄杰主编:《行政诉讼法释论》,中国人民公安大学出版社1989年版,第89页。
② 胡康生主编:《行政诉讼法释义》,北京师范学院出版社1989年版,第48~49页。
③ 黄杰主编:《行政诉讼法释论》,中国人民公安大学出版社1989年版,第64~65页。

行政公务的履行而形成的行政主体与行政相对人、行政相关人之间形成的权利义务关系。行政相对人是行政行为直接针对的特定的公民、法人或者其他组织；行政相关人虽非行政行为直接针对的对象，但行政行为影响其权利义务，影响到其行政法上的地位。行政行为作出时，不仅要考虑行政相对人的合法权益，也要考虑行政相关人的合法权益。例如，行政许可法第三十六条规定，行政机关对行政许可申请进行审查时，发现行政许可事项直接关系他人重大利益的，应当告知该利害关系人。申请人、利害关系人有权进行陈述和申辩。行政机关应当听取申请人、利害关系人的意见。行政许可法第四十七条规定，行政许可直接涉及申请人与他人之间重大利益关系的，行政机关在作出行政许可决定前，应当告知申请人、利害关系人享有要求听证的权利。这里的"直接关系他人重大利益的"中的"他人"即为"行政相关人"。行政机关在作出行政行为时，不仅与行政相对人发生法律关系，也同行政相关人发生法律关系。行政机关作出相应行为时，既要考虑行政相对人的因素，还要考虑行政相关人的因素。

行政法律关系确立的是行政机关与行政相对人和行政相关人之间的法律关系，排除了行政相对人基于民事主体地位与其他民事主体之间的法律关系。行政机关的行政行为针对的是相对人或者相关人，也可能使相对人或者相关人之外的民事主体的物权关系、债权关系等民事法律关系发生变化，物权人、债权人、债务人的权益可能因此受到影响。"一般来说，行政机关同这些物权人、债权人并没有发生行政关系，所以，这些人不具有原告资格，无权提起行政诉讼。如果允许他们提起诉讼，那么，对于每一个具体行政行为，就可能会有一大帮原告，行政机关就会陷入无穷尽的干扰之中，没办法进行行政管理，势必削弱国家的行政权力，法院也要疲于奔命，无法应对。所以，我们要从错综复杂、相互联系的社会关系中把行政关系分离出来，行政诉讼的原告只能从这个关系中发生。"[①] 当然，这是从行政执法与行政审判实践中得出的判断。物权人、债权人、债务人是否具有原告资格，一般需要考虑行政法律规范是否对行政机关作出相应的行政行为时的"斟酌义务"予以明确。如果行政法律规范明确规定，行政机关在作出行政行为时，应当考虑物权人、债权人、债务人的权益，则行政机关与这些物权人、债权人和债务人之间已经形成"法定的"行政法律关系，该物权人、债权人和债务人具有原告资格无疑；如果行政法律规范没有明确规定行政机关在作出行政行为时考

[①] 最高人民法院行政诉讼法培训班编：《行政诉讼法专题讲座》，人民法院出版社1989年版，第144页。

虑上述主体的权益，则行政机关没有法定义务去考虑法律规定以外的权益，行政机关与上述主体之间并未形成行政法律关系，上述主体无原告主体资格。例外的情况下，行政法律规范虽然没有明确规定行政机关的"斟酌义务"，但上述主体的权益因行政行为造成实际损害，且无其他途径救济的，具备原告资格。

行政诉讼法规定，人民法院对行政行为的合法性进行审查。也就是说，人民法院要对行政机关适用法律的正确与否进行审查。行政机关在作出行政行为时，只能依据行政行为作出当时的法律法规，而不能以审判时的法律法规审查。如果行政机关的行政行为不违反当时的法律法规，但是违反审判时法律法规的，应当确定为合法或者不违法。行政机关在作出行政行为时，不需要考虑今后法律法规可能作出的规定。从这个意义上讲，行政机关只能根据其违法与否决定其是否承担相应的法律责任，这就是行政赔偿责任中归责原则——违法原则。①

行政机关依照法律规定作出行政行为，将形成特定的行政法律关系。以行政许可为例，行政许可机关与申请人之间形成行政许可法律关系自当无疑，行政许可机关与利害关系人之间亦形成法律关系。行政许可机关与直接关系重大利益的"他人"形成法定的权利义务关系。下列事项应当视为直接涉及申请人与他人之间"重大利益关系"：多人同时竞争的有数量限制的行政许可，给予申请人行政许可将直接影响其相邻权人、竞争对手甚至消费者重大经济利益、重大环境利益的规划许可、建设用地许可等无数量限制的行政许可。② 可见，行政许可机关与申请人、利害关系人之间形成了特定的、法定的行政法律关系。申请人作为行政许可行为的相对人、"直接关系重大利益"的"他人"作为行政许可行为利害关系人，均可以作为行政诉讼原告提起行政诉讼。行政法律关系之所以具有解释力，在于绝大多数的行政行为都形成了行政法律关系，绝大多数的原告资格问题也因此获得解决。

但是，行政法律关系理论仅仅解决了大部分的原告资格问题，并不能解决全部的原告资格问题。行政法律关系理论基点在于其"法律性"，原告资格认定、法院审查对象以及行政赔偿责任的承担，均与此密切相关。只要合乎法律规定，原告资格即可以成立，法院可以就行政行为合法性进行审查，对于违法的行政行为应当予以赔偿。这一逻辑，看似严密，实则不周延。例

---

① 当然，行政赔偿应当不仅仅以违法为原则，还应当根据不同的案件实行结果原则、过错责任原则、无过错责任原则等归责原则。

② 汪永清主编：《中华人民共和国行政许可法释义》，中国法制出版社2004年版，第124、162~163页。

如，城乡规划法第四十条规定，在城市、镇规划区内进行建筑物、构筑物、道路、管线和其他工程建设的，建设单位或者个人应当向城市、县人民政府城乡规划主管部门或者省、自治区、直辖市人民政府确定的镇人民政府申请办理建设工程规划许可证。申请办理建设工程规划许可证，应当提交使用土地的有关证明文件、建设工程设计方案等材料。需要建设单位编制修建性详细规划的建设项目，还应当提交修建性详细规划。对符合控制性详细规划和规划条件的，由城市、县人民政府城乡规划主管部门或者省、自治区、直辖市人民政府确定的镇人民政府核发建设工程规划许可证。这一规定形成的是"城乡规划主管部门"与"建设单位或者个人"单向度的"行政机关"和"行政相对人"的行政法律关系，没有"相邻权人"的规定。如果按照行政法律关系理论，相邻权人就不能提起行政诉讼，这显然是不公平的。

《若干解释》第十二条规定，与具体行政行为有法律上利害关系的公民、法人或者其他组织对该行为不服的，可以提起行政诉讼。"法律上的利害关系"是借用了"第三人"的规定。"与具体行政行为具有法律上利害关系"是对指对相对人权利义务已经或者将会产生实际影响。[①] 但是，《若干解释》规定的"法律上的利害关系"并非对第三人提法的机械照搬，在具体含义上也存在较大差别。

根据司法解释的规定，原告资格的本质特征是"法律上的利害关系"。如何理解"法律上的利害关系"？有两种观点值得注意：一种观点认为，所谓"法律上的利害关系"，是指因被诉行政行为有关的法律规范保护范围的权益可能受到被诉行政行为的不利影响，而在行政主体与受影响人之间产生的法律关系。[②] 这实际上是将法律上的利害关系界定成了行政法律关系。这种观点是不准确的。一般来说，行政法律关系是行政机关通过行政行为与行政相对人之间发生的法律上的关系，且一般为行政法律所明确规定。在行政机关与利害关系人之间形成非法律关系的场合，利害关系人亦得为行政诉讼原告。特别是，行政法律关系实际上将事实行为排除在外。这与《若干解释》的立法原意是不相符合的。另外一种观点则如前述观点，套用第三人理论，认为所谓"法律上的利害关系"就是"法律上的权利义务关系"。实际上，《若干解释》规定的"法律上的利害关系"并非"法律上的权利义务关

[①] 最高人民法院行政审判庭编：《〈关于执行中华人民共和国行政诉讼法若干问题的解释〉释义》，中国城市出版社2000年版，第26页；甘文：《行政诉讼法司法解释之评论——理由、观点与问题》，中国法制出版社2000年版，第64页。

[②] 孔祥俊：《行政行为可诉性、原告资格与司法审查》，人民法院出版社2005年版，第135页。

系"之意。后者可能导致对于原告资格的狭义理解,重新回到只有公民、法人或者其他组织的"法定权利"受到侵害才能提起行政诉讼的理论窠臼之中。这里的"法律上的利害关系"不仅包括了法定权利,也包括了合法权益,不仅包括了既得利益,也包括了必定到来的期待利益等等。① 可以说,由于这一概念的提出,使得原告资格受到行政诉讼法关于受案范围列举式的限制性大大放宽,有利于行政诉讼原告资格理论和实践的完善和发展。

需要强调的是,对于法律上利害关系不能作孤立的理解,而应当与"可诉行政行为"的规定相联系。《若干解释》第一条将"对公民、法人或者其他组织权利义务不产生实际影响的行为"排除在可诉的具体行政行为之外,意味着可诉的具体行政行为必定对相对人的权利义务产生实际影响。因此,我们认为,可以将"与具体行政行为具有法律上利害关系",解释为对行政相对人权利义务产生实际影响。这种"实际影响",应当包括积极(不利)影响和消极(有利)影响两种情况。也就是说,如果行政机关的行为,不论是行政行为还是事实行为,对行政相对人的合法权益造成了不利影响,原告资格就已经具备。

我国行政诉讼法的宗旨是以救济公民权利为主,以监督和保障行政机关依法行政为辅,通过救济当事人的权利,来保障行政机关依法行政。因此,在原告资格上,还是应当以法律上的利害关系为基点。但是,在另一方面,又不能过分拘泥于"利害关系"的狭义理解。为了全面实现行政诉讼法的宗旨,一方面要坚持"利害关系"原则,另一方面又要对利害关系人从宽解释。只要某个公民、组织能够证明其与被诉行政行为之间具有他人不具有的利害关系或者具有某种特殊利益,就应当认为其与行政行为具有利害关系。②随着司法实践的不断发展,法院对于利害关系人的解释将越来越倾向于宽松,这也是一个世界性的趋势。

《若干解释》第十二条是关于原告资格的总体规定,也是对与具体行政行为有法律上利害关系的当事人的诉权的概括规定。第十三条则列举了司法

---

① 在民法学上,对于民事法律关系限于民事权利和民事义务,忽视合法权益的问题也存在激烈的争论。有学者认为,民事法律关系的内容不仅仅局限于特定的权利义务,而且涉及"法益":"传统论说常在法律关系与权利义务间画等号,认为法律关系即权利义务关系。其实,法律关系包容之范围较权利义务关系广,权利义务关系只是法律关系之一部但为最重要之内容。……法律关系,包括权利义务及法益资源自由资源所衍之关系,而权利义务关系则不包括法益资源及自由资源所生之各种关系"。参见曾世雄:《民法总则之现在与未来》,中国政法大学出版社2002年版,第69~70页。

② 江必新:《中国行政诉讼制度之发展——行政诉讼司法解释解读》,金城出版社2001年版,第156~157页。

实践中经常可能遇到的情形。根据该条规定，有下列情形之一的，公民、法人或者其他组织可以依法提起行政诉讼：被诉的具体行政行为涉及其相邻权或者公平竞争权的；与被诉的行政复议决定有法律上利害关系或者在复议程序中被追加为第三人的；要求主管行政机关依法追究加害人法律责任的；与撤销或者变更具体行政行为有法律上利害关系的。这一规定并非限制性的规定，仅仅是对司法实践中的几个模糊问题进行了明确。

在本请示案件中，呼和浩特市工商行政管理局的登记行为已经对作为利害关系人的内蒙古康辉国际旅行社有限责任公司的合法权益造成实际影响。1999年11月24日，最高人民法院作出《对内蒙古高级人民法院〈关于内蒙古康辉国际旅行社有限责任公司诉呼和浩特市工商行政管理局履行法定职责一案的请示报告〉的答复》（〔1999〕行他字第13号）："内蒙古自治区高级人民法院：你院〔1999〕内法行请字第1号《关于内蒙古康辉国际旅行社有限责任公司诉呼和浩特市工商行政管理局履行法定职责一案的请示报告》收悉。经研究，答复如下：依据《中华人民共和国行政诉讼法》第二条，公司登记中的利害关系人认为登记管理机关的登记行为侵犯其合法权益，或者对登记行为不服请求变更、撤销，登记管理机关不予变更或撤销，向人民法院提起行政诉讼的，具备原告资格。"

26. 在案件审理期间法定代表人被更换，新的法定代表人提出撤诉申请的处理
——《最高人民法院行政审判庭关于对在案件审理期间法定代表人被更换，新的法定代表人提出撤诉申请，法院是否准予撤诉问题的电话答复》解读

1998 年 10 月 28 日　　　　　　　〔1998〕法行字第 14 号

一、问题的提出

山西省太原市南郊区（现为小店区）经济技术开发总公司法定代表人周坤成，因不服太原市小店区国有资产管理局、乡镇企业管理局对其作出资产界定和撤换法定代表人及强行接管财产的决定，向法院提起行政诉讼。在太原市中级人民法院一审审理期间，被更换的新的法定代表人李永健（现任小店区乡镇企业管理局副局长兼南郊区经济技术开发总公司总经理），以该公司名义向法院提出撤诉申请。

山西省高级人民法院审委会经讨论形成如下倾向性意见：对新的法定代表人李永健能否代表总公司在诉讼中请求撤回原法定代表人周坤成代表原企业提起的行政诉讼，人民法院是否准予撤诉的问题进行了研究后认为，在企业被行政机关派人强行接管，企业法定代表人被行政机关变更或撤换的情况下，原企业法定代表人有权代表原企业提起行政诉讼。在诉讼过程中，是否撤诉，仍应由原企业法定代表人代表原企业提出。新的法定代表人代表原企业提出撤诉申请，人民法院不予准许。

二、分析

本请示案件涉及两个问题：一是在行政机关对企业法定代表人进行免职、

变更、撤换的情况下，原企业法定代表人是否有权提起行政诉讼的问题；二是企业法定代表人被撤换后，新的法定代表人提出撤诉申请，人民法院是否予以准许的问题。对于第一个问题，笔者已经有所论述，此不赘述。① 本书仅就第二个问题作一阐述。

(一) 行政诉讼中的撤诉及其法律性质

撤诉是指在人民法院对案件宣告判决或者裁定之前，原告以一定的行为主动撤回诉讼请求，申请人民法院终止行政诉讼程序的诉讼行为。当事人撤诉是一种终结诉讼的制度，原告在诉讼过程中主动撤诉或者行政机关改变行政行为之后原告申请撤诉，实际上意味着当事人之间的纠纷已经得到有效的解决。行政诉讼法第五十一条规定，人民法院对行政案件宣告判决或者裁定前，原告申请撤诉的，或者被告改变其所作的行政行为，原告同意并申请撤诉的，是否准许，由人民法院裁定。对于原告的撤诉行为的法律性质，主要存在两种观点：

一种观点认为，原告的撤诉行为纯粹是原告单方面的诉讼权利。这种观点认为，申请撤诉是原告对起诉权利的处分行为，并不影响原告实体权利的存在。原告撤诉后，视同未起诉。当案件因撤诉终结审理后，当事人仍然可以在法定期限内再行起诉，要求对其实体权利进行司法保护，人民法院应当受理。此种观点经常举的例子是，原告因在法定期间内未预交诉讼费，又不提出缓交诉讼费用申请，按自动撤回起诉处理的，原告在起诉期间再行起诉的，人民法院应当受理。② 有的学者就此进一步提出，原告行使撤诉权是其自由，应该得到尊重，至于是否违反国家利益、公共利益，不应当作为原告撤诉的条件。③

另一种观点认为，原告的撤诉行为不能说明其法律性质，必须结合法院的审查才能认定。原告申请撤诉是其诉讼权利，但是由于行政诉讼针对的诉讼对象是行政行为的合法性，如果仅仅依据原告的撤诉就终止人民法院对行政行为的监督，将会使人民法院监督行政机关依法行政的职能弱化。因此，分析撤诉的法律性质应当分为两个阶段，一个是原告的申请撤诉阶段，另一

---

① 梁凤云：《最高人民法院行政诉讼批复答复释解与应用·起诉受理卷》中"对集体企业法定代表人的免职行为属于侵犯经营自主权的行为"节，中国法制出版社2012年版，第162~169页。

② 应松年主编：《行政诉讼法学》，中国政法大学出版社1994年版，第227~228页；徐平：《论我国行政撤诉制度》，载《法学杂志》1990年第4期。

③ 马怀德主编：《司法改革与行政诉讼制度的完善——〈行政诉讼法〉修改建议稿及理由说明书》，中国政法大学出版社2004年版，第329页。

个是人民法院的审查阶段。在撤诉制度中，原告所享有的仅仅是撤诉申请权。① 原告申请撤诉，需要经过人民法院准许撤诉，撤诉才能最终实现；如果人民法院裁定不准予撤诉，案件必须继续进行。因此，只有这两个阶段结合起来才构成完整的撤诉制度。

笔者同意第二种观点。申请撤诉是原告的权利，但是原告的撤诉是否能够实现则取决于人民法院。原告一经起诉，该被诉行政行为即已系属于行政诉讼。诉讼程序的主导权掌握在人民法院手中。立法者就此论述道："原告在法律规定的范围内可以处分自己的诉讼权利，可以放弃自己的诉讼权利，但是，一经诉讼，原告便不能随意处分自己的诉讼权利，申请撤诉必须经过人民法院裁定准许。"② 即便是在行政诉讼制度较为发达的欧洲国家，原告的撤诉行为也是受到严格限制的。例如，在德国，根据《行政法院法》第92条第1项的规定，原告在判决发生法律效力之前，可以撤诉。在口头审理过程中已经提出申请的，撤诉应当取得被告的同意，如果有公共利益代表人参加口头审理的，则也应当取得其同意。这表明，原告申请撤诉并非一经申请就发生法律效力，必须考虑其申请行为可能造成的影响。

（二）自愿申请撤诉的条件

所谓自愿申请撤诉是指在判决和裁定宣告前的诉讼期间内，原告主动撤回起诉，经人民法院准许而终结诉讼的制度。根据行政诉讼法第五十一条的规定，自愿申请撤诉主要包括两种情形：原告主动申请撤诉和被告改变行政行为之后申请撤诉。根据上述规定，自愿申请撤诉必须具备以下条件：

一是申请撤诉的必须是原告，包括原告特别授权的法定代理人或者委托代理人。对于没有诉讼能力的原告，由其法定代理人提出。被告以及第三人均不能提出撤诉请求。如果原告是企业的原法定代表人，在诉讼期间，企业法定代表人发生变动的，不影响其原告地位。现企业法定代表人不是原告，无权行使申请撤诉的权利。

二是申请撤诉必须是原告真正自愿的，且必须明确提出。申请撤诉的行为是原告自觉自愿的行为，不能采取强迫或者其他法外压力强行使原告撤诉。即便行政机关已经变更行政行为，原告如果仍然不满意并坚持不撤诉的，人民法院也不能强行要求原告撤诉，而应当继续审理。《撤诉规定》第二条规定，原告申请撤诉，人民法院应当审查申请撤诉是否当事人真实意思表示。此外，原告申请撤诉，必须以明示的方式提出，不存在默示的或者推定的申

---

① 姜世元、张晓明：《行政诉讼中的撤诉》，载《人民司法》1990年第5期。
② 胡康生主编：《行政诉讼法释义》，北京师范学院出版社1989年版，第82页。

请撤诉行为。

三是申请撤诉必须符合法律规定。对于原告主动申请撤诉的，申请撤诉的行为必须符合法律规定。即申请撤诉不能规避法律，损害国家利益、社会公共利益或者他人合法权益。司法实践中，有的原告提起行政诉讼之后，发现判决可能对其不利，遂采取申请撤诉以避免不利的诉讼后果。此处的"必须符合法律规定"还要求原告不能在撤诉过程中有违法的行为，如果在申请撤诉中，原告有违法行为需要依法处理的，可以参照《民诉意见》第161条的规定，人民法院可以不准予撤诉或者不按撤诉处理。对于被告"改变行政行为"的具体含义，根据《撤诉规定》第三条的规定，主要包括：改变被诉行政行为所认定的主要事实和证据；改变被诉行政行为所适用的规范依据且对定性产生影响；撤销、部分撤销或者变更被诉行政行为处理结果。该司法解释第四条规定了可以视为"被告改变其所作的具体行政行为"的情形：根据原告的请求依法履行法定职责；采取相应的补救、补偿等措施；在行政裁决案件中，书面认可原告与第三人达成的和解等等。

四是申请撤诉必须在人民法院对该案宣告判决或者裁定之前提出。这是对于申请撤诉的时限要求，申请撤诉只有在宣告判决或者裁定之前才可，否则，如果判决或者裁定已宣告，就意味着诉讼程序已经终结，撤诉就没有任何意义了。在第二审程序中，行政机关不能改变其原行政行为。作为一审原告的上诉人如果因行政机关改变其原行政行为而申请撤回上诉的，人民法院不予准许。[①]

五是撤诉必须经人民法院准许。撤诉行为包括了原告的申请行为和人民法院作出裁定两个环节。申请撤诉行为必须经过人民法院审查，符合其他撤诉条件的才可以准许。《撤诉规定》第五条规定，被告改变被诉具体行政行为，原告申请撤诉，有履行内容且履行完毕的，人民法院可以裁定准许撤诉；不能即时或者一次性履行的，人民法院可以裁定准许撤诉，也可以裁定中止审理。《撤诉规定》第八条第二款规定，准许撤回上诉或者再审申请的裁定可以载明行政机关改变被诉具体行政行为的主要内容及履行情况，并可以根据案件具体情况，在裁定理由中明确被诉具体行政行为或者原裁判全部或者部分不再执行。

（三）人民法院对行政诉讼撤诉申请的审查

对行政诉讼撤诉申请审查的内容是什么？有的学者认为对撤诉申请应当从原因和目的两个方面来审查。所谓原因审查，即对原告申请撤诉的原因进

[①] 黄杰主编：《中华人民共和国行政诉讼法诠释》，人民法院出版社1994年版，第157页。

行审查,以便确定原告申请撤诉的意思表示是否真实;所谓结果审查,即对撤诉后可能造成的后果进行审查,以便确定撤诉是否损害国家利益和社会公共利益。① 大多数学者认为,人民法院必须确保原告申请撤诉自愿和合法。笔者认为,人民法院对申请撤诉进行审查,主要包括三种形式的审查:程序性的审查,包括对申请撤诉的时机、方式、步骤、形式等方面的审查;自愿性审查,或者说是意思表示真实性的审查;撤诉行为的合法性的审查。程序性审查主要是对于是否符合申请撤诉或者视为申请撤诉的时机、方式、步骤、形式等方面进行审查。② 对于这个问题,司法实践中比较容易把握。以下仅就自愿性审查和合法性审查进行阐述。

1. 自愿性审查

自愿性审查的实质是审查当事人撤诉的意思表示是否真实。真实意思表示不真实的法律行为,不能引起特定的法律后果的发生。行政诉讼中对于撤诉的真实的意思表示的要求是:当事人在明确被诉行政行为的性质以及给自己带来的法律后果的基础上自愿放弃请求司法保护的权利。有的学者就人民法院对自愿性审查的意义作了进一步的探讨,即对于原告是否自愿撤诉属于审查的内容,但并非决定是否准予撤诉的标准,人民法院是否准许原告撤诉,唯一的标准为是否损害他人权益,至于原告撤诉的意思表示是否真实,可以作为法院审查的一项内容,但不能作为决定是否准许撤诉的一项标准。③ 笔者认为,人民法院在进行自愿性审查时,应当注意以下几个问题:

第一,要注意审查申请人对于诉讼后果和被诉行政行为是否存在重大误解、欺诈以及串通虚假行为。按照《最高人民法院关于贯彻执行〈中华人民共和国民法通则〉若干问题的意见(试行)》(以下简称《民通意见》)第71条的规定,所谓重大误解是指行为人对行为的性质、对方当事人、标的物的品种、质量、规格和数量等的错误认识,使行为的后果与自己的意思相悖,造成较大损失的情形。在行政诉讼中,重大误解通常是导致意思表示不真实的重要原因。例如,申请人因他人的解释或者劝说,将违法的行政行为当作合法的行政行为。所谓欺诈是指故意将不真实的情况当作真实情况来表示,旨在使他人发生错误,并且迎合自己作出意思表示的行为。欺诈的情形主要包括,申请人听信行政机关工作人员的花言巧语或者根本不准备兑现的虚假承诺、申请人因他人的蒙蔽而误以为诉讼结果将更加于己不利等等。所谓串

---

① 张树义:《冲突与选择——行政诉讼的理论与实践》,时事出版社1992年版,第181页。
② 江必新:《行政诉讼法——疑难问题探讨》,北京师范学院出版社1991年版,第178页。
③ 张树义:《冲突与选择——行政诉讼的理论与实践》,时事出版社1992年版,第181~182页。

通虚假行为是指表意人与相对人串通合谋实施的与其内心意思不一致的意思表示。例如，行政机关与他人合谋，由他人游说原告撤诉的行为。原告在这种情况下的申请撤诉，是原告对行政行为的合法性状况、性质、撤诉行为或者诉讼结果发生重大误解或者受欺诈情况下的一种错误选择，不是申请人真实的意思表示。

第二，要注意审查申请人的撤诉行为是否因胁迫等外在压力所致。申请人的意思表示可以因外来的压力，诸如威逼、胁迫、恐吓等而陷入不真实。所谓胁迫是指由于他人不正当预告危害而陷入恐怖从而作出的有瑕疵的意思表示。法院在审查申请人是否因外在压力而意思表示不真实的时候，还应当注意以下问题：其一，须有申请人以外的人施加压力行为的存在。例如，有他人的威逼、胁迫、恐吓等行为存在。如果没有压力的存在，而仅仅是申请人自己担心行政机关报复，或者害怕造成更加不利的后果等不构成意思表示不真实的根据。其二，压力行为不一定来自被告行政机关，还可能是行政机关请托的人、其他利害关系人，还可能是申请人的亲属。只要存在不法压力，不论该压力系何人实施，均可认定为意思表示不真实。

第三，人民法院某些审判人员的动员撤诉行为也可能导致申请人撤诉的意思表示不真实。司法实践中，有一些行政机关的领导或者其他领导要求法院动员撤诉，或者法院担心弄僵与行政机关的关系而动员原告撤诉。由于行政诉讼是在法院主持下的解决行政争议的行为，法院的态度对于当事人的意思表示往往发生较大影响。因此，原则上，人民法院的审判人员不能动员原告撤诉。如果人民法院的审判人员在上述两种情况下动员当事人撤诉，该当事人申请撤诉的行为应视为非真实的意思表示。这种情况可以成为在法院裁定准予撤诉以后当事人申诉的理由。

第四，自愿撤诉不一定以完全接受行政行为为条件。有一种意见认为，申请撤诉即认为申请人完全同意被诉行政行为，并愿意接受被诉行政行为的约束。这种意见并不完全正确。理由是，当事人申请撤诉的原因和动机是多种多样的。例如，原告本来是对被诉行政行为的合理性存在异议，但是以行政行为违法为由提起诉讼。在诉讼过程中，认识到通过行政诉讼不能解决行政行为的合理性问题而准备通过行政复议解决问题，遂申请撤诉。此种情形下，显然不能认为申请人完全同意行政行为，也不能认为申请人完全愿意受行政行为约束。再比如，被诉行政行为确实存在违法情形，但是当事人考虑到行政诉讼的结果得不偿失或者没有太多的诉讼利益，因而申请撤诉。此种情况下，也不能认为申请人完全同意被诉行政行为。基于以上分析，我们认为，原告真实的意思表示并不以完全同意被诉行政行为或者自觉接受或者履行被诉行政行为而认定申请人申请撤诉的意思表示不真实。

2. 合法性审查

此处的"合法性审查"是指审查申请人的撤诉行为是否有规避法律的情况存在，不同于审理程序中对行政行为合法性的审查。关于这方面的审查，主要有以下几个问题：

（1）准予撤诉与被诉行政行为合法性的关系

这个问题的关键在于，准予撤诉是否必须以被诉行政行为合法为前提。司法实践中，主要有以下两种意见：第一种意见认为，准予撤诉必须以被诉行政行为合法为前提。理由是，在被诉行政行为违法的情况下，如果准予原告撤诉，将使行政行为仍然处于不法状态。行政诉讼法的宗旨除了有保护行政相对人的合法权益的一面以外，尚有保障和监督行政机关依法行使职权的一面。违法的行政行为除了直接侵害了原告的权益外，还会影响到国家的行政管理活动，给国家和社会利益带来损害。因此，只要是行政行为确属违法的情况下，人民法院一般不应准予原告撤诉。① 另一种意见认为，准予撤诉不一定以被诉行政行为合法为前提。理由是，其一，人民法院对行政行为的合法性进行监督，除了法律赋予的司法监督职权以外，还必须以原告的起诉为条件。人民法院不能对一个未经起诉的行政行为行使监督权，即使行政行为是违法的。同样，如果当事人合法地放弃请求司法保护的权利，人民法院就丧失了对被诉行政行为的司法监督权限。其二，在某些特定情况下，行政行为即使违法，不一定就侵犯行政相对人的合法权益。在此种情况下，如果原告在诉讼过程中发现尽管行政行为有违法之处，例如程序违法，但是，原告本身并无诉讼利益，而且继续诉讼将会导致自己更多的损失。此时，如果强行要求原告继续诉讼是不公平的。即使是原告对于被诉行政行为没有诉讼上的利益，原告也有处分自己利益的权利。不让原告在不损害他人合法权益的情况下处分自己的利益是不合理的。其三，行政行为违法与否，只有到案件审理终结时才能确定。在当事人申请撤诉时就要求对被诉行政行为作出法律判断，也是不科学的。其四，即使被诉行政行为是违法的，还可以通过向被诉行政机关或者其主管上级机关提出司法建议解决。

笔者倾向于第二种意见。但是，法院如果已经明确被诉行政行为是违法的情况下，应当向当事人讲明行政行为的性质，应当明确原告的撤诉是否真正出于自愿，有无外在压力或者重大误解。如果当事人的撤诉行为确实属于自愿行为，并无其他规避法律的行为，也不损害他人合法权益，人民法院应当准予撤诉。《最高人民法院关于行政诉讼撤诉若干问题的规定》第六条规定，准许撤诉裁定可以载明被告改变被诉具体行政行为的主要内容及履行情

---

① 胡康生主编：《行政诉讼法释义》，北京师范学院出版社1989年版，第82页。

况,并可以根据案件具体情况,在裁定理由中明确被诉具体行政行为全部或者部分不再执行。同时,向被诉行政机关或者其上级机关发出司法建议,要求其纠正被诉行政行为。

(2) 准予撤诉与原告违法行为

这个问题是指在诉讼过程中,如果原告发现自己的违法行为可能与其预期存在差距,人民法院有可能对其作出不利裁判时,是否允许原告撤诉,即在诉讼过程中,原告发现自己的违法事实大于或者多于被诉行政机关所认定的违法事实,或者发现自己行为的性质比被诉行政行为所认定的性质更为严重,或者发现被诉行政机关对自己的处罚偏轻等等,继续诉讼可能对自己更为不利,因而申请撤诉。在此种情况下,人民法院是否准许撤诉,存在两种不同意见。第一种意见认为,不应当准予撤诉。理由是,准予撤诉就会使被诉行政行为处于违法状态,就可能使国家、社会或者他人合法权益受到损害。第二种意见认为,应当准予撤诉。理由是,其一,人民法院能否针对原告作出不利判决本身就是一个存在较大争议的问题。从国外立法例和我国的司法实践来看,大多不倾向于对原告作出不利判决。既然如此,允许原告撤诉反而是解决问题的办法。因为法院既然不能作出不利判决,就只能维持被诉行政行为。一旦法院维持行政机关的行政行为,行政机关即使想纠正也不能纠正了。其二,如果被诉行政行为确实具有违法性质,也可以通过司法建议的形式要求行政机关更正。其三,准予原告撤诉可以避免原被告双方都不到庭的尴尬局面。其四,在我国,民不告官的观念本来就根深蒂固,不敢、不愿打行政官司是一个比较普遍的现象。如果原告请求司法救济反而引起更大的麻烦,将会增加公民提起行政诉讼的心理障碍。因此,从立法政策上考虑,也不宜不准原告撤诉。笔者倾向于第二种意见。

值得注意的是,既然对申请撤诉的行为的合法性审查,既不能以被诉行政行为是否合法为标准,也不能以原告有无更多的实体法上的违法行为为标准,那么,是否意味着只要原告的撤诉申请是其真实的意思表示,就应当准予撤诉呢?答案是否定的。理由是,其一,申请撤诉不得损害他人的合法权益。例如,在治安案件当中,侵害人和被侵害人都对公安机关的行政处罚不服,双方都向法院提起行政诉讼的,两个当事人之间的利益相反,在其一名当事人申请撤诉,另一名当事人不申请撤诉的情况下,应当视为撤诉行为与他人有利害关系。如果利害关系人不同意撤诉的,人民法院应当不准予撤诉[①]。类似的情况还存在于行政裁决类的案件当中。其二,申请撤诉不能牺牲国家利益或者社会公共利益。对于原告或者被告恶意串通,或者订立非法

---

① 胡康生主编:《行政诉讼法释义》,北京师范学院出版社1989年版,第82~83页。

协议,或者被告为争取原告撤诉而作非法允诺等等。这些行为都是撤诉行为违法的表现,人民法院不应当准予撤诉。

综上,笔者认为,对撤诉行为的合法性审查应当针对撤诉行为进行,而不应以被诉行政行为和原告起诉前的行为为审查客体;对于撤诉行为的合法性审查应当集中在撤诉行为本身是否损害国家利益、社会公共利益或者他人合法权益;对被诉行政机关改变被诉行政行为而申请撤诉的,改变后的行政行为应当视为撤诉行为的一个组成部分,一并予以审查。①

在本案中,原告作为原企业的法定代表人向人民法院提起行政诉讼,符合法律的规定。但是在一审审理过程中,被告行政机关任命的企业法定代表人在诉讼中提出撤诉申请,人民法院应当如何处理?

对于法人的法定代表人在诉讼中更换的,司法解释对原法定代表人的诉讼行为的效力作了规定。根据《民诉意见》第39条的规定,在诉讼中,法人的法定代表人更换的,由新的法定代表人继续进行诉讼,并应向人民法院提交新的法定代表人身份证明书。原法定代表人进行的诉讼行为有效。原《贯彻意见》第15条规定,在诉讼进行中,作为原告的法人或者其他组织和作为被告的行政机关的主要负责人被更换,导致参加诉讼的法定代表人也要更换时,应向人民法院提交新的法定代表人的身份证明书,继续参加诉讼;已进行的诉讼活动对于继续参加诉讼的法定代表人具有约束力。之所以规定原法定代表人进行的诉讼行为有效,主要是为了保证诉讼程序的连贯性和效率性。如果原法定代表人进行的诉讼行为对于继续参加诉讼的法定代表人没有约束力,诉讼程序再重新开始,将极大地损害诉讼的秩序。这一规定实际上还包含有一个假设的前提,即无论是原来参加诉讼的法定代表人还是继续参加诉讼的法定代表人,其参加诉讼都代表企业自身的权益。在这种情况下,一般而言,向人民法院申请撤诉,原来参加诉讼的法定代表人和继续参加诉讼的法定代表人的意愿都是相同的。

但是,在行政诉讼中,如果企业被撤换法定代表人,原企业法定代表人以侵犯企业经营自主权为由向人民法院提起行政诉讼,其主张既是代表原企业,也是代表其自身。《若干解释》第十七条规定,非国有企业被行政机关注销、撤销、合并、强令兼并、出售、分立或者改变企业隶属关系的,该企业或者法定代表人可以提起诉讼。此时,原企业提起诉讼是为了维护原企业的合法权益,原法定代表人提起诉讼既是维护原企业的合法权益,还是维护自身担任企业法定代表人的合法权益。原企业和原法定代表人既质疑行政机关撤换企业法定代表人的行为,同时也质疑行政机关任命其他人员担任企业

---

① 江必新:《行政诉讼法——疑难问题探讨》,北京师范学院出版社1991年版,第183页。

法定代表人的行为。原企业、原企业法定代表人与行政机关、现企业、现企业的法定代表人的利益完全对立乃至冲突。如果适用上述司法解释的条款，法人的法定代表人更换的，由新的法定代表人继续进行诉讼，新的法定代表人是行政机关任命的，其诉讼主张与行政机关完全一致，其申请撤诉是必然的。且该撤诉行为实际上终结了原企业、原企业法定代表人的诉讼，这是极不公平的。新的法定代表人如果要进入诉讼，因其诉讼主张与原企业、原法定代表人的诉讼主张完全对立，必须另行提起诉讼，而无权在本诉中提出撤诉申请。

据此，1998年10月28日，最高人民法院行政审判庭作出《关于对在案件审理期间法定代表人被更换，新的法定代表人提出撤诉申请，法院是否准予撤诉问题的电话答复》（〔1998〕法行字第14号）："山西省高级人民法院：你院〔1998〕晋法行字第5号《在案件审理期间法定代表人被更换新的法定代表人代表原企业提出撤诉申请法院是否准予撤诉的请示报告》收悉。经研究答复如下：原则同意你院意见，即：在企业法定代表人被行政机关变更或撤换的情况下，原企业法定代表人有权提起行政诉讼。新的法定代表人提出撤诉申请，缺乏法律依据。"

四、起诉与受理

27. 行政复议法第三十条第一款的理解与适用
——《最高人民法院关于适用〈行政复议法〉第三十条第一款有关问题的批复》解读

2003年2月25日　　　　　　　　　　　　法释〔2003〕5号

一、问题的提出

行政复议法第三十条第一款规定:"公民、法人或者其他组织认为行政机关的具体行政行为侵犯其已经依法取得的土地、矿藏、水流、森林、山岭、草原、荒地、滩涂、海域等自然资源的所有权或者使用权的,应当先申请行政复议;对行政复议决定不服的,可以依法向人民法院提起行政诉讼。"

山西省高级人民法院对该条中因自然资源所有权或者使用权引发争议的行政诉讼案件,哪些应适用复议前置程序存在不同意见向最高人民法院请示。该请示中提出两种不同意见:

一种意见认为,适用复议前置程序的案件应具备两个条件:第一,相对人认为具体行政行为侵犯了自己合法的土地等自然资源的使用权或者所有权。第二,相对人必须"依法取得"了所涉自然资源的所有权或者使用权,即必须持有手续完备的使用权或者所有权证、法院的裁判文书。这类案件包括不服收回、撤销或者变更所有权或者使用权证、许可证的决定,不包括确定自然资源权属的行政案件。

另一种意见认为,相对人认为自己已经"依法取得"了自然资源所有权或者使用权的情况比较复杂,有些虽未取得有关证件,但已实际使用多年,他人也无异议,有些争议虽经有关部门协调多次仍无结果,争议当事人或多或少都有一定证据或者理由认为依法应当由自己所有或者使用,法院也一时无法判定,因此当事人提起诉讼的都应先经过复议,这类案件不仅包括前述案件,也包括不服确权决定的案件。

山西高院审判委员会经研究，原则上同意后一种意见。同时认为，根据土地法、矿产资源管理法等法律法规，确定自然资源所有权或者使用权一般是政府或者行政主管部门的专属职权，对自然资源的权属争议往往争议时间较长、情况比较复杂、极易引起集团诉讼，解决此类争议的专业性、政策性也较强，由于行政机关先行复议，有利于调动行政机关履行职责的积极性，有利于解决矛盾，平息纠纷。

二、分析

山西省高级人民法院的请示，实际上涉及两个问题：一是行政复议法第三十条第一款中对涉及土地等自然资源的所有权或者使用权的具体行政行为不服，提起行政诉讼是否以已经取得了完备的土地等自然资源的所有权或者使用权的手续为前提条件；二是该条以复议为前置条件而起诉的具体行政行为，是仅指有关土地等自然资源的权属的确权决定，是否还包括涉及土地等自然资源的所有权或者使用权的行政处罚、强制措施等其他具体行政行为。

在办理该请示的过程中，对前一个问题，我们一致认为，相对人不服行政机关作出的具体行政行为提起诉讼，仅仅是一个起诉权的问题，具有起诉权的原告提起诉讼后，并不意味着其必然胜诉，因此，行政复议法第三十条第一款中的"认为"应当包括两项内容：一项是认为被诉具体行政行为违法，另一项是认为自己已经依法取得了土地等自然资源的所有权或者使用权，而不是以已经取得了完备的土地等自然资源的所有权或者使用权的手续为前提条件。因这一问题是诉讼理论中的一项常识问题，故没有必要回答。

对后一个问题，行政复议法第三十条第一款的规定不够明确，似乎含有相对人不服所有的涉及自然资源的具体行政行为都应当经过行政复议后，才能向人民法院提起诉讼之意；又似乎仅仅是指相对人不服有关自然资源的确权决定需要经过行政复议后，才能向人民法院提起诉讼，不包括因土地等自然资源作出的行政处罚、行政强制措施等其他具体行政行为。

因该问题是起草行政复议法中争议较大的问题之一，也是经过多次讨论的问题，因此，要正确理解该条的含义，就必须要全面了解立法的真实本意。《全国人大法律委员会关于〈中华人民共和国行政复议法（草案）〉修改情况的汇报》（1998年12月21日）指出，草案第二十七条规定，行政机关对确认土地、矿藏等自然资源的所有权或者使用权的行政复议决定，当事人不得向人民法院提起诉讼。在讨论草案中，有些全国人大常委组成人员和地方、部门、专家提出，公民、法人或者其他组织对土地等自然资源的所有权或者使用权应当依法受到保护，草案规定对自然资源确权的行政复议决定为终局裁决，难以有力地保障公民、法人或者其他组织的合法权益。因此，全国人大法律委员会建议将这一条修改为："公民、法人或者其他组织对行政机关确认土地、矿藏、水流、森林、山岭、滩涂的所有权或者使用权的行政决定不服的，可以向作出该决定的行政复议机关的上级行政机关提出申诉，或者依法向人民法院提起诉讼。"（草案二次审议稿第二十八条）①

《全国人大法律委员会关于〈中华人民共和国行政复议法（草案）〉审议结果的报告》（1999年4月24日）中又指出，草案第二十八条规定："公民、法人或者其他组织对行政机关确认土地、矿藏、水流、森林、山岭、草原、荒地、滩涂的所有权或者使用权的行政复议决定不服的，可以向作出该决定的行政复议机关的上级行政机关提出申诉，或者依法向人民法院提起诉讼。"有些地方和部门提出，对土地等自然资源确权的行政复议决定是否可以提起诉讼的问题不宜作简单规定，因为有一些确权是根据宪法和土地管理法的规定作出的，对行政区划的勘定、调整或者是对土地征用的权限属于国务院或者省级人民政府。对这类确权问题，法律可以规定行政复议决定为终局决定。因此，法律委员会建议将这一条修改为："公民、法人或者其他组织认为行政机关的具体行政行为侵犯其已经取得的土地、矿藏、水流、森林、山岭、草原、荒地、滩涂的所有权或者使用权的，应当先申请行政复议；对行政复议决定不服的可以依法向人民法院提起行政诉讼。""行政机关根据国务院或者省、自治区、直辖市人民政府对行政区划的勘定、调整或者征用土地的决定，确认土地、水流、森林、山岭、草原、荒地、滩涂的所有权或者使用权的行政复议决定为终局决定。"（草案第三稿第三十条）②

全国人大法律委员会主任委员王维澄1999年4月29日《关于行政复议法（草案三次审议稿）和修改公路法的决定（草案）修改意见的报告》中指出，有的常委委员提出，草案第六条第（四）项、第三十条列举的土地等自然资源中，建议增加规定"海域"。因此，法律委员会建议将草案第六条第（四）项、第三十条中关于自然资源的表述修改为："土地、水流、森林、山岭、草原、荒地、滩涂、海域等自然资源"。（表决稿第六条第（四）项、第三十条）草案第三十条第二款规定："行政机关根据国务院或者省、自治区、直辖市人民政府对行政区划的勘定、调整或者征用土地的决定，确认土地、水流、森林、山岭、草原、荒地、滩涂、海域等自然资源的所有权或者使用权的行政复议决定为终局决定。"有的常委提出，这一规定中的行政机关所

---

① 参见乔晓阳主编：《中华人民共和国行政复议法释解》，中国言实出版社1999年版，第206页。

② 参见乔晓阳主编：《中华人民共和国行政复议法释解》，中国言实出版社1999年版，第210页。

指的范围不明确，在实际工作中可能解释为：县级政府的行政复议决定就是最终决定，这不符合立法的原意。因此，法律委员会建议将这一规定修改为："根据国务院或者省、自治区、直辖市人民政府对行政区划的勘定、调整或者征用土地的决定，省、自治区、直辖市人民政府确认土地、水流、森林、山岭、草原、荒地、滩涂的所有权或者使用权的行政复议决定为终局决定。"（建议表决稿第三十条第二款）①

从全国人大法律委员会有关行政复议法（草案）的审议报告和有关讨论时所争论的问题来看，行政复议法第三十条规定的行政复议的前置条件或者终局条件的具体行政行为，均是指有关自然资源的行政确权决定。因此说，行政复议法第三十条第一款规定适用复议前置的具体行政行为仅指，行政机关对有关土地等自然资源的所有权或者使用权的确权决定，不包括行政处罚、行政强制措施等其他具体行政行为。据此，最高人民法院2003年1月9日公布的法释〔2003〕5号《关于适用〈行政复议法〉第三十条第一款有关问题的批复》作出如下答复："根据《行政复议法》第三十条第一款的规定，公民、法人或者其他组织认为行政机关确认土地、矿藏、水流、森林、山岭、草原、荒地、滩涂、海域等自然资源的所有权或者使用权的具体行政行为，侵犯其已经依法取得的自然资源所有权或者使用权的，经行政复议后，才可以向人民法院提起行政诉讼，但法律另有规定的除外。对于涉及自然资源所有权或者使用权的行政处罚、行政强制措施等其他具体行政行为提起行政诉讼的，不适用《行政复议法》第三十条第一款的规定。"为了进一步明确该问题，最高人民法院行政审判庭于2005年2月24日又作出的〔2005〕行他字第4号《关于行政机关颁发自然资源所有权或者使用权证的行为是否属于确认行政行为问题的答复》中进一步指出："最高人民法院法释〔2003〕5号批复中的'确认'，是指当事人对自然资源的权属发生争议后，行政机关对争议的自然资源的所有权或者使用权所作的确权决定。有关土地等自然资源所有权或者使用权的初始登记，属于行政许可性质，不应包括在行政确认范畴之内。据此，行政机关颁发自然资源所有权或者使用权证书的行为不属于复议前置的情形。

三、应当注意的问题

人民法院在审理具体行政案件，适用法释〔2003〕5号批复时，需要特

---

① 参见乔晓阳主编：《中华人民共和国行政复议法释解》，中国言实出版社1999年版，第211~212页。

别注意以下三个问题：

1. 该批复中的"确认"，是指当事人对自然资源的权属发生争议后，行政机关对争议的自然资源的所有权或者使用权所作的确权决定。有关土地等自然资源所有权或者使用权的初始登记，属于行政许可性质，不应包括在行政确认范畴之内。据此，行政机关颁发自然资源所有权或者使用权证书的行为不属于复议前置的情形。

2. 行政复议法颁布以前我国的土地管理法、矿产资源法等法律规定，当事人对行政机关作出的有关自然资源确权决定不服，可以直接向人民法院提起诉讼，未设置复议前置程序。行政复议法是根据这类案件的实际情况，设定这类案件以复议前置条件。根据后法优于前法的原则，在行政复议法颁布之前有关法律规定对这类案件设定的复议为选择程序的，当行政复议法施行以后，均应当以复议为前置条件；行政复议法颁布以后，法律倘若规定复议为选择程序的，应当执行后颁布的法律的有关规定。

3. 需要特别注意行政复议法第十四条的规定。国务院是最高国家行政机关，主要是制定方针政策的，从全局上处理行政事务，一般不宜、难以处理大量的具体行政事务，① 正因考虑这一因素，行政复议法第十四条规定："对国务院部门或者省、自治区、直辖市人民政府的具体行政行为不服的，向作出该具体行政行为的国务院部门或者省、自治区、直辖市人民政府申请行政复议。对行政复议决定不服的，可以向人民法院提起诉讼；也可以向国务院申请裁决，国务院依照本法的规定作出最终裁决。"根据该条的规定，国务院作出的所有的行政复议决定，不论是有关确权的复议决定，还是有关行政处罚、行政强制措施等其他具体行政行为的复议决定，均为最终裁决，当事人对这类复议决定不服而提起诉讼的，人民法院均不得受理。

4. 需要特别注意行政复议法第三十条第二款的规定。行政复议法第三十条第二款规定："根据国务院或者省、自治区、直辖市人民政府对行政区划的勘定、调整或者征用②土地的决定，省、自治区、直辖市人民政府确认土地、矿藏、水流、森林、山岭、草原、荒地、滩涂、海域等自然资源的所有权、使用权的行政复议决定为最终裁决。"根据该款的规定，行政相对人对行政机关根据国务院或者省、自治区、直辖市人民政府对行政区划的勘定、调整或者征用土地的决定，省、自治区、直辖市人民政府确认自然资源的所有权、使用权的行政复议决定不服的，只能申请行政复议，不能提起行政诉

---

① 参见乔晓阳主编：《中华人民共和国行政复议法释解》，中国言实出版社，第98～99页。
② 2009年8月27日，《全国人民代表大会常务委员会关于修改部分法律的决定》将行政复议法第三十条中的"征用"修改为"征收"。

讼。制定该条主要基于以下考虑：第一，行政区划的勘定、调整是宪法规定的国务院或者省、自治区、直辖市人民政府的职权，应当由行政机关作出最终裁决。第二，根据土地管理法的规定，决定征用土地的权限仅限于国务院和省、自治区、直辖市人民政府，行政机关根据征用土地的决定而确认所有权或者使用权的具体行政行为有侵犯公民、法人或者其他组织合法权益的，向作出决定的行政机关申请行政复议，比较符合我国国情，也比较有利于问题的解决。①

在司法实践中，对行政复议法第三十条第二款规定的立法本意认识不一，主要有以下两种不同理解：一是行政复议法第三十条第二款的规定的最终裁决为：国务院或者省、自治区、直辖市人民政府对行政区划的勘验、调整或者征用土地的决定，省、自治区、直辖市人民政府确认自然资源的所有权或者使用权的行政复议决定。二是根据行政复议法第三十条第二款的规定，只有根据国务院或者省、自治区、直辖市人民政府对行政区划的勘定、调整土地或者征用土地的决定，省、自治区、直辖市人民政府确认自然资源的所有权或者使用权的行政复议决定才可以成为最终裁决。

笔者原则上赞同第二种意见。但有三个问题需要说明：第一，在实践中，国务院或者省级人民政府一般不会具体实施勘定、调整或者征用土地的决定，而是交由县级或者地市级人民政府实施。由于国务院或者省级人民政府作出的勘定、调整或者征用土地的决定不具有可诉性，所以，对于省级以下人民政府根据勘定、调整或者征用土地的决定所实施的行为，行政相对人以该决定违法为由而提起行政诉讼的，人民法院不应受理。倘若行政相对人以实施行为违反决定的内容而提起诉讼，因起诉人并未否定决定的效力，而是认为实施行为没有按照决定执行，人民法院应当予以受理。第二，我国法律未授权省级以下人民政府作出勘定、调整和征用土地的权力，省级以下人民政府作出的勘定、调整和征用土地的决定，超出了有关法律的授权，属于越权行为，行政复议法未将其列为最终裁决，故可以向人民法院提起行政诉讼。第三，行政复议法仅仅将省级人民政府作出的确认自然资源的所有权或者使用权的行政复议决定列为最终裁决，未将省级以下人民政府作出的确认自然资源的所有权或者使用权的行政复议决定列为最终裁决。也就意味着，当事人对省级以下人民政府作出的确认自然资源的所有权或者使用权的行政复议决定不服，可以依法向人民法院提起行政诉讼。

---

① 参见乔晓阳主编：《中华人民共和国行政复议法释解》，中国言实出版社，第162~163页。

28. 不知道行政行为内容的，起诉期限应如何计算
——《最高人民法院行政审判庭关于对如何理解〈关于执行《中华人民共和国行政诉讼法》若干问题的解释〉第四十一条、第四十二条规定的请示的答复》解读

2008 年 3 月 17 日　　　　　　　　　　〔2007〕行他字第 25 号

一、问题的提出

浙江省高级人民法院对公民、法人或者其他组织不知道行政机关作出的具体行政行为内容的，其起诉期限应当如何确定的问题，存在两种不同意见：

第一种意见认为，根据《若予解释》第四十二的规定，公民、法人或者其他组织不知道行政机关的具体行政行为内容的，其起诉期限从知道或者应当知道具体行政行为内容之日起计算；同时，在这种情况下，行政机关也肯定未告知公民、法人或者其他组织诉权或者起诉期限，故结合《若干解释》第四十一条的规定，公民、法人或者其他组织的起诉期限应当是从知道具体行政行为内容起 2 年内，当然从具体行政行为作出之日最长分别不得超过 5 年或 20 年。

第二种意见认为，根据行政诉讼法第三十九条的规定，除法律另有规定外，公民、法人或者其他组织直接向人民法院起诉期限应为 3 个月，这是法定期限。而《若干解释》第四十一条和第四十二条则是分别规定了两种特殊情形下该 3 个月起诉期的不同起算点，该两条规定的 2 年、5 年以及 20 年都是一种最长保护期限，而非起诉期限；同时，该两条适用的前提条件不同，在适用第四十二条规定的情形下，不能同时再适用第四十一条的规定，故公民、法人或者其他组织不知道行政机关作出的具体行政行为内容的，其起诉期限应当是从知道或者应当知道该具体行政行为内容之日起 3 个月，而不是

2年。

该院倾向于第二种意见。鉴于该问题涉及面广，直接影响到对公民、法人或者其他组织诉权的保护，实践中认识又比较混乱，故向最高人民法院请示。

二、分析

公民、法人或者其他组织不知道行政机关作出的具体行政行为内容的，其起诉期限应当如何确定的问题，需要从《若干解释》第四十一条与第四十二条的起草背景和这两条规定的关系上进行分析：

（一）《若干解释》第四十一条与第四十二条的起草背景

在行政诉讼法刚刚实施时，对行政机关作出具体行政行为时未告知公民、法人或者其他组织诉权或者起诉期限的，起诉期限应从何时开始计算的问题，存在两种不同意见：一种意见认为，告知行政相对人诉权和起诉期限并不是行政机关的法定义务，而且行政相对人自己有义务学习法律，知道如何行使诉权和起诉期限。因而，行政机关在作出具体行政行为时，未告知行政相对人诉权和起诉期限的，起诉期限应当从行政相对人知道作出具体行政行为之日起开始计算。另一种意见认为，行政诉讼的起诉期限较为复杂，要想让每一个公民、法人或者其他组织都能十分清楚起诉权和起诉期限是不现实的。为了保护在行政管理活动中处于弱势一方的行政相对人的合法权益，行政机关有义务在作出具体行政行为时，告知行政相对人诉权和起诉期限。行政机关未告知行政相对人诉权和起诉期限的，起诉期限应当从行政相对人知道起诉权和起诉期限之日开始计算。

最高人民法院在制定《贯彻意见》时，原则上采纳了后一种意见，同时考虑到行政法律关系需要尽快稳定，不能长期处于不稳定的状况，应适当规定最长起诉期限。据此，《贯彻意见》第35条规定："行政机关作出具体行政行为时，未告知诉权或者起诉期限，致使当事人逾期向人民法院起诉的，其起诉期限从当事人实际知道诉权或者起诉期限时计算，但逾期的期间最长不得超过一年。"该条的规定，经多年的行政审判实践证明，在保护公民、法人或者其他组织诉权方面起到了积极的作用。但存在两个问题：一是行政相对人不知道行政机关作出的具体行政行为内容的，起诉期限应当如何计算的问题未得到解决；二是对"逾期"如何理解，易产生混乱。最高人民法院2000年3月8日颁布，自同年3月10日起施行的《若干解释》第四十一条规定："行政机关作出具体行政行为时，未告知公民、法人或者其他组织诉权或者起诉期限的,起诉期限从公民、法人或者其他组织知道或者应当知道诉权或者起诉期限之日起计算,但从知道或者应当知道具体行政行为内容之日起最长不得超过2年。""复议决定未告知公民、法人或者其他组织诉权或者起诉期限的,适用前款规定。"第四十二条又规定:"公民、法人或者其他组织不知道行政机关作出的具体行政行为内容的,其起诉期限从知道或者应当知道该具体行政行为内容之日起计算。对涉及不动产的具体行政行为从作出之日起超过20年、其他具体行政行为从作出之日起超过5年提起诉讼的,人民法院不予受理。"

根据上述规定,行政机关作出具体行政行为时,未告知行政相对人诉权或者起诉期限的,起诉期限应当从行政相对人知道或者应当知道诉权或者起诉期限之日起计算。根据《贯彻意见》第35条的规定,逾期期限1年的届满时间在《若干解释》施行前,即2000年3月10日以前的,其起诉期限仍按照《贯彻意见》第35条规定的期限计算;逾期期限1年的届满时间在2000年3月10日以后的,应从知道或者应当知道具体行政行为内容之日起最长不得超过2年的起诉期限计算。[①] 行政相对人不知道具体行政行为内容的,其起诉期限从知道或者应当知道具体行政行为内容之日起计算。对涉及不动产的具体行政行为从作出之日起超过20年、其他具体行政行为从作出之日起超过5年提起诉讼的,人民法院不予受理。

(二) 关于《若干解释》第四十一条的理解问题

对《若干解释》第四十一条的规定,应当从以下两个方面理解:

一是关于未告知诉权或者起诉期限的理解。根据本条规定,如果仅仅告诉行政相对人诉权,未告知起诉期限的,得适用;如果诉权和起诉期限均未告诉的,得适用;如果仅仅告诉起诉期限,而未告诉诉权的,得适用。问题是,行政机关既然告诉起诉期限的,实际上就已经告诉了诉权。因此,条文中的"诉权"和"起诉期限"的规定并非并列的关系,而是递进的关系。这就是说,行政机关在作出具体行政行为时,不仅应当告诉诉权还应当告诉起诉期限。当然,如果行政机关已经告诉起诉期限了亦可认为告诉了诉权,不应当适用2年的最长期限。

二是对"最长不得超过2年"的理解。关于2年的规定,主要是借鉴了民法上关于2年诉讼时效期间的规定。当然,这里的2年并非诉讼时效期间的规定,而是在此种情况下的最长的起诉期限。在理解这个问题时,主要应

[①] 参见最高人民法院行政审判庭编:《〈关于执行中华人民共和国行政诉讼法若干问题的解释〉释义》,中国城市出版社2000年版,第79~80页。

当注意以下两个问题：其一，"最长不得超过 2 年"的起算点是从"知道或者应当知道行政行为内容之日"起算。其二，"最长不得超过 2 年"的起算不以法律明确规定诉权或者起诉期限为前提。如果相关法律没有明确规定诉权或者起诉期限的，则该行政机关应当按照行政诉讼法的规定告知行政相对人诉权及其起诉期限。不能以法律没有要求行政机关履行告知义务而推诿或者提出抗辩。

（三）关于《若干解释》第四十二条的理解问题

《若干解释》第四十二条是对行政相对人不知道行政行为作出的行政行为的内容的，起诉期限如何起算的规定。在一般情况下，具体行政行为在作出之时，行政机关应当告知行政相对人具体行政行为的内容。根据行政法原理，如果行政机关在作出具体行政行为之时不告知行政相对人的，该具体行政行为对行政相对人不发生法律效力。在司法实践中，经常出现行政相对人不知道具体行政行为已经作出和具体行政行为的内容的情况。行政相对人在知道行政行为的内容之时，已经时过境迁，超过了行政诉讼法规定的起诉期限。造成这种情况的原因是多方面的，有的是由于行政机关的工作失误造成的，有的是由于行政机关只将有关文书送达了直接的行政相对人，而对行政相关人、潜在的利害关系人没有进行通知等等。对于此种连具体行政行为的内容都不知道的情况，应当给予行政相关人等以保护。因为在这种情况下，利害关系人超过法定起诉期限是因行政机关的原因或者其他非自身原因造成的，不应当由其承担超过起诉期限的不利后果。

基于以上考虑，司法解释一方面规定，"公民、法人或者其他组织不知道行政机关作出的行政行为内容的，其起诉期限从知道或者应当知道该行政行为内容之日起计算。"这实际上是重述了行政诉讼法的规定，以"知道或者应当知道"作为起算点。另一方面，为了保障行政法律关系的稳定，根据是否涉及不动产等情况的不同，规定了最长的起诉期限。即对涉及不动产的行政行为从作出之日起超过 20 年、其他行政行为从作出之日起超过 5 年提起诉讼的，人民法院不予受理。《若干解释》第四十二条对此作了比较明确的规定。其中 20 年的最长起诉期限也是借鉴了民法上最长保护期间的规定。值得注意的是，此处规定的是最长起诉期限而非最长诉讼时效期间。有的学者认为，起诉期限就是诉讼时效。① 显然，这种观点有待商榷。利害关系人如果超过了最长诉讼时效期间的，丧失是胜诉权，而非起诉权；利害关系人如果超过了最长起诉期限的，丧失的则是起诉权。该最长起诉期限不适用中止、

---

① 林莉红：《行政诉讼时效的适用》，载《律师世界》1998 年第 7 期。

中断和延长的特殊规定。

综上,最高人民法院行政审判庭于 2008 年 3 月 17 日作出〔2007〕行他字第 25 号《关于对如何理解〈关于执行《中华人民共和国行政诉讼法》若干问题的解释〉第四十一条、第四十二条规定的请示的答复》:"公民、法人或其他组织不知道行政机关作出具体行政行为的内容,但后来知道了具体行政行为的内容,而不知道诉权和起诉期限的,应适用最高人民法院《关于执行〈中华人民共和国行政诉讼法〉若干问题的解释》第四十一条的规定确定起诉期限,但最长不得超过该解释第四十二条规定的期间。"为了便于理解,举例说明:某公安机关于 2000 年 4 月 2 日作出没收李某和王某共有的一辆东风牌卡车。该决定于同年 4 月 3 日送达李某,但未送达王某。如果王某于 2004 年 5 月 2 日知道该决定的内容,同时知道起诉期限为 3 个月,其起诉期限从 2004 年 5 月 3 日开始计算,到同年 8 月 3 日届满。如果王某此时只知道该决定的内容,不知道诉权或者起诉期限,其起诉期限如果按照 2 年计算,起算时间从同年 5 月 3 日开始计算,到 2006 年 5 月 3 日届满。但是,其最长起诉期限为 5 年,最长期限是从作出该决定之日计算,即从 2000 年 4 月 4 日开始计算,届满期限为 2005 年 4 月 4 日。据此,王某必须在 2005 年 4 月 4 日前提起诉讼。

三、应当注意的问题

计算起诉期限时,应当注意以下六个问题:

(一) 关于复议为选择程序案件的起诉期限计算问题

对复议为选择程序案件,原告申请行政复议,复议机关不予受理,再提起行政诉讼的,行政相对人具有申请行政复议和提起诉讼的选择权,当行政机关裁决不予受理复议申请后,行政相对人仍具有对原具体行政行为提起诉讼的权利。当行政相对人所诉的对象是原具体行政行为时,实际上该行政争议并未经过复议。因此,行政相对人起诉期限应当从其知道或者应当知道原具体行政行为内容之日开始计算;其起诉期限应当按照法律、法规对原具体行政行为不服规定的起诉期限计算,而不应从行政相对人知道不复议裁决之日开始计算,更不应按照法律、法规对行政复议决定不服规定的起诉期限计算。

有人可能要问,行政相对人申请复议的时间应否从起诉期限中扣除。行政诉讼法第四十条规定:"公民、法人或者其他组织因不可抗力或者其他特殊情况耽误法定期限的,在障碍消除后的十日,可以申请延长期限,由人民法院决定。"行政相对人如果遇到不可抗力或者其他特殊情况耽误法定期限的,只能申请延长期限,而不应将这段时间从起诉期限中扣除。申请行政复议,行政机关裁决不予受理,并不是行政相对人不能提起诉讼,而是自己选择了行政复议,因此,不属于不可抗力或者其他特殊耽误法定期限的情况,申请行政复议这段时间,亦不符合延长起诉期限的条件。如果行政相对人知道不受理裁决时,已经超过对原具体行政行为提起诉讼的期限,行政相对人可以对不予受理裁决提起诉讼,其合法权益仍有救济途径。

(二) 关于诉拒绝复议行为的起诉期限的计算问题

行政相对人对行政机关拒绝复议行为而提起的诉讼,因是对拒绝复议行为不服,其起诉期限应当从行政机关明确拒绝复议之日开始计算。由于有关法律、法规未明确规定对拒绝复议行为不服的起诉期限,根据行政诉讼法第三十九条"公民、法人或者其他组织直接向人民法院提起诉讼的,应当在知道作出具体行政行为之日起三个月内提出"的规定,行政相对人的起诉期限应当为3个月。需要说明的是,行政相对人对不予受理裁决提起诉讼的起诉时限,亦应是3个月。行政相对人的起诉期限,从开始之日的次日起计算。期间不是以月的第一天起计算时,一个月为30日。期间的最后一天是法定休假日的,可以依次顺延。期间不包括在途时间。

这里需要特别指出的是,行政相对人对行政机关拒绝复议行为不服,依法向人民法院起诉,法院告知行政相对人申请复议的机关错误,应向另一行政机关申请复议后,当行政相对人发现原先起诉的行政机关具有复议职责,再次起诉的,应当以行政相对人第一次提起诉讼的时间作为其起诉时间。如果第一次提起诉讼时未超过起诉期限,第二次起诉时超过起诉期限的,这一过错由于是人民法院的工作人员的失误造成的,行政相对人没有过错,所以应当认定行政相对人在法定起诉期限内提起了诉讼。

(三) 关于复议机关是否超过复议期限的问题

根据行政诉讼法第三十八条关于"复议机关逾期不作决定的,申请人可以在复议期满之日起十五日内向人民法院提起诉讼"的规定,行政相对人因行政复议机关在法定起诉期限内未作出行政复议决定对原具体行政行为提起诉讼的,起诉期限为15日,从法定复议期限届满之日开始计算。

原告以行政复议机关在法定期限内未进行行政复议,对原具体行政行为提起诉讼的,人民法院首先应当审查行政复议机关是否超过法定行政复议期限未作行政复议决定。如果超过法定复议期限并符合其他起诉条件的,人民法院应当予以受理;如果未超过法定复议期限的,人民法院不能受理。人民法院应当如何确定行政复议期限呢？

行政复议法第十七条第二款规定："行政复议申请自行政复议机关负责法制工作的机构收到之日起即为受理。"第三十一条规定："行政复议机关应当自受理申请之日起六十日内作出行政复议决定；但是法律规定的行政复议期限少于六十日的除外。情况复杂，不能在规定期限内作出行政复议决定的，经行政机关负责人批准，可以适当延长，并告知申请人和被申请人，但是延长期限最多不超过三十日。"根据这两条的规定，行政复议期限一般为60日，它不按工作日计算，国家法定节假日应当计算在内。法律规定的行政复议期限少于60日的，按照法律规定的行政复议期限计算。① 例如，海关法第四十六条规定："纳税义务人同海关发生争议时，应当先缴纳税款，然后自海关填发税款缴纳证之日起30日内，向海关书面申请行政复议，海关应当自收到行政复议申请之日起15日内作出行政复议决定。"海关仍需执行"自收到行政复议申请15日内作出行政复议决定"的规定。行政复议期限应当从行政复议机关负责法制工作的机构收到行政复议申请之日的次日开始计算。行政复议期限届满之日是国家规定的法定节假日的，依次顺延。行政复议机关在法定行政复议期限内未作出行政复议决定，申请复议人对原具体行政行为提起诉讼并符合其他起诉条件的，人民法院应当受理。行政复议机关因案件情况复杂，不能在规定期限内作出行政复议决定的，经行政复议机关负责人批准延长的，被告行政机关应当向人民法院提供批准延长手续和告知申请人延长复议时间的证据，如果被告所提供的证据能够证实批准手续合法和告知申请人延长复议时间的，计算行政复议期限时，可以将延长期限计算在复议期限之内。延长行政复议期限超过30日或者没有写明具体延长时间的，延长时间均按30日计算。

这里需要特别指出的是，行政复议机关中止复议的时间一般应当从行政复议期限中扣除。行政复议法第二十六条规定："申请人在申请行政复议时，一并提出对本法第七条所列有关规定的审查申请的，行政复议机关对该规定有权处理的，应当在三十日内依法处理；无权处理的，应当在七日内按照法定程序转送有权处理的行政机关依法处理，有权处理的行政机关应当在六十日内依法处理。处理期间，中止对具体行政行为的审查。"也就是说，申请人对原具体行政行为与规范性文件申请行政复议的案件，如果行政复议机关对该规范性文件有权处理的，中止时间最长不得超过30日；如果无权处理的，中止时间还应当包括移送有关材料的时间。即移送时间加上有权机关处

---

① 参见乔晓阳主编：《中华人民共和国行政复议法解释》，中国言实出版社1999年版，第164页。

理的时间，最长不得超过移送时间加上 30 日。被告行政机关提出需要扣除行政复议中止时间的，人民法院就应当审查行政相对人在申请行政复议时，是否一并对规范性文件也提出了复议申请。如果未申请，就不能将"中止复议"的时间扣除。如果申请的，应当扣除中止复议的时间。在计算中止复议的时间时，还应当审查复议机关或者有权机关对该规范性文件何时作出处理以及移送时间。

（四）关于行政相对人撤回复议申请后起诉案件的起诉期限计算问题

某林场对县林业局依据森林法的有关规定对其作出的行政处罚决定不服，向地区林业局申请行政复议，在行政复议期间经行政复议机关批准撤回了复议申请后，又向人民法院提起诉讼。对这类案件的起诉期限应当如何计算？起诉期限应当按照法律、法规对原具体行政行为规定的起诉期限计算。起诉期限应当从行政相对人知道或者应当知道原具体行政行为的内容之日开始计算。具体理由如下：首先，虽然行政相对人撤回复议申请经过行政复议机关的批准，该机关在批准时须经过一定的审查。但这种"审查"仅仅是审查撤回申请存在不存在侵害其他公民、法人或者其他组织的合法权益和公共利益的问题，并未对原具体行政行为的合法性进行全面审查。因此，不能视为行政复议机关维持了原具体行政行为。这类案件的起诉期限不应从复议机关批准撤回复议申请之日起开始计算，起诉期限也不应按照不服行政复议决定的期限计算。其次，行政相对人是申请复议还是提起诉讼是其的权利。行政相对人撤回复议申请，实际上是其放弃行政复议的选择，改为提起诉讼。因此，其起诉期限应当按照法律、法规对原具体行政行为规定的起诉期限计算。起诉期限应当从行政相对人知道或者应当知道原具体行政行为的内容之日开始计算。

（五）关于因复议机关在法定复议期限内未作出复议决定引起诉讼的案件的起诉期限的计算问题

因复议机关在法定复议期限内未作出复议决定引起诉讼的案件，被告与原告对起诉是否超过法定起诉期限发生争议的，主要有两种情况：一是行政复议机关在决定受理行政相对人行政复议申请后，只通知行政相对人受理复议申请的时间，但未告知其复议机关在法定复议期限内不作出行政复议决定的，可以在复议期限届满之日起 15 日向人民法院提起诉讼，致使申请人逾期提起诉讼。为了防止行政机关采取规避法律的做法，剥夺申请人的起诉权，应当根据《若干解释》第四十一条的规定，起诉期限从申请人知道诉权或者起诉期限之日起计算,但从行政复议期限届满之日起最长不得超过2年。①二是行政机关决定受理行政复议申请后,应当通知申请人受理的时间,但在现实生活中,一些行政复议机关在收到行政复议申请后,既不复议,也不告知行政相对人是否已经受理,致使行政相对人起诉时,已经超过复议届满后15日的起诉期限。为了有效保护行政相对人的起诉权,笔者认为,还应当将行政相对人送交(寄送)行政复议申请书的在途时间加上5日的立案时间从起诉期限中扣除。这里需要注意的问题是,行政复议法第四十条第二款规定:"本法关于行政复议期间有关'五日'、'七日'的规定是指工作日,不含节假日。"根据该款的规定,行政复议立案期间应当将节假日的时间扣除在外。节假日具体是指公休假和我国的元旦、春节、五一国际劳动节、国庆等节日的法定休假日。

(六)有关行政机关告知起诉期限错误的起诉期限计算问题

在审判实践中,对行政机关作出具体行政行为时,告诉当事人起诉期限错误的,如果短于法定起诉期限的,应当按照法定起诉期限计算起诉期限;如果长于法定起诉期限的,应当按照告诉的期限计算起诉期限。理由如下:第一,法律、法规规定起诉期限,一是为了使公民、法人或者其他组织具有充分的时间行使起诉权,保护其合法权益不受违法具体行政行为的侵害;二是促使公民、法人或者其他组织尽快行使起诉权,从而使行政法律关系尽快稳定下来。因此,行政机关作出具体行政行为时,应当正确告知当事人起诉期限。第二,行政机关告知当事人起诉期限错误有两种情况:一种是告知当事人的起诉期限短于法律、法规规定的起诉期限的;另一种告知当事人的起诉期限长于法律、法规规定的起诉期限。无论哪种告知错误,行政机关都告知了当事人诉权和起诉期限。因此,不属于未告知当事人诉权和起诉期限,故不应按照《若干解释》第四十一条的规定计算起诉期限。行政机关告知当事人的起诉期限短语法定起诉期限,实际上剥夺了当事人部分起诉时间,因此,不能按照告知错误的起诉期限计算起诉期限,而应当照法律、法规规定的起诉期限计算起诉期限。行政机关告知当事人的起诉期限长于法律、法规规定的起诉期限,导致当事人逾期起诉的,因行政相对人逾期起诉是由于被告告知错误所造成的,逾期的法律后果不能由行政相对人承担,故起诉期限应当按照被告告知的期限计算起诉期限。

---

① 参见最高人民法院行政审判庭编:《〈关于执行中华人民共和国行政诉讼法若干问题的解释〉释义》,中国城市出版社2000年版,第78页。

29. 行政机关颁发自然资源所有权或者使用权证书的行为不属于复议前置的情形
——《最高人民法院行政审判庭关于行政机关颁发自然资源所有权或者使用权证的行为是否属于确认行政行为问题的答复》解读

2005 年 2 月 24 日　　　　　　　　　　〔2005〕行他字第 4 号

一、问题的提出

甘肃省高级人民法院在审理民勤县中渠乡姜桂村诉民勤县人民政府颁发国有土地使用权证一案时，对如何适用行政复议法第三十条第一款和《最高人民法院关于适用〈行政复议法〉第三十条第一款有关问题的批复》（法释〔2003〕5 号），理解不一致。该案的基本案情是：

1974 年，甘肃省民勤县公路局在该县中渠乡姜桂村六社（上诉人）沙坑地修建道班房 8 间，占地 1.2 亩。2002 年 3 月 28 日，该公路局又在占地基础上扩建占地，被姜桂村六社阻拦引起纠纷，并诉至法院。民勤县政府（被上诉人）先后于 1990 年 4 月和 1998 年 4 月两次给第三人民勤县公路管理站颁发了民国用〔1990〕字第 0055 号和民国用〔1998〕字第 0018 号国有土地使用证。上诉人认为被上诉人在未予以协商和签订任何协议的情况下，将集体土地确认为国有，并给民勤县公路管理站颁发国有土地使用证，侵犯了其合法的土地所有权。2002 年 12 月 13 日，姜桂村六社向武威市人民政府申请复议。2003 年 1 月 29 日，武威市人民政府以超过复议期限为由作出不予受理通知书。上诉人不服，向武威市中级人民法院提起行政诉讼，请求撤销民勤县人民政府给第三人颁发的国有土地使用证，并赔偿由此造成的经济损失。

武威市中级人民法院经审理认为，民勤县人民法院在审理姜桂村六社与公路管理站民事侵权纠纷一案中，于 2002 年 8 月 13 日出示了民勤县人民政府给第三人民勤县公路管理站颁发的两个国有土地使用证。原告已经明确知道发证的具体行政行为,理应根据行政复议法的规定,自知道该具体行政行为之日起 60 日内提出行政复议,其在 2002 年 8 月 13 日知道颁发土地使用证后,到 2002 年 12 月 13 日才向复议机关提起行政复议,显然违背了行政复议法的规定,复议机关据此不予受理复议申请的行政行为合法有效。原告对此亦未提出异议,在未经实体复议的前提下直接起诉原具体行政行为不当,理由不能成立。依据行政诉讼法第三十七条第二款和《若干解释》第四十四条第一款第(七)项的规定,裁定驳回起诉。

根据《最高人民法院关于适用〈行政复议法〉第三十条第一款有关问题的批复》(法释〔2003〕5 号)的规定,需要经过行政复议的,是指行政机关确认土地、矿藏、水流、森林、山岭、草原、荒地、滩涂、海域等自然资源的所有权或者使用权的具体行政行为,那么,对于行政机关颁发土地、矿产等自然资源所有权或者使用权证书的行为,是否属于确认土地、矿藏等自然资源所有权或者使用权的具体行政行为,甘肃高院审委会经讨论形成两种意见:

第一种意见认为,行政机关颁发土地、矿藏等自然资源所有权或者使用权证书的行为,不属于确认所有权和使用权的具体行政行为。公民、法人或者其他组织对行政机关颁发土地、矿藏等自然资源所有权或者使用权证书的行为不服,可以直接向人民法院提起诉讼。

第二种意见认为,行政机关颁发土地、矿藏等自然资源所有权或者使用权证证书的行为,属于确认所有权或者使用权的具体行政行为。公民、法人或者其他组织对行政机关颁发土地、矿藏等自然资源所有权或者使用权证的行为不服,须经行政复议后,才可向人民法院提起诉讼。

第二种意见为倾向性意见。

二、分析

本请示案件涉及的是行政确认的涵义以及与行政许可、行政登记的区别的问题。

(一)行政确认的概念和涵义

所谓确认,是指明确承认;确定认可(事实、原则等)。[①] 一般来说,凡特定主体依法认定特定的法律事实或者法律关系是否存在、是否有效、是否

[①] 《现代汉语词典》(第 5 版),商务印书馆 2010 年版,第 1136 页。

合法、是否真实等，均属于确认。行政确认是指特定的行政机关依据法律和有关规范性文件的规定，依照职权或者当事人的申请，对特定的法律事实、法律关系、特定资格或者法律地位进行承认、甄别或者证明的行政行为。

行政确认的主要特征是：第一，行政确认的目的在于对不明确的事实或者状态予以明确。行政确认主要针对当事人之间在权属争议或者法律上尚不明确的事实。第二，行政确认并不直接设定权利义务关系，而是根据事实和法律规范的规定对特定法律关系、客观事实作出评价、甄别、定性或者证明。第三，行政确认针对的客体是需要予以确认的法律事实、对象、性质、资格、身份等。

行政确认与行政许可是既有联系又有区别的两个法律概念。其联系在于：行政许可必然包括行政确认这一步骤。行政确认和行政许可往往是同一行政行为的两个步骤，确认在先，许可在后。确认是许可的前提条件，许可则通常是确认的后果。行政许可之前，相对人往往需要提交相关的文件或者证明，以表明符合相应的条件。这些文件或者证明有的是行政机关发放的行政确认文件。例如，根据国家土地局《土地登记规则（修正）》（1995年12月28日）第十一条第二款规定，"土地登记申请书应当载明下列基本事项，并由申请者签名盖章：（一）申请者名称、地址；（二）土地座落、面积、用途、等级、价格；（三）土地所有权、使用权和土地他项权利权属来源证明；（四）其他事项。"这里的"权属来源证明"即包括土地权属确认文件或者证明。此外，行政许可有时与行政确认呈现重合的情况。例如，国土资源部门发放的国有土地使用证既是对相对人使用国有土地的许可，也是对相对人土地使用权利的确认。

但是，两者又有严格的区别，主要在于：第一，前提不同。行政许可的前提是一般禁止；确认的前提则不需要一般禁止。应当经过许可的事项，如果未经许可实施，意味着违法；对于需要确认的事项，则可能无法证明自身权利。第二，针对事项不同。行政许可针对的事项是未获得行使特定权利、资格的请求进行解除；而行政确认则是对已有权利、资格或者行为进行承认、确定或者否认。行政许可是允许被许可人今后可以从事特定行为，具有后及性；行政确认则是对既有身份、权利、事实予以确定和认可，具有前溯性。第三，行为性质不同。行政许可以法律关系产生、变更或者消灭为目的，基本上属于形成性的行政行为；行政确认以证明现有状态而非以法律关系产生、变更、消灭为目的，属于确认性的行政行为。第四，内容不同。行政许可是依申请的、授益性的行政行为，体现为申请人直接受益；行政确认则是对现有法律关系、事实等予以证明、确认，并不直接设定权利义务。因此，区别行政许可和行政确认的简单标准可以概括为：如果相对人的权利产生于行政机关作出决定之前，属于行政确认；如果相对人的权利产生于行政机关作出决定之时，则为行政许可。

行政许可法草案第十六条曾经规定，行政许可的种类分为普通许可、特许、认可、核准和登记。登记作为行政许可的一种类型，是指行政机关通过一定程度的审查确定公民、法人或者其他组织符合法定条件的行政行为。登记的主要功能是确立申请人的市场主体资格，没有数量限制。[1] 行政登记一般是行政机关对公民、法人或者其他组织已经实施的行为、拥有的权利、取得的资格或者希望进行的活动予以注册记载的行为。[2] 我国现行法律中的有关登记主要分为：身份登记（例如户口登记、企业法人登记、事业单位登记、社会团体登记等）、民事权利登记（例如矿产资源勘查登记、机动车登记、国有土地使用权登记、房屋所有权登记等）、基于行政管理的过程登记（例如文物登记、税务登记、宗教活动场所登记、证据登记保存等）以及其他程序性登记。

可见，登记是行政许可的一种，并非行政确认，因此并不适用行政复议法第三十条第一款有关行政复议前置程序的规定。值得注意的是，由于登记在法律规定中使用比较混乱，因此不能认为所有"登记"都是行政许可行为。

（二）自然资源所有权或者使用权的行政确认

自然资源所有权或者使用权的行政确认散见于各单行法律之中，具体情况非常复杂。本书以土地所有权或者使用权登记为例予以说明。

根据土地管理法以及相关法律的规定，确认土地所有权或者使用权主要包括以下情形：

1. 确认土地所有权

对于国有土地所有权的确认而言，其所有权产生、变更主要包括如下情形：（1）因征收土地而使土地转为国有。物权法第四十二条规定，为了公共利益的需要，依照法律规定的权限和程序可以征收集体土地所有的土地。（2）国家没收、征收、征购土地而使土地转为国有。根据《土地管理法实施条例》第二条规定，农村和城市郊区中已经依法没收、征收、征购为国有的土地，属于全民所有。（3）集体土地所有权主体不存在而导致土地转为国有的。根据《土地管理法实施条例》第二条规定，农村集体组织全部成员转为

---

[1] 杨景宇（时任国务院法制办主任）：《关于〈中华人民共和国行政许可法（草案）〉的说明》（2002年8月23日）。

[2] 杨生：《行政登记：一种受排斥的行政行为》，载《法制行政》2002年第2期。

城镇居民的,原属于其成员集体所有的土地属于全民所有;因国家组织移民、自然灾害等原因,农民成建制地集体迁移后不再使用的原属于迁移农民集体所有的土地属于全民所有。

对于集体土地所有权的确认而言,其产生、变更主要包括如下情形:(1)因行政区划界限的勘定、调整而导致所有权的变化。(2)因移民安置等导致的集体土地所有权的变化。(3)根据集体经济组织的申请对集体土地所有权的确认。

2. 确认土地使用权

对于国有土地使用权的确认而言,其产生、变更主要包括如下情形:(1)因行政区划的勘定、调整而导致国有土地使用权的变化。(2)因划拨或者出让土地导致国有土地使用权的变化。例如,根据土地管理法第五十四条的规定,建设单位使用国有土地,应当以出让等有偿使用方式取得;但是,对于国家机关用地和军事用地、城市基础设施用地和公益事业用地、国家重点扶持的能源、交通、水利等基础设施用地等建设用地,经县级以上人民政府依法批准,可以划拨方式取得使用权。(3)因收回划拨或者出让的国有土地而导致国有土地使用权的变化。例如,根据土地管理法第五十八条的规定,土地出让等有偿使用合同约定的使用期限届满,土地使用者未申请续期或者申请续期未获批准的,收回国有土地使用权。

对于集体土地使用权而言,其产生、变更主要包括如下情形:(1)集体土地承包。例如,根据土地管理法第十四条的规定,农民集体所有的土地由本集体经济组织的成员承包经营,发包方与承包方应当订立承包合同,取得土地承包权;在承包期内对土地进行个别调整或者由集体经济组织以外的单位、个人承包土地的,需要报乡(镇)人民政府和县级人民政府农业行政主管部门批准。(2)农民住宅用地。例如,根据土地管理法第六十二条的规定,农村村民一户只能拥有一处宅基地,农村宅基地须经乡(镇)人民政府审核,由县级人民政府批准。(3)乡镇企业用地和公益用地。根据土地管理法第六十一条的规定,乡(镇)村公共设施、公益事业建设需要使用土地的,经乡(镇)人民政府审核,由县级以上人民政府土地行政主管部门批准。(4)因收回集体土地使用权而发生的变化。例如,根据土地管理法第六十五条规定,为乡(镇)村公共设施和公益事业建设,需要使用土地的,不按照批准的用途使用土地的,因撤销、迁移等原因而停止使用土地的,农村集体经济组织报经原批准用地的人民政府批准,可以收回土地使用权。

根据有关法律规定的上述情形,一般认为,行政机关确认土地等自然资源的所有权或者使用权的决定,可以分为三种类型:(1)与行政机关专属权力有关的决定。例如根据宪法的规定,国务院负责批准省、自治区、直辖市的区域划分，批准自治州、县、自治县的建制和区域划分。此外，根据宪法和土地管理法的规定，国务院和省、自治区、直辖市人民政府负责批准征用土地。这些权利属于特定行政机关享有的专属权力，其他行政机关和行政机关以外的国家机关不享有这一权力。(2) 赋予他人权利性质的决定。例如国有土地的划拨和出让。国有土地使用权本来属于国家，任何单位不当然享有对国有土地的使用权。只有行政机关代表国家将国有土地使用权确定给特定单位后，该单位才享有国有土地使用权。(3) 可能侵犯公民、法人或者其他组织合法权益的其他决定。主要有：行政机关收回划拨或者出让的国有土地使用权的；行政机关在采矿权期限届满责令交回采矿权或者取消采矿权的；行政机关不依法审批集体经济组织以外的单位或者个人承包土地的；行政机关不依法审批农村住宅用地的；行政机关不依法审批乡（镇）、乡（镇）村公共设施、公益事业建设用地的；行政机关不依照集体经济组织的申请确认集体土地所有权的。①

综合以上考虑，2005 年 2 月 24 日，最高人民法院行政审判庭作出《关于行政机关颁发自然资源所有权或者使用权证的行为是否属于确认行政行为问题的答复》（〔2005〕行他字第 4 号）："甘肃省高级人民法院：你院报送的《关于行政机关颁发土地、矿藏等自然资源所有权或者使用权证的行为是否属于确认具体行政行为的请示》收悉。经研究答复如下：最高人民法院法释〔2003〕5 号批复中的'确认'，是指当事人对自然资源的权属发生争议后，行政机关对争议的自然资源的所有权或者使用权所作的确权决定。有关土地等自然资源所有权或者使用权的初始登记，属于行政许可性质，不应包括在行政确认范畴之内。据此，行政机关颁发自然资源所有权或者使用权证书的行为不属于复议前置的情形。"

三、应当注意的问题

值得注意的是，行政复议法第三十条第二款规定应如何理解和执行的问题。行政复议法第三十条第二款规定："根据国务院或者省、自治区、直辖市人民政府对行政区划的勘定、调整或者征用②土地的决定，省、自治区、直辖市人民政府确认土地、矿藏、水流、森林、山岭、草原、荒地、滩涂、

---

① 曹康泰主编：《中华人民共和国行政复议法释义》，中国法制出版社 1999 年版，第 144~145 页。

② 2009 年 8 月 27 日，《全国人民代表大会常务委员会关于修改部分法律的决定》将行政复议法第三十条中的"征用"修改为"征收"。

海域等自然资源的所有权或者使用权的行政复议决定为最终裁决。"根据宪法第八十九条第（十五）项的规定，国务院批准省、自治区、直辖市的区域划分，批准自治州、县、自治县、市的建置和区域划分。根据宪法第一百零七条第三款的规定，省、直辖市的人民政府决定乡、民族乡、镇的建置和区域划分。此外，根据宪法第一百一十五条的规定，自治区的自治机关行使宪法第三章第五节的地方国家机关职权。自治区也具有决定乡、民族乡、镇的建置和区域划分的职权。从以上规定可以看出，对于行政区划的勘定、调整属于国务院和省、自治区和直辖市的职权。对于征收土地，根据宪法第十三条第三款和土地管理法第二条第四款的规定，国家为了公共利益的需要，可以依照法律规定对公民的私有财产实行征收或者征用并给予补偿。根据土地管理法第四十五条的规定，征收下列土地的，由国务院批准：（1）基本农田；（2）基本农田以外的耕地超过三十五公顷的；（3）其他土地超过七十公顷的。征收前款规定以外的土地的，由省、自治区、直辖市人民政府批准，并报国务院备案。参与过行政复议法制定的学者认为："既然宪法规定了行政区域的划分，属于国务院和省级人民政府的权限范围，法律又对国务院和省级人民政府的征地权限进行了严格的限定，所以，根据国务院和省、自治区、直辖市人民政府对行政区划的勘定、调整或者征用土地的决定，省、自治区、直辖市人民政府对行政区划确认土地等自然资源的所有权和使用权的行政复议决定为最终裁决。"① 此外，从司法实践来看，由于行政区划的勘定、调整或者征用土地的决定属于国务院和省级人民政府的权限范围，因此，人民法院审理该类案件后，只能将其交给有关人民政府确认行政区划的勘定、调整范围或者征用土地的情况，导致了行政纠纷长期不能解决。因此，向作出决定的行政机关申请行政复议，比较符合我国国情，也有利于问题的解决。② 在适用本款规定时，需要注意以下几个问题：

一是该款规定的"国务院或者省、自治区、直辖市人民政府对行政区划的勘定、调整或者征用土地的决定"是"省、自治区、直辖市人民政府确认土地、矿藏、水流、森林、山岭、草原、荒地、滩涂、海域等自然资源的所有权或者使用权的行政复议决定"的依据，不能将该款理解为国务院或者省、自治区、直辖市人民政府对行政区划的勘定、调整或者征用土地的决定是最终裁决。如果省级人民政府并无"国务院或者省、自治区、直辖市人民

---

① 乔晓阳主编、全国人大常委会法制工作委员会编著：《中华人民共和国行政复议法条文释义及实用指南》，中国民主法制出版社1999年版，第141页。

② 乔晓阳主编：《中华人民共和国行政复议法释解》，中国言实出版社1999年版，第162~163页。

政府对行政区划的勘定、调整或者征用土地的决定"的依据，其作出的对自然资源所有权或者使用权的行政复议决定亦非最终裁决。

二是该款规定仅仅规定了省、自治区、直辖市人民政府确认自然资源所有权或者使用权的行政复议决定是最终裁决，对于省级以下人民政府作出的行政复议决定则不能认为是最终裁决。例如县级政府根据国务院或者省级政府对行政区划的勘定、调整或者征用土地的决定，作出确认自然资源的所有权或者使用权的决定，当事人不服，市政府可以进行行政复议。市政府作出的行政复议决定则非最终裁决。当事人对此不服的，可以向人民法院提起行政诉讼。①

三是，根据宪法和土地管理法的规定，只有省级以上人民政府才有勘定行政区划、调整范围和征用土地的权力，省级以下人民政府没有上述权力。因此，省级以下人民政府作出的上述决定，属于土地违法行为，不属于"征收土地的决定"。② 当事人如果以该决定违法为由，向人民法院起诉的，因其属于越权行为，行政复议法并未将其列入最终裁决，人民法院可以依法受理。

---

① 方军编著：《行政复议法律制度事实问题解答》，中国物价出版社2001年版，第97页；张春生主编：《中华人民共和国行政复议法释义》，法律出版社1999年版，第153页。
② 方军编著：《行政复议法律制度事实问题解答》，中国物价出版社2001年版，第98页。

30. 行政机关在行政诉讼法实施后作出具体行政行为，当事人不知道内容的起诉期限的计算
——《最高人民法院关于如何执行《最高人民法院关于执行〈中华人民共和国行政诉讼法〉若干问题的解释》第四十二条的规定的请示的答复》解读

2002年8月2日　　　　　　　　　　　　　　〔2002〕行他字第6号

一、问题的提出

福建省高级人民法院在办理下级法院的请示过程中，对于《若干解释》第四十二条是否具有溯及力，存在不同看法：

第一种意见认为，原《贯彻意见》第35条，并未区分知道或不知道具体行政行为内容的情形，只要未告知诉权或起诉期限，都按照该条规定审查起诉期限。即相对人的起诉期限为具体行政行为作出之日起，最长不超过15个月。因此，相对人的起诉期限至2000年3月10日已经届满的，无论相对人是否被告知诉权或者起诉期限，也无论相对人是否知道具体行政行为的内容，法院均不予受理。若起诉期限至2000年3月10日尚未届满的，可依《若干解释》第四十一条、第四十二条分别继续计算。

第二种意见认为，原《贯彻意见》第35条与《若干解释》第四十一条均是针对行政机关作出具体行政行为时，未告知当事人诉权或起诉期限时如何计算起诉期限的规定，其前提是当事人已经知道具体行政行为的内容。如果不知道具体行政行为的内容，规定告知诉权和起诉期限就没有意义。而《若干解释》第四十二条是针对当事人不知道具体行政行为内容时如何计算起诉期限的规定。因此，如果相对人不知道具体行政行为内容，涉及不动产

的从作出之日起未超过 20 年、其他具体行政行为从作出之日起未超过 5 年的,法院应当依照《若干解释》第四十二条予以受理。即《若干解释》第四十二条对 2000 年 3 月 10 日前的具体行政行为,具有溯及既往的效力。

第二种意见为倾向性意见。

二、分析

本请示案件主要讨论以下三个问题:

（一）《若干解释》第四十一条和第四十二条的关系问题

原《贯彻意见》第 35 条规定:"行政机关作出具体行政行为时,未告知当事人的诉权或者起诉期限,致使当事人逾期向人民法院起诉的,其起诉期限从当事人实际知道或者起诉期限时计算,但逾期的期间最长不得超过一年。"该条规定的"行政机关作出具体行政行为时,未告知当事人的诉权或者起诉期限",是否包括"行政机关作出具体行政行为时,未告知当事人具体行政行为内容、诉权或者起诉期限"呢?

对于上述规定,我们可以采用逻辑解释的方式予以阐明。所谓逻辑解释,又称为体系解释、整体解释和结构解释,是指以法律条文在法律文本中的位置（例如编章节条款项）或者相关法条的涵义、逻辑关系来阐明法律条文涵义的解释方法。对于司法解释条文的解释也采取同样的办法。司法解释条文中各个法条之间存在意义关联,借助法条的位置和法条之间的相互关系可以确定法条的涵义;司法解释具体条文中前句与后句之间也存在逻辑关系,前句与后句之间存在的包容、递进关系有助于理解其真实涵义。

原《贯彻意见》是对行政诉讼法第三十九条的补充解释。行政诉讼法第三十九条规定,公民、法人或者其他组织直接向人民法院提起行政诉讼的,应当在知道作出具体行政行为之日起 3 个月内提起。对于 3 个月的起算是当事人"知道作出具体行政行为之日"。"知道"不是简单的"知道"。有的观点认为,行政诉讼法规定的是"知道作出……之日","知道"修饰的是"作出"。当事人只要知道"作出",就要从"作出之日起算"。这种观点显然是错误的。"知道"的对象是"行政行为的内容",而不是行政行为的"动作"——"作出"。前已述及,参与行政诉讼法制定的学者认为:"如何认定'知道',一般说来,行政机关的具体行政行为,有书面决定的,从公民收到书面决定时认定为'知道',没有书面决定的,从口头通知公民时认定为'知道'。当然,现实生活中如何认定'知道'远比以上叙述复杂得多,为避免发生争执，行政机关在作出或者送达处理决定时，公民在得知行政机关的具体行政行为时，最好能有个记录，并签名或盖章。"① 可见，知道的对象不是"作出"而是"内容"。行政诉讼法虽然没有明确要求行政机关书面告知行政行为内容，但是其如果不以书面形式告知，法律将拟制当事人"不知道"，将会导致起诉期限的延后计算。

行政诉讼法第三十九条规定的"知道""作出具体行政行为"，包括了知道行政行为内容、诉权和起诉期限。有的观点认为，行政机关只要告知行政行为的内容就可以了，对于诉权和起诉期限，公民只要查阅法律即可获知。不能因为公民不知道诉权和起诉期限而给予优惠，正如一个人不能以不懂法而为犯罪行为辩护一样。这种观点显然是错误的：首先，任何人不得以不知法而为其不履行或者违反法定义务而辩护，但不能以此推论：任何人不得以不知其有法定权利而主张某种权利。其次，行政主体在行使职权时，作为一般的行政规则，有责任告诉相对人有无诉权和起诉期限，法律应当设定督促行政主体履行该项职责的法律后果，如果法律不允许当事人起诉，就在事实上支持了行政主体的懈怠行为甚至故意规避司法审查行为。再次，从公平的角度说，不能因为行政主体的懈怠职责的行为使当事人蒙受损失。根据上述理由，我们认为，行政主体作出具体行政行为时，未告知当事人的诉权或起诉期限，致使当事人逾期向法院起诉的，其起诉期限从当事人实际知道诉权或起诉期限时计算。②

行政诉讼法和司法解释都规定了行政机关不仅要告知行政行为的内容，还要告知诉权和起诉期限。从逻辑上讲，行政机关在实际作出行政行为时会有四种情形：一是行政机关告知了行政行为的内容、诉权和起诉期限；二是行政机关告知了行政行为的内容，但未告知诉权和起诉期限；三是行政机关未告知行政行为的内容，但告知了诉权和起诉期限；四是行政机关未告知行政行为内容、诉权和起诉期限。第一种情形可以直接根据行政诉讼法第三十九条的规定予以确定，"知道作出行政行为之日"与行政机关告知行政行为内容、诉权和起诉期限之日完全重合。第三种情形一般是不存在的，行政机关不可能没有告知任何行政行为内容，而告知诉权和起诉期限。可见，行政诉讼法没有明确的是第二种和第四种情形，需要司法解释予以明确。

据此，原《贯彻意见》第35条对第二种情形作了明确。该条规定针对的是"行政机关作出具体行政行为，未告知当事人的诉权或者起诉期限"。

---

① 胡康生主编：《行政诉讼法释义》，北京师范学院出版社1989年版，第64~65页。
② 江必新：《行政诉讼法——疑难问题探讨》，北京师范学院出版社1991年版，第154页。

对于行政机关需要告知的"行政行为内容""诉权""起诉期限"三项核心内容而言，行政机关未告知"诉权或者起诉期限"的情形主要包括：行政机关告知行政行为内容而未告知诉权或者起诉期限；行政机关未告知行政行为内容、诉权和起诉期限。对于后者，既然未告知行政行为内容也就意味着未告知诉权和起诉期限，应当按照知道或者应当知道行政行为内容起算；对于前者，告知"行政行为内容"是"未告知诉权和起诉期限"的前提，也就是说，司法解释中只要明确"未告知诉权和起诉期限"，隐含的前提是行政机关已经告知行政行为内容。行政机关三项核心内容均未告知的，应当按照行政相对人知道行政行为内容之日起算。原《贯彻意见》对于行政机关作出行政行为之后，未告知行政行为内容如何起算的问题没有明确。

《若干解释》第四十一条第一款是对原《贯彻意见》第35条的修订，而《若干解释》第四十二条则是全新的规定。《若干解释》第四十二条针对的是行政机关作出行政行为之后，未告知行政行为内容、诉权和起诉期限的情形。"未告知行政行为内容"一定"未告知诉权和起诉期限"，"未告知行政行为内容"吸收了"未告知诉权和起诉期限"。因此，司法解释仅规定"未告知行政行为内容"。既然行政机关"未告知行政行为内容"，行政相对人也就不知道行政机关作出的行政行为内容。《若干解释》第四十二条规定："公民、法人或者其他组织不知道行政机关作出的具体行政行为内容的，其起诉期限从知道或者应当知道该具体行政行为内容之日起计算。"本条规定如果与《若干解释》第四十一条第一款的立法模式相统一的话，主语应当是"行政机关"。即《若干解释》的上述条文也可以解读为："行政机关作出具体行政行为时，未告知公民、法人或者其他组织具体行政行为内容的，起诉期限从知道或者应当知道该具体行政行为内容之日起计算。"

可见，《若干解释》第四十一条第一款针对的是"行政机关告知了行政行为内容，但未告知诉权和起诉期限"；《若干解释》第四十二条针对的是"行政机关未告知行政行为内容，且未告知诉权和起诉期限"。两者的主要区别是行政机关是否告知行政行为内容。两者的关系是相并列的关系。

原《贯彻意见》第35条与《若干解释》第四十一条第一款的内容相一致，而原《贯彻意见》对于未告知行政行为内容如何处理没有明确。不能将原《贯彻意见》第35条的规定理解为"行政机关作出行政行为时未告知诉权或者起诉期限"包括行政机关告知行政行为内容，未告知诉权和起诉期限和行政机关未告知行政行为内容，也未告知诉权和起诉期限。如果这样理解，原《贯彻意见》第35条的内容包括了《若干解释》第四十一条和第四十二条的内容，这种理解是不正确的。因此，请示报告中的第一种意见是不正确的。

(二)"不知道具体行政行为内容"的涵义

《若干解释》第四十二条规定了公民、法人或者其他组织"不知道行政机关作出的具体行政行为内容"时起诉期限的计算。如前所述,本条还可以表述为"行政机关作出行政行为时未告知行政行为内容"。因为一般情况下,法律通常推论,行政机关只要告知行政行为内容,公民、法人或者其他组织就"知道"了行政行为内容。在行政程序中,作为行政机关行政行为的相对方主要包括两个类型:行政相对人和行政相关人。行政相对人是行政行为直接针对的对象,例如行政处罚程序中的被处罚人;行政相关人是行政行为间接针对的对象,例如行政处罚中的受害人、行政许可中的竞争权人等。因此,《若干解释》第四十二条中的"公民、法人或者其他组织"包括行政相对人和行政相关人。

可见,"行政机关未告知行政行为内容"包括的情形有:(1)行政机关告知了行政相对人内容,未告知行政相关人内容;(2)行政机关既未告知行政相对人,也未告知行政相关人;(3)行政机关告知了行政相关人,未告知行政相对人。在学术界,有人提出,司法解释将行政机关告知义务扩大到行政相关人有越权之嫌。该种观点认为,对行政相对人的告知诉权、告知起诉期限等不能适用于行政相关人,因为告知诉权和起诉期限是附属于告知行政行为内容,行政机关无义务告知行政相关人具体行政行为内容,也就无义务告知行政相关人具体行政行为的诉权和起诉期限。[①] 这种观点其实在制定原《贯彻意见》和《若干解释》时就存在。其主要观念是,行政机关不能承担太多的告知义务。

行政机关对行政相对人有告知义务,目前已无太大争论。那么,对于行政相关人,行政机关是否有告知义务呢?回答是肯定的。理由是:第一,现代行政观念要求行政机关在作出行政行为时考虑行政相关人的权利和义务。现代行政已经从单纯的秩序行政向服务行政、给付行政转化,面对的利害关系人往往不仅仅是行政行为直接针对的个体,还包括因行政行为其权利义务受到影响的个体。行政机关在作出行政行为时,应当全面考虑其作出行政行为时形成的行政法律关系是否影响到其他利害关系人的利益。第二,我国相当多的法律法规对行政机关告知行政相关人的义务作了规定。例如,治安管理处罚法第一百零一条规定:"当场作出治安管理处罚决定的,人民警察应

[①] 吴佩周:《论行政起诉期限》,载《杭州商学院学报》2003 年第 1 期。

当向违反治安管理行为人出示工作证件,并填写处罚决定书。处罚决定书应当当场交付被处罚人;有被侵害人的,并将决定书副本抄送被侵害人。前款规定的处罚决定书,应当载明被处罚人的姓名、违法行为、处罚依据、罚款数额、时间、地点以及公安机关名称,并由经办的人民警察签名或者盖章。"这里的"被侵害人"即是行政相关人。行政许可法第三十六条规定:"行政机关对行政许可申请进行审查时,发现行政许可事项直接关系他人重大利益的,应当告知该利害关系人。申请人、利害关系人有权进行陈述和申辩。行政机关应当听取申请人、利害关系人的意见。"这里的"利害关系人"也是行政相关人。《政府信息公开条例》第二十三条规定:"行政机关认为申请公开的政府信息涉及商业秘密、个人隐私,公开后可能损害第三方合法权益的,应当书面征求第三方的意见;第三方不同意公开的,不得公开。但是,行政机关认为不公开可能对公共利益造成重大影响的,应当予以公开,并将决定公开的政府信息内容和理由书面通知第三方。"这里的"第三方"是行政相关人。第三,根据《若干解释》第十二条的规定,与具体行政行为有法律上利害关系的公民、法人或者其他组织对该行为不服的,可以依法提起行政诉讼。"有法律上的利害关系的公民、法人或者其他组织"既包括行政相对人,也包括行政相关人。

可见,不论是行政相对人还是行政相关人,在行政行为涉及自身合法权益的,都有权获得行政行为的具体内容。这就要求行政机关不断完善行政公开制度,允许公民及时查阅和知悉有关行政行为的内容,避免行政争议长时间不能得到解决。

(三)《若干解释》第四十二条的溯及力

我们认为,《若干解释》第四十二条具有溯及力。理由是:第一,《若干解释》第四十一条和第四十二条规定的内容是并列的关系。原《贯彻意见》第 35 条规定的内容为《若干解释》所替代。《若干解释》第四十二条针对的是行政机关"没有告知行政行为内容"(或者公民、法人或者其他组织"不知道行政机关作出的具体行政行为内容")的情形。对于这一问题,原《贯彻意见》没有作出规定,因此不能适用原《贯彻意见》第 35 条的规定。也就是说,不能根据原《贯彻意见》第 35 条的规定计算起诉期限,也不论本案起诉期限是否在 2000 年 3 月 10 日之前届满,均不适用于本请示案件。第二,《若干解释》第四十二条是关于最长起诉期限的规定。起诉期限问题不同于诉讼时效问题,后者属于实体问题,而前者属于程序问题。对于程序问题的溯及力,应当适用"新法兼有利于当事人权利原则"。据此,2002 年 8

月 2 日,最高人民法院作出《关于如何执行〈最高人民法院关于执行中华人民共和国行政诉讼法若干问题的解释〉第四十二条的规定的请示的答复》(〔2002〕行他字第 6 号):"福建省高级人民法院:你院〔2002〕闽行他宁第 2 号关于《最高人民法院关于执行〈中华人民共和国行政诉讼法〉若干问题的解释》第四十二条溯及力的请示收悉。经研究,答复如下:行政机关在《中华人民共和国行政诉讼法》实施之后即 1990 年 10 月 1 日以后作出的具体行政行为,当事人不知道该具体行政行为内容的,其起诉期限的计算应当适用本院《关于执行中华人民共和国行政诉讼法若干问题的解释》第四十二条的规定。"

31. 劳动教养行政案件无需复议前置
——《最高人民法院行政审判庭关于人民法院受理劳动教养行政案件是否需要复议前置问题的答复》解读

1998 年 11 月 19 日　　　　　　　〔1997〕法行字第 27 号

一、问题的提出

福建省高级人民法院在办理胡建不服福州市劳教管理委员会劳教决定请示一案中，对劳教行政案件是否需要复议前置，产生了两种意见。

第一种意见认为，《劳动教养试行办法》第十二条第二款规定的"复查"应视为行政复议。理由是：第一，《劳动教养试行办法》是 1982 年颁布的，当时行政诉讼制度尚未建立，《行政复议条例》更未出台，故《劳动教养试行办法》只规定"复查"，但其实质与复议一样，都是由行政机关对原来的具体行政行为进行审查并作出裁决；第二，行政诉讼法第三十七条规定："……法律、法规规定应当先向行政机关申请复议，对复议不服再向人民法院提起诉讼的，依照法律、法规的规定。"《劳动教养试行办法》是国务院转发的行政法规，应按照该法规的规定先申请复议，对复议不服的再向法院起诉。

第二种意见认为，《劳动教养试行办法》规定的"复查"是由原审批机关组织的，不符合复议需由作出原具体行政行为的上一级机关进行的特征，不能视为复议。

第一种意见为倾向性意见。

二、分析

根据现行法律、法规，对于劳动教养的法律救济途径主要包括三种：一是审批机关复查。根据《劳动教养试行办法》第十二条第二款的规定，被决定劳动教养的人，对主要事实不服的，由审批机关组织复查。经复查后，不够劳动教养条件的，应撤销劳动教养；经复查事实确凿，本人还不服的，则应坚持收容劳动教养。由审批机关复查，本身具有很大的局限性，缺乏必要监督机制。二是申请行政复议。根据《公安机关办理劳动教养案件规定》第七十一条第一款规定，被劳动教养人员对劳动教养决定不服的，可以依照行政复议法的规定向作出决定的劳动教养管理委员会的本级人民政府或者上一级劳动教养管理委员会申请行政复议。三是提起行政诉讼。《贯彻意见》第2条第1款规定："根据行政诉讼法第十一条规定的受案范围，公民对劳动教养管理委员会作出的劳动教养的决定不服的，可以向人民法院提起行政诉讼。"这就将公安机关的劳动教养决定纳入司法审查的范围，加强了对被劳动教养人的司法保护。前述司法解释虽然已经废止，但其关于劳动教养可以提起行政诉讼的规定仍然适用。

对于本案而言，焦点问题是复查的性质。在司法实践中，也有的法院认为，上述关于"复查"的规定属于行政复议。例如，《北京市高级人民法院关于审理收容审查、劳动教养等行政案件有关问题的意见（试行）》（1994年3月4日北京市高级人民法院审判委员会通过）第5条规定，公民对劳动教养委员会作出的劳动教养决定不服的，应先申请复查，未经复查的，人民法院不予受理（劳动教养审批机关的"复查"应视为行政复议），被劳动教养人申请复查及不服复查决定起诉的期限，依照《行政复议条例》第二十九条和行政诉讼法第三十八条第二款的规定执行。我们认为，这种观点是不正确的，《劳动教养试行办法》第十二条第二款的规定并非行政复议的规定，也不是行政复议前置的规定。理由是：

第一，复查的机关并非行政复议机关。所谓行政复议，是指公民、法人或其他组织认为具体行政行为侵犯其合法权益，按照法定的程序和条件，向作出该具体行政行为的上一级行政机关或法定机关提出申请，并由该机关对具体行政行为的合法性和适当性进行审查并作出复议决定的活动。根据行政复议法第十二条的规定，对县级以上地方各级人民政府工作部门的具体行政行为不服的，由申请人选择，可以向该部门的本级人民政府申请行政复议，也可以向上一级主管部门申请行政复议。对海关、金融、国税、外汇管理等实行垂直领导的行政机关和国家安全机关的具体行政行为不服的，向上一级主管部门申请行政复议。此外，行政复议法还就行政复议机关的其他情形进行了规定。《劳动教养试行办法》第十二条第二款规定的复查机关是由审批机关组织的，通常是审批机关自身进行重新审查，不是由作出劳动教养决定这一具体行政行为的上一级行政机关或其他法定机关进行行政复议。行政复议法第十四条规定,对国务院部门或者省、自治区、直辖市人民政府的具体行政行为不服的,向作出该具体行政行为的国务院部门或者省、自治区、直辖市人民政府申请行政复议。对于作出行政行为的行政机关作为行政复议机关的,只有这一种情形,劳动教养审批机关显然不属于这种情况。

第二,复查的事由与行政复议不同。根据《劳动教养试行办法》第十二条第二款的规定,复查的事由是"对主要事实不服",也就是说,劳动教养的复查程序是一种复核主要事实的程序,并不涉及对行政程序、法律适用等方面的判断。而根据行政复议法第二十八条的规定,行政复议机关要针对事实是否清楚,证据是否确凿,适用依据是否正确,程序是否合法,内容是否适当,是否存在超越职权,是否存在滥用职权等几个方面进行判断,是对于原行政行为在认定事实、适用法律方面的一次综合性的审查。

第三,复查的结论与行政复议不同。根据《劳动教养试行办法》第十二条第二款的规定,复查的结论是:"经复查后,不够劳动教养条件的,应撤销劳动教养;经复查事实确凿,本人还不服的,则应坚持收容劳动教养"。复查的结论包括两种:撤销和坚持。而根据行政复议法第二十八条的规定,"……行政复议机关经行政复议机关的负责人同意或者集体讨论通过后,按照下列规定作出行政复议决定:(一)具体行政行为认定事实清楚,证据确凿,适用依据正确,程序合法,内容适当的,决定维持;(二)被申请人不履行法定职责的,决定其在一定期限内履行;(三)具体行政行为有下列情形之一的,决定撤销、变更或者确认该具体行政行为违法;决定撤销或者确认该具体行政行为违法的,可以责令被申请人在一定期限内重新作出具体行政行为:1. 主要事实不清、证据不足的;2. 适用依据错误的;3. 违反法定程序的;4. 超越或者滥用职权的;5. 具体行政行为明显不当的。(四)被申请人不按照本法第二十三条的规定提出书面答复、提交当初作出具体行政行为的证据、依据和其他有关材料的,视为该具体行政行为没有证据、依据,决定撤销该具体行政行为。""行政复议机关责令被申请人重新作出具体行政行为的,被申请人不得以同一的事实和理由作出与原具体行政行为相同或者基本相同的具体行政行为。"第二十九条规定"申请人在申请行政复议时可以一并提出行政赔偿请求,行政复议机关对符合国家赔偿法的有关规定应当给予赔偿的,在决定撤销、变更具体行政行为或者确认具体行政行为违法时,应当同时决定被申请人依法给予赔偿。申请人在申请行政复议时没有提出行政赔偿请求的,行政复议机关在依法决定撤销或者变更罚款,撤销违法集资、没收财物、征收财物、摊派费用以及对财产的查封、扣押、冻结等具体行政行为时,应当同时责令被申请人返还财产,解除对财产的查封、扣押、冻结措施,或者赔偿相应的价款。"可见,行政复议的结论要比复查的结论要更加复杂和科学。

第四,复查也不符合行政复议前置的规定。行政复议法第十六条规定,公民、法人或者其他组织申请行政复议,行政复议机关已经依法受理的,或者法律、法规规定应当先向行政复议机关申请行政复议、对行政复议决定不服再向人民法院提起行政诉讼的,在法定行政复议期限内不得向人民法院提起行政诉讼。第十九条规定,法律、法规规定应当先向行政复议机关申请行政复议、对行政复议决定不服再向人民法院提起行政诉讼的,行政复议机关决定不予受理或者受理后超过行政复议期限不作答复的,公民、法人或者其他组织可以自收到不予受理决定书之日起或者行政复议期满之日起15日内,依法向人民法院提起行政诉讼。行政诉讼法第三十七条规定:"对属于人民法院受案范围的行政案件,公民、法人或者其他组织可以先向上一级行政机关或者法律、法规规定的行政机关申请复议,对复议不服的,再向人民法院提起诉讼;也可以直接向人民法院提起诉讼。法律、法规规定应当先向行政机关申请复议,对复议不服再向人民法院提起诉讼的,依照法律、法规的规定。"据此,公民、法人或者其他组织认为具体行政行为侵犯其合法权益的,除法律、法规明确规定应当先向行政机关申请复议,对复议不服再向人民法院提起诉讼的以外,可以自由选择申请行政复议或者直接向人民法院提起行政诉讼。对于被决定劳动教养的人对劳动教养决定不服的,我国现行法律、法规并没有明确规定必须先向作出劳动教养决定的上一级行政机关或者其他法定机关申请复议,对复议不服才能向人民法院提起诉讼,即没有就此规定行政复议前置程序。此外,国务院发布的《我国现行行政法规目录》《国务院关于废止部分行政法规的决定》中均无《劳动教养试行办法》,可见其并非行政法规,其所规定的复查也并非行政复议前置。从行政复议前置的规定模式来看,一般采取的是"当事人对于劳动教养不服的,应当先向行政机关申请复议,对复议不服的,再向人民法院提起行政诉讼"的立法方式,而《劳动教养试行办法》的相关规定显然不属于上述方式。

据此,1998年11月19日,最高人民法院行政审判庭作出《关于人民法院受理劳动教养行政案件是否需要复议前置问题的答复》(〔1997〕法行字第27号):"法律、法规未规定当事人对劳动教养决定不服,应当先向行政机关申请复议,对复议不服的,再向人民法院提起诉讼;《劳动教养试行办法》第十二条第二款规定的'复查'不应视为劳动教养委员会的复议程序。因此,被决定劳动教养的人对劳动教养决定不服的,可以向上一级劳动教养委员会申请复议;也可以直接向人民法院提起诉讼。"

2002年4月12日,公安部颁布的《公安机关办理劳动教养案件规定》(公通字〔2002〕21号)明确规定了被劳动教养人员的行政复议和申请复查这两种不同的权利。《公安机关办理劳动教养案件规定》第七十一条规定了行政复议权利："被劳动教养人员对劳动教养决定不服的，可以依照行政复议法的规定向作出决定的劳动教养管理委员会的本级人民政府或者上一级劳动教养管理委员会申请行政复议。被劳动教养人员向上一级劳动教养管理委员会申请行政复议的，同级公安机关应当依法受理，并以同级劳动教养管理委员会的名义依法作出行政复议决定。"第七十六条规定了申请复查的权利："被劳动教养人员对决定劳动教养的主要事实不服的，可以依照《劳动教养试行办法》的规定向作出决定的劳动教养管理委员会申请复查。被劳动教养人员申请复查的，公安机关应当以同级劳动教养管理委员会的名义依法进行复查。"在司法实践中，对于复查的性质也逐渐明确。例如，在白光华不服天津市劳动教养管理委员会劳动教养决定一案中，法院认为，《劳动教养试行办法》第十二条第二款规定："被决定劳动教养的人，对主要事实不服的，由审批机关组织复查"。这里的"复查"应当理解为原审批机关对劳动教养决定进行重新审查，而不能理解为或者视为行政复议。我国现行法律、法规没有规定不服劳动教养决定的行政诉讼案件必须经过行政复议的前置程序，当事人不服劳动教养决定的，有权根据行政复议法的规定，自由选择申请行政复议或者直接向人民法院提起行政诉讼。[①] 这一案件的审理与本批复精神是一致的。

[①] 《中华人民共和国最高人民法院公报》2007年第3期。

32. 法律规定行政案件起诉期限短于行政法规规定的起诉期限的，起诉期限应当按照行政机关告知的起诉期限计算

——《最高人民法院行政审判庭关于税务行政案件起诉期限问题的电话答复》解读

1990 年 12 月 27 日

一、问题的提出

1990 年 12 月 21 日，湖北省高级人民法院向最高人民法院请示以下法律问题：行政诉讼法第三十八条第二款规定："申请人不服复议决定的，可以在收到复议决定书之日起十五日内向人民法院提起诉讼。……法律另有规定的除外。"而《税收征收管理暂行条例》第四十条规定："……申请人对答复不服的，可以在接到答复之日起三十日内向人民法院起诉。"[①] 前者是法律，后者是行政法规，二者规定的起诉期限不同，应当如何确定。

湖北高院审委会经讨论认为，依照法律高于行政法规效力的原则，应按行政诉讼法确定的 15 日执行。同时认为，行政诉讼法的本意是为了充分保护当事人的诉权，行政管理相对人大多是依照具体行政行为所依据的法律、法规规定的起诉期起诉。因此，倾向性意见是，在当前没有作出法律解释和司法解释的情况下，具体行政行为交代起诉期为 30 天的，应该受理；没有交代起诉期的，按 15 天的起诉期限受理。

[①] 该条例已被 1992 年 9 月 4 日全国人大常委会通过并公布的《中华人民共和国税收征收管理法》明令废止。

二、分析

本请示问题涉及的是对行政诉讼法第三十八条第二款的理解问题。

行政诉讼法第三十八条第二款规定:"申请人不服复议决定的,可以在收到复议决定书之日起十五日内向人民法院提起诉讼。复议机关逾期不作决定的,申请人可以在复议期满之日起十五日内向人民法院提起诉讼。法律另有规定的除外。"也就是说,一般情况下,行政诉讼法规定的不服复议决定,可以在收到复议决定书之日起15日内向人民法院提起诉讼。这一规定主要是参考了行政诉讼法制定之前大多数法律规定的经复议后的起诉期限。例如,标准化法第二十三条规定:"当事人对没收产品、没收违法所得和罚款的处罚不服的,可以在接到处罚通知之日起十五日内,向作出处罚决定的机关的上一级机关申请复议;对复议决定不服的,可以在接到复议决定之日起十五日内,向人民法院起诉。……"

"法律另有规定的除外"是特殊情形,主要包括两种情形:一是法律规定了长于15天的起诉期限。例如,1987年海关法第五十三条规定:"当事人对海关的处罚决定不服的,可以自收到处罚通知书之日起三十日内,海关无法通知的,自海关的处罚决定公告之日起三十日内,向作出处罚决定的海关或上一级海关申请复议,对复议决定仍然不服的,可以自收到复议决定书之日起三十日内向人民法院起诉。"① 二是法律规定了短于15天的起诉期限。例如,原《治安管理处罚条例》第三十九条规定:"被裁决受治安管理处罚的人或者被侵害人不服公安机关或者乡(镇)人民政府裁决的,在接到通知后五日内,可以向上一级公安机关提出申诉,由上一级公安机关在接到申诉后五日内作出裁决;不服上一级公安机关裁决的,可以在接到通知后五日内向当地人民法院提起诉讼。"②《集会游行示威法》第三十一条规定:"当事人对公安机关依照本法第二十八条第二款或者第三十条的规定给予的拘留处罚决定不服,可以自接到处罚决定通知之日起五日内,向上一级公安机关提出申诉,上一级公安机关应当自接到申诉之日起五日内作出裁决;对上一级

---

① 该法于2000年7月8日第九届全国人民代表大会常务委员会第十六次会议修订,原条文已经删除,相应的条文为第六十四条:"纳税义务人同海关发生纳税争议时,应当缴纳税款,并可以依法申请行政复议;对复议决定仍不服的,可以依法向人民法院提起诉讼。"2013年6月29日第二次修正对此条未予修改。

② 2005年8月28日,第十届全国人民代表大会常务委员会第十七次会议通过《中华人民共和国治安管理处罚法》,自2006年3月1日起施行。1986年9月5日公布、1994年5月12日修订公布的《治安管理处罚条例》同时废止。

公安机关裁决不服的，可以自接到裁决通知之日起五日内，向人民法院提起诉讼。"行政诉讼法颁布之后，大多数的法律规定不服复议决定的，应当在15日内向人民法院提起诉讼。

这里的"法律"是指全国人大及其常委会根据宪法的规定制定的规范性文件，包括基本法律和非基本法律。根据立法法第八条的规定，诉讼制度只能制定法律。诉讼是指司法机关在当事人和其他诉讼参与人参加下，依照法定程序，为解决当事人的权利和义务进行的活动。诉讼的进行是以国家意志为左右的，对公民权利和义务的解决体现了国家的价值取向。因此，有关诉讼制度的事项必须由国家统一立法。[①] 比如，刑事诉讼法、民事诉讼法和行政诉讼法只能是法律形式。

在本案中，1986年4月21日公布，同年7月1日生效的《税收征收管理暂行条例》第四十条规定："纳税人、代征人或其他当事人同税务机关在纳税或者违章处理问题上发生争议时，必须首先按照税务机关的决定缴纳税款、滞纳金、罚款，然后在十日内向上级税务机关申请复议。上级税务机关应当在接到申诉人的申请之日起三十日内作出答复。申诉人对答复不服的，可以在接到答复之日起三十日内向人民法院起诉。"该条与之后颁布的行政诉讼法第三十八条第二款的规定不一致。这个问题既涉及新法与旧法的冲突，也涉及法律和行政法规的冲突。

在法理上，对于新法与旧法的冲突，有的是涉及同一机关制定的新法与旧法的冲突，有的涉及不同机关制定的新法与旧法的冲突。立法法第八十一条规定："同一机关制定的法律、行政法规、地方性法规、自治条例和单行条例、规章，特别规定与一般规定不一致的，适用特别规定；新的规定与旧的规定不一致的，适用新的规定。"也就是说，立法法针对同一机关制定的规范性文件，才有新法优于旧法的规则。对于不同位阶的规范性文件，不适用新法优于旧法规则。立法法第七十九条第一款规定："法律的效力高于行政法规"。在宪法之下，全国人大及其常委会的制定法律的效力等级最高。根据宪法的规定，全国人大及其常委会是国家最高权力机关，行使国家立法权。因此，严格地说，只有全国人大及其常委会有立法权，其他机关的立法权都是派生的。全国人大及其常委会制定的法律是制定行政法规的依据。因此，法律的效力高于行政法规，与法律抵触的行政法规是无效的。[②]

那么，问题的答案似乎是简单的，《税收征收管理暂行条例》与行政诉

[①] 乔晓阳主编：《中华人民共和国立法法讲话》，中国民主法制出版社2008年版，第79~80页。

[②] 张春生主编：《中华人民共和国立法法释义》，法律出版社2000年版，第232页。

讼法的规定不一致，应当适用行政诉讼法的规定。但随之而来的问题是，《税收征收管理暂行条例》规定的起诉期限长于其后颁布的行政诉讼法规定的起诉期限。从一般的观念来看，起诉期限长对于公民权利的保护更为有利。

立法法在第五章"适用与备案"中曾经规定了规范性文件溯及既往的情形，亦有称"权利保护规则"者。立法法第八十四条规定："法律、行政法规、地方性法规、自治条例和单行条例、规章不溯及既往，但为了更好地保护公民、法人和其他组织的权利和利益而作的特别规定除外。"对于法不溯及既往原则而言，如果法律规定的是减轻行为人的责任或者增加公民的权利，也可以具有溯及力。这里的"公民、法人和其他组织"是指规范性文件所直接指向的公民、法人和其他组织，是规范性文件调整的特定对象，不是泛指，不是为了保护多数人的利益而使规范性文件具有溯及力。① 这一规定实际上是"新法优于旧法"的补充，针对的仍然是同一机关制定的规范性文件。那么，对于不同层级的规范性文件是否也可以适用"权利保护规则"呢？我们认为，如果新法优于旧法的规则仅仅适用于同一机关制定的规范性文件，而不适用于不同层级的机关制定的规范性文件时，就会导致上位法永远优于下位法，在适用下位法对公民权利保护更有利时，可能显得不公平。

《最高人民法院关于审理行政案件适用法律规范问题的座谈会纪要》（法〔2004〕第96号）在"关于新旧法律规范的适用规则"中规定："根据行政审判中的普遍认识和做法，行政相对人的行为发生在新法施行以前，具体行政行为作出在新法施行以后，人民法院审查具体行政行为的合法性时，实体问题适用旧法规定，程序问题适用新法规定，但下列情形除外：（一）法律、法规或规章另有规定的；（二）适用新法对保护行政相对人的合法权益更为有利的；（三）按照具体行政行为的性质应当适用新法的实体规定的。"根据这一规定，起诉期限的问题无疑属于程序问题，应当适用新法，即行政诉讼法。对于权利保护规则而言，上述规定只适用于实体问题，即实体问题适用旧法规定，但适用新法对保护行政相对人的合法权益更为有利的，适用新法。对于程序问题，没有规定权利保护规则。

我们认为，根据上述司法政策的精神，对于程序问题适用新法规定，但适用旧法对保护行政相对人的合法权益更为有利的，适用旧法规定。但是，无论是立法法还是司法政策，都没有规定对程序问题的权利保护规则。因此，作为下位法的规范性文件与行政诉讼法规定的起诉期限不同的，应当依照行政诉讼法的规定。

对于行政诉讼法规定的15日的起诉期限，行政诉讼法第三十八条第二款

---

① 张春生主编：《中华人民共和国立法法释义》，法律出版社2000年版，第239页。

规定"法律另有规定的除外"。实际上，15 日的起诉期限已经比较短了，"法律另有规定除外"可能意味着法律可以设定短于 15 日的起诉期限。从这个角度讲，行政诉讼法关于起诉期限的规定与行政复议法规定的复议期限的立法技术相比，后者更为科学，也更能体现权利保护的宗旨。行政复议法第九条规定："公民、法人或者其他组织认为具体行政行为侵犯其合法权益的，可以自知道该具体行政行为之日起六十日内提出行政复议申请；但是法律规定的申请期限超过六十日的除外。"因此，在修订行政诉讼法时，上述条款修订为"申请人不服复议决定的，可以在收到复议决定书之日起十五日内向人民法院提起诉讼。复议机关逾期不作决定的，申请人可以在复议期满之日起十五日内向人民法院提起诉讼。法律规定的起诉期限超过十五日的除外"

综合以上理论和实践，对于起诉期限这一程序问题，行政法规与行政诉讼法不一致的，应当执行行政诉讼法的规定。也就是说，即使《税收征收管理暂行条例》规定了 30 日的起诉期限，也应当执行行政诉讼法规定的 15 日起诉期限。

然而，在特定情形下，应当承认《税收征收管理暂行条例》规定的起诉期限的效力。这是因为：第一，《税收征收管理暂行条例》为行政法规，轻易否定其对起诉期限的规定不一定符合行政诉讼法的立法宗旨。行政诉讼法的立法宗旨是保护公民、法人和其他组织的合法权益，缩短公民、法人和其他组织的起诉期限显然与此相悖。对于诉权和起诉期限问题，最高人民法院倾向于采取比较宽松的态度。例如，民事诉讼法（试行）虽然规定只有法律规定可以起诉的行政案件，人民法院才能受理。根据《最高人民法院关于地方人民政府规定可向人民法院起诉的行政案件法院应否受理问题的批复》（1987 年 10 月 9 日）、《最高人民法院关于刑法规定当事人可以起诉而旧法规没有规定可以起诉而当事人起诉的，人民法院可否受理的函》（1989 年 1 月 23 日，法［行］函〔1989〕11 号）都认可了行政法规、地方性法规、单行条例、自治条例规定行政诉权的，人民法院可以受理。第二，由于《税收征收管理暂行条例》规定 30 日，行政诉讼法规定 15 日，可能导致行政机关告知 15 日或者 30 日的不同。如果因行政机关告知 30 日而导致行政相对人在 16 日至 30 日内起诉时超过行政诉讼法规定的 15 日，并且法院因此不予受理，对于当事人是不公平的。第三，行政诉讼法第三十八条第二款规定的"在收到复议决定书之日起十五日内向人民法院提起诉讼"的准确含义是，行政机关在告知行政复议决定内容、起诉期限和诉权后的 15 日内，行政相对人可以向人民法院提起诉讼。这个结论也可以由《若干解释》第四十一条反证。《若干解释》第四十一条第二款规定，复议决定未告知公民、法人或者其他组织诉权或者法定起诉期限的，适用前款规定。即行政复议机关作出行政复议决定时,未告知公民、法人或者其他组织诉权或者起诉期限的,起诉期限从公民、法人或者其他组织知道或者应当知道诉权或者起诉期限之日起计算,但从知道或者应当知道具体行政行为内容之日起最长不得超过2年。行政诉讼法及其司法解释着重强调了行政机关的告知义务。行政机关告知起诉期限短于行政诉讼法规定的起诉期限的,执行行政诉讼法规定的起诉期限;行政机关告知起诉期限长于行政诉讼法规定的起诉期限的,应当从其告知起诉期限之日起算。

综上,1990年12月27日,最高人民法院行政审判庭作出《关于税务行政案件起诉期限问题的电话答复》:"湖北省高级人民法院:你院行审文字〔1990〕第42号关于税务行政案件起诉期限的请示报告收悉。经研究,同意你院意见,即根据行政诉讼法第三十八条第二款的规定:'申请人不服复议决定的,可以在收到复议决定书之日起15日内向人民法院提起诉讼。''法律另有规定的除外。'《中华人民共和国税收征收管理暂行条例》规定当事人不服税务机关复议裁决的起诉期限为30日。因该条例属于行政法规,不属于法律,故应适用行政诉讼法规定的起诉期限。如果税务复议裁决交代起诉期限为30日,当事人在接到复议决定书之日起十五日后至三十日以前向人民法院起诉的,应视为当事人在法定期限内提起诉讼。"本答复中"视为当事人在法定期限内提起诉讼"虽为法律拟制之意,但根据《若干解释》第四十二条第二款的规定,当事人的起诉期限仍在法定起诉期限内,非为"拟制"。

五、审理与判决

33. 行政诉讼撤诉规则及适用
——《最高人民法院关于行政诉讼撤诉若干问题的规定》解读

2008年1月14日　　　　　　　　　　　　　　法释〔2008〕2号

行政诉讼的基本功能和目的在于保护公民、法人和其他组织合法权益，化解行政争议。行政诉讼法第五十一条确立了行政诉讼中原告撤诉和法院对原告撤诉的审查制度，是行政诉讼立法目的实现的具体制度。该条本意是对原告诉权的尊重，并通过对撤诉申请的审查确保原告撤诉的真实意愿。但是，这个制度需要更具体的程序予以保障。根据《若干解释》第三十六条"人民法院准许原告撤诉后，原告以同一事实和理由重新起诉的，人民法院不予受理"的规定，被告一旦对和解内容予以反悔，原告无法以同一事实和理由再行起诉，将丧失请求司法保护的最终救济权利。由此，规范行政诉讼撤诉制度，制定对当事人诉讼和解的具体规定，确保法院对和解过程和履行情况的监督，是非常重要的。

为妥善化解行政争议，正确处理行政诉讼中当事人因和解而申请撤诉的行为，增进当事人与行政机关之间的理解和信任，维护社会的和谐稳定，最高人民法院审判委员会于2007年12月17日通过《关于行政诉讼撤诉案件若干问题的规定》（以下简称《撤诉规定》），该规定于2008年1月14日公布，自2008年2月1日起施行。《撤诉规定》以行政诉讼法为依据，进一步规范了行政诉讼中当事人因和解而申请撤诉的行为，具有可操作性。

一、关于行政诉讼法第五十一条规定的撤诉制度

行政诉讼法第五十一条规定："人民法院对行政案件宣告判决或者裁定前，原告申请撤诉的，或者被告改变其所作的具体行政行为，原告同意并申

请撤诉的,是否准许,由人民法院裁定。"该条是专门对被告在行政诉讼过程中改变被诉具体行政行为,原告同意并申请撤诉的情形作出的规定,至少包含以下内容:一是原告因被告改变被诉具体行政行为而向人民法院提出撤诉,是以当事人"和解"为前提的;二是当事人的和解行为发生在行政诉讼中,是行政诉讼的组成部分;三是和解是当事人达成的以终结诉讼为目的的合意,是当事人行使处分权的表现;四是因和解而申请的撤诉需经人民法院确认,经法院裁判准许撤诉后,当事人在诉讼中达成的和解内容就具有了判决的效力;五是该条是专门针对被告在行政诉讼过程中改变被诉具体行政行为情形而规定的。

既然原告因被告改变被诉具体行政行为而向人民法院提出撤诉,是以当事人在诉讼中的"和解"为前提的,就可以肯定地说,在行政诉讼撤诉制度中,还合理、合法地存在着行政诉讼"和解"制度。既然和解发生在诉讼中,是行政诉讼的组成部分,那么就要求当事人之间进行的一切与诉讼标的有关的法律行为,都应当在行政诉讼中而不是在行政诉讼外进行,必须接受司法审判的监督。既然和解是当事人达成的以终结诉讼为目的的合意,是当事人行使处分权的表现,那么就要求当事人必须在法律规定行使处分权的范围内实施对各自权利的处分,不能超越法律规定实施处分权利,也不能滥用处分权利。既然和解需人民法院在审查撤诉程序中予以确认,就需要由法院对当事人之间的和解内容进行合法性审查,不能仅限于对原告申请撤诉表面形式的审查。既然经人民法院确认的和解内容具有判决的效力,就需要有一套完整、有效的程序规范保障和解内容的履行。既然是专门针对被告在行政诉讼过程中改变被诉具体行政行为情形而规定,就需要有针对性的适用规定,在实践操作中应注意区分原告因其他原因向法院提出撤诉的情形。

行政诉讼法第五十一条规定的撤诉、和解制度,给被告一个主动纠错的机会,并以诉讼经济为目的,不仅减少了诉讼时间,缩短了当事人兑现权益的过程,节约了诉讼成本,还对保护公民、法人和其他组织合法权益,化解行政争议起到了很好的作用。该制度的确立还表明:判决并不是解决行政争议的唯一手段,以和解并撤诉的方式结案,更能直接、彻底地解决纠纷,有效化解官民矛盾。另外,在有些案件中,一些事实状态经过当事人之间的辩论质证仍不能发现真相的情况下,只能通过当事人之间的妥协、和解来解决。无疑,这是一个非常好的诉讼制度。

二、关于撤诉的条件

行政诉讼法第五十一条只是确定了撤诉这样一个诉讼制度,对于依该条规定申请撤诉的条件则没有规定。《撤诉规定》将撤诉的条件归纳了四点：（1）申请撤诉是当事人真实意思表示；（2）被告改变被诉具体行政行为，不超越职权，不违反法律、法规的禁止性规定，不损害公共利益和他人合法权益；（3）被告已经改变或者决定改变被诉具体行政行为，并书面告知人民法院；（4）第三人无异议。四个条件需同时具备，才算完全符合撤诉条件。这四个条件体现为五个原则：一是合法性审查原则，行政案件的处理不同于私法自治，须受司法权的监督，法院在作出准许原告撤诉裁定之前，应当对原告撤诉行为的合法性进行审查；二是自愿原则，这个原则可以防止原告迫于行政机关的压力违心撤诉；三是有限原则，被告改变被诉具体行政行为的范围和权力是有限的，从法律授权角度看，行政机关并非对任何行政行为和任何事项都有处分权；四是履行诉讼义务原则，在诉讼中被告改变被诉具体行政行为应当书面告知法院，以履行其在行政诉讼中的义务；五是保护诉讼第三人合法权益原则，诉讼第三人的合法权益不能因原告与被告的诉讼和解行为受到侵犯。

在以上四个撤诉条件中，"被告改变被诉具体行政行为，不超越职权，不违反法律、法规的禁止性规定，不损害公共利益和他人合法权益"这个条件尤为重要，因为它直接关系着被告是否具有与原告进行诉讼和解的行政权力。换言之，它关系到撤诉的适用范围。更具体地说，它涉及到被告与原告进行和解的实体法依据。如何理解和运用这个撤诉条件，这需要对诉讼中被告的行政处分权进行分析与认定。行政诉讼中，被告与原告进行和解的行为兼具公法行为与诉讼行为两个方面的性质。作为诉讼行为，它是行政诉讼程序的有机组成部分；作为公法契约，它是行政机关以公法上的权利义务为内容与行政相对人达成的合意。行政诉讼中的和解与民事诉讼中双方当事人和解一样，都遵循"处分权主义"，但由于行政诉讼中的和解带有公法性质，行政机关的"处分权"毕竟有限，故被告"处分权"行使的自由度自然不及私法诉讼中当事人行使的自由度大，双方能够协商妥协的余地也并非无限。这是行政诉讼和解区别于民事诉讼调解的一个明显特征。准确地把握行政诉讼和解与民事诉讼调解的本质区别，有助于我们理解行政诉讼和解的特性、和解的条件和适用范围。

在行政诉讼中，原告的实体处分权范围和方式一般不存在阻却，只要不侵害公共利益、第三人利益以及法律的禁止性规定，就可以对自己的实体权利和诉讼权利依其意愿进行处分，可以说，原告实施处分权需要具备的条件只是"其具备所行使请求权的权利主体要件"。但是，被告的实体处分权必须与依法行政原则相契合。因此，和解适用的范围实际上就是被告实体处分权的范围和方式问题，这也与行政诉讼以具体行政行为的合法性为审查对象相一致。

关于行政诉讼中被告的行政处分权范围的界定，审判实践中常将行政诉讼的案件类型作为界定标准，一般将行政裁决、行政合同、行政奖励、行政赔偿补偿以及行政机关具有自由裁量权等案件类型作为行政机关具有处分权的示例。行政机关对行政裁决具有处分权，是因为被诉的行政行为中包含了民事因素。这种情况出现在被诉行政行为涉及民事当事人的权利义务争议时，此时的行政主体是运用行政职权解决民事纠纷的中立裁判者。在这种案件的解决过程中，民事主体是否和解的意愿将直接关系到行政案件是否可以和解结案。这类诉讼中的行政行为基本上不具有公共性或者公共性很小。随着民事主体和解的达成，行政案件的双方当事人完全可以通过和解的方式解决行政争议。行政合同纠纷在行政诉讼中可以适用诉讼和解的法律基础是行政合同的合意性，即行政合同是行政主体与行政相对人在协商一致的基础上订立的，存在协商就存在为达成互利而必要的妥协。行政奖励行为有内部行政奖励和外部行政奖励之分，由于内部行政奖励目前被排除在我国行政诉讼受案范围之外，所以在此只讨论外部行政奖励。外部行政奖励案件能够适用和解的基础在于，这种行为的实施只对相对人的权益产生影响而少有影响公共利益的情况，故存在行政机关与相对人协商、讨论的空间。行政机关对行政赔偿具有处分权，根据是我国行政诉讼法关于"赔偿诉讼可以适用调解"的规定。行政机关对具有自由裁量权的行政行为具有处分权，这是没有争议的。行政机关在法定自由裁量权范围内并考虑合适的社会成本的条件下，可以作出让步和妥协。应当说，行政机关在自由裁量权范围内的选择都应当是合法的，只不过对于行政相对人而言，在这些合法的选择中存在着最合理选择的问题。比如在行政机关违法不作为情形下，原告诉求法院判决被告依法作出相关行政行为。诉讼中，被告基于对不作为违法性的认识，承认自己违法，主动让步，并允诺在合理期限内依据法律作出行政行为，从而与原告达成合意，解决纠纷，终结诉讼，这是符合法律原则的。

其实，用上述列举的方法来确定和解的适用范围并不科学，因为列举不能穷尽，而且有些被列举的案件性质也很复杂，表现为：一种类型下的行政行为，行政机关的处分权并不稳定，有的情况下具有处分权，有的情况下又不具有处分权。举一个简单的例子，外部行政奖励案件能够适用和解的基础在于，这种行为的实施只对相对人的权益产生影响而少有影响公共利益的情况，行政机关在行政奖励中拥有较大的自由裁量权，故存在行政机关与相对人协商、讨论的空间。但是，行政奖励由于法律规定的不同又可分为羁束裁量性质的行政奖励与自由裁量性质的行政奖励。羁束裁量性质的行政奖励已由法律明确规定了行政奖励的条件、范围、标准、方式、额度等内容，行政机关必须根据法律的明确规定作出行政奖励行为,如对偷漏税的违法行为进行举报,有关法规、规章规定了作出奖励的明确比例。而自由裁量性质的行政奖励,法律仅对有关行政机关可以或者应当作出行政奖励作出原则性规定,并未具体规定行政奖励的条件、范围、标准、方式、额度等内容,而由行政机关自由裁量作出行政奖励。因此,在有法律、法规明文规定的情况下,行政机关实施行政奖励必须符合该法律法规的规定;在无法律法规规定的情况下,行政机关可以依据自由裁量权作出行政奖励。又如:行政赔偿、补偿案件,在赔偿、补偿的具体范围、方式、数额等方面,行政机关拥有一定的自由裁量权。如果有关国家赔偿、补偿的法律已经对赔偿、补偿的标准、范围、方式、数额等作出具体规定,那么行政机关必须依法执行,没有自行处分的权力,因此也没有与原告进行和解的余地,否则将构成违法。如果采用列举案件类型的方法界定诉讼和解的适用范围,当遇到上述情况时,界定标准就会出现问题。

关于行政诉讼中被告行政处分权范围的界定标准,可以采取排除的方法来解决。以被告实体处分权受限情形为依据,可以将下列行政行为排除在和解的适用范围之外:

(一) 羁束性行政行为

行政行为因受法律拘束的程度不同,可分为羁束性行政行为和裁量性行政行为两种类型。羁束性行政行为受到法律规定的严格限制,又有合法与违反之分。合法的羁束性行政行为,是严格按照法律规定作出的行为,符合法律的立法精神,符合国家利益和公共利益,没有和解的余地。如果允许通过和解的方式加以撤销和改变,必将损害法律的权威性,必将损害国家利益和公共利益。

(二) 无效行政行为

违法的羁束性行政行为根据违法程度又有可撤销和无效之别。对于可撤销的行政行为,在诉讼中行政主体意识到自身行为存在问题,则可通过改变被诉具体行政行为的方式,使其行政行为符合法律规定,并与原告达成和解。如果行政行为在诉讼中被发现是重大明显违法的无效行政行为,则不存在和解的条件。因为无效的行政行为自始就不产生法律效力,相对人无须服从,不存在处分的基础。目前,我国法律尚未从总体上对无效行政行为作出明确界定,但是一些单行法律法规已经有所涉及。如土地管理法第七十八条规定的"无权批准征用、使用土地的单位或者个人非法批准占用土地的,超越批准权限非法批准占用土地的,不按照土地利用总体规划确定的用途批准用地的,或者违反法律规定的程序批准占用、征用土地的,其批准文件无效……";行政处罚法第三条规定的"没有法定依据或者不遵守法定程序的,行政处罚无效"等。实践中,对于因法律、法规明显规定"无效""不能成立"、"相对人有权拒绝"等具体行政行为提起的诉讼,都可直接判断为属于当事人不得进行诉讼和解的情况。无效行政行为属于有重大明显瑕疵的违法行政行为,因其重大明显违法,自始就对相对人不产生效力,因此不存在适用和解程序的空间。但是,如果相对人因无效行政行为受到损失,在诉讼中双方可就有关赔偿的问题达成和解。

(三) 合法并且合理的行政行为

合法并且合理的行政行为是不可予以撤销或变更的,因此,不存在行政机关对该行政行为进行处分的可能。需要强调的是,在合法不作为情形下,被告不能以作出一定行政行为而求取原告的合意。

(四) 法律、法规有禁止性规定或者行政法律关系的性质不适宜和解的行为

如果法律规则明确具体地规定了行政机关作出行政行为的条件、范围、方式、幅度等,无论在实体上还是在程序上,在认定事实上还是在适用法律上行政机关都没有选择权,必须严格按照规则行为,不存在和解适用的余地。被告可能违背法律规定和损害国家利益、社会利益及第三人利益的处分情形,在禁止之列。

三、关于"被告改变其所作的具体行政行为"的情形

行政诉讼法第五十一条规定,是专门对被告改变被诉具体行政行为的情形作出的,因此,界定"被告改变其所作的具体行政行为"的情形是很必要的。《若干解释》第七条对被告改变被诉具体行政行为所认定的主要事实和证据的、改变被诉具体行政行为所适用的规范依据且对定性产生影响的和撤销、部分撤销或者变更被诉具体行政行为处理结果的三种情形作了规定。但是,考虑到原规定是对复议决定改变原具体行政行为的情形进行的解释,不能涵盖被告在诉讼中改变被诉具体行政行为的所有情形。因此,《撤诉规定》又作了几种情形的补充。即根据实践中的做法,把被告根据原告的请求履行法定职责、采取相应的补救、补偿措施以及书面认可原告与第三人达成的和解均视为改变其所作的具体行政行为的情形。

根据原告的请求履行法定职责,是指被告不依法履行法定职责,原告对

被告的不作为提起行政诉讼,请求法院依法判令被告履行法定职责,在诉讼中,被告认识到不作为的错误,主动要求在诉讼中纠正,按照原告的请求履行法定职责。

采取相应的补救、补偿措施,如行政机关在作出有关拆迁行政裁决后,原告不服提起行政诉讼,在诉讼中,被告认为原告提出的有关补偿请求证据充分,符合法律、法规规定,其作出的行政裁决确实存在问题,于是主动提出补偿措施,并得到原告的认可。这种情况,应视为被告在诉讼中改变了被诉具体行政行为。

书面认可原告与第三人达成的和解,如在有些由行政机关居中裁决的案件中,民事主体双方当事人自愿就裁决中的民事权益进行和解,但该和解的内容改变了被诉具体行政行为的内容,如果被告对和解的内容不提出异议,并以书面形式表示认可的,可视为被告在诉讼中改变了被诉具体行政行为。

需要说明的是,《撤诉规定》分两条对属于或者视为行政诉讼法第五十一条规定的"被告改变其所作的具体行政行为"情形作出了列举性规定,没有"其他"情形的兜底条款。这表明,对于"被告改变其所作的具体行政行为"情形,只能严格地解释为六种情况,不再适用于实践中出现的其他情况。

四、关于撤诉制度应遵循的基本原则

基本原则是贯穿于行政诉讼撤诉制度的运行中,指导行政诉讼撤诉制度实施的基本准则。行政诉讼法没有就撤诉制度的基本原则作专门规定。《撤诉规定》也没有专设条款集中规定撤诉制度中应当遵循的基本原则,但在其他条款中,还是明显地体现了在撤诉程序中当事人(包括人民法院)应当遵循的两个原则:自愿原则和合法兼合理原则。

(一) 自愿原则

和民事诉讼调解一样,自愿原则是行政诉讼撤诉程序中的本质属性和核心原则,是衡量撤诉是否合法有效的标尺。自愿原则的本质特征是始终尊重当事人的意志。自愿原则包括当事人程序上的自愿和实体上的自愿两方面。在诉讼程序上,当事人有对撤诉程序的选择和启动权,选择判决还是撤诉,完全是当事人处分权范围内的事,即使法官认为通过和解来解决纠纷对双方更有利,只要一方拒绝,法官不得强迫当事人进入和解程序。在实体上,和解方案原则上由当事人自己提出,和解的内容应尊重当事人的意愿。当和解失败,法院应当及时恢复案件的审理并及时作出判决。通俗地讲,自愿原则要求整个和解程序的推进都要视双方而非单方当事人的意思而定，当事人通过自愿的和解过程达成的协议完全是双方当事人真实意思的体现。

(二) 合法兼合理原则

行政机关在与相对人在达成和解时，必然涉及其对行政职权的处分，如不强调其必须在法定职权范围内或者法律基本原则允许的范围内实施该处分权力，则可能造成其所代表的公共利益的损害。因此，在行政诉讼和解中合法性原则应当得到进一步的强调。合法原则有两个方面的含义，一是和解的程序必须合法，合法的核心是不得违背当事人自愿的原则，和解应当遵循法律规定的程序进行；二是和解协议的内容不得违反实体法的规定，不与法律中的禁止性规定相抵触，不损害国家和社会的公共利益，不损害第三人的合法权益。这是对行政机关在和解中行使"处分权"作出的最基本限制，毕竟在行政领域中，有相当大一部分公权力的行使涉及国家利益、公共利益，当因和解而给优势的公益造成侵害之危险时，和解将被限制或者禁止。合理原则主要是要求在行政机关拥有自由裁量权的案件中，行政机关应当在法定职权范围内与相对人协商，选择适当的方式甚至作出适当的让步，避免显失公正。

除上述两个原则外，有的学者认为，诚信原则也应当作为行政诉讼撤诉的基本原则。诚信原则要求当事人行使权利、履行义务皆应善意真诚、恪守诺言、公平合理。基于行政主体的特殊地位，诚信原则的运用主要是针对行政主体的行为。具体表现为：双方选择通过和解方式解决纠纷必须是出于真实意思表示，而非彼此试探；当事人在和解中必须真实坦诚；双方达成的和解内容不损害公共利益和他人利益；双方必须诚实地履行和解协议。从诚信原则的表现内容看，这个原则的确立对双方和解内容的自觉履行最有意义。如果《撤诉规定》中有由和解双方当事人自觉履行和解协议的内容，就很有必要对诚信原则作出规定。但是，考虑到行政诉讼的特殊性，特别是行政权力的特殊性，《撤诉规定》没有采纳由和解双方当事人自觉履行和解协议的履行方法，而是在第五条专门对和解内容的履行作出了监督性规定，强调和解协议的履行应当在法院作出准许原告撤诉的裁定之前完成，和解协议履行完毕后，才能裁定准许原告撤诉。在这样一个监督履行机制下，规定诚信原则的必要性不是很大，所以《撤诉规定》没有将诚信原则作出规定。

在《撤诉规定》的制定中，关于公开原则和保密原则的争论是比较激烈的。对于撤诉应当遵循公开原则还是保密原则，有两种不同的意见。持保密原则的观点认为，我国民事诉讼法规定了法院的调解和审判一样，都是以公开为原则，以不公开为例外的，目的是为了更好地实现程序的民主和公正。

而行政诉讼撤诉制度中的当事人和解本身较审判而言，有一种"反程序的外观"。故建议在当事人进行和解过程中，应适用不公开原则和保密原则。不公开原则主要有两层含义：对当事人公开、对当事人以外的公众不公开。对当事人公开，并不是说法官一定要当着双方当事人的面参与当事人的和解，而是指法官与一方当事人进行协商和解的情况，须向另一方当事人公开。对当事人以外的公众不公开，不仅包括未经双方当事人同意，其他人不得出席当事人和解场合，不得参与、旁听当事人和解过程，还包括主持当事人和解人不得将其在和解过程中得知的当事人的信息透露给其他人等。另一种意见则认为，行政诉讼撤诉制度应当以公开为原则。

我们认为，在诉讼和解过程中，以"不公开为原则、公开为例外"是有一定道理的。首先，公开审判制度是专门为行政审判程序设定的。公开审判制度要求人民法院审判行政案件，除法律规定的情况外，审理过程应当向群众公开，向社会公开，即允许群众旁听，允许新闻记者对庭审过程作采访报道，将案件向社会披露。即使不公开审理的案件，也应当公开宣判。一般认为，公开审判制度的积极意义在于：有利于人民法院接受群众监督，提高办案质量；有利于促使人民法院保障当事人行使诉讼权利；有利于案件的审理和纠纷的解决；有利于进行法制宣传教育。由此可以看出，设立公开审判制度的主要目的在于监督人民法院行使审判权，防止审判权的滥用，保证法院作出强制性裁判的正当性。因为审判是一种强制性的、决定型的纠纷解决方式，其最高价值目标是公正，公开则是作为实现公正的一种保障机制而存在的。但是，当事人进行的诉讼和解与审判不同，和解作为一种合意型的纠纷解决方式，是基于当事人的自愿而进行的，主持和解的法官在和解过程中不具有任何强制力，因而无需以公开和解的方式对法院主持的和解程序进行"权力滥用"的防范。其次，为了寻求恰当妥善的和解结果，往往需要当事人客观说明事件真相并披露所有必要的细节以及提供充分的信息，不公开地进行协商，更符合当事人的意愿。不过，我们也不能排除当事人依自愿原则希望公开进行和解的可能性，因此，行政诉讼和解"以不公开为原则、公开为例外"为适用原则更为合理。

考虑到目前理论与实践部门均有不同的看法。我们在《撤诉规定》中回避了这个原则，认为不同情况应当不同对待。而且，这个原则是否被采用，并不影响和解程序及和解内容的公正性。因为在和解的自愿与合法性、合理的原则中，已对和解程序的公正、合法性作出了全面而彻底的规范。

五、法官在和解中的地位与作用

尽管行政诉讼中的和解强调当事人自愿，但和解毕竟发生在诉讼程序中，不可能脱离司法权的作用。因此，在当事人和解过程中，法官并非处于完全的消极地位。

在诉讼和解制度中，"法官的地位与作用"是一个非常重要的内容。行政诉讼中当事人和解最大的缺点就是存在双方实力上的不平衡。在合意中，实力强大、经验丰富的当事人处于优势地位，从而可能主导和解的进行。法官的管理虽然在一定程度上弥补了这些不足，但如果法官过多地介入又会使协商趋于消退。合意形成中，法官的作用总处在两难境地当中：一方面追求通过合意解决纠纷，另一方面又要求权威介入纠纷以其获得正确妥当的解决，法官总处在这两种矛盾的协调、平衡之中。法官对于合意的形成应当施加多大程度的影响才是适当的，如何在和解中寻求法官合理的角色，这真算是一个难题。既要保障当事人合意的纯度，又要使和解因法官的积极作用而获得成功，其关键的问题就是要在这二者之间寻求一个恰当的平衡点。这个平衡点聚集了这样一个内容：当事人始终是合意的决定者，而法官则应为此提供条件和保障；在合意中，法官的地位是中立、公正和消极的，法官只能在充分尊重当事人合意和处分权的前提下发挥能动作用。具体地讲，法官在当事人和解中的职权作用应当仅限于以下几个方面：第一，适时为双方提供协商、对话的机会。法官可以提出案件适合和解的原因和适当和解建议，引导双方在自愿基础上进入协商程序。第二，指导双方当事人集中地对争议的问题按时提交诉辩理由和证据，并对提交的证据作出归类和认定。第三，法官在和解过程中应当了解争执的真相，帮助双方当事人归纳争议的焦点和分歧，心证开示，对相关的法律、政策及和解方案作出解释。第四，在必要和可能时，提出纠纷解决的建议和方案，供当事人协商讨论。法官比当事人更了解法律和政策，对案件的看法也更专业，提出的和解方案一般比较合理，但能否被采纳形成合意，必须取决于当事人。第五，在双方当事人达成和解后，法官应当对和解协议进行审查，并通过法定程序对合法的和解协议予以确认。

《撤诉规定》本着既要保障当事人合意，又要使和解因法官的作用而获得成功这样一个理念，尽可能地界定了法官在和解程序中理想位置。如：和解的启动、进行以及和解协议的达成，均由当事人自愿决定。人民法院可以根据案件的具体情况，向当事人提出和解的建议。人民法院建议行政机关改变被诉具体行政行为应当在合法性审查的基础上进行。等等。

应当指出，法官既是裁判者又是和解主持者的双重身份决定了其对和解介入会产生双面作用。积极的作用是促进和解达成，消极的作用是可能造成强制和解。因此，有必要对法官介入的消极作用加以限制，发挥其积极的作用。限制法官的消极作用表现为：第一，法官信息开示时必须双方当事人到场，使双方当事人在获得同等信息量的基础上，自主地进行利害调整和纠纷解决的交涉。避免单方接触当事人，保持法官的中立与公正。第二，如果最终无法达成和解而必须作出裁判时，当事人为了达成和解在事实等方面的承认及陈述等，在以后的裁判中不得作为裁判的依据。第三，在诉讼和解过程中，当事人对具有强制和解倾向的法官有申请回避的权利。除上述三项限制外，《撤诉规定》第七条还强调："申请撤诉不符合法定条件，或者被告改变被诉具体行政行为后当事人不撤诉的，人民法院应当及时作出裁判。"这条规定为了防止法院可能出现的"久调不结"的问题，明确要求对不符合撤诉条件或者行政机关改变行政行为后当事人坚持不撤诉的，要及时恢复审理并作出裁判。

六、关于撤诉程序方面的规定

行政诉讼撤诉程序主要包含以下内容：当事人对和解程序的启动；和解程序的适用阶段；和解程序的终结等。

（一）和解程序的启动

行政诉讼中的和解是当事人以合意解决纠纷的方式，是当事人通过对各种因素的衡量，为实现其利益最大化而选择的一种结案方式。因受当事人自愿原则的限制，和解程序的启动应取决于双方当事人的共同意愿，即应由一方提出后双方均同意才可进行。当然，法院也可以告知当事人有权要求和解，在征得双方同意后才可以启动和解程序。对此，《撤诉规定》第一条特别强调，法院只能"建议"被告改变被诉的具体行政行为，而和解程序必须由双方当事人启动，这也是诉讼当事人程序主体地位的必然要求。

（二）和解程序的适用阶段

和解究竟在诉讼程序的什么阶段适用，对此学者有不同的见解。有观点认为，和解只能适用于一审程序的准备阶段；有观点则认为，和解可以在行政诉讼一审程序的任何阶段进行；还有观点认为，在诉讼中采用何种方式结束案件是当事人的程序选择权，不论在何审级，当事人之间的纠纷始终是法院审理的中心所在，不应有审级上和诉讼阶段上的限制；最后一种观点认为，对和解的适用阶段不应有审级上的限制，但是不主张在诉讼程序的任何阶段都适用，至少在证据交换之前不能适用。从以上不同观点来看，关于和解程序的适用阶段，不仅要解决适用的审级问题，还要解决适用的诉讼阶段问题。

关于和解适用的诉讼阶段，参照①我国台湾地区、德国和日本等国家的做法，《撤诉规定》在第一条将和解适用的诉讼阶段规定为法院"宣告判决和裁定前"，亦即在诉讼程序启动后、法院宣告判决和裁定前的任何诉讼阶段都可以适用和解程序。

关于和解适用的审级，《撤诉规定》第一条明确了和解首先应适用于一审程序。参照《民诉意见》第191条关于当事人在二审期间"因和解而申请撤诉，经审查符合撤诉条件的，人民法院应予准许"的精神，《撤诉规定》第八条第一款还确定行政诉讼和解适用于二审以及审判监督阶段。

综合《撤诉规定》第一条和第八条第一款的规定，人民法院对行政案件立案受理后宣告判决或者裁定前，当事人之间达成和解协议，原告可以申请撤诉。二审、再审程序中，人民法院对行政案件宣告判决或者裁定前，上诉人、再审申请人与其他当事人达成和解协议，可以申请撤回上诉或再审申请。

（三）和解程序的终结

和解程序的终结无非会产生两种结果，一是和解达成，原告依照法律程序提出撤诉；二是和解失败，法院恢复案件的审理并作出裁判。当然，在这两个结果产生的过程中，还有和解协议成立和生效的条件。

1. 和解达成，原告依照法律程序提出撤诉

《撤诉规定》第五条规定："被告改变被诉具体行政行为，原告申请撤诉，有履行内容且履行完毕的，人民法院可以裁定准许撤诉；不能即时或者一次性履行的，人民法院可以裁定准许撤诉，也可以裁定中止审理。"该条规定表明，行政诉讼的撤诉程序应以当事人和解为前提，由原告向法院提出撤诉申请为终结。这正是行政诉讼法第五十一条规定的行政诉讼撤诉制度的完成时态。为防止行政机关在改变被诉具体行政行为后不履行或不及时履行所承诺的义务，致使当事人合法权益再次遭受侵害，甚至由此产生循环诉讼，该条还对行政机关履行义务的情况作出了"监督性"的规定。

2. 和解协议成立和生效的条件

和解协议是当事人以行政法上的权利义务关系作为标的进行的合意，因此，和解的成立，应以和解当事人对合意的协议书签字、盖章为标准。和解协议涉及案外人的内容，未经案外人签字认可，对案外人不发生法律效力。当事人进行的诉讼和解是诉讼行为的一部分，和解必须经过法院依法确认，

---

① 翁岳生主编：《行政法》，翰芦图书出版社有限公司1999年版。

经法院确认后的和解协议才具有强制执行力。因此，行政诉讼和解协议成立的要件与生效的要件是有区别的。当事人签署和解协议后，和解成立；法院对和解协议审查确认后，协议才能生效。

关于达成和解协议并经人民法院审查同意后，是否由法院制作产生法律效力的法律文书问题，各地有不同做法。在英美法系国家的民事诉讼中，认为民事诉讼和解仅为一种私法行为，因此仅有和解本身并不当然发生与判决相同的效力。当事人为了让和解具有强制执行力，可以通过申请，要求法院按照和解协议作出合意判决。[①] 而在大陆法系国家的民事诉讼和解中，则采用的是将和解协议记入笔录即产生效力的模式，和解虽非裁决，但具有强制执行力。依据行政诉讼法第五十一条规定的行政诉讼撤诉制度模式，《撤诉规定》采用的是将有效成立的和解协议的内容载入到法院作出的准许原告撤诉裁定中，通过发生法律效力的裁定，确定和解协议的法律效力。

3. 关于终止和解、恢复审理的条件

《撤诉规定》第七条对终止和解、恢复审理的条件作了明确规定，"申请撤诉不符合法定条件，或者被告改变被诉具体行政行为后当事人不撤诉的，人民法院应当及时作出裁判。"

申请撤诉不符合法定条件，是指当事人的申请不符合《撤诉规定》第二条规定的法院裁定准许撤诉的四个条件，即申请撤诉是当事人真实意思表示；被告改变被诉具体行政行为，不超越职权，不违反法律、法规的禁止性规定，不损害公共利益和他人合法权益；被告已经改变或者决定改变被诉具体行政行为，并书面告知人民法院；第三人无异议。应当注意，以上四个条件中的任何一个条件不满足都是认定撤诉不合法的标准，不需要同时具备。

被告改变被诉具体行政行为后当事人不撤诉，主要有两种情况，一是被告改变了被诉具体行政行为后，原告不同意，和解未能达成；二是被告改变了被诉具体行政行为后，原告表示同意，但又明确表示不撤诉。

除了《撤诉规定》第七条规定的两种情况外，是否还有其他应当恢复审理并及时作出判决的情形呢？比如，当事人要求和解，但已经过了很长一段时间进行协商，仍未有结果，当事人还一再表示只想通过和解解决纠纷。在这种情况下，如果设定一个和解期间就可以解决问题了。不过，《撤诉规定》未涉猎这个问题。又如：在法院审查原告撤诉过程中，当事人认为和解协议违法或无效，应当有权在法律规定的时间内请求法院对和解协议进行审查，确实存在违法或无效情形的，法院应当作出裁定予以确认，并恢复对原来被诉行政行为案件的审理。这种需要终止和解、恢复审理的情形也未在《撤诉

---

① 章武生、吴泽勇：《论诉讼和解》，载《法学研究》1998年第2期。

规定》中予以规定。再如：当事人虽然达成了和解协议，但在人民法院宣告判决或者裁定前当事人反悔的，算不算需要终止和解、恢复审理的情形呢？除上述列举的情况，实践中是否还存在其他应当恢复审理并及时作出判决的情形，这些情况都是《撤诉规定》的未尽事宜。

我们认为，《撤诉规定》第七条并不是针对终止和解、恢复审理的条件作出的唯一规定，上面所列举的情形，应当属于法院"终止和解、恢复审理"的条件。至于这些"终止和解、恢复审理"的条件所附带的时间、期限等问题，在法律没有特别规定的情况下，可以留给法官一个根据审判实际和个案的特点解决个案程序问题的自由裁量权。

需要再次强调的是：凡是恢复审理的案件，当事人此前为达成和解作出的让步和承认的事实不能作为审判的依据。

七、关于结案方式

一般来说，和解是在相对平等的环境中，通过当事人相互协商、相互妥协、相互谅解而达成的，在原告依照行政诉讼法第五十一条规定向法院提出撤诉申请，法院经审查后认为符合撤诉条件的，依法作出准许原告撤诉的裁定后，当事人理应自动履行。但不排除当事人尤其是被告不如期履行和解协议的情况，基于和解的执行力，当事人再向法院要求强制执行，这就回到了行政诉讼执行这个棘手的问题上。在充分地考虑了行政诉讼和解的特殊性前提下，为防止行政机关在改变被诉具体行政行为后不履行或不及时履行所承诺的义务，致使当事人合法权益再次遭受侵害，甚至由此产生循环诉讼，法院有必要对行政机关履行义务的情况进行监督。故《撤诉规定》第五条对和解协议的履行情况和实施监控措施作出了规定，"被告改变被诉具体行政行为，原告申请撤诉，有履行内容且履行完毕的，人民法院可以裁定准许撤诉；不能即时或者一次性履行的，人民法院可以裁定准许撤诉，也可以裁定中止审理。"

对和解协议履行情况的监督审查，应当包括以下几个方面：被诉行政机关是否已经依照协议作出新的行政行为并书面告知了法院；参加和解各方是否已经依照协议履行了赔偿或者给付等义务；不能即时履行的，义务方是否已经明确了履行时间并得到了对方认可；行政争议是否得到妥善解决的其他情形。法院通过采取上述有效手段对和解协议履行情况进行监督审查，不仅可以保障当事人合法权益不会再次遭受侵害，而且还能能杜绝因当事人合法权益再次遭受侵害而产生的循环诉讼。

根据现行法律规定，被告改变被诉行政行为原告申请撤诉，只能以裁定准许撤诉方式结案。但是，准许撤诉的结案方式存在一些问题：一是法院并没有对被诉行政行为作出评价，不能体现行政机关改变被诉行政行为的过程和内容；二是难以避免行政机关以承诺改变被诉行政行为诱使原告撤诉，原告撤诉后拒不履行承诺的现象。在行政诉讼法作出修改前，司法解释又不宜创设新的结案形式，只能适用行政诉讼法明确规定的裁定准予撤诉的方式。为此，《撤诉规定》第六条和第八条对行政撤诉的结案方式作了必要的补充和完善：一是作出一审裁定时，可以在裁定理由中载明行政机关改变被诉行政行为的主要内容及履行情况，并根据案件具体情况明确被诉行政行为全部或者部分不再执行。二是准许撤回上诉或者再审申请的裁定可以载明行政机关改变被诉具体行政行为的主要内容及履行情况，并可以根据案件具体情况，在裁定理由中明确被诉具体行政行为或者原裁判全部或者部分不再执行。

八、诉讼和解在行政诉讼中的地位

实践表明，社会冲突在特定主体间的化解和消除并不以裁判的作出为充足条件，[1] 即使法官就当事人法律上的利害冲突通过裁判予以解决，当事人之间的对抗和敌视不会必然随裁判的作出而消除。相反，在某些情况下更容易激化或者形成新的冲突。要彻底解决当事人之间的冲突不但要理顺双方法律上的权利义务关系，更重要的是，在这个过程中给双方充分的机会进行磋商，互谅互让，从而在纠纷可能涉及的问题上均达成一致的前提下，形成双方都满意并从情感上能够接受的纠纷解决方案，实现当事人间冲突的彻底解决。[2] 和解的本质就是使对抗不仅在形式上、行为上，而且在心理上、情感上都得到消除。这不仅对当事人有意义，对社会的稳定和维护都将产生影响。

行政诉讼总体上讲是一种严格对峙的诉讼，个人与政府之间的争议，必须在法庭上经过对抗辩论，由法官居中依法作出裁判。但是，和解则强调合意，和解实质上是以"和"为核心理念和价值追求。显然，"合意"与"对峙"互相对立，和解与行政诉讼存在冲突。但是，和解与对峙型行政诉讼也有可包容之处。合意不是违法的妥协与退让，必须依据法律进行，和解达成合意必须契合依法行政，和解因此就具备了法治的精神。行政诉讼也是为了实现依法行政，在这一点上，和解与行政诉讼具有价值和功能的相通之处。

由于行政诉讼属于公法诉讼，行政审判的主要任务仍在于依法审查判断行政行为的合法性，行政机关能够处分的权力毕竟有限，即便是处分那些能

---

[1] 熊跃敏：《诉讼上和解的比较研究》，载《比较法研究》2003 年第 2 期。
[2] 柴发邦：《体制改革与完善诉讼制度》，中国人民公安大学出版社 1991 年版，第 18 页。

够处分的权力,也必须在合法的限度内,故其行使处分权的自由度自然不及当事人在私法诉讼中的自由度。基于行政案件的这种性质,和解在行政诉讼中可以作为一项制度存在,但只能作为判决结案的补充,因为和解只能针对特定的案件,在满足具体条件的情况下才能适用,并且需要考虑诉讼效益等诸多问题,而不能如民事诉讼般作为审理的一大原则,毕竟不是所有的行政案件都能够适用和解。行政诉讼法被誉为我国法治建设长途中的一块里程碑,它承载了异常厚重的法治理想。和解这种解决纠纷机制永远只能占有次要的、辅助性的地位,这就是和解与行政诉讼的结合点。诉讼和解在行政诉讼中的辅助性地位确实不宜夸大。

从行政法治理念看,没有法律规范的和解,极容易侵犯弱势一方原告的合法权益,也无法避免被告为了交涉而无视行政职权和公共利益。过多的和解也影响审判功能的发挥,导致审判制度的虚置。因此,对和解(特别是行政诉讼中的和解)问题的研究,其核心很可能就是抓住其正当性及其限制这两根主线。由于限制方式的多样化以及区分正当与限制之间合理界限的难度,从而使和解问题更具复杂性。正因此,我们虽然完成了《撤诉规定》的制定工作,但实践中还有许多复杂问题尚待研究,理想的行政诉讼"和解"还需要在实践探索中寻求完善。

34. 关于行政诉讼是否适用简易程序的问题
——《最高人民法院关于开展行政诉讼简易程序试点工作的通知》解读

2010年11月17日　　　　　　　　　　　　　　法〔2010〕446号

经中央批准，最高人民法院于2010年11月17日发布了《关于开展行政诉讼简易程序试点的通知》（以下简称《简易程序规则》）。该通知明确规定的行政诉讼简易程序，既是中央部署的深化司法体制和工作机制改革的一项重要内容，也是今后试行工作的基本规则和重要依据。为了便于下级法院准确理解和适用，对其起草背景和主要内容说明如下：

一、试行行政诉讼简易程序的必要性和可行性

总体来看，行政诉讼法对于诉讼程序的规定符合中国国情，符合行政诉讼的特殊规律。同时，行政诉讼程序在实施中也存在一些问题，主要是行政诉讼法只规定了普通程序，在审判组织上也只规定了合议制一种形式，导致繁简难以分流，不利于提高行政审判效率，也不适当地增加了当事人的讼累。一些全国人大代表、专家和学者以不同方式对建立行政诉讼简易程序提出了意见和建议。我们认为，设立行政诉讼简易程序势在必行，其必要性在于：

第一，试行简易程序是诉讼经济和降低当事人诉讼成本的需要。诉讼经济原则的本质在于保证公民能够平等地利用和享受司法资源的权利。公民权益在受到较小侵害时，如果诉讼程序冗长，诉讼成本过高，不仅有碍其合法权益的实现，同时也会造成国家有限的司法资源的浪费。在行政诉讼中，如果即便是简单的行政案件公民获得司法救济仍然需要经过旷日持久的诉讼，将大大损害行政诉讼制度作为救济民权机制的职能发挥。

第二，试行简易程序是行政行为类型化的结果。当前，行政行为的类型化越来越显著，行政案件的种类越来越复杂。行政行为之所以引发争议，有的案件对案件事实不存在争议，仅对法律适用存在争议；有的行政行为是根

据简易程序作出的；有的行政行为较为常见且法院已经形成成熟做法；有的涉及一般的给付类的行政行为；有的涉及较为轻微的科以义务类的行政行为；有的涉及的仅仅是个别公民的权益而不涉及其他公民的合法权益等。程序的设置应当与具体案件的情况相适应，不同的案件应当设置不同的程序。无论案件简单复杂，一律适用普通程序，是对有限的行政审判资源的浪费。可以说，试行简易程序能够实现司法资源合理配置，能够实现"简出效率，繁出精品"的良好效果。

第三，试行行政诉讼简易程序有助于提高审判效率，及时保障相对人的合法权益。适用相对缜密复杂的普通程序审理案情较为简单的案件，实际结果是增加了不必要的环节，降低了诉讼效率，加大了诉讼成本。适用行政诉讼普通程序的审理期限较长，一般在3个月以上。特别是在一些地方，行政案件大量增加，审判任务极为繁重。适用审理期限较短的简易程序，将大大减缓这些地方的办案压力，有利于及时保障相对人合法权益，有利于在最短的时间内化解矛盾。

设立简易程序的可行性在于：

第一，刑事、民事简易程序为行政诉讼简易程序提供了有利的借鉴。根据民事诉讼法和刑事诉讼法的规定，在民事诉讼和刑事诉讼中可以设置简易程序。人民法院的诉讼活动都是依照事实和法律进行的裁判活动，在行政诉讼中没有必要排除简易程序的适用。

第二，行政案件繁简不同，适用程序亦应当有所不同。不同的行政案件，专业领域不同、社会影响不同、复杂程度不同。对于复杂的、社会影响较大的应当适用普通程序；对于案情简单的、对当事人权益影响不大的案件则可以通过简易程序实现繁简分流。

第三，行政诉讼中的某些程序实际上具有简易程序的特征。在司法实践中，对于起诉是否作出受理，实际上也采取了不公开的书面审查的方式，这种程序本质上也属于一种简易程序。此外，一些司法解释也曾经就简易程序作出了规定。例如，《人民法院审理治安行政案件具体应用法律的若干问题的暂行规定》（1986年10月24日，法研发〔1986〕31号）中规定，人民法院审理治安行政案件，实行合议制；案情简单的，由审判员一人独任审判。这些丰富的司法实践，为设置简易程序积累了宝贵经验。

第四，许多国家和地区行政诉讼简易程序的设计可资借鉴。例如，德国《行政法院法》设立了"法院裁决"和"范例诉讼"两种简易程序制度；我国台湾地区也规定了简易程序制度。域外简易程序的实践已经表明，实行简易程序使得大量行政案件迅速审结，矛盾迅速化解，大大节约了司法资源和当事人的诉讼成本，也极大地提高了诉讼效率。

基于以上考虑，最高人民法院于2009年将"完善行政诉讼简易程序，明确适用简易程序的案件范围，制定简易程序审理规则"纳入到三五改革纲要。经过近四年的深入调查和反复论证，《简易程序规则》最终成稿。该项司法文件也是中央司法改革和三五改革纲要的最终成果。以下就其主要内容进行简要的介绍。

二、简易程序的适用范围

试行简易程序必须首先明确其适用范围。《简易程序规则》参考民事诉讼法的规定，结合行政诉讼实践，明确简易程序适用于基本事实清楚、法律关系简单、权利义务明确的第一审行政案件。所谓"基本事实清楚"是指被诉行政行为认定的基础性的事实清晰、完整。所谓"法律关系简单"是指被诉行政行为涉及的行政法律关系较为单一，不存在涉及国家利益、社会公共利益和他人合法权益的情形。所谓"权利义务明确"是指被诉行政行为涉及的权利义务关系明晰、准确，争议不大。值得注意的是，简易程序只适用于一审行政案件。对于二审案件，应当适用行政诉讼法的有关规定。适用简易程序的案件类型主要包括：

一是涉及财产金额较小，或者属于行政机关当场作出决定的行政征收、行政处罚、行政给付、行政许可、行政强制等案件。所谓涉及财产金额较小，是指涉及财产的金钱价值较小的行政行为。对于金额较小的判断，各地可以根据经济状况、居民收入水平进行综合判断。"行政机关当场作出决定"是指行政机关在执法现场直接作出行政行为的情形。例如，行政处罚法第三十三条规定，违法事实确凿并有法定依据，对公民处以50元以下、对法人或者其他组织处以1000元以下罚款或者警告的行政处罚的，可以当场作出行政处罚决定。这类案件既包括金钱罚类的行政处罚，也包括申诫罚类的行政处罚。

二是行政不作为案件。即请求行政机关依法履行行政义务的案件。这类案件一般法律法规规定比较明确，案情相对简单，亦可适用简易程序。但是并非所有的不作为案件均适用简易程序，只有符合"基本事实清楚、法律关系简单、权利义务明确"条件的，才能适用简易程序。

三是当事人各方自愿选择适用简易程序，经人民法院审查同意的案件。当事人自愿选择简易程序，表明当事人之间愿意通过简单、有效、及时、快捷的方式予以解决纠纷，人民法院应当从尊重当事人处分权利的角度出发，经审查不存在法律禁止情形的，亦可适用简易程序。

值得注意的是，根据行政诉讼法和相关法律的规定，对于发回重审、按照审判监督程序再审的案件不适用简易程序。此外，对于新类型案件、群体性案件、社会影响较大的案件、涉外（含港澳台）案件、案件事实认定或者法律争议较大的案件等，也不应当适用简易程序。

三、关于独任审理的问题

行政诉讼法第四十六条规定，人民法院审理行政案件，由审判员组成合议庭，或者由审判员、陪审员组成合议庭。合议庭的成员，应当是三人以上的单数。这一规定明确了合议制审理方式，没有规定独任审理的形式。但是，在司法实践中，对于案情比较简单、权利义务明确的案件，采取合议制的形式，既无必要，又浪费了宝贵的司法资源。一些实践部门的同志还提出，行政案件由具体的承办法官承办，对于简单的行政案件，完全可以采取独任制的形式。《简易程序规则》对此予以明确："适用简易程序审理的案件，经当事人同意，人民法院可以实行独任审理"。

考虑到行政诉讼法尚未明确适用简易程序，同时也为了体现当事人处分原则，《简易程序规则》增加了"经当事人同意"这一限制条件。为了保障当事人的处分权利，对于当事人同意的，人民法院应当将此情况记入笔录，并由当事人在笔录上签名或者捺印。

四、关于诉讼程序和环节的简化问题

简易程序的重点还在于对于诉讼程序和环节进行大幅的简化。《简易程序规则》作了以下几个方面的规定：

一是缩短举证时限。行政诉讼法第四十三条规定，被告应当在收到起诉状副本之日起10日内向人民法院提交作出具体行政行为的有关材料，并提交答辩状。《简易程序规则》增加规定了被告在收到口头起诉笔录副本之日，亦应当在10日内提交答辩状，并提供作出行政行为时的证据、依据；被告在期限届满前提交上述材料的，人民法院可以提前安排开庭日期。"口头起诉笔录副本"，是指原告本人不能书写起诉状，委托他人代写起诉状确有困难的，可以口头起诉；原告口头起诉的，人民法院应当将当事人的基本情况、联系方式、诉讼请求、事实及理由予以准确记录，并将该口头起诉笔录副本在法定期限内发送被告。

二是缩短传唤时间。行政诉讼法没有对传唤形式作出规定，《简易程序规则》借鉴民事诉讼的做法，规定人民法院可以采取电话、传真、电子邮件、委托他人转达等简便方式传唤当事人。行政诉讼法第四十八条规定，经人民法院两次合法传唤，原告无正当理由拒不到庭的，视为申请撤诉；被告无正当理由的，可以缺席判决。这一规定与1991年修订前的民事诉讼法相一致。1991年民事诉讼法修订后，有关"两次合法传唤"规定已经取消。最高人民法院有关行政诉讼的司法解释也不再明确"两次合法传唤"。在司法实践中，人民法院也是按照一次传唤来执行的。《简易程序规则》取消了"两次合法传唤"的规定，即经人民法院合法传唤，原告无正当理由拒不到庭的，视为撤诉；被告无正当理由拒不到庭的，可以缺席审判。但是，对于前述传唤方式，没有证据证明或者未经当事人确认已经收到传唤内容的，不得按撤诉处理或者缺席审判。

三是简化庭审环节。目前的庭审环节过于繁琐、机械，形式化严重，容易造成忽视当事人争议的焦点和案件的主要问题。《简易程序规则》明确：适用简易程序审理的案件，一般应当一次开庭并当庭宣判。但是，人民法院认为确有必要的，也可以再次开庭。法庭调查和辩论可以围绕主要争议问题进行，庭审环节可以适当简化或者合并。这些"简化或者合并"包括：人民法院不受普通程序中关于开庭审理阶段和顺序的限制。审判人员可以将开庭审理的不同阶段结合在一起进行，也可以将法庭调查和法庭辩论交叉进行，以查明案情，分清是非。开庭时，法庭可以根据当事人的诉讼请求和答辩意见归纳出争议焦点，经当事人确认后，由当事人围绕争议焦点举证、质证和辩论。当事人对案件事实无争议的，法庭可以在听取当事人就适用法律方面的辩论意见后径行判决、裁定。涉及行政赔偿案件，经双方当事人同意，可在庭前进行调解。书记员应当将适用简易程序审理行政案件的全部活动记入笔录。对于下列事项，应当详细记载：审判人员关于当事人诉讼权利义务的告知、争议焦点的概括、证据的认定和裁判的宣告等重大事项；当事人申请回避、撤诉、和解等重大事项；当事人当庭陈述的与其诉讼权利直接相关的其他事项。

四是缩短结案时间。行政诉讼法第五十七条规定，人民法院应当在立案之日起3个月内作出第一审判决。3个月的时间，对于案情相对简单的案件来说，时间拖得太长，也容易引起当事人对于法院效率和公正性的质疑。对此，《简易程序规则》规定，适用简易程序审理的行政案件，应当在立案之日起45日内结案。这一结案时间的规定比普通程序的审理期限缩短了一半。

五是明确程序转换。为了防止简易程序可能带来的对于案件公正审理的质疑，《简易程序规则》借鉴民事诉讼的做法，规定了程序转换机制。即当事人就适用简易程序提出异议且理由成立的，或者人民法院认为不宜继续适用简易程序的，应当转入普通程序审理，并组成合议庭对案件进行审理，同时及时通知双方当事人。对于已经转入普通程序审理的案件，在审理过程中无论是否发生情况的变化，都不得改用简易程序进行审理。

五、关于简易程序试行法院的确定问题

考虑到行政诉讼法尚未明确行政诉讼简易程序，为了给将来的行政诉讼法修改积累经验，最高人民法院对于简易程序采取了先行试点的方式。同时，由于各地行政审判工作开展的差异较大，试点法院的范围也不宜过广。《简易程序规则》明确最高人民法院确定的行政审判联系点法院（不包括中级人民法院）可以开展行政诉讼简易程序试点。各高级人民法院可以选择法治环境较好、行政审判力量较强和行政案件数量较多的基层人民法院开展行政诉讼简易程序试点，并报最高人民法院备案。

35. 审理房屋登记行政案件中发现涉嫌刑事犯罪应如何处理
——《最高人民法院行政审判庭关于审理房屋登记行政案件中发现涉嫌刑事犯罪问题应如何处理的答复》解读

2008年9月23日 〔2008〕行他字第15号

一、问题的提出

天津市塘沽区人民法院在审理李宵诉天津市国土资源和房屋管理局房屋登记一案中认定，2004年4月12日，原告李宵从他人处以168万元人民币购买了坐落于塘沽区和平路199号底商（诉争房屋），并在塘沽房管局领取了房权证字第070128108号房屋所有权证。2004年6月，第三人周建萍、许小春通过报纸广告发现诉争房屋的卖房信息，经联系与自称"李宵"的案外人签订房屋买卖协议，以240万元购买该诉争房屋，并于同年6月29日向塘沽房管局申请办理房屋转移登记，提交了包括申请登记表，原房屋所有权证、房产买卖协议、许小春、周建萍、"李宵"的身份证复印件在内的申请材料。塘沽房管局经审查，于2004年6月30日填发了给第三人许小春的房屋所有权证和给第三人周建萍的房屋所有权证。2004年7月6日，第三人周建萍签字领取了上述房屋所有权证和共有权证。当日，原告李宵发现自己所有的房屋被转让，遂向塘沽房管局递交申请书，称其持有所诉争房屋的房屋所有权证，其从未与他人进行过买卖，要求塘沽房管局撤销为第三人周建萍、许小春核发的房屋所有权证和共有权证。塘沽房管局以李宵所持房屋所有权证系假证为由，收回了其持有的诉争房屋所有权证。2004年7月9日，原告李宵向塘沽法院提起行政诉讼。

另查明，案外人在办理房屋转移登记手续时提供的"李宵"身份证及房产买卖协议中"李宵"的签字，与被告塘沽房管局李宵房屋档案中身份证复印件及商品房买卖合同上李宵的签字相比对，身份证文字内容一致，只是头像有细微差异，签字笔迹不一致。2005年6月14日，天津市公安局塘沽分局经侦支队对案外人伪造李宵身份证与第三人签订房屋买卖协议，将诉争房屋卖给第三人一案立案审查，但至请示时尚未破案，仍在侦查中。塘沽区人民法院在审理该案过程中，就案件涉嫌刑事犯罪应否中止等问题逐级请示天津市高级人民法院。

天津市高级人民法院审判委员会经讨论，形成三种意见：

第一种意见认为，本案应全案移送公安机关。主要理由是：从目前实际情况看，有人冒充原告李宵的名义将诉争房屋出售，已经涉嫌刑事诈骗犯罪，本案实质是诈骗犯罪引起的后果。可否根据行政诉讼法第五十六条关于"人民法院在审理行政案件中，认为行政机关的主管人员、直接责任人员违反政纪的，应当将有关材料移送该行政机关或者其上一级行政机关或者监察、人事机关；认为有犯罪行为的，应当将有关材料移送公安、检察机关"的规定，行政机关人员涉嫌犯罪的，可以移送公安机关，本案虽然是案外人涉嫌犯罪，但可以比照该条规定予以全案移送。此外，在民商事审判方面，最高人民法院也曾对经济纠纷案件中发现犯罪及时移送问题作过明确规定。

第二种意见认为，本案应中止审理。主要理由是：本案因涉嫌刑事犯罪公安机关正在侦查过程中，对本案房屋转移登记过程中的相关事实及各方责任无法查明。根据《若干解释》第五十一条第（七）项关于"案件的审判须以民事、刑事或者其他行政案件的审理结果为依据，而相关案件尚未审结的，中止诉讼"的规定，本案应中止诉讼，等待刑事案件的侦查结果再进行裁判。

第三种意见认为，本案应当判决驳回原告的诉讼请求。主要理由是：1. 塘沽房管局办理房屋转移登记的行政行为基本符合有关房屋登记法律规范的规定。根据《城市房屋登记管理办法》第十七条第二款"申请转移登记，权利人应当提交房屋权属证书以及相关的合同、协议、证明等文件"及《天津市城市房屋所有权登记办法》第十条"个人购买房屋，申办转移登记时应提交《房屋所有权证》、买卖合同和身份证明"及《天津市房屋登记程序规定》第四条第（三）项"买卖存量房屋的，当事人应申请房屋所有权转移登记，申请人应向登记机构提交下列证件：天津市房屋登记申请书（原件）、申请人身份证明（验原件，交复印件）、房屋所有权证（原件）；房屋买卖合同或协议（原件）"的规定，塘沽房管局对申请人提交的房屋登记申请书、房屋所有权证原件、房屋买卖协议、申请人身份证进行了审查，并按照相应的程序审核后颁发了房屋所有权证，该转移登记行为符合有关法律法规规定。虽然案外人"李宵"所持身份证是伪造的，但塘沽房管局作为房屋登记机关不具有识别身份证真假的能力，只要核对其所持身份证与持有人相符就尽到了审查责任。但是，需要指出的是，根据《建设部关于简化房地产交易与房屋权属登记办事程序的指导意见》关于初审程序应当"查档审核"的规定，塘沽房管局在有条件对申请人提交的身份证和房产买卖协议中的签名与房屋原登记档案中留存的身份证复印件和商品房买卖合同中的签名进行比对审查的情况下，未进行比对，导致未能及时发现申请材料不实，产生了该案发证有误的后果。应当说登记机关在审查把关的环节上确实存在一定过失。但是由于相关法律法规并未对"查档审核"作明确具体规定，不能认定登记机关已构成行政违法。

2. 根据本案现已查明的事实，塘沽房管局进行房屋转移登记确有错误，本应予以撤销。但是由于本案第三人通过报纸信息联系购买房屋并支付了对价，在办理转移登记时，卖房人持有合法所有权证书、其身份证显示内容与所有权证书所有权人一致，第三人有理由相信卖房人即为房屋所有权人，因此，应认定第三人对诉争房屋属于善意取得，如果撤销转移登记将严重损害善意第三人利益。房屋登记作为不动产物权变动的公示方法因国家公权力的介入和保障具有强大的公信力，第三人是基于对国家房地产登记机关登记行为公信力的信赖而受让物权的，如果因房屋转让不符合原所有人本意而被撤销，将严重损害房屋登记的公信力和市场交易秩序的稳定性。因此，物权法第一百零六条规定，无处分权人将不动产转让受让人，如果受让人受让该不动产是善意的，并以合理的价格转让，依照法律规定进行了登记的，受让人取得该不动产的所有权。尽管物权法对本案无溯及力，但保护善意取得、维护市场交易秩序的法律精神是应当遵循的，故不宜判决撤销塘沽房管局为其颁发的房屋所有权证，可依据《若干解释》第五十六条第（四）项定，判决驳回原告的诉讼请求。

3. 行政诉讼是对被诉行政行为的合法性进行审查，即根据登记机关作出登记行为时所依据的事实证据和所履行的行政程序，判断确定被诉登记行为是否符合有关行政法律规定。根据本案现有事实证据，基本能够确定行政机关的责任。如果案件因涉及刑事诈骗犯罪而中止，由于刑事侦破工作尚无线索，案件侦破可能遥遥无期，而涉及本案的诉争房屋行政管理关系不宜长期处于不稳定状态，且原告李宵曾因案件中止问题多次上访，甚至进京非正常访，影响社会稳定，因此根据本案现有证据及时判决效果更好。李宵因此所受损失可通过诉房屋登记部门行政赔偿获得司法救济。

天津市高级人民法院审判委员会多数人倾向于第一种意见，但均认为该案所反映的房屋登记涉及刑事犯罪及善意第三人利益保护问题在目前行政审判实践中普遍存在，各地司法审查标准和裁判结果等做法不尽统一。为此，审判委员会讨论决定，就如下问题请示：被诉房屋登记行为因涉嫌刑事犯罪而难以确定各方责任的可否全案移送公安机关进行刑事侦查？或适用《若干解释》第五十一条第（七）项之规定，裁定中止诉讼？如果进行实体审理裁判，因该行为发生在物权法实施前，可否参照适用物权法第一百零六条的规定，或者比照该法律规定精神予以处理。

二、分析

要弄清楚法院在审理房屋登记行政案件中发现涉嫌刑事犯罪应当如何处理的问题，必须对天津市高级法院提出的三种观点进行分析。

（一）关于能否移送的问题

行政诉讼法规定："人民法院发现受理的案件不属于自己管辖时，应当移送有管辖权的人民法院。受移送的人民法院不得自行移送。"该条是针对法院之间的移送管辖所作出的规定，与法院需要向公安、检察机关移送案件不同的，仅仅是移送的机关不同，但其确定移送管辖的前提条件是受诉法院不具有管辖权。人民法院在审理行政案件中，认为行政机关的主管人员、直接责任人员违反政纪的，是否给行政处分或者进行刑事侦查提起刑事诉讼，不属于人民法院管辖的范围，因此，行政诉讼法第五十六条规定，人民法院应当将有关材料移送该行政机关或者其上一级行政机关或者监察、人事机关；认为有犯罪行为的，应当将有关材料移送公安、检察机关。人民法院法院在审理房屋登记行政案件中发现涉嫌刑事犯罪，因该案属于法院的管辖范围，故不能将此案移送公安、检察机关，只能将该案涉嫌犯罪的材料移送公安、检察机关。因此说，天津市高级法院提出的第一种意见，即将本案全案移送公安机关的理由是不成立的。

（二）关于中止诉讼的问题

诉讼中止是指在诉讼进行过程中，因发生某种无法克服和难以避免的特殊情况，使诉讼无法继续进行或不宜进行，因而法院裁定暂时停止诉讼程序的制度。中止诉讼的前提条件是，因发生某种无法克服和难以避免的特殊情况，使诉讼无法继续进行或不宜进行。我国行政诉讼法没有中止诉讼的规定，但在行政诉讼中仍存在需要中止诉讼的情形，最高人民法院参照民事诉讼法的有关规定，结合行政诉讼的特点在《若干解释》第五十一条第一款中规定："在诉讼过程中，有下列情形之一的，中止诉讼：（一）原告死亡，须等待其近亲属表明是否参加诉讼的;(二)原告丧失诉讼行为能力,尚未确定法定代理人的;(三)作为一方当事人的行政机关、法人或者其他组织终止,尚未确定权利义务承受人的;(四)一方当事人因不可抗力的事由不能参加诉讼的;(五)案件涉及法律适用问题,需要送请有权机关作出解释或者确认的;(六)案件的审判须以相关民事、刑事或者其他行政案件的审理结果为依据,而相关案件尚未审结的;(七)其他应当中止诉讼的情形。"根据该条的规定,人民法院法院在审理房屋登记行政案件中发现涉嫌刑事犯罪,只有在须以刑事审理的结果为依据,而相关案件尚未审结的情形时,才能中止诉讼。

人民法院在审理房屋登记行政案件中发现涉嫌刑事犯罪,有以下几种情形:

一是法院在审理房屋登记行政案件中,发现原告与案外诈骗人串通实施诈骗行为的证据或者有证据证明"诈骗线索"的情形。因刑事案件的事实与行政案件的事实相同,公安、检察机关在刑事侦查中具有很强的侦查手段,较易查清全部案情,此外,如果原告与案外诈骗人有串通实施诈骗行为,第三人善意取得房屋所有权,房屋管理机关有可能存在未尽审慎审查职责的问题,但第三人取得产权证是合法的,应受到法律的保护,应当驳回原告的诉讼请求。如果原告与案外诈骗人没有串通实施诈骗行为,就有可能作出撤销或确认违法或维持被诉行为的判决。为了保证刑事判决与行政判决相一致,就必须刑事先行。也就意味着,行政案件须以刑事案件的审理结果为依据,而刑事案件尚未审结时,须等待刑事案件的判决结果出来后方能再进行裁判。对此种情形,法院应当依据《若干解释》第五十一条第一款第(七)项的规定中止诉讼。

二是法院经审理认定,第三人从案外犯罪嫌疑人购买房屋不属于善意取得的情形。民法通则第五十八条规定:"下列民事行为无效:(一)无民事行为能力人实施的;(二)限制民事行为能力人依法不能独立实施的;(三)一方以欺诈、胁迫的手段或者乘人之危,使对方在违背真实意思的情况下所为的;(四)恶意串通,损害国家、集体或者第三人利益的;(五)违反法律或者社会公共利益的;(六)以合法形式掩盖非法目的的。""无效的民事行为,从行为开始就没有法律约束力。"合同法第五十二条规定:"有下列情形之一的,合同无效:(一)一方以欺诈、胁迫的手段订立合同,损害国家利益;(二)恶意串通,损害国家、集体或者第三人利益;(三)以合法形式掩盖非法目的;(四)损害社会公共利益;(五)违反法律、行政法规的强制性规定。"第五十九条规定:"当事人恶意串通,损害国家、集体或者第三人利益的,因此取得的财产收归国家所有或者返还集体、第三人。"上述三条明确了恶意串通实施诈骗的行为，属于无效民事行为，不受法律保护。因此，房屋管理机关对恶意串通的房屋买卖行为，不应给予核发房屋产权证，其核发行为属于违法，为保护房屋产权人的合法权益，应当撤销被诉核发房屋产权证行为。人民法院审理行政案件，是对被诉具体行政行为的合法性进行审查的，因此类情形，无论是否存在犯罪，都不会影响被诉具体行政行为的合法性审查，也就是说，无须等待刑事案件的判决结果作出行政判决，故不应中止诉讼。

三是法院经审理认定，原告与案外诈骗人之间不存在串通诈骗的情形。全国人民代表大会于2007年3月16日通过，自2007年10月1日起施行的物权法第一百零六条规定："无处分权人将不动产或者动产转让给受让人的，所有权人有权追回；除法律另有规定外，符合下列情形的，受让人取得该不动产或者动产的所有权：（一）受让人受让该不动产或者动产时是善意的；（二）以合理的价格转让；（三）转让的不动产或者动产依照法律规定应当登记的已经登记，不需要登记的已经交付给受让人。""受让人依照前款规定取得不动产或者动产的所有权的，原所有权人有权向无处分权人请求赔偿损失。""当事人善意取得其他物权的，参照前两款规定。"根据该条的规定，无处分权人将不动产转让受让人，如果受让人受让该不动产是善意的，并以合理的价格转让，依照法律规定进行了登记的，受让人取得该不动产的所有权。反之，受让人受让该不动产是恶意的，其取得的财产不受法律保护，属于无效行为的性质。根据物权法和合同法的规定，善意第三人的合法权益应当予以保护，房屋管理机关未尽审慎审查职责的，属于违反法定程序的性质，但该发证行为不具有可撤销内容，因此，只能确认违法。也就意味着，房屋管理机关给第三人核发的房屋所有权证是有效的，由于被诉行为违法，原告可以向被告房屋管理机关提起行政赔偿。尽管，本案发生在物权法施行之前，但民法通则、合同法亦作出了明确规定，在物权法未生效前，可以参照物权法第一百零六条的规定，作出判决。第三人属于善意取得，房屋管理机关未尽审慎审查职责的，应当依据《若干解释》第五十七条第二款第（二）项的规定，判决确认被诉具体行政行为违法。因此类情形，亦无须等待刑事案件的判决结果作出行政判决，故亦不应中止诉讼。

根据上述分析，最高人民法院于2008年9月23日作出的〔2008〕行他字第15号《关于审理房屋登记行政案件中发现涉嫌刑事犯罪问题应如何处理的答复》中明确指出："人民法院在审理有关房屋登记行政案件中，发现涉嫌刑事犯罪问题的，不应将该案全案移送公安机关处理，而应区别不同情况分别处理：一、第三人购买的房屋不属于善意取得，参照民法通则第五十八条和合同法第五十二条、第五十九条的规定，房屋买卖行为属于无效的行为，人民法院应当依法判决撤销被诉核发房屋产权证行为。二、第三人购买的房屋属于善意取得，房屋管理机关未尽审慎审查职责的，依据物权法第一百零六条等有关法律的规定，第三人的合法权益应当予以保护，人民法院可以判决确认被诉具体行政行为违法。三、如果不能确定第三人购买的房屋是否属于善意取得，应当中止案件审理，待有权机关作出有效确认后，再恢复审理。"

三、应当注意的问题

人民法院在审理房屋登记行政案件中发现涉嫌刑事犯罪时，还应注意以下问题：

（一）关于被告的工作人员与第三人或原告之间存在犯罪的问题

〔2008〕行他字第15号答复仅规定原告与第三人之间串通实施诈骗行为的，应当中止诉讼，但未对被告工作人员与第三人或者原告之间串通实施诈骗行为的，是否应当中止诉讼作出规定。对此应否中止诉讼，还要根据具体情况进行分析。

被告工作人员与第三人串通实施诈骗行为，如某房屋登记机关明知A公司的房屋已抵押给银行，在接受A公司贿赂后，又给A公司的房屋办理销售许可证。A公司将房屋销售后，携款逃走。银行将该房屋登记机关告上法院。法院审理行政案件，是审查房屋登记行为的合法性，只须查清被告是否存在重复登记的问题，而无须查清被告工作人员是否接受第三人的贿赂，是否与第三人串通实施诈骗行为，就可以作出判决。因此，此类情形无须中止诉讼。

被告工作人员与原告串通实施诈骗行为的，此类情形主要表现在欺诈诉讼中。例如，原告想取得第三人的房屋产权，与被告工作人员串通，伪造购房合同、房屋产权证书，原告向法院起诉后，被告拒不向法院提供房屋登记时的证据。如果第三人在诉讼中提供了其合法取得产权证的证据，原告伪造的证据被法庭发现，因法院审查的对象是被告给予第三人核发的房屋产权证是否合法的问题，此时无须等待刑事判决的结果，故亦不应中止诉讼。如果法庭发现原告提供的主要证据有伪证的嫌疑，但难以确认时，为了保障刑事判决与行政判决的一致性，行政案件须以刑事案件的审理结果为依据，而刑事案件尚未审结时，须等待刑事案件的判决结果出来后方能再进行裁判。此时，应当中止诉讼。

被告工作人员与原告串通实施诈骗诉讼行为成功，事后被刑事判决纠正的，原法院或上级法院应当在刑事判决生效后，启动行政诉讼监督程序，通过再审,纠正原错误的行政判决。

(二) 关于行政赔偿程序的问题

法院审理房屋登记行政案件中发现涉嫌刑事犯罪的,除了有关对被诉行为审查程序问题外,行政赔偿程序亦是不可回避的问题。因天津市高级人民法院未就有关赔偿程序问题请示,故〔2008〕行他字第15号答复未对有关行政赔偿程序问题作出答复。

法院审理房屋登记行政案件中发现涉嫌刑事犯罪的,有关行政赔偿程序应当如何进行,亦须根据案件的具体情况进行处理。法院审理房屋登记行政案件中发现涉嫌刑事犯罪,涉及行政赔偿的,主要有以下几种情况:

1. 原告与案外诈骗人有串通实施诈骗行为或被告工作人员与原告之间串通实施诈骗行为的。这两类情形,法院都应当判决驳回原告的诉讼请求。因此,不存在给予原告的合法权益造成损害,如果原告提出行政赔偿请求的,法院应当予以驳回,故无须进行行政赔偿诉讼程序。

2. 第三人从案外犯罪嫌疑人购买的房屋不属于善意取得的情形。房屋管理机关对具有恶意串通的房屋买卖行为,不应给予核发房屋产权证,其核发行为属于违法,为保护房屋产权人的合法权益,应当撤销被诉核发房屋产权证行为。实际上也就恢复了原告对房屋的所有权。尽管被诉发证行为违法,一般未给原告的合法权益造成损害,无须进行行政赔偿程序。

3. 原告或第三人与案外诈骗人串通诈骗,第三人善意取得房屋所有权的情形。此类情形,案外诈骗人是直接侵权人,因此承担全部赔偿责任。如果案外诈骗人无赔偿能力,因被告未尽审慎审查义务,被告应当承担相应的赔偿责任。所以,行政赔偿诉讼要等到刑事诉讼及刑事附带民事诉讼审结后,才能启动。

4. 被告工作人员与第三人、原告串通诈骗,并使其他当事人合法权益受到损害的。此类情形,被告承担连带责任,因此,在审结行政案件后,就可以启动行政赔偿诉讼程序。

六、其他

36. 行政机关申请法院强制执行维持或驳回诉讼请求判决应如何处理
——《最高人民法院行政审判庭关于行政机关申请法院强制执行维持或驳回诉讼请求判决应如何处理的答复》解读

2013 年 12 月 23 日　　　　　　　　　　　〔2013〕行他字第 11 号

一、问题的提出

2008 年 12 月 15 日，最高人民法院曾经针对湖北省高级人民法院鄂高法〔2008〕391 号《关于判决驳回原告的诉讼请求行政案件执行问题的请示》，作出了〔2008〕行他字第 24 号《关于判决驳回原告诉讼请求行政案件执行问题的答复》（以下简称《答复》）：经研究答复如下：被诉具体行政行为具有可执行内容的，人民法院作出驳回原告诉讼请求判决生效后，行政机关申请执行被诉具体行政行为的，人民法院应依法裁定准予执行，并明确执行的具体内容。

简要而言，该《答复》的基本内容含义如下：人民法院对以作为方式作出的具体行政行为进行审查后所作出的驳回原告诉讼请求的判决，是对被诉具体行政行为合法性的认可。公民、法人或者其他组织拒绝履行被诉具体行政行为所确定的义务的，行政机关可以依法强制执行具体行政行为，也可依法申请人民法院强制执行具体行政行为。依法应当或者可以由人民法院强制执行的，行政机关在人民法院驳回诉讼请求判决生效后，应当申请人民法院强制执行已经生效的行政决定，而不应申请执行人民法院的生效裁判。人民法院对行政机关的非诉执行申请的合法性不再另行审查，而应当依据已经生效的驳回原告诉讼请求判决，直接作出准予强制执行的裁定。但被诉具体行政行为虽合法，但因法律、政策变化需要变更或者废止等原因不适宜再继续执行的除外。①但该《答复》作出后，对该《答复》的理解和执行仍然存在一定分歧。特别是行政强制法出台后，如何正确处理好生效行政决定的非诉执行问题，也亟待进一步明确。

2013年，湖南省高级人民法院陆续接到省内部分地方中、基层人民法院就人民法院判决维持行政决定或者驳回原告诉讼请求后，法律规定有强制执行权的行政机关申请人民法院强制执行，人民法院如何处理问题的请示。对此，湖南省高级人民法院在研究中出现两种不同意见。

少数人认为，人民法院应当依法受理并裁定准予执行后，交由人民法院负责执行的机构强制执行。主要理由：1. 申请执行的是生效裁判。人民法院判决维持行政决定或者驳回原告诉讼请求，被诉具体行政行为的合法性即为生效判决所确认。依据行政诉讼法第六十五条的规定，行政机关向人民法院申请执行生效裁判，属人民法院的职责权限。2. 有最高人民法院的相关答复作依据。最高人民法院〔2008〕行他字第24号《答复》明确"人民法院作出驳回原告诉讼请求判决生效后，行政机关申请执行被诉具体行政行为的，人民法院应依法裁定准予执行，并明确执行的内容。"

多数人认为，人民法院应依法受理，但在作出准予执行裁定后，应交由作出行政决定的有强制执行权的行政机关强制执行。主要理由：1. 申请执行的是行政决定。行政决定一经作出即生效，行政诉讼作为司法审查，只要不否定，行政决定就自始有效。人民法院判决维持或驳回诉讼请求后，相对人仍不履行的是行政决定确定的义务，而不是行政裁判确定的义务。因此，行政机关申请执行的是行政决定，不是生效裁判；并且最高人民法院〔2008〕行他字第24号《答复》亦明确行政机关申请执行的是"被诉具体行政行为"，而不是"生效裁判"。2. 有行政强制法为依据。行政强制法第十三条规定"法律没有规定行政机关强制执行的，作出行政决定的行政机关应当申请人民法院强制执行"，可知，如果法律规定行政机关有强制执行权的，则

---

① 可参阅耿宝建：《驳回原告诉讼请求的判决应以行政机关申请非诉执行方式执行》；蔡小雪、郭修江、耿宝建：《行政诉讼中的法律适用——最高人民法院行政诉讼批复答复解析》，人民法院出版社2011年版，第120页。

应由作出行政决定的行政机关强制执行。同时,这样的处理既满足执行权裁执分离的要求,也与法院人、财、物的现状相符。

两种处理意见的争议焦点:一是行政机关申请执行的是行政决定还是生效裁判?二是就执行实施,行政机关与人民法院之间如何分工。

湖南省高级人民法院倾向于第二种处理意见。

二、问题的分歧与争议焦点

最高人民法院行政庭在合议庭合议和审判长联席会议讨论中,亦出现两种不同的答复意见。

(一)两种拟答复意见的内容与含义

第一种拟答复意见:"一、人民法院判决维持被诉行政决定后,法律规定有强制执行权的行政机关申请人民法院强制执行的,人民法院应当不予受理,并告知其可以依据维持判决,自行强制执行。二、人民法院判决驳回原告诉讼请求后,法律规定有强制执行权的行政机关申请人民法院强制执行的,人民法院应依法受理,在作出准予执行裁定后,由作出行政决定的行政机关按照裁定的内容和要求强制执行。"

该种答复意见主要包含如下三层意思:一是无论维持或者驳回诉讼请求判决,行政机关申请执行的标的均是生效判决;二是驳回诉讼请求判决有别于维持判决,故有强制执行权的行政机关执行前者无需人民法院审查,执行后者则不然;三是两种判决的执行实施,均由强制执行权的行政机关负责。

第二种拟答复意见:"人民法院判决维持被诉行政决定或者驳回原告诉讼请求后,行政机关申请人民法院强制执行的,人民法院应该依照《中华人民共和国行政强制法》第十三条第二款的规定,作出如下处理:一、法律已授予行政机关强制执行权的,人民法院不予受理,并告知由行政机关强制执行。二、法律未授予行政机关强制执行权的,人民法院对符合法定条件的申请,可以作出准予强制执行的裁定,并应明确强制执行的内容。"

该种答复意见主要包含如下三层意思:第一,无论维持或者驳回诉讼请求判决,无论是否有法定强制执行权,行政机关申请执行的标的均是行政决定。第二,驳回诉讼请求判决与维持判决无差异,有强制执行权的行政机关若要执行,无需向法院申请;无强制执行权的行政机关则按照非诉执行方式向法院申请。第三,相应地,两种判决的执行实施,行政机关有强制执行权则自行负责,反之法院承担。需说明,该种拟答复意见的第一条是针对湖南省高级人民法院请示的答复,第二条属扩展的内容。①

(二) 拟处理意见的争议焦点

最高人民法院两种拟答复意见的争议焦点:一是执行标的:是行政决定还是生效裁判;二是执行审查:有强制执行权的行政机关申请执行驳回诉讼请求判决的,人民法院是否有权、有必要对执行内容进行审查。两种拟答复意见对执行实施的分工倒无异议,一致认为由有强制执行权的行政机关负责承担。

三、问题的分析

对于湖南省高级人民法院的请示,法院最终如何处理比较恰当合理,逻辑顺畅?下文主要围绕合议时争议的焦点展开,兼论湖南省高级人民法院对于执行实施的分歧。

(一) 执行标的:行政决定还是生效判决

关于执行标的为何,最高人民法院合议庭合议时亦存在不同认识:

第一种拟答复意见认为,申请执行的应为生效的行政判决,而不是行政决定。理由如下:第一,行政判决是对被诉行政决定的合法性进行审查后所作出的评判。判决生效后,该判决对诉讼当事人具有羁束力,原告或被告都应执行法院判决所确定的内容,而不是执行行政机关作出的被诉行政决定。因此说,执行的对象是法院的行政判决,而不是被诉行政决定。第二,维持判决是法院对被诉行政决定作出完全的肯定的判决,因判决所确定的内容与被诉行政行为的内容一致,表面上是执行被诉行政决定,实质上仍是执行生效的行政判决。第三,因合理性问题或法律、政策发生变化等因素存在,不宜完全确认被诉行政决定的合法性,法院采取驳回诉讼请求的方式,确定被诉行政决定具有不可争议性,但并不具有完全的羁束力。因此,行政机关申

---

① 有关第二条内容的阐释,可参阅耿宝建:《驳回原告诉讼请求的判决应以行政机关申请非诉执行方式执行》;蔡小雪、郭修江、耿宝建:《行政诉讼中的法律适用——最高人民法院行政诉讼批复答复解析》,人民法院出版社 2011 年版,第 120 页。

请强制执行被诉行政行为时，法院应当进行审查。第四，非诉执行是行政相对人在法定期限内未对行政机关作出的行政决定提起行政诉讼。该行政决定已发生法律效力，行政机关向人民法院申请执行的是行政决定，而不是法院的判决，因此，法院应当按照有无重大明显违法的标准，对其合法性进行审查。行政机关申请执行驳回诉讼请求判决，因被诉行政决定的合法性问题已经审查完毕，故不需要再次审查，此时的审查是审查申请执行的内容是否与判决精神相一致，一致的作出准予执行裁定，不一致的裁定不予执行。

第二种拟答复意见认为，执行标的应为行政决定，不是生效裁判。主要理由有二：其一，行政行为未经判决推翻，自始有效。传统的行政行为理论认为，行政行为一经作出即产生法律效力，具有公定力、确定力和执行力；即使处于司法审查阶段，行政行为效力依旧，除非法院作出否定性判决，例如撤销判决。其二，行政诉讼属司法复审，有别于民事诉讼。行政诉讼实质上是对一个权利义务关系已经确定的具体行政行为的合法性所进行的司法确认，即司法审查前，行政行为效力已然存在。这说明行政行为的效力并不依附于其后的司法审查，一个合法行政行为的执行力并不需要借助法院的判决即可实现。因此，人民法院作出维持或驳回诉讼请求判决，意味着被诉行政行为效力依旧，行政机关申请执行的实质上是行政行为所确定的权利义务。

（二）执行审查：判决驳回诉讼请求后，法院是否还需执行把关

持第一种拟答复意见的法官认为，法院应对申请判决驳回诉讼请求执行的内容进行审查。理由如下：

第一，驳回诉讼请求判决未完全肯定被诉行政决定的效力。维持判决完全肯定了被诉行政决定的效力，被诉行政决定所确定的内容就是法院执行的内容。因此说，维持判决可供执行的内容是明确的。驳回诉讼请求判决与之不同，它是不完全肯定被诉行政决定，只解决了不可争议性的问题，并未解决既判力的问题。驳回诉讼请求判决一般用于人民法院经过实体审查，认为被诉的具体行政行为不宜维持，而原告的诉讼请求又不能成立时的情形。根据《若干解释》第五十六条①的规定，驳回诉讼请求判决适用的四种情形：

---

① 《若干解释》第五十六条规定：有下列情形之一的，人民法院应当判决驳回原告的诉讼请求：（一）起诉被告不作为理由不能成立的；（二）被诉具体行政行为合法但存在合理性问题的；（三）被诉具体行政行为合法，但因法律、政策变化需要变更或者废止的；（四）其他应当判决驳回诉讼请求的情形。

一是诉不作为不成立的,二是存在合理性问题的,三是政策、法律变更的,四是法律法规另有规定的。第一种情形,不存在强制执行的问题。属第二种情形的,原行政决定存在合理性问题,只有经过修正,才能纠正其错误,行政机关申请执行被诉行政决定时,须按照法院判决的意图,对原行政行为的内容进行修正。因此,人民法院接到申请后,应当对照判决对申请执行的内容进行审查,对已经依照法院判决意图修正了不合理的问题的,才能裁定准予强制执行。比如,〔2008〕行他字第24号《答复》中所涉及的被告为湖北省水利厅的水资源费征收行政案件(因为行政收费与行政处罚不同,依法不能适用变更判决),只有经审查确定湖北省水利厅申请执行的内容中确实纠正了不足1%的行政费用误差后,人民法院才能裁定准予强制执行。对于第三种情形,当政策、法律发生变化,特别是以前认定为违法,现在不认为违法,或以前处罚重,现在处罚轻的情形时,人民法院应对申请执行的内容再次审查把关,对现在不认为违法的,不应予以执行;对现在处罚轻的,执行内容已调整符合现行规定的,才能准予执行,否则,亦不能准予强制执行。这里所要强调的是,此处的审查是依据法院生效的判决审查申请执行的内容是否符合判决的意图和要求,而不是按照非诉执行的标准对申请执行行为进行合法性审查。

第二,申请执行的内容不明确。因驳回诉讼请求判决未完全确定被诉行政决定的效力,执行时需要对被诉行政决定进行修正。与《最高人民法院关于人民法院执行工作若干问题的规定(试行)》第十八条第一款第(四)项的规定的"申请执行的法律文书有给付内容,且执行标的和被执行人明确"不符,导致法院执行部门普遍认为驳回诉讼请求判决不具有可供执行的内容,不能作为执行依据。为此,最高人民法院〔2008〕行他字第24号《答复》中规定,"人民法院应依法裁定准予执行,并明确执行的具体内容。"

第三,实践中存在滥用驳回诉讼请求判决的情形。司法实践中,人民法院确有滥用驳回诉讼请求判决的情形,比如对被诉行政决定进行了合法性审查,发现存在违法问题,但不对被诉行为是否合法问题进行审查表态,为迁就行政机关仅以原告诉讼请求不成立为由,作出驳回诉讼请求的判决。可以说,维持判决完全肯定了被诉行为,判决对被诉行为产生既判力;驳回诉讼请求判决则不然,仅仅解决了原被告之间的争议,对被诉行为不产生既判力。并且坚持该种拟答复意见的法官认为,在现有的司法环境下,有必要继续保留维持判决,避免人民法院过分倚重驳回诉讼请求判决——多从原告诉讼请求入手的主观诉讼，回避从被诉行为合法性入手的客观诉讼。

据此，持第一种拟答复意见的法官建议，有强制执行权的行政机关申请执行驳回诉讼请求判决时，人民法院应该对行政机关申请执行的内容以裁定方式把关：一是明确待执行的内容，二是确保执行内容与判决精神一致。此时，人民法院的审查不是按照非诉执行的条件进行合法性审查，而是依据行政判决的内容进行，比如纠正合理性问题。这种主要围绕判决中指出的问题和解决方向进行的事先审查，可以尽可能减少难以恢复原状的情形发生。

但是，持第二种拟答复意的法官有不同看法，认为维持判决与驳回诉讼请求判决不应区别对待，否则答复缺乏法理支撑和法律依据。理由如下：

第一，维持判决与驳回诉讼请求判决均属肯定性判决。《若干解释》第五十六条在行政诉讼法基础上增添了驳回诉讼请求判决，适用于四种情形。主要目的是解决"被诉具体行政行为不宜维持，而原告诉讼请求难以成立"时如何判决的问题，弥补维持判决的不足。从被诉行政决定效力看，维持判决是再一次肯定了行政决定的效力，驳回诉讼请求判决是未否定行政决定效力，两者都未影响被诉行政决定的效力，均属肯定性判决。因此，无论维持或者驳回诉讼请求判决，有强制执行权的行政机关都可以自行执行其作出的行政决定，无需法院把关。

第二，行政强制法排斥法院受理。行政诉讼法第六十五条规定，当事人必须履行人民法院发生法律效力的判决、裁定。公民、法人或者其他组织拒绝履行判决、裁定的，行政机关可以向第一审人民法院申请强制执行，或者依法强制执行。该条规定笼统大概，容易产生歧义，无法回答今天讨论的问题：有强制执行权的行政机关，向法院申请执行维持或者驳回诉讼请求判决，法院可否受理。行政强制法第十三条第二款规定，"法律没有规定行政机关强制执行的，作出行政决定的行政机关应当申请人民法院强制执行"，该条实质肯定了行政机关享有排他性的强制执行权——行政机关一经授予强制执行权，人民法院退出该权域。因此，有强制执行权的行政机关，向法院申请执行维持或者驳回诉讼请求判决的，法院无权受理。此种观点亦得到其他专家学者的肯定，认为"一般情况下，对于生效裁判的执行人民法院可以依申请或者依职权强制执行；在特定情形下，行政机关可以依据法律规定自行强制执行。对于专属于行政机关的强制执行权限的，行政机关无需申请人民法院执行,人民法院亦不得行使强制执行权。"①

此外,维持判决历来广受诟病,最近正在讨论的《行政诉讼法修正案(草案)》拟用驳回诉讼请求判决替代维持判决;按此立法趋势,笔者认为答复实无必要再对维持判决和驳回诉讼请求判决分类规定。

(三) 执行实施:行政机关还是人民法院负责

湖南省高级人民法院由谁负责执行实施的分歧源于对执行标的的不同认识。该分歧主要基于这样一种看法:执行标的决定执行实施的负责机关——如果执行标的是生效判决,那么由人民法院负责,如果执行标的是行政决定,那么由行政机关负责。

持第二种拟答复意见的法官认为,行政机关应自负执行实施的理由很明确:除了执行标的是行政决定,行政机关有法定强制执行权外,执行实施如此分工可以减少负面影响:一是避免加剧司法执行"有权限无能力"的窘态。仅民事案件已经让人民法院执行局应接不暇,如果再将行政机关有强制执行权的案子交由人民法院强制执行,只会加剧法院执行案件量与法院执行能力不匹配的矛盾。二是避免重陷司法执行"有权力无救济"的困境。司法实践中,法院的强制执行行为不属于人民法院的受案范围,即司法执行得不到司法救济。因此,坚持由有法定强制执行权的行政机关自行实施,可以避免私权利救济范围的人为缩小。

至于第一种拟答复意见中所蕴涵的"执行标的是生效行政判决,执行实施机关是行政机关"的看法,是否可行?坚持"可行"观点的法官认为理由有二:一是强制执行的审查权和实施权可以分离。全国人大常委会在第五次审议行政强制法时,专门删除了原第四次审议稿第六十条规定的"行政机关向人民法院申请强制执行的案件,裁定执行的,由人民法院执行",人大常委会对此的正式说明是"考虑到这种执行方式(即法院审查裁定执行的,由行政机关组织实施)尚在改革探索,草案对具体执行方式可不规定,为法院探索改革执行方式留有空间。"执行体制改革作为人民法院司法改革的重要任务之一,其重点就在于针对强制执行的不同特点,实现审查权与实施权的分离。二是有域外实践提供探索经验。各国对于行政诉讼生效裁判的执行机关的规定有所不同,主要包括行政机关执行模式、司法机关执行模式和混合

---

① 江必新、梁凤云:《行政诉讼法理论与实务》(下卷),北京大学出版社,第1291页。

模式。其中,行政机关执行模式是指以专门行政机关为执行行政裁判的执行模式;混合模式是指司法机关执行和行政机关执行相结合的模式,是指以法院和行政机关为执行主体执行生效行政裁判的执行模式,可以分为司法主导型与行政主导型两种。① 我国在行政机关或法院之外尚未专设专门行政机关和行政执行官员,因此我国可以借鉴混合模式下的德国或者法国经验,改革探索"行政判决行政机关执行"的路径。

四、问题的处理

就湖南高级人民法院的请示如何答复,最高人民法院行政审判庭内部分歧较大,两种拟答复意见各有道理。出于谨慎和执行中发现问题便于调整等因素的考虑,按照多数人的意见(即第二种拟答复意见),以最高人民法院行政审判庭的名义于2013年12月23日作出〔2013〕行他字第11号《关于行政机关申请法院强制执行维持或驳回诉讼请求判决应如何处理的答复》。其具体内容如下:"人民法院判决维持被诉行政行为或者驳回原告诉讼请求后,行政机关申请人民法院强制执行的,人民法院应当依照《中华人民共和国行政强制法》第十三条第二款的规定,作出如下处理:一、法律已授予行政机关强制执行权的,人民法院不予受理,并告知由行政机关强制执行。二、法律未授予行政机关强制执行权的,人民法院对符合法定条件的申请,可以作出准予强制执行的裁定,并应明确强制执行的内容。"

人民法院在对行政机关申请执行驳回诉讼请求判决时,应当特别注意以下两个问题:一是要注意驳回诉讼请求的理由。因驳回诉讼请求的理由不同,决定被诉具体行政行为是否还有执行的必要,或需要修正后才能予以执行;二是行政判决认为需要修正的,要审查申请执行的内容是否符合行政判决的要求,对符合要求的,裁定准予执行;对不符合要求的让行申请机关重新修正。对被诉具体行政行为没有执行必要的,应裁定不予执行。

---

① 参见江必新、梁凤云:《行政诉讼法理论与实务》(下卷),北京大学出版社,第1290~1291页。

37. 行政复议机关以不符合法定行政复议范围作出终止行政复议决定，当事人不服的，人民法院应当审查该复议申请是否属于行政复议范围

——《最高人民法院关于行政复议机关受理行政复议申请后，发现复议申请不属于行政复议法规定的复议范围，复议机关作出终止行政复议决定的，人民法院如何处理的答复》解读

2005年6月3日　　　　　　　　　　　〔2005〕行他字第11号

一、问题的提出

国务院法制办公室《对北京市人民政府法制办公室〈关于终止审理余国玉复议案件的请示〉的复函》（2002年1月16日，国法函〔2002〕3号，以下简称《复函》）规定，行政复议机关受理行政复议申请后，发现该行政复议申请不符合行政复议法规定的，可以决定终止行政复议。针对上述规定，北京市高级人民法院审委会经讨论形成两种意见：

一种意见认为，对行政复议机关受理行政复议申请后，发现复议申请不属于行政复议法规定复议范围而决定终止行政复议的，不符合行政复议法规定的复议终止情形，人民法院对此应以缺乏法律依据为由，判决撤销复议决定。

另一种意见认为，《复函》是对行政复议机关不应受理而受理的行政复议申请提出的结案方式意见，是对行政复议法规定的结案方式不足的弥补。行政复议机关受理行政复议申请后，发现复议申请不属于行政复议法规定的复议范围，可以参照《复函》的规定，决定终止行政复议。人民法院在审理

此类案件中，经审查，如果认为行政复议机关终止行政复议决定行为认定事实清楚，应予维持。

北京高院审委会倾向于第二种意见。

二、分析

本案涉及的是行政复议机关因复议申请不属于行政复议法规定的复议范围而决定复议终止后，在行政诉讼中，人民法院认为行政复议终止决定认定事实清楚，如何处理的问题。这一请示涉及行政复议终止决定的性质及其可诉性、人民法院对行政复议终止决定的合法性审查的讨论。

行政复议终止，是指在行政复议过程中，因出现法定事由而结束审理的情形。行政复议终止制度最早规定在《行政复议条例》中。该条例第四十条规定："复议决定作出以前，申请人撤回复议申请，或者被申请人改变所作的具体行政行为，申请人同意并申请撤回复议申请的，经复议机关同意并记录在案，可以撤回。申请人撤回复议申请，不得以同一的事实和理由再申请复议。"根据该条的规定，复议申请的撤回不是申请人的一项任意性权利，不经过复议机关的同意，复议申请的撤回不产生效力。这一条件说明，行政机关对复议申请的撤回有严格的审查责任和批准权。复议机关享有这种权力可以防止申请人任意处分自己的申请权，保证相对人的合法权益。[①] 这一规定参照了行政诉讼法关于撤诉的规定。行政复议申请人撤回复议申请，目的在于终结复议程序，而行政复议机关对其申请进行审查，不允许申请人任意处分自己的申请权，表现出了极强的行政干预性质。该条规定了申请人可以撤回申请以及行政复议机关允许撤回，但未规定撤回申请后，行政复议机关适用的法律文书，仅仅规定"记录在案"。"记录在案"的性质、形式均不明确，是否发送申请人亦不明确。

行政复议法第二十五条规定，行政复议决定作出前，申请人要求撤回行政复议申请的，经说明理由，可以撤回；撤回行政复议申请的，行政复议终止。这一规定从一定程度上弱化了行政复议机关对申请人处分权的干预，申请人只要"经说明理由"，就可以撤回。之所以规定"经说明理由"，是因为"复议申请的撤回是申请人的权利，但也应向行政复议机关说明。因为在实践中有被申请人利用一些不当的手段，采取各种方法向申请人施加压力，逼迫申请人违心地撤回行政复议申请的情形，如果出现了这种情形，申请人撤

---

① 黄曙海主编：《行政复议条例讲座》，中国人民公安大学出版社1991年版，第116~117页。

回了行政复议申请,则可能使违法或不当的具体行政行为仍然存在,从而得不到及时纠正。这既有可能给国家造成一定的损失,又可能损害行政机关的形象,也一定会侵害申请人的合法权益。因此,申请人请求撤回行政复议申请的应当说明理由。"① 有观点认为,对于终止行政复议后的法律文书,行政复议法没有规定,是采取原《行政复议条例》规定的记录在案的方式,还是采取制作裁定书终结复议,在实际工作中行政复议机关可以灵活运用。② 还有的观点认为,应当采用行政复议决定的形式,即申请人提出撤回复议申请,经过行政复议机关审查,认为符合条件的,应当作出准予撤回申请的决定;认为不具备或者不完全具备条件的,应当作出不准撤回申请的决定。③

那么,行政复议法第二十五条规定的"行政复议终止"是否意味着行政复议机关应当作出行政复议终止决定呢? 有的观点认为,行政复议终止是指程序上的终止,而非需要作出行政复议终止决定。相对于维持、撤销、变更等行政复议决定而言,行政复议终止有其特别之处,它不对被复议的行政行为作出任何肯定或者否定的评价。从这一点而言,与其说它是复议决定的一种,倒不如说是复议结果的一种。因为"决定"体现着复议机关的主观意志性,表现为对被复议的行政行为作出肯定或者否定的评价,而复议终止则不必然反映出复议机关的主观意志,更多的时候突出的是申请人的自由意志,也不需对被复议的行政行为作出肯定或者否定的评价。正因为如此,复议终止后,申请人不得以不服行政复议终止提起行政诉讼。④

国务院法制机构没有采纳这种意见,而是采纳了行政复议终止应当作出决定的意见。本案中,国务院法制办作出的《对北京市人民政府法制办公室〈关于终止审理余国玉复议案件的请示〉的复函》(2002年1月16日,国法函〔2002〕3号)明确:"北京市人民政府法制办公室:你办《关于终止审理余国玉复议案件的请示》(京政法制复字〔2001〕41号)收悉。经商最高人民法院行政审判庭,现函复如下:行政复议机关受理行政复议申请后,发现该行政复议申请不符合《中华人民共和国行政复议法》规定的,可以决定终止行政复议。"这一复函有三点需要注意:一是行政复议机关采用"决定"方式终止行政复议。二是终止行政复议的情形扩大到"行政复议申请不符合行政复议法规定"。由于本案没有具体案情的介绍,对于"行政复议申请不符合行政复议法规定"的具体涵义并不明确。根据行政复议法第十七条的规

---

① 张春生主编:《中华人民共和国行政复议法释义》,法律出版社1999年版,第129页。
② 张春生主编:《中华人民共和国行政复议法释义》,法律出版社1999年版,第129页。
③ 曹康泰主编:《中华人民共和国行政复议法释义》,中国法制出版社1999年版,第121页。
④ 朱海天、刘雪梅:《论行政复议终止》,载《法学杂志》2006年第4期。

定，行政复议机关收到行政复议申请后，应当在 5 日内进行审查，对不符合本法规定的行政复议申请，决定不予受理，并书面告知申请人。这是在立案阶段发现不符合行政复议法规定的处理方式，对于在审理阶段发现不符合行政复议法规定如何处理，行政复议法没有规定。考诸行政诉讼法关于裁定不予受理和裁定驳回起诉的规定，对于立案阶段发现不符合行政诉讼法规定的起诉，裁定不予受理，对于在受理后的阶段发现不符合行政诉讼法规定的起诉，裁定驳回起诉。以此为例，对于行政复议案件受理后发现不符合行政复议法规定的，似乎应当决定驳回申请更为妥当。由于行政复议法没有规定驳回申请决定形式，本复函最终采取了参照了行政复议法关于"行政复议终止"的规定。三是本复函征求了最高人民法院行政审判庭的意见，国务院法制机构与最高司法机关的意见是一致的。

由于采取了行政复议决定的形式，其可诉性为行政诉讼法所容括。行政诉讼法第十七条规定，经复议的案件，复议机关改变原具体行政行为的，也可以由复议机关所在地人民法院管辖。第二十五条第二款规定，经复议的案件，复议机关决定维持原具体行政行为的，作出原具体行政行为的行政机关是被告；复议机关改变原具体行政行为的，复议机关是被告。上述规定从正面和侧面规定了行政复议决定的可诉性：从正面而言，改变原行政行为的行政复议决定的可诉性毋庸置疑；从侧面而言，维持原行政行为的行政复议决定也并未排除在受案范围之外，只不过考虑到诉讼经济和诉讼方便，审查原行政行为的合法性而已。特别是在实践中，有的行政复议机关利用行政复议法对于终止复议规定不明确的缺陷，采取主动终结复议而非申请人撤回申请的方式，导致损害公民、法人或者其他组织的合法权益，其可诉性更应当予以认可。

本案当事人不服行政复议终止决定，向人民法院起诉后，人民法院对该案予以受理。人民法院对于该行政复议终止决定审查后，发现该行政复议申请不符合法定的行政复议范围。人民法院已经对该案进行了实体审理，不应当裁定不予受理或者驳回起诉，最为接近的处理方式是对诉不作为理由不成立的判决。《若干解释》第五十六条第（一）项规定，起诉被告不作为理由不能成立的，人民法院应判决驳回原告的诉讼请求。本案中，行政复议终止决定的实质是行政复议机关因申请人的申请不符合行政复议法规定的行政复议范围而否定了申请人的申请。从申请人的角度来讲，其认为行政复议机关构成了类似"拒绝履行"的不作为。最高人民法院参照《若干解释》关于不作为的规定，对本案作了答复。2005 年 6 月 3 日，最高人民法院作出《关于行政复议机关受理行政复议申请后，发现复议申请不属于行政复议法规定的复议范围，复议机关作出终止行政复议决定的，人民法院如何处理的答复》

(〔2005〕行他字第 11 号）："北京市高级人民法院：你院京高法〔2005〕102 号《关于国务院法制办公室对北京市人民政府法制办公室〈关于终止审理余国玉复议案件的请示的复函〉有关问题的请示》收悉。经研究，原则同意你院倾向性意见，即行政复议机关受理行政复议申请后，发现该行政复议申请不符合法定的行政复议范围，作出终止行政复议决定。当事人不服，向人民法院提起诉讼，人民法院经审查认为，该复议申请不属于行政复议范围的，可以依法驳回其诉讼请求。"

三、应当注意的问题

本答复下发后，有关行政复议的行政法规、规章等对行政复议终止的问题逐步予以明确。《行政复议法实施条例》参照最高人民法院司法解释的规定，对行政复议终止作了进一步的规定。该条例第四十二条采取明确列举的方法，规定了行政复议终止的五种情形，概括起来，主要是以下几种情形：

1. 申请人要求撤回行政复议申请，行政复议机构准予撤回的。这也是行政复议法第二十五条规定的行政复议终止的情形，但是，因为条例对申请人撤回行政复议申请的情形作了细化和补充，因此，本项也可以看作是对行政复议法第二十五条规定的细化。申请人撤回行政复议申请，表明放弃了申请行政复议权利，基于行政复议以申请人的申请而启动的特点，自然也以申请人的放弃而终止。

2. 申请人本人的行政复议申请资格消灭，没有行政复议申请资格承受人或者其行政复议申请资格的承受人明确表示或者可以依法推定其放弃行政复议申请的。根据行政复议法第十条的规定，申请人的行政复议申请资格可以发生转移，由他人继承、代理或者承受行使。如果行政复议申请资格的移转承受人放弃行使行政复议权利的，行政复议活动自然也应当终止。其中，行政复议申请资格的移转承受人放弃行政复议申请权利的方式有两种：一是通过明示的方式：（1）作为申请人的自然人死亡，没有近亲属或者其近亲属放弃行政复议权利的；（2）作为申请人的法人或者其他组织终止，其权利义务的承受人放弃行政复议权利的；二是推定行政复议申请资格承受人放弃行政复议权利：（1）作为申请人的自然人死亡，其近亲属未确定是否参加行政复议，行政复议中止满 60 日的；（2）作为申请人的自然人丧失参加行政复议的能力，未确定法定代理人参加行政复议，行政复议中止满 60 日的；（3）作为申请人的法人或者其他组织终止，未确定权利义务承受人，行政复议中止满 60 日的。在这三种情形下，行政复议申请资格的承受人虽然没有明确表示放弃行政复议申请权利，但是其长期不明确表示是否参加行政复议活动表明其并不重视行政复议权利的行使，可能会带来行政秩序的不稳定，因此，该条比照行政复议申请期限的规定，行政复议中止满 60 日的，行政复议终止，也就是说，一旦超过法定期限，当事人就丧失了申请行政复议的机会。这样做，一方面，可以有效地维护因行政管理而形成的社会秩序的稳定，另一方面，也是为了维护行政复议制度严肃性和权威性。

3. 申请人与被申请人依照《行政复议法实施条例》第四十条的规定，经行政复议机构准许达成和解的。申请人和被申请人就申请行政复议的具体行政行为依法达成和解，表明双方的行政争议已经得到自行解决，行政复议机关无需在继续进行审理，因此，行政复议活动可以终结。当然，需要注意的是，申请人与被申请人达成的和解，必须是严格按照该条例第四十条的规定依法达成的。

4. 申请人对行政拘留或者限制人身自由的行政强制措施不服申请行政复议后，因申请人同一违法行为涉嫌犯罪，该行政拘留或者限制人身自由的行政强制措施变更为刑事拘留的。具体来说，就是申请人被公安部门或者其他有权机关实施行政拘留或者采取限制人身自由的其他行政强制措施后，因申请人的同一违法行为涉嫌犯罪，而将此前的行政拘留或者限制人身自由的其他行政强制措施变更为刑事拘留的，可以终止行政复议。主要理由是：第一，出现这种情况时，行政拘留或者限制人身自由的其他行政强制措施已经被吸收到刑事拘留中，如果刑事拘留措施出现错误，可以通过刑事赔偿程序得到补救，可以不再通过行政复议程序进行救济，不至于造成当事人权利无法救济的问题；第二，变更后的刑事拘留措施不是具体行政行为，而是与刑事侦查有关的刑事司法行为，如果再由行政机关受理变更之前的行政拘留或者限制人身自由的行政强制措施，由于有关事实和证据材料都已经相应移转，可能既不利于行政机关进行答辩，也有可能会影响刑事侦查活动的顺利进行，所以，条例规定在这种情况下，可以终止行政复议。

《行政复议法实施条例》明确规定了行政复议终止无须作出行政复议决定。行政复议是以当事人的申请而启动的一种行政救济和层级监督活动，自然也应申请人的放弃而终结。因此，行政复议终止的，行政复议机关无须对行政行为是否合法和适当进行实质性审理，也不需要作出行政复议决定，而是要制发行政复议终止通知书，告知有关当事人其行政复议活动已经终结。在效力上，行政复议终止通知书与行政复议决定相同，都是对行政复议申请作出最终的实体性处理的一种法定形式。[①]

[①] 郜风涛主编：《中华人民共和国行政复议法实施条例释解与应用》，人民出版社 2007 年版，第 168~170 页。

对于本答复涉及的受理行政复议申请后，发现该行政复议申请不符合行政复议法规定的受理条件的，《行政复议法实施条例》第四十八条规定了驳回行政复议申请的决定形式。① 也就是说，条例实施后，行政复议机关在满足前述情形的情况下，不能再作出行政复议终止决定，而只能作出驳回行政复议申请的决定。对于该行政复议决定的可诉性是明确的。

对于《行政复议法实施条例》规定的终止行政复议的情形，行政复议机关作出的行政复议终止通知书是否可诉呢？笔者认为，该通知书不具有可诉性。理由是：第一，行政复议终止通知书不具有处分性。行政行为只有在具备处分性、具备影响公民、法人和其他组织合法权益的情况下，才具有可诉性。考察行政复议终止的四种情形，均属于无处分性的复议程序终结行为。与行政诉讼相类比，因撤回申请而复议终止的，类似于行政诉讼中的准予撤诉裁定，后者属于结案方式的一种，不能提出上诉；因自然人死亡、法人或者其他组织终止，权利义务承受人放弃权利的，类似于行政诉讼中的终结诉讼，亦属于结案方式的一种，不能提出上诉；和解作为结案方式，不能提出上诉；因涉嫌犯罪，类似于行政诉讼中的移送程序和"中止诉讼"，也不能提出上诉。同理，行政复议终止通知书不具有可诉性。第二，行政复议终止的情形具有封闭性，行政复议机关不能随意扩大终止的情形。《行政复议法实施条例》第四十二条规定的行政复议终止情形没有兜底条款，在实践中，行政复议机关不能以其他理由终止复议。以其他理由终止复议的，并不当然排除其可诉性。第三，具有可诉性的行政复议决定相对明确。除了行政复议法明确规定的复议决定之外，《行政复议法实施条例》还增加了驳回申请决定，驳回申请决定具有可诉性。正如行政诉讼中不予受理裁定、驳回起诉裁定，均得提起上诉一样，同理，行政复议不予受理决定、驳回申请决定，均具有可诉性。终止复议通知书类似于行政诉讼中终结诉讼裁定，不具有可诉性。当然，为了防止行政复议机关滥用该项权力，是否具有可诉性不能从行政复议终止通知书的形式来考察，而应当从通知书的实际内容来考察其是否具有可诉性，只有符合行政复议法和《行政复议法实施条例》规定的终止复议通知书才不具有可诉性。

---

① 《行政复议法实施条例》第四十八条第一款规定，有下列情形之一的，行政复议机关应当决定驳回行政复议申请：（一）申请人认为行政机关不履行法定职责申请行政复议，行政复议机关受理后发现该行政机关没有相应法定职责或者在受理前已经履行法定职责的；（二）受理行政复议申请后，发现该行政复议申请不符合行政复议法和本条例规定的受理条件的。

38. 一审行政判决书的样式
——《最高人民法院关于印发〈一审行政判决书样式（试行）〉的通知》解读

2004年12月8日　　　　　　　　　　　　法发〔2004〕25号

1993年1月1日，最高人民法院《法院诉讼文书样式（试行）》（以下简称《文书样式》）下发试行，该《文书样式》对行政判决书的制作做了一些规范性要求。这些要求对以后人民法院审理行政案件，制作行政判决书起到了重要的指导作用。但是，随着行政诉讼的进一步发展和行政诉讼理论研究的不断深入，在沿用该《文书样式》多年之后，理论界和司法界对依该文书样式制作的行政判决书的微词越来越多，认为依该《文书样式》制作的一审行政判决书的最大的不足，就是没有充分体现行政诉讼的合法性审查和被告对被诉具体行政行为负举证责任的特点。另外，还存在判决书制作公式化、判决理由过于简单和缺乏认证断理和说服力等等。这些问题，既影响了一审行政判决书的质量，也影响了人民法院的公正形象。因此，《文书样式》的改革势在必行。

近些年来，全国各级人民法院对一审行政裁判文书的改革进行了积极、有益的探索，取得了初步成效。为了使法律文书制作得以标准化和规范化，使其与审判方式改革相适应，我们对全国法院近年来审结的一、二审行政判决书和行政赔偿判决书进行了认真研究，从中收集了许多宝贵资料。各级人民法院也积极主动地向最高人民法院提供《文书样式》改革信息和改革建议，为《文书样式》的修改和完善起到了推动作用。

一、《文书样式》存在的问题

行政判决书是人民法院审判活动和审判结果的载体，是人民法院审判水平的重要体现。一份合格的行政判决书应当突出合法性审查和被告对具体行政行为负举证责任的特点，完整地反映出审判的全过程，充分说明判决理由，真正成为法院公正裁判的载体。但是,《文书样式》存在以下问题,依照其设定的标准还不能制作出符合行政案件特点的行政判决书。

(一) 不能很好地体现行政诉审判的特点

我国的行政诉讼制度脱胎与民事诉讼制度①,两者在很多地方具有相同之处,但由于两者的性质不同,必然地存在着较明显的差异。具体来讲,二者主要有两点不同:一是审查对象不同。行政诉讼是对被诉具体行政行为的合法性进行审查,而民事诉讼是对平等主体之间争议事实是否存在进行审查;二是举证责任不同。行政诉讼是由被告对被诉具体行政行为的合法性承担举证责任,而民事诉讼是采取"谁主张,谁举证"的原则。行政判决书要符合自身的规律,在制作上体现其特点。《文书样式》仍延续民事判决书的方式围绕着当事人争议的事实,采取"谁主张,谁举证"的方式制作行政判决书,不能完整地体现行政审判这两个主要特点。

(二) 不符合行政诉讼判决种类的要求

根据行政诉讼法的规定,公民、法人或者其他组织可以针对行政机关的积极的作为行政行为和消极的不作为行政行为提起行政诉讼,同时,在一定的条件下还可以向行政机关提起行政赔偿诉讼。根据行政诉讼证据制度的要求,在这三种诉讼形式中,原、被告双方当事人承担举证责任的原则是不同的。在起诉行政机关作为的行政诉讼中,对被诉具体行政行为的合法性,实行被告负举证责任的原则;在起诉行政机关不作为的行政诉讼中,原告应提供其在行政程序中已经向被告行政机关提出申请的事实证据,被告应提供证据证明原告申请事项是否属于其法定职责范畴、其是否在法定期限内已经履行法定职责,或者其不予答复或者拖延履行等行为符合法律规定等;在起诉行政机关行政赔偿诉讼中,原、被告的举证责任适用"谁主张,谁举证"的举证规则。可见,由于行政诉讼的种类不同,特别是当事人在不同诉讼种类中的举证责任不同,对行政判决书的格式或者结构要求亦相应不同。但是,《文书样式》对三类行政诉讼没有分别制定符合各自特点的文书格式,而是

---

① 全国人民代表大会常委会1982年3月8日通过的民事诉讼法(试行)第三条第二款规定:"法律规定由人民法院审理的行政案件,适用本规定。"该条的规定,表明当时各级人民法院审理行政案件适用民事诉讼程序。由于行政审判与民事审判存在着很大的差别,随着我国法律制度的不断发展,适用民事诉讼法审理行政案件远远不能适应形势的发展需要。1989年4月4日全国人民代表大会通过了行政诉讼法,该法于1990年10月1日生效后,各级人民法院审理行政案件不再适用民事诉讼法(试行),而是适用行政诉讼法。由此可以看出我国的行政诉讼制度脱胎于民事诉讼制度。

一律采取相同的格式，这明显是不科学的。

（三）不能适应行政审判方式的改革

一审行政判决书是对一审行政审判内容和过程的真实记录，制作的最基本的要求是要符合行政诉讼审判方式。长期以来，我国传统的行政审判方式采用纠问式，在诉讼中，从调查取证到审理判决，法官拥有充分的主动权，表现为过分地参与当事人的诉讼活动。这种审判作风体现在判决书上，往往使判决书在内容上不能完全反映出审判程序的全部内容，在对案件事实的叙述中带有主观片面性，对当事人所举的证据列写过于简单，判决理由阐述不充分等。近年来，随着行政审判方式改革的不断深化，行政诉讼审判方式也从原来的纠问式转变为诉辩式，当事人的诉讼主体权利也得到了实现，传统的一审行政判决书制作方法已显然不能适应当今审判方式改革的要求。尽管在改革进程中，法院对一审行政判决书的制作结构进行了一些简单的调整，诸如增加证据列写事项，要求叙写更加详细等，但从行政诉讼的特点和要求考虑，这些改革措施仍不能达到应有的科学程度。

（四）不符合行政诉讼证据制度的要求

最高人民法院于2002年6月4日发布了《证据规定》，对行政诉讼举证责任、当事人向法院提供证据的要求、证据的对质、辨认和核实、认证都作出了严格的要求。这些规定既是对《文书样式》中行政判决书部分内容的补充，也是对目前审判实践中书写行政判决书的要求。可以说，《证据规定》的出台，已经从内容上对《文书样式》进行实质意义上改革提出了具体要求。

（五）现行一审行政判决书在结构上、内容上存在许多缺陷

根据《文书样式》制作的一审行政判决书存在以下突出问题：（1）当事人诉讼争执焦点不清。判决书通常仅就原告起诉状和被告答辩状中的内容进行高度概括和抽象出的内容作为双方当事人争议的事实，而忽略了对双方当事人争议的焦点进行提炼，致使当事人诉讼争执焦点不清。（2）认定事实出处不明。根据《文书样式》的排列组合，"案件事实"是由法院"经审理查明"字样引出的，但在"经审理查明"的内容中，通常只是简单地叙写法院认定事实的结论，缺乏对"案件事实"来源及认定根据的表述，不能展示行政案件的特有的被告举证、原告质证、法院认证的庭审规律。（3）对证据的叙述过于简单、笼统，难以体现举证、质证和认证的全部过程。（4）缺乏说理性。按照《文书样式》规定的固定格式，大部分一审行政判决书的说理都

缺乏针对性,法官阐述理由时注重表明形式和结论的正确,不能针对当事人争议的焦点作出全面和深入的分析,触及不到案件的实质和深层次问题,难以从法律解释和法律适用的角度,对双方争议的问题进行透彻的评判。这种仅仅服从格式规定的说理,即使判决结果是正确的,有时也难以使诉讼参加人心悦诚服,服判息诉。(5)不能严谨地表现行政法律关系的构成。依照行政诉讼法第五条规定的法院对具体行政行为进行合法性审查的要求,法院应当对形成具体行政行为的行政主体、行政程序、认定事实的内容、适用的法律规范及处理结果等五个要素进行合法性审查,而一审行政判决书也应当按照这个逻辑,分层次、客观准确地描述这种诉讼活动。但是,由于《文书样式》的逻辑架构的局限,案件中的行政法律关系不能层次分明地反映出来。有时只是笼统地将上述要素糅合在一起,于是就出现了丢三落四等现象。

《文书样式》存在的种种弊端,对行政判决书的改革提出了迫切要求。目前,人民法院的行政审判方式改革基本完成,法官审判案件的综合素质有了大幅度提高,公民的法律意识和法律文化水平也得到了进一步提高,这些因素已使行政判决书的改革具备了必要的条件。

二、改革与完善中的重点问题和改革方案

在对《文书样式》进行改革与完善工作中,我们遵循了以下原则:一是要实现诉讼公正,即判决书要反映实体公正和程序公正两个方面内容;二是司法文书要具有内容规范性、结构固定性、用语程式性的一般特点。修改后的《一审行政判决书样书(试行)》(以下简称《判决样式》)根据三类不同案件(行政作为类案件、行政不作为类案件、行政赔偿案件)的特点分别设计了符合不同标准和举证责任的制作样式。

(一)关于作为类行政判决书改革与完善中的重点问题和改革方案

对一审作为类行政判决书,我们将"合法性审查和由被告对具体行政行为负举证责任"的内容作为改革重点,在结构设计上,也是围绕该重点对《文书样式》进行改革和进一步完善。

1. 关于一审作为类行政判决书正文结构设计的争论和解决方案

在作为类行政判决书正文结构设计问题上,理论与实务部门仍然存在争议的是"靶子"如何树的问题。所谓"靶子",就是被诉具体行政行为。其将以何种方式出现并为当事人举证、质证和法院认证、评判树立"靶子"?对此,有两种不同意见:

一种意见认为，正文中应当先叙述具体行政行为，目的是为当事人起诉、答辩及人民法院评判树立"靶子"，使法院的审判更具有针对性。如果"以原告、被告的诉称和辩称为引子叙述被诉具体行政行为"，则不可避免原告或被告因出于己方利益而故意隐瞒客观事实的情况发生，法院在合法性审查时可能会因这种误导而偏离审判方向。而采用正文中先写具体行政行为的方法，不仅可以避免上述情况发生，而且更能够体现行政诉讼中"合法性审查"和被告对被诉具体行政行为负有举证责任的特点。按照这种意见，正文部分应先写明被告作出的具体行政行为的内容，然后再简述原告诉讼请求及理由、被告的答辩意见和所提供的证据。即正文结构设计为：被诉具体行政行为的内容、当事人的辩称、法庭对证据质证及认证的情况、法庭认定的事实。

这种结构设计的特点是：先将法庭要进行合法性审查的"对象"展示出来，再以被告对作出的具体行政行为负有举证责任为原则，将被告主张被诉具体行政行为合法性的证据一一列举在后。对于原告提出的诉讼请求仅作概述，即概述原告的请求是撤销、维持被诉具体行政行为还是其他诉讼请求，不需要详细叙述原告诉讼请求中的具体理由。通过证据交换或庭审质证，将被告在答辩中对原告诉讼请求中予以认可的诉讼请求剥离出去（被告没有答辩的视为认可），提出案件中还存在争议的焦点和审理重点问题，当事人就争议的焦点和审理重点问题逐一质证、法院就争议的焦点和审理重点问题逐一认证，最后对双方争议的焦点和审理重点问题作出确认。这种写法的优点是，争议问题突出、被告对被诉具体行政行为承担举证责任得到充分体现、法院认证针对性强，不仅体现了法院对被诉具体行政行为进行合法性审查的过程，而且也使案件事实在合法性审查中逐步明朗化，从而避免了《文书样式》中对事实叙述重复的弊病和当前制作文书中将当事人所举出证据大量罗列和争议焦点不突出等不足。

另一种意见认为，按照《文书样式》制作的一审行政判决书在正文开端先写具体行政行为的内容，再写"原告诉称"和"被告辩称"的做法违反了人们的认识规律，不符合认识逻辑。理由是：其一，一审行政判决书所认定的事实应当建立在核实证据、查清事实的基础上，即应当先有证据，再依据证据查明事实，根据论证推出结论。虽然"叙述行政争议"只是由法院对行政争议的由来和经过作一个简单的叙述，但就逻辑结构而言，一审行政判决书在尚未对诉讼各方提供的证据进行质证、认证的情况下，就认定了行政争议的由来和经过，不仅违反了认识规律，不符合认识逻辑，而且还给人以法院主观武断的印象。其二，由于法院对具体行政行为的合法性负有审查责任，被告对具体行政行为的合法性负有举证责任，而原告的责任就是证明具体行政行为的存在及内容，并将其推向法庭。因此，判决书在写明"原告诉称"和"被告辩称"部分时，已经将被诉具体行政行为的内容及各方当事人之间的争执焦点进行了全面展示，法院只需对双方当事人争议的焦点进行审查即可。其三，如果先叙述被诉具体行政行为，再由法院对具体行政行为的有关内容进行认定或叙述，就又回到了《文书样式》的状态，造成"事实的重复"。因此，建议将判决书结构设计成为由"原告诉称"和所提供的证据引出具体行政行为的相关内容，由"被告辩称"和所提供的证据恰当提示或完善具体行政行为的内容。这样，既树立了"靶子"，也符合了逻辑规律。

这种设计方案的特点是：通过"原告诉称"和"被告辩称"展示被诉具体行政行为的主要内容，通过庭审质证或证据交换，将被告在答辩中对原告诉讼请求中予以认可的诉讼请求剥离出去（被告没有答辩的视为认可），提出案件中还有争议的焦点和审理的重点问题，并围绕争议的焦点和审理的重点问题逐一认证，最后对双方争议的焦点和审理的重点问题作出确认。这种写法突出的优点是省略了判决书对被诉具体行政行为事实叙述的重复，符合人们认识的一般规律。不足之处是被诉具体行政行为的展现缺乏"一步到位"的完整性。

上述两种意见均能充分体现行政诉讼法对被诉具体行政行为的合法性审查和被告对被诉具体行政行为负举证责任的特点，而且争议的焦点问题突出，当事人举证和法院认证针对性强，阅读时易懂、易通，没有累赘感。但是，从对具体行政行为合法性审查的逻辑角度看，第一种方案更符合审查被诉具体行政行为合法性的逻辑规律。鉴于前面已经叙述了被诉具体行政行为的内容，如果法院认定的实事与被诉具体行政行为认定的实事相同，法官在制作一审行政判决书时，可以在法庭认定事实部分表述为"法院对被诉具体行政行为的内容予以确认"。如果部分相同部分不同，在法庭认定实事部分，先将认定不同的部分写明，尔后确认其他部分与被诉具体行政行为的内容相同。这样就完全可以避免重复、累赘的问题。因此，《判决样式》最后采纳了第一种意见，对有关案件实事方面的问题作出了如下规定：

被告××××（行政主体名称）（写明作出具体行政行为的行政程序）于××××年××月××日对原告作出××号××××决定（或其他名称），……（详细写明被诉具体行政行为认定的事实、适用的法律规范和处理的内容①)。被告于×××年××月××日向本院提供了作出被诉具体行政行为的证据、依据（若有经法院批准延期提供证据的情况，应当予以说明）：1. ……（证据的名称及内容等），证明……（写明证据的证明目的。可以按被告举证顺序，归类概括证明目的）；2. ……（可以根据案情，从法定职权、认定事实、适用法律、执法程序等方面，分类列举有关证据和依据；或者综合列举证据，略写无争议部分）。②

原告×××诉称，……（概括写明原告的诉讼请求及理由、原告提供的证据）。

被告×××辩称，……（概括写明被告答辩的主要理由和要求）。

第三人×××述称，……（概括写明第三人的主要意见，第三人提供的证据）。

本院依法（或依原告、第三人的申请）调取了以下证据：……。

经庭审质证（或交换证据），本院对以下证据作出如下确认：……。

经庭审查明，……（经审理查明的案件事实内容）。

2. 一审作为类行政判决书结构设计方案

列明诉讼参加人—案由和庭审方式—被诉具体行政行为的内容—原告诉称与被告辩称（列举被诉具体行政行为的事实证据和法律依据）—双方争议焦点和审理重点—就争议事实进行质证、认证—根据认定的法律事实进行法理论证—判决结论—交待诉权—附录。

其中，"列明诉讼参加人"和"案由和庭审方式"为判决书的首部；"交待诉权和附录"为判决书的尾部；其他内容为判决书的正文。

一审作为类行政判决书在结构设计上具有以下特点：一是整体结构不仅逻辑性强，且符合人们的认识习惯，给人以一气呵成之感。二是叙事和评判突出了行政诉讼审查被诉具体行政行为合法性这一特征，充分体现和发挥了行政诉讼保护、监督功能，使法院在很大程度上摆脱了联合被告审原告的嫌

---

① 详细叙述被告实施具体行政行为的行政程序和具体行政行为的主要内容（包括认定的事实、适用的法律规范和处理结果），使需要进行合法性审查的"事实"得到充分展示。如被诉行政行为系非要式行为，可结合被告作出行政行为时的内部报告或庭审中双方认可的结论确定具体行政行为的内容。

② 根据行政诉讼法及《证据规定》的规定，被告对作出的具体行政行为负有举证责任。为了突出体现这一原则，在被诉具体行政行为得到展示之后，随之将被告主张被诉具体行政行为合法性的证据一一列举在后。列举的证据应写明证据的名称及内容，写明证据的证明目的（可以按被告举证顺序，归类概括证明目的；也可以根据案情，从法定职权、执法程序、认定事实、适用法律等方面，分类列举有关证据和依据；还可以综合列举证据，略写无争议部分）。为体现被告必须在法定期限内向法院提供证据的要求，应当写明被告提供证据的时间。对于经法院批准延期提供证据的，应当予以说明。

疑。如以行政处罚为例，以往的行政判决书在"经审理查明"部分主要是认定原告有无违法行为，其思维逻辑是经查原告没有违法行为，所以撤销行政处罚。这难免给人一种法院审查原告的感觉，即使是在"查明"部分认定原告没有违法行为，并判决撤销行政处罚的情况，也难避"审原告"之嫌。而改革后的判决书结构设计要求在被告举证之后，原告对被告行政机关所举证据鉴别和表态，法院通过审查被告提供证据的三性（客观性、关联性、合法性），实现对被诉具体行政行为的合法性审查。行政判决书始终围绕具体行政行为是否合法这一焦点展开叙述、论证和作出结论，充分体现和发挥了行政诉讼保护、监督功能，使法院摆脱了联合被告审原告的嫌疑，重新塑造了法院的公正形象。三是强化了文书的说理。改革后的判决书将"法院认为"部分作为事实部分和判决主文部分之间的桥梁，并将三者有机地结合在一起。法院根据已经查证和认定的事实及证据，以详尽说理的方法，对当事人争议的问题作出分析和判定，其说理不仅具有针对性、法律性，还具有严密的逻辑性，克服了过去那种叙述空洞、说理不力、内容杂乱或丢三落四以及前后矛盾等弊端。

3. 一审作为类行政判决书结构内容说明

（1）首部

首部包括当事人列举、案由及庭审程序等内容。

关于当事人的列举。将《文书样式》列举当事人中原告（被告、第三人）后的","符号，改为提示性较强"："符号，如"原告（被告、第三人）：×××，法定代表人×××，委托代理人×××"，从而使诉讼参加人更为醒目与明确。

为了表明法院的审判活动公开、透明和便于检查案件在审判程序上的合法性、充分体现审判程序的公开性，在"案由和庭审方式"内容中强调了对法院审理过程和有关庭审中的情况予以公开，不仅要求写明案件由来、审判组织、被告、第三人的应诉和当事人进行证据交换的情况及开庭审理过程（包括受理时间、送达起诉状副本及应诉通知书的时间、开庭审理时间），如有被批准延长审限的，还应当写明案件被批准延长审理期限的情况。

（2）正文部分

正文部分是体现行政诉讼"合法性审查"和"由被告对具体行政行为负举证责任"特点的部分，其结构是按照诉辩式庭审方式的逻辑结构思路进行设计的。正文的设计是按照当事人举证、质证和法院认证逻辑得出法院确认的法律事实，最后由法院根据已经确认的案件事实和有关法律依据阐明判决理由并作出判决。

正文部分的叙写采取叙事、评判说理和判决结果的三段式叙写模式。所谓"叙事",就是将案件事实叙述清楚,它不仅要求将被诉具体行政行为的内容叙写清楚,而且还要求将原告、被告之间争执的焦点问题展现出来,以供"评判"之用。所谓"评判",实际上是庭审过程,就是对原、被告双方围绕争执的焦点问题进行举证、质证,法院再针对双方举证、质证进行认证的过程。案件事实,就是在这样一个过程中得到充分评判和法律确认。可以说,这个过程实际上就是对判决的道理、判决的事实依据所作的说明,是为法院正确适用法律得出判决结果提供的事实依据。"判决结果"是人民法院对当事人之间的诉讼争议作出的实体处理结论。根据行政诉讼法第五十四条的规定,人民法院经审理审查被诉具体行政行为的合法性后,[①] 判决维持被诉具体行政行为,或撤销或者部分撤销并可以判决被告重新作出具体行政行为,或责令采取相应的补救措施;行政处罚显失公正的,可以判决予以变更。此外,《若干解释》第五十六条规定了人民法院应当判决驳回原告诉讼请求的情形;[②] 第五十七条规定了人民法院可以作出确认被诉具体行政行为合法或者有效及违法或者无效的判决。[③] 综上,对被告作为类案件的一审判决按判决结果可分为维持的判决、撤销或者部分撤销的判决、变更的判决、确认判决及驳回诉讼请求判决等五种情况。

　　正文部分对《文书样式》主要进行了以下内容的改革:一是删除了"法院经审理查明"部分。《文书样式》中的"法院经审理查明"格式,存在先有结果(先叙述法院审理查明的事实)再讲原因(后叙述有某某证据为证)的逻辑错误,而且不能展现行政诉讼举证、质证和认证的诉讼规律,不能体现行政判决书作为法律文书结构严谨与层次分明的特色及推理过程。因此,删除了"法院经审理查明"部分。二是围绕"合法性审查"和"由被告对具

---

　　① 行政诉讼法第五十四条规定:"人民法院经审理,根据不同情况,分别作出以下判决:(一)具体行政行为证据确凿,适用法律、法规正确,符合法定程序的,判决维持。(二)具体行政行为有下列情形之一的,判决撤销或者部分撤销,并可以判决被告重新作出具体行政行为:1.主要证据不足的;2.适用法律、法规错误的;3.违反法定程序的;4.超越职权的;5.滥用职权的。(三)被告不履行或者拖延履行法定职责的,判决其在一定期限内履行。(四)行政处罚显失公正的,可以判决变更。"

　　② 《若干解释》第五十六条规定:"有下列情形之一的,人民反应应当判决驳回原告的诉讼请求:(一)起诉被告不作为理由不能成立的;(二)被诉具体行政行为合法但存在合理性问题的;(三)被诉具体行政行为合法,但因法律、政策变化需要变更或者废止的;(四)其他应当判决驳回诉讼请求的情形。"

　　③ 《若干解释》第五十七条规定:"人民法院认定被诉具体行政行为合法,但不适宜判决维持或者驳回诉讼请求的,可以作出确认其合法或者有效的判决。""有下列情形之一的,人民法院应当作出确认被诉具体行政行为违法或者无效的判决:(一)被告不履行法定职责,但判决责令其履行法定职责已无实际意义的;(二)被诉具体行政行为依法不成立或者无效的。"

体行政行为负举证责任"原则,在强化当事人举证、质证和法院认证的同时,发动了庭审程序的"动感"功能。三是强化了说理,加大了论理的力度。要求在"本院认为"部分紧紧围绕着被诉具体行政行为的合法性进行论述。四是增加了确认、驳回诉讼请求等判决结果的内容。

(3) 尾部

尾部大部分内容沿用了《文书样式》的规定,但为了突出行政判决书的重点,避免主文太长,不便当事人阅读等问题,特别增加了附录部分。附录部分主要有两个方面的内容:一是判决书中引用的有关法律规范条文的具体内容。在"本院认为"中,当涉及适用有关程序性法律规范时,根据要求可以只写明判决依据的有关法律、法规和规章规定以及司法解释的有关条文即可,不写具体内容。对正文中未写明条文的具体内容的,可以"附录"的方式详尽抄录,以供当事人全面了解有关法律规范规定的内容。二是其他需要注明的问题。例如,群体诉讼案件中原告名单及其身份内容很多,均放在判决首部,将会冲淡判决书的主文,使人有累赘感。因此,可以将原告名单及其身份的内容放在附录中。

《判决书样式》将"附录"附在判决书的最后。这样设计不仅使判决书在法律适用内容上更加详尽,不会因其他需要注明的问题冲淡判决书的主文,亦使判决书在轮廓上更具有清晰、易懂、易通、没有累赘感等特点。

(二) 关于一审不作为类行政判决书的设计方案

作为一审案件,不作为类行政案件与作为类行政案件一样,也要按照行政诉讼法规定的第一审程序审理终结。因此,在《文书样式》未予规定的情况下,我们参照一审作为类行政判决书的设计方案,结合不作为行政案件的特点,设计了一审不作为类行政判决书格式。

1. 关于不作为类行政案件内涵的争议

实践中,关于不作为类行政案件的内涵颇有争议,主要分歧在于,对行政机关实体上拒绝的答复行为是否属于不履行法定职责或义务行为有不同的理解。一种意见认为,不作为行为包括消极的行政不作为和积极的行政不作为,[①] 明示拒绝行为,属于积极的行政不作为行为,故应包括在不作为的范畴之列。故诉明示拒绝行为类案件应当适用不作为类法律文书试样。另一种意见则认为,明确拒绝行政行为不属于行政不作为。所谓"不作为",是指行为人消极地不去实施自己应当实施的行为。行政机关及其工作人员明确拒绝履行或者部分拒绝履行法律赋予其应当履行的责任或者义务具有积极的性

---

① 参见马原主编:《行政审判实务》,北京师范大学出版社1993年版,第340~343页。

质，属于不正确作为责任的范畴，不应将这类积极性质的行政行为，划入"不作为"的行政行为的范畴之列。① 故诉明示拒绝行为类案件应当适用作为类法律文书试样。

我们赞同第二种意见。据此，《判决样式》中的一审不作为类行政案件，仅指行政机关不予答复和拖延履行（含不给实质答复）两种情形，对行政机关明示拒绝行为，应当适用一审作为类法律文书试样。

2. 一审不作为类行政判决书的设计方案

虽然一审不作为类行政案件与作为类行政案件存在很大区别，但两类诉讼在判决书的制作上还是有许多共同点的，如判决书的首部、尾部和正文中有关证据的列举、认证、说理方式，以及相关的写作要求等，这些内容在两类判决书的制作上是相同的，故一审不作为类行政判决书的上述部分的格式，可以参考一审作为类行政案件判决书样式及其说明。

根据不作为类行政案件的特点，一审不作为类行政案件判决书与作为类行政判决书在结构设计和制作要求上的不同点主要体现在以下几个方面：

（1）关于案由的表述方法。因不作为行政案件是由负有法定职责或法定义务的行政机关不依法履行法定职责或法定义务而引起的，故判决书的案由部分应当写明："原告×××因要求被告××××（行政主体名称）履行法定职责（或者其他行政义务），于××××年××月××日向本院提起行政诉讼。"

（2）关于当事人双方的举证责任。在不作为类行政案件中，由于原告起诉行政机关行政不作为时，应当由被告作出的具体行政行为并未形成，因此，不作为类行政案件不适用只由被告负举证责任的举证规则。相反，原告应当提供其已经向被诉行政机关提出申请的事实证据或被诉行政机关不作为事实的有关证据。② 被告则应提供证据证明原告的申请是否属于其法定职责及法定义务，其是否在法定期限内已经履行法定职责或者义务，其拖延履行和不予答复等行为是否符合法律规定等。鉴于不作为类行政诉讼中当事人的举证特点，一审不作为类行政判决书的正文部分，应当体现"由双方当事人围绕行政实体法预先设定的有关条件——列举双方提供的证据和双方对对方所提证据的质证，法院则对当事人双方举证内容分别予以认证"内容。同理，在说理内容上也要围绕上述内容进行分析论证，最终对原告申请是否成立、行

---

① 参见蔡小雪：《行政审判中的合法性审查》，人民法院出版社1999年版，第170～171页。
② 《证据规定》第四条第二款规定："在起诉被告不作为的案件中，原告应当提供其在行政程序中曾经提出申请的证据材料。但有下列情形的除外：（一）被告应当依职权主动履行法定职责的；（二）原告因被告受理申请的登记制度不完备等正当事由不能提供相关证据材料并能够作出合理说明的。"

政机关不作为行为合法与否作出明确表态。

（3）关于争议事实的叙述、质证和认证。不作为类行政案件的事实一般比较简单，有些诉讼的内容难以归纳，故可将争议的事实和争执的焦点问题通过直接叙述"原告诉称"和"被告辩称"的方法予以表述。对于案情简单、证据较少、争议较小的案件，宜将认证和认定事实结合在一起，进行综合表述，以避免造成不必要的重复。如，可表述为："经庭审质证，本院认为……"有同志提出，因在审理行政机关作为的案件中，不必查清行政行为相对人是否存在违法事实，故在作为类行政判决书中删除了《文书样式》中的"经审理查明"部分是可行的。但是，审理行政机关不作为行政案件时，必须要认定相对人是否存在某种事实或条件。因此，一审不作为类行政判决书可以适用"经审理查明"写作方法。我们认为，这种意见有一定的道理。适用该方法可以对不作为类行政案件的审理起到更好的作用，故《判决样式》采纳了这一意见，在有关不作为案件的判决样式中的有关实事部分规定：

原告×××于××××年××月××日向被告×××提出……申请。被告在原告起诉之前未作出处理决定。

原告×××诉称：……（概括原告提出的事实、理由及诉讼请求）。

被告×××辩称：……（概括被告答辩的主要理由，被告未提交答辩状的，写明"被告未提交答辩状，但在庭审中辩称……"）。

第三人×××述称：……（概括写明第三人的主要意见，第三人提供的证据）。

原告在起诉时提供了以下证据证明其曾经于××××年××月××日向被告提出……申请事项：……（概括写明证据的名称、时间、内容）。经质证，被告认为……（写明被告提出异议的理由，如无异议，应予说明。有《最高人民法院关于行政诉讼证据若干问题的规定》第四条第二款中所列情形的，则此项不写）。

被告于××××年××月××日向本院提供了以下证据及依据（若被告申请延期提供证据的，写明："被告以……为由，于××××年××月××日向本院提出延期提供证据的书面申请，经本院准许，被告于××××年××月××日提供了证据"）：1.……；2.……。经质证，原告认为，……（写明对证据提出异议的理由，如无异议，应予说明），并提供了以下证据：……。经质证，被告认为，……。

本院依法（或依原告、第三人的申请）调取了以下证据：……。

经庭审质证（或交换证据），本院对证据作如下确认：……。

本院根据以上有效证据及当事人质证意见认定以下事实：……（认定有

效证据所证明的事实,详细分析当事人各自所举证据能否支持其主张)。

(4) 关于判决结果。根据行政诉讼法第五十四条和《若干解释》第五十六条、第五十七条的规定,对诉行政机关不作为行为可以根据审理的具体情况判决驳回原告诉讼请求、被告履行法定职责或者义务、确认被告不履行法定职责或者义务的行为违法。据此,一审不作为类行政判决书的判决结果可分为判决驳回原告诉讼请求、判决被告履行法定职责和判决确认被告不履行法定职责行为违法三种情形。

对原告一并提出行政赔偿诉讼、经法院审查认为可以合并审理的案件,可以在判决书中将行政赔偿作为原告的一个诉讼请求来处理,在判决结果上分为"驳回原告赔偿请求"和"判决被告予以赔偿"两种情况。

一审不作为类行政判决书设计突出地表现了的审理不作为行政案件的特点,其制作方法比较符合行政诉讼法、《若干解释》和《证据规定》的要求。

(三) 关于一审行政赔偿判决书的设计方案

根据行政诉讼法的规定,人民法院可以受理行政管理相对人对行政机关的具体行政行为和事实行为[①]引起的行政赔偿诉讼。因此,一审行政赔偿案件判决书样式应当是供各级法院在受理因行政机关的具体行政行为和事实行为引起的行政赔偿案件后,按照行政诉讼法规定的第一审程序审理终结,就案件的赔偿问题作出处理决定时使用的文书样式。

一审行政赔偿判决书的格式在首部、尾部以及正文中有关证据的列举、认证、说理方式方面与一审作为类行政案件判决书相关的写作要求相同,可参考一审作为类行政案件判决书样式及其说明。一审行政赔偿判决书一般表现以下五个的特点:

第一,关于行政赔偿诉讼案件的案由表述方法。根据《最高人民法院关于规范行政案件案由的通知》第一条第(三)项的规定,行政赔偿类案件分为两种情况,即一并提起行政赔偿和单独提起行政赔偿。对于一并提起的行政赔偿案件,在被诉具体行政行为案由后加"及行政赔偿"一语即可。如"工商行政登记及行政赔偿""诉公安机关不履行保护人身权法定职责及行政赔偿"。对于单独提起行政赔偿的案件,案由的确定方法为:行政管理+行政赔偿。如以税务工作人员在执法中致人伤亡单独提起行政赔偿之诉为例,写为"税务行政赔偿"。一审行政赔偿判决样式仅适用当事人单独提起行政

[①] 这里的"事实行政行为"是指行政机关非职务行为但与职务有关的违法行为。对于案情较复杂,证据较多的案件,可分类、分层表述举证、质证的过程,如:"被告以下列证据证明原告申请事项不属于其法定职责或者法定义务,……(列举证据,并由原告质证)"。

赔偿的一审案件,因此,《判决样式》规定,这类案件的案由具体表述为:"原告×××不服××××(行政主体名称)作出的行政赔偿处理决定,……。"首部的其他部分与一审作为类案件样式相同。

第二,行政赔偿案件的审理,应当以被诉行政行为违法为前提。不同情况的赔偿诉讼,对行政赔偿判决书的要求也不同,如原告因事实行政行为提起赔偿诉讼的,行政赔偿判决书要根据被告的举证确定被诉事实行政行为是否合法;原告对具体行政行为提起行政诉讼时一并提起行政赔偿诉讼的,赔偿判决书应当以行政判决书确认的被诉具体行政行为是否合法为判决依据。

第三,在赔偿诉讼中,证明因受被诉行政行为侵害而遭受损失的事实,适用"谁主张,谁举证"举证规则。可以说,行政赔偿诉讼中双方当事人的举证责任的分配适用民事诉讼程序中当事人的举证规则。原告首先提出赔偿主张,就应当由原告先行承担举证责任,即原告首先应当举证证明因受被诉行政行为侵害而遭受损失的事实。

基于第二、第三个特点,《判决样式》中对有关行政赔偿判决书的事实部分的叙述规定为:

原告×××诉称,……(概括写明原告提出的主要事实、理由及赔偿诉讼请求)。

被告××××辩称,……(概括写明被告答辩的主要理由和要求),(如被告未提交答辩状的,写明:"被告未提交答辩状,但在庭审中辩称……")。

第三人×××述称,……(概括写明第三人的主要意见,第三人提供的证据)。

原告就赔偿请求提供了以下证据:……(概括证据名称、内容及证明目的)。经质证,被告认为,……(写明被告异议的理由,如无异议,应说明)。原告则认为,……(辩驳理由)。

被告就答辩内容提供了以下证据:……(证据的名称、内容及证明目的)。经质证,原告认为……。被告则认为,……(辩驳理由)。

本院依法(或依原告、第三人的申请)调取了以下证据:……。

经庭审质证,本院对证据作如下确认:……。

本院根据以上有效证据及当事人的质证意见认定以下事实:……(写明有效证据所证明的事实)。

第四,法院论证应视不同情况而定。行政赔偿判决书应当根据情况,对未经确认的事实行为,应运用行政实体及程序法律规范,对该行为是否合法进行分析论证;对经确认违法的具体行政行为、事实行为,只需写明经何机关已经确认该行为违法,无需进行分析论证。判决书论证的重点是原告是否存在合法权益,是否被侵害,被侵害的程度和后果及其与被诉具体行政行为的因果关系,是否应予赔偿;论证各方当事人的诉讼理由是否成立,表明是否予以支持或采纳,并说明理由。在适用法律时,不仅要适用行政诉讼法,还应适用国家赔偿法及《行政赔偿规定》等相应的有关行政赔偿司法解释的规定。

第五,根据国家赔偿法第三十四条的规定,行政赔偿诉讼不收取诉讼费用。① 为此,此类判决没有诉讼费用的承担问题。

三、制作一审行政判决书应当注意的问题

(一)在制作首部时应当注意的几个问题

1. 关于案号的问题

案号是不同案件的序列编号,应当贯彻一案一号的原则。案号由立案年度、制作法院、案件性质、审判程序的代字和案件顺序号组成。例如上海市黄浦区人民法院2002年第1号一审行政案件,表述为"(2002)黄行初字第1号"。原告对具体行政行为提起行政诉讼时一并提起行政赔偿诉讼的,可以分别制作判决书,也可以只制作一份判决书。制作一份判决书时,可将行政赔偿作为原告的一个诉讼请求来处理。需要注意的是:《行政赔偿规定》第二十八条规定②分别立案是指对一并提起两个诉讼请求的案件,应当按照年度、审级、一案一号的原则单独立案,并形成独立卷宗;如果经法院审查,认为可以合并审理的案件,应当将已经单独立案的两个案件退回立案登记处销案,并对需要合并审理的两个案件作为一案重新立案编号。

2. 关于当事人的基本情况的问题

原告是公民的,写明姓名、性别、出生年月日、民族、籍贯和住址。公民的住址应写住所地,住所地和经常居住地不一致的,写经常居住地。原告是法人的,写明法人的名称和所在地址,并另起一行列项写明法定代表人及其姓名、性别和职务等。原告是不具备法人资格的其他组织的,写明其名称或字号和所在地址,并另起一行写明诉讼代表人及其姓名、性别和职务。原告是个体工商户的,写明业主的姓名、性别、出生年月日、民族、籍贯、住址;起有字号的,在其姓名之后用括号注明"系……(字号)业主"。原告

---

① 国家赔偿法第三十四条第一款规定:"赔偿请求人要求国家赔偿的,赔偿义务机关、复议机关和人民法院不得向赔偿请求人收取任何费用。"

② 《行政赔偿规定》第二十八条规定:"当事人在提起行政诉讼的同时一并提出行政赔偿请求,或者因具体行政行为与行使行政职权有关的其他行为侵权造成损害一并提出行政赔偿请求的,人民法院应当分别立案,根据具体情况可以合并审理,也可以单独审理。"

是无诉讼行为能力的公民,除写明原告本人的基本情况外,还应列项写明其法定代理人或指定代理人的姓名、性别、住址及其与被代理人的关系,并在姓名后括注其与原告的关系。群体诉讼案件,推选或指定诉讼代表人的,在原告身份事项之后写明"原告暨诉讼代表人……",并写明诉讼代表人的基本情况,格式与原告基本情况相同。如涉及原告人数众多的,可在首部仅列明诉讼代表人基本情况,原告名单及其基本身份情况可列入判决书附录部分。行政判决书中的被告,应写明被诉的行政主体名称、所在地址;另起一行列项写明法定代表人或诉讼代表人姓名、性别和职务;再起一行列写委托代理人的基本事项。有第三人参加诉讼的,第三人列在被告之后,第三人基本情况的写法同上。

当事人是非法人的组织的,从法律意义上讲,其是没有法定代表人的,根据《若干解释》第十四条的规定,此种情况不应将该组织的负责人或者他们推选的参加诉讼的代表写为"法人代表",而应当写为"诉讼代表人"。①

根据行政诉讼法的规定,有权提起诉讼的公民死亡的,其近亲属可以作为原告提起诉讼。有权提起诉讼的法人或者其他组织终止的,承受其权利的法人或者其他组织可以提起诉讼。属于前一种情况的,除写明原告的基本情况外,还应当注明死亡人的死亡时间及与原告之间的亲属关系。属于后一种情况的,除写明原告的基本情况外,还应写明与终止的法人或者其他组织之间的继承关系。

3. 关于案件来由、审判组织、当事人应诉等程序问题

书写案件由来、审判组织、被告与第三人的应诉、当事人进行证据交换情况以及开庭审理过程,是为了表明法院的审判活动公开和透明。如有第三人参加诉讼,可选择使用:"因×××与本案被诉具体行政行为有法律上的利害关系,本院依法通知其为第三人参加诉讼(公民、法人或者其他组织申请作为第三人参加诉讼的写:因×××与本案被诉具体行政行为有法律上的利害关系,经×××申请,本院依法准许其为第三人参加诉讼)"的格式。如当事人经两次合法传唤无正当理由未到庭的,应当写明:"×告×××经本院两次合法传唤,无正当理由拒不到庭"。进行证据交换的应写明:"本院于×××年××月××日组织原、被告及第三人进行了证据交换,并送达了证据清单副本"。如有被批准延长审理期限情况,应写明批准延长批复的

---

① 《若干解释》第十四条规定:"合伙企业向人民法院提起诉讼的,应当以核准登记的字号为原告,由执行合伙企业事务的合伙人作诉讼代表人;其他合伙人组织提起诉讼的,合伙人为共同原告。""不具备法人资格的其他组织向人民法院提起诉讼的,由该组织的主要负责人作诉讼代表人;没有主要负责人的,可以由推选的负责人作诉讼代表人。""同案原告为5人以上,应当推选1至5名诉讼代表人参加诉讼;在指定期限内未选定的,人民法院可以依职权指定。"

文号。不公开开庭审理的，应写明不予公开的理由。有关程序活动可根据时间节点的先后顺序表明。

此外，如果是上级法院指令受理或者裁定继续审理的案件，应当写明上级法院指令受理或者裁定继续审理的情况。对管辖权有异议的案件应当在此处交代有关管辖问题裁定的情况。

（二）制作事实部分应当注意的问题

1. 一审行政判决书应当反映出当事人的法庭质辩意见和法院认证的动态过程。一审行政判决书中在叙述被诉具体行政行为的内容后（行政不作为判决书可以不直接叙述被诉具体行政行为的内容），应当将各方当事人的诉辩意见、对有关证据的意见、法庭认定证据的理由等充分反映出来。同时，对当事人未提到，但法庭认为涉及被诉具体行政行为合法性并进行审查的问题也应当在判决书反映出来，完整地反映整个庭审的过程。

一审行政不作为类判决书在认定事实时，可根据案情需要，先将双方当事人没有争议的事实直接予以认定，如："原告对××事实无异议，被告对××事实无异议。上列事实，本院予以认定。"然后再根据有效证据对双方争议的事实进行分析认定。

行政赔偿案件的审理，应当以被诉行政行为违法为前提。原告因事实行政行为提起赔偿诉讼的，行政赔偿判决书要以被告的举证确定被诉事实行政行为是否存在为判决依据；原告对具体行政行为提起行政诉讼时一并提起行政赔偿诉讼的，行政赔偿判决书应当以行政判决书确认的被诉具体行政行为是否合法为判决依据。

2. 制作判决书时，案件在实体上已经审理终结，法官应做到心中有数，合理确定写作章法，对庭审过程的表述切忌事无巨细，要做到有所侧重。拟判决撤销的案件，可在事实及理由中重点表述违法部分，其余部分可简略或省略。如审查的结果是被告缺乏职权依据的情况，可考虑只写明对法定职权的审查，并辅以相关的法理论证，而被诉行政行为的执法程序、认定事实、适用法律等方面的问题不必再赘述。

对于案情简单、证据较少以及双方当事人对事实和证据的争议较小的诉行政不作为的案件，宜将认证和认定事实结合在一起进行综合表述，以避免出现不必要的重复。

3. 根据《证据规定》第五十四条的规定，法院的认证应从证据的关联性、合法性、真实性来阐述说明。对争议的问题，应当遵循法官职业道德，根据法律规定，运用逻辑推理和生活经验进行全面、客观、公正的分析判断，确定证据材料与案件事实之间的证明关系，排除不具有关联性的证据材料，准确认定案件事实。

由于行政案件的复杂性，一审行政判决书可以根据具体的案情，先叙述有关质证的情况，尔后在叙述法院的认证；也可以叙述一个或一组证据后，就叙述法院的认证。

4. 通过庭审质证或交换证据，被告对原告诉讼理由中予以认可的部分如果与法院审查的事实相一致，则只需说明各方当事人对某某证据无争议，法庭经审查符合证据的要求可以作为定案的依据即可。如果不一致，且影响被诉具体行政行为合法性成立的，应当在质证后，再对这一部分事实的合法性进行认证。

5. 根据行政诉讼法第四十一条和《证据规定》第四条的规定，公民、法人或者其他组织向人民法院起诉时，应当提供其符合起诉条件的相应的证据材料。对原告是否符合起诉条件进行开庭审理的，应在判决书中写明审理、质证的情况。如需要时，可以在判决书中对此予以交待："原告起诉时，提供了……等证据材料，以证明……（主要写明原告证明被诉具体行政行为客观存在，其起诉符合起诉条件的内容）"。

6. 对于被告未提供证据的，应使用"被告×××在法定期限内未向本院提交作出具体行政行为时的证据、依据"的格式；被告逾期提交的，需说明法院收受或不收受证据的依据和理由；被告申请延期提供证据的，则写"被告以×××为由，于××××年××月××日向本院提出延期提供证据的书面申请，经本院准许，被告于××××年××月××日提供了证据"。

7. 如有法院依职权（或者依原告、第三人申请）调取证据的情况，则需写明被调取证据的名称、证明目的和双方当事人（或者第三人）的观点；如果法院不准许调取的或者经调取未能取得相应证据的，亦应予说明。法院根据原告或第三人的申请而调取的证据，应作为原告或第三人方的证据，在庭审质证表述中，可分别归于原告或第三人提供的证据作为质证内容。

8. 对于根据原告（或者第三人或者被告）的申请，委托鉴定部门进行鉴定的，需写明鉴定部门、鉴定事项和鉴定结论以及双方当事人（或者第三人）的意见。

9. 事实表述时，应注意保守国家机密，保护当事人的声誉。对涉及国家机密、当事人声誉的证据，可以在判决书中写明证据的名称，但不表述有关证据的具体内容。

10. 认定事实的语言表述，应当采取白描的手法，准确表述事实的过程，应当杜绝模棱两可的语言，如"大概""也许""基本""大体"等，更不应当使用反问句和夸张、双关、比喻、象征等修辞守法，如"不是他干的，又是谁干的""被打的血流满面、遍体鳞伤"等等。

（三）说理部分应当注意的问题

1. 关于行政作为类判决书的说理问题

针对行政诉讼的特点，理由部分要根据查明的事实和有关法律、法规和法学理论，就行政主体所作的具体行政行为是否合法、原告的诉讼请求是否有理进行分析论证，阐明判决的理由。对被诉具体行政行为的合法性应当从被告是否具有法定职权，被诉具体行政行为是否符合法定程序，认定事实是否清楚、主要证据是否充分，适用法律、法规、司法解释、规章以及其他规范性文件是否正确，被告是否存在超越职权、滥用职权，行政处罚是否显失公正等方面进行论述。由于行政判决的方式不同，对不同方式的判决，在说理部分侧重也就有所不同。

一般维持判决和确认合法判决及驳回诉讼请求判决，在说理部分要从被告具有行政执法主体资格，实施被诉具体行政行为符合法定程序的要求，认定事实主要证据确凿，适用法律规范正确等有关合法性问题进行全面论述。驳回诉讼请求判决还应指出起诉被告不作为理由不能成立，或被诉具体行政行为合法但存在合理性问题；或被诉具体行政行为合法，但因法律、政策变化需要变更或者废止，或其他应当判决驳回诉讼请求的情形。但是，论述的重点应当放在当事人争议的焦点或法院审理的重点问题上，对当事人没有争议的问题或者不是本案重点审理的问题可以一带而过，从而突出重点，避免啰嗦。如果当事人争议的焦点不属于合法性审查的范围，可以点到为止，不必展开论述。

对于撤销判决、变更判决及判决确认违法或无效的，在说理部分必须要有针对性，对被诉具体行政行为的违法问题和当事人争议的焦点问题进行充分的分析和论述，其他问题可以不提。但对部分维持部分撤销的案件，对维持部分有关合法性的问题亦要全面论述。对判决撤销并责令被告重新作出具体行政行为的判决，在说理部分应当指出重新作出具体行政行为的方向，避免被告再犯其他错误；对确认违法，同时责令采取补救措施的判决，在说理部分应当论证被告为什么应采取的补救措施，及可以采取哪些补救措施，从而防止被告消极不履行其应当尽到的职责或义务，使原告或者第三人的合法权益能够得到充分保护。

2. 关于行政不作为判决的说理问题

履行职责仅适用不作为案件中判决原告胜诉的案件，因被告负有某项法定职责，应当履行而没有履行。为此，这类判决的说理部分主要从法律规范规定被告具有哪些职责，在什么情况下应当履行，被告没有履行等方面进行分析论述，并应当明确指出被告应当如何履行其法定职责。

3. 关于行政赔偿判决书的说理问题

行政赔偿判决书论证的重点是被诉事实行政行为是否存在，被诉具体行政行为是否合法；原告是否存在合法权益，原告的合法权益是否被侵害，被侵害的程度和后果及其与被诉具体行政行为、事实行政行为的因果关系，原告是否应得到赔偿。对未经确定的事实行政行为，应当根据被告的举证确定该行为是否存在；对经确认违法的具体行政行为，只需写明"经何机关已经确认该行为违法"，无需进行分析论证。

4. 关于行政判决书引用法律规范的问题

根据有关司法解释的规定，人民法院审理行政案件，适用的法律、法规及司法解释，应当在裁判文书中援引；可以在裁判文书中引用合法有效的规章及其他规范性文件。因此，在行政判决书的说理部分，应当引用所适用的法律规范。但一般不宜采取简单地根据某某法律规范第某条的规定作出判决的方式进行引用，而是应当在分析被诉具体行政行为的合法性基础上，采用被诉具体行政行为是否超越法律规范所规定的权限行使职权，实施具体行政行为是否符合法律规范的规定，适用法律规范是否正确，所适用的法律规范是否具有法律效力等方式表现出来。经常适用的有关判决程序的法律及司法解释条文可以采取"根据"的方式援引。这里需要注意的问题是，为了保障说理部分的简洁性、明确性，对所适用的法条可以不在说理部分中将条文的内容全部引用，可将具体法律条文的内容放在附录部分。

5. 关于当事人对有关受理等程序问题有异议的说理顺序问题

当事人对有关受理等程序问题有异议，在判决书的说理部分应当根据行政诉讼法的有关规定进行论述。由于诉讼程序问题不解决，法院不能进入对被诉具体行政行为合法性问题的审理，因此，此时应当先论述有关的程序问题，尔后再论述有关被诉具体行政行为合法性问题。

6. 关于行政判决书说理的语言使用问题

行政判决书的说理部分是向当事人阐述判决的理由，让当事人明白道理。因此，在制作行政判决书的说理部分的语言使用上应当注意两个问题：一是说理所使用的语言应当平和，不应使用具有刺激性、嘲讽性、挖苦性、教训性的语言。判决说理应当是摆实事讲道理的，所使用语言应当是平和的，才能使人信服。如果使用具有刺激性、嘲讽性、挖苦性、教训性等语言的，不能使当事人对判决认同和信服，反而增强了当事人与法院的对立情绪，不利于平息纠纷。二是使用的语言要简洁、明确，通俗易懂，避免使用冷僻、晦涩、模棱两可的语言。判决书所说的道理只有明确，当事人能看明白，才能使当事人理解判决的结果。因此，判决书说理的语言应当简洁、明确，所使用的法言法语尽可能做到通俗易懂，只有这样才能避免产生歧义，使当事人懂得判决说理的道理，知道赢输的原因，从而服判。如果使用模棱两可、冷僻、晦涩的语言，当事人看不明白，就难以理解判决书所述的道理，很难使其服判息诉，起不到应有的作用。

四、对一审行政判决书进行改革和完善的意义

司法公正是法制社会对法院审判工作的基本要求。行政判决书作为司法公正的最终载体，是人民法院裁判权威的体现。一份事实清楚、说理透彻、结果公正的行政判决书，既是向诉讼当事人公开法官对案件进行实体裁判的说明书，也是向社会展示诉讼程序公正、公开的论文。行政判决书不仅可以通过透彻的说理使当事人知道、理解法院的判决为什么是公正的，还可以通过公正的判决结果向社会展现法院的公正形象和法律的权威。一审行政判决书样式的设计基本符合了司法公正的要求，其不仅充分体现了行政诉讼的特点、最大程度地发挥了行政审判的功能，而且会在一定期限内为保护公民、法人或者其他组织合法权益、促进和保障行政机关依法行政起到应有的作用。

尽管，行政诉讼法已经实施了 20 余年。但是，它与刑事诉讼法、民事诉讼法相比，实施的时间还是很短，加之行政诉讼的特殊性，很多问题还需要研究和探讨。所以，《判决样式》中加上"试行"两个字，希望各地法院将执行中出现的问题及时报告最高人民法院，以便以后的修改。

39. 如何确定行政案件的案由
——《最高人民法院关于规范行政案件案由的通知》解读

2004年1月14日　　　　　　　　　　　　法发〔2004〕2号

行政案件案由是当事人争议的行政法律关系的概括和归纳。它是对案件的基本内容、性质的提要性反映。正确确定案由便于司法统计，便于法院或者当事人查找案件的有关材料，便于法院和其他部门对统计数据的分析与利用。因此，规范行政案件案由对规范审判工作具有重要作用。

一、确定行政案件案由应当遵循的原则

根据行政诉讼的特点，《关于规范行政案件案由的通知》（以下简称《通知》）确定行政案件案规则时，主要遵循了以下三个原则：

（一）特殊性原则

行政案件的被告只能是行政机关或者法律法规授权的组织，所审查的对象是被诉具体行政行为的合法性问题。因此，行政案件案由，就应当体现行政诉讼始终以行政机关或者法律法规授权的组织为被告、以审查被诉具体行政行为合法性为中心的特点，反映出争议的行政法律关系的行政管理范围和被诉具体行政行为的种类。

（二）简洁性原则

行政案件案由是对案件的基本内容、性质的提要性反映。因此，行政案件案由用语应当规范、简练，且通俗易懂，同时又要防止使人产生歧义。

（三）开放性原则

行政案件的被告与被诉具体行政行为均难以用穷尽的办法全部列出，因

此，行政案件的案由应当具有一定的开放性，通过统一结构和构成要素，形成基本的确定方法，由承办案件的法官在具体案件中加以确定。

二、行政案件案由的构成要素和确定方法

行政案件可分为作为类案件、不作为类案件、行政赔偿类案件。由于这三类案件具有不同的特点，所以案由的构成要素和确定的方法亦应有所不同。

（一）作为类案件案由的构成要素和确定方法

所谓作为类案件是指行政机关或者法律法规授权的组织作出某种行政决定或者采取某种行政措施的案件。如公安机关对张三作出罚款 200 元的行政处罚决定，卫生机关认为李四申请食品经营许可证不符合法定条件不核发卫生许可证，工商机关扣押某企业的产品等等。

我国行政管理职权一般是由政府的各个行政管理部门来行使，将行政管理范围作为确定案由的要素，便于当事人和法院查找有关案件，同时也便于法院和政府有关行政管理部门分析行政执法中存在的问题。人民法院审理行政案件是对被诉具体行政行为的合法性问题进行审查，不同种类的具体行政行为审理的方式、发现的问题等均有所不同，将具体行政行为的种类作为案由的要素，亦有利于当事人和法院查找有关案件，有利于法院和政府有关部门充分使用统计数据。

为此，确定作为类行政案件案由的基本方法是划分案件的类别，以行政管理范围为"类"，以具体行政行为种类为"别"进行构造。案由的结构应当具备以下两个要素：

一是行政管理范围。行政管理范围是指行政主体代表国家管理行政事务的领域。因此，以行政管理范围作为行政案件案由的第一个要素。从我国有关法律的规定来看，行政管理的范围是按照中央政府及地方政府的职能部门来划分，因此有关行政管理范围主要是根据国务院有关职能部门来划分，将行政案件初步分为"公安行政管理""工商行政管理""税务行政管理"等40 个行政管理种类，同时考虑到乡政府的行政行为很难归入上述行政管理种类，行政管理体制需要根据实际情况进行调整等不确定的因素，在这 40 个行政管理种类中，增加"乡政府"和"其他行政管理"，从而体现了案由的开放性原则。

一般情况下，以行政管理范围作为案由的第一构成要素，分类后无需再作分解，如海关、计划生育、税务等，直接以"海关""计划生育""税务"作为案由第一构成要素；对个别行政管理范围比较宽泛的领域，如公安行政

管理，可细分为治安管理、消防管理等，可以细化、分解后的具体管理范围，将"治安""消防"等作为第一构成要素用语。是否分解，应当结合案件实际，以表述简洁、清楚为原则。

二是具体行政行为种类。具体行政行为种类繁多，在学理上划分的方法亦有所不同，为了便于准确迅速确定案由，我们采取传统理论对具体行政行为的分类，如"行政处罚""行政许可""行政确认"等。对一些难以归类的具体行政行为以其性质将其进行归类，如行政救助、行政协助、行政监督等。为此，以具体行政行为的种类或性质作为案由的第二个构成要素。具体行政行为的表现形式，如行政处罚中的罚款、拘留等，不以构成要素出现，而均以"行政处罚"代之。

综合上述两个要素，行政作为类案件案由的结构为：管理范围＋具体行政行为种类。以公安机关所作的拘留行为为被诉对象为例，案由应确定为："治安行政处罚"。"治安"为公安行政管理范围之下具体的治安管理；"行政处罚"则是具体行政行为的种类，不用具体的处罚形式"拘留"进行表述。以海关作出没收走私物品的行为为例，其案由应确定为"海关行政处罚"。海关管理范围相对窄一些，无需再作分解，可直接以"海关"作为第一构成要素。

（二）不作为类案件案由的构成要素和确定方法

所谓不作为案件又可以分为两类，一类是依申请不作为的案件。它是指行政机关接到行政相对人的申请或者请求，对该申请在法定期限内未给予答复或者未给予实质性答复。如某公司向交通部门申请颁发道路运输许可证，交通部门在法定期限内未给予任何答复，或者答复原则同意但未颁发运输许可证。另一类是指当某种情况发生后，行政机关不须当事人申请或者请求，就应当实施某种行为，而未实施该种行为。如某商场发生火灾，公安机关发现后未组织救火。

不作为类案件案由，原则上仍适用上述作为类案件的两种构成要素的结构，但又要体现此种案件的特色，其确定方法是：以"诉"作为此类案件案由的第一个构成要素；以行政主体的类别作为第二个构成要素，如"工商机关""海关"等；以不履行特定行政职责或义务作为第三个构成要素。以公安机关不履行保护人身权法定职责案为例，案由确定为"诉公安机关不履行保护人身权法定职责"。"履行法定职责"中要求履行的是何种职责，应当根据案件的具体情况确定，如可以具体区分为"诉××（行政主体）不履行保护人身权（财产权）保护法定职责""因诉××（行政主体）不履行行政合同确定的义务""诉××（房屋管理机关）不履行登记法定职责"等等。

(三) 行政赔偿类案件案由的构成要素和确定方法

行政赔偿类案件分为两种情况,即一并提起行政赔偿和单独提起行政赔偿。所谓一并提起行政赔偿是指原告对行政机关作出的具体行政行为不服提起行政诉讼的同时提出请求法院判决被告行政机关承担赔偿责任的案件。所谓单独提起行政赔偿是指具体行政行为已经被有权机关确定违法,原告仅就赔偿问题向法院提起诉讼,或者原告申请行政机关确认具体行政行为违法,行政机关拒绝确认,原告就有关赔偿问题向法院提起诉讼。

对于一并提起的行政赔偿案件,在被诉具体行政行为案件案由后加写"及行政赔偿"一语即可。以工商行政登记附带提起行政赔偿案为例,案由可表述为"工商行登记及行政赔偿"。对于单独提起的行政赔偿案件,案由的确定方法为:行政管理范围+行政赔偿。以税务工作人员在执法中致人伤亡单独提起行政赔偿之诉为例,案由可表述为"税务行政赔偿"。

三、案由适用范围和确定时间

案由主要适用于裁判文书和卷宗封面,因此,案由的确定集中在立案审查和审理两个阶段。在立案审查阶段,可以根据当事人的起诉确定初步案由。在审理阶段,如果发现实际争议的法律关系与起诉状中所提到的法律关系不一致时,应当根据审理后确定的法律关系性质来确定结案案由。因此,《通知》既适用于审查起诉阶段,也适用于审理阶段,但法律文书和卷宗封面均应填写结案案由。

四、难以确定案由情况的处理

当出现行政管理范围和具体行政行为种类难以界定、案由难以确定的情况时,可以作为例外情况酌情确定案由。如起诉乡镇人民政府的一些越权行政行为或者不作为案件,就很难确定管理范围,也很难确定其行政行为的种类,这时,可以用"乡(镇)政府行政处理""诉乡(镇)政府不履行法定职责"等作为案由。

不属于行政诉讼的受案范围的案件,在裁定不予受理、裁定驳回起诉时,案由可通过概括按当事人的诉讼请求的方式来确定。

法律适用编
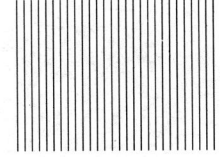

一、行政职权

40. 银行业监督管理机构依法对农村信用合作社的金融违法行为行使监督管理职权
——《最高人民法院关于工商部门对农村信用合作社的不正当竞争行为是否有权查处问题的答复》解读

2006年8月18日　　　　　　　　　　〔2005〕行他字第10号

一、问题的提出

2005年4月18日,安徽省高级人民法院就农村信用合作社金融违法行为的监督管理属于工商行政机关还是银行业监督管理机构事宜向最高人民法院请示。该请示涉及的基本案情是:

2004年1月9日,安徽省亳州市工商局以安徽省利辛县孙集农村信用社规定自2000年9月起在贷款人第一次办理小额贷款时必须缴纳50元的股金,否则不办理小额贷款,其行为违反了反不正当竞争法第六条和《国家工商行政管理局关于禁止公用企业限制竞争行为的若干规定》第四条第(六)项及国家工商行政管理局工商公字〔2000〕第168号文件的规定,构成不正当竞争行为为由,根据反不正当竞争法第二十三条的规定,作出行政处罚决定,决定对孙集信用社作出责令停止违法行为,罚款50000元的处罚。孙集信用社不服该处罚决定,向亳州市中级人民法院提起行政诉讼。

在本案中,对于工商行政管理机关对于金融违法行为有无处罚权,原告与被告的主张截然相反。作为被告的工商行政机关的主张是,对于金融违法行为应当由工商行政机关进行查处;作为原告的金融机构则主张,对于金融违法行为工商行政机关无权查处,应当由银行业监督管理机构进行查处。这也正是法院内部讨论时两种主要的不同意见。

第一种意见认为,应当由工商行政机关行使职权。主要理由是:第一,法律明确规定了工商行政机关享有对市场上所有不正当竞争行为查处的权力。根据反不正当竞争法第三条的规定,县级以上人民政府工商行政管理部门对不正当竞争行为进行监督检查。第二,强制要求缴纳股金的行为属于公用企业的不正当行为,违反了相关规章的规定。农村信用社属于公用企业,其强制要求缴纳股金的行为违反了《国家工商行政管理总局关于禁止公用企业限制竞争行为若干规定》(1993年12月9日发布实施)第四条第(六)项"对不接受其不合理条件的用户、消费者拒绝、中断或者削减供应相关商品,或者滥收费用"的规定。上述规章第五条还规定,公用企业实施前条所列行为的,由工商行政管理机关依据反不正当竞争法第二十三条的规定,责令停止违法行为,并可以根据情节,处以50000元以上、200000万元以下罚款。此外,国家工商行政管理总局还就工商机关对强制要求缴纳股金的行为进行处罚作出批复,即《国家工商行政管理局关于信用合作社强制贷款人交纳股金行为定性处理问题的答复》(工商公字〔2000〕第168号)规定:"一、信用合作社属于《反不正当竞争法》第六条规定的依法具有独占地位的经营者,对此,国家工商行政管理局工商公字〔1997〕第170号做过明确答复。二、信用合作社滥用发放农资专用贷款的独占地位,强制贷款人交纳股金,成为信用合作社的股民,否则就不给贷款的行为,违反了《反不正当竞争法》第六条规定,并构成国家工商行政管理局《关于禁止公用企业限制竞争行为的若干规定》第四条第(六)项所禁止的'对不接受其不合理条件的用户、消费者拒绝、中断或者削减供应相关商品,或者滥收费用'的限制竞争行为,应当依照《反不正当竞争法》第二十三条的规定予以处罚。"因此,对于农村信用合作社强制要求缴纳股金的行为,应当由工商行政管理部门进行查处。

第二种意见认为,应当由银行业监督管理机构行使职权,主要理由是:对于不正当竞争行为的职权划分应当依据特别法优于一般法的原则。反不正当竞争法第三条第二款规定,对于不正当竞争行为,一般应当由县级以上人民政府工商行政管理部门进行监督检查;但是法律、行政法规规定由其他部门监督检查的,应当依照法律、行政法规的特别规定。商业银行法第九条、第十条和第七十四条第(三)项规定,商业银行开展业务,应当遵守公平竞争的原则,不得从事不正当竞争,商业银行依法接受国务院银行业监督管理机构的监督管理,商业银行违反规定提高或者降低利率以及采取其他不正当手段,吸收存款,发放贷款的,由国务院银行业监督管理机构责令改正。《银行业监督管理法》第三条第二款也规定,银行业监督管理应当保护银行业公平竞争。此外,根据国务院办公厅印发的《中国银行业监督管理委员会主要职责内设机构和人员编制规定》（国办发〔2003〕30号）的规定，银行业监督管理委员会的主要职责包括"对银行业金融机构实行现场和非现场监管，依法对违法违规行为进行查处"。因此，对于孙集信用社金融违法行为，工商行政机关无权查处，应当由银行业监督管理机构来查处。

二、分析

对于本案涉及的强制缴纳股金是否属于不正当竞争行为的问题并非本案争议重点。本案的核心问题是对于银行业的不正当竞争行为应当依照一般法由工商行政机关还是依照特别法由银行业监督管理机构来行使职权，或者依照涉嫌违法行为的阶段、性质分别行使职权。

众所周知，正当竞争，是指经营者采用符合国家法律、遵守社会公认的商业道德、信守诚实信用原则的商业手段进行竞争的行为。不正当竞争是对正当竞争行为的违反和侵害。因此，凡是在竞争过程中，采用虚假、欺诈、损人利己的违反国家法律手段进行的竞争，都是不正当竞争行为，都会损害其他经营者的合法权益，扰乱社会经济秩序。对于依法应当追究法律责任的不正当竞争行为，反不正当竞争法已经作出明确规定。当然，就本案请示的问题而言，并不涉及对不正当竞争行为的认定问题，而涉及的是对于不正当竞争行为查处的职权问题。

反不正当竞争法第三条第二款规定，县级以上人民政府工商行政管理部门对不正当竞争行为进行监督检查；法律、行政法规规定由其他部门监督检查的，依照其规定。根据参与立法的有关人士的解释，在最初设计对不正当竞争行为的监督检查主体时，有人提出应当由国家经贸委作为实施主体："在起草反不正当竞争法时，有的同志认为，国家工商行政管理局是国务院直属机构，有些不正当竞争行为涉及官商、垄断、地方保护主义的问题，工商行政管理部门难以胜任。建议由具有综合管理职能的国家经贸委作为实施本法的主管机关或设立具有高度权威的专门机构，隶属于全国人大。"[①] 这一建议主要是参考国外的经验，专门设立全国性的权威机构，类似于美国的联邦贸易委员会、日本和韩国的公正交易委员会，以保证法律统一严格地加以实施。[②] 但是，这种意见没有被接受。反不正当竞争行为的监督机关最终确

[①] 胡康生主编、全国人大常委会法制工作委员会民法室编著：《〈中华人民共和国反不正当竞争法〉释义》，法律出版社1994年，第11页。

[②] 国家工商行政管理局局长刘敏学：《关于〈中华人民共和国反不正当竞争法（草案）〉的说明》。

定为国家工商行政管理机关。这是因为"它是个综合的执法监督部门，迄今为止各种不正当竞争行为也大都由它根据国务院确定的职能和各种法律、法规来查处。根据工商行政管理职能，制止不正当竞争行为，维护市场经济秩序，工商行政管理部门是责无旁贷的。"① 这实际上是确认了工商行政管理机关对不正当竞争行为的一般权限。

在确定了工商行政管理机关作为反不正当竞争主管机关之后，法律也并未排斥其他有关部门在各自的范围内进行反不正当竞争活动，即"法律、行政法规规定由其他部门监督检查的，依照其规定。"参与立法的有关人士指出，这里的"其他部门"，例如，产品质量法规定产品质量监督机关有权查处经营者在产品上伪造产地、伪造或者冒用他人的厂名、厂址、伪造或者冒用认证标志、名优标志等质量标志的行为，产品质量监督机关即是该不正当竞争行为的监督检查部门。② 有人对此解释提出反对意见，认为对于上述所举执法情形，工商行政管理机关一般是按照反不正当竞争法的规定定性，然后按照产品质量法的法律责任条款进行处罚，即同时适用两部法律处理此类案件。论者的主要观点是：第一，国家工商行政管理局的有关规章明确了工商行政机关有权依据产品质量法的规定处理案件。比如，《国家工商行政管理局关于工商行政管理部门能否直接适用〈产品质量法〉处理案件的请示的答复》（1994年7月27日，工商公〔1994〕第207号）和《国家工商行政管理局关于依据产品质量法规查处案件有关问题的答复》（1997年3月20日，工商公字〔1997〕第78号）的有关规定。第二，产品质量法也没有排斥工商行政管理机关行使职权。根据产品质量法第六条的规定，"国务院产品质量监督管理部门负责全国产品质量监督管理工作"，但同时规定"国务院有关部门在各自的职责范围内负责产品质量监督管理工作"。③ 这种反对意见的主要观点是，工商行政管理机关不仅拥有反不正当竞争法上的一般管辖权限，其他法律、行政法规即便规定"其他部门"有管辖权的，工商行政管理机关仍然具有管辖权。如果按照这种论点，那就意味着法律制造了管辖权的纠纷，制造了行政管理权限的交叉，这显然是不正确的。正因为如此，2004年6月30日，《国家工商行政管理总局关于废止有关工商行政管理规章、规范性文件的决定》（工商法字〔2004〕第98号）废止了上述论者提到的两个规章。"法律、行政法规规定由其他部门监督检查的，依照其规定"的规定是工商

---

① 胡康生主编、全国人大常委会法制工作委员会民法室编著：《〈中华人民共和国反不正当竞争法〉释义》，法律出版社1994年，第11页。

② 胡康生主编、全国人大常委会法制工作委员会民法室编著：《〈中华人民共和国反不正当竞争法〉释义》，法律出版社1994年，第12页。

③ 孔祥俊：《反不正当竞争法的适用与完善》，法律出版社1998年版，第649～651页。

行政管理权限的一般性规定的例外规定，其中呈现的是排斥关系。即"法律、行政法规规定由其他部门监督检查的"，依照其他法律、行政法规的规定，不能再行援引反不正当竞争法上的规定。那么，这一规定是否可以视为一般规定与特别规定的关系呢？

我们知道，特别规定是根据某种特殊情况和需要制定的调整某种特殊问题的法律规范；一般规定则是为了调整某类社会关系而制定的法律规范。根据特别法优于一般法的法律适用规则，应当优先适用特别规定。那么，对于反不正当竞争法而言，银行业监管机关所依据的有关法律是否规定了其对不正当竞争行为的监督管理权限呢？

2003年3月10日，第十届全国人民代表大会第一次会议通过了《关于国务院改革方案的决定》，决定成立银行业监督管理委员会（以下简称银监会）。2003年4月28日，银监会正式挂牌成立。与中国人民银行分离后的银监会专门行使对银行、金融资产管理公司、信托投资公司和其他存款类金融机构的监督管理职权，中国人民银行不再承担金融监管职能。遍布全国农村的35500家农村信用合作社亦属于银监会的金融监管对象。是农村金融的重要组成部分，是联系8亿农民的金融纽带。目前，农村信用社农业贷款余额占到全部金融机构农业贷款的80%以上。农村信用社的体制改革和经营状况直接影响到农业发展和农民收入。但是，农村信用社的历史包袱极为沉重。由于清理农村基金会以及与中国农业银行脱钩等原因，到2002年底，全国的农村信用社不良贷款比例占贷款比例的37%。因此，银监会对于农村信用社的金融监管势在必行。

2003年12月27日，银行业监督管理法正式公布，同日商业银行法也作了修订。银行业监督管理法第二条第一、二款规定："国务院银行业监督管理机构负责对全国银行业金融机构及其业务活动监督管理的工作。""本法所称银行业金融机构，是指在中华人民共和国境内设立的商业银行、城市信用合作社、农村信用合作社等吸收公众存款的金融机构以及政策性银行。"显然，农村信用社属于监管对象。第三条第二款规定，银行业监督管理应当保护银行业公平竞争，提高银行业竞争能力。从银行业监督管理法整部法律的条文来看，没有关于银监会对不正当竞争行为监管的直接规定。那么，银监会是否有权对金融机构的不正当竞争行为进行监督检查呢？根据商业银行法第十条的规定，商业银行依法接受国务院银行业监督管理机构的监督管理，但法律规定其有关业务接受其他监督管理部门或者机构监督管理的，依照其规定。显然，对于商业银行而言，银监会对其具有一般性的监督管理权。那么，就农村信用合作社而言，根据商业银行法第九十三条的规定，农村信用合作社办理存款、贷款和结算等业务，适用本法有关规定。根据该法七十四条第（三）项的规定，违反规定提高或者降低利率以及采用其他不正当手段，吸收存款，发放贷款的，由国务院银行业监督管理机构责令改正，有违法所得的，没收违法所得，没有违法所得或者违法所得不足特定数额的，处以罚款；情节特别严重或者逾期不改正的，可以责令停业整顿或者吊销其营业执照。

但是，即便如此，商业银行法还是有两个地方的规定不十分明确。一是该法第九十三条规定："城市信用合作社、农村信用合作社办理存款、贷款和结算等业务，适用本法有关规定。"适用本法的是有关"办理业务"的部分，那么对于农村信用社的金融违法行为是否同样适用该法，不太明确。二是该法第十条规定的"但法律规定其有关业务接受其他监督管理部门或者机构监督管理的，依照其规定"。"业务接受其他监督管理部门或者机构监督管理"是指业务主管部门的监督还是也包括工商行政管理机关这样的非业务部门的一般性监督，也不太明确。如果工商行政机关主张，银监会仅仅是对于业务进行监管，对于法律没有明确授权的其他的不正当竞争行为的监管职权仍然属于工商行政机关，银行业监督管理机关恐怕仍然要做许多论证的工作。

2003年，国务院办公厅下发了《中国银行业监督管理委员会主要职责内设机构和人员编制规定》（国办发〔2003〕30号）。该通知规定，中国银行业监督管理委员会根据授权，统一监督管理银行、金融资产管理公司、信托投资公司及其他存款类金融机构，维护银行业的合法、稳健运行。同时，该通知也明确了银监会"对银行业金融机构实行现场和非现场监管，依法对违法违规行为进行查处"的职权。这一通知基于其综合性的特点，没有列举对于不正当竞争行为的查处权。2004年6月5日，为了落实国务院关于深化农村信用社管理体制改革的精神，加强对农村信用社的监督管理，国务院办公厅转发银监会人民银行《关于明确对农村信用社监督管理职责分工指导意见的通知》（国办发〔2004〕48号）。该通知中有关银监会的职责中，包括了"依法组织现场检查和非现场监测，做好信息统计和风险评价，依法查处违法违规行为"。这里的"依法查处违法违规行为"也是类似前一通知的措辞。两年间，国务院办公厅下发了两个有关银监会职责的文件。

实际上，从反不正当竞争法颁布之后，工商行政管理机关和"其他监督检查部门"监管职权的争议就没有停止过。在不正当竞争行为的查处方面，1997年7月7日，国家工商行政管理局下发了《关于信用合作社限定贷款人购买其指定经营者的商品的行为定性处理问题的答复》（工商公字〔1997〕第170号）。该答复认为："信用合作社是依照有关金融法律设立和管理的具有特殊性的金融企业，属于《反不正当竞争法》第六条规定的依法具有独占地位的经营者。信用合作社利用负责农资专项贷款的地位，限定贷款人购买其指定的经营者的商品,违反了《反不正当竞争法》第六条规定并构成国家工商行政管理局《关于禁止公用企业限制竞争行为的若干规定》第四条第(二)项所禁止的限制竞争行为,应当依照《反不正当竞争法》第二十三条的规定予以处罚。"此外,还作出了前述《关于信用合作社强制贷款人交纳股金行为定性处理问题的答复》(工商公字〔2000〕第168号)①。

在银监会成立之前,对信用社的监管属于中国人民银行的职权范围。2001年,中国人民银行合作司《关于工商行政管理部门对农村信用社实施行政处罚有关问题的函》(银合函〔2001〕10号)中认为,工商行政管理机关无权对农村信用社实施行政处罚。2004年11月16日,中国银行业监督管理委员会办公厅《关于银行业金融机构不正当竞争有关问题的批复》(银监办发〔2004〕313号)中称:"《中华人民共和国反不正当竞争法》第三条第二款规定,'县级以上人民政府工商行政管理部门对不正当竞争行为进行监督检查',但'法律、行政法规规定由其他部门监督检查的,依照其规定'。银行业是经营风险的特殊行业,为加强对银行业的监督管理,防范和化解银行业风险,国务院专门设立中国银行业监督管理委员会。根据《中华人民共和国银行业监督管理法》规定,国务院银行业监督管理机构负责对全国银行业金融机构及其业务活动监督管理的工作,银行业监督管理应当保护银行业公平竞争。《中国银行业监督管理委员会主要职责内设机构和人员编制规定》明确规定,中国银行业监督管理委员会'对银行业金融机构实行现场和非现场监管,依法对违法违规行为进行查处'。根据以上有关规定,涉及银行业金融机构的不正当竞争行为的查处,应该属于中国银行业监督管理委员会的法定职责范围,由中国银行业监督管理委员会以及派出机构依法实施。"也就是说,不论是中国人民银行还是银监会都坚持了对农村信用社的不正当竞争行为监管属于自身的职权范围的观点。

但是,工商行政管理机关的有关人士坚持,对于不正当竞争行为的监督检查必须有法律明文规定的职权依据。这一观点认为,反不正当竞争法规定了十一类不正当竞争行为,其中,三类行为没有行政责任条款,即第十一条规定的低于成本价销售商品行为、第十二条规定的搭售或附加其他不合理条件的行为以及第十四条规定的商业诋毁行为;两类行为不是由工商行政管理机关主管的,即第七条规定的政府及其所属部门限制竞争行为以及第十五条规定的传统投标行为;剩下的五类行为主要是由工商行政管理机关执法,但

---

① 此批复已为国家工商行政管理总局《关于废止有关工商行政管理规章、规范性文件的决定》(工商法字〔2004〕第98号)所废止。

其他法律、行政法规另有规定的除外。① 笔者认为，这种观点是不正确的。主要理由是：第一，银监会对于包括农村信用社等金融机构的监管是"分业经营、分业管理"的重要方式。对于在经营过程中出现的违法违规行为，银监会具有专业上的优势，且符合分业管理和经营的目的。第二，对于反不正当竞争法规定的不正当竞争行为的表现，并不是工商行政机关才能认定。这些不正当竞争行为如果属于"其他部门"监管范围，应当由"其他部门"来进行监管，其他部门可以依照反不正当竞争法的规定进行认定和查处。第三，对于银行业监督管理法这样针对专门领域制定的法律，涉及的事项极多。如果在法律中再行罗列反不正当竞争法上有关的不正当竞争行为，不仅繁复芜杂，也没有必要。因此，那种认为如果授权给银监会就必须在相关法律中明确不正当竞争行为的具体表现形式的观点也是不正确的。

基于上述考虑，我们认为，反不正当竞争法与银行业监督管理法、商业银行法对于反不正当竞争一节的内容属于一般法和特别法的关系。根据我国立法法第八十三条的规定，同一机关制定的法律，特别规定与一般规定不一致的，适用特别规定。据此，2006年8月18日，最高人民法院作出《关于工商部门对农村信用合作社的不正当竞争行为是否有权查处问题的答复》（〔2005〕行他字第10号）：依照《中华人民共和国商业银行法》第十条、第九十三条规定及《中华人民共和国反不正当竞争法》第三条第二款的规定，对农村信用合作社的金融违法行为包括反不正当竞争行为的监督管理职权，应由银行业监督管理机构行使。

根据上述司法答复的精神，我们可以得出以下两点结论：一是上述答复的依据主要是商业银行法和反不正当竞争法。实际上，这一答复还有两个重要的法律依据：立法法和银行业监督管理法。立法法是关于如何对法律的不同规定进行选择适用的重要依据，本答复已经体现了立法法的规定。银行业监督管理法由于重在规定银行业监督管理机构的设置及其业务，对于金融机构违法情形及其监管确实也存在一些语焉不详的情况。二是包括对不正当竞争行为在内的金融违法行为进行查处的职权属于银监会。从商业银行法第七十四条和第九十三条的规定可以看出，立法机关不仅将查处不正当竞争行为的权力赋予了银监会，事实上只要是属于金融违法的行为，均已经授予了银监会监管职权。

---

① 孔祥俊：《反不正当竞争法原理》，知识产权出版社2005年版，第510~511页。

41. 部门规章之间有关部门职权规定冲突的选择适用
——《最高人民法院对〈关于对塔式起重机的监督管理权限如何选择适用行政规章的请示〉的答复》解读

2004年2月16日　　　　　　　　〔2004〕行他字第2号

一、问题的提出

湖北省宜昌市中级人民法院在审理江都市嘶马建筑有限公司、浙江省二建建设集团有限公司湖北分公司诉宜昌市质量技术监督局行政处罚一案中认定，2002年6月13日，被告宜昌市质量技术监督局对原告江都市嘶马建筑有限公司、浙江省二建建设集团有限公司湖北分公司的塔式起重机进行检查，以未在该局办理任何有关手续为由，向两原告发出通知，限其到该局解决问题。两原告进行了申辩后，被告于2003年5月13日作出行政处罚决定，认定原告在建筑施工中使用的塔式起重机未在特种设备安全监察机构取得使用登记证或检验合格标志，超过定期检验周期。该行为违反《特种设备质量监督与安全监察规定》第十三条、第十六条、第十九条的规定，决定给予两原告各1万元罚款的行政处罚。湖北省质量技术监督局经行政复议维持了被告宜昌市质量技术监督局作出的行政处罚决定。两原告仍不服，以"根据《塔式起重机拆装管理暂行规定》第四条、第十二条第二款、第十五条和《施工现场安全防护用具及机械设备使用监督管理规定》第四条和《特种设备安全监察条例》第三条第三款的规定，技术监督部门不具有监督管理职权，其所作出的行政处罚决定，属于超越职权"为由，依法向人民法院提起了行政诉讼。

宜昌市中级人民法院在审理中对该案涉及有关职权规定进行了查找，发现有关部门规章对此问题规定不一致。

建设部1997年5月8日发布的《塔式起重机拆装管理暂行规定》（以下简称《暂行规定》）中规定，有关在建设工地上使用的塔式起重机的质量监督管理职权，由建设部门行使。[①]

建设部、国家工商局、国家质量技术监督局于1998年9月4日联合发布的《施工现场安全防护用具及机械设备使用监督管理规定》（以下简称《联合规定》）第四条规定，各级建设行政主管部门负责对施工现场安全防护用具及施工机械设备的使用实施监督管理。施工现场安全防护用具及机械设备使用的具体监督管理工作，可以委托所属的建筑安全监督管理机构负责实施。工商行政管理机关负责查处市场管理和商标管理中发现的经销掺假或假冒的安全防护用具及机械设备；质量技术监督机关负责查处生产和流通领域中安全防护用具及机械设备的质量违法行为。

国家质量技术监督局2000年6月29日发布的《特种设备质量监督与安全监察规定》（以下简称《监察规定》）中规定，在建设工地上使用的塔式起

[①] 《暂行规定》第四条规定："建设部负责全国《塔式起重机拆装许可证》的管理。各省、自治区、直辖市建设行政主管部门负责本地区《塔式起重机拆装许可证》（以下简称《许可证》）的管理工作。国务院有关部门负责本专业工程专用的、特大型塔式起重机的拆装《许可证》管理，具体的拆装单位应当接受当地建设行政主管部门的指导和监督。"第十二条第二款规定："作业人员的培训和发证工作，由第四条规定的业务主管部门或者其委托的机构负责。"第十五条规定："塔式起重机大修后或事故修复后的技术检测和验收检测，由塔式起重机所在地的建设行政主管部门认定的检测机构负责。其他任何部门和单位都不得对塔式起重机进行检测和收费。"

重机的质量监督管理职权,由质量监督管理部门行使。①

国务院2003年3月11日公布,自2003年6月1日起施行的《特种设备安全监察条例》②(以下简称《条例》)第三条第三款规定,房屋建筑工地和市政工程工地用起重机械的安装、使用的监督管理,由建设行政主管部门依照有关法律、法规的规定执行。

---

① 《监察规定》第二条中规定:"本规定所称'特种设备'包括电梯、起重机械、厂内机动车辆、客运索道、游艺机和游乐设施、防爆电气设备等。"第四条第一款规定:"国家质量技术监督局统一负责全国特种设备的质量监督与安全监察工作;地方质量技术监督行政部门负责本行政区域内特种设备的质量监督与安全监察工作;各级质量技术监督行政部门的特种设备安全监察机构(以下简称特种设备安全监察机构)在各自职责范围内,负责实施特种设备的质量监督与安全监察。"第十一条第二款规定:"安装、维修保养、改造单位必须具备相应的条件,向所在地省级特种设备安全监察机构或者其授权的特种设备安全监察机构申请资格认可,取得资格证书后,方可以承担认可项目的业务。该资格证书在全国范围内有效。"第十三条规定:"安装、大修、改造后特种设备的质量和安全技术性能,经施工单位自检合格后,由使用单位向规定的监督检验机构提出验收检验申请,并由执行当次验收检验的机构出具检验报告,合格的,发给特种设备安全检验合格标志。除国家法律、行政法规另有规定外,任何行政部门不得要求再进行强制性的验收检验。"第十六条规定:"新增特种设备,在投入使用前,使用单位必须持监督检验机构出具的验收检验报告和安全检验合格标志,到所在地区的地、市级以上特种设备安全监察机构注册登记。将安全检验合格标志固定在特种设备显著位置上后,方可以投入正式使用。"第十九条规定:"特种设备作业人员(指特种设备安装、维修保养、操作等作业的人员)必须经专业培训和考核,取得地、市级以上质量技术监督行政部门颁发的特种设备作业人员资格证书后,方可以从事相应工作。"第六十一条规定:"有下列情形之一并拒绝按照特种设备安全监察机构发出的《特种设备安全监察意见通知书》进行整改的,由质量技术监督行政部门按照以下规定进行处罚:(一)违反本规定第七条、第四十一条、第四十七条、第五十五条,未履行设计审核手续即进行制造者,或者无相应产品有效的安全认可证即投入制造者,责令停止制造和销售其产品,并处5000元至20000元罚款;(二)违反本规定第七条,持相应产品有效的生产许可证或者安全认可证,但不能保证特种设备产品质量或者安全技术性能的,吊销相应的生产许可证或者安全认证;(三)违反本规定第八条、第十条,未按照要求办理有关手续即提供用户使用本单位产品的,责令补办有关手续,并处5000元至20000元罚款;(四)违反本规定第十一条,无资格证书或者有资格证书但无相应项目即从事特种设备的安装、维修保养、改造者,责令承担项目停止进行,并处5000元至20000元罚款,有资格证书但无相应项目的,吊销相应的资格证书;(五)违反本规定第十五条、第十六条、第四十九条,对购置无生产许可证或者安全认可证产品并投入使用者,或者未办理注册登记手续即投入运营的使用者,责令其设备停止使用,属于非经营性使用行为的,并处1000元以下罚款;属于经营性使用行为的,并处3000元至10000元罚款;(六)违反本规定第二十条、第二十一条,未按要求定期维修保养特种设备的,以及发现异常情况未及时处理的,属于非经营性使用行为的,处1000元以下罚款;属于经营性使用行为的,处3000元至10000元罚款。发现设备带故障运行的,必须责令设备停止使用;(七)违反本规定第十九条、第三十三条、第五十二条,使用无相应有效资格证书的人员从事特种设备管理、安装、维修保养、改造、检验、操作的,对用人单位处以10000元以下的罚款;(八)违反本规定第二十二条,安全检验合格标志超过有效期或者定期检验不合格仍然继续使用的,责令设备停止使用,并处3000元至10000元罚款;(九)对伪造、涂改、转借特种设备生产许可证或者安全认可证、安装(维修保养、改造)资格证书安全检验合格标志和厂内机动车辆牌照等有关证书和牌照者,没收或者吊销其相应的证书和牌照,并处10000元至30000元罚款。"

② 2009年1月24日,国务院作出《关于修改〈特种设备安全监察条例〉的决定》,自2009年5月1日起施行。

因该被诉具体行政行为作出时,《条例》尚未生效,不能作为判断该行为是否合法的依据。因此,宜昌市中级人民法院就该案应当依据何部规章判断技术监督管理部门对房屋建筑工地和市政工程工地用起重机械的安装、使用是否具有监督管理职权的问题向湖北省高级人民法院请示。

湖北省高级人民法院审判委员会在讨论该案时,形成以下倾向性意见:塔式起重机是特种机械设备的一种专门设备,建设部和质量技术监督局的两个规章虽然分别将其纳入各自行政管理职权范围,但规范特种设备的《监察规定》属于普通规定;而规范塔式机械设备的《暂行规定》属于特别规定。按照特别法优于普通法的适用规则,对塔式起重机及其操作人员的管理,建设行政主管部门的规定——《暂行规定》就是特别规定,应优于质量监督部门的规章。这也符合现已生效的行政法规——《条例》的内容。应当认定对塔式起重机的行政管理职权属建设部门职权范围。因该案涉及两个部门规章之间的冲突问题,该院审判委员会讨论后决定向最高人民法院请示。

二、分析

在审理一些特别行政案件中,会遇到部门规章之间有关部门职权的规定相互冲突的情况。要解决这一问题,首先,应当搞清部门职权的来源。权力对任何部门来讲都有极强的诱惑力,行政部门都希望扩张自身的权力。为了避免行政部门相互扩张权力,造成权力的交叉与执法上的混乱,部门职权从理论上讲,不能由其自己确定。为此,我国法律的规定,国务院各部门的职权,应当是由法律、行政法规及国务院的有关文件所授予的。在一般情况下,国务院的部、委员会及直属局,不能违背法律、行政法规及国务院文件中有关职权的规定,自行设定其职权的范围。国务院部门的规章均应根据上位法的规定,设定其职权。在法律、行政法规及国务院的有关文件中未明确划分有关部门职权的情况下,与之管理职权相关的部门共同制定并发布的文件中有关部门职权范围的规定,可以作为当时判断部门职权的标准。因此,不同的部门所制定的规章之间有关部门职权规定不一致的,不存在特别规定与普通规定的问题。湖北省高级人民法院,以特别规定优于一般规定的理由,认为该案应当适用《暂行规定》的规定确定部门职权的理由是不能成立的。

按照部门职权来源的原理,人民法院在审理行政案件中,发现部门规章之间有关部门职权问题的规定发生冲突的情况下,应当根据部门规章的有关上位法及相关部门共同制定的规章及规范性文件进行分析与确认。有关在房屋建筑工地和市政工程工地用塔式起重机械的安装、使用的监督管理职权问题的上位法，主要是产品质量法、建筑法。下面分别从中两部法律及建设部、国家工商局、国家质量技术监督局共同发布的《联合规定》规定进行分析：

（一）产品质量法中的有关规定

有同志认为，根据产品质量法第八条①的规定，产品质量监督部门主管产品质量监督工作。塔式起重机属于"产品"。因此，在房屋建筑工地和市政工程工地的塔式起重机的质量问题应当属于产品质量法的调整范围。《监察规定》中规定，塔式起重机质量管理的职权由质量监督部门行使，符合产品质量法有关部门职权授权的规定，应当作为法院衡量被告是否具有部门监督管理职权的依据。

尽管，塔式起重机属于"产品"，但并不意味着，在房屋建筑工地和市政工程工地用塔式起重机械的安装、使用的监督管理问题，就属于产品质量法的调整范围。根据产品质量法第二条②的规定，该法调整的范围限于我国境内从事产品生产、销售活动，建设工程不适用该法规定。根据该法第七十条的规定，该法规定的吊销营业执照的行政处罚由工商行政管理部门决定，该法第四十九条至第五十七条、第六十条至第六十三条规定的行政处罚由产品质量监督部门或者工商行政管理部门按照国务院规定的职权范围决定。法律、行政法规对行使行政处罚权的机关另有规定的，依照有关法律、行政法规的规定执行。国务院办公厅发布的国发办〔2001〕56号文和国发办〔2001〕57号文③中作出了对国家质量监督检验检疫总局与国家工商行政管理总局的分工。具体分工是：国家质量监督检验检疫总局负责生产领域的产品质量监督管理；国家工商行政管理总局负责流通领域的产品质量监督管理。同时，国发办〔2001〕56号文规定，国家质量监督检验检疫总局"承办国务院交办的其他事项""根据国务院授权，组织协调全国有关专项打假活动"。根据上述规定，产品质量法所调整的范围仅限于生产和流通领域的产品质量问题，产品质量监督部门仅对生产领域的产品质量具有监督管理职权。有关流通领域、使用过程中的产品质量的监

---

① 产品质量法第八条规定："国务院产品质量监督部门主管全国产品质量监督工作。国务院有关部门在各自的职责范围内负责产品质量监督工作。""县级以上地方产品质量监督部门主管本行政区域内的产品质量监督工作。县级以上地方人民政府有关部门在各自的职责范围内负责产品质量监督工作。""法律对产品质量的监督部门另有规定的，依照有关法律的规定执行。"

② 产品质量法第二条规定："在中华人民共和国境内从事产品生产、销售活动，必须遵守本法。""本法所称产品是指经过加工、制作，用于销售的产品。""建设工程不适用本法规定；但是，建设工程使用的建筑材料、建筑构配件和设备，属于前款规定的产品范围的，适用本法规定。"

③ 国务院办公厅发布的国发办〔2001〕56号文和国发办〔2001〕57号文是国务院同意，以国务院办公厅的名义对外发布的，应当视为国务院的决定。

督管理职权未授予产品质量监督部门。此外，该法未明确对在房屋建设和市政工程用塔式起重机的安装、使用中的质量问题，由何职能部门行使监督管理职权。据此，认定《监察规定》中规定，在房屋建筑工地和市政工程工地用起重机械的安装、使用的监督管理职权由质量监督部门行使，符合《产品质量法》有关部门职权的规定的理由是不成立的。

(二) 建筑法的有关规定

建筑法第二条①明确规定，该法调整的范围是在我国境内从事建筑活动。这里所讲的建筑活动，包括建筑许可、建筑工程发包与承包、建筑工程建立、建筑安全生产管理和建筑工程质量管理等活动。建筑法第六条规定："国务院建设行政主管部门对全国的建筑活动实施统一监督管理。"第四十三条规定："建设行政主管部门负责建筑安全生产的管理，并依法接受劳动行政主管部门对建筑安全生产的指导和监督。"建筑安全生产与建筑机械的质量有着密切的关系，建筑机械质量出了问题，有可能引发建筑安全事故。给人感觉，在建筑过程中使用的建筑机械的质量问题，似属于建筑安全生产管理中的一部分内容。但是，建筑法第七章法律责任中仅规定，建筑施工企业违反该法规定，对建筑安全事故隐患不采取措施的，法律责任问题，却未对有关建筑机械质量出现问题如何承担法律责任作出规定。② 似乎在建筑过程中使用的建筑机械的质量问题不属于该法调整的范围。换言之，此问题是否属于该法的调整范围，建设行政主管部门是否具有监督管理职权的问题，建筑法规定得不够明确。

(三) 关于三个部门规章中有关部门职权规定的效力问题

由于产品质量法和建筑法均没有明确规定，房屋建筑工地和市政工程工地用塔式起重机械用安装、使用的监督管理职权，由何部门行使。如果行政职能部门放任行政监督管理，将不利于建筑安全生产，有可能引发建筑安全事故。因此，为了使这方面的行政监管不出现真空，维护建筑安全生产，有

---

① 建筑法第二条规定："在中华人民共和国境内从事建筑活动，实施对建筑活动的监督管理，应当遵守本法。""本法所称建筑活动，是指各类房屋建筑及其附属设施的建造和与其配套的线路、管道、设备的安装活动。"

② 建筑法第七十一条规定："建筑施工企业违反本法规定，对建筑安全事故隐患不采取措施予以消除的，责令改正，可以处以罚款；情节严重的，责令停业整顿，降低资质等级或者吊销资质证书；构成犯罪的，依法追究刑事责任。""建筑施工企业的管理人员违章指挥、强令职工冒险作业，因而发生重大伤亡事故或者造成其他严重后果的，依法追究刑事责任。"

必要明确该项行政管理职权的行使部门。建设部、国家工商局、国家质量技术监督局在上位法没有明确规定的前提下,联合发布的《联合规定》中明确规定,建设行政主管部门负责对施工现场安全防护用具及施工机械设备的使用实施监督管理。施工现场安全防护用具及机械设备使用的具体监督管理工作,可以委托所属的建筑安全监督管理机构负责实施。工商行政管理机关负责查处市场管理和商标管理中发现的经销掺假或假冒的安全防护用具及机械设备;质量技术监督机关负责查处生产和流通领域中安全防护用具及机械设备的质量违法行为。该项规定与上位法不存在抵触的问题,而且符合建筑法的立法本意。据此,应当说,在上位法及国务院的有关文件中未明确此项行政管理职权之前,《联合规定》是具有法律效力的。国家质量技术监督局在《联合规定》发布后,发布的《监察规定》,单方面擅自改变了《联合规定》中有关部门职权的规定,是错误的,该项规定不具有法律效力。建设部在《联合规定》发布之前发布的《暂行规定》中有关部门职权的规定,符合《联合规定》中有关部门行政管理职权划分的原则。据此,对在《联合规定》发布后的行为,建设部门依据《暂行规定》作出的具体行政行为不宜认定为超越职权。

　　基于上述理由,最高人民法院2004年2月16日作出〔2004〕行他字第2号《对〈关于对塔式起重机的监督管理权限如何选择适用行政规章的请示〉的答复》(以下简称〔2004〕行他字第2号答复),该答复中明确指出:"国家建设部、工商局、质量技术监督局联合制定的《施工现场安全防护用具及机械设备使用监督管理规定》,对起重机械的监督管理权限做了明确划分。人民法院审查行政机关在国务院《特种设备安全监察条例》施行前作出的相关具体行政行为,应当参照《施工现场安全防护用具及机械设备使用监督管理规定》。"这里需要说明的是,该答复从表面上看,是关于对塔式起重机的监督管理权限如何选择适用部门规章的问题。实质上是明确了当部门规章之间有关部门职权规定发生冲突时,选择适用部门规章的原则。即人民法院在审理行政案件中,发现部门规章之间有关部门职权规定发生冲突时,经审查确认法律、行政法规及国务院的有关文件中未明确划分有关部门职权的情况下,与之管理职权相关的国务院部、委员会及直属局共同制定并发布的文件中有关部门职权范围的规定,可以作为判断部门职权的依据。此项原则在《最高人民法院关于审理行政案件适用法律规范问题的座谈会纪要》(法〔2004〕96号)中亦有所体现。该纪要中明确指出:国务院部门之间制定的规章中有关部门职权规定不一致的,两个以上的国务院部门就涉及其职权范围的事项联合制定的规章规定,优于其中一个部门单独作出的规定。

三、应当注意的问题

人民法院在审理具体行政案件中，适用〔2004〕行他字第2号答复及相关司法解释性文件时，应当注意以下两个问题：

1. 两个以上的国务院部门共同发布的有关部门职权划分的规定之后，一般实施一段时间后，国务院会制定相关的行政法规进一步明确规定部门职权。例如，建设部、国家工商局、国家质量技术监督局于1998年9月4日共同发布的《联合规定》明确了三部门的行政监督管理职权后，国务院于2003年3月11日发布的《条例》进一步明确规定了有关特种设备安全的行政监督管理职权。因此，人民法院在审理具体行政案件中，发现当事人提供国务院相关部门共同发布的规范性文件中有关部门职权划分的规定，还应当审查上位法对该项部门职权是否作出明确规定。如果未作出明确规定的，国务院相关部门共同发布的规范性文件中有关部门职权划分的规定，可以作为认定被告是否具有部门职权的依据；如果作出明确规定的，应当依据上位法的规定认定被告是否具有作出被诉具体行政行为的部门职权。

2. 行政处罚法第十六条规定："国务院或者经国务院授权的省、自治区、直辖市人民政府可以决定一个行政机关行使有关行政机关的行政处罚权，但限制人身自由的行政处罚权只能由公安机关行使。"根据该条的规定，除限制人身自由的行政处罚权外，国务院或者国务院授权的省、自治区、直辖市人民政府，可以根据行政执法的需要决定将法律、行政法规已经明确授予某一行政部门的行政处罚权，由另一行政部门行使。也就是说，国务院或者国务院授权的省、自治区、直辖市人民政府所作出的有关部门职权的决定可以作为人民法院认定被告是否具有作出被诉具体行政行为的部门职权的依据。这里需要作出两点说明：一是国务院决定一个行政机关行使另一个行政机关的行政处罚权，必须是明确规定某行政部门行使某项行政处罚权。倘若，国务院有关文件中仅写明国务院某部或某委员会或某直属局负责组织协调全国某项活动。例如，国发办〔2001〕56号文规定，国家质量监督检验检疫总局"根据国务院授权，组织协调全国有关专项打假活动"。此种情况不属于国务院的特别授予的行政处罚权，不能作为认定被告是否具有作出行政处罚的职权依据。二是省、自治区、直辖市人民政府只能在国务院授权的范围内作出有关部门职权的决定，超出国务院授权的范围所作出的有关部门职权的决定，不能作为认定被告是否具有作出被诉具体行政行为的依据。

42. 质量监督检验检疫部门负责生产领域的产品质量监督管理，工商行政管理部门负责流通领域的产品质量监督管理

——《最高人民法院关于如何认定质量监督检验检疫部门在产品流通领域中行政管理职权问题的答复》解读

2003 年 12 月 1 日　　　　　　　　〔2003〕行他字第 15 号

一、问题的提出

湖北省高级人民法院受理一起原告荆门市广汇商贸有限公司诉被告荆门市质量技术监督局行政处罚上诉案，在审查质量技术监督部门的职权时，因涉及对产品质量法和国务院及有关部、委、局文件的理解与适用，经该院审判委员会讨论，向最高人民法院请示。该案的基本情况是：

2002 年 4 月，荆门市质量技术监督局在开展摩托车行业及零部专项检查活动中，经对荆门市广汇商贸有限公司销售的"宗申"牌 ZS125—2 型摩托车和"劲隆"牌 JL100—A 型摩托车抽样送检，认定为不合格产品。该公司在法定期限内未提出复检申请。荆门市质量技术监督局于同年 5 月作出处罚决定：责令荆门市广汇商贸有限公司停止销售不合格摩托车；没收违法销售的不合格摩托车及违法所得并处罚款。荆门市广汇商贸有限公司不服，向法院提起行政诉讼。

在对上述行政处罚决定的合法性审查中，当事人争议及合议庭讨论的主要问题是，质量技术监督部门对流通领域的产品质量是否具有监督管理职能。

根据产品质量法第七十条的规定，行政处罚由产品质量监督部门或者工

商行政部门按照国务院规定的职权范围决定。国办发〔2001〕56号文和57号文对质量技术监督部门和工商行政部门的职能分工是：国家质量监督检验检疫总局负责生产领域的产品质量监督管理；国家工商行政管理总局负责流通领域的产品质量监督管理。同时，国办发〔2001〕56号文规定，国家质量监督检验检疫总局"承办国务院交办的其他事项""根据国务院授权，组织协调全国有关专项打假活动"。

2002年，国家经济贸易委员会等十部、委、局联合下发的《关于整顿摩托车行业的通知》（国经贸产业〔2002〕109号）规定，经国务院同意，决定对摩托车行业进行整顿。通知第二条第（二）项规定：对在2002年3月1日后继续生产、销售非法拼（组）装摩托车的生产厂点、经销单位，工商行政管理、质检等执法部门一经发现，要从严从重处罚。通知第七条规定：质量技术监督部门要加强对摩托车产品的质量监督；开展摩托车及其零部件产品的专项检查，严厉打击假冒伪劣产品；促进企业严格执行国家有关标准，认真履行"三包"规定。

对于上述规定，该院审判委员会讨论后形成两种意见。

多数意见认为，国办发〔2001〕56号文根据产品质量法第七十条的明确授权，对质量技术监督部门和工商行政部门在生产领域和流通领域的职能作出了明确分工，即将原国家质量技术监督局负责的流通领域商品质量监督管理的职能划入国家工商行政管理总局。根据这一分工，质量技术监督部门在商品流通领域无行政处罚权。国经贸产业〔2002〕109号文并非国务院对质量技术监督部门在流通领域行政处罚权的明确特别授权。

少数意见认为，国经贸产业〔2002〕109号文应当理解为国务院对质量技术监督部门在流通领域行政处罚权的明确、特别授权，根据这一授权，质量技术监督部门取得在流通领域的行政处罚权。

二、分析

本请示案件涉及的是产品质量监督部门和工商行政管理部门的职权分工问题。

产品质量法第七十条规定："本法规定的吊销营业执照的行政处罚由工商行政管理部门决定，本法第四十九条至第五十七条、第六十条至第六十三条规定的行政处罚由产品质量监督部门或者工商行政管理部门按照国务院规定的职权范围决定。法律、行政法规对行使行政处罚权的机关另有规定的，依照有关法律、行政法规的规定执行。"产品质量法对于行政处罚权限的分工，按照国务院规定的职权范围决定。

所谓"国务院规定的职权范围决定"是指按照1998年国务院《关于国家质量技术监督局和国家工商局三定规定》（以下简称"三定方案"）的规定，国家质量技术监督局负责管理质量监督工作，管理和指导质量监督检查，组织协调依法查处生产和经销假冒伪劣商品活动中的质量违法行为。国家工商局负责组织保护消费者合法权益，组织查处侵犯消费者权益案件，组织查处市场管理和商标管理中的经销掺假及假冒产品行为。关于国家质量技术监督局和国家工商局在具体工作中分工协作问题，国务院"三定方案"规定，国家质量技术监督局负责组织查处生产和流通领域中的产品质量违法行为，需要国家工商行政管理局协助的，应予配合；工商行政管理局负责查处市场管理和商标管理中发现的经销掺假及假冒产品等违法行为，需要国家质量技术监督局协助的，应予配合；在打击生产和经销假冒伪劣产品违法活动中，按照上述分工，两部门应密切配合，同一问题不得重复检查，重复处理。国务院的"三定方案"虽然不是行政法规，但是其是由国务院制定的关于各部门之间权力分工的重要文件，其效力类似于行政法规，高于各部门制定的规章。

2001年8月7日，《国务院办公厅关于印发国家质量监督检验检疫总局及国家认证认可监督管理委员会国家标准化管理委员会职能配置内设机构和人员编制规定的通知》（国办发〔2001〕56号）和《国务院办公厅关于印发国家工商行政管理总局职能配置内设机构和人员编制规定的通知》（国办发〔2001〕57号）明确规定，将原国家质量技术监督局负责的流通领域商品质量监督管理的职能划入国家工商行政管理总局。

可见，有关法律和规范性文件对于质量监督部门和工商行政管理部门的职权分工是明确的。据此，2003年12月1日，最高人民法院作出《关于如何认定质量监督检验检疫部门在产品流通领域中行政管理职权问题的答复》（〔2003〕行他字第15号）："湖北省高级人民法院：你院《关于如何认定质量技术监督部门在产品流通领域中行政管理职权的请示》收悉，经研究认为：国办发〔2001〕56号文和57号文根据《中华人民共和国产品质量法》第七十条的授权明确规定，国家质量监督检验检疫总局负责生产领域的产品质量监督管理；国家工商行政管理总局负责流通领域产品质量监督管理。有关部门在行使行政管理职权时，应当以此为依据。"

43. 部门职权的一般规定与特别规定的判断与适用
—— 《最高人民法院关于工商行政管理部门对医疗机构购买工业氧代替医用氧用于临床的行为是否具有处罚权问题的答复》解读

2003年9月5日　　　　　　　　　　　　　　〔2003〕行他字第8号

一、问题的提出

湖南省高级人民法院在审理涟源市人民医院诉涟源市工商行政管理局行政处罚上诉一案中认定，1999年1月至2000年12月，涟源市人民医院从湖南省煤机厂制氧车间购进工业氧4042瓶用于临床，货值50529元。2001年10月15日，涟源市工商行政管理局以涟源市人民医院在临床上以工业氧代替医用氧，损害了消费者的合法权益为由，根据消费者权益保护法和产品质量法的有关规定，作出涟工商经检处字〔2001〕第91号行政处罚决定书，责令涟源市人民医院立即停止违法行为，并处以罚款98000元。涟源市人民医院不服，向涟源市人民法院提起行政诉讼。

该院审理该案合议庭合议后一致认为，根据国家标准的界定，工业氧是用于深冷法分离空气的电解水法产生的钢瓶包装工业用气态氧，主要用于钢材火焰加工和其他工业目的。医用氧标准是适用于低温分离空气的气态和液态氧，主要用于呼吸的医疗目的。因此，无论从制造方法、制造工艺和用途，两者都是不同的。国家在1988年就为医用氧制定了GB8982—1988标准，1998年又修改为GB8982—19988标准。根据标准化法第七条①、第十四条②

---

① 标准化法第七条规定："国家标准、行业标准分为强制标准和推荐性标准。保障人体健康，人身、财产安全的标准和法律、行政法规规定强制执行的标准是强制标准，其他标准是推荐性标准。""省、自治区、直辖市标准化行政主管部门制定的工业产品的安全、卫生要求的地方标准，在本行政区域内是强制性标准。"

② 标准化法第十四条规定："强制性标准，必须执行。不符合强制性标准的产品，禁止生产、销售和进口。推荐性标准，国家鼓励企业自愿采用。"

及《标准化法实施条例》第十八条①的规定，药品标准属于国家强制性标准，必须执行。不符合强制性标准的产品，禁止生产、销售和进口。从上述规定来看出，涟源市人民医院在临床上用工业用氧代替医用氧的行为，是一种销售不符合保障人体健康的国家标准的产品行为，应当受到行政处罚。但是，关于对此种违法行为由何部门实施行政处罚，存在两种不同意见：

一种意见认为，工商部门在本案中具有行政执法主体资格。理由有四：其一，消费者权益保护法调整"为生活消费需要购买、使用商品或者接受服务"的活动。医疗服务属于非生产性的有偿服务，医疗消费是属于接受服务的生活消费，应当由消费者权益保护法调整。其二，工业氧是一种工业产品，不是药品。不能认为只要是医疗机构行为就只能由药品管理部门或是卫生行政部门进行监管，而排除工商部门根据消费者权益保护法的授权保护消费者合法权益的管理活动。其三，根据消费者权益保护法第五十条的规定，生产消费的商品不符合保障人身、财产安全要求的，产品质量法和其他法律、法规对处罚机关和处罚方式有规定的，依其规定执行，没有规定的，由工商部门处理。目前，产品质量法和其他法律法规，产生对销售不符合保障人体健康和人身、财产安全的行为，在处罚主体上没有排除工商部门的处罚权，因此工商部门具有处罚主体资格。其四，由工商部门处罚可以避免行业保护主义。尽管湖南省卫生厅多次下文要求各地医院逐步停止使用工业氧，但收效不大，全省大多数医院仍在继续使用工业氧。而卫生行政部门和药品监督部门均从未对使用工业氧的医院进行处罚。该省几起对使用工业氧的医院进行的处罚都是由工商部门或者产品质量监督部门作出的，社会效果很好，大大加快了医院从工业氧到医用氧过渡的步伐，涟源市人民医院被处罚后，全市所有医院均改用医用氧。

另一种意见认为，工商部门在本案中不具有行政执法主体资格，应当由卫生行政部门处罚。其理由是：第一，工业氧用于临床时，既是工业产品，同时又是药品。工业氧是一种工业产品毋庸置疑，但它是否属于药品应当根

---

① 《标准化法实施条例》第十八条的规定："国家标准、行业标准分为强制性标准和推荐性标准。""下列标准属于强制性标准：（一）药品标准，食品卫生标准，兽药标准；（二）产品及产品生产、储运和使用中的安全、卫生标准，劳动安全、卫生标准，运输安全标准；（三）工程建设的质量、安全、卫生标准及国家需要控制的其他工程建设标准；（四）环境保护的污染物排放标准和环境质量标准；（五）重要的通用技术术语、符号、代号和制图方法；（六）通用的试验、检验方法标准；（七）互换配合标准；（八）国家需要控制的重要产品质量标准。"国家需要控制的重要产品目录由国务院标准化行政主管部门会同国务院有关行政主管部门确定。"强制性标准以外的标准是推荐性标准。""省、自治区、直辖市人民政府标准化行政主管部门制定的工业产品的安全、卫生要求的地方标准，在本行政区域内是强制性标准。"

据其用途和目的来判断。当它用于临床时,其用途是医用,医院是将其作为药品来使用的。因此,当工业氧用于临床时,应当受药品管理法的调整。第二,以工业氧代替医用氧的行为,既是销售不符合保障人身健康、财产安全产品的行为,同时又是销售含量不符合国家药品标准药品的行为。工业氧的含量没有达到医用氧的标准,用工业氧代替医用氧,属于"药品成分的含量不符合国家标准"的行为,此时的工业氧应界定为"劣药"。第三,消费者权益保护法第五十条规定,生产消费的商品不符合保障人身、财产安全要求的,产品质量法和其他法律、法规对处罚机关和处罚方式有规定的,依其规定执行,没有规定的,由工商部门处理。全国人大常委会 1984 年 9 月 20 日颁布的药品管理法(以下简称 1984 年药品管理法)第四十五条第一款规定:"县级以上卫生行政部门行使药品监督职权。"第五十四条规定"本法规定的行政处罚,由县级以上卫生行政部门决定。违反本法第十五条规定、第八章有关广告管理的规定的行政处罚,由工商行政管理部门决定。"因 1984 年药品管理法明确规定了行政执法的主体,故应按照该法的规定执行。也就是说,工商部门不具备执法主体资格。

该院审判委员会在是否应当予以行政处罚上形成一致意见,即在临床上用工业氧代替医用氧的行为应当受到处罚。在处罚主体资格上形成两种意见:多数意见认为,工商部门具有执法主体资格。少数意见认为,工商部门不具有执法的主体资格。据此,特向最高人民法院请示。

二、分析

此案中涉及有关部门职权规定的法律有标准化法、消费者权益保护法、产品质量法和药品管理法等四部法律。立法法第八十三条规定:"同一机关制定的法律、行政法规、地方性法规、自治条例和单行条例、规章,特别规定与一般规定不一致的,适用特别规定;新的规定与旧的规定不一致的,适用新的规定。"该条的规定确定了特别规定优于一般规定的原则。这四部法律中有关部门职权的规定不尽一致,因此,该案应当适用何部法律确认被告是否具有行政执法主体资格,就必须确定何部法律有关部门职权的规定属于特别规定,何部法律有关部门职权的规定属于一般规定。确定此案被告是否具有行政处罚权就必须根据上述法律中有关部门职权及工业氧代替医用氧用于临床行为的性质等方面的规定进行分析。

(一)标准化法和消费者权益保护法有关部门职权的规定

标准化法第二十条规定:"生产、销售、进口不符合强制性标准的产品的,由法律、行政法规规定的行政主管部门依法处理，法律、行政法规未作规定的，由工商行政管理部门没收产品和违法所得，并处罚款；……"消费者权益保护法第五十条规定，经营者有违反该法行为的，产品质量法和其他有关法律、法规对处罚机关和处罚方式有规定的，依照法律、法规的规定执行；法律、法规未作规定的，由工商行政管理部门行使行政处罚权。根据这两条的规定，违反标准化法或者消费者权益保护法有关规定，应当给予行政处罚的行为，其他法律、法规对处罚机关有规定的，由该法律或者法规规定的行政部门行使行政处罚权；其他法律、法规没有规定的，才由工商部门行使行政处罚权。

（二）产品质量法有关部门职权的规定

产品质量法第八条规定："国务院产品质量监督部门主管全国产品质量监督工作。国务院有关部门在各自的职责范围内负责产品质量监督工作。""县级以上地方产品质量监督部门主管本行政区域内的产品质量监督工作。县级以上地方人民政府有关部门在各自的职责范围内负责产品质量监督工作。""法律对产品质量的监督部门另有规定的，依照有关法律的规定执行。"第七十条规定："本法规定的吊销营业执照的行政处罚由工商行政管理部门决定，本法第四十九条至第五十七条、第六十条至第六十三条规定的行政处罚由产品质量监督部门或者工商行政管理部门按照国务院规定的职权范围决定。法律、行政法规对行使行政处罚权的机关另有规定的，依照有关法律、行政法规的规定执行。"国务院办公厅发布的国发办〔2001〕56号文和国发办〔2001〕57号文中作出了对国家质量监督检验检疫总局与国家工商行政管理总局的分工。具体分工是：国家质量监督检验检疫总局负责生产领域的产品质量监督管理；国家工商行政管理总局负责流通领域的产品质量监督管理。根据上述规定，工商管理部门对流通领域的产品质量具有监督管理职权，但法律、行政法规对产品质量的监督部门另有规定的，不具有管理职权。

（三）药品管理法有关部门职权的规定

1984年药品管理法第四十五条第一款规定："县级以上卫生行政部门行使药品监督职权。"第五十四条规定："本法规定的行政处罚，由县级以上卫生行政部门决定。违反本法第十五条规定、第八章有关广告管理的规定的行政处罚，由工商行政管理部门决定。"全国人大会常务委员会2001年2月28日修订通过，自2001年12月1日起施行的药品管理法（以下简称2001年药品管理法）第五条规定："国务院药品监督管理部门主管全国药品监督管理工作。国务院有关部门在各自的职责范围内负责与药品有关的监督管理工作。""省、自治区、直辖市人民政府药品监督管理部门负责本行政区域内的药品监督管理工作。省、自治区、直辖市人民政府有关部门在各自的职责范围内负责与药品有关的监督管理工作。"第八十八条规定:"本法第七十三条至第八十七条规定的行政处罚,由县级以上药品监督管理部门按照国务院药品监督管理部门规定的职责分工决定;吊销《药品生产许可证》、《药品经营许可证》、《医疗机构制剂许可证》、医疗机构执业许可证书或者撤销药品批准证明文件的,由原发证、批准的部门决定。"根据药品管理法的规定,除药品广告外的药品违法行为,工商部门不具有行政处罚权。

(四) 药品管理法中有关部门职权的规定属于特别规定

药品管理法中有关部门职权的规定属于特别规定,有关药品的监督管理职权一般应当由药品监督管理部门或者卫生行政部门行使。尽管,药品属于产品中的一种,医疗服务属于非生产性的有偿服务,药品标准属于国家强制性标准,但是,有关部门职权问题,产品质量法规定,"法律对产品质量的监督部门另有规定的,依照有关法律的规定执行。""法律、行政法规对行使行政处罚权的机关另有规定的,依照有关法律、行政法规的规定执行。"标准化法和消费者权益保护法规定,其他法律、法规对处罚机关有规定的,由该法律或者法规规定的行政部门行使行政处罚权;其他法律、法规没有规定的,才由工商部门行使行政处罚权。而药品管理法明确规定违反药品管理法的行为,除有特别条款规定外,均由药品监督管理部门或卫生行政部门行使处罚权。所以说,药品管理法与产品质量法、标准化法及消费者权益保护法相比较,前者属于特别规定,后三者属于一般规定。因此,当药品管理法与产品质量法、标准化法及消费者权益保护法有关部门职权的规定不一致的,根据立法法第八十三条的规定,应当适用药品管理法的有关规定,而不应当适用其他三部法律的有关规定。

(五) 工业氧代替医用氧用于临床行为的性质

医疗机构将工业氧代替医用氧用于临床,此时工业氧属于工业产品还是属于药品,直接关系到行政执法主体的确定。2001年药品管理法第三十二条规定:"药品必须符合国家药品标准。中药饮片依照本法第十条第二款的规定执行。""国务院药品监督管理部门颁布的《中华人民共和国药典》和药品标准为国家药品标准。""国务院药品监督管理部门组织药典委员会,负责国家药品标准的制定和修订。""国务院药品监督管理部门的药品检验机构负责标定国家药品标准品、对照品。"1984年药品管理法第五十七条和2001年药品管理法第一百零二条中均规定:"药品:指用于预防、治疗、诊断人的疾病,有目的地调节人的生理机能并规定有适应症、用法和用量的物质,包括中药材、中药饮片、中成药、化学原料药及其制剂、抗生素、生化药品、放射性药品、血清疫苗、血液制品和诊断药品等。"1988年以前，我国的医疗用氧都是由制氧厂采用深冷法分离空气按照《工业用气态氧》标准生产的工业用氧气。随着我国医疗卫生事业的日益发展和人民健康水平的不断提高，对医用氧气的质量要求在不断提高，继续把含有游离水、卤素等对人体有害杂质的工业用氧气用于医疗和保健，显然已不符合人体健康要求。为此，1988年国家标准总局颁布了GB8982—1988《医用氧气》国家标准，该标准规定了医用氧气氧含量≥99.5%，同时对水分、二氧化碳、一氧化碳、气态酸和碱、臭氧和其他气态化合物含量及气味作了规定。1995年国家已将其收入《中华人民共和国药典》，2000年版药典又对其进行了进一步的修改，《中华人民共和国药典》2005年版第二部收载的氧，其作用为"缺氧的预防和治疗"，这充分说明在我国医用氧是按药品来管理的。换言之，1995年国家将医用氧收入《中华人民共和国药典》后，医用氧就属于特殊的产品——"药品"，而不再属于一般的产品。

1984年药品管理法第三十三条和2001年药品管理法第四十八条中均规定，以非药品冒充药品或者以他种药品冒充此种药品为假药。医疗机构给病人输氧，其目的是调节人生理机能，用于预防、治疗疾病。工业氧与医用氧无论从制造方法、制造工艺、质量标准和用途上看，两者都是不同的。因此，工业氧属于非药品，医疗机构将工业氧代替医用氧用于临床，属于以非药品冒充药品的行为，根据药品管理法的规定，工商部门对此类违法行为不具有行政处罚权。这里需要说明的是，医疗机构将工业氧代替医用氧用于临床，是以非药品冒充药品的行为，而不是销售"药品成分的含量不符合国家标准"的行为，故应当认定为销售"假药"的行为，而不应当界定为销售"劣药"的行为。

基于上述理由，最高人民法院在征求了全国人大常委会法制工作委员会和国务院法制办公室的意见后，于2003年9月5日作出的〔2003〕行他字第8号《关于工商行政管理部门对医疗机构购买工业氧代替医用氧用于临床的行为是否具有处罚权问题的答复》（以下简称〔2003〕行他字第8号答复）中指出："药品管理法①第三十二条规定，药品必须符合药品标准。国务院药品监督管理部门颁布的《中华人民共和国药典》和药品标准为国家药品标准。医用氧被列入《中和人民共和国药典》，制定有相应的国家药品标准，应当按照药品管理。""产品质量法和消费者权益保护法规定，有关法律、法规对处罚机关和处罚方式有规定的，依照法律、法规的规定执行。医疗机构

---

① 此处的药品管理法是全国人大常委会2001年2月28日颁布的。编者注

购买工业氧代替医用氧用于临床的行为违反了药品管理法的有关规定，应当依照药品管理法的规定，由药品监督管理部门予以处罚。"这里需要说明的是，该答复从表面上看，仅仅是关于工商行政管理部门对医疗机构购买工业氧代替医用氧用于临床的行为是否具有处罚权的问题，实质上是明确了同一阶位的法律、行政法规中不同的法律、行政法规对有关部门职权规定不一致的，应当适用特别规定，而不应当适用一般规定的原则。

三、应当注意的问题

人民法院审理具体行政案件，在适用〔2003〕行他字第8号答复时，应当注意以下几个问题：

（一）注意作出行政处罚的主体资格问题

在1998年国务院机构改革中，新组建了国家药品监督管理局，将原国家医药管理局行使的药品生产流通监督管理职能、卫生部行使的药政管理职能和国家中医药管理局行使的中药流通监督管理职能集中起来，交由新组建的国家药品监督局行使。2000年6月，国务院批转了药品监督管理体制改革方案，对地方政府药品监督管理机构的设置及其职责作了规定：省以下药品监督管理系统实行垂直管理。省、自治区、直辖市人民政府设立药品监督局，为人民政府的工作部门，主要职责是，领导省以下药品监督管理机构，履行法定的药品监督管理职能。地、市根据工作需要，设立药品监督管理局。为省级政府药品监督管理局的直属局；直辖市和较大市所设的区以及药品监督管理工作较重的县（市），根据工作需要，可以设药品监督管理分局，为上一级药品监督管理机构的派出机构。药品监督管理部门对可能危害人体健康的药品在法定范围内采取行政强制措施，对违反药品管理法规定的行为实施行政处罚等。为此，全国人大常委会于2001年2月28日修订了药品管理法，该法于2001年12月1日起施行。修改后的药品管理法将原由卫生行政部门行使的药品监督管理职权改为由药品监督管理部门行使。因此，在2001年12月1日以前，卫生行政部门可以作出药品监督管理的行政行为。到2001年以后，这一职权只能由药品监督管理部门行使。

（二）药品监督管理不宜集中执法

国务院于2002年8月22日发布《关于进一步推进相对集中行政处罚权工作的决定》中指出，行政处罚法第十六条规定："国务院或者经国务院授权的省、自治区、直辖市人民政府可以决定一个行政机关行使有关行政机关的行政处罚权,但限制人身自由的行政处罚权只能由公安机关行使。"国务院对贯彻实施行政处罚法确立的相对集中行政处罚权制度十分重视,多次下发文件作出具体部署。自1997年以来,按照国务院有关文件的规定,23个省、自治区的79个城市和3个直辖市经批准开展了相对集中行政处罚权试点工作,并取得了显著成效,对深化行政管理体制改革、加强行政执法队伍建设、改进行政执法状况、提高依法行政水平,起到了积极的作用。按照国务院批准的原则和要求积极稳妥地扩大试点范围是必要的、适宜的。实行相对集中行政处罚权的领域,是多头执法、职责交叉、重复处罚、执法扰民等问题比较突出,严重影响执法效率和政府形象的领域,目前主要是城市管理领域。根据试点工作的经验,省、自治区、直辖市人民政府在城市管理领域可以集中行政处罚权的范围主要包括:市容环境卫生管理方面法律、法规、规章规定的行政处罚权,强制拆除不符合城市容貌标准、环境卫生标准的建筑物或者设施;城市规划管理方面法律、法规、规章规定的全部或者部分行政处罚权;城市绿化管理方面法律、法规、规章规定的行政处罚权;市政管理方面法律、法规、规章规定的行政处罚权;环境保护管理方面法律、法规、规章规定的部分行政处罚权;工商行政管理方面法律、法规、规章规定的对无照商贩的行政处罚权;公安交通管理方面法律、法规、规章规定的对侵占城市道路行为的行政处罚权;省、自治区、直辖市人民政府决定调整的城市管理领域的其他行政处罚权。集中行使行政处罚权的行政机关还可以履行法律、法规、规章或者省、自治区、直辖市和城市人民政府规定的其他职责。但是,国务院部门垂直领导的行政机关行使的行政处罚权以及限制人身自由的行政处罚权不得由集中行使行政处罚权的行政机关行使。根据该决定的规定,国务院确定在城市管理领域实行集中执法。由于药品监督管理涉及很强的专业性问题。所以,国务院未将药品监督管理列入集中执法的范围,因此,药品监督管理不宜进行集中执法。

(三) 应当注意药品管理法中的有关部门职权的特别规定

同一阶位的法律、行政法规有关部门职权问题的一般规定与特别规定是相对的,而不是绝对的。在有关药品监督管理的部门职权问题上,产品质量法的规定相对于药品管理法的规定来说,前者属于一般规定,后者属于特别规定。但是,在以下两种特殊情况下,药品管理法有关部门职权的规定属于一般规定而不属于特别规定:一是在有关药品价格管理行政处罚权的问题上,药品管理法属于一般规定,价格法属于特别规定。药品管理法第八十九条规定:"违反本法第五十五条、第五十六条、第五十七条关于药品价格管理的规定的,依照《中华人民共和国价格法》的规定处罚。"二是在有关药品广告管理行政处罚权的问题上，药品管理法属于一般规定，广告法属于特别规定。药品管理法第九十二条规定："违反本法有关药品广告的管理规定的，依照《中华人民共和国广告法》的规定处罚，并由发给广告批准文号的药品监督管理部门撤销广告批准文号，一年内不受理该品种的广告审批申请；构成犯罪的，依法追究刑事责任。"因此，在审理具体行政案件中，有关部门职权的问题，不能仅注意有关部门职权的原则规定，还需要注意该法中有无特别规定，只有这样才能准确地判断部门职权的一般规定与特别规定，正确适用有关的法律条文。

（四）注意法律效果与社会效果的统一

工商机关对医疗机构将工业氧代替医用氧用于临床的行为，依据消费者权益保护法的有关规定给予行政处罚，违反了行政职权法定的原则，属于超越职权的行为，根据行政诉讼法第五十四条的规定，应当判决予以撤销。但是，由于被处罚的行为属于违法行为并在社会上造成了很坏的影响。因此，对这类超越职权行为，法院在处理时一定要注意法律效果与社会效果的统一，不能简单地一判了之，而应当解决好两个问题：一是在法院行政判决书的说理部分应当明确指出，此类行为属于违法行为，应当受到法律的制裁，尔后阐明被告超越职权及依法应当由其他机关予以制裁的理由，依此判决撤销，从而避免给人民群众造成法院偏袒违法者的误解；二是应当向具有职权的行政部门提出司法建议，促使其履行法定职责，或者向人民政府或上级机关反映，使这类违法行为及时受到法律的制裁，维护人民群众的合法权益，真正起到处理一案解决一类问题的社会效果。

44. 对违法收取电费的行为应当由物价行政管理部门监督管理
——《最高人民法院行政审判庭关于对违法收取电费的行为，应由物价行政管理部门监督管理的答复》解读

1999 年 11 月 17 日　　　　　　　　〔1999〕行他字第 6 号

一、问题的提出

山西省阳泉市城区人民法院在审理一起不服乡镇企业管理局行政处罚案件中，对乡镇企业管理局是否有权对电业局非法向乡镇企业收取农村分类综合电价外费用的行为进行处罚的问题，产生不同意见，层报最高人民法院请示，该案的基本情况是：

1998 年 8 月，阳泉市乡镇局收到盂县南娄集团（乡镇企业）关于盂县电业局非法收取农村分类综合电价外费的举报后，联合市减轻农民负担办公室等部门进行了调查取证，认为：1. 盂县电业局从 1994 年 8 月至 1998 年 7 月，累计向盂县南娄集团非法收取农村分类综合电价外费用 270 余万元；2. 违法拉闸断电 14 次，计 499 小时，造成南娄集团各企业直接经济损失 67 万余元。遂依据乡镇企业法第十七条、第三十八条、第三十九条，电力法第四十三条、第四十四条，山西省物价局、山西省电力局晋价重字〔1994〕第 18 号、81 号文件之规定，对电业局作出处罚决定：第一，责令盂县电业局立即停止对盂县南娄集团的非法收费行为；第二，限盂县电业局在 1998 年 10 月 13 日前将非法收取的 270 余万元归还盂县南娄集团；第三，限盂县电业局 1998 年 10 月 13 日前赔偿盂县南娄集团因被其非法拉闸断电造成的直接经济损失 67 万余元。盂县电业局不服，以被告的处罚行为超越法定职权为由，向阳泉市城区人民法院提起行政诉讼。

法院在审理中，对本案被告阳泉市乡镇企业局是否有处罚权，产生两种意见：

第一种意见认为,阳泉市乡镇企业局有处罚权。乡镇企业法第三十八条规定:"违反本法规定,有下列行为之一的,由县级以上人民政府乡镇企业行政管理部门责令改正:……(二)非法占有或无偿使用乡镇企业财产的;……"第三十九条规定:"乡镇企业有权向审计、监察、财政、物价和乡镇企业行政管理部门控告、检举向企业非法收费、摊派或者罚款的单位和个人。有关部门和上级机关应当责令责任人停止其行为,并限期归还有关财物。……"①(全国人大法工委、财经委和国家乡镇局合编的《乡镇企业法释义》中对"有关部门"的解释为:是指本条规定的审计、监察、财政和乡镇企业管理部门;"上级机关"是指违法单位的上一级机关。)乡镇企业法把侵害乡镇企业合法权益的违法行为的处理权赋予了审计、监察、财政、物价和乡镇企业管理部门,物价部门不是本案的唯一执法主体。上述部门谁接到检举和控告都有权处理。既然市乡镇企业局接到南娄集团关于被违法收费的控告,那么就有权对违法单位进行处罚。

第二种意见认为:阳泉市乡镇企业局没有处罚权。被告在行政处罚决定书中,认定原告的行为违反了电力法第四十三条、第四十四条和《山西省物价局、电业局关于加强农村用电管理、实行分类综合电价暂行办法》的规定,根据电力法第六十六条规定:"违反本法第三十三条、第四十三条和第四十四条规定,未按国家标准的电价和用电计量装置的记录向用户计收电费,超越职权制定电价或者在电费中加收其他费用的,由物价行政主管部门给予警告、责令返还违法收取的费用,可以并处违法收费五倍以下的罚款……"从上述规定可以看出,电力法已将违反该法第四十三、第四十四条的处罚权,明确授权由物价行政主管部门行使,根据"处罚法定原则",被告市乡镇局对本案不具有行政处罚主体资格。

山西高院倾向于第二种意见。

二、分析

本案涉及的是对于违法收取电费的行为属于哪个行政机关职权的问题。

为了保障乡镇企业的合法权益,规范乡镇企业的行为,我国于 1996 年 10 月 29 日制定了乡镇企业法。根据该法的规定,国务院乡镇企业行政管理部门和有关部门按照各自的职责对全国的乡镇企业进行规划、协调、监督、服务;县级以上地方各级人民政府乡镇企业行政管理部门和有关部门按照各自的职责对本行政区域内的乡镇企业进行规划、协调、监督、服务。对于乡

---

① 该法于 1996 年 10 月 29 日由第八届全国人大常委会第 22 次会议通过。

镇企业进行规划、协调、监督、服务由"乡镇企业行政管理部门"和"有关部门"按照自己的职责行使。乡镇企业行政管理部门管理的主要方式是登记备案和行政强制①。

在登记备案方面，该法第八条规定，经依法登记设立的乡镇企业，应当向当地乡镇企业行政管理部门办理登记备案手续。乡镇企业改变名称、住所或者分立、合并、终止等，依法办理变更登记、设立登记或者注销登记后，应当报乡镇企业行政管理部门备案。

在行政强制方面，该法第三十八条规定："违反本法规定，有下列行为之一的，由县级以上人民政府乡镇企业行政管理部门责令改正：……（二）非法占有或无偿使用乡镇企业财产的；……"第三十九条规定："乡镇企业有权向审计、监察、财政、物价和乡镇企业行政管理部门控告、检举向企业非法收费、摊派或者罚款的单位和个人。有关部门和上级机关应当责令责任人停止其行为，并限期归还有关财物。……"

本案争议的焦点问题是该法第三十九条中"有关部门"是否包括乡镇企业行政管理部门。我们认为，这里的"有关部门"不包括乡镇企业行政管理部门，理由是：

第一，从文义上看，接受检举、控告部门和作出责令停止行为、限期归还等行政强制行为的部门并不等同。宪法第四十一条规定，对于任何国家机关和国家工作人员的违法失职行为，有向有关国家机关提出申诉、控告或者检举的权利，但是不得捏造或者歪曲事实进行诬告陷害。对于公民的申诉、控告或者检举，有关国家机关必须查清事实，负责处理。乡镇企业法关于有权控告检举的规定属于不完全列举，即乡镇企业不仅可以向上述"审计、监察、财政、物价和乡镇企业行政管理部门"控告检举，也可以向其他行政机关控告检举。例如，根据该法第三十二条、第三十三条、第三十四条的规定，如有其他机关违法罚款的，亦可向税务机关、产品质量监督机关、环保机关等控告检举。可见，该条中"审计、监察、财政、物价和乡镇企业行政管理部门"并不等同于"有关部门"。实际上，对于供电企业的收费行为，乡镇企业亦可按照价格法第三十八条的规定向价格主管部门进行举报。

第二，"有关部门"应当理解为特定行政机关按照其职权进行处罚。如果按照"有关部门"就是"审计、监察、财政、物价和乡镇企业行政管理部门"的理解，就意味着上述五个行政机关均可以作出责令停止其行为，并限

---

① 该法第三十九条规定，对直接责任人员，有关部门可以根据情节轻重，给予相应的处罚。这里的处罚应指"行政处罚"，因其并非针对乡镇企业，此处略去不论。该案中，乡镇企业行政管理部门作出"责令停止""限期归还"的"行政处罚决定"实际上属于行政强制。

期归还有关财物的行政强制行为。国家设立特定行政机关管理行政事务，是基于行政事务的专业化分工。因此，对于同一事项，国家不会授权两个以上行政机关共同管辖。因此，这里的"有关部门"必然是对特定行政事项具有管辖权的行政机关。

因此，乡镇企业行政管理部门以此为依据作出行政强制行为法律依据不足。

法律对于供电企业的供电义务、收取电费的行为以及对违法收取电费行为的处罚作了明确规定。电力法第二十九条规定，供电企业在发电、供电系统正常的情况下，应当连续向用户供电，不得中断。第三十三条规定，供电企业应当按照国家核准的电价和用电计量装置的记录，向用户计收电费。第四十三条规定，任何单位不得超越电价管理部门限制定电价。供电企业不得擅自变更电价。第四十四条规定，禁止任何单位和个人在电费中加收其他费用；但是，法律、行政法规另有规定的，按照规定执行。由于上述违法行为一般是供电企业实施的，且对于物价管理职责国家已经赋予物价管理机关。①因此，电力法第六十六条规定："违反本法第三十三条、第四十三条和第四十四条规定，未按国家标准的电价和用电计量装置的记录向用户计收电费，超越职权制定电价或者在电费中加收其他费用的，由物价行政主管部门给予警告、责令返还违法收取的费用，可以并处违法收费五倍以下的罚款……"可见，对于上述违法行为，应当由价格主管部门依法予以处罚。当然，为了不放纵供电企业的违法行为，乡镇企业行政管理部门应当及时将案件移交给价格主管部门依法予以处罚。

据此，1999年11月17日，最高人民法院行政审判庭作出《关于对违法收取电费的行为，应由物价行政管理部门监督管理的答复》（〔1999〕行他字第6号）："山西省高级人民法院：你院〔1999〕晋法行字第9号《关于对乡镇企业管理局是否有权对电业局非法收取农村分类综合电价外的费用的行为进行处罚的请示》收悉。经研究，答复如下：原则同意你院倾向性意见，即遵循特别法规定优于普通法规定的原则，对违法收取电费的行为，根据电力法第六十六条的规定，应由物价行政管理部门监督管理。"

---

① 价格法第三十三条规定："县级以上各级人民政府价格主管部门，依法对价格活动进行监督检查，并依照本法的规定对价格违法行为实施行政处罚。"

45. 进口货物在办妥手续前应当由海关监管
——《最高人民法院行政审判庭关于
对佳木斯进出口公司第二部诉绥芬河市口岸
管理委员会拍卖财产案的答复》解读

1996 年 7 月 25 日 〔1996〕行他字第 14 号

一、问题的提出

黑龙江省绥芬河市人民法院受理的佳木斯进出口公司二部不服绥芬河市口岸管理委员会拍卖财产一案，因该院对此案被诉具体行政行为的合法性认定上存在两种不同意见，经牡丹江市中级人民法院请示至黑龙江高院。该院审委会讨论后形成两种意见，特请示最高人民法院。该案的基本案情是：

1993 年 5 月 14 日，原告佳木斯进出口公司第二部（以下简称佳木斯二部）与俄罗斯乌德穆尔特共和国贝加尔外贸公司签订了一份价值 5.22 万美元的易货贸易合同。合同约定，中方提供护士鞋和网球鞋，俄方提供角钢，交货期为同年 7 月 1 日，俄方货物进口口岸为绥芬河火车站。签约后，1993 年 8 月 27 日，俄方提供的两车 120 吨角钢到达绥芬河口岸火车站，但该两车货只有国际铁路运单而没有合同和货物分拨单，无法分拨，故铁路将货单交给了被告绥芬河口岸管理委员会（绥芬河口岸领导小组办公室所在地），绥芬河口岸委以同样理由将货单转交给绥芬河市外运公司，外运公司经查，佳木斯进出口公司没有与其签订委托办理接运报关进口事宜的协议，故没有为佳木斯二部办理接运报关手续。但外运公司称，8 月 28 日我公司给佳木斯国际公司经理打电话告诉了此事，要求其转告佳木斯进出口公司。但过了几日仍不见来人接货，9 月 5 日，绥芬河外运公司填写了《超时货物处理单》交给了绥芬河市口岸委。口岸委在该处理单的疏站办意见和处理栏内分别写明"两车角钢拍卖，定价 2000 元/吨"（胡广玉签字）和"到站：郑州北（物资局专用线）；收货人：河南省许昌县建材供销公司"字样并盖有绥芬河口岸管理委员会公章。9 月 8 日，绥芬河口岸委将该两车货直接卖给了河南省许昌市建材供销公司。几日后，佳木斯二部到绥市欲办理该两车货的接货手续，方知该货已被绥芬河口岸委拍卖，即与其交涉。被告绥芬河口岸委于 1993 年 12 月 1 日将许昌建材供销公司所交 168480 元货款扣除关税和代销费用返还给佳木斯二部 11.7 万元（该两车货在国际运单写的重量为 120 吨，但在绥芬河未检斤，到许昌检斤为 84.24 吨，比合同数量少 35.76 吨。因此绥口岸委以 84.24 吨数量计算，每吨 2000 元，共收许昌建材供销公司 168480 元）。佳木斯二部不服，以绥芬河口岸委拍卖此货行为无法律依据，拍卖程序违法和应以签订合同数量和价格返还赔偿其 29.4 万元经济损失为由提起行政诉讼。被告绥芬河口岸委则以其拍卖合理合法为由，拒绝返款和赔偿。

绥芬河市法院依据上述事实，对该案如何处理存在两种意见，层报黑龙江高院请示。黑龙江高院经讨论，对该案如何处理提出两种不同意见：

第一种意见认为，被诉的具体行政行为合法，应予维持。主要理由和根据是：第一，被告作出该具体行政行为有法律规范依据。例如，国务院经济贸易办公室国经调〔1992〕254 号、铁道部铁运函〔1992〕510 号、国家经贸委〔1993〕343 号文件和黑龙江省政府办公厅〔1992〕41 号等文件。第二，国务院经贸委给绥芬河市人民法院《关于国经贸调〔1992〕254 号文件背景及相关情况说明的函》进一步明确了 254 号文件提出的有关畅通口岸的疏运措施，对其他口岸也具有指导意义。第三，该案发生后，绥芬河市政府请示省政府，省政府办公厅〔1994〕5 号批复认可了被告的行为，指出："对因货主原因无法履行报关报验手续又无法进行分拨和落地处理，并在站场滞留 5 天（120 个）小时以上的进口货物，同意由你政府指定口岸委组织拍卖。"

第二种意见认为，被诉具体行政行为超越职权，适用法律法规错误，应予撤销。理由是：第一，被告的行为违反了有关法律。海关法第二十一条规定，进口货物的收货人自运输工具申报进境之日起超过 3 个月未向海关申报的，其进口货物由海关提取变卖处理。铁路法第二十二条规定，自铁路运输企业发出领取货物通知之日起满 30 日仍无人领取的货物，由铁路运输企业变卖。按上述规定，对于暂无人申报或领取的进口货物应由海关或铁路部门处理，变卖的期限是 3 个月或 30 日。第二，违反了有关规章。（1）国务院口岸领导小组、外经部、铁道部和海关总署联合下发的《关于陆运口岸货物运输管理暂行办法》第二条规定，货物抵达口岸后无流向分拨表的，由铁路按票据记载的到站和收货人进行运输和处理。（2）黑龙江省政府办公厅〔1992〕19 号文第三条规定，对于单证不金、欠缴关税或找不到货主的进口货物，由外运代理部门按海关规定，采取落地和易地封存的办法，先疏站后处理。国务院经贸办〔1992〕254号文颁布后，黑龙江省政府办公厅根据254号文件精神，以〔1992〕82号文对原19号文作了补充规定。其中第五条明确，对无收货人、无合同、单证不全以及欠缴关税等，由于货主原因无法报关报验的，车站可先组织换装，如货到24小时仍无法解决的，应根据疏站领导小组办公室的意见，采取落地或发往指定仓库的措施，按海关有关规定办理。第三，即使按照绥芬河市政府《关于绥芬河口岸疏站若干问题的规定（试行）》的意见，作出拍卖决定也应以疏站办公室的名义作出，而不应是口岸委。

第二种意见为倾向性意见。

二、分析

本案的焦点问题是，进口货物在办妥报关手续前，是否可以由其他行政机关监管并变卖处理。

海关，是国家的进出关境的监督管理机关。根据海关法（1987年）的规定，国务院设立海关总署，统一管理全国海关。[①] 海关机构的设置一般分为海关总署、直属海关和隶属海关三级。海关实行垂直领导的体制，即隶属海关由直属海关领导，向直属海关负责；直属海关由海关总署领导，向海关总署负责。也就是说，海关按照海关法和国家有关法律、法规，在国家赋予的职权范围内自主地、全权地行使海关监督管理权，不受地方政府（包括同级党的机构）和有关部门的干预。海关依法独立行使职权，向海关总署负责。从世界范围来看，海关的职权大体上类似，主要包括：（1）对进出口货物、旅客行李和邮递物品、进出境运输工具，实施监督管理。有的称作通关管理，有的称作保障货物、物品合法进出境。（2）征收关税和其他税费。许多国家海关除征收关税外，还在进出口环节代征国内税费。例如增值税、消费税和石油税等。有些国家海关，还征收反倾销税、反补贴税和进口商品罚金等。（3）查缉走私。各国海关对逃避监管、商业瞒骗偷逃关税行为进行查缉，尤其对走私禁止和限制进出境的货物、物品，特别是毒品，每一个国家海关都有查缉的义务。根据海关法（1987年）的规定，海关依照海关法和其他法律、行政法规，监管进出境的运输工具、货物、行李物品、邮寄物品和其他物品，征收关税和其他税、费，查缉走私，并编制海关统计和办理其他海关业务。

海关法（1987年）对海关监管的时间段作了规定。海关法第十七条规定，进口货物自进境起到办结海关手续止，出口货物自向海关申报起到出境

[①] 1987年1月22日，第六届全国人大常委会第19次会议通过海关法，2000年7月8日，第九届全国人大常委会第16次会议修订。

止，过境、转运和通运货物自进境起到出境止，应当接受海关监管。进口货物的收货人以及出口货物的发货人有向海关如实申报的义务。根据海关法第十八条的规定，进口货物的收货人、出口货物的发货人应当向海关如实申报，交验进出口许可证和有关单证。国家限制进出口的货物，没有进出口许可证的，不予放行，具体处理办法由国务院规定。进口货物的收货人应当自运输工具申报进境之日起 14 日内，出口货物的发货人除海关特准的外应当在装货的 24 小时以前，向海关申报。进口货物的收货人超过前款规定期限未向海关申报的，由海关征收滞报金。进口货物的收货人在法定期限内未向海关申报的，该进口货物将由海关依法变卖处理。海关法（1987 年）第三十条规定，进口货物的收货人自运输工具申报进境之日起超过 3 个月未向海关申报的，其进口货物由海关提取依法变卖处理，所得价款在扣除运输、装卸、储存等费用和税款后，尚有余款的，自货物依法变卖之日起 1 年内，经收货人申请，予以发还；其中属于国家对进口有限制性规定，应当提交许可证件而不能提供的，不予发还。逾期无人申请或者不予发还的，上缴国库。从这些规定可以看出，本案中，作为进口货物的收货人佳木斯进出口公司第二部，其进口货物（本案合同标的物角钢）在自进境起到办结海关手续止，应当接受海关监管。进口货物的收货人应当自运输工具申报进境之日起 14 日内，应当向海关申报。海关法的上述规定明确两点：只有海关才能实行海关监管，其他行政机关均不能实施该项权力；进口货物的收货人应当向海关申报。

那么，本案的绥芬河口岸委并非海关，其行政职权的合法性如何呢？根据本案的有关材料，被告作出拍卖决定的依据主要包括：（1）国务院经贸办〔1992〕254 号文件。该文件是为解决内蒙古满洲里口岸车站进出口火车堵塞问题而制定的。该文件第三条规定："临时利用地方、部队的仓库、场地换装进口物资，有关单位要抓紧 7 天内完备手续，由铁路组织装运。超过 7 天按无货主处理。处理办法按满洲里市人民政府的有关规定执行。"满洲里市政府的做法是，超过 7 天不能完备手续的，由收购单位报检报验报关后，满洲里市人民政府指定口岸办组织拍卖。（2）铁道部〔1992〕510 号文件规定，国务院经贸办〔1992〕254 号通知基本精神适用于其他各口岸的，请结合各口岸站的实际情况贯彻执行。（3）国家经贸委〔1993〕343 号文件，要求各口岸继续贯彻〔1992〕254 号文件和铁道部〔1992〕510 号文件精神，确保口岸畅通。从被告提供的规范性文件来看，其性质主要是有关部委的行政答复。（4）1992 年 11 月 6 日，黑龙江省为解决绥芬河火车站进出口货物的压车压站问题形成的省政府办公厅〔1992〕41 号"协调纪要"指出"省紧急省站工作组要深入绥芬河结合国务院经贸办〔1992〕254 号文件和省政府的有关文件精神，参照满洲里口岸的做法，制定绥铁路口岸货运管理办法，由绥政府组织实施。"《绥芬河市政府关于绥芬河口岸疏站若干问题的规定（试行）》第三条规定："超过24小时提不出到站的货物，各部门准时将运单送疏站办公室，疏站办公室根据具体情况作出拍卖或落地的处理。"根据上述文件的规定，绥芬河口岸委对超过7天无人领取的进口货物作出了拍卖处理。

国家设立行政机关行使行政职权，目的是为了行政管理。为了保障行政管理的全面性，国家设立专门行政机关进行特定领域的管理。对于同一行政事项，国家设立专门的行政机关进行管理。例如，税务机关负责税收征收，公安机关负责治安管理，海关负责海关监管。对于属于海关监管的事项，其他行政机关不能行使。从行政法的理论来看，除非有特定的行政事项出现，国家假定所有行政管理事项能够归入特定的行政机关进行规制。对于特定行政机关是否超越职权的判断，一般从两个角度进行：首先，考察行政职权是否有法律法规和其他规范性文件依据。其次，在有规范性文件依据的情况下，考察该项规范性文件是否与上位法相抵触。本案绥芬河口岸委所依据的规范性文件是有关部委的答复，且与海关法的有关规定相抵触，应当不予适用。

据此，1996年7月25日，最高人民法院行政审判庭作出《关于对佳木斯进出口公司第二部诉绥芬河市口岸管理委员会拍卖财产案的答复》（〔1996〕行他字第14号）："黑龙江省高级人民法院：你院〔1996〕黑行他字第1号《关于佳木斯进出口公司第二部不服绥芬河市口岸管理委员会拍卖财产一案的请示》收悉。经研究，答复如下：进口货物在办妥报关手续前应根据海关法第二十一条的规定，由海关监管，其他机关对进口货物无管理职权。具体案件请你院依据法律规定处理。"

三、应当注意的问题

本批复下发之后，海关法作了修订。海关法（2000年）第二十一条第一款规定，进口货物的收货人自运输工具申报进境之日起超过3个月未向海关申报的，其进口货物由海关提取变卖处理。所得价款在扣除运输、装卸、储存等费用和税款后，尚有余款的，自货物变卖之日起1年内，经收货人申请，予以发还；逾期无人申请的，不缴国库。该项规定未作原则性的修订，本案的批复仍可参照适用。

二、行政程序

46. 举报人对举报事项处理不服是否具有行政复议申请人资格
—— 《最高人民法院关于举报人对行政机关就举报事项作出的处理或者不作为行为不服是否具有行政复议申请人资格问题的答复》解读

2014年3月14日　　　　　　　　　〔2013〕行他字第14号

一、问题的提出

2012年9月20日，李万珍等六人联名举报中国医科大学法医司法鉴定中心（以下简称医科大鉴定中心）及其鉴定人执业活动中存在违法违规行为，要求司法厅予以查处。辽宁省司法厅于2012年12月18日作出辽司罚决字〔2012〕第6号《行政处罚决定书》，对医科大鉴定中心及其相关鉴定人作出予以警告的行政处罚。李万珍等举报人对该处罚决定不服，向辽宁省人民政府申请行政复议，请求其责令辽宁省司法厅严格依法、实事求是对医科大鉴定中心鉴定人实施行政处罚并纠正违法违规行为。辽宁省人民政府于2013年2月19日作出辽政行复不受字〔2013〕1号《不予受理行政复议申请决定书》（以下简称1号复议决定），认为李万珍等举报人与辽宁省司法厅作出的行政处罚决定不存在行政复议法实施条例第二十八条第（二）项规定的利害关系。根据行政复议法第十七条规定，决定不予受理其复议申请。李万珍等不服，提起行政诉讼。沈阳市中级人民法院经审理于2013年7月18日作出〔2013〕沈中行初字第83号行政判决认为，辽宁省司法厅是针对医科大鉴定中心及其鉴定人员在执业过程中存在的违法违规行为作出的行政处罚，李万珍等并非该处罚决定的行政相对人，其作为投诉人与该行政处罚决定不具有法律上的利害关系，辽宁省人民政府依据行政复议法第十七条之规定作出1号不予受理复议决定并无不当。依照《若干解释》第五十六条第（四）项的规定，判决驳回原告诉讼请求。李万珍上诉。辽宁省高级人民法院二审期间，经审判委员会讨论，对李万珍等举报人是否具有行政复议申请人资格，形成两种不同意见：一种意见认为，李万珍等举报人具有行政复议申请人资格。主要理由是：《司法鉴定执业活动投诉处理办法》第二十三条规定，司法行政机关应当自作出处理决定之日起7日内，将投诉处理结果书面告知投诉人、被投诉人；第二十五条规定，被投诉人对司法行政机关的投诉处理决定有异议的，可以依法申请行政复议或者提起行政诉讼。据此，辽宁省人民政府认为，只有被投诉人有权申请复议或提起诉讼，投诉人无权申请复议或提起诉讼。这种认识是不正确的。辽宁省司法厅对投诉事项的处理行为虽然体现为对鉴定机构及三名鉴定人员处以警告的行政处罚，但由于李万珍等举报人系投诉程序的启动者，投诉处理决定的结果即是对李万珍等举报人投诉事项的答复。因此，投诉处理决定对李万珍等举报人的权利义务产生了实际影响，两者具有法律上的利害关系，应当给予李万珍等举报人复议申请人的资格。《司法鉴定执业活动投诉处理办法》第二十五条的规定与行政复议法申请人资格的界定以及行政诉讼法原告资格的界定存在不一致，对该条规定不应适用。另一种意见认为，李万珍等举报人不具有行政复议申请人资格。主要理由是：本案属于举报人对行政处罚不服提起的带有公益性质的行政诉讼案件。过去对此类案件法院通常也是不予受理，比如，打击假冒伪劣行为，举报人对行政处罚结果不服提起行政诉讼的，法院也是不予受理。因为，这类案件涉及面很大，如果法院受理，类似案件将会很多，法院难以承受。因存在分歧，辽宁省高级人民法院向最高人民法院请示。

二、法理分析

（一）关于行政复议申请人资格的一般条件

行政复议法第九条规定，"公民、法人或者其他组织认为具体行政行为侵犯其合法权益的"可以"申请行政复议申请"。第十条第一款规定："依照本法申请行政复议的公民、法人或者其他组织是申请人。"行政复议法实施条例第二十八条第（二）项规定"申请人与具体行政行为有利害关系"，行政复议申请才符合受理的法定条件。"认为""侵犯其合法权益"，核心是复议申请人要"与被审查的具体行政行为有利害关系"。根据行政复议法及其实施条例的规定，复议申请资格实质是一个主客观相结合的构成要件。① 行政复议法对复议申请人资格的要求主要是一个主观条件，即公民、法人或者其他组织"认为"具体行政行为"侵犯其合法权益的"，就具有复议申请人资格，可以申请行政复议。而《行政复议法实施条例》第二十八条第（二）项规定，则是一个客观要件。即复议申请人必须要与被申请行政复议的具体行政行为"有利害关系"。就主观要件而言，只要申请人"认为"具体行政行为侵犯其合法权益，就可以申请行政复议，主观要件的实质是对复议申请人申请复议的理由提出了要求，即复议申请人主观上必须是为了维护其自身合法权益而申请行政复议，而不是为了维护公共利益、国家利益或者他人合法权益，不只是为了单方面地监督行政机关依法行政。就客观要件而言，《行政复议法实施条例》则要求复议申请人必须与被申请行政复议的具体行政行为"有利害关系"，客观要件的实质是复议申请人"认为"具体行政行为"侵犯其合法权益的"，要有一定的客观事实基础，即存在"利害关系"。相对而言，实践中主观标准易于把握，争议不大。但是，客观标准，尤其是对"利害关系"如何理解和认识，比较困难。笔者认为，所谓"利害关系"，就是指复议申请人的权利义务会受到被申请复议的具体行政行为的实际影响，具体行政行为的撤销、变更等必然会带来复议申请人相关权利消灭、减少或者义务增加的法律后果，两者之间存在关联性。简单说，就是指复议申请人请求保护的合法权益与被申请复议的具体行政行为之间存在因果关系。

如何判断两者之间存在"因果关系"，又是实践面临的难题。由于行政机关与公民、法人和其他组织之间的关系极为复杂多样，简单对"因果关系"作出表述确实困难。为了有助于对"因果关系"的理解，笔者认为，可以从行政行为对当事人合法权益的影响程度去分析：一是行政行为对当事人的合法权利造成了实际损害。此时，行政行为已经成为合法权益损害的直接原因，两者之间当然存在因果关系，因此，行政行为的直接受害者具有行政复议申请人的资格。例如，被处罚人对行政处罚决定具有行政复议申请人资格，被扣押物品的权利人对扣押行为具有复议申请人资格等等。二是行政

---

① 在行政复议申请人资格法定条件问题上，存在一种错误的认识，将"具体行政行为""合法权益"这些内容都纳入复议申请人的要件之中。笔者认为，根据行政复议法实施条例第二十八条规定，受理行政复议的法定条件包括申请人资格、被申请人资格、复议请求和理由、复议范围、复议管辖、复议期限、复议和诉讼的衔接等多项条件，复议申请人资格仅仅是条件之一。而"具体行政行为""合法权益"均属于行政复议范围事项，他们的概念范围直接影响的是是否属于行政复议范围问题，而非行政复议申请人资格问题。因此，笔者主张，在研究行政复议申请人资格时，仅仅讨论其主客观要件即可。

为对当事人的合法权益形成实际的不利影响。①尽管行政行为尚未直接对当事人的合法权益造成现实的损害,但是,该行政行为对当事人合法权益已经形成了实际的不利地位,按照行政行为的发展轨迹继续履行,当事人合法权益受损是必然的事实。例如,相邻权人对行政机关批准影响其采光权的规划行政许可具有复议申请人资格,环境污染受害人对行政机关不履行查处环境保护违法行为法定职责的行为具有复议申请人资格等等。"造成实际损害"和"形成不利影响",都已经表明行政行为和当事人合法权益之间存在"因果关系"。

如何判断行政行为对当事人的合法权益"造成实际损害",或者"形成不利影响"?如果完全采用客观标准,要求当事人申请行政复议时就必须证明行政行为已经对其合法权益"造成实际损害"或者"形成不利影响",在很多案件中实际上就是要求复议申请人在申请复议时就需证明自己是能够胜诉的,这显然与我们前面所讲主客观相结合的复议申请人资格法定标准不相符。因此,在"造成实际损害"或者"形成不利影响"的判断标准上,复议申请人仅负有初步证明责任。即复议申请人认为被申请复议的行政行为对其合法权益"造成实际损害"或者"形成不利影响",按照一般人正常思维是可以成立的、存在可能性的,确实具有可争辩性,复议申请人就已经完成了初步证明责任。至于行政行为是否确实对其合法权益"造成实际损害",或者"形成不利影响",要通过复议机关受理后进行实体审查作出判断。即便是经过实体审查否定了行政行为对其合法权益"造成实际损害"或者"形成不利影响",这也并不能反过来说复议申请人与所申请复议的行政行为没有法律上利害关系,进而从程序上驳回其复议申请。因为,完成初步证明责任后提起申请复议的人已经是适格的复议申请人。行政行为如果确实没有对申请人的合法权益"造成实际损害"或者"形成不利影响",被复议的行政行为合法有效,复议机关可以决定维持;存在瑕疵的,复议机关可以决定从实体上驳回复议申请人的复议请求。

(二) 关于举报人的行政复议申请人资格

简单对复议申请人一般资格条件进行分析之后,下面对举报人的复议申

---

① 只有合法权益受到实际影响的人才有复议申请人资格。同理,行政诉讼原告资格亦是如此。所以,《若干解释》第一条第二款第(六)项规定,"对公民、法人或者其他组织权利义务不产生实际影响的行为"不属于人民法院行政诉讼收案范围。当然,对该项规定可以从不同的角度进行理解:如果从对任何的公民、法人或者其他组织的权利义务都不产生实际影响的角度理解,该项内容属于行政诉讼收案范围问题;但是,如果从行政行为未对起诉人的权利义务产生实际影响的角度理解,该项内容就应当作为原告资格的条件。

请人资格作具体分析。为了便于理清举报人对行政机关就举报事项作出的处理不服是否具有行政复议申请人资格问题，可以对举报人作一个分类。根据举报人与举报事项之间的关联程度，可以将举报人分为以下两类：

1. 私益举报人。举报人为了维护自身合法权益而举报违法行为人，要求相关行政机关予以查处。此类举报人与举报事项之间存在较为密切的关系，举报人往往就是举报违法事项的受害者，其举报主要目的是为了维护自身合法权益。行政机关对举报人举报事项的处理，决定了行政机关对举报事项的定性或者违法程度判断，从而对举报人合法权益的有效救济将产生直接影响，行政机关的处理与举报人合法权益之间存在"因果关系"。因此，私益举报人对行政机关就举报事项的处理或者不作为，具有行政复议申请人资格。

私益举报人主要存在以下三种情形：一是受害人举报。受害人举报治安管理违法行为人，要求公安机关对治安违法行为人予以治安处罚。受害人对公安机关对治安违法行为人作出的不予处罚决定、治安处罚决定或者逾期不予答复行为不服，申请行政复议，具有复议申请人资格。其原因在于，治安违法行为的受害人，因自身人身、财产权利受到侵害，要求公安机关对治安违法行为人予以处罚，公安机关不予处罚或者该重罚却轻罚，这种处理结果将会直接影响受害人受损权利的恢复程度，甚至对受害人通过民事途径实现权利救济造成不利影响。二是消费者举报。作为消费者，在接受服务或者购买商品的过程中，发现提供服务者或者商品销售者存在违法行为，侵犯其合法权益的，对违法行为进行举报，要求相关行政机关予以查处，工商管理部门、质量监督部门等相关职能部门未履行查处违法行为的法定职责，或者消费者认为查处结果定性不正确、处罚不到位的，消费者申请行政复议具有复议申请人资格。同样，作为消费者，因其人身、财产权利受到服务提供者或者商品销售者所实施的违法行为的侵害，消费者向相关行政机关举报要求查处，相关行政机关不予处理或者处理不到位的，消费者恢复权利的诉求有可能受到相关行政机关对违法行为定性以及情节轻重认定的影响，如果相关行政机关认为提供服务者或者商品销售者行为不构成违法不处罚，则该定性将会直接影响举报人或者民事赔偿的权利。因此，消费者对相关行政机关就举报事项的处理结果具有行政复议资格。三是竞争权人举报。作为竞争权人，在行政许可、土地矿产等自然资源、公共工程项目等行政性竞标过程中，发现竞争对手违法竞标行为予以举报，要求行政机关禁止其违法行为，维护自身的公平竞争权利，举报人认为相关行政管理部门不履行查处法定职责或者对查处结果不服的，申请行政复议具有复议申请人资格。其理由是，相关行政机关对竞争权人的举报不处理或者偏袒违法一方，不认为竞争对手的行为违法违规，或者认为不构成严重的违法违规，甚至拖延逾期不处理，竞争权人试图撤销竞争对手中标行为,实现自身权利的愿望必将受到不利影响。

2. 公益举报人。这类举报人举报目的单纯是为监督行政机关依法履行职责,是公民行使检举、控告宪法权利的表现。举报人没有自身合法权益保护的请求,行政机关就其举报事项的处理或者不作为,同样也不会对其合法权益造成实际损害或者形成不利影响。因此,行政机关就举报事项的处理或者不作为与公益举报人合法权益没有因果关系,公益举报人对行政机关就举报事项的处理或者不作为不具有复议申请人资格。

就本案涉及的举报人而言,利害关系人可以分为以下两种情况:第一,作为中华人民共和国的公民,发现鉴定机构及鉴定人员的违规行为,依法向司法行政机关举报,要求查处。司法行政机关依法调查并作出处理,举报人对处理结果不服,申请行政复议。这时候,举报人行使的是普通公民的检举控告权利,其与鉴定机构及鉴定人员的违规行为、与司法行政机关的处罚之间,没有别于一般普通公民的特别权利义务。如果给予这类举报人复议申请人资格,实际上任何一个公民都是潜在的复议申请人,只要其行使举报权,对举报处理不服均有复议申请人资格,这样行政复议将会无形中变成一种公益救济制度,这与行政复议法规定的权利救济制度性质是不相符的。因此,此类举报人不宜认定为适格的复议申请人。第二,作为鉴定结论的当事人,发现作出鉴定的机构及鉴定人员存在违法,向司法行政机关检举,要求查处其违法行为。检举人对司法行政机关作出的处理决定不服,申请行政复议。这种情况下,检举人不单纯是普通公民身份,同时还是鉴定结论的当事人,对该鉴定机构和鉴定人员的查处结果,可能直接影响到鉴定结论的正误,影响到当事人相关具体权利的实现。行政机关的处理决定与该当事人有区别于普通公民的特殊权利义务关系,赋予此类当事人对举报处理结果的复议申请人资格,不会形成公益复议,同时也有利于对当事人合法权益的救济,有利于促进行政机关依法对鉴定机构、人员和鉴定行为实施有效监督。

综上,笔者认为,不能简单地说检举人是否具有复议申请人资格,要区分不同情况。一般举报人对行政机关就举报事项作出的处理不具有申请人资格;但是,如果检举人同时又是所检举相关事项的当事人,与行政机关作出的处理决定具有区别于一般公民的特殊的权利义务关系,应当具有行政复议申请人资格。

(三)关于《司法鉴定执业活动投诉处理办法》第二十五条的规定理解问题

《司法鉴定执业活动投诉处理办法》第二条规定:"投诉人对司法行政机关审核登记的司法鉴定机构和司法鉴定人执业活动进行投诉,以及司法行政机关开展投诉处理工作,适用本办法。"第三条规定:"本办法所称投诉人,是指认为司法鉴定机构和司法鉴定人在执业活动中有违法违规行为,向司法行政机关投诉的公民、法人和其他组织。本办法所称被投诉人,是指被投诉的司法鉴定机构和司法鉴定人。"第九条规定:"投诉人应当向司法行政机关提交书面投诉材料。投诉材料内容包括:被投诉人的姓名或者名称、投诉请求以及相关的事实和理由,并提供司法鉴定协议书、司法鉴定文书等相关的证明材料。投诉材料应当真实、合法、充分。"第二十五条规定:"被投诉人对司法行政机关的投诉处理决定有异议的,可以依法申请行政复议或者提起行政诉讼。"根据上述规定,《司法鉴定执业活动投诉处理办法》中的投诉人并不限于接受司法鉴定的当事人,包括了所有的公民、法人或者其他组织。普通公民、法人或者其他组织,只要他们掌握司法鉴定机构和司法鉴定人在执业活动中有违法违规行为的相关证据,向司法行政机关投诉,他们就是投诉人。在此条件下,投诉人实际上是一个非常宽泛的概念,也正因为如此,《司法鉴定执业活动投诉处理办法》第二十五条在规定对司法行政机关的投诉处理决定享有申请行政复议和诉讼权利的主体时,仅仅规定被投诉人不服可以复议和诉讼,而未规定投诉人也享有相应的权利。因为,如果所有的投诉人都具有复议和诉讼的权利,复议和诉讼确实有可能变成一种公益救济手段,违反了行政复议法和行政诉讼法的制度设计初衷。

但是,不能因为《司法鉴定执业活动投诉处理办法》第二十五条未规定投诉人的诉讼主体资格,就否定所有投诉人的复议申请人资格。辽宁高院第一种意见中认为,该条规定与行政复议法关于行政复议申请资格界定和行政诉讼法关于原告资格的界定不一致不应适用,其理由是不能成立的。该条规定被投诉人的申请行政复议和行政诉讼主体资格,但并未否定所有投诉人的行政复议和行政诉讼的主体资格。笔者认为,投诉人如果符合行政复议法和行政诉讼法规定的行政复议申请人和行政诉讼原告资格,应当确认其相应主体资格,这与《办法》第二十五条规定并不冲突。

根据对一般举报人复议申请人资格的分析,我们可以将司法鉴定投诉人分为两类:一般投诉人和作为鉴定当事人的投诉人。一般投诉人因不是具体的鉴定活动的当事人,与鉴定结论之间不存在权利义务关系,其与投诉处理结果之间未产生区别于普通公民的特殊权利义务关系,不具有行政复议申请人和行政诉讼原告资格。作为鉴定当事人的投诉人,司法行政机关对举报事项的处理结果可能会直接影响到鉴定结果的合法有效性,从而会对投诉人所追求的、与鉴定结论直接相关的权利的实现产生直接影响,具行政复议和行政诉讼的主体资格。

根据上述理由,最高人民法院于2014年3月14日作出〔2013〕行他字第 14 号《关于举报人对行政机关就举报事项作出的处理或者不作为行为不服是否具有行政复议申请人资格问题的答复》，明确答复辽宁省高级人民法院："根据《中华人民共和国行政复议法》第九条第一款、《行政复议法实施条例》第二十八条第（二）项规定，举报人为维护自身合法权益而举报相关违法行为人，要求行政机关查处，对行政机关就举报事项作出的处理或者不作为行为不服申请行政复议的，具有行政复议申请人资格。"

三、审判实践中应注意的问题

（一）关于举报处理行为的可诉性问题

对于当事人的举报，依法享有法定职权的行政机关可能作出的处理，存在以下几种情况：一是接到举报后经调查发现举报不属实，作出不予处理决定；二是经查举报事项属实，依法作出处理决定；三是举报情况属实，但经查对举报事项已作出过处理，告知举报人已经作出过的处理结果；四是不作任何处理，对举报逾期不答复。对于第一、二种情况，当事人对行政机关作出的处理决定不服，有权申请行政复议和诉讼；第四种情况，行政机关不履行法定职责，亦属行政复议范围。但是，第三种情况属于重复处理行为，告知已经作出过的处理结果，并未对当事人的权利义务产生新的实际影响，通常不可复议和诉讼。当然，如果举报人过去对行政机关的处理不知情，通过举报告知行为，知晓了该具体行政行为，该具体行政行为与举报人具有法律上的利害关系，则举报人对原处理行为具有诉权，且起诉期限上从其知道具体行政行为内容之日起开始计算。应当注意的是，此时举报人仍然不是对举报答复行为具有诉权，而是对过去的行政处理行为具有诉权。

（二）关于举报权的法律性质问题

公民、法人或者其他组织举报权的权利来源，主要是我国宪法第四十一条，该条规定："中华人民共和国公民对于任何国家机关和国家工作人员，有提出批评和建议的权利；对于任何国家机关和国家工作人员的违法失职行为，有向有关国家机关提出申诉、控告或者检举的权利，但是不得捏造或者歪曲事实进行诬告陷害。"举报人申诉、控告或者检举权属于公民的宪法权利，是公民的基本权利之一，属于民主政治权利范畴。因此，一般而言，没有法律、法规的特别规定，通常行政机关对当事人申诉、控告或者检举权的处理不属于行政诉讼的受案范围，不可诉。但是，如果当事人申诉、控告或者检举权事项与其自身的人身权、财产权直接相关联，这时候行政机关对其申诉、控告或者检举权事项的处理，影响的就不单纯是当事人的政治民主权利了，同时也会对当事人的相关人身、财产权利产生直接的影响。这时，产生了侵权客体的重合，即行政机关对当事人申诉、控告或者检举权事项的处理，既影响其政治民主权利，又同时影响其人身、财产权利。而具体行政行为影响当事人人身、财产权利的属于行政诉讼的受案范围。因此，在此情形下，可以依照行政诉讼法的规定将行政机关对当事人申诉、控告或者检举权事项的处理纳入行政诉讼受案范围。

47. 颁发个体工商户营业执照是否适用法律规定的环保评价前置许可
——《最高人民法院关于工商行政管理部门审查颁发个体工商户营业执照是否以环保评价许可为前置条件问题的答复》解读

2006年11月27日　　　　　　　　　　〔2006〕行他字第2号

一、问题的提出

福建省宁德市中级人民法院在审理林秀菊诉福安市工商局颁发个体工商户营业执照上诉案时认定如下事实：2004年3月10日，第三人郭锦作为承租方与出租方钟幼光、钟幼雄签订房屋租赁合同，租用坐落于福安市电机电器城1号楼46号房屋，开办农家人饭庄。3月24日，郭锦领取了福安市卫生局颁发的安卫食〔2004〕第Y007号卫生许可证，许可项目为制售火锅、小炒。4月19日，郭锦向福安市工商局提交个体工商户开业申请登记表、申请开业登记发照的报告、经营者郭锦身份证、再就业优惠证、计划生育证明、经营场所福安市阳头电机电器城1号楼46号房屋的租赁合同、安卫食字〔2004〕第Y007号卫生许可证等有关材料，申请开设福安市农家人饭庄餐饮行业。4月20日，郭锦向福安市工商局申请开业登记。8月11日，福安市工商局对经营场所进行勘察，认为具备开业条件，同意开业。8月12日，福安市工商局作出（安工商）个体登记（2004）第39号《准予个体工商户登记通知书》，准予登记。8月16日，郭锦向福安市工商局缴纳了登记费20元，并领取了3509813501199号个体工商户营业执照。在郭锦经营过程中，与农家人饭庄相邻的47号房主林秀菊以农家人饭庄经营排放的噪声空气污染影响周边群众生活为由多次向有关部门进行反映，请求依法给予取缔，但未果。2005年1月17日，林秀菊以利害关系人身份，以工商行政管理部门在颁发给郭锦的个体工商户餐饮业营业执照前未履行环保审批的前置程序审查职责属于程序违法为由,向福安市人民法院提起行政诉讼,请求撤销福安市工商局发给郭锦的 3509813501199 号个体工商户营业执照。福安市人民法院于 2005 年 6 月 15 日,以原告起诉理由成立为由,作出撤销 3509813501199 号个体工商户营业执照的行政判决。福安市工商局和郭锦不服一审判决,向宁德市中级人民法院提起上诉。

福建省宁德市中级人民法院,对颁发个体工商户营业执照是否适用法律规定环保评价前置许可的问题,工商行政管理部门与环境保护管理部门对有关法律的规定意见不一致,特向福建省高级人民法院请示。福建省高级人民法院对此问题亦存在分歧意见,向福建省各级人民法院报送了《关于工商行政管理部门审查颁发个体工商户营业执照是否适用法律规定环保评价前置许可的请示》。

福建省高级人民法院审判委员会在讨论该案时,形成两种不同意见。

多数委员意见(即倾向性意见):在本案中,林秀菊作为利害关系人具备行政诉讼原告主体资格。工商行政管理部门在审查颁发个体工商户餐饮业者营业执照的过程中,应当根据《个体商户登记程序规定》第五条第(四)项中"国家法律、法规规定提交的其他文件"的规定,把环境噪声评价批准文件作为其行政许可的前置程序。其理由:我国环境影响评价法第十六条第三款规定,建设项目的环境影响评价分类管理名录,由国务院环境保护行政主管部门制定并公布。《建设项目环境保护管理条例》第七条第二款规定,建设项目的环境保护分类管理名录,由国务院环境保护行政主管部门制定并公布。国家环保总局根据法律和行政法规的原则性规定(授权),制定项目环境保护分类管理名录(以下简称《名录》)。《关于执行建设项目环境影响评价制度有关问题的通知》应当视为法律、行政法规的规定,不是创设行政许可。否则,环境影响评价法、《建设项目环境保护管理条例》的原则性规定就得不到具体落实。再则,国务院 2004 年 6 月 19 日公布的第 412 号令对行政审批项目进行了全面清理,没有将《名录》作为法律、行政法规以外的规范性文件设定的许可进行清理。国家环保总局可以在《名录》中对"建设项目"作出界定,并具体明确将住宅区改为"餐饮"场所的过程为"建设项目"。对于在敏感区申请从事个体工商户餐饮业,应当依法取得环保主管部门环保影响评价许可后,才可向工商行政管理部门申办营业执照。

少数意见认为,在福建省内工商行政管理部门审查颁发个体工商户餐饮业营业执照有的地区把环境影响评价作为前置条件,有的地区则没有,说明实际执行中也不统一。

二、分析

该案件主要涉及环境保护法律规范环境影响评价法与工商行政管理法律规范的衔接问题,因此需要对"建设项目"的含义及有公民、法人或者其他组织受到环境污染的救济途径进行分析。

(一) 公民个人租赁住宅楼开办个体餐馆的,是否属于环境保护法律规范中规定的"建设项目"

环境影响评价法第十六条第一款规定:"国家根据建设项目对环境的影响程度,对建设项目的环境影响评价实行分类管理。"第三款规定:"建设项目的环境影响评价分类管理名录,由国务院环境保护行政主管部门制定并公布。"国家环保总局1999年4月21日发布的《关于执行建设项目环境影响评价制度有关问题的通知》中规定:《建设项目环境保护管理条例》(以下简称《条例》)所称的"建设项目"是指,按固定资产投资方式进行的一切项目建设活动,包括国有经济、城乡集体经济、联营、股份制、外资、港澳台投资、个体经济和其他各种不同经济类型的开发活动。按照计划管理体制,建设项目可分为基本建设、技术改造、房地产开发(包括开发区建设、新区建设、老区改造)和其他共四个部分的工程和设施建设。对环境可能造成影响的餐饮服务性行业,也属《条例》管理范围。公民个人租赁住宅楼开办个体餐馆未改变房屋主体结构,一般装修的,不属于环境影响评价法第十六条第三款关于"建设项目的环境影响评价分类名录"规定中"建设项目"。国家工商行政管理局2004年7月28日发布,2004年8月1日施行的《个体工商户登记程序规定》第五条规定:"申请个体工商户设立登记,应当提交下列文件:(一) 申请人签署的个体工商户设立登记申请书;(二) 申请人身份证明;(三) 经营场所证明;(四) 国家法律、法规规定提交的其他文件。"据此,公民个人租赁住宅楼开办个体餐馆申请营业执照时,无须进行环保评估。

(二) 关于受到环境污染的救济途径问题

环境噪声污染防治法第六十一条规定:"受到环境噪声污染危害的单位和个人,有权要求加害人排除危害;造成损失的,依法赔偿损失。""赔偿责任和赔偿金额的纠纷,可以根据当事人的请求,由环境保护行政主管部门或者其他环境噪声污染防治工作的监督管理部门、机构调解处理;调解不成的,当事人可以向人民法院起诉。当事人也可以直接向人民法院起诉。"大气污染防治法第六十二条规定:"造成大气污染危害的单位,有责任排除危害,并对直接遭受损失的单位或者个人赔偿损失。""赔偿责任和赔偿金额的纠纷,可以根据当事人的请求,由环境保护行政主管部门调解处理;调解不成的,当事人可以向人民法院起诉。当事人也可以直接向人民法院起诉。"根据这两条的规定,公民之间因个体餐馆排放的噪声空气污染产生争议的,可以依照这两条的规定处理,经营管理者应当采取有效措施,使其边界噪声空气达到国家规定的环境噪声空气排放标准;对他人造成危害的,应当承担相应的损害赔偿责任。

最高人民法院在征求全国人大常委会法制工作委员会和国务院法制办的意见后,于2006年11月27日作出〔2006〕行他字第2号《关于工商行政管理部门审查颁发个体工商户营业执照是否以环保评价许可为前置条件问题的答复》。该答复中明确指出:"公民个人租赁住宅楼开办个体餐馆的,不属于环境影响评价法第十六条第三款关于'建设项目的环境影响评价分类名录'规定中'建设项目'。公民之间因个体餐馆排放的噪声空气污染产生争议的,可以依照环境噪声污染防治法和大气污染防治法的有关规定处理,经营管理者应采取有效措施,使其边界噪声达到国家规定的环境噪声排放标准;对他人造成危害的,应承担相应的赔偿责任。"

三、应注意的问题

人民法院在审理这类行政案件时,应当注意以下两个问题:

(一) 注意〔2006〕行他字第2号答复的适用范围

〔2006〕行他字第2号答复仅明确,公民个人租赁住宅楼开办个体餐馆的,不属于环境影响评价法第十六条第三款关于"建设项目的环境影响评价分类名录"规定中的"建设项目"。公民对其使用的房屋改变房屋主体结构的改建,则属于"建设项目",应当取得环保评价的许可证后,方能进行改建。

(二) 法院应尽告知义务

法院在审理这类案件时,认定被告核发的营业执照行为合法,不能仅仅判决维持被诉行政行为,为了保护公民、法人和其他组织的合法权益,还应在判决理由部分告知原告可以通过民事诉讼的途径维护其合法权益。

48. 没收财产中"较大数额"的认定及其权限设定
——《最高人民法院关于没收财产是否应当进行听证及没收经营药品行为等有关法律问题的答复》解读

2004年9月4日　　　　　　　　　　〔2004〕行他字第1号

一、问题的提出

新疆维吾尔自治区高级人民法院在审查哈尔滨鸿鹏药品经销有限公司不服新疆维吾尔自治区药品监督管理局行政处罚决定申诉一案时，就两个法律适用问题请示最高人民法院。该案的基本案情是：

原审原告哈尔滨鸿鹏药品经销有限公司不服新疆维吾尔自治区药品监督管理局行政处罚一案，原经乌鲁木齐市天山区人民法院于2001年11月29日作出〔2001〕天行初字第44号行政判决书，宣判后，原告不服，提出上诉。乌鲁木齐中级人民法院于2002年8月16日作出〔2002〕乌中行终字第11号行政判决书，已经发生法律效力。原审原告仍不服，提出申诉。乌鲁木齐市中级人民法院于2002年9月18日作出〔2002〕乌中行立字第9号驳回申请再审通知书。原告仍不服，向新疆高院提出申诉。

1999年3月13日，黑龙江省卫生厅给鸿鹏药品公司核发了药品经营企业许可证。2000年11月20日，新疆维吾尔自治区药监局根据鸿鹏药品公司的申请，批准其设立驻新疆办事处并明确批文"不得设立库房，不得从事药品现货交易"。2000年12月13日，区药监局根据举报，对鸿鹏药品公司在乌鲁木齐市西山路5号设立的经营部进行检查。当场查获1000多批药品，并对该批药品实施（异地）先行登记保存措施。2001年1月15日，药监局对该批药品制作了物品清单。2001年2月12日，鸿鹏药品公司驻新疆办事处负责人吴成宝在清单上签字，签字时物品清单上未列药品金额。吴成宝签字后，药监局根据其签字认可的药品种类、数量，核定清单所列的药品价值1564821.65元。2001年4月28日，药监局以鸿鹏药品公司设立库房存放大量药品，销往昌吉、塔城及五家渠益康药店，违反了《药品流通监督管理办法（暂行）》第二十一条之规定，依据药品管理法第五十二条、《药品流通监督管理办法（暂行）》第四十四条之规定，作出行政处罚决定书：责令鸿鹏药品公司立即停止违法经营药品的行为，没收全部违法经营的药品。鸿鹏药品公司不服，向新疆维吾尔自治区人民政府申请复议，自治区人民政府于2001年7月6日作出新政复决字〔2001〕第3号行政复议决定书，撤销了药监局的处罚决定，并责令其重新作出具体行政行为。

2001年7月9日药监局查实，2000年10月中旬至2000年12月13日期间，鸿鹏药品公司驻新疆办事处经营部连续向五家渠益康药店销售药品。2000年11月12日，鸿鹏药品公司向新疆办事处经营部调入药品共计995批，价值2038766.89元。据此药监局以鸿鹏药品公司的上述行为违反了药品管理法第十条、《新疆维吾尔自治区关于药品管理法实施办法》第八条、《药品流通监督管理办法（暂行）》第九条、第二十一条第（一）项之规定，已构成擅自改变药品经营企业许可证注册登记地点，从事异地经营药品的行为。根据《药品流通监督管理办法（暂行）》第四十四条、药品管理法第五十二条、《新疆维吾尔自治区药品管理实施办法》第三十四条之规定，药监局于2001年7月28日作出行政处罚决定：责令鸿鹏药品公司立即停止违法经营药品的行为，没收查获的全部药品。

一审法院认为：鸿鹏药品公司是在黑龙江省领取的药品经营企业许可证，药监局批准其设立驻疆办事处时，已明确批示"不得设立库房，不得从事药品现货交易"，但鸿鹏药品公司仍从黑龙江省调来大批药品进行销售，属从事异地经营药品的行为，被告对鸿鹏药品公司作出的行政处罚决定事实清楚、程序合法，适用法律正确。药监局在作出处罚决定前又重新进行了调查取证，与其所作出的（新）药行罚字〔2001〕第006号行政处罚决定并非基于同一事实和理由。故一审法院判决维持药监局作出的（新）药行罚字〔2001〕第031号行政处罚决定。

二审查明的事实与一审查明的事实相同。二审法院认为原审法院认定事实清楚，适用法律正确，程序合法，判决驳回上诉，维持原判。鸿鹏药品公司不服，向新疆高院提出申诉。

申诉人的主要理由：第一，药监局没收了价值200多万元的药品，却没有给申诉人听证的权利，其作出的行政处罚决定程序违法。第二，药监局适用的法律是国家药监局关于药品生产企业设立办事处的规定，而不是对药品经营企业设立办事处的规定，药监局规定办事处不能设库房、不能销售现货于法无据。本案的分歧意见主要是：

（一）关于没收药品是否应该听证的问题

行政处罚法第四十二条规定，行政机关作出责令停产、吊销许可证或者执照、较大数额罚款等行政处罚决定之前，应当告知当事人有要求举行听证的权利；当事人要求听证的，行政机关应当组织听证。对于本条的理解，主要有两种意见：

一种意见认为，行政法律、法规中的"等"是限制性的规定，只能指责令停产、吊销许可证或者执照、较大数额罚款，而不能对此作出超出法律规定范围的理解。

另一种意见认为，这里的"等"还应该包括其他行政处罚，是对法律的扩大解释。药监局按照法律规定在处罚前告知了当事人有陈述、申辩的权利，而鸿鹏药品公司放弃了该权利。当时也未就是否享有听证权提出异议。药监局已经履行了法律规定的程序，不存在违法问题。

（二）关于能否适用对药品生产企业办事处的规定问题

《药品流通监督管理办法（暂行）》第五十一条中对异地经营的解释是：异地经营是指擅自改变药品经营企业许可证原注册登记地点从事药品经营活动。药监局正是根据此解释，依据该办法第二十一条第（一）项之规定，即有药品经营企业许可证从事异地经营的，按无证经营处理。所以，在药监局行政处罚决定书中所依据的法律、法规均是对无药品经营企业许可证而进行药品销售的处罚。而本案中鸿鹏药品公司是领取了经营药品企业许可证的，它在新疆设立办事处，而该办事处也是经过审批的。药监局在审批时规定"不得设立库房，不得从事药品现货交易"。其所依据的是1999年4月12日国家药品监督管理局《药品流通监督管理办法（暂行）》第六条的规定，即药品生产企业设立的办事机构不得进行药品现货销售活动以及国家药品监督管理局于2000年9月13日和29日第74号和第23号函中对"药品现货销售活动"的解释。在第74号函中对"药品现货销售活动"的解释为：药品现货销售活动是指办事机构进行实物形态的药品销售活动。第23号函中第二条规定，在药品监督执法工作中，发现药品生产企业办事机构自己擅自设立或租用仓库储存药品的，可按照违规进行药品现货销售的规定予以处罚。

本案的申诉人是药品的经营企业，它能否设立办事机构以及办事机构的业务范围，法律、法规均无明确规定。本案中经过批准设立的办事处是否要单独领取药品经营企业许可证后才能进行药品销售，药监局在对鸿鹏药品公司设立办事处审批时所作的限制是否合法，本案能否参照对药品生产企业设立办事机构的规定,存在不同意见。

第一种意见认为,首先,行政机关作出的具体行政行为必须要有法律的明文规定。本案中药监局在对办事处进行审批时作了限制,而这种限制于法无据。因此该批文的合法性值得商讨。其次,申诉人是药品经营公司,其设立的办事处在法律、法规无明确规定的情况下,不能参照对药品生产企业的规定来执行的,因此药监局存在适用法律不当问题。

第二种意见认为,药品是一种特殊商品,它需要有严格的管理,虽然法律法规上只对药品生产企业设立的办事机构作了明确规定,没有对药品经营企业设立的办事机构作规定。但是,药监局是国家授权对药品进行监督管理的机关,它有审批权,办事处应该在审批的范围内从事业务,否则就应该受到处罚。药监局参照有关法规中对药品生产企业设立办事机构的规定来处理药品经营企业设立办事机构的事项,没有越权,法院应予以认可。

二、分析

本请示案件涉及以下两个法律问题:

(一) 关于没收药品是否应该听证的问题

行政处罚法第四十二条规定,行政机关作出责令停产、吊销许可证或者执照、较大数额罚款等行政处罚决定之前,应当告知当事人有要求举行听证的权利;当事人要求听证的,行政机关应当组织听证。本案涉及的法律问题主要是,本条规定的"等"是否包括较大数额的没收,即此处的"等"是等内等还是等外等的问题。笔者认为,此处的"等"是等外等,即包括较大数额的没收。理由是:

第一,听证范围主要是涉及当事人重大财产权益的行政处罚。法律并未规定所有的行政处罚都适用听证程序。设定听证程序,其主要目的是在当事人重大财产权益面临处罚时,保证行政处罚的合法、客观、公正和全面。进行听证的行政处罚都是处罚比较重的案件,并且当事人对事实的认定与行政机关的调查结果有重大分歧,当事人要求听证的,才举行听证。听证不是行政处罚的必经程序,只有符合法律规定的适用范围的行政处罚案件,才举行听证。可见,行政处罚法之所以规定听证程序,并非要限制听证程序的适用,而是要保证听证程序不被随意滥用。听证的前提是当事人对行政机关关于违法事实的认定不同意,双方有重大分歧。① 因此,有关听证适用范围的规定,不能作限缩解释。

第二,听证排除限制人身自由的处罚。由于听证是行政机关作出行政处罚决定之前举行,而限制人身自由的行政处罚,在具体工作中难以操作。对于给予行政拘留处罚的一般是违反治安管理的行为,可以按照原《治安管理处罚条例》的规定办理。原《治安管理处罚条例》规定,被裁决拘留的人或者他的家属能够找到担保人或者按规定交纳保证金的,在申诉和诉讼期间,原裁决暂缓执行。暂缓执行制度已经解决了听证所要解决的问题。② 因此,可以推论出,除了限制人身自由的行政处罚之外,所有涉及当事人重大财产权益的行政处罚都应当听证。

第三,各个国家和地区的听证排除条款亦不包括重大财产权益的没收行政处罚。各个国家和地区一般排除适用听证程序的情形主要包括:紧急行政行为;执行军事、外交和机关内部管理、财产管理的行为;行政执行中的处分行为;与公益性的强制性规定相抵触的行为;行政机关没有裁量权的行为;行政处罚极为轻微;听证可能影响执行的实际效果等。这些例外规定均无没收财产,亦即没收财产可以适用听证程序。

第四,行政机关可以主动决定听证。听证程序除了当事人申请之外,行政机关认为有必要的,可以在征得当事人同意的情况下组织听证。主要情形有:行政处罚案件重大、疑难、复杂,需要慎重作出决定的;符合行政处罚法规定的听证案件范围,且与当事人对事实的认定确有重大分歧,但当事人因客观原因或者有正当理由,在行政机关告知后的 3 日内未能提出听证要求的,行政机关可以决定是否组织听证;行政机关辖区内有普遍性或者重大影响的案件,听证有利于教育当事人自觉守法等。可见,行政机关主动决定听证,不受上述听证范围的限制,也可以反证听证范围的规定并非强制性的排他性的规定。

第五,没收财产甚至不亚于责令停产停业、吊销许可证照和较大数额罚款的财产损失。虽然责令停产停业、吊销许可证照和较大数额罚款都属于对当事人财产权益有较大影响的行政处罚,但是,没收的"财产"在特定情况下,财产损失并不比上述行政处罚为小。例如,没收房屋的行为。

据此,行政处罚法规定的"等"属于等外等,包括了较大数额的没收财

---

① 全国人大常委会法制工作委员会国家法、行政法室编著:《〈中华人民共和国行政处罚法〉释义》,法律出版社 1996 年版,第 120~121 页。
② 全国人大常委会法制工作委员会国家法、行政法室编著:《〈中华人民共和国行政处罚法〉释义》,法律出版社 1996 年版,第 121~122 页。

产。对于"较大数额"如何确定,行政处罚法没有明确,有待于有关部门作出相应的、具体的解释。① 对于有关"较大数额"的标准问题,实行中央垂直领导的行政管理部门作出的没收处罚决定,应参照国务院部委的有关较大数额罚款标准的规定认定。例如,《中国人民银行关于对较大数额罚款及确定行政处罚种类等问题的批复》(2000 年 5 月 17 日,银条法〔2000〕第 33 号)称:"一、关于什么是'较大数额'的罚款,在《中华人民共和国行政处罚法》中没有具体的规定。实践中,不同的行政机关对不同的违法行为所给予的罚款处罚的数额也各不相同,而且差别很大。因此,在确定'较大数额'标准时,就不能一概而论。而应当区分不同情况,分别对待。具体到人民银行,在对金融违法行为给予'较大数额罚款'处罚时,其'较大数额'的确定,就应当依照中国人民银行发布的《关于确定中国人民银行举行听证的较大数额罚款幅度的通知》(银发〔1998〕193 号)所确定的标准。二、中国人民银行是实行垂直领导和管理的国家金融管理机关,根据《中华人民共和国中国人民银行法》第四条和第七条的规定,'发布有关金融监督管理和业务的命令和规章'是中国人民银行依法履行的职责;'中国人民银行在国务院领导下依法独立执行货币政策,履行职责,开展业务,不受地方政府、各级政府部门、社会团体和个人的干涉。'因此,对上述《关于确定中国人民银行举行听证的较大数额罚款幅度的通知》,中国人民银行各分支机构都必须严格遵照执行。……"对于其他行政管理部门作出没收处罚决定,应参照省、自治区、直辖市人民政府的相关规定认定。例如,《贵州省人民政府关于行政处罚较大数额罚款标准的规定》(2005 年 11 月 27 日,贵州省人民政府令第 87 号)就该省行政处罚听证范围中"较大数额罚款"标准规定如下:法律、法规、规章对某类违法行为罚款没有最高限额规定的,对非经营活动中公民的违法行为处 1000 元(含 1000 元)以上罚款,法人或者其他组织的违法行为处 5000 元(含 5000 元)以上罚款为"较大数额罚款";对经营活动中公民的违法行为处 3000 元(含 3000 元)以上罚款,法人或者其他组织的违法行为处 1 万元(含 1 万元)以上罚款为"较大数额罚款"。法律、法规、规章对某类违法行为罚款有最高限额规定(含具体罚款金额和违法所得百分比、倍数规定)的,罚款数额超过最高限额百分之五十(含百分之五十)的为"较大数额罚款"。但对非经营活动中的违法行为罚款数额不足 1000 元(不含 1000 元)、经营活动中的违法行为罚款数额不足 3000 元(不含 3000 元)的,不视为"较大数额罚款"。法律、法规、规章、国务院有关

---

① 李岳德主编:《〈中华人民共和国行政处罚法〉释义》,中国法制出版社 1996 年版,第 139 页。

行政主管部门对行政处罚听证范围中"较大数额罚款"标准另有规定的,从其规定。

(二) 没收财产处罚的依据

本案中涉及的没收财产处罚是依据国家药品监督管理局的答复作出的,这里的"答复"仅仅属于规章以下的规范性文件。根据行政处罚法的规定,法律可以设定任何行政处罚。行政法规可以设定除限制人身自由以外的行政处罚。地方性法规可以设定除限制人身自由、吊销企业营业执照以外的行政处罚。而国务院部委制定的规章可以在法律、行政法规规定的给予行政处罚的行为、种类和幅度的范围内作出具体规定。省、自治区、直辖市人民政府和省、自治区人民政府所在地的市人民政府以及经国务院批准的较大的市人民政府制定的规章可以在法律、法规规定的给予行政处罚的行为、种类和幅度的范围内作出具体规定。除了上述规定之外,其他任何规范性文件不得设定行政处罚。因此,国家药品监督管理局的答复无权设定没收违法所得或者没收非法财物的行政处罚。药监局根据国家药品监督管理局答复作出没收处罚,属于适用法律法规错误。

据此,2004年9月4日,最高人民法院作出《关于没收财产是否应当进行听证及没收经营药品行为等有关法律问题的答复》(〔2004〕行他字第1号):"新疆维吾尔自治区高级人民法院:你院〔2003〕新行监字第27号请示报告收悉。经研究,答复如下:一、人民法院经审理认定,行政机关作出的没收较大数额财产的行政处罚决定前,未告知当事人有权要求举行听证或者未按规定举行听证的,应当根据《中华人民共和国行政处罚法》的有关规定,确认该行政处罚决定违反法定程序。有关'较大数额'的标准问题,实行中央垂直领导的行政管理部门作出的没收处罚决定,应参照国务院部委的有关较大数额罚款标准的规定认定;其他行政管理部门作出没收处罚决定,应参照省、自治区、直辖市人民政府的相关规定认定。二、根据《中华人民共和国行政处罚法》、《中华人民共和国药品管理法》的有关规定,没收处罚只能由法律、行政法规或者地方性法规、自治条例作出规定。"

49. 行政复议机关有权自行改变其作出的已经生效的复议决定
——《最高人民法院关于复议机关是否有权改变复议决定请示的答复》解读

2004年4月5日　　　　　　　　　　　〔2004〕行他字第5号

一、问题的提出

2002年9月27日，原告吴睿韡（音wěi）与贵阳市南华房地产开发有限公司签订商品房购买合同，并向第三人贵阳市房管局申办产权。贵阳市房管局于2002年10月为原告颁发筑房权证云岩宅第2000038954号产权证。第三人南华业主委员会知此情况后，以该产权房由贵阳市南华房地产开发有限公司承诺应由其使用、管理，并以成本价购买为由，请求市房管局责令贵阳南华房地产开发公司勿将物业用房擅自出售，市房管局向贵阳南华房地产开发有限公司下达了限期改正通知，但该公司未改正。2003年4月30日，市房管局作出筑房产撤〔2003〕2号《关于注销房屋权属证书的决定》，注销了原告取得的房屋所有权证。原告不服向被告市政府申请行政复议。同年7月29日，被告市政府以"吴睿韡与南华房地产开发公司签订的商品房购销合同是否合法有效，应由人民法院确认，市房管局举不出充分证据，证实吴睿韡应承担过错责任，其作出的筑房产撤〔2003〕2号《关于注销房屋权属证书的决定》显然不当"为由，作出筑房复决字〔2003〕15号复议决定，撤销了市房管局的决定。于同年7月分别送达了所有的当事人。在诉讼期限届满前，被告市政府以第三人提交了新证据为由，于2003年8月5日作出《关于撤销筑府复决字〔2003〕15号行政复议决定书的决定》，拟重新作出复议决定。

原告收到该决定后，以贵阳市人民政府作出复议决定后又自行撤销其作出的复议决定没有法律依据,于 2003 年 8 月 7 日向贵阳市中级人民法院提起行政诉讼。贵阳市中级人民法院审理认为,被告市政府是法律授权的履行行政复议职责的专门机关,第三人南华业主委员会在收到被告市政府作出的筑府复决字〔2003〕15 号行政复议决定书后,在法定起诉期间内向被告市政府提交新证据,经被告市政府审查,认为该证据可能影响本案的行政复议结果,并结合行政复议法第四条规定的精神,作出撤销复议决定,系其行使行政职权的体现,属其自行纠错的行为,该撤销决定并无不当,作出维持被告作出的撤销复议决定的决定的判决。原告不服,向贵州省高级人民法院提出上诉。

另查明:原审被告贵阳市人民政府在收到起诉状副本 10 日内未向一审法院提供作出《关于撤销筑府复决字〔2003〕15 号行政复议决定书的决定》的证据和依据。亦未向人民法院提出延期提供证据的申请,并说明理由。

上诉人吴睿韡上诉称:原审判决严重违反程序,被上诉人作出撤销复议决定,没有向人民法院提交作出撤销复议决定的有关材料的证据,庭审过程中,未组织对有关证据进行质证,原判却给予维持,违反了法律、司法解释的规定;行政复议法第四条规定是行政复议机关履行行政复议职责时应遵循的原则,是对被申请人的具体行政行为遵循有错必纠的原则,不是针对复议机关的复议行为而言,原审法院引用该条,属适用法律错误;被上诉人在复议决定生效后又撤销自己的复议决定,没有法律依据。请求二审人民法院撤销一审判决。

被上诉人贵阳市人民政府答辩称:行政复议行为是一种特殊的行政行为,其作出撤销已作出的行政复议决定,并不违反行政复议法的规定,而且对当事人的权利义务不会产生实际影响。行政复议法虽规定行政复议决定书一经送达时即发生法律效力,但也未规定在有新证据可能影响行政复议结果的情况下,不能撤销已作出的行政复议决定,答辩人认为第三人提交的新证据与被审查的具体行政行为认定的事实有直接利害关系,可能影响行政复议结果,为了体现行政复议法第四条规定精神,应遵循公正、公开、及时、便民的原则和坚持有错必纠,主动撤销上述行政复议决定,并准备重新作出行政复议决定,该撤销复议决定对本案各方当事人的权利义务未产生实际影响,应属未完结的状态,根据《若干解释》第一条第二款第(六)项的规定,其作出的决定不属于人民法院行政诉讼的受案范围。请求驳回上诉人的上诉请求。

贵州省高级人民法院审判委员会经讨论,对该案贵阳市人民政府作出复议决定后是否有权将行政复议决定自行撤销,即复议机关能否撤销其已经生效的行政复议决定,有两种不同意见:

多数意见认为,复议机关不能撤销自己作出复议决定。理由是:第一,根据行政复议法第三十一条第三款的规定,行政复议决定书一经送达,即发生法律效力。行政复议决定一经送达给当事人，即发生法律效力。对复议决定不服，只能选择司法救济途径。对此，相关法律法规已明确作出了规定，在程序设置上不允许自行撤销。第二，根据法治原则精神和行政复议法关于行政复议机关应遵循的合法性原则，行政机关履行职责以法律明确授权为准，法律有明确规定，就应以法律规定为准，法律没有明确规定，就无权行使。行政复议是一种特殊的行政行为，必须遵循法律的明确规定，法律没有设定复议机关在复议行为生效后可自行撤销，故行政复议机关在其复议决定生效后，无权作出自行撤销的决定。第三，从法律规范的社会效益考虑，当事人对其涉诉行为，包括涉及行政复议处理行为的后果应有可预见性，如果允许行政复议机关不受限制地撤销已生效的复议决定，当事人则难以合理预见其行为后果，有悖于设置处置程序的相应目的，也不利于及时了断争议。故认为该案应撤销一审判决和市政府作出的撤销复议决定的决定。

另一种意见认为，复议机关可以撤销自己作出的复议决定。贵阳市人民政府作出撤销复议决定的决定，是一种具体行政行为。根据行政诉讼法第五十一条"被告改变其所作的具体行政行为，原告同意并申请撤诉的，是否准许，由人民法院裁定"的规定以及《若干解释》第五十条"被告一审期间改变被诉具体行政行为的，应当书面告知人民法院。原告或者第三人对改变后的行为不服提起诉讼的，人民法院就改变后的具体行政行为进行审理。被告改变原具体行政行为，原告不撤诉，人民法院经审查认为原具体行政行为违法的，应当作出确认其违法的判决"的规定，司法解释允许行政机关在一审诉讼阶段改变其作出的具体行政行为，即行政机关有权纠正被诉行政行为。不管是初始的行政程序，还是复议程序的行政行为。行政复议机关发现其作出的复议决定有错误，按照有错必纠的精神进行纠正，应当允许。至于纠正行为是否合法，可通过行政审判审理。司法权不宜干预行政管理职权的设置，因此贵阳中院认为复议机关撤销复议决定是实施行政职权的理由成立。

二、分析

对于这个问题，可以从三个层次来分析：一是行政机关是否可以改变自己作出的行政行为；二是行政复议行为是否属于行政行为；三是行政机关改变自己行为是否受到法律的约束。

（一）行政机关可以改变自己作出的行政行为

行政机关为了管理社会公共事务的需要，必须拥有一定的行政职权。行政机关依照法定的行政职权，针对特定事项作出的处分行为，即为行政行为。

行政行为分为抽象行政行为和具体行政行为。由于行政诉讼法排除了对抽象行政行为的审查，行政复议法规定的是对抽象行政行为的附带性审查，因此，一般来说，在行政诉讼和行政复议中，主要研究具体行政行为。如无特别说明，这里的"行政行为"是指具体行政行为。行政行为是针对特定的行政事项作出的处分行为。行政机关在作出行政行为时，必须遵循"先取证，后行为"的规则。即行政行为是基于特定的证据，并且依照规范性文件作出的，这也称之为行政行为的涵摄过程。行政机关在对特定的证据进行审查核实，确认案件基本事实之后，根据规范性文件的规定作出影响公民、法人或者其他组织的处分行为。行政行为在作出之后，具有一定的效力。一般认为，行政行为的效力包括公定力、确定力、拘束力和执行力等。有关行政行为效力的最经典表述是，行政行为一经作出，即发生法律效力。行政行为效力理论众说纷纭，本书不拟展开阐述。值得研究的是，行政行为作出之后，行政机关能否撤销、变更、废止和终止。

行政行为的效力理论主要阐述行政行为作出后的法律效力，这些法律效力意在稳定行政法律关系，限制任意的行政行为。如果行政行为朝令夕改、同等情况不同对待，则构成滥用职权。但是，在特定的情况下，行政行为必须改变其效力状况。行政行为作出依据两个要素：基本事实、作为执法依据的规范性文件。如果基本事实发生变化（通常是有新的证据出现、行政机关意识到认定事实错误等），则行政行为作出时的基础发生变化，行政行为应当改变；如果作为执法依据的规范性文件发生变化或者行政机关意识到适用法律规范错误，则行政行为作出时的依据发生变化，行政行为应当改变。

根据我国法律和司法解释的规定，行政机关可以改变作出的行政行为。行政诉讼法第五十一条规定："被告改变其所作的具体行政行为，原告同意并申请撤诉的，是否准许，由人民法院裁定。"被告在诉讼中发现自己作出的具体行政行为存在违法或者不当情形的，可以自行启动改变行政行为的程序，无须经过人民法院准许和相对人的同意。这是行政主动性的表现。但是，根据司法解释的规定，被告在诉讼中改变行政行为的，有告知人民法院的义务。《若干解释》第五十条第一款规定："被告一审期间改变被诉具体行政行为的，应当书面告知人民法院。"此外，该条还规定："原告或者第三人对改变后的行为不服提起诉讼的，人民法院就改变后的具体行政行为进行审理。被告改变原具体行政行为，原告不撤诉，人民法院经审查认为原具体行政行为违法的，应当作出确认其违法的判决。"这一规定对于被告改变行政行为并无否定性的评价，行政机关在改变行政行为之后，如果原告或者第三人对改变后的行政行为不服的，人民法院可以就改变后的行政行为进行审理。行政机关可以启动行政行为的改变程序，但是行政行为改变并不等于其符合法律规定，在相对人起诉的情况下，应当受到人民法院的司法监督。

改变行政行为的情形主要有：（1）撤销。即对已经生效的行政行为依照法定程序撤销后使其失去效力。撤销的原因主要是行政行为本身存在违法或者不当，撤销行政行为后不仅使行政行为向后失去效力，并且在大多数情况下，自始至终不具有效力。（2）废止。即由于客观形势的变化，已经生效的行政行为已经不能适应现实状况而被废弃，并向后失去效力。废止的原因主要是法律法规的修订、保护国家和社会公共利益的需要等。（3）变更。即对已经生效的行政行为的部分内容加以改变。变更的行政行为基本上或者部分是合法的，但是部分违法或者不当，需要加以修改。（4）终止。即已经生效的行政行为自然失去效力。终止的原因主要包括：对象消失、相对人或者利害关系人不复存在、附期限的行政行为期限届满、附条件的行政行为条件实现、行政任务完成等。

综上，行政机关可以根据法律等规范性文件的要求，针对特定事项对已经生效的行政行为加以改变。

（二）行政复议行为是否属于行政行为

那么，行政复议行为是否为行政行为呢？这一点，学术界和实务界均有明确共识，此处不作详细论述。这里需要说明的是，行政复议行为不仅是行政行为，而且是法律和司法解释所明确的可诉的行政行为。根据行政诉讼法第二十五条第二款的规定："经复议的案件，复议机关决定维持原具体行政行为的，作出原具体行政行为的行政机关是被告；复议机关改变原具体行政行为的，复议机关是被告。"对于复议机关改变原具体行政行为的，实际上是复议机关代替原行政机关作出一个确定新的权利义务关系的行政行为，该行政行为具有可诉性。复议机关的行为还包括其不作为的行为。《若干解释》第三十三条第二款规定，复议机关不受理复议申请或者在法定期限内不作出复议决定，公民、法人或者其他组织不服，依法向人民法院提起诉讼的，人民法院应当依法受理。对于复议机关的不作为，亦属于可诉的行政行为，得受人民法院司法监督。

可见，行政复议行为属于行政行为无疑。行政复议机关可以作出一定的行政复议行为，在该行政复议行为生效之后，复议机关可以根据新的事实或者适用新的规范性文件作出新的行政行为。因此，行政复议机关认为自己作出的已经发生法律效力的复议决定有错误，有权自行改变。

（三）行政机关改变行政行为是否受到法律约束

主张复议机关不能改变其行政复议行为的学者提出的一个重大理由是，

如果允许行政复议机关不受限制地撤销已经生效的复议决定，当事人难以预见其行为后果。我们认为，行政机关可以根据案件的具体情况作出行政行为，这些具体情况包括了行政行为在生效后发生新的的事实的情况。行政机关有权根据这些事实修正先前的行政行为，这一行政行为是一个新的行政行为。如果相对人对这一行政行为不服，可以在法定期限内向人民法院提起行政诉讼。所以说，相对人对于改变后的行政行为是有司法救济渠道的。如果行政机关改变或者撤销原行政行为给相对人造成损害的，行政机关应当承担相应的法律责任。

在诉讼中，行政机关改变行政行为的，虽然属于行使其自身职权行为。但是，行政机关改变行政行为不仅仅是为了纠错，同时也是为了获得相对人的谅解，解决行政争议。行政机关改变行政行为后，原告申请撤诉的，人民法院还要对原告的撤诉行为进行审查。审查的目的就是为了防止行政机关以牺牲国家和社会公共利益为代价与相对人私下交易。如果法院认为存在这种情形，裁定不准予撤诉。这对于行政机关随意改变行政行为也是一个法律上的制约。

据此，2004年4月5日，最高人民法院作出《关于复议机关是否有权改变复议决定请示的答复》（〔2004〕行他字第5号）：行政复议机关认为自己作出的已经发生法律效力的复议决定有错误，有权自行改变。因行政机关改变或者撤销原行政行为给当事人造成损害的，行政机关应该承担相应的责任。

三、法律规范冲突与选择

50. 国务院办公厅发布的规范性文件的法律效力的判断与适用
——《最高人民法院行政审判庭关于征收中央直属发电厂的水力发电用水和火力发电贯流式冷却用水水资源费问题的答复》解读

2007 年 11 月 5 日　　　　　　　　　〔2007〕行他字第 17 号

一、问题的提出

广西壮族自治区高级人民法院在审理桂冠公司诉大化瑶族自治县水利局（以下简称县水利局）行政征收及行政处罚上诉案时，认定如下事实：2004 年 9 月 27 日，县水利局认定桂冠公司下属大化水力发电总厂从 2002 年 1 月 1 日至 2003 年 9 月 30 日止，从红水河大化段取水发电共计 37.05 亿千瓦时（其中 2002 年 1 月 1 日至 2002 年 9 月 30 日为 15.63 亿千瓦时，2002 年 10 月 1 日至 2003 年 9 月 30 日为 21.42 亿千瓦时），根据水法第四十八条及《广西壮族自治区水资源费征收使用管理暂行办法》（以下简称《广西水资源费征收办法》）第二条、第六条的规定，应当缴纳水资源费 1111.50 万元（按 0.003 元/千瓦时计）。经责令限期缴纳，桂冠公司逾期仍未缴纳。据此，县水利局作出大水利罚字〔2004〕1 号行政处罚决定，责令桂冠公司在 2004 年 9 月 30 日前缴纳上述所欠水资源费 1111.50 万元，同时根据水法第七十条的规定，对 2002 年 10 月 1 日至 2003 年 9 月 30 日所欠水资源费 642.60 万元部分，从 2004 年 9 月 18 日起至缴纳之日止每日加收 2‰的滞纳金，并处以所欠水资源费两倍的罚款共计 1285.2 万元。桂冠公司不服，依法向河池市水利局申请行政复议，河池市水利局经复议维持了处罚决定。桂冠公司仍不服，诉至河池市中级人民院法院。

广西壮族自治区高级人民法院审判委员会在讨论该案时，对经国务院同意，国务院办公厅于1995年4月25日下发的国办发〔1995〕27号《关于征收水资源费有关问题的通知》（以下简称国办发〔1995〕27号文）在水法2002年修订后和《水利产业政策》1997出台后能否仍然适用和桂冠公司依法应否缴纳水资源费的两个问题存在不同意见：

多数人意见认为，桂冠公司依法应缴纳水资源费。理由如下：首先，关于对直接从江河、湖泊或者地下取用水资源的应否征收水资源费的问题，修订前的水法第三十四条规定由省、自治区、直辖市人民政府决定，我区已在《广西水资源费征收办法》中决定征收；修订后的水法第四十八条则规定，除家庭生活和零星散养、圈养畜禽饮用等少量取水外，其他取水应当申请取水许可证并缴纳水资源费。其次，关于水资源费征收的范围和标准等问题。修订前和修订后的水法都明确规定：水资源费征收的具体办法由国务院规定。虽然国务院未及时制定水资源费征收具体办法，但曾先后印发或者经其同意下发了涉及水资源费征收的两个文件，即1995年的国办发〔1995〕27号文及1997年的《水利产业政策》，两个文件均应作为征收水资源费的依据。但是国办发〔1995〕27号文对中央直属水电厂的发电用水暂不征收水资源费的规定与《水利产业政策》对水资源费的征收暂按省（自治区、直辖市）的有关规定执行的规定不一致。在前后两个文件规定不尽一致的情况下，应当执行后文即1997年的《水利产业政策》的规定，即水资源费的征收"暂按省（自治区、直辖市）的有关规定执行"。因此，桂冠公司应当根据《广西水资源费征收办法》的规定缴纳水资源费。县水利局向桂冠公司征收水资源费，有水法和国务院的文件和自治区的规定作为依据。再次，以国务院《水产业政策》为依据征收水资源费，有利于合理开发、利用、节约和保护水资源，也有利于市场主体的公平竞争。水是人类社会赖以生存的基础，是经济社会发展的战略性资源。征收水资源费，对于合理开发、利用、节约和保护水资源，防治水害，实现水资源的可持续利用，具有重要意义。我国水法明确规定国家实行水资源有偿使用制度。《国务院办公厅关于推进水价改革促进节约用水保护水资源的通知》明确规定，"凡未征收的地区要尽快开征水资源费，并根据水资源紧缺程度，逐步提高征收标准。……"2005年4月29日，时任国务院副总理的曾培炎在全国水价改革与节水工作电视电话会议上指出，全面推进水价改革的主要任务之一，就是要"加大水资源费征收力度。要继续扩大水资源费征收范围，未开征的地区要开征。对中央直属电厂，恢复征收水资源费。……"因此，取水单位和个人依法缴纳水资源费是大势所趋。从2006年4月15日起施行的《取水许可和水资源费征收管理条例》对此也作了明确具体的规定。不管中央企业还是地方企业，只要取用了水资源，都应依法缴纳水资源费，这也有利于公平竞争，符合市场经济规律。此外，对桂冠公司征收水资源费，也有利于解决当地库区移民生产生活及水资源保护投入难的问题，推进库区生态建设，促进库区经济发展。

少数人意见认为，新旧水法都授权由国务院对征收水资源费的问题作出具体规定，旧水法颁布后，国务院就作出了国办发〔1995〕27号文的规定，新水法颁布后，由于国务院没有对征收作出具体规定，因此，只要国务院没有宣布废止该文，该文就应有效，而且该文的有关规定与《水利产业政策》的有关规定并不矛盾。此后，国务院办公厅经国务院领导同意，下发了国办函〔1999〕1号《国务院办公厅关于执行国办发〔1995〕27号文件有关问题的通知》，该通知要求"各地方、各部门要继续贯彻执行国办发〔1995〕27号文件的规定"，并对中央直属水电厂、火电厂进行了明确的界定。也就是说，国办函〔1999〕1号文重申要执行国办发〔1995〕27号文，且国办函〔1999〕1号文又是在《水利产业政策》发布之后，2003年水利部〔2003〕133号文以及最高法院行政庭的答复均明确要执行国办发〔1995〕27号文，由于该文规定对中央直属水电厂的发电用水暂不征收水资源费，因此，县水利局对桂冠公司征收水资源费是违反这一规定的，征收没有依据。

因此问题涉及中央企业与地方政府的利益，并具有相当的普遍性，该院审委会为慎重处理此类问题，故向最高人民法院请示。

二、分析

全国人大常委会1988年1月21日通过的水法第三十四条第二、三款规定："对城市中直接从地下取水的单位，征收水资源费；其他直接从地下或者江河、湖泊取水的，可以由省、自治区、直辖市人民政府决定征收水资源费。""水费和水资源费的征收办法，由国务院规定。"由于征收水费和水资源费的问题，涉及中央直属企业与地方政府的利益分配，涉及国务院有关部门之间的利益等问题，情况十分复杂，因此，在很长一段时间内，国务院未制定水费和水资源费的征收办法。一些省、自治区、直辖市先后制定了征收水资源费的办法，在本行政区域内开征水资源费。地方水利部门依据有关征收水资源费方面的地方性法规或者地方政府规章向中央直属发电企业征收水力发电用水和火力发电灌溉流式冷却用水的水资源费时，遭到中央直属发电企业的抵制。中央直属发电企业认为，水力发电是利用大坝蓄水后的水力势能发电，未改变水资源的特性，既不消耗水量，也不改变水质，用水特点是即用即还。水资源费涉及水资源使用权问题，应当在水电开发权取得的过程解决，纳入投资成本，集中体现国家资源使用权问题，而不应只考虑地方和部门的利益。如果对合理开发利用水能资源，而且基本上不造成水资源消耗的水力发电再征收水资源费，会在一定程度上制约资源优化配置的实现。火力发电灌溉流式冷却用水仅仅是在冷却水时有少量水分被蒸发，并未消耗水资源，也不改变水质，同时中央直属电厂中老电厂居多，历史包袱沉重，如果征收水资源，那么，中央直属电力企业每年向地方财政交纳的水资源费总额将高达 40 多亿元，中央财政将受到影响。基于这些考虑，1995 年 4 月 25 日，经国务院同意，国务院办公厅下发了国办发〔1995〕27 号文。该文中规定："在国务院发布水资源费征收和使用办法前，水资源费的征收工作暂按省、自治区、直辖市的规定执行。但是，对中央直属水电厂的发电用水和火电厂的循环冷却水[①]暂不征收水资源费，已经征收的，不再重新处理；……"但是该文下发后，一些地方政府及其部门对该文的法律效力问题提出质疑，不执行该文中的有关规定。要解决这一问题，就必须对该文的效力问题进行分析。

（一）关于国办发〔1995〕27 号文的性质问题

理论界和实务中的不少同志认为，1987 年 4 月 21 日国务院批准，同日由国务院办公厅发布的《行政法规制定程序暂行条例》第十五条规定："经国务院常务会议审议通过或者经国务院总理审定的行政法规，由国务院发布，或者由国务院批准、国务院主管部门发布。"该条虽然是规定行政法规的发布形式，但多数同志认为，从形式上看，无论是国务院发布，还是国务院主管部门发布，都是国务院的意志，而不是国务院主管部门的意志，因此，这两种发布形式的具有普遍约束力的规范性文件，均属于行政法规。在立法法颁布以前，实践中均将这两种发布形式的规范性文件按照行政法规对待。经国务院同意，国务院办公厅下发的具有普遍约束力的规范性，与国务院批准，国务院部门发布的具有普遍约束力的规范性文件性质是相同的，故应当视为行政法规。国办发〔1995〕27 号文是经国务院同意、国务院办公厅下发的具有普遍性约束力的规范文件，在立法法前，亦应视为行政法规，各级行政机关均应当执行。立法法第六十一条规定："行政法规由总理签署国务院令公布。"这就意味着以后所有的行政法规都必须以总理签署国务院令的形式公布，不再保留国务院批准、国务院部门发布行政法规这一形式。经国务院同意，国务院办公厅下发的具有普遍约束力的规范性文件，在立法法施行后亦不应视为行政法规。但此种文件应属于何种性质，在立法法及有关法律中没

---

① 国办发〔1995〕27 号文中的"火电厂的循环冷却水"一词与《取水许可和水资源费征收管理条例》中的"火力发电贯流式冷却用水"一词涵义完全相同。

有明确。在立法法施行后，虽此种文件不属于行政法规，但国务院采取这种行政措施主要是基于保障法律、行政法规及中央宏观政策的统一性考虑，防止地方各行其是破坏法律、行政法规及中央宏观政策的统一性，因此，其法律效力虽低于行政法规，但高于地方性法规和规章，只要不与上位法相抵触的，地方各级政府及其部门仍应执行。换言之，国办发〔1995〕27号文在立法法施行以后，国务院未制定水费和水资源费的征收办法之前，仍应当是地方政府及其部门征收水资源费的法律依据。

理论界和实务界中，也有一些同志认为，国务院办公厅下发的具有普遍约束力的规范性文件与地方性法规或者地方政府规章不一致时应当优先适用地方性法规或者地方政府规章。理由有三：其一，国务院办公厅是国务院的内设机构，国务院组织法中并没有授权其可以制定并发布行政法规。经国务院同意，国务院办公厅下发的具有普遍约束力的规范性文件，虽然经国务院同意，但这种同意仅仅是国务院主管副总理同意，未经国务会议讨论，并不能完全代表国务院的意思。据此，国务院办公厅下发的具有普遍约束力的规范性文件无论是在立法法实施前下发的，还是在立法法实施后下发的，均不应视为行政法规，其性质仅近似于部门规章。由于国务院办公厅是国务院的内设机构，其制定的规范性文件在程序上没有地方性法规和地方政府规章严密，因此其外部效力应当低于地方性法规和地方政府规章。① 其二，全国人大常委会1988年通过的水法第三十四条第三款只授权国务院制定水费和水资源费的征收办法，并未授予国务院免除用水单位缴纳水资源费的职权。国办发〔1995〕27号文超出了水法授权的范围。国务院办公厅为自己增加了免收水资源费的设定权，这是与水法规定不一致的。其三，国办发〔1995〕27号文免除了中央直属发电企业缴纳发电用水和火力发电贯流式冷却用水的水资源费，并未免除地方发电企业缴纳发电用水和火力发电贯流式冷却用水的水资源费，造成中央直属发电企业与地方发电企业不公平竞争，显然有悖反不正当竞争法的有关规定。

第二种观点从法理上讲似有一定的道理，但是，他忽略了我国宪法赋予国务院的权力及权力如何行使的问题，而是对立法法机械地理解，因此，对于经国务院同意，国务院办公厅下发的具有普遍约束力的规范性文件的法律定位并不准确。第一种观点更准确一些。理由如下：

第一，我国宪法赋予了国务院统一领导全国性行政工作的权限，负责划分各部委、各地方人民政府的行政职责，并实施监督，改变或者撤销各部委发布的不适当的命令、指示和规章，改变或者撤销地方各级行政机关的不适

---

① 参见王曦：《论我国水资源费的若干法律问题》，载《法学》2005第7期。

当的决定、命令。宪法第八十九条规定，国务院有权根据宪法和法律，规定行政措施、制定行政法规、发布决定和命令。按照宪法的授权，国务院规定的行政措施、制定的行政法规和发布的决定、命令，均是国务院实施宪法和法律、履行最高行政机关职责的具体形式。经国务院同意，国务院办公厅下发的具有普遍约束力的规范性文件是国务院制定行政措施、发布行政决定、命令的公文载体。尽管，其未经国务会议讨论，不如制定行政法规程序严密，但由于行政管理范围广泛，纷繁复杂，特别是在社会转型时期和社会快速发展时期，市场经济决定了社会各种利益的多元化和复杂化，社会发展因时、地、事、情势的变化而不断出现新情况、新问题。国家行政管理活动在实现国家意志过程中，不得不面对现实做出及时、必要的反应。因此，国家最高行政机关在社会管理活动中采取多元式效力的管理方式对社会秩序进行规范和协调，是最高行政机关履行国家管理职能的必然。采用经国务院同意，国务院办公厅下发的具有普遍约束力的规范性文件这种形式发布最高行政机关的政令，是我国行政管理的基本手段，也是实现行政效率的基本要求。国家行政管理采用政令的方式可以快速对社会管理事项作出反应：一是弥补立法空白，及时规范需要管理的事项；二是促进法律的实施，在法律规范内明确具体操作内容；三是对新发现的管理事项可以通过适应性、时间性、针对性的规范调整，为行政立法积累实践经验。因此，经国务院同意，国务院办公厅下发的具有普遍约束力的规范性文件的应用，是国家行政管理和行政法制建设的重要组成部分。

　　第二，经国务院同意，国务院办公厅下发的具有普遍约束力的规范性文件有三种情况：一是法律授权制定的。这类文件的发布主要是法律授权国务院制定行政法规，但由于情况的复杂性，短时间内难以制定行政法规，但又要解决现实生活中急需解决的问题，所作出的与行政法规衔接过程中需要采取过渡性执行措施的文件。二是补充法律的规定。这类国务院规范性文件多是针对行政法规实施具体操作的文件。三是法律未规范但社会发展急需管理所制定的。这类国务院规范性文件主要是针对社会发展中出现的新情况、新问题采取必要管理措施的文件。由于国务院的地位特殊，前两种情况下制定的文件，如果不与上位法相抵触的，第三种情况制定的文件，如果不违背我国宪法所确立的公平正义的原则的，其法律效力虽低于行政法规，但高于地方性法规、地方政府规章。因此，当地方性法规、地方政府规章与他们相抵触的，应当适用该类文件。国办发〔1995〕27号文是国务院实施水法与《水资源费征收办法》衔接的间隙过程中，为了执行需要，作出的临时性执行措施，尽管该规定是经国务院同意，国务院办公厅名义发布的，但按照水法授权国务院制定《水资源费征收办法》的权限，该文件应当是国务院在其权限内发布的规范性文件，应当属于第一种情况制定的文件，其效力虽然不能完全等同于行政法规的效力，但只要不与水法法相抵触，其效力应当高于地方性法规和规章。

第三，国办发〔1995〕27号文与水法不存在抵触问题。水法授权国务院制定水费和水资源费的征收办法，也就意味着，包括征收水资源费的范围及免除征收水资源费的特殊情形。因此，国办发〔1995〕27号文暂时免除对中央直属发电企业水力发电用水和火力发电灌溉流式冷却用水征收水资源费并未超出水法的授权范围，故不能认定该文规定的内容与法水法相抵触。国办发〔1995〕27号文暂时免除对中央直属发电企业水力发电和火力发电灌溉流式冷却用水征收水资源费，为了避免中央直属发电企业与地方发电企业不公平竞争，地方性法规或者地方政府规章完全可以规定免除对地方发电企业水力发电用水和火力发电灌溉流式冷却用水征收水资源费，从而使地方发电企业与中央直属发电企业公平竞争。地方性法规、地方政府规章不作此方面的规定，由此造成的不公平竞争，不能说是由国办发〔1995〕27号文造成的。

（二）国办发〔1995〕27号文的时间效力问题

全国人大常委会于2002年8月29日修订了水法。有人提出，当新水法施行后，国办发〔1995〕27号文的效力应当终止。实质上，该命题涉及两个法律问题。

1. 经修订的法律规范施行后，原有的下位法是否还具有法律效力的问题

对此问题存在不同认识，有同志认为，经修订的法律规范施行后，因新法代替了旧法，旧法自然失效，根据旧法制定的下位法，也就应当因旧法失效而失效。笔者认为，此种观点从理论上难以成立。经修订的法律规范是在原有的法律规范经过实践检验后制定出来的，为了保证国家政策的连续性，避免造成法律规范的真空，所以，修订的法律规范没有明确规定废止的下位法，其规定的内容与经过修订的法律规范的规定不相抵触的部分，应当具有法律效力。但当新的同位法律规范发布施行后，原有的同位法律规范自行失效。国办发〔1995〕27号文是水法的下位法，修订后的水法，没有明确废止该文的法律效力。因此，不能仅仅因为水法的修改，就能如此简单地得出该文已自然失效的结论。

2. 国办发〔1995〕27号文与修订后的水法及相关的国务院文件之间是否存在抵触的问题

修订后的水法第四十八条规定："直接从江河、湖泊或者地下取用水资源的单位和个人，应当按照国家取水许可制度和水资源有偿使用制度的规定，向水行政主管部门或者流域管理机构申请领取取水许可证，并缴纳水资源费，

取得取水权。……""实施取水许可制度和征收管理水资源费的具体办法，由国务院规定。"该条的规定与修订前的水法第三十四条的规定完全相同，修订后的水法中未对征收水资源费的问题作出具体规定。由此推定，国办发〔1995〕27号文与水法之间不存在相抵触的问题。

国务院于1997年10月28日印发的《水利产业政策》第十七条规定："国家实行水资源有偿使用制度，对直接从地下或江河、湖泊取水的单位依法征收水资源费。水资源费征收和使用管理办法由国务院制定，在国务院正式发布之前，暂按省（自治区、直辖市）的有关规定执行。收取的水资源费要作为专项资金，纳入预算管理，专款专用。"该文件仅仅是对征收水资源费的原则规定，由于对中央直属企业征收水资源费的问题规定不明确，1999年1月6日，国务院办公厅经国务院领导同意下发了《国务院办公厅关于执行国办发〔1995〕27号文件有关问题的通知》，要求"各地方、各部门要继续贯彻执行国办发〔1995〕27号文件的规定"，并对中央直属水电厂、火电厂进行了明确的界定。因此说，该通知并没有废止国办发〔1995〕27号文的法律效力。

国务院办公厅于2004年4月19日发布的国办发〔2004〕36号《关于推进水价改革促进节约用水保护水资源的通知》中明确规定，"凡未征收的地区要尽快开征水资源费，并根据水资源紧缺程度，逐步提高征收标准。……"该通知中原则要求各地区尽快开征水资源费，逐步提高征收标准，但并没有明确规定，对中央直属发电企业电用水和火力发电灌溉流式冷却用水开征水资源费，因此，不能以该通知来否定国办发〔1995〕27号文的法律效力。

2005年4月29日，时任国务院副总理曾培炎在全国水价改革与节水工作电视电话会议上指出，全面推进水价改革的主要任务之一，就是要"加大水资源费征收力度。要继续扩大水资源费征收范围，未开征的地区要开征。对中央直属电厂，恢复征收水资源费。……"该讲话虽然明确了对中央直属电厂恢复征收水资源费。但是，该讲话不是行政法律规范，因此不能作为行政机关执法的依据，只有在该讲话转化为行政法律规范后，才能作为作为行政执法的依据。因此，也不能仅仅根据曾培炎同志的讲话否定国办发〔1995〕27号文的法律效力。

国务院于2006年1月24日通过，同年2月21日公布，自同年4月15日起施行的《取水许可和水资源费征收管理条例》第二条第二款规定："取用水资源的单位和个人，除本条例第四条规定的情形外，都应当申请领取取水许可证，并缴纳水资源费。"第三十一条规定："水资源费由取水审批机关负责征收；其中，流域管理机构审批的，水资源费由取水口所在地省、自治区、直辖市人民政府水行政主管部门代为征收。"第三十二条规定："水资源费缴纳数额根据取水口所在地水资源费征收标准和实际取水量确定。""水力发电用水和火力发电贯流式冷却用水可以根据取水口所在地水资源费征收标准和实际发电量确定缴纳数额。"该条例未将中央直属发电企业的水力发电用水和火力发电贯流式冷却用水排除在征收水资源费之外，也就意为着，所有的发电企业的水力发电用水和火力发电贯流式冷却用水都应征收水资源费。因该条例的规定与国办发〔1995〕27号文的有关内容规定不一致，因此，当该条例施行后，国办出发〔1995〕27号文就失去法律效力。

基于上述原因，最高人民法院于1997年8月8日作出的《关于审理水行政征收案件应适用国办发〔1995〕27号文件请示的答复》中指出："根据《中华人民共和国水法》第三十二条第二款、第三十四条的规定，实施取水许可制度的步骤、范围和办法以及征收水费、水资源费的办法，应由国务院规定。国办发〔1995〕27号文件是'经国务院同意'，由国务院办公厅下发的。该文关于'对中央直属水发电厂的发电用水和火电厂的循环冷却水暂不征收水资源费'的规定，应当作为人民法院审理有关行政案件的依据。"最高人民法院行政审判庭2005年11月1日在对安徽省高级人民法院关于水法第四十八条如何适用的请示报告的电话答复中明确指出："在国务院征收水资源费的具体办法出台前，国务院办公厅国办发〔1995〕27号《关于征收水资源费有关问题的通知》仍应适用"。最高人民法院行政审判庭2007年11月5日作出的〔2007〕行他字第17号《关于征收中央直属发电厂的水力发电用水和火力发电贯流式冷却用水水资源费问题的答复》中指出："国务院颁布的《取水许可和水资源费征收管理条例》于2006年4月15日起施行，在该条例施行之后，应当根据该条例的有关规定征收水资源费。"根据最高人民法院的上述答复的精神，在国务院颁布的《取水许可和水资源费征收管理条例》施行之前（即2006年4月15日之前），不应征收中央直属发电企业的水发电用水和火力发电贯流式冷却用水水资源费；施行之后，应当根据该条例的有关规定征收水资源费。

三、应当注意的问题

人民法院在审理有关征收中央直属发电企业水资源费的案件时，除了要注意征收时间外，还需注意一个问题。

目前我国水库分为设计有供水功能的水库和没有供水功能的水库。前者水资源费一般应当由水库管理单位向水利行政主管部门缴纳，后者一般由用水单位直接向水利行政主管部门缴纳。根据有关征收水资源费的法律规范的规定，水资源费不得重复征收的原则，最高人民法院行政审判庭于 2005 年 4 月 25 日作出〔2004〕行他字第 24 号《关于用水单位从水库取水应否缴纳水资源费问题的答复》中明确指出："目前我国水库分为设计有供水功能的水库和没有供水功能的水库。有供水功能的水库，且水库管理单位已向水行政主管部门申请取水许可证并缴纳水资源费的，用水户仅需按用水量和水利工程供水价格向水库管理单位支付水利工程水费，无需再向国家缴纳水资源费；没有供水功能的水库，则用水单位应当直接向水行政主管部门申请取水许可并缴纳水资源费。"

51. 应当根据社会的发展需要解决法律规定中有关部门职权的冲突
——《最高人民法院关于对无烟草专卖批发企业许可证经营烟草批发业务行为应当由何机关处理的答复》解读

2006年9月29日　　　　　　　　　　　　〔2006〕行他字第1号

一、问题的提出

云南省高级人民法院在审理昆明旭明经贸有限公司（以下简称旭明经贸公司）诉昆明市工商行政管理局五华分局（以下简称五华工商局）行政处罚抗诉再审一案中认定，旭明经贸公司是经昆明市工商行政管理局核准登记的有限责任公司，其经营范围有烟酒零售一项，其第一分公司持有官渡区烟草专卖局于2002年4月9日颁发的烟草专卖零售许可证，有效期至2003年12月31日。旭明经贸公司在无合法烟草专营专卖手续的情况下，利用虚假的江西省宜黄烟草公司及江西省贵溪市烟草公司的烟草经营手续，从2002年10月份起，先后从昆明市烟草公司购进价值人民币19003305.5元的各类卷烟11760件，通过旭明经贸公司第一分公司进行销售，于2002年12月9日被五华工商局查获。2003年5月13日，五华工商局作出五工商经处字〔2003〕第145号行政处罚决定。该决定认定，旭明经贸公司的行为属于倒卖烟草专卖品的行为，根据烟草专卖法①第三十八条第一款、《投机倒把行政处罚暂行条例施行细则》（以下简称《施行细则》）第十五条第（二）项的规定，给予旭明经贸公司没收倒卖的红山茶卷烟71件、红塔山卷烟2件、红云烟卷烟1件、红河卷烟30件、红河（精品）卷烟1件、大福卷烟25条；罚款人民币703122元，上缴国库的行政处罚。旭明经贸公司不服五华工商局的处罚向

---

① 如无特别说明，均指1991年烟草专卖法。

云南省高院依法提起了行政诉讼。

该院在审理中,对有烟草专卖零售许可证但无烟草专卖批发许可证的企业经营烟草批发业务行为,工商行政机关是否有权作出行政处罚决定的问题,存在两种不同意见。

一种意见认为,根据烟草专卖法第三十三条"无烟草专卖批发企业许可证经营烟草制品批发业务的,由烟草专卖行政主管部门责令关闭或者停止烟草制品批发业务,没收违法所得,并处罚款"的规定,对有烟草专卖零售许可证但无烟草专卖批发企业许可证的经营烟草批发业务行为,应当由烟草行政机关行使行政处罚权,工商行政机关无权对此类行为作出行政处罚决定。

另一种意见认为,根据《投机倒把行政处罚暂行条例》(以下简称《暂行条例》)第三条①和《施行细则》第二条②的规定,以牟取非法利润为目的,违反国家法规和政策,倒卖国家禁止或者限制自由买卖的物资、物品的行为,属于投机倒把行为。有烟草专卖零售许可证但无烟草专卖批发企业许可证的经营烟草批发业务行为,应当认定为倒卖国家规定的专卖物品,该行为的性质属于投机倒把行为。根据烟草专卖法第三十八条"倒卖烟草专卖品,构成投机倒把罪的,依法追究刑事责任;情节轻微,不构成犯罪的,由工商行政管理部门没收倒卖的烟草专卖品和违法所得,可以并处罚款"的规定,工商行政机关对此类行为具有行政处罚职权。

因烟草专卖法第三十三条的规定与第三十八条的规定存在不一致的问题,

---

① 《暂行条例》于2008年1月23日被《国务院关于废止部分行政法规的决定》宣布失效。其第三条规定:"以牟取非法利润为目的,违反国家法规和政策,扰乱社会主义经济秩序的下列行为,属于投机倒把行为:(一)倒卖国家禁止或者限制自由买卖的物资、物品的;(二)从零售商店或者其他渠道套购紧俏商品,就地加价倒卖的;(三)倒卖国家计划供应物资票证,倒卖发票、批件、许可证、执照、提货凭证、有价证券的;(四)倒卖文物、金银(包括金银制品)、外汇的;(五)倒卖经济合同,利用经济合同或者其他手段骗买骗卖的;(六)制造、推销冒牌商品、假商品、劣质商品,坑害消费者,或者掺杂使假、偷工减料情节严重的;(七)印制、销售、传播非法出版物(包括录音录像制品),获得非法利润的;(八)为投机倒把活动提供货源、支票、现金、银行账户以及其他方便条件,或者代出证明、发票,代订合同的;(九)利用报销凭证弄虚作假,进行不正当经营的;(十)垄断货源、欺行霸市、哄抬物价、扰乱市场的;(十一)其他扰乱社会主义经济秩序的投机倒把行为。""前款第(十一)项行为,由省级以上工商行政管理机关根据国家法规和政策认定。"

② 《施行细则》第二条规定:"《条例》第三条第一款第(一)项所指'倒卖国家禁止或者限制自由买卖的物资、物品的行为'包括:(一)倒卖国家指令性计划分配物资的;(二)倒卖走私物品、特许减免税进口物品的;(三)倒卖爆破器材、麻醉药品、毒性药品、精神药品或者放射性药品的;(四)倒卖国家规定的专营或者专卖物资、物品的;(五)非经营单位和个人倒卖重要生产资料或者紧俏耐用消费品的;(六)经营单位就地转手倒卖重要生产资料或者紧俏耐用消费品的。"

故云南省高级人民法院决定，就如何理解这两条规定的问题向最高人民法院请示。

二、分析

法院在审理具体行政案件中，应当如何选择适用这两条的规定，一是需要找到烟草专卖法第三十三条的规定与第三十八条的规定的冲突点在何处，二是要了解《暂行条例》、烟草专卖法制定时的历史背景，三是如何从发展的角度解决当今的社会问题。以下就这三个问题分析如下：

（一）烟草专卖法第三十三条与第三十八条的冲突点

烟草专卖法第七章有关对违反该法的行为的行政处罚职权，一般由烟草行政机关行使。该章第三十三条又进一步明确规定，对无烟草专卖批发企业许可证的经营烟草批发业务行为的行政处罚权，应当由烟草专卖行政机关行使。但是，该法第三十八条规定，对倒卖烟草专卖品构成投机倒把行为的行政处罚职权，由工商行政管理部门行使。该法将对投机倒把行为的处理，作为烟草专卖机关与工商行政管理机关有关行使行政处罚职权的标准。也就是说，除投机倒把行为以外的违反烟草专卖管理行为的行政处罚职权，均由烟草专卖机关行使。从表面上看，烟草专卖部门与工商行政管理部门的行政处罚职权划分清楚了。但是，按照《暂行条例》第三条的规定，构成投机倒把行为有以下五个要件：第一，其行为的主体是具有行为能力的自然人、法人或者其他组织；第二，行为人主观上具有故意；第三，实施了倒卖国家禁止或者限制自由买卖的物资、物品，从零售商店或者其他渠道套购紧俏商品等行为；第四，该行为侵犯的客体是社会主义经济秩序；第五，该行为依据现行刑法的规定，不构成犯罪。烟草专卖品属于国家限制自由买卖的物品。换言之，没有烟草专卖许可证的自然人、法人或者其他组织倒卖烟草专卖品的行为，均属于投机倒把行为，工商行政管理机关具有行政处罚职权。自然人、法人或者其他组织无烟草专卖批发企业许可证的经营烟草批发业务行为，亦属投机倒把行为，按照该法第三十八条的规定，工商行政管理部门具有行政处罚职权。正因为投机倒把行为概念涵盖了所有无烟草专卖许可证的自然人、法人或者其他组织倒卖烟草专卖品的行为，造成了该法第三十三条与第三十八条有关行政处罚部门职权的冲突。这一冲突正是该法第三十八条规定的缺陷所在。

(二)《暂行条例》、烟草专卖法立法时的背景情况

《暂行条例》是 1987 年 9 月 17 日由国务院发布的一个行政法规。当时正是我国改革开放经过近 8 年的发展,计划经济向市场经济转轨过程中,计划经济与市场经济冲突开始爆发的一个阶段。当时通货膨胀较为严重,出现了各种各样的扰乱社会经济秩序的投机活动,有关市场经济管理的法律、法规还很不健全,对扰乱社会经济秩序的投机行为不加以打击,将不利于我国平稳向市场经济转轨。正是在这种背景下,国务院颁布了《暂行条例》。为与全国人民代表大会 1979 年颁布的刑法(以下简称原刑法)第一百一十七条①规定的投机倒把罪相衔接,该条例列举了 11 种投机倒把行为,包括倒卖国家禁止或者限制自由买卖的物资、物品的;从零售商店或者其他渠道套购紧俏商品,就地加价倒卖的;倒卖国家计划供应物资票证,倒卖发票、批件、许可证、执照、提货凭证、有价证券的;倒卖文物、金银(包括金银制品)、外汇的;倒卖经济合同,利用经济合同或者其他手段骗买骗卖的;制造、推销冒牌商品、假商品、劣质商品,坑害消费者,或者掺杂使假、偷工减料情节严重的;印制、销售、传播非法出版物(包括录音录像制品),获得非法利润的;等等。该条例成为当时维护社会主义经济秩序的法律武器,对保障改革开放顺利进行,起到了一定的积极作用。但是,由于历史的局限性不可避免地该条例带有较重的计划经济的痕迹。

烟草专卖法是全国人大常委会于 1991 年通过的。当时仍还处在计划经济与市场经济冲突较为激烈的转型期阶段,由于原立法指导思想的惯性,该法中仍带有一定的计划经济的痕迹。为使该法与原刑法第一百一十七条及《暂行条例》相衔接,烟草专卖法作出了第三十八条的规定。但是,忽略了与其他相关规定的衔接问题,由此造成了有关部门职权的冲突。

(三) 应如何解决烟草专卖法第三十三条与第三十八条规定的冲突问题

由于原刑法第一百一十七条规定的投机倒把罪所包含的许多内容过于笼统,以致司法实践部门把一切与经营活动有关的违法活动都作为该罪处理,这在很大程度上违背了罪刑法定原则,在一定程度上损害了法律的严肃性,

---

① 全国人民代表大会于 1979 年 7 月 1 日通过的刑法第一百一十七条规定:"违反金融、外汇、金银、工商管理法规,投机倒把,情节严重的,处三年以下有期徒刑或者拘役,可以并处、单处罚金或者没收财产。"根据该条的规定,投机倒把罪是指以获取非法利润为目的,违反金融、外汇、金银、物资、工商管理法规,非法从事工商业活动、扰乱国家金融和市场管理、破坏社会主义经济秩序,情节严重的行为。

也不利于保护公民的合法权益。此外，在社会主义市场经济条件下，在计划经济时禁止的一些行为，在市场经济时已经成为了合法行为，什么是投机倒把行为已很难准确界定。鉴于此种情况，全国人民代表大会于1997年7月1日修订了原刑法，修订后的刑法取消了原来的投机倒把罪，新增加了扰乱市场秩序罪，并对该罪名作出了明确的界定，通过刑罚惩处严重扰乱市场经济秩序的行为，维护社会主义市场秩序。

随着社会的发展，处于新旧经济体制转换期间制定的《暂行条例》，其内容上有些已不适应当今社会的发展，需要进行修改；有的已被后颁布的法律、其他行政法规规定的内容所代替。特别是在原刑法修订后，投机倒把罪已从刑法罪名中删除，我国已建立了证券、期货等制度，还使用"投机倒把违法行为"这一词，显然与社会发展潮流不相符合。国务院正在起草《市场监管条例》以代替《暂行条例》。① 在《市场监管条例》出台之前，工商行政管理机关不可避免地在维护市场秩序的过程中，还需要适用《暂行条例》，但法律、其他行政法规已有规定的，应当适用法律、其他行政法规的规定，不应再适用《暂行条例》的有关规定。

法律制定于现在而适用于未来，其间政治、经济和社会情况可能为会发生很大的变化。社会状况和价值观念的改变，必然生产旧的法律规范如何适应新的现实的问题。为解决适应新的现实问题，就需要用目的解释的方法对法律进行解释。目的解释是一种能够使过去制定的法律跟上时代步伐的适应式解释。按照这种解释方法解释法律规范时，首先要按照社会的需要，确定法律规范的合理目的，然后以该目的为指导，确定法律规范的含义。如果条文有缺陷或者漏洞，需要通过法律解释给予修正或者填补，确保实现立法目的。确定立法目的时，必须考虑政治、经济、社会、公共政策、公共利益等因素。② 正因为烟草专卖法第三十八条的规定存在缺陷，导致部门职权的冲突，不能适应市场经济的要求，不利于行政机关依法行政，为了解决这一问题，国务院1997年7月3日发布的《烟草专卖法实施条例》第六十一条规定："无烟草专卖零售许可证经营烟草制品零售业务的，由工商行政管理部门或者由工商行政管理部门根据烟草专卖行政主管部门的意见，责令停止经营烟草制品零售业务，没收违法所得，处以违法经营总额百分之二十以上百分之五十以下的罚款。"根据该条的规定，工商行政管理部门仅对无烟草专卖零售许可证经营烟草制品零售业务的行为具有行政处罚职权，对其他违反

---

① 参见张武纲、张久荣：《〈投机倒把行政处罚暂行条例〉适用中有关问题的认识——访国家工商总局公平交易局局长刘佩智》，载《中国工商管理研究》2003年第1期。

② 参见孔祥俊：《法律解释方法与判解研究》，人民法院出版社2004年版，第409~410页。

烟草专卖管理的倒卖行为不具有行政处罚职权。根据社会的发展需要，该条对其上位法第三十八条的规定进行了限制性的解释，通过限制性解释解决了烟草专卖法第三十八条的规定与其他相关规定的冲突问题，划清了烟草专卖部门与工商行政部门的职权界限，符合其上位法的立法宗旨和原则，故不属于"抵触"，应当作为法院审理行政案件的依据。

基于上述理由，最高人民法院于2006年9月29日作出〔2006〕行他字第1号《关于对无烟草专卖批发企业许可证经营烟草批发业务行为应当由何机关处理的答复》（以下简称〔2006〕行他字第1号答复），该答复明确指出："有烟草零售许可证但无烟草专卖批发企业许可证经营烟草批发业务的，应当适用《中华人民共和国烟草专卖法》第三十三条的规定，由烟草主管行政机关处理。"

三、应当注意的问题

人民法院审理具体行政案件，适用〔2006〕行他字第1号答复时，应当注意以下两个问题：

（一）关于《暂行条例》被废止后，有关该条例的适用问题

2008年1月15日，国务院公布了《国务院关于废止部分行政法规的决定》（国务院令第516号），宣布废止49件行政法规，宣布失效43件行政法规。其中由工商行政管理部门作为主要执法机关的行政法规有四项，分别是：《投机倒把行政处罚暂行条例》《投机倒把行政处罚暂行条例施行细则》《关于申请商标注册要求优先权的暂行规定》和《关于汽车交易市场管理的暂行规定》。此外，《外商投资企业清算办法》等行政法规也涉及工商行政管理部门职能。鉴于上述行政法规已自2008年1月15日起停止执行。对依据上述行政法规进行查处的案件应当按照以下原则处理：（1）凡依据上述行政法规立案但尚未结案，该行为同时违反其他法律、法规的，可以按照其他相关法律、法规进行查处；该行为不违反其他法律、法规的，予以销案。（2）凡依据上述行政法规立案，已结案但处罚决定书尚未送达当事人的，鉴于处罚依据已经消失，该行政处罚停止执行。（3）凡依据《暂行条例》和《施行细则》采取行政强制措施的，一律解除所采取的行政强制措施。但该行为同时违反其他法律、法规，依照相关法律、法规规定可以采取行政强制措施的可以在解除原行政强制措施的同时，采取新的行政强制措施。

（二）关于烟草专卖法第三十七条和《烟草专卖法实施条例》第六十一条的规定的衔接问题

根据烟草专卖法第三十七条①的规定：对非法印制烟草制品商标标识的行为，由工商行政管理部门行使行政处罚职权。按照特别规定优于一般规定的原则，烟草管理部门对此类违反烟草管理的行为，不具有行政处罚职权。

根据《烟草专卖法实施条例》第六十一条的规定，对无烟草专卖零售许可证经营烟草制品零售业务的行为的行政处罚职权，由工商行政管理部门行使，烟草专卖部门无权行使。工商行政管理部门除此类违反烟草专卖管理行为外，对其他违反烟草专卖的倒卖行为，均不具有行政处罚职权。对此类违反烟草专卖管理的行为，工商行政管理机关应当依据《烟草专卖法实施条例》第六十一条的规定，进行处罚，而不能依据《暂行条例》的有关规定作出行政处罚决定。

（三）关于"移送"问题

人民法院在审理诉工商行政机关行政处罚案件中，发现根据烟草专卖法及《烟草专卖法实施条例》的有关规定，工商行政机关越权行使了应当由烟草专卖机关行使的行政处罚职权的，应当在行政判决书说理部分阐明其超越职权的理由。如果经审理认定原告或者第三人的行为属于违反烟草专卖管理行为的性质的，还应当阐明被告应当将此案的有关材料移交烟草专卖行政主管部门处理。为了达到法律效果与社会效果相统一，当法院判决生效后，法院应当主动将有关情况向烟草专卖机关、同级人民政府或者被告的上级机关通报。法院直接将案件材料移送烟草专卖机关，有司法干涉行政之嫌疑，故法院不宜直接移送。但烟草专卖机关可以到法院查阅有关卷宗并可以复印或复制有关证据材料。

---

① 烟草专卖法第三十七条规定："违法本法第二十一条的规定，非法印制烟草制品商标标识的，由工商行政管理部门销毁印制的商标标识，没收违法所得，并处罚款。"

52. 地方性法规的行政处罚规定是否与上位法的规定相抵触的判断与适用
——《最高人民法院对〈关于秦大树不服重庆市涪陵区林业局行政处罚争议再审一案如何适用法律的请示〉的答复》解读

2003 年 6 月 22 日　　　　　　　　　　〔2001〕行他字第 7 号

一、问题的提出

重庆市第三中级人民法院在审理秦大树诉重庆市涪陵区林业局行政处罚再审一案时认定，秦大树 1998 年 4 月办理个体工商户营业执照。该营业执照记载的主要内容包括：经营范围为主营植物油加工、兼营粮食、李干等政策允许范围内的农副产品；经营方式为加工、收购、销售；经营期限至 2002 年 4 月 3 日。1999 年 6 月 2 日，秦大树向丰都县双路林业管理站交纳了收购 50 吨桐油的育林基金 1500 元。同年 6 月 24 日，秦在向丰都工商局交纳了桐油运输管理费 210 元后，将自己加工的 2 吨桐油从丰都县双路镇运往重庆出售，途经涪陵乌江大桥时，被涪陵区林业局执法人员拦截检查。该局执法人员检查发现秦所运桐油未办理运输证，遂当即扣留该批桐油。次日，根据《重庆市林业行政处罚条例》（以下简称《条例》）第二十二条第一款第（一）项①的规定，作出没收该批桐油的行政处罚决定。秦大树不服依法向法院提起行政诉讼。该院在再审中，对秦大树无运输证运输合法的林产品，可否界定为行政处罚法第八条第（三）项规定的违法所得或非法财物；《条例》第二十二条第一款第（一）项规定，对规定林产品无运输证的，予以没收，该项的规定是否与行政处罚法第八条第（三）项的规定相抵触的问题存在分歧意见，就此向重庆市高级人民法院请示。

重庆市高级人民法院审判委员会在讨论中对该问题中存在两种不同意见：一种意见认为，《条例》第二十二条第一款第（一）项的规定与行政处罚法第八条第（三）项的规定相抵触。《条例》第二十二条第一款第（一）项规定，"无规定林产品运输证的，予以没收"。行政处罚法第八条第（三）项规定"没收违法所得、没收非法财物"。无规定林产品运输证的，构成非法运输，但非法运输的合法林产品并不是违法所得或非法财物。《条例》第二十二条第一款第（一）项的规定扩大了没收的范围，根据上位法优于下位法、总则优于分则的法律适用规则，应当适用行政处罚法第八条第（三）项规定和《条例》第五条②的规定。另一种意见认为，《条例》与行政处罚法第八条第（三）项的规定并不抵触。无木材运输证或规定林产品运输证的，均构成

---

① 重庆市人大常委会1998年通过的《重庆市林业行政处罚条例》第二十二条第一款规定："木材检查站扣留的木材或规定林产品，由林业主管部门按下列规定处理：（一）无木材或规定林产品运输证的，予以没收；属树种、材种、品名、数量、规格与运输证填写内容不符的，没收不符部分或超运部分。对没收实物有困难的，可收缴实物变价款，并出具专门收据。违反规定运输的林产品，按有关规定处理；（二）所持木材或规定林产品运输证件，系涂改或伪造的，收缴其运输证件，没收木材或规定林产品，可并处木材或规定林产品价值三倍以下的罚款。倒卖木材或规定林产品运输证件的，依照本条例第十七条第一款从重处理；（三）使用过期、转让或其他无效木材运输证件运输木材或规定林产品的，收缴其证件，并责令限期补办运输证件后放行；逾期未提供补办运输证件的，没收所运输的全部木材或规定林产品；（四）超出运输证件规定的地点和重复使用运输证的，没收所运输的木材或规定林产品，可并处木材或规定林产品价值三倍以下的罚款。（五）违反本条例第二十一条第一款第（四）项规定的，限期补办运输证；逾期不补办的，没收运输的木材或规定林产品。（六）以伪装、藏匿或其他方式逃避检查的，没收运输的木材或规定林产品，可并处木材或规定林产品价值二倍以下的罚款；（七）承运无运输证的木材或规定林产品的，可处以承运木材或林产品价值百分之三十以下的罚款。"有本条第（二）项、第（四）项、第（六）项、第（七）项行为之一，又拒绝检查、强行运输的，从重处罚。木材检查站扣留的木材或规定林产品，由林业主管部门按下列规定处理：（一）无木材或者规定林产品运输证的，予以没收；属树种、材种、品名、数量、规格与运输证填写内容不符的，没收不符合部分或超运部分。对没收实物有困难的，可收缴实物变价款，并出具专门"

② 《条例》第五条规定："林政处罚的种类包括警告、责令赔偿损失、补种树木、没收非法财物、罚款、封存、销毁、暂扣或者吊销许可证。"

非法运输林产品；凡非法运输的林产品不论行为人对其所运输物品是否享有合法所有权，均构成非法财物。法院审查被诉具体行政行为的合法性，但对立法机关制定的地方性法规没有审查权，《条例》第二十二条第一款第（一）项的规定并未扩大没收的范围，与行政处罚法第八条第（三）项及《条例》第五条的规定是一致的，应当适用《条例》第二十二条第一款第（一）项的规定。

该院审判委员会倾向第一种意见。鉴于该院审判委员会对此问题的认识不能达成一致，故决定向最高人民法院请示。

二、分析

《条例》是重庆市人民代表大会常务委员会于 1998 年 1 月 21 日通过的，其法律位阶属于地方性法规。根据《条例》第一条[①]的规定，其制定的依据为森林法和行政处罚法。《条例》的内容上也涉及森林法和行政处罚法的有关规定。因此说，森林法、《森林法实施细则》和行政处罚法是《条例》的上位法。分析《条例》中有关行政处罚的规定是否与上位法的规定相抵触，就必须将《条例》的有关规定与森林法、《森林法实施细则》和行政处罚法的有关规定进行比较分析后，才能得出结论。

（一）关于《条例》第二十二条第一款第（一）项的规定与行政处罚法第八条的规定是否抵触的问题

行政处罚法第八条第（三）项规定中的"没收违法所得"，是指行政机关没收违法行为人因违法行为而获得的物质利益。"没收非法财物"是指行政机关对违法当事人的物品收归国有的处罚方式。可成为没收对象的是：（1）当事人非法所得的财物。就性质来讲，这些财物不属于当事人所有，而是被其非法占有。（2）财物虽系当事人所有，但因其用于非法活动而被没收，例如用作赌资的金钱等。（3）违禁品。违禁品是国家法律、法规明文禁止生产、加工、保管、运输、销售的物品及在某些场所禁止携带的物品，如在车、船、飞机上查出的易燃易爆物品、黄色书刊、黄色录音录像带等淫秽

[①] 《条例》第一条规定："为规范林业行政执法，保障和监督林业主管部门有效实施管理，维护林政管理秩序，保护公民、法人和其他组织的合法权益，根据《中华人民共和国森林法》、《中华人民共和国行政处罚法》和有关法律、法规，结合本市实际，制定本条例。"

物品、毒品、内容反动的宣传品等。无规定林产品运输证运输的林产品既不属于违法行为人因违法行为而获得的物质利益，也不属于可以作为非法财物没收的对象的财物。如果仅仅将《条例》第二十二条第一款第（一）项的规定与行政处罚法第八条规定进行比较，它确实扩大了没收的范围。但是，行政处罚法第八条规定行政处罚的种类有警告，罚款，没收违法所得、没收非法财物，责令停产停业，暂扣或者吊销许可证、暂扣或者吊销执照，行政拘留，法律、行政法规规定的其他行政处罚等七类。尽管没收无规定林产品运输证运输的林产品不在前六项行政处罚的种类之中，但是，法律、行政法规可以规定其他种类的行政处罚。如果有关法律、行政法规设定了这项行政处罚，就不能认定《条例》第二十二条第一款第（一）项的规定与行政处罚法第八条的规定相抵触；如果有关法律、行政法规没有设定这项行政处罚，《条例》第二十二条第一款第（一）项的规定就超出了行政处罚法第八条规定的行政处罚种类，可以认定其与上位法的规定相抵触。重庆市高级人民法院的请示报告中，未说明森林法及其实施细则中有无关于可以没收无规定林产品运输证运输的林产品行为的行政处罚的规定，倘若在未考虑这一因素的情况下，就认定《条例》第二十二条第一款第（一）项的规定与行政处罚法第八条的规定相抵触，显得过于草率。

（二）关于行政处罚法授予地方性法规设定行政处罚的权限问题

行政处罚的设定，是在立法上对公民、法人或者其他组织的权利及利益进行限制和剥夺。"设定"一词包括两个方面的含义：一是"创设"。它是指在没有法律规定的情况下创制新的行政处罚的形式、方法和原则等，即创造性地规定。二是"规定"。它是指依据已创设行政处罚的法律再加以具体化。

行政处罚法第十一条①的规定，授予具有制定地方性法规权力的地方立法机关设定行政处罚的权力。具体来讲包括以下两项内容：一是"创设行政处罚"。即具有制定地方性法规权力的地方立法机关在不同上位法相抵触的前提下，有权对本地区的特殊问题制定地方性法规，或者在没有制定法律、行政法规时，先制定地方性法规。这种地方性法规可以设定除限制人身自由

---

① 行政处罚法第十一条规定："地方性法规可以设定除限制人身自由、吊销企业营业执照以外的行政处罚。""法律、行政法规对违法行为已经作出行政处罚规定，地方性法规需要作出具体规定的，必须在法律、行政法规规定的给予行政处罚的行为、种类和幅度的范围内规定。"

和吊销企业营业执照以外的行政处罚。但如果新的法律、行政法规颁布后，其有关行政处罚的规定与法律、行政法规规定不一致的，就应当执行法律、行政法规的规定。二是"规定行政处罚"。法律、行政法规对违法行为已经作出行政处罚规定的，地方性法规可以结合当地实际情况，补充细化法律、行政法规，使之更具有实用性和针对性。地方性法规必须在法律、行政法规规定的给予行政处罚的行为、种类和幅度的范围内规定，超出的即属于与上位法相抵触的性质。

（三）关于《条例》第二十二条第一款第（一）项的规定与森林法及《森林法实施细则》的有关规定是否抵触的问题

全国人大常委会1984年9月20日颁布，1985年1月1日施行的森林法及国务院批准、1986年5月10日林业部发布施行的《森林法实施细则》仅对盗伐、滥伐森林或者其他林木，伪造或者倒卖林木采伐许可证、木材运输证等违法行为可以作出行政处罚的规定，但未对无运输证运输的林产品的行为可以作出行政处罚的规定。全国人大常委会于1998年4月29日通过，于1998年7月1日起施行的《关于修改〈中华人民共和国森林法〉的决定》增加规定了非法买卖林木采伐许可证、木材运输证件、批准出口文件、允许进口证明书以及伪造采伐许可证、木材运输证件、批准出口文件、允许进出口证明书等违法行为的行政处罚，但仍未将无运输证运输林产品的行为纳入行政处罚的范围之内。国务院2000年1月29日发布施行的《森林法实施条例》第四十四条规定："无木材运输证运输木材的，由县级以上人民政府林业主管部门没收非法运输的木材，对货主可以并处非法运输木材价款30%以下的罚款。"实际上扩大了森林法规定可以给予行政处罚行为的范围。但是，也未将无运输证运输林产品的行为纳入行政处罚的范围之内。无论按照新旧森林法及《森林法实施细则》或《森林法实施条例》的规定，无运输证运输林产品的行为均不属于可以给予行政处罚的违法行为。根据行政处罚法第十一条的规定，《条例》第二十二条第一款第（一）项的规定，属于与上位法相抵触的性质。

（四）关于与上位法相抵触的地方性法规应否适用的问题

全国人大2000年3月15日通过，2000年7月1日施行的立法法第六十四条第二款规定："除本法第八条规定的事项外，其他事项国家尚未制定法律或者行政法规的,省、自治区、直辖市和较大的市根据本地方的具体情况和实际需要,可以先制定地方性法规。在国家制定的法律或者行政法规生效后,地方性法规同法律或者行政法规相抵触的规定无效,制定机关应当及时予以修改或者废止。"第七十九条规定:"法律的效力高于行政法规、地方性法规、规章。""行政法规的效力高于地方性法规、规章。"根据这两条的规定,虽然人民法院在审理行政案件时,不具有撤销违法或不适当的地方性法规规定的权力,但是,该条规定中暗含着法院在遇到地方性法规与法律、行政法规相抵触时,应当适用上位法的有关规定,而不适用地方性法规的有关规定。该案发生在1999年,而立法法则在2000年7月1日施行,按照法不溯及既往的原则,立法法的规定似乎不能适用该案。我国宪法第一百条规定:"省、直辖市的人民代表大会和它们的常务委员会,在不同宪法、法律、行政法规相抵触的前提下,可以制定地方性法规,报全国人民代表大会常务委员会备案。"该条规定同样暗含着,地方性法规的规定与上位法的规定相抵触时,法院不应适用地方性法规的规定之含义。最高人民法院在立法法施行前,作出的有关批复和答复也都贯彻了这一原则。例如,最高人民法院1993年3月11日作出的《关于人民法院审理行政案件对地方性法规的规定与法律和行政法规不一致的应当执行法律和行政法规的规定的复函》中明确指出:"《中华人民共和国渔业法》第三十条规定:'未按本法规定取得捕捞许可证擅自进行捕捞的,没收渔物和违法所得,可以并处罚款;情节严重的,并可以没收渔具。'这条未规定可以没收渔船。《福建省施行〈中华人民共和国渔业法〉办法》第三十四条规定,未取得捕捞许可证擅自进行捕捞或者伪造捕捞许可证进行捕捞,情节严重的,可以没收渔船。这是与渔业法的规定不一致的。人民法院审理行政案件,对地方性法规与法律和行政法规的规定不一致的,应当执行法律和行政法规的规定。"又如,最高人民法院2001年2月1日作出的《关于对人民法院审理公路交通行政案件如何适用法律问题的答复》中明确指出:"人民法院审理公路行政案件涉及地方性法规对交通部门暂扣运输车辆的规定与《中华人民共和国公路法》的有关规定不一致的,应当适用《中华人民共和国公路法》的有关规定。"再如,最高人民法院于2003年4月29日作出的《对人民法院在审理盐业行政案件中如何适用国务院〈食盐专营办法〉第二十五条规定与〈河南省盐业管理条例〉第三十条第一款规定问题的答复》明确指出:"根据《中华人民共和国行政处罚法》第十一条第二款关于'法律、行政法规对违法行为已经作出行政处罚规定,地方性法规需要作出具体规定的，必须在法律、行政法规规定的给予行政处罚的行为、种类和幅度的范围内规定'的规定，《河南省盐业管理条例》第三十条第一款关于对承运人罚款基准为'盐产品价值'及对货主及承运人罚款幅度为'一倍以上三倍以下'的规定，与国务院《食盐专营办法》第二十五条规定不一致。人民法院在审理有关行政案件时，应根据《中华人民共和国立法法》第六十四条第二款、第七十九条第二款规定的精神进行选择适用。"

基于上述考虑，最高人民法院在征求了全国人大常委会法制工作委员会和国务院法制办公室的意见后，于2003年6月22日作出〔2001〕行他字第7号《对〈关于秦大树不服重庆市涪陵区林业局行政处罚争议再审一案如何适用法律的请示〉的答复》（以下简称〔2001〕行他字第7号答复）中明确指出："根据《中华人民共和国行政处罚法》第十一条第二款关于'法律、行政法规对违法行为已经作出行政处罚规定，地方性法规需要作出具体规定的，必须在法律、行政法规规定的给予行政处罚的行为、种类和幅度的范围内规定'的规定，《重庆市林业行政处罚条例》第二十二条第一款第（一）项关于没收无规定林产品运输证的林产品的规定，超出了《中华人民共和国森林法》规定的没收的范围。人民法院在审理有关行政案件时，应当适用上位法的规定。"该答复所确定的，地方性法规扩大或者限缩上位法规定的给予行政处罚的行为、种类和幅度的范围，属于下位法与上位法相抵触的性质，人民法院应当适用上位法的原则，最高人民法院2004年5月18日发出的《关于审理行政案件适用法律规范问题的座谈会纪要》中亦有所体现。

三、应注意的问题

人民法院在审理具体行政案件中，适用〔2001〕行他字第7号答复及相关司法解释性文件时，应当注意以下两个问题：

（一）关于不适用地方性法规的规定是否需要请示的问题

宪法第六十七条规定，全国人民代表大会常务委员会行使"撤销国务院制定的同宪法、法律相抵触的行政法规和撤销省、自治区、直辖市国家权力机关制定的同宪法、法律和行政法规相抵触的地方性法规。"立法法第八十八条亦作了相同的规定，根据这两条的规定，各地人民法院在审理行政案件中，如果发现行政法规的规定与宪法、法律的规定相抵触，或省级立法机关制定的地方性法规与宪法、法律和行政法规的规定相抵触的问题，应当逐级上报，由最高人民法院报请全国人民代表大会常务委员会的工作机构，全国人民代表大会常务委员会的工作机构提出该条行政法规或地方性法规同宪法、法律及行政法规相抵触的意见，最高人民法院作出司法解释后，各地人民法院才可以根据司法解释，不适用该条行政法规或地方性法规。最高人民法院未作司法解释前，不能确认地方性法规与法律、行政法规相抵触。地方人民法院在审理行政案件中，认为省级以下立法机关制定的地方性法规与上位法相抵触的，应当逐级报送高级人民法院，由高级人民法院报请省级立法机关裁决。省级立法机关的裁决可以作为人民法院对发生在本行政辖区内的行政案件的依据。

（二）关于总则是否优于分则的问题

重庆市高级人民法院的请示报告中提到"总则优于分则"的观点。法律规范中总则部分一般是有关法律规范所追求的目的、基本原则、一般职权的划分等有关原则性问题的规定。分则一般是对有关具体问题的规定。因此说，总则属于一般规定，分则属于特别规定。正因为总则是对一般问题的规定，分则往往要对特别问题作出规定，这样就会出现总则规定与分则的规定不一致的问题。根据立法法第八十三条①的规定，同一机关制定的法律规范，特别规定与一般规定不一致的，适用特别规定的原则，在一部法律或法规中，总则规定与分则规定不一致的，应当适用分则中的特别规定。据此，"总则优于分则"的观点是不成立的。

---

① 立法法第八十三条规定："同一机关制定的法律、行政法规、地方性法规、自治条例和单行条例、规章，特别规定与一般规定不一致的，适用特别规定；新的规定与旧的规定不一致的，适用新的规定。"

53. 有关盐业管理的地方性法规与
行政法规不一致的，应当适用行政法规
——《最高人民法院对人民法院在审理
盐业行政案件中如何适用国务院〈食盐专营办法〉
第二十五条规定与〈河南省盐业管理条例〉
第三十条第一款规定问题的答复》解读

2003 年 4 月 29 日　　　　　　　　　法行〔2000〕36 号

一、问题的提出

河南省虞城县人民法院在审理原告刘磊诉虞城县盐业管理局不服盐业行政处罚一案中，就《河南省盐业管理条例》第三十条与《盐业专营办法》第二十五条的有关规定是否一致问题层报最高人民法院请示。

经河南省人大常委会1999年5月30日通过并实施的《河南省盐业管理条例》第二十一条第一款规定："运输食盐，应当按照规定办理准运证，严禁无证运输。任何单位和个人发现无准运证运输食盐的，应及时向盐业行政主管部门举报。"第三十条第一款规定："违反本条例第二十一条第一款规定的，由盐业行政主管部门没收违法运输的盐产品，对货主和承运人分别处以违法运输的盐产品价值1倍以上3倍以下的罚款。"

国务院1996年5月27日发布实施的《食盐专营办法》第十八条第一款规定："托运或者自运食盐的单位和个人，应当持有国务院盐业主管机构或者其授权的省、自治区、直辖市人民政府盐业主管机构核发的食盐准运证。"第二十五条规定："违反本办法第十八条的规定，无食盐准运托运证或者自运食盐的，由盐业主管机构没收违法运输的食盐，对货主处以违法运输的食盐价值3倍以下的罚款，对承运人处以违法所得3倍以下的罚款。"

河南省高级人民法院认为，《食品专营办法》第二十五条与《河南省盐

业管理条例》第三十条第一款的规定不尽一致。2000年11月15日，河南省高级人民法院向最高人民法院提出请示。

对于是否存在下位法与上位法相抵触的问题，主要有两种意见：一种意见认为，两者不相抵触。理由是：《河南省盐业管理条例》第三十条第一款的规定只是对于《食盐专营办法》的细化，且均在3倍以下的幅度范围内，不存在抵触。另一种意见认为，两者存在抵触。理由是：《河南省盐业管理条例》第三十条第一款与《食盐专营办法》在计算罚款的基准和罚款的幅度上都存在不同。

二、分析

《河南省盐业管理条例》第三十条第一款规定"违反本条例第二十一条第一款规定的，由盐业行政主管部门没收违法运输的盐产品，对货主和承运人分别处以违法运输的盐产品价值1倍以上3倍以下的罚款。"《食盐专营办法》第二十五条规定："违反本办法第十八条的规定，无食盐准运托运证或者自运食盐的，由盐业主管机构没收违法运输的食盐，对货主处以违法运输的食盐价值3倍以下的罚款，对承运人处以违法所得3倍以下的罚款。"这是本案涉及到可能抵触的两个条文。显而易见，主要的不同点集中在以下两个方面：

一是关于计算罚款的基准问题。《河南省盐业管理条例》规定的计算基准是"违法运输的盐产品价值"，而《食盐专营办法》规定的计算基准根据货主和承运人分别是"违法运输的食盐价值"和"违法所得"。那么，"违法运输的盐产品价值"和"违法所得"是否相同？从文义解释的角度来看，两者并非同一个概念。"违法运输的盐产品价值"是指按照市场价格计算和确定的盐产品的价值，通常体现为盐产品的货款额。这个货款额与是否非法运输没有太大关系。而"违法所得"则是指违法行为人通过违法行为所获得的经济收益，"违法所得"是针对承运人的条款，也就意味着违法所得是指其收取的运费收入。一般而言，承运人的运费远远低于盐产品价值。而《河南省盐业管理条例》并未区分货主和承运人，两者均得处以"盐产品价值1倍以上3倍以下的罚款"。不同情况同等对待，显然不符合《食盐专营办法》的立法原意和现有规定。这一行为实际上也属于《最高人民法院关于审理行政案件适用法律规范问题的座谈会纪要》规定的下位法以参照、准用等方式扩大上位法规定的义务或条件的情形，构成了下位法对上位法的抵触。

二是罚款的幅度问题。《河南省盐业管理条例》规定的对货主和承运人的罚款幅度是"1倍以上3倍以下"，《食盐专营办法》规定的罚款幅度则是

"3倍以下"。"1倍以上3倍以下"可参照如1元~3元，但是不能低于1元；"3倍以下"可参照0元~3元，没有底限。可见，《河南省盐业管理条例》的规定提高了罚款的下限，直接导致起罚点的提高。亦属于下位法扩大上位法规定的义务或者条件，构成了抵触。

行政处罚法第十一条第二款规定，法律、行政法规对违法行为已经作出行政处罚规定，地方性法规需要作出具体规定的，必须在法律、行政法规规定的给予行政处罚的行为、种类和幅度的范围内规定。本案中，《河南省盐业管理条例》规定的罚款基准和罚款幅度，属于广义上的违反上位法关于行政处罚幅度的规定。不同意见认为，"1倍以上"的罚款实际上仍然在"3倍以下"的幅度范围之内，并不违反行政处罚法的规定。这种观点不正确。行政处罚的幅度一般包括了下限和上限，对于提高下限和提高上限的规定，都是幅度范围之外的规定。提高上限比较容易理解。"提高下限"包括了两种情形：一是上位法明确了下限而下位法予以提高，例如上位法规定100元下限，下位法提高到200元；二是上位法没有明确下限而下位法予以规定，例如，上位法规定100元以下罚款，下位法规定50~100元罚款。50元即是下位法无上位法依据确定的下限，属于幅度范围之外的行政处罚。

据此，2003年4月29日，最高人民法院作出《对人民法院在审理盐业行政案件中如何适用国务院〈食盐专营办法〉第二十五条规定与〈河南省盐业管理条例〉第三十条第一款规定问题的答复》（法行〔2000〕36号）："根据《中华人民共和国行政处罚法》第十一条第二款关于'法律、行政法规对违法行为已经作出行政处罚规定，地方性法规需要作出具体规定的，必须在法律、行政法规规定的给予行政处罚的行为、种类和幅度的范围内规定'的规定，《河南省盐业管理条例》第三十条第一款关于对承运人罚款基准为'盐产品价值'及对货主及承运人罚款幅度为'1倍以上3倍以下'的规定，与国务院《食盐专营办法》第二十五条规定不一致。人民法院在审理有关行政案件时，应根据《中华人民共和国立法法》第六十四条第二款、第七十九条第二款规定的精神进行选择适用。"这一批复有两个重要的内容必须予以强调：一是关于下位法与上位法冲突的确认。这一个问题前已述及。二是人民法院依照立法法第六十四条第二款和第七十九条第二款进行选择适用的权力。

先来看立法法第六十四条第二款的规定："除本法第八条规定的事项外，其他事项国家尚未制定法律或者行政法规的，省、自治区、直辖市和较大的市根据本地方的具体情况和实际需要，可以先制定地方性法规。在国家制定的法律或者行政法规生效后，地方性法规同法律或者行政法规相抵触的规定无效，制定机关应当及时予以修改或者废止。"根据权威解释，本条规定是指地方性法规只能在法律、行政法规规定的幅度内加以具体化，不能作出变通的规定，否则就同法律或行政法规相抵触。① 最高权力机关的专属立法权，是地方性法规的"禁区"，无论国家是否制定法律，地方都不能作出规定，否则地方性法规就是越权，是无效的。但是，中央一旦立法，由于法律和行政法规的位阶高于地方性法规，地方性法规同法律或行政法规相抵触的规定即为无效，制定机关应当及时进行修改或者废止。② 批复仅仅依据上述规定作出效力的判断，下级法院一般不需根据上述条文在判决主文中认定其无效，而是适用行政法规的规定即可。

再来看立法法第七十九条第二款的规定："行政法规的效力高于地方性法规、规章。"规定行政法规的效力高于地方性法规是我国政治制度、国家结构和历史传统等因素决定的。③ 有关理论本书不拟详细探讨。本条的规定实际上是一个效力认定规则。但是，下级法院在审理行政案件时，在判决主文中亦不应当直接依据立法法的规定进行裁判。批复确立的仅仅是一种判断方法，下级法院可以根据这种判断方法进行"选择适用"，这种选择适用是根据其"精神"而不是立法法的具体规定。

---

① 乔晓阳主编：《中华人民共和国立法法讲话》，中国民主法制出版社2008年版，第246页。
② 张春生主编：《中华人民共和国立法法释义》，法律出版社2000年版，第195页。
③ 张春生主编：《中华人民共和国立法法释义》，法律出版社2000年版，第233页。

54. 食品卫生监督机构一般不进行计量认证但应依法进行计量器具检定
——《最高人民法院对人民法院在审理计量行政案件中涉及的应否对食品卫生监督机构进行计量认证问题的答复》解读

2003 年 4 月 29 日　　　　　　　　　法行〔2000〕29 号

一、问题的提出

松原市中级人民法院在审理一起计量行政案件时发现，食品卫生监督检验机构依照食品卫生法的有关规定开展食品卫生监督检验工作，是否应当适用计量法第二十二条的规定需要进行计量认证的问题，有关行政主管部门作出不同的解释。2000 年 9 月 4 日，吉林省高级人民法院以吉高法〔2000〕86 号文向最高人民法院请示。

对于食品卫生监督检验机构是否需要计量认证，国家质量技术监督局和卫生部法制与监督司作出不同的解释。国家质量技术监督局认为，根据计量法第二十二条及《计量法实施细则》的规定，为社会提供公证数据的产品质量检验机构，必须经省级以上质量技术监督部门计量认证。食品卫生监督检验机构依照国家和行业标准开展食品产（商）品质量监督检验的，属于为社会提供公证数据的产品质量检验机构，应当经省级以上质量技术监督部门计量认证。卫生部法制与监督司则认为，食品卫生监督检验机构根据食品卫生法的有关规定开展食品卫生监督检验工作，其监督检验资格是根据法律规定获得的，出具的监测结果是有法律效力的，不属于计量法第二十二条调整的范畴。

二、分析

为了保障国家计量单位制的统一和量值的准确可靠，我国于 1985 年 9 月 6 日公布了计量法。俗话说，质量就是生命。特定质检主体为社会提供公证数据，从而对产品质量的优劣作出公正、可靠、权威的判定的前提条件是，特定质检主体本身的计量检定、测试能力和可靠性必须是合格的。据此，计量法第二十二条规定："为社会提供公证数据的产品质量检验机构，必须经省级以上人民政府计量行政部门对其进行计量检定、测试的能力和可靠性考核合格。"《计量法实施细则》第三十二条也对此作了强调。

根据《计量法实施细则》第三十三条的规定，产品质量计量认证的内容包括三个方面：一是计量检定、测试设备的性能；二是计量检定、测试设备的工作环境和人员的操作技能；三是保证量值统一、准确的措施及检测数据公正可靠的管理制度。那么，食品卫生监督检验机构的法律地位如何，其机构以及器具是否接受计量认证呢？

根据计量法的规定，是否接受计量认证的前提条件是——为社会提供公证数据。这里的"公证数据"是指面向社会从事检测工作的技术机构，为他人作决定、仲裁、裁决所出具的可引起法律后果的数据。计量法规定的"公证数据"与其他测量数据的主要区别是：公证数据除了具有真实性和科学性之外，还具有合法性，在用于贸易出证、产品质量评价和成果鉴定等方面，具有法律效力，能够得到社会的认可。在本请示案件中，食品卫生监督检验机构是否也承担为社会提供公证数据的职责呢？

根据食品卫生法第三条第一款的规定，国务院卫生行政部门主管全国食品卫生工作。第十二条第一款规定，县级以上地方人民政府卫生行政部门在管辖范围内行使食品卫生监督职责。第三十三条规定，食品卫生监督机构的职责是进行食品卫生监测、检验和技术指导。产品质量法第十九条规定，产品质量检验机构必须具有相应的条件和能力，经省级以上人民政府产品质量监督部门或者经授权的部门考核后，方可承担产品质量检验工作。标准化法第十九条规定，县级以上标准化行政主管部门，可根据需要设置检验机构或授权其他单位检验机构，对产品是否符合标准进行检验，法律、行政法规对检验机构另有规定的，依照法律行政法规规定执行。由上可见，食品卫生监督机构行使食品卫生监督组织开展食品卫生检验并出具评价和检验报告，是符合相关法律规定的。食品卫生监督机构出具的评价和检验报告，包括检验结论、检疫证明等是评价和证明被检食品是否符合国家标准、行业标准的依据，也是决定食品是否销售、运输的主要依据，其出具的结论、证明和数据直接关系到食品卫生安全，直接关系到人体健康和公共安全，是可以引起一定法律后果的数据。因此，食品卫生监督检验机构的相关检验器具必须要符合计量法的规定，必须接受器具检定。这实际上也在说明，食品卫生监督工作本身就具有双重性：监测、监督和技术指导职能和出具相关监测数据职能。

还有一个争论的问题，根据《计量法实施细则》第七条的规定计量标准器具的使用，必须具备下列条件：（1）经计量检定合格；（2）具有正常工作所需要的环境条件；（3）具有称职的保存、维护、使用人员；（4）具有完善的管理制度。也就是说，在一般情况下，计量行政机关除了进行器具检定外，对于"具有称职的保存、维护、使用人员"也需要进行计量认证。而食品卫生监督机构从依法成立之日起就具有检验资格，这种检验资格是通过法律的规定获得的，因此，对于其机构、人员不需要计量行政机关来进行认证，计量行政机关也无权进行认证。从这个角度来讲，1999年11月22日，卫生部法制与监督司作出的卫法监综发〔1999〕第152号文所称的"食品卫生监督机构是根据《食品卫生法》的有关规定开展食品卫生监督检验工作，其监督检验资格是根据法律规定获得的"是正确的。但是，其所称的"出具的检测结果是有法律效力的，不属于计量法第二十二条调整的范畴"则是不正确的。当然，1999年12月6日，国家技术监督局政策法规司作出的〔1999〕质技监改便字第103号文中所称的"食品卫生监督检验机构依照国家和行业标准开展食品产（商）品质量监督检验的，属于为社会提供公证数据的产品质量检验机构，应当经省级以上质量技术监督部门计量认证"没有区别机构认证和器具检定，也不完全正确。

1996年，卫生部和原国家技术监督局于作出的《关于成立"国家计量认证卫生评审组"的通知》（卫科教发〔1996〕第35号，以下简称《通知》）明确国家计量认证卫生评审组在卫生部和原国家技术监督局的领导下，负责所属及承担全国性或区域性检测任务的卫生检测机构和实验室的计量认证工作。该《通知》第一条第二款明确，食品卫生监督机构一般不进行机构计量认证，但应按照有关计量法规规定进行计量器具检定。这个《通知》是两个部门联合下发的，其效力应当高于两个部门各自的行政批复。根据《最高人民法院关于审理行政案件适用法律规范问题的座谈会纪要》的规定，两个以上的国务院部门就涉及其职权范围的事项联合制定的规章规定，优先于其中一个部门单独作出的规定。因此，该《通知》的效力要高于两个部门作出的行政规范性文件。据此，2003年4月29日，最高人民法院参照上述《通知》作出《对人民法院在审理计量行政案件中涉及的应否对食品卫生监督机构进行计量认证问题的答复》（法行〔2000〕29号）："吉林省高级人民法院：你院吉高法〔2000〕86号《关于食品卫生监督检验机构开展食品卫生监督检验工作是否应当适用〈中华人民共和国计量法〉第二十二条规定需要进行计量认证的请示》收悉，经研究，答复如下：参照1996年10月7日卫生部和国家技术监督局共同作出的《关于成立"国家计量认证卫生评审组"的通知》（卫科教发〔1996〕第35号）的有关规定，食品卫生监督机构一般不进行机构计量认证，但应按照《中华人民共和国计量法》及有关规定进行计量器具检定。"这里的"一般"意味着食品卫生监督机构通常不进行机构计量认证，因为其资格是法律赋予的。如果法律和行政法规认为需要进行机构计量认证的，还应当进行机构计量认证。

值得注意的是，卫生部法制与监督司作出的卫法监综发〔1999〕第152号文所称的"各级食品卫生监督机构中列入强制检定目录的工作计量器具，应按照计量法第九条规定接受强制检定"的观点实际上缩小了器具检定的范围。计量法第九条规定："县级以上人民政府计量行政部门对社会公用计量标准器具，部门和企业、事业单位使用的最高计量标准器具，以及用于贸易结算、安全保护、医疗卫生、环境监测方面的列入强制检定目录的工作计量器具，实行强制检定。未按照规定申请检定或者检定不合格的，不得使用。实行强制检定的工作计量器具的目录和管理办法，由国务院制定。"根据最高人民法院上述司法解释，器具检定是指根据计量法及有关规定进行的检定，并不仅仅局限于强制检定。

在最高人民法院批复下发之后，有关卫生行业计量认证的工作越来越规范。2003年4月21日，卫生部针对各省、自治区、直辖市卫生厅局、质量技术监督局和卫生部直属有关单位又发出《关于卫生行业计量认证工作有关问题的通知》（卫法监发〔2003〕90号），再次就卫生检测机构和实验室的计量认证工作进行规范。其主要内容包括："各级疾病预防控制机构拥有完善的实验室和检测分析仪器设备，在开展疾病预防控制工作的同时，接受市场委托检测任务，向社会出具公证数据的，必须进行计量认证。国家计量认证卫生评审组在国家认证认可监督管理委员会的统一领导下，受理所属国家级和省级卫生检测机构和实验室的计量认证申请事宜；省以下的卫生检测机构和实验室，由省级卫生行政部门向当地省级质量技术监督部门申请，各省、自治区、直辖市卫生行政部门应配合当地省级质量技术监督部门共同做好省以下卫生检测机构和实验室的计量认证工作。"这个通知再次强调了对于实验室和检测分析仪器设备，接受市场委托检测任务，向社会出具公证数据的，必须进行计量认证。

55. 征收企业专用码头货物港务费可以参照国务院法制机构意见
——《最高人民法院行政审判庭关于征收企业专用码头货物港务费适用规章的答复》解读

1996年5月7日　　　　　　　　　　　　　　　〔1995〕行复字第3号

一、问题的提出

湖南省高级人民法院在审理华能岳阳电厂不服湖南省岳阳市港口航务管理处、长江城陵矶港务管理局征收货物港务费一案，如何适用交通部〔1984〕交海字17号和〔1990〕交运122号及〔1992〕交运发967号规章问题，向最高人民法院请示。

根据国家经委、交通部关于《企业专用码头建设和管理试行办法》（〔1984〕交海字17号）第九条规定："……企业专用码头从事本企业生产所需的原材料和产品的装卸时，免收货物港务费。"而根据国家交通部、物价局〔1990〕交运122号文件第十七条（二）款规定："经非港务局码头装卸的货物，先由港务局按规定金额征收其货物港务费，然后向码头所属单位（租用单位或使用单位）返回50%，用于码头基础设施的维护。"即港务管理处可以收取货物港务费。据此，在适用上述规范性文件时有两种意见：

一种意见认为，〔1984〕交海字17号文件实际上是国务院批转交通部关于《长江航运体制改革方案》的实施细则，其效力应高于交运字122号文件和〔1992〕交运发967号文件。〔1990〕交运122号文件和〔1992〕交运发967号文件是针对交通部直属水运企业内部调整价格管理性文件，对企业专用码头不适用。华能岳阳电厂的码头系自建、自管、自用，自己维护的专用码头，免交货港费符合交海字17号文件精神，又符合国务院转发的《长江航运体制改革方案》关于"谁建、谁管、谁受益"的原则。

另一种意见认为,〔1984〕交海字17号文件和〔1990〕交运122号文件、〔1992〕交运发967号文件的编号都属于交通部,均属规章。法律效力是相同的,遵循后法优于先法的原则,〔1990〕交运122号文和〔1992〕交运发967号文件效力应高于〔1984〕交海字17号文件。国务院批转交通部的《长江航运体制改革方案》未规定不收取货物港务费,〔1984〕交海字17号文件并非《长江航运体制改革方案》的实施细则。〔1990〕交运122号文件颁布的《长江港口费收规则》明确规定,经非港务局码头装卸的货物都要收取港务费,其费用以减半计征体现了《长江航运体制改革方案》关于"谁建、谁管、谁受益"的原则。第二种意见为倾向性意见。

二、分析

本请示案件涉及到货物港务费的减免问题,对于这一问题相关部门的规定不同。

1984年1月9日,国家经贸委、交通部发布了《企业专用码头建设和管理试行办法》(〔1984〕交海字17号)。① 该规章第九条规定:"……企业专用码头从事本企业生产所需的原材料和产品的装卸时,免收货物港务费。"根据本规定,作为企业专用码头的华能岳阳电厂在从事本企业生产所需的原材料和产品的装卸时,免收货物港务费。

1990年3月2日,交通部和国家物价局联合发布了《长江港口费收规则》(〔1990〕交运122号)。该规章第十七条第二款规定,经非港务局码头装卸的货物,先由港务局按规定金额征收其货物港务费,然后向码头所属单位(租用单位或使用单位)返回50%,用于码头基础设施的维护。第十八条规定,下列货物免征货物港务费:1.邮件(邮政包裹除外)、按客运手续办理的行李、包裹;2.船舶自用燃物料装货垫缚材料和随货同行的包装备品;3.渔船捕获鱼鲜以及同行的防腐用冰、盐、随活畜、活禽同行的饲料;4.使馆物品、联合国机构的物品、军用物品;5.进口货物到港未卸,经重新办运单后原船运往其他港口的货物;6.因意外事故临时卸在港内仍需运往原到达港的货物。根据上述规定,对于经企业专用码头装卸的货物,先由港务局按规定金额征收其货物港务费,然后向码头所属单位返回50%,用于码头基础设施的维护。在免征货物港务费的若干情形中,亦并无本案的情形,不能免征。此外,1992年10月27日,交通部发布《关于调整交通部直属及双重领导港口内贸港口费收标准的通知》(交运发〔1992〕967号)。该规范性文件

---

① 本规章已被交通部2007年11月14日发布的《关于废止47件交通规章的决定》废止。

要求,从 12 月 15 日起,长江诸港货物港务费每吨由五角提高到八角。

对于是否免征货物港务费,规章之间作出了不同规定。《企业专用码头建设和管理试行办法》(〔1984〕交海字 17 号)是国家经贸委和交通部联合发布的,按照"联合规章优先于单项规章"的规则,其效力应当高于交通部发布的《关于调整交通部直属及双重领导港口内贸港口费收标准的通知》(交运发〔1992〕967 号);《企业专用码头建设和管理试行办法》(〔1984〕交海字 17 号)是国家经贸委和交通部联合发布的,但交通部和国家物价局也联合发布《长江港口费收规则》(〔1990〕交运 122 号),两个联合规章效力应当按照"后法优于前法"的规则,本案适用《长江港口费收规则》。这就意味着,部门规章之间对同一事项规定不一致。根据立法法第八十六条的规定,部门规章之间对同一事项规定不一致时,由国务院裁决。根据《最高人民法院关于审理行政案件适用法律规范问题的座谈会纪要》,在这种情况下,应当中止行政案件的审理,逐级上报最高人民法院送请国务院裁决。

据此,最高人民法院向国务院法制局征求意见。1996 年 4 月 15 日,国务院法制局作出《关于征收企业专用码头货物港务费具体适用规章问题的复函》(国法办函〔1996〕31 号)。复函的内容是:"1983 年 3 月 25 日国务院批转的《交通部关于长江航运体制改革方案》规定,'为鼓励各航运企业、工矿企业和物资部门建设码头的积极性,要本着谁建、谁用、谁管、谁受益的原则,经港口管理局批准,均可建立专用码头,成立装卸服务公司,亦可经营船舶装卸业务','港务费(包括船舶港务费和货物港务费)应由港口管理当局征收,用于维护进出港航道、码头和锚地'。1984 年 1 月 9 日,原国家经委、交通部制定的《企业专用码头建设和管理试行办法》(即交海字 17 号)第九条规定,'企业专用码头从事本企业生产所需的原材料和产品的装卸时,免收货物港务费',同时要求'由主航道通向企业专用码头的航道、码头前沿以及港池水深的维护,由企业负责'。此后,交通部根据长江干线港口基础设施维护的实际情况,会同原国家物价局制定了新的港口费收办法,规定对经企业自建码头装卸的货物按规定金额征收货物港务费,然后向码头所属单位返回 50%,用于码头等基础设施的维护。这一规定是符合交通部职责权限的,也是基本符合实际情况的。因此,原则上长江干线港口收费问题可按交通部会同原国家物价局制定的新的规定办理。但是,考虑到有的企业自建专用码头的情况比较特殊,经商交通部同意,对企业自行负责进出港航道、码头及锚地维护工作的,应当在现行收费标准的基础上酌情减免其货物港务费。"应当说,国务院法制局的复函代表了国务院的意见。

据此,1996 年 5 月 7 日,最高人民法院行政审判庭作出《关于征收企业专用码头货物港务费适用规章的答复》(〔1995〕行复字第 3 号):"湖南省高级人民法院：现将国务院法制局国法办函〔1996〕31号《关于征收企业专用码头货物港务费具体适用规章的复函》转给你院，请你们在具体审理案件时予以参照。考虑到华能岳阳电厂自建码头的情况，依照上述复函的精神，应酌情减免其货物港务费。"次日，最高人民法院办公厅也作出《关于转发〈国务院法制局关于征收企业专用码头货物港务费具体适用规章问题的复函〉的通知》（1996年5月8日，法办〔1996〕36号）。

56. 有关公路养路费征收的
地方政府规章不能与行政法规相抵触
——《最高人民法院关于人民法院审理
行政案件对缺乏法律和法规依据的规章的
规定应如何参照问题的答复》解读

1994年1月13日　　　　　　　　　　〔1993〕法行复字第5号

一、问题的提出

原告刘淑华系个体运输户，因未缴纳养路费，于1992年8月4日，被辽宁省交通征稽局抚顺市露天区交通征稽所检查时发现，要求其缴纳养路费，刘淑华拒缴，交通征稽部门遂将其车辆扣留，并于8月19日作出处罚决定追缴养路费、课以滞纳金和罚款。刘淑华对此不服，向抚顺市交通征稽处申请复议，复议机关变更了原处罚决定。刘淑华对复议决定不服，于1992年10月30日向抚顺市露天区人民法院起诉。

露天区人民法院经审理认为，刘淑华拒缴养路费，行政机关扣车并处罚是正确的，判决维持行政机关的具体行政行为。刘淑华不服，上诉至抚顺市中级人民法院。市中级法院审理时有两种意见：一种意见认为原审判决正确，应予维持；另一种意见认为，《公路管理条例》及《公路管理条例实施细则》①中没有"扣车"的规定，辽宁省人民政府《关于加强公路养路费征收稽查工作的通告》中有"扣车"的规定，两者相冲突。由于认识不一，向辽宁高院请示。

辽宁高院经研究认为，《公路管理条例》及其实施细则，对拖欠、逃缴

---

① 1987年10月13日国务院发布《公路管理条例》，2008年12月27日修订。1988年6月28日交通部发布《公路管理条例实施细则》，交通运输部2009年6月13日修订。

公路规费的单位和个人没有规定扣证、扣车，而辽宁省人民政府1988年10月《关于加强公路养路费征收稽查工作的通告》却规定了交通征稽人员对偷漏、欠缴、少缴养路费和车辆购置附加费者，有权扣留驾驶证、行车证以至车辆。从法理上讲，地方政府规章超出行政法规规定的范围，应视为与上位法矛盾抵触。但交通部、财政部在《关于违反〈车辆购置附加费征收办法〉的处罚细则》（〔1990〕交财字507号）中有"扣留驾驶员有关证件或车辆"的规定；其他省市（如山东、河北、黑龙江、吉林、湖南等）在征收养路费的规定中，均规定稽查人员有扣车的权力；实施细则中又授权各省、自治区、直辖市公路主管部门可根据条例及细则规定制定具体实施办法。如果轻易对省政府的规章予以否定，不予参照，则会引起一系列问题。如果不否定，可以参照，从法理上又讲不通。从着眼于现实，有利于征收规费，又考虑其他各省市规定，我们倾向于不否定辽宁省人民政府《关于加强公路养路费征收稽查工作的通告》的有关规定，在审理具体案件时，应予参照。

二、分析

本案涉及的主要是地方政府规章与行政法规不一致时如何处理的问题。

行政诉讼法规定，人民法院在审理行政案件时，对行政行为的合法性进行审查。行政行为的合法性问题既要求行政行为在作出时有相应的规范依据，也要求行政行为适用的规范合法、有效。规范是否合法、有效，不仅要求制定规范的机关拥有相应的职权，还要求所制定的规范不能与上位法相抵触。

国家为了公路的建设和管理，向使用公路的单位和个人向公路养护部门缴纳养路费。《公路管理条例》（1987年）第十八条规定，拥有车辆的单位和个人，必须按照国家规定，向公路养护部门缴纳养路费。根据该条例制定的《公路养路费征收管理规定》（〔1991〕交工字714号）第四条规定："凡有车单位和个人必须按照本规定缴纳养路费。任何部门、单位和个人不得阻挠养路费征收稽查工作，也不得拒绝接受检查。"《公路管理条例实施细则》（1988年）第六十一条规定："对违反《条例》第十八条及本《细则》第四十八条、第四十九条规定的单位和个人，根据以下规定处罚：一、对拖欠、逃缴公路规费的，责令限期补缴，并课以滞纳金；对情节严重、倒换车牌或伪造、涂改征费凭证的，还应处以相当所欠费款一至五倍的罚款。……"《公路养路费征收管理规定》第二十一条规定，对拖、欠、漏、逃养路费的，除责令补缴规定费额外，每逾一日，处以应缴费额的1%的滞纳金；连续拖、欠、漏、逃养路费三个月以上的，并处以应缴养路费额度30%～50%罚款；连续拖、欠、漏、逃养路费六个月以上的，并处以应缴养路费额度50%～

100%的罚款。根据上述行政法规和规章的规定，对于拖欠、逃缴公路规费的，公路管理机构有权采取的措施包括：责令限期补缴（及滞纳金）和罚款。

本案涉及的地方政府规章和部门规范性文件增加了"扣押车辆"的行政强制措施。1988年10月，辽宁省人民政府发布的《关于加强公路养路费征收稽查工作的通告》规定了交通征稽人员对偷漏、欠缴、少缴养路费和车辆购置附加费者，有权扣留驾驶证、行车证以至车辆。1990年9月11日，交通部、财政部发布的《关于违反〈车辆购置附加费征收办法〉的处罚细则》第九条规定："对不携带车购费凭证行驶的车辆，检查发现地的车购费征管部门可扣留驾驶员有关证件或车辆，并处以三十元罚款，违章车辆的驾驶员（车主）持车购费凭证取回所扣证件或车辆。"第十条规定："对车证不符行驶的车辆，车购费征管部门可扣留驾驶员的有关证件或车辆，并处以三十元罚款，违章车辆的驾驶员（车主）持与车辆相符的车购费凭证取回所扣证件或车辆。"第十一条规定："对违章车辆，一地处罚后，其他地方不得重复处罚。对就地缴纳滞纳金、补办费或罚款有困难的车辆，可扣留有关证件或车辆，其他地方的检查部门凭先检查发现的车购费征管部门开具的证明放行。"辽宁省政府规章和交通部、财政部联合公布的规章规定了"扣押车辆"的行政强制措施。

人民法院审理行政案件，能够作为依据的规范性文件包括法律、行政法规、地方性法规、自治条例和单行条例。如果其他规范性文件（包括规章）与上位法相抵触，则该规范性文件不能适用。如果上位法没有制定限制行政相对人权利或者课以义务，应当理解为立法者禁止这种行为，而不能认为立法者默许这种行为。行政法的原理与民法原理一个重大的区别是，行政主体必须严格依照法律或者法规的授权行使职权，而对于民事主体而言，只要法律和法规没有明确禁止的事务都可以从事。根据行政诉讼法律适用规则，下位法如果扩大上位法规定的行政强制措施的范围、种类和幅度的，属于下位法与上位法相抵触，人民法院应当拒绝下位法的适用。本案中，辽宁省政府规章关于扣押车辆的规定与上位法的规定相抵触，人民法院应当适用作为上位法的《公路管理条例》的规定。

据此，1994年1月13日，最高人民法院作出《关于人民法院审理行政案件对缺乏法律和法规依据的规章的规定应如何参照问题的答复》（法行复字〔1993〕第5号）："辽宁省高级人民法院：你院〔1993〕行疑字第3号《关于刘淑华不服公路费征稽行政处罚一案如何参照规章问题的请示》收悉。经研究并征求国务院法制局的意见。答复如下：国务院发布的《中华人民共和国公路管理条例》没有规定公路行政管理部门对拖缴、逃缴公路规费的单位和个人可以采取扣留驾驶证、行车证、车辆等强制措施。而辽宁省人民政府发布的《关于加强公路养路费征收稽查工作的通告》第六条'可以采取扣留驾驶证、行车证、车辆等强制措施'的规定，缺乏法律和法规依据，人民法院在审理具体案件时应适用国务院发布的《中华人民共和国公路管理条例》的有关规定。"本批复下发之后，辽宁省政府的规章仍然对扣留车辆作了规定。① 《公路管理条例》和《公路管理条例实施细则》均进行了修订，但是有关强制措施和行政处罚的规定没有修订。例如，《公路管理条例实施细则》（2009年）第六十条规定："对违反本《细则》第四十八条、第四十九条规定的单位和个人，根据以下规定处罚：（一）对逃缴公路规费的，责令限期补缴；对情节严重的，还应当处以相当所欠费款一至五倍的罚款。……"该规定和《公路管理条例》（1987年）和《公路管理条例实施细则》（1988年）相关规定基本一致。本批复仍然可以适用。

---

① 例如，1999年12月6日，辽宁省人民政府发布的《关于切实加强交通规费征收稽查工作的通告》（辽政发〔1999〕45号）规定："自本通告发布之日起，凡是欠缴交通规费的单位和个人，必须于12月15日前到当地交通征缴机构补缴所欠交通规费，对拒缴、抗缴的，交通征稽机构除责令其按规定标准缴纳所欠费款和滞纳金外，要予以适当处罚。对国家交通税费改革具体实施办法正式实施前，拖欠、偷逃交通规费的单位和个人，交通征稽机构要依法追缴所欠交通规费。对不服从处罚的，可依法申请人民法院强制执行。对因欠费车辆被扣留，车主仍不到征稽机构接受处理的，将依法对所扣留车辆进行公开拍卖。"

四、社会保障

57. 超过法定退休年龄的进城务工农民因工伤亡的,是否适用《工伤保险条例》进行工伤认定
——《最高人民法院行政审判庭关于超过法定退休年龄的进城务工农民因工伤亡的,应否适用〈工伤保险条例〉请示的答复》解读

2010年3月17日　　　　　　　　　〔2010〕行他字第10号

一、问题的提出

东营市中级人民法院在审理李克英诉被告垦利县劳动和社会保障局劳动保障行政确认一案中认定如下事实:李克英之夫许长峰系利津县明集乡玉皇庙村农民,1942年9月15日出生。许长峰自2008年6月2日至2008年9月29日在东营市龙翔石业有限责任公司从事门卫工作。2008年9月29日19时左右,许长峰由北向南推人力三轮车过公路时,与一机动车相撞,发生交通事故,许长峰死亡。原告李克英于2008年12月30日向被告垦利县劳动和社会保障局申报许长峰工伤认定申请,被告垦利县劳动和社会保障局于2009年1月5日以受害者许长峰于1942年9月出生,至受伤之日时年龄已经超过60周岁为由,根据《工伤保险条例》① 以及《山东省工伤认定工作规程》之规定作出〔2008〕NO.6-002号《工伤认定申请不予受理通知书》,对申请人的申请决定不予受理。李克英不服,向法院提起行政诉讼。

东营市中级人民法院对案件的处理存在不同意见。多数人意见认为,超

---

① 如无特别说明,均指2003年《工伤保险条例》,下文同。

过法定退休年龄的人员应不属于《工伤保险条例》的调整范围,对其发生的损害赔偿争议,可通过民事诉讼等方式解决。理由是:对于超过法定退休年龄的人员又受聘到新工作单位工作,在工作时间内受伤是否适用《工伤保险条例》的争议焦点在于,该类人员与现工作单位之间是否构成劳动法所规定的劳动关系。如构成劳动关系,则应适用《工伤保险条例》,反之,则不应适用。劳动和社会保障部1999年3月9日发布的《关于制止和纠正违反国家规定办理企业职工提前退休有关问题的通知》(劳社部发〔1999〕8号)指出:国家法定的企业职工退休年龄是男年满60周岁,女工人年满50周岁,女干部年满55周岁。而《劳动合同法实施条例》第二十一条规定:"劳动者达到法定退休年龄的,劳动合同终止。"本案当事人许长峰发生事故时年龄已达到66周岁,不管其身份是农民抑或离退休人员,均属于达到法定退休年龄的人员,其与现工作单位之间关系已不属于劳动合同法调整的范围,同样也不应适用《工伤保险条例》进行调整。

少数人意见认为,超过法定退休年龄的人员与现用人单位间可以形成劳动关系,因工受伤应适用《工伤保险条例》。理由是:我国劳动法只有禁止使用童工的规定,对达到法定退休年龄仍然从事劳动的人员,法律未作禁止性规定。《劳动部关于贯彻执行〈中华人民共和国劳动法〉若干问题的意见》(以下简称《劳动法意见》)第2条规定:"中国境内的企业、个体经济组织与劳动者之间,只要形成劳动关系,即劳动者事实上已成为企业、个体经济组织的成员,并为其提供有偿劳动,适用劳动法。"由此可见,是否形成劳动关系应看劳动者是否事实上已成为企业、个体经济组织的成员,并为其提供有偿劳动。随着我国人口不断老龄化,离退休人员及超过法定退休年龄的农民二次就业的情形会越来越普遍,认定他们与现用人单位间存在劳动关系有利于对这一人群的劳动保护。

东营中级人民法院向山东省高级人民法院请示。请示的问题是:超过法定退休年龄的务工农民,工作时间内受伤是否适用《工伤保险条例》的规定进行工伤认定。

山东省高级人民法院审判委员会研究后认为,法律并未禁止使用超过法定退休年龄的农民工,而且农民也无所谓何时退休的问题。超过60周岁继续在城市务工的农民比较多,有些与用工单位形成劳动关系,依法应当保护这些务工人员的合法权益,给予其平等对待。从《工伤保险条例》的规定来看,其也没有将这些人排除出去,既然用人单位已经实际用工,职工在工作时间受伤的,参照《最高人民法院行政审判庭关于离退休人员与现单位之间是否构成劳动关系以及工作时间内受伤是否适用〈工伤保险条例〉问题的答复》精神,应可以适用《工伤保险条例》的规定进行工伤认定。鉴于本案法律适用问题影响面较大,各地做法不一致,对于今后的案件审理具有指导意义,为保证法律适用的统一,专门就此问题向最高人民法院请示。

二、分析

《工伤保险条例》对超过法定退休年龄的劳动者在工作中伤亡的,是否认定工伤的问题未作规定,但各地规定有所不同。大致有三种情况:一是明确规定不予受理。如北京市人民政府发布的《北京市实施〈工伤保险条例〉办法》第二十一条规定:"工伤认定申请有下列情形之一的,不予受理:……;(二)受伤害人员是用人单位聘用的离退休人员或者超过法定退休年龄的;……"二是明确规定可以享受劳动保险。如《上海市劳动和社会保障局、上海市医疗保险局关于实施〈上海市工伤保险实施办法〉若干问题的通知》第二十八条规定:"本市用人单位聘用的退休人员发生事故伤害的,其工伤认定、劳动能力鉴定按照《实施办法》的规定执行,工伤保险待遇参照《实施办法》的规定由聘用单位支付。"三是没有规定。如《山东省贯彻〈工伤保险条例〉试行办法》对此问题就没有规定。正因法律法规对此问题没有明确规定,各地规定不统一,故有必要作出明确的解释。

在司法实践中,对此问题一直存在争论。有人认为,超过法定退休年龄的劳动者,在工作时间内、因工作原因伤亡的,因其与用人单位间属于劳务关系,应通过民事诉讼途径解决其工伤赔偿问题。理由如下:劳动法律关系是指劳动法律规范在调整劳动关系过程中形成的法律上的劳动权利和劳动义务内容的关系。[①] 根据《劳动合同法实施条例》第二十一条"劳动者达到法定退休年龄的,劳动合同终止"的规定,法定退休年龄是法律所规定的丧失劳动资格的年龄,用人单位雇佣的劳动者达到法定退休年龄时,就必须要退出劳动岗位的强制性义务。其在达到法定退休年龄后为用人单位所进行的劳动活动,不再属于劳动法调整的范围,而是属于民事法律规范调整的范围。劳动者达到法退休定年龄,倘若还在工作岗位上继续为用人单位工作的,此时两者之间的关系已由原来的劳动法律关系转变成劳务关系。因此说,超过法定退休年龄的劳动者在工作时间内、因工作原因而伤亡的,应当通过民事侵权赔偿诉讼途径来解决有关赔偿问题,而不应进入工伤认定程序来解决其工伤待遇问题。

也有不少人认为,超过法定退休年龄的劳动者,在工作时间内、因工作原因伤亡的,应当适用《工伤保险条例》的规定进行工伤认定。理由如下:

---

① 关怀:《劳动法》,中国人民大学出版社 2005 年版,第 79 页。

第一，达到法定退休年龄劳动合同并不是自动终止。所谓劳动合同终止是指劳动合同的法律效力依法被消灭。根据劳动合同法第四十四条的规定，劳动者开始依法享受基本养老保险待遇的，劳动合同终止。也就是说，劳动者领取基本养老金之日，劳动合同的法律效力依法被消灭，未领取基本养老金的，劳动合同的法律效力依然存在。而《劳动合同法实施条例》第二十一条规定："劳动者达到法定退休年龄的，劳动合同终止。"《国务院关于建立统一的企业职工基本养老保险制度的决定》（国发〔1997〕26号，1997年7月16日）第五条中规定："本决定实施后参加工作的职工，个人缴费年限累计满15年的，退休后按月发给基本养老金。""本决定实施前已经离退休的人员，仍按国家原来的规定发给养老金，同时执行养老金调整办法。"按照劳动和社会保障部的相关解释（劳社厅函〔2001〕125号），"国家法定的企业职工退休年龄"，是指国家法律规定的正常退休年龄，即男年满60周岁，女工人年满50周岁，女干部年满55周岁。"按照现行有关基本养老保险的规定和实际做法，劳动者达到退休年龄是依法享受基本养老保险的前提，享受基本养老保险基本上可以涵盖达到法定退休年龄的情形。同时，退休制度主要发生在国有企业中，面比较窄，而且现在退休情况比较复杂，有正常退休、提前退休、内退等，因此劳动合同法第四十四条并没有以退休为劳动合同终止的情形之一。如果劳动者达到了退休年龄但并没有依法享受基本养老保险待遇的，除国家另有规定的外，其劳动合同并不终止。"[1]《劳动合同法实施条例》第二十一条规定："劳动者达到法定退休年龄的，劳动合同终止。"该条的规定实际上将劳动合同终止的范围扩大，即只要达到退休年龄就成为终止劳动合同的前提条件。严格上讲，该条的规定与其上位法劳动合同法的规定存在一定程度的冲突。但是，上述两条只是规定终止劳动合同的前提条件，并未规定，只要达到退休年龄，劳动合同就自然终止。因此，企业与劳动者终止合同必须与劳动者明确劳动关系的终止，倘若劳动者尚未办理有关退休手续，继续上班，就不能认为其与企业已经终止了劳动关系，仍应视为企业与劳动者的劳动合同关系存在。

第二，达到法定退休年龄继续为用人单位工作的劳动者，属于劳动法调整的对象。法律没有禁止的行为，行政相对人实施了此类行为都不属于违法行为，这是行政法中的一项基本原则。劳动法中仅规定禁止雇佣16周岁以下儿童，而未规定禁止用人单位聘用超过法定退休年龄的劳动者。既然法律未禁止企业、事业单位及个体工商户招聘已超过法定退休年龄的劳动者，因此，用人单位聘用已到法定退休年龄的劳动者的行为就不属于违法行为，用人单

---

[1] 信春鹰主编：《中华人民共和国劳动合同法释义》法律出版社2007年版，第168页

位与超过法定退休年龄的劳动者所签订的劳动合同不属于无效合同的范围。《劳动法意见》第 2 条规定:"中国境内的企业、个体经济组织与劳动者之间,只要形成劳动关系,即劳动者事实上已成为企业、个体经济组织的成员,并为其提供有偿劳动,适用劳动法。"第三条规定:"国家机关、事业组织、社会团体实行劳动合同制度的以及按规定应实行劳动合同制度的工勤人员;实行企业化管理的事业组织的人员;其他通过劳动合同与国家机关、事业组织、社会团体建立劳动关系的劳动者,适用劳动法。"劳动部 1996 年 10 月 11 日发布的《关于实行劳动合同制度若干问题的通知》第十三条规定:"已享受养老保险待遇的离退休人员被再次聘用时,用人单位应与其签订书面协议,明确聘用期内的工作内容、报酬、医疗、劳保待遇等权利和义务。"根据上述规定,超过法定退休年龄的劳动者并未被排除在劳动法调整的范围之外,亦应属于劳动法所调整的对象。

第三,超过法定退休年龄的劳动者与用人单位之间的关系仍是劳动关系。劳动关系,是指劳动者与劳动力使用者为完成生产过程而结成的社会关系。[①]而劳务关系是指两个或两个以上的平等主体就劳务进行协商并达成合议的、有偿的经济关系。劳动关系与劳务关系的区别是:(1) 劳动关系的主体一方是用人单位,另一方必然是劳动者。劳务关系的主体可以是不确定的,即可以是法人与法人之间、法人与自然人之间,也可以是自然人之间,其表现形式较多。(2) 在劳动关系中双方的法律地位不平等,用人单位处于管理者的地位,劳动者处于被管理者的地位,他们之间的关系是管理与被管理的关系。在劳务关系中,双方之间的法律地位是平等的,他们之间仅有经济关系,而不存在管理与被管理的关系。(3) 在劳动关系中,用人单位除按约定支付劳动者工资外,还应当为劳动者交纳各种社会保险。劳务关系中劳动者仅可得到劳动报酬,即劳动者提供劳务,用人单位支付约定的劳务报酬,劳动者无权要求用人单位为其交纳社会保险费用。(4) 因劳动关系发生的纠纷适用劳动法,而劳务关系纠纷则适用合同法。用人单位聘用超过法定退休年龄的劳动者,劳动主体一方是用人单位,另一方是劳动者;双方之间是管理与被管理的关系;因这种关系属于劳动法的调整范围,所以,他们之间发生纠纷,适用劳动法。因此,此种关系符合劳动关系第 (1)、(2)、(4) 项特征。因劳动者已超过法定退休年龄,用人单位仅按月发放工资,不少地方的劳动主管部门一般不再要求用人单位为其交纳社会保险费用。对未交满 15 年养老保险金的劳动者,因不能依法享受基本养老保险待遇的,仍允许用人单位给其缴纳养老保险金。虽然这一点与劳动关系第 (3) 项特征有些差距,但具有

---

① 常凯:《论个别劳动关系的法律特征》,载《中国劳动》2004 年第 4 期。

劳动关系的基本特征,基本上不具有劳务关系的特征,故应认定为劳动关系,而不应认定为劳务关系。

第四,超过法定退休年龄的劳动者,在工作时间内、因工作原因伤亡的,属于《工伤保险条例》调整的范围。《工伤保险条例》(2003年4月27日)第二条第二款规定:"中华人民共和国境内的各类企业的职工和个体工商户的雇工,均有依照本条例的规定享受工伤保险待遇的权利。"第六十一条第一款规定:"本条例所称职工,是指与用人单位存在劳动关系(包括事实劳动关系)的各种用工形式、各种用工期限的劳动者。"《工伤保险条例》(2010年10月20日)第二条第二款规定:"中华人民共和国境内的企业、事业单位、社会团体、民办非企业单位、基金会、律师事务所、会计师事务所等组织的职工和个体工商户的雇工,均有依照本条例的规定享受工伤保险待遇的权利。"从新旧条例的规定来看,其均没有将超过法定退休年龄的劳动者排除在《工伤保险条例》调整的范围之外。因此,用人单位与超过法定退休年龄的劳动者所签订的劳动合同不属于无效合同的范围,在工作时间发生的工伤事故,仍应属于《工伤保险条例》调整的范围,故不应将此类工伤申请排除在工伤认定受理的范围之外。

此外,中共中央办公厅、国务院办公厅转发的《中央组织部、中央宣传部、中央统战部、人事部、科技部、劳动保障部、解放军总政治部、中国科协关于进一步发挥离退休专业技术人员作用的意见》(中办发〔2005〕9号文件)中规定:"离退休专业技术人员受聘工作期间,因工作发生职业伤害的,应由聘用单位参照工伤保险的相关待遇妥善处理;因工作发生职业伤害与聘用单位发生争议的,可通过民事诉讼处理;与聘用单位之间因履行聘用合同发生争议的,可通过人事或劳动争议仲裁渠道解决。"最高人民法院行政审判庭参照该文件,于2007年7月5日作出的〔2007〕行他字第6号《关于离退休人员与现工作单位之间是否构成劳动关系以及工作时间内受伤是否适用〈工伤保险条例〉问题的答复》中指出:"根据《工伤保险条例》第二条、第六十一条等有关规定,离退休人员受聘于现工作单位,现工作单位已经为其缴纳了工伤保险费,其在受聘期间因工作受到事故伤害的,应当适用《工伤保险条例》的有关规定处理。"

最高人民法院行政审判庭庭经研究后赞同后一种意见,于2010年3月17日作出〔2010〕行他字第10号《关于超过法定退休年龄的进城务工农民因工伤亡的,应否适用〈工伤保险条例〉请示的答复》:"用人单位聘用的超过法定退休年龄的务工农民,在工作时间内、因工作原因伤亡的,应当适用《工伤保险条例》的有关规定进行工伤认定。"

三、应注意的问题

人民法院在审理涉及超过法定退休年龄的劳动者工伤认定及工伤待遇案件时,应当注意以下两个问题:

(一) 需要注意这两个答复的适用范围

这两个答复仅仅是对请示的问题所作出的答复,并不是对涉及超过法定退休年龄的劳动者工伤认定及待遇的所有问题的答复。因此,有些情况未包括在内。除工作单位已经为其缴纳了工伤保险费的离退休人员和进城务工农民外,其他离退休人员亦可以适用,但享受公务员待遇的除外。

(二) 注意对已享受养老保险待遇的处理问题

工伤保险属于社会保障的范畴,它是依靠广大劳动者缴纳的社会保障金来支付工伤待遇和养老待遇的,它不是对价关系,仅仅是解决受到工伤人员、离退休人员的基本生活保障问题。因此,无论是享受工伤保险待遇,还是养老保险待遇,原则上只能享受其中一份,而不能享受双份。因此,已享受养老保险待遇的劳动者因工受伤的,只能在工伤保险待遇与养老保险待遇中,选择享受其中较高的一份待遇,不再享受另一份待遇。

58. 劳动行政部门在工伤认定程序中具有确认劳动关系职权
——《最高人民法院行政审判庭关于劳动行政部门在工伤认定程序中是否具有劳动关系确认权请示的答复》解读

2009年7月20日　　　　　　　　　　　　　〔2009〕行他字第12号

一、问题的提出

湖北省高级人民法院在审理李学良诉沙洋县人民政府工伤认定行政复议请示一案中认定，原告李学良在沙洋黄土坡砖瓦厂从事切砖工种劳动时，因机器上的钢丝突然断裂而被刺伤左眼，经荆门市劳动能力鉴定委员会鉴定为七级伤残。原告向沙洋县人事劳动和社会保障局申请工伤认定。沙洋县人事劳动和社会保障局于2007年11月20日作出沙工伤决〔2007〕29号工伤认定决定书，认定原告与用人单位湖北沙洋新园农工贸有限公司存在劳动关系，认定原告为工伤。湖北沙洋新园农工贸有限公司不服，申请行政复议。沙洋县人民政府于2008年3月10日作出行政复议决定，以湖北沙洋新园农工贸有限公司与原告不存在劳动关系为由，撤销了沙工伤决〔2007〕29号工伤认定决定书。原告不服，诉至法院。

湖北省高级人民法院审判委员会讨论该案时，对在工伤认定的行政程序中，劳动者与用人单位之间发生劳动争议的，工伤认定机关（劳动行政部门）是否对劳动关系具有确认权的问题上，形成了两种不同意见：

多数人意见认为，在工伤认定行政程序中，当事人之间对劳动关系是否存在产生争议时，应当先申请劳动争议仲裁，对仲裁裁决不服的，可向人民法院提起诉讼，即只有仲裁机关和人民法院才有权认定劳动关系。理由：第一，职权法定是依法行政的基本原则，对行政机关的行政职权而言，法无明文规定即禁止。劳动法是调整劳动关系的基本法律,该法第九条规定劳动行政部门主管劳动工作,但没有规定劳动行政部门认定劳动关系的职权,也没有规定在发生劳动争议(含劳动关系的确认)时,向劳动行政部门申请确认劳动关系的程序。第二,从劳动法第七十九条和劳动争议调解仲裁法第五条的规定看,发生劳动争议时,当事人可以申请调解,不愿调解或者调解不成的,只能向劳动争议仲裁委员会申请仲裁,对仲裁裁决不服的,可以向人民法院提起诉讼。因此,只有劳动争议仲裁委员会和人民法院有权对劳动关系作出认定。第三,如果赋予劳动行政部门认定劳动关系的职权,则剥夺了当事人申请劳动争议仲裁和提起诉讼的权利。同时,如果一方当事人对劳动行政部门劳动关系的认定不服,另行向劳动争议仲裁机关申请仲裁或提起诉讼的,则有可能出现仲裁裁决或法院裁判结果与劳动行政部门作出的确认不一致的情况。

少数人意见认为,劳动行政部门在工伤认定程序中有权认定劳动关系。理由是:第一,根据《工伤保险条例》[①]的规定,工伤认定是劳动行政部门的法定职责,而劳动关系的存在与否是作出工伤认定的前提。第二,如果先通过劳动仲裁确认劳动关系,再进行工伤认定,不符合行政效率原则,也容易给当事人造成极大负担,不利于保护劳动者合法权益。

为准确适用法律,该院特向最高人民法院请示。

二、分析

职权法定是行政法的一项基本原则。在工伤认定的行政程序中,劳动者与用人单位之间发生劳动争议时,工伤认定机关(劳动行政部门)是否对劳动关系具有确认权的问题,必须要从有关法律授权的规定进行全面分析,才能得出正确的结论。

(一) 劳动法有关劳动行政部门的职权规定

劳动法第九条规定:"国务院劳动行政部门主管全国劳动工作。""县级以上地方人民政府劳动行政部门主管本行政区域内的劳动工作。"根据该法的规定,劳动行政部门主管的劳动工作主要有:一是建立社会保险制度,管理社会保险基金,使劳动者在年老、患病、工伤、失业、生育等情况下获得帮助和补偿;二是发展社会福利事业,兴建公共福利设施,为劳动者休息、休养和疗养提供条件;三是依法对用人单位遵守劳动法律、法规的情况进行

[①] 如无特别说明,均指 2003 年《工伤保险条例》,下文同。

监督检查，对违反劳动法律、法规的行为有权制止，并责令改正。因此说，工伤保险工作是劳动行政部门主管的一项具体的工作。

（二）《工伤保险条例》有关职权的规定

国务院依据劳动法制定的《条例》第五条规定："国务院劳动保障行政部门负责全国的工伤保险工作。""县级以上地方各级人民政府劳动保障行政部门负责本行政区域内的工伤保险工作。""劳动保障行政部门按照国务院有关规定设立的社会保险经办机构（以下称经办机构）具体承办工伤保险事务。"根据该条的规定，劳动行政部门具有认定工伤的职权。对受到伤害的职工与企业之间是否存在劳动关系是认定是否构成工伤的前提条件，《工伤保险条例》第十八条第一款规定："提出工伤认定申请应当提交下列材料：（一）工伤认定申请表；（二）与用人单位存在劳动关系（包括事实劳动关系）的证明材料；（三）医疗诊断证明或者职业病诊断证明书（或者职业病诊断鉴定书）。"该条规定说明，劳动部门应当审查确认受到伤害的职工与企业之间是否存在劳动关系。换言之，确认受到伤害的职工与企业之间是否存在劳动关系是劳动行政部门在认定工伤程序中的一项职能。

据此，可以说，劳动法和《工伤保险条例》授予了劳动行政部门在工伤认定程序中确认受到伤害的职工与企业之间是否存在劳动关系的职权。最高人民法院行政审判庭 2007 年 12 月 3 日作出的《关于车辆挂靠其他单位经营车辆实际所有人聘用的司机工作中伤亡能否认定为工伤问题的答复》中明确指出："个人购买的车辆挂靠其他单位且以挂靠单位的名义对外经营的，其聘用的司机与挂靠单位之间形成了事实劳动关系，在车辆运营中伤亡的，应当适用《劳动法》和《工伤保险条例》的有关规定认定是否构成工伤。"该答复实际上暗含着，劳动行政部门具有认定受到伤害的职工与企业之间是否存在劳动关系的职权。

（三）如何理解劳动法第七十九条的规定

劳动法第七十九条规定："劳动争议发生后，当事人可以向本单位劳动争议调解委员会申请调解；调解不成，当事人一方要求仲裁的，可以向劳动争议仲裁委员会申请仲裁。当事人一方也可以直接向劳动争议仲裁委员会申请仲裁。对仲裁裁决不服的，可以向人民法院提起诉讼。"理解该条的规定，必须结合该法的其他有关条文才能得出正确的结论。该条仅仅规定劳动者与用人单位发生劳动争议，可以申请劳动仲裁，对仲裁不服可以向人民法院提起诉讼，并未作出劳动行政部门在工伤认定程序中不具有确认受到伤害的职工与企业之间是否存在劳动关系职权的规定。劳动法和《工伤保险条例》已经授权劳动行政部门在认定工伤程序中具有确认受伤害的职工与企业之间是否存在劳动关系职权。因此，那种认为，只有劳动争议仲裁委员会和人民法院有权对劳动关系作出认定，劳动行政部门在工伤认定程序中不能确认是否存在劳动关系的认识，显然过于机械，亦不符合劳动法的立法本意。

（四）劳动行政部门作出的确认不是最终确认

根据行政诉讼法和《工伤保险条例》的规定，当事人对此类决定不服可以依法向人民法院提起行政诉讼，符合法定受理条件的，法院受理后，应当对被诉工伤认定决定的合法性进行司法审查。也就是说，劳动行政部门作出的工伤认定决定不是最终裁决，有关是否存在劳动关系的最终决定权，仍属于人民法院。因此，谈不上剥夺当事人提起诉讼的权利。

此外，如果先通过劳动仲裁确认劳动关系，再进行工伤认定，不符合行政效率原则，不仅增加行政和司法的成本，而且也容易给当事人造成极大负担，不利于保护劳动者的合法权益。

综上，最高人民法院行政审判庭于2009年7月20日作出的〔2009〕行他字第12号《关于劳动行政部门在工伤认定程序中是否具有劳动关系确认权请示的答复》中明确指出："根据《劳动法》第九条和《工伤保险条例》第五条、第十八条的规定，劳动行政部门在工伤认定程序中，具有认定受到伤害的职工与企业之间是否存在劳动关系的职权。"

三、应当注意的问题

人民法院审理有关工伤认定的行政案件，在适用〔2009〕行他字第12号答复时，需要注意以下两个问题：

（一）关于劳动行政部门确认劳动关系的职权范围问题

根据劳动法第七十九条的规定，发生劳动争议时，当事人可以申请调解，不愿调解或者调解不成的，可以向劳动争议仲裁委员会申请仲裁，对仲裁裁决不服的，可以向人民法院提起诉讼。劳动法第九条和《工伤保险条例》第五条、第十八条仅仅授权劳动行政部门在工伤认定程序中，具有认定受到伤害的职工与企业之间是否存在劳动关系的职权。根据职权法定的原则，劳动行政部门对不在工伤认定程序中，劳动者与用人单位的劳动争议，不具有确认劳动关系的职权。

（二）关于行政诉讼与劳动仲裁、民事诉讼的交叉处理问题

人民法院在审理工伤认定行政案件中，原告或者第三人已经就有关受到伤害的职工与企业之间是否存在劳动关系的问题，向劳动争议仲裁委员会申请仲裁的，因法院的裁判属于最终裁判，此时，法院应当通知仲裁机关中止仲裁，等到法院的裁判发生法律效力后，再恢复仲裁。

人民法院在审理工伤认定行政案件中，原告或者第三人已经就有关受到伤害的职工与企业之间是否存在劳动关系的问题，向人民法院提起民事诉讼的，因有关劳动关系问题属于平等主体之间的民事纠纷，因此，应当中止行政诉讼的审理，等到法院作出的民事判决发生法律效力以后，再恢复行政案件的审理。法院在审理时，发生法律效力的民事判决认定的事实一般应当作为行政判决认定事实的依据。但是，如果在审理中发现民事裁判文书认定的事实有重大问题的，应当根据《证据规定》第七十条的规定，中止诉讼，通过法定程序予以纠正后恢复诉讼。

59. 关于《工伤保险条例》第六十四条的理解与适用
——《最高人民法院行政审判庭关于〈工伤保险条例〉第六十四条理解和适用问题请示的答复》解读

2009年6月10日 〔2009〕行他字第5号

一、问题的提出

江西省高级人民法院在审理赣州市崔荣伟劳动行政复议上诉一案中认定如下事实：1975年8月21日，崔荣伟在宁都县团结水库建设工作中，左眼被水泥浆射伤，医院诊断为左眼无视力。团结水库按照当时的相关规定为崔荣伟支付了医疗费等全部费用并发给了抚恤金。1979年11月，团结水库将崔荣伟招收为集体职工，分配在团结水库商店工作。2003年12月31日，因企业改制，经崔荣伟申请买断工龄并终止了与团结水库的劳动关系。崔荣伟分别于2004年12月20日向宁都县民政局、2005年10月22日向江西省劳动厅申请过工伤认定。崔荣伟2007年1月向赣州市劳动局提出追补工伤认定申请，该局于2008年1月28日作出赣市荣社伤认字〔2008〕第1号工伤认定决定书，认为崔荣伟1975年8月21日在建设宁都县团结水库工作中左眼被水泥浆射伤可以进行追补工伤认定。被申请人团结水库不服，向赣州市政府申请复议。赣州市政府于2008年5月23日作出赣市府复字〔2008〕140号行政复议决定书，认为赣州市劳动局〔2008〕第1号工伤认定决定适用法律不准，程序错误，结果不当。依照行政复议法第二十八条第一款第（三）项规定，决定：撤销赣州市劳动局〔2008〕第1号工伤认定决定，对崔荣伟不予追补认定工伤。崔荣伟不服赣州市政府的复议决定，于2008年6月12日向赣州中院提起行政诉讼。

江西省高级人民法院，对《工伤保险条例》①第六十四条规定的理解和适用问题，存在两种不同意见：

一种意见认为，崔荣伟追补工伤认定不符合《工伤保险条例》第六十四条的规定，崔荣伟已按当时的政策作了妥善处理，不属于本条例规定的"尚未完成工伤认定的情形"，如再按现行法律法规重新处理，有违法律不溯及既往的原则。且按劳动部1996年10月1日颁布实施的《企业职工工伤保险试行办法》规定，崔荣伟已超过工伤认定申请期限。

第二种意见认为，崔荣伟申请追补工伤认定符合《工伤保险条例》第六十四条的规定。崔荣伟虽然按当时的政策规定享受了工伤职工待遇，但只要未经劳动行政部门备案或作出决定的，应认定为尚未完成工伤认定的情形。且《工伤保险条例》对实施前受到事故伤害的职工未明确限定，其是否超过工伤认定申请期限，应以《工伤保险条例》为依据。经本院审判委员会讨论，倾向第一种意见。

正因该院对此问题存在两种不同意见，为慎重起见，特向最高人民法院请示。

二、分析

全国人民代表大会常务委员会1994年7月5日通过自1995年1月1日起施行的劳动法第二条规定："在中华人民共和国境内的企业、个体经济组织（以下统称用人单位）和与之形成劳动关系的劳动者，适用本法。""国家机关、事业组织、社会团体和与之建立劳动合同关系的劳动者，依照本法执行。"第七十三条第一款规定："劳动者在下列情形下，依法享受社会保险待遇：（一）退休；（二）患病、负伤；（三）因工伤残或者患职业病；（四）失业；（五）生育。"根据上述规定，属于劳动法调整的劳动者享有社会保险待遇，包括工伤保险待遇。但是，当时缺乏有关社会保险待遇的下位法的具体规定，为保障劳动者的合法权益，劳动部1995年8月11日印发的《劳动法意见》第77条规定："劳动者的工伤待遇在国家没有颁布新的工伤保险法律、行政法规之前，各类企业仍要执行《劳动保险条例》及相关政策规定，如果当地政府已实行工伤保险制度改革的，执行当地的新的规定；……"

劳动部1996年8月12日颁布的《企业职工工伤保险试行办法》第六十三条规定："本办法自一九九六年十月一日起试行。"根据该条的规定，发生在该办法施行之前企业职工因工伤害的，已按当时的政策作出处理的，不属

---

① 如无特别说明，均指2003年《工伤保险条例》。下文同。

于该办法调整的范围。根据该条的规定，发生在该办法施行之前企业职工因工伤害的，已按当时的政策作出处理的，不属于该办法调整的范围。

国务院 2003 年 4 月 27 日颁布的《工伤保险条例》第六十四条规定："本条例自 2004 年 1 月 1 日起施行。本条例施行前已受到事故伤害或者患职业病的职工尚未完成工伤认定的，按照本条例的规定执行。"该条第二句话，是指受到事故伤害的职工已经按照《企业职工工伤保险试行办法》的规定向当地劳动行政部门提出了工伤认定申请，劳动行政部门尚未作出工伤认定决定的情形，应当按照《工伤保险条例》的规定认定是否构成工伤；属于工伤的，按照《工伤保险条例》规定的保险待遇执行。

据此，最高人民法院行政审判庭于 2009 年 6 月 10 日作出〔2009〕行他字第 5 号《关于〈工伤保险条例〉第六十四条理解和适用问题请示的答复》中明确指出：原则同意你院第一种意见。即，企业职工因工伤害发生在《企业职工工伤保险试行办法》施行之前，当时有关单位已按照有关政策作出处理的，不属于《工伤保险条例》第六十四条规定的"尚未完成工伤认定的情形"。

60. 职工外出学习休息期间受到他人伤害应否认定为工伤
——《最高人民法院行政审判庭关于职工外出学习休息期间受到他人伤害应否认定为工伤问题的答复》解读

2007年9月7日 〔2007〕行他字第9号

一、问题的提出

辽宁省高级人民法院在审理阚晓猛诉盘锦市劳动和社会保障局不予认定工伤决定案中认定：2004年2月，盘锦市第三公路工程处委派本单位职工阚晓猛、李玉栋等四人到辽宁省交通高等专科学校学习，学习时间、食宿均由校方安排。同年2月22日22时许，李玉栋酒后回到由校方安排的寝室内将正在熟睡中的同寝室的同事阚晓猛无故殴打。经北京大学第一医院、北京天坛医院、中国医科大学附属第二医院等几家医院确诊为其患有创伤后应激障碍、癫痫病，并由沈阳市精神卫生中心司法鉴定：阚晓猛患有创伤后应激障碍与伤害行为有直接因果关系。2005年10月25日，沈阳市新城子区人民法院作出民事判决，认定李玉栋对此纠纷承担全部责任，赔偿阚晓猛各种费用共计24366.47元。2006年1月11日，阚晓猛向盘锦市劳动和社会保障局提出工伤认定申请。该局作出其伤害不符合工伤认定范围，不予认定工伤的结论。阚晓猛不服，向辽宁省劳动和社会保障厅申请复议，辽宁省劳动和社会保障厅作出维持了不予认定工伤的复议决定。阚晓猛仍不服，向法院提起行政诉讼。

辽宁省高级人民法院审判委员会在讨论该案时，对职工外出学习休息期间受到他人伤害应否认定为工伤的问题，倾向认定为工伤。理由如下：第一，

《工伤保险条例》①第十六条列举排除的不得认定或者视同工伤的情形有：（1）因犯罪或者违反治安管理伤亡的；（2）醉酒导致伤亡的；（3）自残或者自杀的。此条排除的情形均为受害人自身原因导致伤亡发生的，本案的情形并不在排除之内。第二，《工伤保险条例》第十四条第（五）项规定的"因工外出期间，由于工作原因受到伤害"包括三个事实要件：一是有伤害结果的发生；二是时间系因工外出期间；三是原因系工作。本案的情形符合前两个条件没有争议，只对是否符合第三个条件存在不同理解。但前两个条件不应单独理解，应当结合起来。第二个条件应理解为整个外出期间皆为因工，并没有区分工作和休息，这也体现了外出期间的特殊性，否则没有必要将因工外出单独列举。第二个条件与第三个条件结合起来理解，只能得出一个结论，因公外出期间受到的伤害都是因工作原因，这也和《工伤保险条例》第十六条列举排除的因个人原因造成伤亡的相对应。第三，《工伤保险条例》是一个权利保障法，在法律条文本身规定不明确的条件下，应当作出对权利人更为有利的理解，这符合该条例的立法宗旨。第四，本案阚晓猛是在受单位指派外出学习期间发生的伤害，学校是接受单位的委托对其进行培训，休息的场所系学校指定。事实上，单位和学校之间形成了一个管理受训学生的委托关系，并且学校对学生也有《短期培训班规章制度》，其中明确要求要严格遵守学校的各项规章制度，不准酗酒。本案加害人违反了学校的规章制度，也说明学校的管理还存在着不完善的地方。从这个角度来讲，也可以理解为阚晓猛系因工作原因受到的伤害。第五，本案阚晓猛已向加害人主张了民事赔偿，但按照《人身损害赔偿解释》第十二条第二款的规定，并不排除享受工伤保险待遇的同时，赔偿权利人请求第三人承担赔偿责任。对此最高人民法院也有明确的答复。

在诉讼中，辽宁省劳动和社会保障厅认为，职工外出学习休息期间受到他人伤害，不存在工作纠纷因素，不能认定因履行工作原因所导致的，不符合《工伤保险条例》第十四条的规定，故不能认定为工伤。鉴于辽宁省劳动和社会保障厅对此类问题有不同意见，为稳妥起见，该院特向最高人民法院请示。

二、分析

职工受单位指派外出学习，在本单位或所在学习单位安排的休息场所休息时受到他人伤害的，应否认定为工伤，涉及对《工伤保险条例》第十四条

---

① 如无特别说明，均指 2003 年《工伤保险条例》。下文同。

第（五）项规定的解释问题。法律解释的基本方法可以分为文意解释、目的解释、历史解释和体系解释四种。对法律条文的解释一般也应当先从文意解释开始，如果文意解释存在不明确的情况时，再按照目的解释、历史解释、体系解释的步骤进行进一步的解释。

（一）关于文意解释的问题

所谓文意解释，就是从法律的字面含义和日常含义出发，来理解法律的意思。文意解释中还有两种特殊的情况：扩张解释和缩小解释。所谓扩张解释，就是作出比字面含义更广的解释。缩小解释就是作出比字面含义更窄的解释。扩张解释不同于类推解释，缩小解释也不同于目的论限缩。类推和目的论限缩都属于目的解释，也就是说它们不是在程度和范围上改变原来的字面含义，而是在属性和本质上在两个概念之间进行比较，以限制或扩大某一个概念的使用范围。

《工伤保险条例》第十四条第（五）项规定："因工外出期间，由于工作原因受到伤害或者发生事故下落不明的"，应当认定工伤。根据该条的规定，因工外出认定工伤应当具有以下几个要件：一是职工接受用人单位的指派，以用人单位的名义外出工作或者学习的。这里所说的单位指派学习应当是单位根据工作需要指派的学习，如短期培训、职业进修等学习，不包括脱产或不脱产学历教育学习、公派留学学习、停薪留职学习。二是在工作时间、工作场所和因工作原因伤亡的。由于因工外出期间的工作具有特殊性，因此，因工外出，外出的职工"外出时间、工作场所和工作原因"从字面上解释，可以进行缩小解释和扩张解释。缩小解释是仅仅将与外出工作之间关系作为条件，与工作有直接关系的才属于"外出工作时间、工作场所、工作原因"。与工作有间接关系如休息、旅途等时间、地点都排除在"外出工作时间、工作场所、工作原因"之外。考虑到因工外出的工作场所的流动性、不确定性，其工作状态的不确定性延伸要相对宽泛。扩张解释将与外出工作有直接关系和间接关系都包含在"外出工作时间、工作场所、工作原因"之内。也就是说，与工作有间接联系的休息、旅途等都是工作的延续，应认定为"外出工作时间、工作场所、工作原因"。因从事与本单位业务之间有直接或者间接联系的活动受到伤害的，具备这两个要素的，均应当认定工伤。这里需要指出的是，因学习而受到他人伤害的，其工作场所应当是学习场所、本单位或者所在学习单位安排的休息场所及来回途中必经的地点。正因为对该项用缩小解释和扩张解释都有一定的道理，所以，还须进行目的解释。

(二) 关于目的解释的问题

所谓目的解释就是不拘泥于法律文本的字面含义，而是运用一定的方法来探究法律的原意。目的解释有三种最重要的形式：第一种是合宪法性解释。在现代国家，宪法往往构成了法律目的的最基本表达，因此在探究某一个具体法律的目的或某一个具体案件的正义性标准的时候，我们不能够违背宪法的基本精神。第二种是类推解释。当某一个案件和规范之间形成的关系在价值判断上与另一案件事实与规范具有相似性，那么这个案件就应该同样得到另一个案件的处理结果。这就是根据法律的目的在这两个案件上的相似性，进行类推处理的结果。类推解释的法理基础在于，由于立法技术的原因，我们不可能靠一部法律解决一切相关纠纷，因为立法总具有滞后性。但这并不意味着我们就无法运用明确的法律规则，而只能寻求抽象的法律原则来进行裁判。第三种是目的论限缩的解释方法。当我们根据法律的内在目的进行判断，发现不能让某个法律完全按照其字面含义发生作用的时候，就要根据该目的对这个法律规范加上一些限制性解释，这个时候就发生了目的论限缩解释。

宪法第四十五条规定："中华人民共和国公民在年老、疾病或者丧失劳动能力的情况下，有从国家和社会获得物质帮助的权利。国家发展为公民享受这些权利所需要的社会保险、社会救济和医疗卫生事业。"根据该条的规定，公民享有社会保障是宪法赋予公民的一项基本权利。劳动法第一条规定："为了保护劳动者的合法权益，调整劳动关系，建立和维护适应社会主义市场经济的劳动制度，促进经济发展和社会进步，根据宪法，制定本法。"该条规定确立了保护劳动者权利的基本原则。《工伤保险条例》第一条规定："为了保障因工作遭受事故伤害或者患职业病的职工获得医疗救治和经济补偿，促进工伤预防和职业康复，分散用人单位的工伤风险，制定本条例。"该条规定突出了对职工权利的保护。可以看出，关于劳动关系双方当事人之间权利义务的规定，偏重规定职工的权利和用人单位的义务。可以说，有关工伤保险的立法是以职工为权利本位，以用人单位以义务本位。因此，在《工伤保险条例》第十四条中规定"应当认定工伤"不明确的，应当从宽适用。换言之，根据劳动法和《工伤保险条例》的立法目的，在对《工伤保险条例》第十四条中规定"工作原因"进行缩小解释与扩张解释都有一定道理时，适用扩张解释更符合我国宪法的基本精神。

据此，最高人民法院行政审判庭于 2007 年 9 月 7 日作出的〔2007〕行他字第 9 号《关于职工外出学习休息期间受到他人伤害应否认定为工伤问题的答复》中明确指出："原则同意你院审判委员会倾向性意见，即职工受单位指派外出学习期间,在学习单位安排的休息场所休息时受到他人伤害的,应当认定为工伤。"

三、应注意的问题

人民法院在审理工伤行政案件,适用〔2007〕行他字第 9 号答复时,需要注意以下三个问题:

1. 〔2007〕行他字第 9 号答复所确定的原则,适用于所有外出因工受到伤害的案件。其仅仅明确职工受单位指派外出"学习"期间,在学习"单位安排"的休息场所休息时受到他人伤害的,应当认定为工伤。对于因工外出其他情况未作明确规定。因对于因工外出其他情况与外出"学习"仅仅是外出原因不同,其他完全相同。因此,其他因工外出期间受到意外伤害的案件,亦应适用该答复所确定的原则。

2. 因工外出期间在与工作无关活动中受到他人伤害的,不应当认为定工伤。扩张解释有利于弥补成文法的局限,但不能没有限度地任意扩张,否则就会违背法律的目的和要求。职工因工外出期间,在探亲访友、娱乐游玩、购物等与工作无关的活动中受到意外伤害的,因所从事的活动与工作无直接和间接关系,不能再扩张解释属于"工作时间、工作场所、工作原因",故不能认定为工伤。

3. 因工长期外出,在单位为其长期安排的住所休息期间受到伤害的,不应认定为工伤。〔2007〕行他字第 9 号答复中对因工外出"工作原因"作了扩张解释,因此,其适用范围亦应作较为严格的限定。因工单位派其职工长期在外工作(如驻各地的办事处等),并为其解决了长期住所问题,职工在单位安排的住所休息期间受到伤害的,不属于"工作时间、工作场所、工作原因"受到伤害,不宜认定为工伤。

61. 离退休人员与现工作单位之间劳动关系的认定
——《最高人民法院行政审判庭关于离退休人员与现工作单位之间是否构成劳动关系以及工作时间内受伤是否适用〈工伤保险条例〉问题的答复》解读

2007年7月5日　　　　　　　　　　　　　〔2007〕行他字第6号

一、问题的提出

对于离退休人员与现在工作单位之间是否构成劳动关系以及工作时间内受伤是否适用《工伤保险条例》，重庆市高级人民法院审判委员会形成两种意见：

第一种意见认为，不构成劳动关系，不适用《工伤保险条例》。其主要理由是：第一，广义的雇佣关系包括劳动关系，狭义的雇佣关系不包括劳动关系。从立法现状看，我国的民法和劳动法分属不同部门法。雇佣关系属民法调整，劳动关系属劳动法调整。劳动关系一般是指劳动者在劳动过程中与用人单位之间形成的一种相对稳定的社会关系。劳动关系的主体是双方当事人，即劳动者和用人单位；书面劳动合同是判断劳动关系是否形成的基本标准；劳动关系还体现了国家的强制干预性，劳动合同除了体现双方当事人的意思外，国家对劳动者的工资、社会保险等方面作了强制性规定，体现了国家意志，劳动关系兼具国家意志和当事人意志的双重属性。而离退休人员与现在工作单位之间通过订立聘用合同来约定双方的权利义务，只要双方意思达成一致，聘用合同即告成立。《劳动部关于实行劳动合同制度若干问题的通知》(劳部发〔1996〕354号)第13条就明确规定:"已享受养老保险待遇的离退休人员被再次聘用时,用人单位应与其签订书面协议,明确聘用期内的工作内容、报酬、医疗、劳动待遇等权利和义务。"聘用合同是离退休人员与企业之间签订的合同,虽符合劳动者与用人单位之间关系的表象,但国家对该聘用合同内容一般不予强制干预。故应将离退休人员与现在的工作单位之间的关系认定为雇佣关系。第二,参照中办、国办转发的《中央组织部、中央宣传部、中央统战部、人事部、科技部、劳动保障部、解放军总政治部、中国科协关于进一步发挥离退休专业技术人员作用的意见》(中办发〔2005〕9号)关于"离退休专业技术人员受聘工作期间,因工作发生职业伤害的,应由聘用单位参照工伤保险的相关待遇妥善处理;因工作发生职业伤害与聘用单位发生争议的,可通过民事诉讼处理;与聘用单位之间因履行聘用合同发生争议的,可通过人事或劳动争议仲裁渠道解决"之规定,聘用合同不应简单地视为劳动合同,应区分发生职业伤害与因履行聘用合同发生争议之间的差异。第三,如果将离退休人员与现在工作单位之间发生的职业伤害认定为以劳动关系成立为前提的工伤伤害,会造成法律适用的难题:(1)劳动关系之中,用人单位应当按照相关行政法规的规定缴纳工伤保险费、基本养老保险费、基本医疗保险费、失业保险费等社会保险费用,是否准许用人单位只针对退休职工缴纳工伤保险费,而不缴纳其他社会保险费用又会成为新的难题。(2)会造成《工伤保险条例》第三十三条关于因工致残被鉴定为一级至四级伤残的职工,保留劳动关系,退出工作岗位,享受按伤残等级支付一次性伤残补助金、按月支付伤残津贴等待遇,工伤职工达到退休年龄并办理退休手续后,停发伤残津贴,享受基本养老保险待遇之规定无法适用的问题。第四,根据《人身损害赔偿解释》第十一条第一款关于"雇员在从事雇佣活动中遭受人身损害,雇主应当承担赔偿责任。雇佣关系以外的第三人造成雇员人身损害的,赔偿权利人可以请求第三人承担赔偿责任,也可以请求雇主承担赔偿责任。雇主承担赔偿责任后,可以向第三人追偿"的规定,雇主承担赔偿责任实行严格责任,对雇主更为有利。而且对于多数离退休职工而言,采用人身损害赔偿标准所获得的赔偿金额应高于采用工伤保险待遇标准所获得的赔偿金额,且人身损害赔偿救济程序也比工伤保险程序简单。

第二种意见认为,构成劳动关系,应当适用《工伤保险条例》。主要理由是:第一,宪法规定了公民有劳动的权利和义务。现行法律只对劳动者的年龄下限作出了规定,对劳动者年龄的上限没有作规定,不能因是离退休职工就否定其劳动者身份。第二,《工伤保险条例》第六十一条第一款规定:"本条例所称职工,是指与用人单位存在劳动关系(包括事实劳动关系)的各种用工形式、各种用工期限的劳动者。"《劳动法意见》第 2 条规定:"中国境内的企业、个体经济组织与劳动者之间,只要形成劳动关系,即劳动者事实上已成为企业、个体经济组织的成员,并为其提供有偿劳动,适用劳动法。"第 4 条规定:"公务员和比照实行公务员制度的事业组织和社会团体工作人员,以及农村劳动者(乡镇企业职工和进城务工、经商的农民除外)、现役军人和家庭保姆等不适用劳动法。"由此可见,是否形成劳动关系应看劳动者是否事实上已成为企业、个体经济组织的成员,并为其提供有偿劳动。离退休人员与现在工作单位之间签订的聘用合同实质上就是用人单位与劳动者之间订立的劳动合同,不能因其名称不同就排除在劳动法及相关法规、规章的规定之外。如果不将离退休人员与现在工作单位之间的聘用关系认定为劳动关系,相关行政机关不强制用人单位按规定缴纳工伤保险费,就会出现劳动者在遭受工伤损害后,因用人单位破产、逃避债务等原因而得不到赔偿的情况。且中办发〔2005〕9 号文件没有明确将离退休人员排除在劳动关系之外。故应将离退休人员与现在工作单位之间的聘用关系认定为劳动关系,离退休人员在受聘期间因工受伤应适用《工伤保险条例》。

二、分析

对于离退休人员与现工作单位之间的聘用关系是否为劳动关系,受聘期间因工受伤是否应当适用《工伤保险条例》的问题,各地的做法不统一。对于达到国家法定离退休年龄的人员在享受养老保险待遇后,又重新参加工作产生的法律关系,是否属于劳动关系,各地理解也并不一致。对此,北京市、天津市、湖北省、江苏省等省市出台的相关规定中,明确了对于离退休人员、返聘人员不属于工伤认定的范围。①而上海等省市则规定属于工伤认定范围②。那么，离退休人员与现工作单位之间的聘用关系是否劳动关系呢？我们认为，在本请示案件中，离退休人员与现工作单位之间已经形成了劳动关系。理由是：

第一，本案的离退休人员属于"职工"。按照《工伤保险条例》第二条关于"中华人民共和国境内的各类企业、有雇工的个体工商户（以下称用人单位）应当依照本条例规定参加工伤保险，为本单位全部职工或者雇工（以下称职工）缴纳工伤保险费"和"中华人民共和国境内的各类企业的职工和个体工商户的雇工，均有依照本条例的规定享受工伤保险待遇的权利"的规定，该条例适用各类企业职工。那么，"职工"是否包括聘用的离退休人员呢？判断标准就是《工伤保险条例》第六十一条所规定的职工概念。根据该条规定，职工"是指与用人单位存在劳动关系（包括事实劳动关系）的各种用工形式、各种用工期限的劳动者"。可见，"职工"要作广义的理解，不仅包括签订了劳动合同的职工，还包括没有签订劳动合同，以口头协议存在事实劳动关系的职工；不仅包括长期劳动关系的职工，也包括短期劳动关系的职工，还包括以一定劳动任务为期限的职工；不仅包括职工花名册上的在册职工，也包括农民工、临时工在内的所有劳动者。离退休人员与现在工作单位之间签订的聘用合同实质上就是用人单位与劳动者之间订立的劳动合同。现有法律或者规范性文件也并未将离退休人员返聘新单位排除在工伤保险范围之外。我国劳动法对用人单位招用未满16周岁的未成年人作出了禁止性的

---

① 例如，《北京市实施〈工伤保险条例〉办法》第二十一条规定，受伤害人员是用人单位聘用的离退休人员或者超过法定退休年龄的，工伤保险机构不予受理。天津市劳动和社会保障局《关于工伤保险若干问题的解决意见》第十四条规定："退休人员返聘后，在工作中受伤，不适用工伤保险政策。"湖北省劳动和社会保障厅《关于工伤保险若干问题的处理意见》第十条规定："工伤职工达到法定正常退休年龄并办理退休手续后，停发伤残津贴，享受基本养老保险待遇，基本养老保险待遇低于伤残津贴的，由工伤保险基金补助差额部分，以后因享受养老金正常调整机制增加的金额达到或超额部分，工伤保险基金不再支付差额部分。"《厦门市实施〈工伤保险条例〉规定》第十九条规定，属于用人单位聘用的离退休人员的，劳动保障行政部门不予受理工伤认定申请。《太原市实施〈工伤保险条例〉细则》第十四条规定，受伤害人员是用人单位聘用的离退休人员或者超过法定退休年龄人员的，不予受理其工伤认定申请。重庆市劳动和社会保障局《关于贯彻执行〈工伤保险条例〉有关问题处理意见的通知》第十七条规定："用人单位聘用的离退休人员，实习的大中专院校、技工学校、职业高中学生不适用于《条例》和《实施办法》。这部分人员发生人身伤害，可按照双方的约定进行赔偿，双方对赔偿有争议的，可依法寻求救济。"

② 上海市劳动和社会保障局、上海市医疗保险局《关于实施〈上海市工伤保险实施办法〉若干问题的通知》规定："本市用人单位聘用的退休人员发生事故伤害的，其工伤认定、劳动能力鉴定按照《实施办法》的规定执行，工伤保险待遇参照《实施办法》的规定由聘用单位支付。"

规定,对女职工和年满16周岁未满18周岁的未成年工亦予以特殊保护,但未禁止达到法定退休年龄以上的人员参加工作,也未禁止用人单位招用这些人员。因此,不能把超过法定退休年龄人员排除在劳动关系的主体之外。相反,一些规范性文件还认可了其参照工伤保险处理。例如,中共中央办公厅、国务院办公厅转发的《中央组织部、中央宣传部、中央统战部、人事部、科技部、劳动保障部、解放军总政治部、中国科协关于进一步发挥离退休专业技术人员作用的意见》(中办发〔2005〕9号)规定,离退休专业技术人员受聘工作期间,因工作发生职业伤害的,应由聘用单位参照工伤保险的相关待遇标准妥善处理。

第二,本案离退休人员与现工作单位的法律关系符合劳动关系的特征。劳动关系是指用人单位依照劳动法的规定,使劳动者成为用人单位的成员,接受用人单位的管理、从事用人单位指定的工作,用人单位以获得劳动者的劳动为目的,劳动者利用自己的劳动力,以获取劳动报酬和各项社会保险福利待遇为目的产生的法律关系。劳动关系主要有以下几个特征:一是用人单位与劳动者之间形成长期稳定的管理与被管理、监督与被监督的关系。劳动者有义务遵守用人单位的有关工作时间和工作内容的规章制度。二是用人单位为劳动者提供劳动场所、劳动对象和劳动工具等基本的劳动条件。三是用人单位向劳动者支付工资等劳动报酬。劳动关系包括劳动合同关系和事实劳动关系。实践中,对于劳动合同关系的认定歧义较少,而对于事实劳动关系的认定则存在一些模糊认识。事实劳动关系应当是指职工与用人单位之间虽没有订立书面劳动合同,但双方实际享有、履行了劳动法上所规定的权利义务而形成的劳动关系。参照劳动和社会保障部的有关规定,对具备以下条件的,应认定为事实劳动关系:用人单位和劳动者符合法律、法规规定的主体资格;劳动者受用人单位的劳动管理、约束;劳动者从事用人单位安排的有报酬的劳动;劳动者提供的劳动是用人单位业务的组成部分。判断事实劳动关系可参照下列证据,如工资支付凭证或记录、工资发放花名册,缴纳社会保险费记录,用人单位向劳动者发放的工作证件等能够证明职工身份的证件,劳动者填写的用人单位招聘登记表、报名表等招用记录,考勤记录等等。根据《劳动法意见》第2条的规定,只要事实上形成了劳动关系就应当适用劳动法。离退休人员与受聘单位之间的合同只要以劳动力的交换为标的就是劳动关系,这是劳动关系与承揽合同等其他合同关系的根本区别。

第三,离退休职工在受聘后与用人单位之间发生的劳动关系应当纳入社会保障体系,由劳动法调整。我国劳动法规定达到一定年龄的劳动者可以享受退休的权利,但是退休并没有剥夺劳动者劳动的权利,也没有剥夺退休人员签订劳动合同的权利。因此,认为已经达到退休年龄的人是不具备合法劳动就业能力的人,不具备合法的劳动者主体资格,不能形成劳动关系①的观点是不正确的。此外,有观点所认为的退休职工已经享受了职工养老保险待遇,重新参加工作后与用人单位之间发生的关系不再属于劳动关系,而只是普通的雇佣关系并不准确。《工伤保险条例》并未将退休人员排除在"职工"范畴之外。虽然职工在退休之后享受了养老保险待遇,但是这种待遇与工伤保险待遇之间并不存在相互排斥的关系。退休以及享受养老保险待遇是国家和社会对达到一定年龄的职工的福利,而不能成为限制其继续工作的原因。劳动者在超过退休年龄后仍然工作的,用人单位应当为其缴纳工伤保险。即离退休人员只要与用人单位建立了劳动关系(包括事实上的劳动关系),并在工伤事故中伤亡的,利害关系人有权享受工伤保险待遇。

第四,将离退休人员排除在工伤保险范围之外不符合中国国情,不利于社会稳定。目前,随着人们生活水平的提高和医疗保健条件的不断改善,许多职工在达到法定退休年龄后仍保持着良好的身体状态。尤其是对于专业技术人员而言,如果将他们排除在劳动者之外,不允许他们与用人单位建立劳动关系,是对劳动力资源的极大浪费。当前社会保障体系还很不完善,离退休待遇较低,许多离退休人员退休工资还不能完全满足基本生活所需。为了维持生计,他们必须通过继续参加劳动获取劳动报酬才能生活,将他们排除在劳动者和工伤保险主体之外,显然与我国国情不符,也会造成社会不稳定因素。此外,在现实生活中,一些用人单位为了节约成本、逃避处罚,往往大量招用超龄人员(包括离退休人员),既不签订劳动合同,也不为他们办理社会保险,侵犯了这些劳动者的合法劳动权益,违背了劳动法保护劳动者弱势利益的立法宗旨。

当然,本请示案件中可能存在的与《工伤保险条例》第三十三条等规定存在冲突以及与《人身损害赔偿解释》第十一条第一款如何协调的问题,应当通过法律解释的途径来解决,并不影响本案对于工伤的定性。

据此,2007年7月5日,最高人民法院行政审判庭作出《关于离退休人员与现工作单位之间是否构成劳动关系以及工作时间内受伤是否适用〈工伤保险条例〉问题的答复》(〔2007〕行他字第6号):根据《工伤保险条例》第二条、第六十一条等有关规定,离退休人员受聘于现工作单位,现工作单

---

① 《工伤保险条例要点解答》,法律出版社2008年版,第21页。

位已经为其缴纳了工伤保险费,其在受聘期间因工作受到事故伤害的,应当适用《工伤保险条例》的有关规定处理。值得注意的是,本答复中"现工作单位已经为其缴纳了工伤保险费"针对本案具体阐释的案情,而不能理解为只有在现工作单位已经为其缴纳了工伤保险费的情况,才适用《工伤保险条例》。离退休人员受聘于现工作单位,现工作单位即便并未为其缴纳工伤保险费,其在受聘期间已经形成劳动关系,如果因工作受到事故伤害的,应当适用《工伤保险条例》的有关规定处理。

62. 车辆挂靠其他单位经营，车辆实际所有人聘用的司机工作中伤亡能否认定为工伤

——《最高人民法院行政审判庭关于车辆挂靠其他单位经营车辆实际所有人聘用的司机工作中伤亡能否认定为工伤问题的答复》解读

2007年12月3日　　　　　　　　　　〔2006〕行他字第17号

一、问题的提出

安徽省高级人民法院在审理吴利春诉黄山市劳动和社会保障局工伤认定决定请示一案中认定如下事实：2003年5月1日，凌义生与个体工商户黄山市屯溪永达车队（以下简称车队）签订挂靠协议，将其个人购买的货车一辆（车号为皖J02117）挂靠车队经营。双方约定该车产权为凌义生所有，凌义生每年向车队支付挂靠费500元，挂靠期间发生事故或其他原因造成的一切损失均由凌义生自负，车队概不承担。皖J02117货车登记的车主和营运证载明的运营人均为车队，车辆保险的投保人和经营中对外开具的运输发票载明的承运人为"车队（凌义生）"。2004年4月13日，凌义生雇用的驾驶员吴利春驾驶该车运输途中发生交通事故，造成吴利春五级伤残，交通部门认定吴利春在这起事故中负全部责任。后吴利春申请工伤认定，2005年4月5日，黄山市劳动和社会保障局作出黄劳社工险〔2005〕4号工伤认定决定，认为吴利春与车队存在事实劳动关系，根据《工伤保险条例》第十四条第（五）项的规定，认定吴利春属于工伤。车队不服，向黄山市人民政府申请行政复议。黄山市人民政府于2005年6月28日作出行政复议决定，维持黄山市社会和劳动保障局的工伤认定结论。车队仍不服，依法向人民法院提起

行政诉讼。

安徽省高级人民法院审委会讨论该案时,形成两种意见:第一种意见认为,吴利春与车队之间形成了事实劳动关系,应认定为工伤。理由是:本案中,凌义生将自己购买的货车挂靠在车队,并雇用吴利春驾驶,其与吴之间就形成了直接的雇佣关系。由于该车登记的所有人为车队,凌义生对外亦以车队的名义从事货运服务,车队按车定期收取挂靠费,实质上也从吴利春的劳动中受益,凌义生虽以个人名义雇用吴为司机,但其行为的后果应当由车队承担。车队是吴利春法律上的雇主,双方已经形成实事上的劳动关系。因此,吴利春在驾驶该车运输途中发生交通事故至伤,如果没有《工伤保险条例》规定的蓄意违章、自杀或自残等排除认定工伤的情形,就应依法认定为工伤。

第二种意见认为,吴利春与车队之间未形成实事劳动关系,不应当认定为工伤。理由如下:劳动和社会保障部劳社部发〔2005〕12号《关于确立劳动关系有关事项的通知》第一条规定:"用人单位招用劳动者未订立书面劳动合同,但同时具备下列情形的,劳动关系成立:(一)用人单位和劳动者符合法律、法规规定的主体资格;(二)用人单位依法制定的各项劳动制度适用于劳动者,劳动者受用人单位的劳动管理,从事用人单位安排的有报酬的劳动;(三)劳动者提供的劳动是用人单位业务的组成部分。"本案中,凌义生与车队签订协议约定挂靠服务费500元,挂靠期间发生事故或其他原因造成的一切损失均由凌义生自负,车队概不承担。协议中并未约定凌义生所雇司机须遵守车队制定的规章制度并服从其监督管理,亦未约定车队有权参与或者干涉凌义生车辆的营运。因此,不管该车赢利与亏损,有无营运收入,凌义生均应按每年500元标准交纳挂靠费。也就是说,不管凌义生有没有雇用司机,或雇用的司机技术如何、是否提供劳动、劳动质量效率如何、报酬高低,均不影响车队的收益,因此实际上吴利春的劳动并未成为车队业务的组成部分。车队与吴利春之间更不存在管理与被管理、指挥与被指挥、监督与被监督的关系。吴利春驾驶的车辆实际所有人是凌义生,凌义生的车辆与车队仅是挂靠关系,吴利春是凌义生雇用的司机,两者之间属于雇佣关系,雇用吴利春只是凌义生的个人行为,吴利春的劳动报酬也是由凌义生支付的,吴利春劳动中需服从凌义生管理和安排,其劳动质量和效率只会影响凌义生的收益而不会影响车队收益。因此,车队与凌义生所雇司机吴利春之间并没有直接关系,因而不属于劳动法和《工伤保险条例》的调整范围,不能认定为工伤。

安徽省高级法院审判委员会倾向于第二种意见。因此类问题比较普遍，司法审查中应如何适用法律，各地掌握的标准和做法不统一，为此该院审判委员会讨论决定，就如下问题请示：个人购买的车辆挂靠其他单位且以挂靠单位的名义对外经营的，车辆实际所有人聘用的司机与挂靠单位是否形成劳动关系，司机在工作中伤亡能否适用劳动法和《工伤保险条例》的有关规定认定为工伤？另，挂靠人（车辆实际所有人）与挂靠单位是否形成劳动关系，挂靠人（车辆实际所有人）在车辆营运中伤亡能否适用劳动法和《工伤保险条例》的有关规定认定为工伤？

二、分析

根据《工伤保险条例》第二条第二款的规定，"中华人民共和国境内的各类企业的职工和个体工商户的雇工，均有依照本条例的规定享受工伤保险待遇的权利。"非个体工商户的个人的雇工不属于该条例的调整范围。非个体工商户的自然人的雇工在工作场所、工作期间，因工作原因发生了伤亡事故，如果不认定该雇工与挂靠单位之间存在劳动关系，社会和劳动保障部门就应驳回该雇工的工伤认定的请求。因此说，非个体工商户的个人购买的车辆挂靠其他单位且以挂靠单位的名义对外经营的，其聘用的司机与挂靠单位之间是否形成了事实劳动关系，是此类案件的核心问题。对此问题，笔者将从以下三个方面进行分析：

（一）挂靠单位与挂靠车辆的车主之间的关系问题

根据《道路运输条例》的规定，从事道路客运或货运的，必须要取得运输许可证后，方能进行道路客货运经营活动。非个体工商户之所以将个人购买的车辆挂靠到其他单位，是因为其难以取得运输许可证，这实际上是一种规避法律的行为。因此，在我国法律制度中，没有关于挂靠单位与挂靠车辆的车主之间法律关系的规定。但是，在现实生活中，又存在这类不规范的行为，因此非常有必要对挂靠单位与挂靠车辆的车主之间的法律关系进行深入的分析。挂靠单位与挂靠车辆的车主达成的协议中若约定车辆的所有权属于车主，车主以挂靠单位的名义从事运营活动，车主每年向挂靠单位交纳一定数量的金钱，那么，车主是加盟到挂靠单位里一名加盟成员，从企业资产性质上看类似于公司与股东的关系。在经营管理上，车主除了不能以自己的名义对外从事运输经营活动外，其他的一切管理都由其自行决定，这又类似于法人与分支机构的关系。从分配形式上来看，车主要向挂靠单位每年交纳一定数量的金钱，其他完全自负盈亏，这又类似于企业与内部的承包人的关系。据此，车主属于挂靠单位的组成部分，挂靠单位在与车主的关系中享受了权利，所以挂靠单位就要承担相应的义务。

（二）挂靠单位与车主雇佣司机的关系

挂靠单位与车主签订的协议中一般都未约定车主所雇司机须遵守挂靠单位制定的规章制度并服从其监督管理，亦未约定挂靠单位有权参与或者干涉车主车辆的营运。似乎给人车主所雇的司机不受挂靠单位的约束，挂靠单位与车主所雇的司机之间不存在管理与被管理、指挥与被指挥关系，也就谈不上他们之间存在劳动关系的问题。但是，挂靠单位允许车主以其名义运营并从中收取一定数额的金钱，挂靠单位与车主之间的关系类似于企业与内部的承包人的关系。此时应当视为挂靠单位授权车主雇佣司机并对其进行管理。这就意味着该司机与挂靠单位之间存在管理与被管理、指挥与被指挥关系即具有雇佣关系。挂靠单位和车主所雇的司机符合法律、法规规定的主体资格；车主所雇的司机间接受挂靠单位的劳动管理，间接从事挂靠单位安排的有报酬的劳动，其提供的劳动可视为挂靠单位业务的组成部分。在法律上可以解释为挂靠单位与车主所雇的司机是雇佣和被雇佣的关系，车主是以挂靠单位的名义进行民事活动。他们只是没有一种法律上的劳动关系，是否可以把他解释为一种事实上的劳动关系。为此，认定挂靠单位与车主雇佣司机之间存在劳动关系，亦符合劳动和社会保障部劳社部发〔2005〕12号《关于确立劳动关系有关事项的通知》第一条的规定。

车主是以挂靠单位的名义从事经营活动，挂靠单位在与车主的关系中享受了权利，所以挂靠单位就要承担相应的义务。尽管，在有些挂靠单位与车主之间的协议中写明，挂靠期间发生事故或其他原因造成的一切损失均由车主自负，挂靠单位概不承担。但是，这些条款是不合法的，不可对抗第三人，亦不能依据这些条款来证明挂靠单位与车主所雇的司机之间不具有劳动关系。

（三）对弱者的保护及防止规避法律的问题

此类案件中，车主所雇的司机与挂靠单位、车主相比较，完全处于弱势地位，如果车主所雇的司机在工作中受到伤害，不认定其为工伤，车主又没有足够的钱赔偿其的损失，该司机的利益就不能得到保障；用人单位为规避承担法律责任，可以采取让一些不具有法律责任承担能力的人，以挂靠的名义雇佣司机，一旦发生交通事故，将可以免除对司机所应承担的工伤赔偿责任。劳动法和《工伤保险条例》有关劳动关系双方当事人之间权利义务的规定中，偏重规定职工的权利和用人单位的义务。可以说，有关工伤保险的立法是以职工为权利本位，以用人单位为义务本位。为了落实劳动法和《工伤保险条例》的有关规定，充分保障职工的权利，防止用人单位规避法律，完全有必要确定挂靠单位与车主所雇的司机之间具有劳动关系，车主所雇司机在车辆运营中伤亡的，应当适用劳动法和《工伤保险条例》的有关规定认定是否构成工伤。

基于上述分析，最高人民法院行政审判庭于2007年12月3日作出的〔2006〕行他字第17号《关于车辆挂靠其他单位经营车辆实际所有人聘用的司机工作中伤亡能否认定为工伤问题的答复》："个人购买的车辆挂靠其他单位且以挂靠单位的名义对外经营的，其聘用的司机与挂靠单位之间形成了事实劳动关系，在车辆运营中伤亡的，应当适用《劳动法》和《工伤保险条例》的有关规定认定是否构成工伤。"

三、应当注意的问题

人民法院在审理工伤认定行政案件时，适用〔2006〕行他字第17号答复时，需要特别注意分清挂靠的性质。

"挂靠"最早出现在改革开放的初期，当时我国企业的性质主要有国有和集体两种，当时还不允许成立私人企业。为了创立私人企业，有些人将私人企业挂靠到国有或集体企业的名下进行经营，也就是我们以前常说地"戴红帽子"。当时的挂靠有两种形式，一种是称为国有或集体企业的下属单位，以自己的名义对外从事经营活动，另一种是以国有或集体企业的名义从事经营活动。现今车辆的挂靠，主要是以后一种形式出现，对此种挂靠，可以适用〔2006〕行他字第17号答复。但也有少数挂靠是以前一种形式出现。因此种挂靠不是以挂靠单位的名义从事经营活动，而是以自己名义从事活动。因此，后一种形式的挂靠，不能适用〔2006〕行他字第17号答复。

63. 因第三人造成工伤的职工或其亲属在获得民事赔偿后还可以获得工伤保险补偿

——《最高人民法院关于因第三人造成工伤的职工或其亲属在获得民事赔偿后是否还可以获得工伤保险补偿问题的答复》解读

2006年12月28日　　　　　　　　　　〔2006〕行他字第12号

一、问题的提出

新疆维吾尔自治区高级人民法院生产建设兵团分院在审理秦永东不服新疆生产建设兵团建工师社会保障基金管理中心职工工伤保险待遇行政决定上诉一案中认定：2004年12月31日，秦永东的妻子张秋丽（生前系新疆兵团建工师昆仑工程建设总公司宏正造价事务所工程师）出差到沙湾县地税局做完工程决算审核后，乘坐该局的车返回乌鲁木齐的途中，因该局驾驶员驾车发生交通事故，造成张秋丽死亡。经交通事故管理部门认定，驾驶员应承担交通事故的全部责任。车主单位沙湾县地税局给秦永东赔偿一次性死亡补助金150068.8元、丧葬补助金7242元、被抚养人生活费43305元、精神损害赔偿金20000元，合计220615.8元。张秋丽所在单位向新疆生产建设兵团建工师社会保障基金管理中心（以下简称管理中心）报送了《工伤认定申请表》，2005年4月1日，管理中心作出张秋丽系因工死亡的工伤认定。同年5月20日，管理中心以事故方已赔付的费用均高于《工伤保险条例》规定的工伤待遇标准（一次性死亡补助金52800元、丧葬补助金6600元、被抚养人生活费29040元，合计88400元）为由，作出不予支付工伤保险待遇的决定。秦永东不服该决定，依法向人民法院提起行政诉讼。

原审法院认为，根据《人身损害赔偿解释》第十二条规定："依法应当参加工伤保险统筹的用人单位的劳动者，因工伤事故遭受人身损害，劳动者或者其近亲属向人民法院起诉请求用人单位承担民事赔偿责任的,告知其按《工伤保险条例》的规定处理。""因用人单位以外的第三人侵权造成劳动者人身损害,赔偿权利人请求第三人承担民事赔偿责任的,人民法院应予支持。"最高人民法院有关负责人就《人身损害赔偿解释》答记者问时阐述:"如果职工受工伤是第三人的侵权行为造成,第三人不能免除民事赔偿责任。例如职工因公出差遭遇交通事故,工伤职工虽然享有工伤保险待遇,但对交通肇事负有责任的第三人仍应承担民事赔偿责任。"① 新疆高院生产建设兵团分院于2005年4月29日颁布的新高兵法发〔2005〕4号《关于审理人身损害赔偿案件若干问题的指导意见》(以下简称《指导意见》)第一条规定"因第三人侵权赔偿与工伤赔偿保险机制目前在法律上是并行不悖的,一个属于私权范畴,一个属于公权范畴,二者不能混用,也不能相互替代。"根据前述两文件的精神可以认定,因第三人侵权造成的工伤,职工或者其近亲属除了可以获得民事赔偿外,还可以获得工伤保险补偿。故判决撤销管理中心的不予赔偿的决定。

该院审判委员会讨论中,对因第三人造成工伤的职工或其近亲属在获得民事赔偿后是否还可以获得工伤保险补偿的问题形成两种不同意见:一种意见认为:《人身损害赔偿解释》第十二条的规定对于本案所涉及的情况并没有明确规定,《工伤保险条例》对交通事故引起的工伤如何赔付也没有涉及。而劳动部1996年8月12日公布的《企业职工工伤保险试行办法》(以下简称《试行办法》)中对由于交通事故引起的工伤补偿有具体规定,即由于交通事故引起的工伤待遇补偿问题,应当首先按照交通法规处理,交通事故已赔付丧葬费、一次性工亡补助金、亲属抚养费的,工伤保险经办机构不再支付相应待遇。《工伤保险条例》出台后,对《试行办法》的规定没有明令废止。因此,劳动部的旧规定与新法规不相抵触,应继续执行。管理中心依据的新疆维吾尔自治区新劳社字〔2004〕67号《关于工伤保险几个有关问题的处理意见》、新疆生产建设兵团兵劳社发〔2004〕75号《关于工伤保险有关问题的处理意见》是自治区、兵团劳动和社会保障局按照《试行办法》第二十八条的规定作出的,管理中心依照上述规章及规范性文件作出工亡亲属在获得赔付金额高于工伤保险待遇的民事赔偿后,不再支付相应待遇的决定正确。另一种意见认为,《试行办法》第二十八条规定随着《工伤保险条例》之出台已失效。按照《人身损害赔偿解释》第十二条规定的精神,受害人从事故方(第三人)获得民事赔偿后,还可以按照《工伤保险条例》第三十七

---

① 最高人民法院民事审判第一庭编:《最高人民法院人身损害赔偿司法解释的理解与适用》,人民法院出版社2004年出版,第448页。

条规定，向工伤保险机构申请工伤保险待遇补偿。新疆高院的《指导意见》与《人身损害赔偿解释》是一致的，体现了保护受害人利益的立法精神。该院审判委员会倾向于后一种意见。

二、分析

要解决因第三人造成工伤的职工或其亲属在获得民事赔偿后是否还可以获得工伤保险补偿的问题，需要从工伤保险与民事侵权行为赔偿关系与我国现行法律及司法解释的有关规定两个方面进行分析，只有这两个方面结合起来，才能得出正确的结论。

（一）工伤保险与民事侵权赔偿适用关系的模式

在工伤赔偿问题上，世界各国经历了由传统侵权行为法一元调整机制向多元调整机制的演变，世界各国分别建立了具有本国特色的工伤保险制度，形成了不同的救济模式。归纳起来主要有四种模式：（1）选择模式。即工伤事故发生后，工伤雇员可以选择获得工伤保险待遇或者民事赔偿，选择工伤保险待遇，就不能再请求民事赔偿，反之亦然。选择模式赋予了工伤雇员的选择权，可以选择对自己有利的赔偿或补偿。受伤害雇员可在侵权赔偿与工伤保险之间任选其一。侵权行为损害赔偿数额虽多，但要经过漫长的诉讼，还要取决于被告的赔偿能力。相比之下，工伤保险赔偿数额可能较低，但可靠及时。选择模式将受害人置于两难选择，实际上对工伤雇员是非常不利的。英国和其他英联邦国家早期曾一度采用此模式，但后来均已废止。（2）免除模式。即以工伤保险取代侵权责任，也就是说，雇员遭受工伤事故后，只能请求工伤保险给付，而不能依侵权责任法的规定向加害人请求损害赔偿。免除模式的优点，一是免除了雇主侵权法上的赔偿责任，使雇主的责任减轻，符合现代社会实现损失承担社会化的理想；二是可以减少诉讼，避免劳资对抗，符合促进劳资关系协调发展的目的；三是节约社会资源，提高效率。但其缺陷是，剥夺了受害者获得完全赔偿权利，对受害雇员利益的保障不利，不利于对工伤事故的制裁和预防。因此，这种模式只具备损害填补和分散损失功能，而无法充分地维持对加害行为的制裁和事故预防功能。（3）兼得模式。即发生工伤后，工伤雇员既可以享有工伤待遇，也可以同时获得雇主的民事侵权损害赔偿，实行双重保护。这种模式与其他模式相比，最大优越性在于对受害雇员极为有利，尤其是在工伤保险待遇和民事赔偿标准偏低的情形下，对受害雇员权益的保障更为有利。但是，其存在两个重大缺点，一是违背了工伤保险创制设立的目的，加重了雇主的负担；二是违背了"不应获得意外收益"的基本原则。因而仅在极少数国家推行,大多数国家的立法和司法实践原则上不允许受害雇员获得以上双重利益。(4)补充模式。即发生工伤后,工伤雇员可同时主张侵权行为损害赔偿和工伤保险给付,但其最终所获得的赔偿或补偿,以实际损失为限,不得超过其实际遭受的损害。采用补充模式,一是可以避免受害雇员获得双份利益,减轻雇主的工伤负担,节约有限的社会资源;二是可以保证受害雇员获得完全的赔偿,维持相关法律制度的惩戒和预防功能。它是现代侵权责任制度与工伤保险制度长期磨合的产物,符合社会公平正义的观念。①

(二)我国现行工伤赔偿的模式

建国初期,我国制定颁布了《劳动保险条例》,但其适用范围很窄,仅适用于国有企业和集体企业的职工。1969年以后,因保险资金不落实,工伤保险实际上是企业自行负担的。改革开放以后,工伤保险制度开始恢复,1996年8月12日劳动部颁布的《试行办法》规定,我国境内的企业必须按照该办法建立工伤保险制度,职工发生工伤或者患职业病以后,依照该办法实行工伤保险赔偿。根据《试行办法》第二十八条②的规定,实践中有不少同志认为,我国的工伤保险赔偿是选择模式,即工伤保险与民事赔偿不能兼得,只能二者取其一。

全国人大常委会于2001年10月27日颁布了职业病防治法,于2002年6月29日颁布了安全生产法,这两部法律作出了与《试行办法》不同的规定。职业病防治法第五十二条规定:"职业病病人除依法享有工伤社会保险外,依照有关民事法律,尚有获得赔偿的权利的,有权向用人单位提出赔偿要

---

① 最高人民法院民事审判庭编:《最高人民法院人身损害赔偿司法解释的理解与适用》,人民法院出版社2004年版,第192~195页;曹艳春:《工伤保险与民事侵权赔偿适用关系的理性选择》,载《法律适用》2005年第5期。

② 《试行办法》第二十八条规定:"由于交通事故引起的工伤,应当首先按照《道路交通事故处理办法》及有关规定处理。工伤保险待遇按以下规定执行:(一)交通事故赔偿已给付了医疗费、丧葬费、护理费、残疾用具费、误工工资的,企业或者工伤保险经办机构不再支付相应待遇(交通事故赔偿的误工工资相当于工伤津贴)。企业或者工伤保险经办机构先期垫付有关费用的,职工或其亲属获得交通事故赔偿后应当予以偿还。(二)交通事故赔偿给付的死亡补偿费或者残疾生活补助费,已由伤亡职工或亲属领取的,工伤保险的一次性工亡补助金或者一次性伤残补助金不再发给。但交通事故赔偿给付的死亡补偿费或者残疾生活补助费低于工伤保险的一次性工亡补助金或者一次性伤残补助金的,由企业或者工伤保险经办机构补足差额部分。(三)职工因交通事故死亡或者致残的,除按照本条(一)、(二)项处理有关待遇外,其他工伤保险待遇按照本办法的规定执行。(四)由于交通肇事者逃逸或其他原因,受伤害职工不能获得交通事故赔偿的,企业或者工伤保险经办机构按照本办法给予工伤保险待遇。(五)企业或者工伤保险经办机构应当帮助职工向肇事者索赔,获得赔偿前可垫付有关医疗、津贴等费用。"

求。"安全生产法第四十八条规定:"因生产安全事故受到损害的从业人员,除依法享有工伤社会保险外,依照有关民事法律尚有获得赔偿的权利的,有权向本单位提出赔偿要求。"在对上述两条规定的理解有两种不同观点:一种观点认为,发生生产安全事故或者职业病以后,职工首先依照劳动合同和工伤社会保险合同的约定,享有相应的赔付金。如果工伤保险不足以补偿受害人的人身损害及经济损失的,依照有关民事法律应当给予赔偿的,职工或者其近亲属有要求生产经营单位给付赔偿的权利。另一种意见认为,工伤社会保险和民事赔偿不能相互取代,职工可以享受双重的保障。① 尽管这两种观点不同,但从工伤保险与民事侵权赔偿之间的关系上理解,分别属于补充模式和兼得模式,表明了我国工伤保险制度的进步。

最高人民法院在起草《人身损害赔偿解释》和《最高人民法院关于审理劳动争议案件适用法律若干问题的解释(二)》(以下简称《劳动争议解释(二)》)时,对职业病防治法第五十二条和安全生产法第四十八条的规定应如何理解的讨论过程中,多数人认为,这两部法律的特别规定就是为了预防和减少职业病和生产安全事故的发生,加大对漠视和故意违反安全生产规定、职业病防护规定的用人单位的制裁力度,结合立法本意和司法实践,应当理解为职工在上述两种情形下,可以获得的其他民事赔偿就是精神损害赔偿,如果职工提出精神损害赔偿,人民法院应予准许。少数同志认为,对前述法律规定不能狭义地理解为精神损害赔偿,也可以包括工伤保险赔偿以外其他可得赔偿,只是职工不能获得双重赔偿。② 这两种意见实际上都将工伤保险与民事侵权赔偿之间的关系界定为补充模式,仅仅在补充的范围问题上存在一定的分歧。

由于我国现行民事基本法以及劳动基本法对此问题未作出明确的规定,最高人民法院就此问题在向社会征求意见的过程中,社会各界对此问题的争议相当激烈,因关系重大,且考虑到此中诸多问题有待进一步研究,据此,《人身损害赔偿解释》第十二条第一款规定:"依法应当参加工伤保险统筹的用人单位的职工,因工伤事故遭受人身损害,职工或者其近亲属向人民法院起诉请求用人单位承担民事赔偿责任的,告知其按《工伤保险条例》的规定处理。"《劳动争议解释(二)》第六条规定:"职工因工伤、职业病,请求用人单位依法承担给予工伤保险待遇的争议,经劳动争议仲裁委员会仲裁后,

---

① 最高人民法院民事审判第一庭编:《最高人民法院人身损害赔偿司法解释的理解与适用》,人民法院出版社2004年版,第197页。

② 最高人民法院民事审判第一庭编:《最高人民法院劳动争议司法解释的理解与适用》,人民法院出版社2006年版,第197页。

当事人依法起诉的，人民法院应予受理。"尽管这两条的规定没有明确工伤保险与民事侵权赔偿之间的关系属于何种救济模式，但可以排除选择模式、免除模式和兼得模式。也就是说，实际上是补充模式，仅在补充的范围问题上分歧意见较大，没有作出明确的规定。

（三）因第三人侵权造成职工工伤的，工伤保险与民事赔偿的关系问题

根据有关司法解释的规定，我国现行工伤保险与民事侵权赔偿之间的关系排除了选择模式、免除模式和兼得模式，实际上采取的是补充模式，因此工伤职工可以在获得工伤保险待遇后，请求赔偿不足部分的民事赔偿。但是，因用人单位以外的第三人造成职工工伤的，赔偿责任应当如何承担还需要从以下几个方面进行分析，才能找到正确的答案：

第一，第三人应当承担民事侵权责任。因用人单位以外的第三人造成职工工伤的，与用人单位造成职工工伤最大的不同点是民事侵权主体及是否交纳工伤保险金的不同。前者民事侵权的主体是用人单位以外的第三人，其没有为受害职工交纳工伤保险金；后者的民事侵权主体是用人单位，其为受害职工交纳了工伤保险金。工伤保险赔偿，一般是指用人单位为其职工建立工伤保险关系，一旦发生工伤事故由保险机构对受害人支付一定的赔偿金，从而免除用人单位全部或部分民事赔偿责任。建立这种制度的目的是为了避免受害职工获得双份利益，减轻雇主的工伤负担，节约有限的社会资源，保证受害职工获得完全的赔偿，维持相关法律制度的惩戒和预防功能。根据我国民事法律规定，凡是对损害发生有责任的人，都要对其侵权行为负责。用人单位造成职工工伤的，正因为其为受害职工交纳了工伤保险金，该单位与国家之间形成了工伤保险关系，所以从法律意义上讲，将应当由其承担的民事赔偿责任全部或者部分转移给国家承担。但是，用人单位以外的第三人，造成职工工伤的，责任不在于用人单位，其危险性是用人单位无法控制的，因第三人没有为受害职工交纳工伤保险金，第三人与国家之间没有形成工伤保险关系，所以不能免除其应当承担的民事赔偿责任，由其承担民事侵权赔偿责任是合情合理也是合法的，符合侵权责任法的目的与宗旨。

第二，工伤保险与民事侵权赔偿性质不同，不得替代。用人单位以外的第三人造成职工工伤，第三人与受害人之间属于普通的平等主体之间的侵权民事法律关系，应当归入私法领域的侵权赔偿。用人单位为其职工投保是其法定的义务，当其投保后，该单位及职工与国家之间就形成了工伤保险关系，当职工发生工伤后，社会保障机构根据有关法律、行政法规的授权经过审查确认为工伤以后，由国家向受害职工支付工伤待遇补偿金。工伤保险一般要

由国家先支付保险费,企业、职工与工伤保险机构的关系相当于合同关系。但这种合同关系是国家法律规定的,由工伤保险机构代表国家与企业及其职工签订具有一定强制性的一种合同。因此,工伤保险机构在与受害职工之间的法律关系是行政管理者与被管理者的关系,即行政合同法律关系。从目前我国工伤保险制度来看,保险费主要是单位支付和个人支付两种,并非财政支付,社会保险虽是社会保障性保险,但仍属于投保人用以分散损害风险的一种机制。工伤保险与商业保险的最主要区别在于:一是前者是强制保险,后者是自愿保险;二是前者是收费与支出相抵,工伤保险机构不得从中赢利,而商业保险是一种对价关系。商业保险公司经营保险是需要赢利的,按照保险法的规定,商业保险中的人身伤害保险的支付,不影响被保险人对侵权人的全部损害赔偿请求权的。因此,工伤保险赔偿应当归入公法领域的赔偿。因其与民事侵权性质不同,且工伤保险具有社会性救济的功能,从理论上讲,一般不应当享受双份。因此,第三人承担了赔偿责任,不足部分,应当由工伤保险金予以补足。但是,因我国目前无论是民事赔偿,还是工伤保险待遇都不是充分赔偿。受伤职工进行民事诉讼活动需要投入大量的人力、物力,扣除成本后,并没有多获得太多的利益。如果采用补充原则,就应当由工伤保险机构先行给予工伤待遇,然后再由其为工伤职工或近亲属代行民事诉讼。目前,我国没有实行此种制度,故目前实行双重给付,具有一定的合理性。

第三,上位法与下位法规定不一致的,应当适用上位法的规定。劳动部1996年8月12日公布的《试行办法》第二十八条规定:"由于交通事故引起的工伤,应当首先按照《道路交通事故处理办法》及有关规定处理。工伤保险待遇按照以下规定执行:(一)交通事故赔偿已给付了医疗费、丧葬费、护理费、残疾用具费、误工工资的,企业或者工伤保险经办机构不再支付相应待遇(交通事故赔偿的误工工资相当于工伤津贴)。企业或者工伤保险经办机构先期垫付有关费用的,职工或其亲属获得交通事故赔偿后应当予以偿还。……"国务院于2003年4月16日发布,2004年1月1日起施行的《工伤保险条例》对此问题未作规定,实际上也就意味着,《工伤保险条例》否定了《试行办法》第二十八条的规定。此外,《试行办法》第二十八条的规定明显与安全生产法第四十八条和职业病防治法第五十二条的规定相抵触。劳动部制定的《试行办法》属于部门规章,而全国人大常委会依法制定的安全生产法和职业病防治法属于法律,国务院制定的《工伤保险条例》属于行政法规。这两部法律及《工伤保险条例》都是《试行办法》的上位法。根据立法法第七十九条第一款"法律的效力高于行政法规、地方性法规、规章"、"行政法规的效力高于地方性法规、规章"的规定,人民法院在审理有关工伤保险案件中涉及这一问题时,应当适用安全生产法第四十八条和职业病防治法第五十二条的规定，而不应当适用《试行办法》第二十八条的有关规定。

第四，如果规定两种不同性质的赔偿互为补充，实际上难以操作。用人单位造成职工工伤的，根据司法解释的规定，应当先由工伤保险机构按照《工伤保险条例》的规定处理，尔后才有可能进入用人单位有关民事赔偿的程序进行处理。这样在实践中较容易操作。但因用人单位以外的第三人造成职工工伤的，如果先进行民事赔偿程序处理，法院判决用人单位以外的第三人承担赔偿责任，往往会遇到第三人只有部分赔偿能力或者完全没有赔偿能力，或短时间内没有赔偿能力，无法确定受害职工是否完全得到赔偿，受害职工不能申请工伤待遇，不利于其合法权益的保护；赋予用人单位或者社会保险经办机构对侵权人的代位求偿权或者追偿权，不仅法律依据不明确，而且工伤保险机构同样也会遇到上述情况，客观上仍难操作。如果受工伤的职工或其家属先申请工伤待遇，尔后再提起民事侵权之诉，该职工或其家属就有可能获得双份赔偿。在实践中很少有工伤保险机构进行追偿，这样就会出现提起工伤保险的次序不同所产生的结果不同的情况，显然有悖公平原则。此外，从实际情况来看，侵权人的赔偿往往不足以弥补受害人的实际损失。就以此案为例，工伤死亡者家属仅仅得到22万余元的民事赔偿金，实际上不足以弥补该职工死亡后，给其家人造成的实际损失。

据此，《人身损害赔偿解释》第十二条第二款规定："因用人单位以外的第三人侵权造成职工人身损害，赔偿权利人请求第三人承担民事赔偿责任的，人民法院应予支持。"《劳动争议解释（二）》第六条规定："职工因为工伤、职业病，请求用人单位依法承担给予工伤保险待遇的争议，经劳动争议仲裁委员会仲裁后，当事人依法起诉的，人民法院应予受理。"最高人民法院有关负责人就《人身损害赔偿解释》答记者问时阐述："如果职工受工伤是第三人的侵权行为造成，因此，不能免除第三人民事赔偿责任。例如职工因公出差遭遇交通事故，工伤职工虽然享有工伤保险待遇，但对交通肇事者负有责任的第三人仍应承担民事赔偿责任。"根据上述规定和最高人民法院有关负责人的解答，因第三人侵权行为导致工伤的，受害人有可能得到双份赔偿。也就是说，最高人民法院的司法解释认可受害人获得双份赔偿的原则。上述司法解释的规定和最高人民法院有关负责人答记者问时阐述的观点符合有关法律的立法目的和原则。

在此问题上，有关民事处理原理与行政处理原理是相同的，因此，《人身损害赔偿解释》第十二条第二款和《劳动争议解释（二）》第六条的规定，亦可以作为审理这类行政案件的依据。为此，最高人民法院于2006年12月28日作出〔2006〕行他字第12号《关于因第三人造成工伤的职工或其亲属在获得民事赔偿后是否还可以获得工伤保险补偿问题的答复》（以下简称〔2006〕行他字第12号答复）："根据《中华人民共和国安全生产法》第四十八条以及最高人民法院《关于审理人身损害赔偿案件适用法律若干问题的解释》第十二条的规定，因第三人造成工伤的职工或其近亲属，从第三人处获得民事赔偿后，可以按照《工伤保险条例》第三十七条的规定，向工伤保险机构申请工伤保险待遇补偿。"

三、应当注意的问题

人民法院在审理工伤保险行政案件中，需适用〔2006〕行他字第12号答复及相关司法解释时，应当注意以下三个问题：

1. 《人身损害赔偿解释》施行以前，因用人单位以外的第三人造成职工工伤的有关赔偿问题，应当优先适用地方性法规或地方政府规章。在《人身损害赔偿解释》作出以前，我国的法律、行政法规及司法解释对此问题没有作出明确的规定，一些地方人大和政府根据本地的情况制定了地方性法规或地方政府规章，有些地方性法规、地方政府规章与《试行办法》对此问题的规定不一致。《试行办法》属于部门规章，其法律效力并不比地方性法律、地方政府规章高。根据立法法第八条、第六十四条和第七十三条第二款①的规定，此问题不属于中央立法权的范围，而是属于地方立法权的范围。《最高人民法院关于审理行政案件适用法律规范问题的座谈会纪要》中指出，地方性法规与部门规章对同一事项规定不一致的，地方性法规对属于地方性事务的事项作出的规定，应当优先适用；部门规章与地方政府规章不一致的，地方政府规章对属于本行政区域的具体行政管理事项作出的规定，应当优先

---

① 立法法第八条规定："下列事项只能制定法律：（一）国家主权的事项；（二）各级人民代表大会、人民政府、人民法院和人民检察院的产生、组织和职权；（三）民族区域自治制度、特别行政区制度、基层群众自治制度；（四）犯罪和刑罚；（五）对公民政治权利的剥夺、限制人身自由的强制措施和处罚；（六）对非国有财产的征收；（七）民事基本制度；（八）基本经济制度以及财政、税收、海关、金融和外贸的基本制度；（九）诉讼和仲裁制度；（十）必须由全国人民代表大会及其常务委员会制定法律的其他事项。"第六十四条规定："地方性法规可以就下列事项作出规定：（一）为执行法律、行政法规的规定，需要根据本行政区域的实际情况作具体规定的事项；（二）属于地方性事务需要制定地方性法规的事项。""除本法第八条规定的事项外，其他事项国家尚未制定法律或者行政法规的，省、自治区、直辖市和较大的市根据本地方的具体情况和实际需要，可以先制定地方性法规。在国家制定的法律或者行政法规生效后，地方性法规同法律或者行政法规相抵触的规定无效，制定机关应当及时予以修改或者废止。"第七十三条第二款规定："地方政府规章可以就下列事项作出规定：（一）为执行法律、行政法规、地方性法规的规定需要制定规章的事项；（二）属于本行政区域的具体行政管理事项。"

适用。根据该文件的精神，地方性法规或者地方政府规章与《试行办法》规定不一致的，应当优先适用地方性法规或地方政府规章。

2. 除《工伤保险条例》规定几种不得认定或视同工伤的情形外，对工伤职工不能因其有过错而减少其工伤补偿金。根据民事侵权赔偿的理论，受害人的过错造成的扩大损失部分，应当由受害人承担，从而减轻侵害人的赔偿责任。但是，工伤赔偿采取的是无过错责任，也就是说，无论受害人有无过错，只要因工伤给其造成多大的损失，就应按照该损失的情况，依据有关规定的标准予以补偿。因此，法院确定这类案件的补偿标准时，一般无须考虑工伤职工主观上有无过错。但是，根据《工伤保险条例》第十六条①的规定，凡是发现工伤职工因犯罪、违反治安管理、醉酒、自残、自杀导致伤亡的，不得认定为工伤或者视同工伤，不得给予工伤补偿。

3. 〔2006〕行他字第12号答复及相关司法解释适用于因用人单位以外第三人造成职工工伤的所有行政案件。用人单以外的第三人侵权损害，最典型的就是交通事故损害。道路交通安全法亦明确规定，人民法院应当支持当事人的合法请求。但是，用人单位以外的第三人侵权损害，并非仅指交通事故这一类情况，亦包括其他情况，如某单位保安在维持商场秩序中被第三人打伤等情况。凡是属于用人单以外的第三人侵权损害的工伤保险行政案件，均可以适用〔2006〕行他字第12号答复及相关的司法解释。

---

① 《工伤保险条例》第十六条规定："职工有下列情形之一的，不得认定为工伤或者视同工伤：（一）因犯罪或者违反治安管理伤亡的；（二）醉酒导致伤亡的；（三）自残或者自杀的。"

64.《工伤保险条例》的溯及力
——《最高人民法院行政审判庭关于河南省高级人民法院就〈焦作爱依斯万方公司诉焦作市劳动局工伤认定案件的请示〉的电话答复》解读

2005年1月12日　　　　　　　　〔2004〕行他字第14号

一、问题的提出

2001年2月15日,焦作市劳动局作出《关于对多海涛同志工伤认定的通知》(焦劳〔2001〕9号),其认定的事实是:1997年4月21日,爱依斯万方电力有限公司(以下简称爱依斯公司)职工多海涛在工作中由于锅炉吹管的强力爆吼声受到惊吓,当天经中国人民解放军160医院诊断为分裂样精神病。1998年4月26日,北京同仁医院诊断其为精神分裂症。依据劳动部劳部发〔1996〕266号文件《企业职工工伤保险试行办法》第二章第八条第一、四款、第九章第五十五条、《企业职工伤亡事故分类》GB6441—86及有关司法解释之规定,认定多海涛为工伤。

爱依斯公司不服焦作市劳动局作出的该工伤认定,2001年5月15日向焦作市山阳区人民法院提起行政诉讼。山阳区人民法院于2001年7月2日作出〔2001〕山行初字第13号行政判决,查明的事实为:多海涛系焦作爱依斯公司职工。1999年4月21日,多海涛在工作中由于锅炉吹管的强力爆吼声受到惊吓,当天经中国人民解放军160医院诊断为分裂样精神病。1998年4月26日,北京同仁医院诊断其为精神分裂症。至2000年8月10日,多海涛所支付的医疗费及去外地看病所支付的交通费等,原告按90%予以报销,双方均无争议。但此后,原告拒绝支付多海涛医疗费等。2000年8月29日,多海涛的法定代理人葛翠环向被告提出工伤保险待遇申请。2001年2月1

日，被告作出《关于对多海涛同志应认定为工伤的函》（焦劳〔2001〕5号），认定多海涛为工伤。2000年2月20日，被告再次作出《关于对多海涛同志工伤认定的通知》，仍然认定多海涛为工伤。

一审法院经审理认为，多海涛在工作中由于锅炉吹管的强力爆吼声受到惊吓，经医院诊断为分裂样精神病，属于工伤范围，应认定为工伤。被告认定多海涛为工伤的基本事实清楚，基本证据充分，适用法规正确。原告诉称被告认定工伤没有事实依据与事实不符，不予采纳。原告诉称多海涛或其亲属向被告提出工伤认定和被告作出工伤认定均超过法定的期限，程序违法的理由不能成立。判决维持焦作市劳动局作出的《关于对多海涛同志工伤认定的通知》。

爱依斯公司不服一审判决，向焦作市山阳区人民法院申诉再审，山阳区人民法院于2002年2月28日作出〔2002〕山立申字第4号驳回再审申请通知书。爱依斯公司仍不服，向焦作市中级人民法院提出再审申请。焦作市中级人民法院于2002年5月14日作出〔2002〕焦行立通字第74号驳回再审申请通知书。爱依斯公司向河南省高级人民法院继续申诉。河南省高级人民法院于2002年11月1日作出〔2002〕豫法立行字第121号行政裁定，指令焦作市中级人民法院对本案进行审理。

焦作市中级人民法院再审查明的事实与一审基本相同，并纠正了一审判决中出现的时间错误，多海涛受到惊吓的时间是1997年4月21日，而非1999年4月21日；焦作市劳动局作出焦劳〔2001〕9号通知的时间是2001年2月15日，而非2000年2月20日。再审另查明，2002年2月5日，焦作市劳动争议仲裁委员会在对工伤待遇争议庭审中，爱依斯公司称多海涛的工伤事故劳动局已作了认定，该公司愿意给多海涛工伤待遇，但应该按法律的规定予以支付。当问到工伤认定、伤残鉴定、法院判决时，爱依斯公司代理人回答：对工伤认定和判决书无异议，对伤残鉴定有异议，程序不合法。

再审法院经审理认为，多海涛在工作中由于锅炉吹管的强力爆吼声受到惊吓，经医院诊断为分裂样精神病，属于工伤范围，爱依斯公司于2002年2月5日向劳动仲裁机构表示愿意给多海涛工伤待遇，并对工伤认定和原审判决书表示无异议，原审人民法院维持焦作市劳动局作出的工伤认定通知并无不当。爱依斯公司以不是工伤提请再审，理由不足，其请求不予支持。故判决驳回了爱依斯公司的再审请求，维持了山阳区人民法院的一审判决。

爱依斯公司对再审判决仍不服，向河南省高级人民法院申请再审。河南省高级人民法院于2003年10月24日作出〔2003〕豫法立行字第56号行政裁定，由该院提审本案。爱依斯公司的申诉理由是：第一，本公司的锅炉吹管时间是1997年4月16日至4月19日上午11点多，多海涛受惊吓的时间是4月21日，锅炉吹管已结束，多海涛不可能是受锅炉吹管的响声的刺激，不应该认定为工伤。第二，国家技术监督局发布的《职工工伤与职业病致残程度鉴定》中规定：精神分裂症为内源性精神病，发病主要决定于病人自身的生物学素质。精神分裂症不属于工伤。多海涛的病是精神分裂症，是由其自身原因引起的，不应认定为工伤。第三，焦作市劳动局作出工伤认定的程序违法。所提供的证人证言不能作为认定多海涛为工伤的证据。第四，本公司在仲裁机构的陈述主要是尊重法院的生效判决，并不构成对工伤事实的自认。请求法院撤销焦作中级人民法院再审判决和一审判决，撤销工伤认定通知。焦作市劳动局答辩称，多海涛是在工作中受到刺激而导致精神病的，时间是1997年4月20日，有160医院4月21日的病历为证，所以申诉人提供的锅炉吹管的时间应不予认定，多海涛符合工伤认定范围，应认定为工伤。多海涛的工伤形成与爱依斯公司锅炉爆吼声有因果关系。在作出工伤认定的程序中不存在程序违法的情况。请求维持再审判决。多海涛辩称，其认定工伤的事实依据充分，有工人证言和160医院的原始病历。申诉人引用的伤残鉴定标准不是认定工伤的依据，是工伤确认后在医疗期满终结时，对劳动者进行伤残等级鉴定的标准，多海涛的病不是在工伤过程中伴发的，应该认定成工伤。焦作市劳动局的工伤认定事实清楚，证据充分，程序合法，应该维持。

　　河南高院查明的事实与再审一致。本案最关键的问题是申诉人提出的国家技术监督局颁布的国家标准《职工工伤与职业病致残程度鉴定》在作出工伤认定时是否应当适用。该规定的主要内容是：附录C中C12规定"精神分裂症和躁郁症均为内源性精神病，发病主要决定于病人自身的生物学素质。在工伤或职业病过程中伴发的内源性精神病不应与工伤或职业病直接所致的精神病相混淆。精神分裂症和躁郁症不属于工伤或职业病性精神病。"2004年8月16日，河南省高级人民法院就上述问题向最高人民法院请示。

　　对于是否适用《职工工伤与职业病致残程度鉴定》，主要有三种分歧意见：

　　第一种意见认为，不应当认定为工伤。从审理情况看，多海涛的精神病是在工作过程中因噪声过大受到惊吓而引发的，从一般情理来说，认定为工伤更容易被接受；但是国家技术监督局公布的国家标准又明确精神分裂症不属于工伤，虽然这个标准是推荐性标准，但应当有一定的拘束力，如果否定它必须有充分的理由。劳动局在认定工伤时不适用这一标准也要有充分的理由，因此，它应当作为认定构成工伤的依据。另一方面，这个依据比较绝对，在情感上对于多海涛在工作时间、工作地点造成精神病不按工伤对待难以接受，但多海涛不认定工伤也并不意味着就没有救济途径，通过民事诉讼等手段仍可以获得一定的医疗费用等补偿。本案应当撤销工伤认定，撤销一审和焦作中级人民法院再审判决。

第二种意见认为，应当认定为工伤。申诉人提供的这个标准是国家技术监督局1996年颁发的，属于附录C中的内容。这个标准属于国家标准中的推荐性标准，不属于强制性标准。根据标准化法的规定，推荐性标准由企业自愿采用，劳动局可以采用，也可以不采用。从这个标准的前言可以看出，这个标准是作为工伤、职业病患者在医疗期满后进行医学技术鉴定的依据，是在医疗期满后通过医学检查对伤残失能程度进行判定、申请伤残等级的标准，既不是认定工伤时应该遵守的标准，也不是强制性标准，不能作为本案认定工伤的唯一法定标准。另外，这个标准是从医学角度、从精神分裂症的发生原因作的规定，并没有将具体情况具体分析，如果不认定为工伤，有违公平原则，而且受伤者也难以接受。据此，劳动局认定工伤正确，应予维持。

第三种意见认为，应当层报最高人民法院作出答复。工伤认定涉及劳动者与企业的关系，这种职能属于劳动部门，根据劳动部的《企业职工工伤保险试行办法》的规定，企业职工只要在工作时间和工作地点造成伤亡的，都应该认定为工伤。这是劳动部门认定工伤的依据，是劳动部门的行政权力，而技术监督局的标准是对伤残等级、伤残能力的鉴定标准，在这个标准中规定精神分裂症不属于工伤的内容超出了职权，所以在工伤认定时不应该适用。同时又认为，劳动部的《企业职工工伤保险试行办法》与国家技术监督局的《职工工伤与职业病致残程度鉴定》标准都属于规章，二者如何衔接和适用，属于规章适用的冲突问题，应向最高人民法院请示。

二、分析

对于本请示问题，主要涉及以下方面的问题：

（一）工伤和工伤认定

正如我国台湾地区著名学者王泽鉴先生所说的，劳工执行职务遭遇意外伤害（或罹患职业病），系 18 世纪工业革命以来之重要社会问题。① 工伤是工业现代化带来的，是工业事故和职业病危害对劳动者人身造成的损害。工伤事故不仅侵害了劳动者的生命权、健康权和身体权等人身权利，也严重影响了劳动者及其家属的生活。根据国际劳工大会通过的有关公约，工伤是指"由工作直接或者间接引起的事故"。最初这个范围并不包括职业病，后来才逐渐将职业病纳入到工伤范畴。可见，"工伤"是国际上的通行用语，一般是指劳动者在工作中所遇到的意外事故伤害和职业病伤害。当然，对于工伤的界定是一个学理性很强的问题。一些人身损害均经历了一个从不认定工伤到认定工伤的过程。不论是劳动部《企业职工工伤保险试行办法》还是《工伤保险条例》均未对工伤作出定义。

笔者认为，工伤是指在合同劳动关系或者事实劳动关系存续期间，在工作时间、工作场所内，因履行劳动义务所遭受的人身损害。这一概念主要包括如下要素：一是工伤的主体是作为劳动法律关系的一方即劳动者。如果没有劳动法律关系（包括事实劳动关系）作基础的劳动者在劳动中人身受到伤害，不能通过确认工伤来获得救济。二是工伤构成的主观要件是为了履行劳动义务。劳动者根据约定给付劳动义务以便获取劳动报酬，其主观上是为了履行劳动义务。因此，劳动者因犯罪、违法、蓄意违章、自杀或者自残、斗殴、酗酒等恶意行为造成的人身伤害不能构成工伤。当然，对于履行劳动义务不能过于偏狭地理解，对于为了国家和社会公共利益的需要造成的人身损害，亦应视同工伤。三是必须是在工作时间和工作场所内。对于工作时间、工作场所以外的非履行劳动义务的人身伤害行为，不能认定为工伤。对于工作时间和工作场所的认定经常成为司法实践中的重点问题。

在我国，工伤认定是劳动行政主管部门依法确认劳动者的伤残是否属于劳动法意义上的工伤的行政行为。2010 年修订后的《工伤保险条例》第五条规定："国务院社会保险行政部门负责全国的工伤保险工作。县级以上地方各级人民政府社会保险行政部门负责本行政区域内的工伤保险工作。社会保险行政部门按照国务院有关规定设立的社会保险经办机构（以下称经办机构）具体承办工伤保险事务。"在工伤认定类案件中，被诉的具体行政行为一般为劳动和社会保障行政机关作出的工伤认定决定书或不予认定决定书。《工伤保险条例》第五十五条规定："有下列情形之一的，有关单位或者个人可以依法申请行政复议，也可以依法向人民法院提起行政诉讼：（一）申请

---

① 王泽鉴：《民法学说与判例研究（三）》，中国政法大学出版社 1998 年版，第 275 页。

工伤认定的职工或者其近亲属、该职工所在单位对工伤认定申请不予受理的决定不服的；（二）申请工伤认定的职工或者其近亲属、该职工所在单位对工伤认定结论不服的；（三）用人单位对经办机构确定的单位缴费费率不服的；（四）签订服务协议的医疗机构、辅助器具配置机构认为经办机构未履行有关协议或者规定的；（五）工伤职工或者其近亲属对经办机构核定的工伤保险待遇有异议的。"这既是关于利害关系人诉权的规定，也是关于可诉性行政行为的规定。

（二）工伤认定的法律依据

建国初期，我国制定颁布了《劳动保险条例》，尽管这并非工伤保险的单项法规，但其中对工伤事故和职业病的认定首次予以明确，是我国工伤保险第一部法规。1994年，劳动法首次以法律形式确立了国家发展包括工伤保险在内的社会保险事业。1996年，劳动部根据劳动法制定并颁布了《企业职工工伤保险试行办法》，以部门规章形式规范了企业工伤保险工作；2003年4月27日，国务院颁布的《工伤保险条例》，成为我国第一部工伤保险的单行法规。目前，根据案件发生时间的不同，可以认为工伤认定的法律依据主要有两部。

1996年10月1日施行的原劳动部颁布的《企业职工工伤保险试行办法》（劳部法〔1996〕266号）第八条规定："职工由于下列情形之一负伤、致残、死亡的，应当认定为工伤：（一）从事本单位日常生产、工作或者本单位负责人临时指定的工作的，在紧急情况下，虽未经本单位负责人指定但从事直接关系本单位重大利益的工作的；（二）经本单位负责人安排或者同意，从事与本单位有关的科学试验、发明创造和技术改进工作的；（三）在生产工作环境中接触职业性有害因素造成职业病的；（四）在生产工作的时间和区域内，由于不安全因素造成意外伤害的，或者由于工作紧张突发疾病造成死亡或经第一次抢救治疗后全部丧失劳动能力的；（五）因履行职责遭致人身伤害的；（六）从事抢险、救灾、救人等维护国家、社会和公众利益的活动的；（七）因公、因战致残的军人复员转业到企业工作后旧伤复发的；（八）因公外出期间，由于工作原因，遭受交通事故或其他意外事故造成伤害或者失踪的，或因突发疾病造成死亡或者经第一次抢救治疗后全部丧失劳动能力的；（九）在上下班的规定时间和必经路线上，发生无本人责任或者非本人主要责任的道路交通机动车事故的；（十）法律、法规规定的其他情形。"

2003年4月27日,国务院颁布了《工伤保险条例》(国务院令第375号),该条例于2004年1月1日起施行,上述规章已经失效。2010年12月20日,修订后的《工伤保险条例》(国务院令第586号)实施。这一条例是我国关于工伤社会保险的系统性的、综合性的、基础性的规定。根据该条例第十四条的规定:"职工有下列情形之一的,应当认定为工伤:(一)在工作时间和工作场所内,因工作原因受到事故伤害的;(二)工作时间前后在工作场所内,从事与工作有关的预备性或者收尾性工作受到事故伤害的;(三)在工作时间和工作场所内,因履行工作职责受到暴力等意外伤害的;(四)患职业病的;(五)因工外出期间,由于工作原因受到伤害或者发生事故下落不明的;(六)在上下班途中,受到非本人主要责任的交通事故或者城市轨道交通、客运轮渡、火车事故伤害的;(七)法律、行政法规规定应当认定为工伤的其他情形。"第十五条规定:"职工有下列情形之一的,视同工伤:(一)在工作时间和工作岗位,突发疾病死亡或者在48小时之内经抢救无效死亡的;(二)在抢险救灾等维护国家利益、公共利益活动中受到伤害的;(三)职工原在军队服役,因战、因公负伤致残,已取得革命伤残军人证,到用人单位后旧伤复发的。""职工有前款第(一)项、第(二)项情形的,按照本条例的有关规定享受工伤保险待遇;职工有前款第(三)项情形的,按照本条例的有关规定享受除一次性伤残补助金以外的工伤保险待遇。"

由于存在两个工伤认定的基本法律规范。那么,对于本案中的精神分裂症是否认定为工伤,应当按照工伤事实发生的时间来确定。修订前的《工伤保险条例》第六十四条规定,本条例施行前已受到事故伤害或者患职业病的职工尚未完成工伤认定的,按照本条例的规定执行。① 而在本案中,工伤认定主管行政部门已经完成了相关的工伤认定行为。因此,不能援引上述溯及力的规定。但是,对于是否构成工伤,应当按照《企业职工工伤保险试行办法》的规定执行。根据其规定,对于"从事本单位日常生产、工作或者本单

---

① 2005年7月5日,最高人民法院行政审判庭作出《关于〈工伤保险条例〉时间效力问题的答复》(〔2005〕行他字第9号):"工伤保险条例第六十四条明确规定'本条例施行前已受到事故伤害或者患职业病尚未完成工伤认定的,按照本条例的规定执行'。据此,对工伤保险条例实施前发生事故伤害或者患职业病的,用人单位或从业人员在工伤保险条例实施后提出工伤认定申请的,应适用工伤保险条例的规定。根据工伤保险条例第十七条的规定,职工受到事故伤害或者患有职业病的,用人单位应自发生伤害之日起30日内、从业人员应当自发生伤害之日起1年内提出工伤认定申请。提出工伤认定申请的期限应从该条例施行之日起计算。"这一答复是为了解决工伤认定中的时效问题。

位负责人临时指定的工作的,在紧急情况下,虽未经本单位负责人指定但从事直接关系本单位重大利益的工作的",应当认定为工伤。多海涛的精神病是在从事本单位日常生产、工作过程中,因噪声过大受到惊吓而引发的,应当认定为工伤无疑。如果案件事实发生在《工伤保险条例》实施之后,就应当适用《工伤保险条例》的相关规定。修订前和修订后的《工伤保险条例》第十四条第(一)项规定,在工作时间和工作场所内,因工作原因受到事故伤害的,应当认定为工伤。在司法实践中,对于"工作时间""工作场所"和"因工作原因受到事故伤害"经常产生不同理解。

所谓"工作时间"是指法律规定的、劳动合同规定的或者单位要求职工工作的时间。根据劳动法第三十六条的规定,劳动者每日工作时间不超过8小时,平均每周工作时间不超过44小时。这里的"工作时间"还包括单位合法要求的加班加点或者单位违法违约延长的时间。一般来说,劳动者在正常工作时间之外,未经单位安排自觉延长的时间或者主动加班的时间,只要是从事本职工作,也应当认定为工作时间,单位能够证明职工从事私人事务的除外。实践中有用人单位以职工违反劳动作息时间为由,认为所发生伤害不属于工伤。单位还向法院提供企业工作时间表以证明企业的工作时间。笔者认为,对工作时间不能机械地以用人单位规定的作息时间表为判断标准,而应当结合具体工作岗位情况而定。对有些工种需要提前做预备性或辅助性准备的,职工提前上班的,属于合理的工作前的预备、准备必需时间,应当作为工作时间对待。

所谓"工作场所"是指单位能够对从事日常生产经营活动进行有效管理的区域和职工为完成某项特定生产经营活动所涉及的相关区域,包括职工日常工作所在的场所以及单位临时指派其从事工作的场所。国际劳工组织《1981年职业安全和卫生及工伤环境公约》第3条规定,工作场所是指覆盖工人因工作而需在场或前往,并在雇主直接或者间接控制之下的一切地点。随着现代科学技术的发展,工作岗位和工作环境呈现多样性,职工工作并非要在固定的场所进行,也并不限于职工从事本职工作的固定车间或厂房。比如开放性的场所、外出工作的特定场所、单位临时指派的场所、流动性的工作岗位如业务推销行为等都属于工作场所的自然延伸。同时,国家从保护劳动者的角度出发,专门为职工在工作期间安排和提供特定服务的饮食、卫生等临时休息场所以及为职工正常的生理需要设置的场所如公厕、浴室等,均为工作场所的自然延伸。

所谓"因工作原因受到事故伤害"是指职工在工作时间和工作场所内,

因从事生产经营活动直接导致的伤害。对于在工作过程中为解决生理需要（例如进食、饮水、方便、短暂休息等），由于单位提供的附属设施存在不安全因素、单位的设施或者设备不完善、劳动条件或者劳动环境不良、管理不善等原因导致职工人身损害的，应当认定为"因工作原因"。在现代化大生产条件下，工作原因并非仅指从事本身固定的工种，即工作行为本身。一些单位承担着一些社会义务，如企业统一组织职工参与社会举办的公益性活动，如送货下乡、组织街头自愿服务队等，行为本身不属于职工的职责范围，但因活动的公益性和组织性，职工如发生事故的，属因工作原因受伤，应作为工伤对待。职工在工作时间和上下班途中，因见义勇为与违法犯罪行为作斗争，或在抢险救灾中受伤的，虽与工作原因无关，但其行为具有社会倡导性的道德评价价值，理应认定为工伤。当然在这种情况下认定为工伤，仅限于职工在工作时间或上下班途中，对因在工作时间外的见义勇为行为受伤的，对职工的补偿则由民法和奖励性的行政法规进行调整。

可见，就本案的事实而言，即便发生在《工伤保险条例》之后，也应当认定为工伤。

（三）《职工工伤与职业病致残程度鉴定》的非强制性

那么，本案中国家技术监督局《职工工伤与职业病致残程度鉴定》规定的标准属于强制性标准还是推荐性标准呢？1992年3月9日，劳动部、卫生部、全国总工会联合颁布《职工工伤与职业病致残程度鉴定标准（试行）》（劳险字〔1992〕6号，以下简称《标准》）。该《标准》明确："本标准适用于职工中经当地劳动部门证明属于工伤，或经卫生行政部门批准具有职业病诊断权的医疗卫生机构诊断为职业病后，经医疗单位确定医疗终结时，需进行伤残医疗检查及劳动能力鉴定者。"该《标准》表1中的B5明确："精神分裂症及躁郁症均为内源性精神病，发病主要决定于病人自身的生物学素质。在工伤或职业病过程中伴发的内源性精神病不应与工伤或职业病直接所致的精神病相混淆。精神分裂症和躁郁症不属于工伤或职业病性精神病。"1996年，该《标准》经过了修订，修订后的《标准》附录C中C12规定"精神分裂症和躁郁症均为内源性精神病，发病主要决定于病人自身的生物学素质。在工伤或职业病过程中伴发的内源性精神病不应与工伤或职业病直接所致的精神病相混淆。精神分裂症和躁郁症不属于工伤或职业病性精神病。"《标准》实施期间，对于该标准属于强制性标准还是推荐性标准，争议较大。主流的观点认为该标准应当属于推荐性标准。

2006年11月2日，国家质量监督检验检疫总局发布《劳动能力鉴定职工工伤与职业病致残等级标准》。该标准明确"本标准的全部内容为推荐性的""根据《工伤保险条例》（中华人民共和国国务院第375号令）制定本标准。本标准代替GB/T16180-1996《职工工伤与职业病致残程度鉴定》""本标准的附录A、附录B是规范性附录。本标准的附录C是资料性附录"等内容。在A.3"与工伤、职业病相关的精神障碍的认定"部分明确"a）精神障碍的发病基础需有工伤、职业病的存在；b）精神障碍的起病时间需与工伤、职业病的发生相一致；c）精神障碍应随着工伤、职业病的改善和缓解而恢复正常；d）无证据提示精神障碍的发病有其他原因（如强阳性家族病史）。"C.2.2则规定"精神分裂症和躁郁症均为内源性精神病，发病主要决定于病人自身的生物学素质。在工伤或职业病过程中伴发的内源性精神病不应与工伤或职业病直接所致的精神病相混淆。精神分裂症和躁郁症不属于工伤或职业病性精神病"。内容与修订前完全一致，唯本标准的全部内容为推荐性的已经明确。

据此，2005年1月12日，最高人民法院行政审判庭作出《关于河南省高级人民法院就〈焦作爱依斯万方公司诉焦作市劳动局工伤认定案件的请示〉的电话答复》（〔2004〕行他字第14号）："请示案件的事实发生在1996年10月1日至2004年1月1日期间的，应当适用《企业职工工伤保险试行办法》的有关规定，依法定程序处理工伤认定；2004年1月1日之后，应当适用《工伤保险条例》等有效的法律规范进行判断。"这个批复隐含的实际内容是认为上述标准是推荐性的标准，并且已经认可多海涛的精神病属于工伤，只不过在判断工伤和适用法律规范时要注意请示案件事实发生的时间。

五、工商管理

65. 学校向学生推销保险收取保险公司佣金入账的行为不构成不正当竞争行为
——《最高人民法院关于学校向学生推销保险收取保险公司佣金入账的行为是否构成不正当竞争行为的答复》解读

2004年1月8日　　　　　　　　　〔2003〕行他字第21号

一、问题的提出

黑龙江省鹤岗市工农区法院受理一起鹤岗铁路职工小学不服鹤岗市工商行政管理局行政处罚案，该院对此案中有关法律及规范性文件的适用问题，逐级请示黑龙江高院。黑龙江高院经审理并报院审判委员会讨论，形成两种意见。本案的事实是：

2001年8月，鹤岗铁路小学与中国太平洋公司佳木斯支公司、中国平安保险股份有限公司（以下简称保险公司）签订了办理学生平安保险业务代办合同，收取保险费13300元，提取"代理手续费"1064元（按8%提取）。铁路小学提供了"代理手续费"已入账的证据。鹤岗市工商局认为，铁路小学利用自己的便利为保险公司推销保险，收取保险公司给予的"代理手续费"违反国家有关规定，认为铁路小学无论是否将收取的"代理手续费"入账，其行为均违反了反不正当竞争法第八条和《国家工商行政管理局关于禁止商业贿赂行为的暂行规定》的规定，于2002年1月8日作出《关于对佳木斯铁路分局职工子弟小学受贿行为的处罚决定》：（1）责令铁路小学立即停止为学生办理学平险的违法行为及提取"代理手续费"的受贿行为；（2）没收铁路小学非法所收1064元；（3）对铁路小学处以罚款10000元。

本案涉以下法律及规范性文件的适用：

1. 反不正当竞争法第八条：经营者不得采用财物或其他手段进行贿赂以销售或购买商品，在账外暗中给予对方单位或个人回扣的，以行贿论；对方单位或个人在账外暗中收受回扣的，以受贿论处。经营者销售或购买商品，可以以明示方式给对方折扣，可以给中间人佣金。经营者给对方折扣，给中间人佣金的，必须如实入账。接受折扣、佣金的经营者必须如实入账。

2. 《国家工商行政管理局对保险公司借助学校强制保险代为定性问题的答复》（工商字〔2001〕第211号）中规定：学校从事营利性活动，可以认定为反不正当竞争法第二条规定的经营者，对学校非法收受的保险公司"保险代办费"的行为，可以参照《国家工商行政管理局关于医院非法收受保险公司给予的劳务费定性处理问题的答复》一并调查处理。

3. 《国家工商行政管理局关于医院非法收受保险公司给予的劳务费定性处理问题的答复》（工商公字〔2000〕第97号）中规定：非法收受经营者给予的财物并为其牟取交易机会的行为，属于反不正当竞争法第八条和《国家工商行政管理局关于禁止商业贿赂行为的暂行规定》所禁止的商业贿赂行为。医院违反国家有关规定从事保险代理业务，收取保险公司给的"劳务费"，利用自己的便利条件为保险公司向患者推销保险，属于非法收受经营者给予的财务并为其牟取交易机会的行为。医院是否将收取的"劳务费"入账，其行为均违反反不正当竞争法第八条和《国家工商局关于禁止商业贿赂行为的暂行规定》，构成商业贿赂行为，应当依法予以查处。

对于上述法律及规范性文件如何适用，黑龙江高院形成两种意见：

第一种意见（多数人意见）认为：铁路小学收取保险公司给予的"代理费"已经入账，其行为不符合反不正当竞争法第八条的规定，工商局的处罚错误。国家工商局的两个文件将无论是否将"代理手续费"入账，均认定为商业贿赂行为，与反不正当竞争法第八条第二款的规定不一致，第八条第二款明确规定"明示"的给中间人佣金的行为是法律所允许的，铁路小学作为保险公司和学生之间的中间人，依法有取得佣金的权利，铁路小学已将这笔"代理手续费"入账，符合第八条第二款的规定，铁路小学的行为不构成"商业贿赂行为"。鹤岗工商局依据反不正当竞争法第二十二条作出的处罚适用法律错误。

第二种意见（少数人意见）：铁路小学收取保险公司"代理手续费"构成商业贿赂行为，认为市工商局的处罚是正确的。理由是，国家工商行政管理局两个文件已有明确答复，且市工商局的决定不偏离两个文件的内容。

二、分析

竞争是市场经济的重要特征，也是市场经济的灵魂。通过市场主体的竞争，实现资源配置的优化，也为社会提供最优质的商品和服务。积极的竞争能够促进市场经济的健康发展，并进而推动社会进步，而消极的竞争则会窒息竞争，并进而危害市场经济，阻碍经济社会的发展和进步。正因为如此，凡是实行市场经济的国家，无论其政治制度与社会制度如何，都把竞争制度作为规范本国经济运行的基本制度。为了保障社会主义市场经济的健康发展，鼓励和保护公平竞争，制止不正当竞争行为，1993年9月2日，第八届全国人民代表大会常务委员会第三次会议通过了反不正当竞争法。

（一）反不正当竞争法对于商业贿赂的规定

根据反不正当竞争法的规定，所谓不正当竞争，是指经营者违反本法规定，损害其他经营者的合法权益，扰乱社会经济秩序的行为。反不正当竞争法第二章用11条内容，规定了不正当竞争行为。这些不正当竞争行为主要包括：市场交易中的欺骗行为、公用企业等滥用经济优势的行为、政府及其所属部门以权经商、地区封锁的行为、商业贿赂行为、虚假宣传行为、侵犯商业秘密行为以及不正当的有奖销售等行为。本请示案件涉及的是商业贿赂行为。

反不正当竞争法第八条规定："经营者不得采用财物或者其他手段进行贿赂以销售或者购买商品。在账外暗中给予对方单位或者个人回扣的，以行贿论处；对方单位或者个人在账外暗中收受回扣的，以受贿论处。""经营者销售或者购买商品，可以以明示方式给对方折扣，可以给中间人佣金。经营者给对方折扣、给中间人佣金的，必须如实入账。接受折扣、佣金的经营者必须如实入账。"这是关于商业贿赂行为的规定。反不正当竞争法没有商业贿赂行为的提法，1996年11月15日，国家工商行政管理局发布的《关于禁止商业贿赂行为的暂行规定》将"商业贿赂"作为正式的法律用语使用。

美国《布莱克法律辞典》认为，商业贿赂是指竞争者通过秘密收买交易对方的雇员或者代理人，获取优于其竞争对手的竞争优势的行为。在我国，商业贿赂是指在商品交易（包括服务）活动中，经营者为获得交易机会，特别是获得相对于竞争对手的竞争优势，通过不正当的手段收买客户的雇员或代理人,以及政府有关部门工作人员的行为。① 反不正当竞争法关于商业贿赂行为的规定经历了一个比较大的修订过程。国务院在1993年6月10日提交给全国人大常委会的反不正当竞争法(草案)第十四条对"商业贿赂"作了如下规定:"经营者不得以金钱、物品或者其他利益为诱饵,推销商品;但是,按照商业惯例采取优惠措施推销商品的除外。"时任国家工商行政管理局局长的刘敏学在该草案的说明中称:"这样规定,实质上是禁止用贿赂手段推销商品,但是刑法上的严格'贿赂'含义又不能覆盖现实生活中诸如此类的形形色色手段,如提供出国机会、免费旅游等,因此使用了'不得以金钱、物品或者其他利益为诱饵'的提法。同时,这一条也排除了附赠式(如买十赠一等)和其他符合商业惯例的促销方式,这些方式不属于不正当竞争行为。"之后,全国人大法律委员会在向全国人大常委会提交的《关于〈中华人民共和国反不正当竞争法(草案)〉审议结果的报告》中称:"一些委员和地方、部门、企业提出,当前较为突出的不正当竞争行为是回扣问题,应当明确规定在商品购销中不得给回扣,并应将回扣和折扣、佣金区别对待。因此,建议将这条修改为:'经营者不得以贿赂手段销售或者购买商品。给个人回扣和个人接受回扣的,以行贿、受贿论处。经营者销售或者购买商品,可以以明示方式给单位折扣,可以给中间人佣金。经营者给单位折扣、给中间人佣金的,应当入账。接受折扣、佣金的单位应当入账,不得私分。'"后来,一些委员提出:"当前贿赂方式多种多样,如提供出国考察、旅游、色情服务等等,应当对此作出比较具体的规定。有些委员还建议明确规定,回扣不能给个人,也不能给单位。"根据上述委员的建议,形成了反不正当竞争法第八条的规定。

从反不正当竞争法第八条关于商业贿赂的规定来看,商业贿赂行为主要包括如下特征:

一是商业贿赂的主体是从事商品交易的经营者,即行贿人和受贿人,既可以是买方,也可以是卖方,还可以是其他主体。这是商业贿赂行为的主体要件。根据反不正当竞争法的规定,商业贿赂的主体是"经营者"。《关于禁止商业贿赂行为的暂行规定》第二条第二款规定,本规定所称商业贿赂,是指经营者为销售或者购买商品而采用财物或者其他手段贿赂对方单位或者个人的行为。这里的"对方单位或者个人"不仅包括作为交易主体的对方单位或者个人,也包括与对方单位或者个人有密切关系的单位和个人。

二是商业贿赂的目的是为了销售或者购买商品。这是商业贿赂行为的目

---

① 国家工商行政管理局条法司编:《反不正当竞争法释义》,河北人民出版社1993年版,第55页。

的要件。商业贿赂行为的目的是通过对交易行为施加不正当影响,以便促成交易或者使其在交易行为中挤掉同行竞争对手,进而取得市场优势。

三是商业贿赂采取财物和其他手段进行贿赂。这是商业贿赂行为的手段要件。这里的"财物"是指现金和实物,包括经营者为销售或者购买商品,假借促销费、宣传费、赞助费、科研费、劳务费、咨询费、佣金等名义,或者以报销各种费用等方式,给付对方单位或者个人的财物。"其他手段"是指提供国内外各种名义的旅游、考察等给付财物以外的其他利益的手段。

(二)回扣、折扣和佣金

1. 回扣

根据《关于禁止商业贿赂行为的暂行规定》,所谓回扣,是指经营者销售商品时在账外暗中以现金、实物或者其他方式退给对方单位或者个人的一定比例的商品价款。就回扣的本意而言,是经手采购的人,向卖方索取或者收受的从买方支付的价款中扣出的归入自己所有的部分价款。当然,也存在"逆向回扣",当市场供不应求时,买方为求得商品或者服务,可能在价款之外附加一定的优惠条件,亦属于广义上的回扣,即逆向回扣。

回扣是商业贿赂主要的表现形式,其特征是:实施回扣行为的是经营者,交易双方对回扣行为共同认可;回扣并非付给独立中间人或者委托代理人;回扣目的是为了获取交易机会或者竞争优势;回扣行为往往采取账外暗箱操作的违反财经纪律和财务制度的行为。回扣一般表现为好处费、交际费、提成费、答谢费、咨询费等等。

对于回扣的定义强调的是"账外暗中",账外指不入正规的财务账,暗中指不在合同、发票等中明确表示。账外暗中指在企业购销中落入个人腰包或者入单位小金库的那部分收入。① 对于"账外暗中"应当结合起来理解,不应当割裂理解,不能认为公开的账外就不属于账外暗中。为此,上述规章对此又进行了界定,即所谓"账外暗中"是指未在依法设立的反映其生产经营活动或者行政事业经费收支的财务账上按照财务会计制度规定明确如实记载,包括不计入财务账、转入其他财务账或者做假账等。可见,账外暗中包括以下情形:根本不入账;转入其他财务账;在记账中弄虚作假;用其他方式顶账、冲账、报销相关费用。

2. 折扣

根据《关于禁止商业贿赂行为的暂行规定》,所谓折扣,是指商品购销

---

① 胡康生主编:《〈中华人民共和国反不正当竞争法〉释义》,法律出版社1994年版,第23页。

中的让利，即经营者在销售商品时，以明示并如实入账的方式给予对方的价格优惠，包括支付价款时对价款总额按一定比例即时予以扣除和支付价款后再按一定比例予以退还两种形式。一般来说，折扣是在商品买卖时，按照标价减去一定比例的价款，被减去的部分就是折扣。折扣是卖方以明示方式对买方给予优惠。折扣是以明示方式公开给付，并将所得折扣数全部入账。折扣可以是对商品直接打折或者减价，也可以是按照合同约定的比例退还部分价款。折扣是经营者自主经营的市场行为。折扣与回扣不同之处在于，买方并非按照原来的价格付款，而是按照折扣以后的价格来付款，不存在价款的返还问题。

折扣是合法行为，是一种价格容让。基于经营者拥有定价的自由，目前各国对折扣持认可的态度，将其视为一种合法的价格促销手段。折扣有如下法律特征：折扣是发生在交易双方当事人之间，折扣是卖方给予买方的，而不能是给买方的代理人或者其工作人员；折扣是商品原定价款的一部分；给予或者接受折扣必须如实入账，以明示方式公开支付；折扣作为价格促销手段，应当遵守价格法的规定，不得以排挤竞争对手为目的低于成本价销售。

折扣的定义强调的是明示、入账。给予或者接受折扣，必须符合两个条件：明示，即在合同、发票等中明确表示；入账，即包括依法纳税。[1] 根据《关于禁止商业贿赂行为的暂行规定》，明示和入账，是指根据合同约定的金额和支付方式，在依法设立的反映其生产经营活动或者行政事业经费收支的财务账上按照财务会计制度规定明确如实记载。正因为如此，折扣是明扣而不是暗扣，其区别亦可体现为：折扣是公开明示，回扣是秘密给付；折扣只能是卖方支付，回扣则是买卖双方均可支付；折扣是写入合同计入账内，回扣则是账外暗中。

3. 佣金

根据反不正当竞争法第八条第二款的规定，经营者销售或者购买商品，可以以明示方式给对方折扣，可以给中间人佣金。佣金是商业活动中的一种劳务报酬，是具有独立地位的中间商、掮客、经纪人、代理商等在商业活动中为他人提供服务、介绍、撮合交易或代买、代卖商品所得到的报酬。它可以是买方给的，也可以是卖方给的，也可以是买卖双方给的。佣金通常是事先通过协议按照成交额的百分比计算，也有事先无协议，按照商业惯例办理的。但是，公务人员、企业的雇员、企业的业务代理人，以及其他不是处于

---

[1] 胡康生主编：《〈中华人民共和国反不正当竞争法〉释义》，法律出版社1994年版，第23页。

独立的中间人地位的人员不能收受佣金。① 佣金与回扣、折扣的不同之处在于卖方将资金支付给了处于中介地位的居间人，是发生在居间合同关系中，而非直接支付给买方或者其委托代理人。

佣金的法律特征是：佣金是商业活动中中间人所得的劳务报酬；中间人提供的服务必须符合法律规定；给付或者收受佣金必须如实入账。

（三）本案中佣金入账行为是否属于商业贿赂行为

国家工商行政管理局制定的《关于禁止商业贿赂行为的暂行规定》对于佣金作了两个规定：一是对反不正当竞争法规定的佣金行为作了规定。该规章第七条规定，经营者销售或者购买商品，可以以明示方式给中间人佣金。经营者给中间人佣金的，必须如实入账；中间人接受佣金的，必须如实入账。二是对佣金作了一个定义。即，所谓佣金，是指经营者在市场交易中给予为其提供服务的具有合法经营资格中间人的劳务报酬。这两个规定与反不正当竞争法的规定相比，其适用条件有所变化。一是根据反不正当竞争法第八条第二款的规定："经营者销售或者购买商品，可以以明示方式给对方折扣，可以给中间人佣金。经营者给中间人佣金的，必须如实入账；中间人接受佣金的，必须如实入账。"其中"可以以明示方式给对方折扣，可以给中间人佣金"是并列关系，即给对方折扣必须明示，给中间人佣金则不必明示。否则，上述条文就应当规定为"经营者销售或者购买商品，可以以明示方式给对方折扣或者给中间人佣金。"二是中间人必须是"在市场交易中给予为其提供服务的具有合法经营资格中间人"。有学者认为，中间人必须要有合法的经营资格，不具有合法的经营资格的，不能收受佣金，无合法经营资格的中间人为他人提供服务、接收佣金属无照经营行为。② 可见，上述规章对佣金的适用条件作了限缩解释。

本文所涉及的若干行政批复的内容大多涉及回扣、限制竞争等不正当竞争行为。例如，《国家工商行政管理局关于医院非法收受保险公司给予的"劳务费"定性处理问题的答复》（2000年5月17日，工商公字〔2000〕第97号）中称："医院违反国家有关规定从事保险代理业务，收取保险公司给予的'劳务费'，利用自己的便利条件为保险公司向患者推销保险，属于非法收受经营者给予的财物并为其牟取交易机会的行为。医院无论是否将收取的'劳务费'入账，其行为均违反了反不正当竞争法，构成商业贿赂行为，

---

① 国家工商行政管理局条法司编：《反不正当竞争法释义》，河北人民出版社1993年版，第61页。

② 孔祥俊：《反不正当竞争法的适用与完善》，法律出版社1998年版，第370页。

应当依法予以查处。"《国家工商行政管理总局对保险公司借助学校强制保险行为定性处罚问题的答复》(2001年8月6日,工商公字〔2001〕第211号)的内容是:"《反不正当竞争法》第六条规定的公用企业或者其他依法具有独占地位的经营者限制竞争行为,是指公用企业或者其他依法具有独占地位的经营者滥用其自身优势地位或借助他人的优势地位强制实施的限制竞争行为。保险公司属于《反不正当竞争法》第六条规定的依法具有独占地位的经营者。保险公司借助学校的特殊地位,强制推销保险的行为,排挤了其他保险经营者的公平竞争,违反了《反不正当竞争法》第六条的规定,应当依据该法第二十三条的规定调查处理。学校在从事营利性活动时,可以认定为《反不正当竞争法》第二条规定的经营者。对学校非法收受保险公司给予的'保险代办费'及保险公司给予'保险代办费'的行为,可以参照国家工商行政管理局《关于医院非法收受保险公司给予的'劳务费'定性处理问题的答复》(工商公字〔2000〕第97号)一并调查处理。"这两个行政批复,后者是关于限制竞争的批复,与本案关系不大。前者则认为,"利用自己的便利条件为保险公司向患者推销保险,属于非法收受经营者给予的财物并为其牟取交易机会的行为。医院无论是否将收取的'劳务费'入账,其行为均违反了《反不正当竞争法》,构成商业贿赂行为",这一观点突破了反不正当竞争法关于"经营者给中间人佣金的,必须如实入账"属于合法的经营行为这一通常观念。如果仅仅认定学校"非法收受经营者给予的财物并为其牟取交易机会的行为",不论其是否如实入账,显然是不符合立法原意的。

据此,2004年1月8日,最高人民法院行政审判庭作出《关于学校向学生推销保险收取保险公司佣金入账的行为是否构成不正当竞争行为的答复》(〔2003〕行他字第21号)。答复称:"根据《中华人民共和国反不正当竞争法》第八条第二款的规定,学校向学生推销保险收取保险公司佣金并入账的行为不宜视为不正当竞争行为。"

2004年9月22日,一些规章也进一步加大了对于各种名义的"回扣"的管理。例如,教育部下发了《关于严禁直属高校在经济往来中违规收受回扣的通知》(2004年9月22日,教财〔2004〕36号),该通知要求,对给予回扣的经营者,必须要求其明示并如实入账。学校为学生代购代销的物品,也必须实行明折明扣。严禁在账外暗中收受对方单位或个人给予的各种名义的回扣、手续费,确实无法谢绝而接受的回扣、手续费,必须全部上交学校财务处,纳入学校预算管理,不得私自截留、挪用或私分。此后,国家工商行政管理总局下发了《关于公办学校收受商业贿赂行为是否受〈反不正当竞争法〉调整问题的答复》(2006年5月15日,工商公字〔2006〕90号)。该答复虽然针对的对象是公办学校,但明确的内容是:《关于禁止商业贿赂行为的暂行规定》第九条第二款中的"有关单位",是指在商品交易中收受商业贿赂的单位,不受单位性质的限制。无论是公办学校,还是其他性质的学校,只要在购买商品(包括购买书籍)时收受商品销售者给予的商业贿赂,就可以按照反不正当竞争法和《国家工商行政管理总局关于禁止商业贿赂行为的暂行规定》的有关规定予以处理。

但是,本请示案件中确实有一些遗留问题值得探讨。一是关于佣金问题。对于佣金的规定,实际上属于民法和经纪人法规定的范畴。反不正当竞争法中规定的中间人是否为合同法规定的居间人呢?居间是给他人提供信息或促成他人与第三人交易的行为。居间行为主要分为两种:报告居间和媒介居间。前者是提供各种交易信息或供需信息,以给委托人提供各种商业机会,供其选择;后者是居间人沟通、传递双方订约意向、撮合谈判,并最终使委托人与第三人达成交易。显然,反不正当竞争法上规定的中间人即是合同法上的居间人。在保险领域,最典型的居间人是保险经纪人,根据保险法和《保险经纪公司管理规定》,经营保险经纪业务,应当是依照相关规定设立的保险经纪公司,未经中国保监会的批准,任何单位和个人不得在中华人民共和国境内从事保险经纪活动。可见,对于保险经纪这一居间行为的监督管理,应当由中国保监会进行管理和监督。二是,简单地将"是否如实入账"作为认定折扣、佣金的标准,甚至于细致到了计入到相应的会计细目,使得商业贿赂执法异化为复杂的财务会计审查过程,财务会计制度关于折扣有现金折让、商业折让和销售折让等三类,其操作极为复杂。在一些执法实践中,经常发现交易双方一方如实入账了,另外一方没有如实入账,出现了有受贿行为却没有行贿行为的怪现象,亟须规范。折扣、佣金不如实入账是一种违法行为,但不属于商业贿赂违法行为,应当是违反会计和税务法律法规的行为,且应当按照相应的法律法规予以处理。

66. 企业审批机关进行特别清算和普通清算的情形
——《最高人民法院行政审判庭关于
〈外商投资企业清算办法〉适用中
有关清算问题请示的答复》解读

2003 年 12 月 31 日　　　　　　　　　　　　〔2003〕行他字第 23 号

一、问题的提出

湖北省高级人民法院在审理德宝（远东）有限公司诉湖北省对外贸易经济合作厅批准实行特别清算上诉一案中，对于如何理解、适用《外商投资企业清算办法》存在认识分歧。该案的基本事实是：

德宝（远东）有限公司系一港资企业。1995 年 7 月 13 日，德宝（远东）有限公司与湖北省鹰台经济发展公司签订合同，约定共同投资成立湖北德宝实业有限公司，企业类型为中外合作企业。2000 年 7 月 10 日，因湖北德宝实业有限公司合作双方发生纠纷，鹰台公司依合同约定向中国国际经济贸易仲裁委员会提出请求终止合同的申请。中国国际经济贸易仲裁委员会于 2001 年 9 月 17 日作出〔2001〕贸仲裁字第 0278 号裁决书，裁决解除合同。

同年 10 月 16 日，鹰台公司向省外经贸厅提出特别清算申请书，以港方及其法定代表人不应约商谈清算事宜为由，申请省外经贸厅批准对湖北德宝实业有限公司进行特别清算。10 月 26 日，省外经贸厅依据《中外合作经营企业法》《外商投资企业清算办法》的规定，批复同意对湖北德宝实业有限公司实行特别清算并组成清算委员会。清算委员会组成人员由省外经贸厅工作人员、鹰台公司负责人、德宝公司法定代表人及律师、会计师等五人组成，清算委员会主任由省外经贸厅工作人员担任。港方德宝（远东）有限公司对省外经贸厅批准特别清算及成立清算委员会的行为不服，向武汉市中级人民法院提起行政诉讼。

武汉中级人民法院一审审理认为，被告省外经贸厅根据鹰台公司实行特别清算的申请经过审查并予批复的行政行为依法有据，程序合法，适用法律正确。据此判决维持省外经贸厅作出的关于湖北德宝实业有限公司实行特别清算的批复并驳回了原告的赔偿请求。德宝（远东）有限公司上诉称，省外经贸厅成立清算委员会没有履行告知义务；清算委员会强行清算于法无据，清算结果显失公正；省外经贸厅应当赔偿上诉人的一切经济损失。省外经贸厅答辩称：本厅批准对湖北德宝实业有限公司实行特别清算，有事实依据和法律根据；清算委员会并非国家行政机关，上诉人无权因清算委员会的行为对本厅提起行政诉讼。

该案经合议庭合议并经审判委员会讨论，对于省外经贸厅批准进行特别清算、成立清算委员会及决定清算委员会主任的行为，由于《外商投资企业清算办法》规定不甚明确，意见也不一致，主要涉及以下三个问题：

（一）如何理解企业审批机关批准进行特别清算的法定条件和程序

《外商投资企业清算办法》第三条第二款是企业特别清算的条件和程序规定，即"企业不能自行组织清算委员会或者依照普通清算的规定出现严重障碍的，企业董事会或者联合管理委员会等权力机构、投资者或者债权人可以向企业审批机关申请进行特别清算"。少数意见认为，合作公司终止后，只要合作一方当事人认为不能自行组织清算委员会进行普通清算并提出特别清算申请，企业审批机关即可批准特别清算。多数意见认为，企业审批机关应当对合作一方的申请进行审查，调查了解该企业是否确属不能自行组织清算委员会，即符合不能进行普通清算的条件的，才能批准特别清算。

（二）如何理解清算委员会的组成及其组成程序

《外商投资企业清算办法》第三十六条规定："企业进行特别清算，由企业审批机关或其委托的部门组织中外投资者、有关机关的代表和有关专业人员成立清算委员会"。根据此规定，少数意见认为，企业审批机关在批准特别清算后，即可确定清算委员会的组成。审批机关应当指派其工作人员参加清算委员会。多数意见认为，企业审批机关对于清算委员会的成立是"组织"的权力，即召集企业合作双方及有关机关进行协商成立清算委员会而无权在批准特别清算时直接确定清算委员会的组成人员，审批机关更不应指派其工作人员参加。

(三) 企业审批机关工作人员能否担任清算委员会主任

《外商投资企业清算办法》第三十七条第一款规定："清算委员会设主任一人，由企业审批机关或者委托的部门指定。特别清算期间，清算委员会主任行使企业法定代表人的职权，清算委员会行使企业权力机构的职权。"少数意见认为，特别清算应区别于普通清算。清算委员会的主任可由企业审批机关工作人员担任。多数意见认为，清算委员会主任在清算期间行使的是企业法定代表人的职权，企业审批机关的工作人员作为行政人员担任主任，与清算委员会的职权相矛盾，企业审批机关的工作人员担任主任没有依据。

二、分析

自改革开放以来，外商在中国的投资逐年上升，外商投资企业已经成为我国国民经济的重要组成部分。但是，外商投资企业如同人的生命一样，有其产生、成长、衰老和终止的过程。外商投资企业的清算就是企业在面临终止的情况下，使企业与其他市场主体之间产生的权利义务关系归于消灭的一种方式。所谓外商投资企业的清算，是指依法设立的外商投资企业因各种原因解散时，对企业的资产、债权债务进行最终的清算、结算和处理，并终结企业内部和外部法律关系的程序。对于外商投资企业的清算程序，我国民法通则、中外合资经营企业法、中外合作经营企业法、外资企业法及其实施条例等作了原则性的规定。民法通则第四十七条规定："企业法人解散，应当成立清算组织进行清算。企业法人被撤销、被宣告破产的，应当由主管机关或人民法院组织有关机关和有关人员成立清算组织，进行清算。"《中外合资经营企业实施条例》第一百零三条规定："合营企业宣告解散时，董事会应提出清算的程序、原则和清算委员会人选，报企业主管部门审核并监督清算。"

外商投资企业的清算不同于内资企业的清算，其适用法律也不尽相同。对于内资企业的清算是由修订前公司法（1993年）来规范的。公司法规定的有限责任公司的股东会由全体股东组成，股东会是公司的权力机构，股份有限公司则是股东大会为权力机构。根据中外合作经营企业法的规定，合作企业设立董事会或者联合管理委员会作为权力机构，决定合作企业的重大问题。正因为外商投资企业与内资企业存在上述差异，外商投资企业的清算不适用公司法的规定，即不应由中外投资者组成成立清算委员会，而应当按照《外商投资企业清算办法》的规定，由外商投资企业的权力机构组织成立清算委员会。1996年6月15日国务院批准、1996年7月9日对外贸易经济合作部发布的《外商投资企业清算办法》是有关财务清算的专门规范。根据《最高人民法院关于审理行政案件适用法律规范问题的座谈会纪要》，对于立法法施行以前，按照当时有效的行政法规制定程序，经国务院批准、由国务院部门公布的行政法规，属于现行有效的行政法规。

当然，在立法法实施之后，经国务院批准、由国务院部门公布的规范性文件，不再属于行政法规。根据《国务院关于废止部分行政法规的规定》，在2005年10月27日公司法修订之前，对于内资企业的有限责任公司或者股份有限公司的清算适用公司法的规定，对于外商投资企业的清算适用《外商投资企业清算办法》，在2005年10月27日公司法修订之后，无论是内资企业还是外商投资企业均适用公司法的规定。理由是，根据修订后的公司法第二百一十八条的规定："外商投资的有限责任公司和股份有限公司适用本法；有关外商投资的法律另有规定的，适用其规定。"《外商投资企业清算办法》不是"有关外商投资的法律另有规定的"的特殊情形，应当适用公司法的规定。

我们首先还是按照本案发生当时合法有效的行政法规来进行阐释。外商投资企业的清算包括两种：破产清算和非破产清算。破产清算是指外商投资企业不能清偿到期债务被法院依法宣告破产而进行的清算。根据《外商投资企业清算办法》的规定，非破产清算又分为普通清算和特别清算。普通清算是指企业能够自行组织清算委员会而进行的清算；特别清算是指企业不能自行组织清算委员会进行清算或者依照普通清算的规定进行清算出现严重障碍，或者企业被依法责令关闭而进行的清算。本请示涉及的是外商投资企业的特别清算问题。

（一）企业审批机关批准进行特别清算的法定条件

根据《外商投资企业清算办法》第三条的规定，企业能够自行组织清算委员会进行清算的，依照本办法关于普通清算的规定办理。企业不能自行组织清算委员会进行清算或者依照普通清算的规定进行清算出现严重障碍的，企业董事会或者联合管理委员会等权力机构、投资者或者债权人可以向企业审批机关申请进行特别清算。企业审批机关批准进行特别清算的，依照本办法关于特别清算的规定办理。企业被依法责令关闭而解散，进行清算时，依照本办法关于特别清算的规定办理。根据本条的规定，能够提出特别清算的情形主要包括：第一，企业董事会或者联合管理委员会等权力机构向企业审批机关申请进行特别清算。第二，投资者可以向企业审批机关申请进行特别清算。第三，债权人可以向企业审批机关申请进行特别清算。这里的"投资者"可以是法人，也可以是自然人。如果是法人的，需以法人名义提出申请，其以个人名义申请特别清算的，属于申请主体不适格。①

由于上述规定比较模糊，在司法实践中有许多问题有待解决。例如，企业董事会或者联合管理委员会等权力机构如果能够向企业审批机关申请特别清算，也就意味着董事会或者联合管理委员会能够达成一致意见，就可以进行普通清算，无需进入特别清算程序；投资者向企业审批机关申请特别清算，审批机关是按照何种材料进行审批，依据投资者的申请还是需要投资者举证证明其他合作方在清算问题上存在"依照普通清算的规定进行清算出现严重障碍"情形，不够明确；债权人向企业审批机关申请特别清算的，审批机关审查何种材料，是依据其申请还是外商投资企业之间存在的债权关系，不够明确。

正因为这些问题的存在，企业审批机关一般不愿意进行特别清算，即便是进行特别清算，也要求董事会或者联合管理委员会的一致意见的材料，以防止审批后出现行政诉讼。因为企业审批机关的审批行为属于一种可诉的具体行政行为，根据《最高人民法院关于合资企业诉政府侵权案件中对合资企业进行特别清算应如何适用法律问题的请示的复函》（2005年4月7日，民四他字〔2004〕第51号）明确："如果图瑞公司认为审批机关作出的对其特别清算的决定不当或者认为特别清算委员会的组成不当，其可以以该审批机关为被告，向有管辖权的人民法院提起行政诉讼。"

虽然企业审批机关极力避免采取特别清算方式，但是，企业审批机关对外商投资企业的财产进行特别清算不仅是企业审批机关的职权，也是其一项法定义务。这项法定义务有助于避免清算争端的国际化。根据我国加入的《华盛顿公约》的规定，公约缔约国与另一缔约国之间因投资而产生的任何法律争端均可提交解决投资争端国际中心（ICSID）管辖，当然，如果东道国已经提供司法审查救济的，应当在东道国司法机关先行解决。如果中国的法院不受理此类纠纷，该纠纷就会直接进入解决投资争端国际中心解决，导致清算纠纷国际化。因此，对于此类纠纷应当按照行政法规的规定，允许提起行政诉讼。

在本案中，德宝（远东）公司认为，中国国际贸易仲裁委员会作出了解除鹰台公司和德宝（远东）公司合作合同的裁决。德宝（远东）公司不服并已向法院提出撤销该裁决的申请。原告认为裁决书的执行权只能由人民法院行使，被告既无批准设立德宝公司清算委员会的权力，更没有强制清算的权力。这个问题就涉及企业审批机关在何种情况下才能进行特别清算。《外商

---

① 司法实践中亦有此类案件，例如潘绍强与佛山市禅城区对外贸易经济合作局等外贸行政不作为纠纷上诉案（广东省佛山市中级人民法院〔2005〕佛中法行终字第89号）。

投资企业清算办法》规定了两种情形：一是企业不能自行组织清算委员会进行清算；二是依照普通清算的规定进行清算出现严重障碍。但是，"企业不能自行组织"和"依照普通清算的规定进行清算出现严重障碍"的具体涵义并不明确。不能自行组织或者出现严重障碍有的是由于投资者或者债权人存在矛盾或者冲突，有的是由于企业借助公司外壳和公司独立人格逃避债务等等。在本案中，鹰台公司出示了以下证据来证明"依照普通清算的规定进行清算出现严重障碍"：解除合作合同的仲裁裁决；约请德宝公司洽谈清算事务的若干函件；仲裁裁决解除合作合同后，德宝公司仍然在继续经营等。德宝公司则称没有收到相关函件，不存在不配合的问题。那么，如何确定投资一方自接到普通清算通知没有正当理由而拒绝配合呢？应当对接到相关通知后不配合的期限作一合理限制，参照《外商投资企业清算办法》中关于60日公告期限和行政诉讼法司法解释关于60日的合理期限。

此外，根据《外商投资企业清算办法》第五条规定："企业清算开始之日为企业经营期限届满之日，或者企业审批机关批准企业解散之日，或者人民法院判决或者仲裁机构裁决终止企业合同之日。"根据本条的规定，清算情形包括四种：（1）企业经营期限届满之日[①]；（2）企业审批机关批准企业解散；（3）人民法院判决终止企业合同；（4）仲裁机构裁决终止企业合同。根据《外商投资企业清算办法》第三条的规定，企业被依法责令关闭而解散，进行清算的，依照本办法关于特别清算的规定办理。根据《外商投资企业清算办法》第三十五条关于"企业审批机关批准特别清算之日或者企业被依法责令关闭之日为特别清算之日"，责令关闭亦是特别清算的情形之一。

从当事人的自愿角度划分，清算分为自愿清算和强制清算。普通清算一般均是自愿清算，在特殊情况下，如果企业董事会或者联合管理委员会等权力机构一致同意并申请企业审批机关进行特别清算的，亦得允许。

（二）清算委员会的组成

《外商投资企业清算办法》第三十六条规定，企业进行特别清算，由企业审批机关或其委托的部门组织中外投资者、有关机关的代表和有关专业人员成立清算委员会。这里的"企业审批机关"，按照我国法定的外商投资项目审批权限，主要是指对外经济贸易部，各省、自治区、直辖市的对外经济贸易厅及其授权的下一级行政区划的对外经济贸易委员会。"有关机关的代

[①] 此外，《国家工商行政管理局关于处理经营期限届满后不进行清算的外商投资企业问题的答复》（2000年11月15日，工商企字〔2000〕第268号）规定，外商投资企业经营期限届满，应依照《外商投资企业清算办法》进行清算。

表"主要是指工商局、税务局和企业主管部门的代表。"有关专业人员"主要是指律师、会计师或者审计师等。《外商投资企业清算办法》第三十七条规定，清算委员会设主任一人，由企业审批机关或其委托的部门指定。《最高人民法院第二次全国涉外商事海事审判工作会议纪要》第九十二条规定，外商投资企业终止之前，必须根据《外商投资企业清算办法》的规定进行清算。外商投资企业不能进行普通清算而进行特别清算的，由企业审批机关或其委托的部门负责组织。至于清算委员会的主任由谁来担任，法律和行政法规都没有限制性的规定，由企业审批机关或其委托的部门确定。

据此，2003年12月31日，最高人民法院行政审判庭作出《关于〈外商投资企业清算办法〉适用中有关清算问题请示的答复》（〔2003〕行他字第23号）。批复的内容包括两个方面："一、具有下列情形之一的，企业审批机关可以批准进行特别清算：（一）投资各方一致同意进行特别清算的；（二）投资一方自接到普通清算通知之日起60日内没有正当理由而拒绝参加的；（三）仲裁裁决终止合作合同、责令关闭、被吊销营业执照且当事人不能就进行普通清算达成一致意见的。不具备上述情形的，应当依照《外商投资企业清算办法》的有关规定进行普通清算。二、进行特别清算时，企业审批机关可以派员参加清算委员会，并可以指定清算委员会主任。"

值得注意的是，该批复是根据案件处理当时的法律规范作出的。目前，对于外商投资企业的特别清算制度已经废止。实务界一般认为，《外商投资企业清算办法》规定的特别清算程序存在如下缺陷和不足：第一，由于《外商投资企业清算办法》规定由企业审批机关组织清算委员会，特别清算期间，清算委员会主任行使企业法定代表人的职权。清算委员会处理有关清算的事务，向企业审批机关报告工作，审批机关成为特别清算的组织人和责任人。由行政机关组织清算，一则行政机关缺乏足够的精力、人力和物力，在实践中操作比较困难；二则也容易导致行政机关过多介入民事纠纷，对经济生活产生不当干预。与内资企业规定的破产清算相比，外资企业的特别清算的行政干预色彩，容易导致行政机关陷入不作为的境地，从而面临行政复议和行政诉讼，增加了行政成本。第二，《外商投资企业清算办法》第三十五条规定，"企业在审批机关批准特别清算之日或者企业被依法责令关闭之日，为特别清算开始之日。"吊销营业执照属于责令关闭的行政行为，吊销营业执照之日也就是特别清算之日，无需经过申请就进入特别清算程序。而吊销营业执照的特别清算责任人是企业审批机关，审批机关必须履行第三十六条组织有关人员清算的职责。那么，许多债权人就会认为，如果企业审批机关不主动进行特别清算，就属于行政不作为，可以提起行政诉讼。如果企业审批机关承担这一责任是不公平的，在实践中也不可行。因此，实行内资外资企业清算的统一管理，特别是将特别清算的权力赋予人民法院，就成为立法的最终选择。据此，2005年公司法修订之后，2008年1月15日国务院废止了《外商投资企业清算办法》。

基于公司法已经修订，对内外资企业的管理趋于一致的考虑，对于该办法废止之后的外商投资企业的清算工作，商务部办公厅曾经发布《关于依法做好外商投资企业解散和清算工作的指导意见》（2008年5月5日，商法字〔2008〕31号）。其规定："今后外商投资企业的解散和清算工作应按照公司法和外商投资法律、行政法规的相关规定办理。外商投资法律和行政法规有特别规定而公司法未做详细规定的，适用特别规定。""《办法》废止前，特别清算已经开始的，特别清算程序可继续进行，清算委员会依法作出的清算报告具有法律效力。"

对于清算委员会的组织也发生了较大变化。1993年12月29日，第八届全国人大常委会通过的公司法曾经就内资公司的清算作出规定，国家工商行政管理局就"有关主管机关"组织清算问题作出答复。《国家工商行政管理局关于公司被吊销营业执照后其清算工作组织实施问题的通知》（1997年7月14日，工商企字〔1997〕第183号）中称："《公司法》第192条规定：'公司违反法律、行政法规被依法责令关闭的，应当解散，由有关主管机关组织股东、有关机关及有关专业人员成立清算组，进行清算。'国家工商行政管理局认为，该条的有关主管机关是指依照国家法律、行政法规有权责令公司关闭的部门或机关，不包括公司登记机关。因此，公司登记机关不负责对被吊销营业执照的公司的清算工作。"

之后，公司法经过1999年、2004年的修订，上述内容没有太大变化。此间，对于外商投资企业解散进行普通清算时，如果未能成立清算委员会，根据《最高人民法院关于审理中外合资经营合同纠纷案件如何清算合资企业问题的批复》（1997年12月5日最高人民法院审判委员会第950次会议通过，法释〔1998〕1号）的规定，由人民法院组织清算没有法律依据，应当按照《外商投资企业清算办法》的规定办理。① 这一情况在公司法修订时发生了较大变化。在公司法修订时，有人提出人民法院在公司清算中的地位问题，建议对公司清算的管理应当逐渐减少行政部门和行政裁量，转为由法院

---

① 在这一阶段，虽然法院不能组织清算，但是如果外商投资企业的清算组织在清算过程中以他人为被告向人民法院提起侵权诉讼的，并不属于人民法院介入外商投资企业的清算活动，更非由人民法院组织清算，该起诉从性质上讲是请求人民法院保护其在清算过程中所享有的民事权利，并非请求人民法院介入清算，人民法院应予受理。参见《最高人民法院关于外商投资企业特别清算程序中法院应否受理当事人以侵权为由要求返还财产或物品诉讼请求问题的请示的复函》（2003年9月30日，〔2003〕民四他字第13号）。

直接进行监督管理。

2005年10月27日，第十届全国人大常委会第18次会议就公司的解散和清算作了较大的修订。修订的主要内容之一是对于外商投资企业的清算也适用公司法的规定，特别是有关司法清算的规定。根据公司法第一百八十一条的规定，公司因下列原因解散：公司章程规定的营业期限届满或者公司章程规定的其他解散事由出现；股东会或者股东大会决议解散；因公司合并或者分立需要解散；依法被吊销营业执照、责令关闭或者被撤销；人民法院依照本法第一百八十三条的规定予以解散。公司法第一百八十三条规定，公司经营管理发生严重困难，继续存续会使股东利益受到重大损失，通过其他途径不能解决的，持有公司全部股东表决权百分之十以上的股东，可以请求人民法院解散公司。第一百八十四条的规定，公司因本法第一百八十一条第（一）项、第（二）项、第（四）项、第（五）项规定而解散的，应当在解散事由出现之日起15日内成立清算组，开始清算。有限责任公司的清算组由股东组成，股份有限公司的清算组由董事或者股东大会确定的人员组成。逾期不成立清算组进行清算的，债权人可以申请人民法院指定有关人员组成清算组进行清算。人民法院应当受理该申请，并及时组织清算组进行清算。公司法赋予人民法院组织人员成立清算组并进行清算的职能，明显打破了以往法院不能受理非破产清算的拘束。

2008年5月5日，最高人民法院审判委员会第1447次会议通过了《最高人民法院关于适用〈中华人民共和国公司法〉若干问题的规定（二）》（法释〔2008〕6号）。该司法解释对司法清算作了较为详细的规定。该司法解释规定，公司应当依照公司法第一百八十四条的规定，在解散事由出现之日起15日内成立清算组，开始自行清算。有下列情形之一，债权人申请人民法院指定清算组进行清算的，人民法院应予受理：公司解散逾期不成立清算组进行清算的；虽然成立清算组但故意拖延清算的；违法清算可能严重损害债权人或者股东利益的。具有本条第二款所列情形，而债权人未提起清算申请，公司股东申请人民法院指定清算组对公司进行清算的，人民法院应予受理。《最高人民法院关于审理公司强制清算案件工作座谈会纪要》（2009年11月4日，法发〔2009〕52号）第六条规定，因公司强制清算案件在案件性质上类似于企业破产案件，因此强制清算案件应当由负责审理企业破产案件的审判庭审理。有条件的人民法院，可由专门的审判庭或者指定专门的合议庭审理公司强制清算案件和企业破产案件。公司强制清算案件应当组成合议庭进行审理。

对于清算组的成员，《最高人民法院关于适用〈中华人民共和国公司法〉若干问题的规定（二）》明确，人民法院受理公司清算案件，应当及时指定有关人员组成清算组。清算组成员可以从下列人员或者机构中产生：公司股东、董事、监事、高级管理人员；依法设立的律师事务所、会计师事务所、破产清算事务所等社会中介机构；依法设立的律师事务所、会计师事务所、破产清算事务所等社会中介机构中具备相关专业知识并取得执业资格的人员。《最高人民法院关于审理公司强制清算案件工作座谈会纪要》规定，人民法院受理强制清算案件后，应当及时指定清算组成员。公司股东、董事、监事、高级管理人员能够而且愿意参加清算的，人民法院可优先考虑指定上述人员组成清算组；上述人员不能、不愿进行清算，或者由其负责清算不利于清算依法进行的，人民法院可以指定《人民法院中介机构管理人名册》和《人民法院个人管理人名册》中的中介机构或者个人组成清算组；人民法院也可根据实际需要，指定公司股东、董事、监事、高级管理人员，与管理人名册中的中介机构或者个人共同组成清算组。人民法院指定管理人名册中的中介机构或者个人组成清算组，或者担任清算组成员的，应当参照适用《最高人民法院关于审理企业破产案件指定管理人的规定》。强制清算清算组成员的人数应当为单数。人民法院指定清算组成员的同时，应当根据清算组成员的推选，或者依职权，指定清算组负责人。清算组负责人代行清算中公司诉讼代表人职权。清算组成员未依法履行职责的，人民法院应当依据利害关系人的申请，或者依职权及时予以更换。

67. 法律行政法规对个体诊所办理营业执照未作规定的，可以参照适用地方性法规
——《最高人民法院行政审判庭对吉林省高院〈关于个体诊所是否应向工商行政部门办理营业执照的请示〉的答复》解读

1999年1月19日　　　　　　　　　　　　　　　〔1996〕法行字第14号

一、问题的提出

吉林省某基层法院受理了一起40余名个体医生不服工商行政管理局行政处罚案。在该案中，工商行政管理局根据国家工商行政管理局〔1996〕第133号文件第二条，"凡从事医疗业务的各类企业，包括实行股份制、独资、合资、合作经营的，均应办理注册登记，领取营业执照后，方可从事经营活动"和《吉林省个体工商户条例》第四十二条第一款，"无照经营的，予以取缔，没收非法所得，对经营总额500元以下的，并处50元至200元罚款；对经营总额500元以上的，并处200元至500元罚款"之规定，以无照经营为由对这40余名个体医生实施了行政处罚。由于此案涉及当事人众多，且相关法律规定不很明确，为妥善处理，吉林高院向最高人民法院请示。

在上述请示案件中，涉及的法律问题主要是：

1. 《国家工商行政管理局关于医疗机构登记问题的答复》（工商企字〔1996〕第133号）规定："根据《中华人民共和国企业法人登记管理条例》第二十八条、第三十五条第二款的规定，对由国家核拨经费的医疗机构，可以不登记注册；凡国家不再核拨经费，实行企业化经营的事业单位，包括医疗机构，均应办理登记注册。"这里所说的医疗机构是否包括个体诊所？

2. 国务院《医疗机构管理条例》第九条规定，"单位或个人设置医疗机构，必须经县级以上人民政府卫生部门审查批准，并取得设置医疗机构批准

书,方可向有关部门办理其他手续。"这里所说的"向有关部门办理其他手续",是否包括向工商行政管理部门办理营业执照?

3. 地方政府规章与部委规章不一致如何适用?例如,在第一个请示案件中,《吉林省人民政府关于加快发展个体、私营经济若干具体问题的补充规定》第五条规定,"个体户、私营企业登记的范围应包括:……个人或多人投资开诊所、医院……"卫生部发布的《医师、中医师个体开业暂行管理办法》第六条第一款规定:"个体开业医师、中医师由所在县(市、区)卫生行政部门核发开业执照,进行监督管理,并收取管理费。"这两个规定系明显冲突。个体诊所在取得开业执照的情况下是否还须向工商行政管理部门申办营业执照?

二、分析

本案的争议焦点是个体医疗机构在取得卫生行政部门执业许可的情况下,是否还需要进行工商注册登记。对于这个问题,行政法规和相应的规章规定不一致。

《医疗机构管理条例》规定了卫生行政部门对医疗机构的监督管理权。《医疗机构管理条例》第二条规定,本条例适用于从事疾病诊断、治疗活动的医院、卫生院、疗养院、门诊部、诊所、卫生所(室)以及急救站等医疗机构。《医疗机构管理条例》第九条规定,单位或个人设置医疗机构,必须经县级以上人民政府卫生行政部门审批批准,并取得设置医疗机构批准书,方可向有关部门办理其他手续。第十五条规定,医疗机构执业,必须进行登记,领取《医疗机构执业许可证》。第十七条第一款规定,医疗机构的执业登记,由批准其设置的人民政府卫生行政部门办理。第十七条至第二十条规定了医疗机构登记的主要事项、审核和变更登记等。第四十条第一款第(一)项明确了县级以上人民政府卫生行政部门行使对医疗机构的设置审批、执业登记和校验等监督管理权限。第五十四条规定,本条例由国务院卫生行政管理部门负责解释。卫生行政主管部门认为,对于医疗机构进行登记注册是卫生行政部门的专属职权,其他机关不能行使这一职权。1996年10月11日,《卫生部关于医疗机构进行登记、注册有关问题的紧急通知》(卫医发〔1996〕第38号)中指出:"未经国务院卫生行政部门同意,其他部门要求的有关登记注册,医疗机构不予执行。"1997年,国家工商局在对河南省工商局的答复中重申,"对国家不再核拨经费,实行企业化经营的事业单位,(包括医疗机构)以及从事医疗业务的各类企业,均应办理登记注册等有关事项,包括审批、登记、程序符合《企业法人登记管理条例》和《医疗机构管理条例》的规定，在国务院作出新的规定之前，工商行政部门继续按照答复执行。"

工商行政管理部门一般认为，个体诊所、个体医疗机构应当进行工商登记。《城乡个体工商户管理暂行条例》第三条规定，个体工商户可以在国家法律和政策允许的范围内，经营工业、手工业、建筑业、交通运输业、商业、饮食业、服务业、修理业及其他行业。个体诊所即属于此处的"其他行业"。第六条第一款规定，国家工商行政管理局和地方各级工商行政管理局行使对从事个体工商业经营的申请进行审核、登记，颁发营业执照等行政管理职责。第七条第一款、第二款规定，申请从事个体工商业经营的个人或者家庭，应当持所在地户籍证明及其他有关证明，向所在地工商行政管理机关申请登记，经县级工商行政管理机关核准领取营业执照后，方可营业。国家规定经营者需要具备特定条件或者需经行业主管部门批准的，应当在申请登记时提交有关批准文件。根据国家工商局《城乡个体工商户管理暂行条例实施细则》第五条的规定，其他行业，是指国家法律和政策允许个体工商户经营的其他行业。《企业法人登记管理条例》第二十八条规定，根据国家有关规定，实行企业化经营，国家不再核拨经费的事业单位和从事经营活动的科技性的社会团体，具备企业法人登记条件的，由该单位申请登记，经登记主管机关核准，领取《企业法人营业执照》，方可从事经营活动。第三十五条第二款规定，对由国家核拨经费的医疗机构，可以不登记注册；凡国家不再核拨经费，实行企业化经营的事业单位，包括医疗机构，均应办理登记注册。1996年5月16日，国家工商行政管理局作出《关于医疗机构登记问题的答复》（工商企字〔1996〕第133号）。答复的内容："一、根据《中华人民共和国企业法人登记管理条例》第二十八条、第三十五条第二款的规定，对由国家核拨经费的医疗机构，可以不登记注册；凡国家不再核拨经费，实行企业化经营的事业单位，包括医疗机构，均应办理登记注册。二、凡从事医业业务的各类企业，包括实行股份制、独资、合资、合作经营的，均应办理登记注册。三、上述医疗机构应按《医疗机构管理条例》的规定，先到卫生行政部门办理审查批准手续，取得设置医疗机构的批准后，再到工商行政管理机关办理登记注册，领取营业执照后，方可从事经营活动。四、对应登记注册而不办理登记注册，擅自从事经营活动的，工商行政管理机关应当依照企业登记管理的有关规定进行处理。"工商机关认为，从以上规定可以看出，对于个体工商户和企业法人，工商机关具有登记的监督管理权。

从法律位阶来看，法律对这一问题没有规定，《城乡个体工商户管理暂行条例》《企业法人登记管理条例》和《医疗机构管理条例》同属国务院颁布的行政法规，下级法院认为上述行政法规之间对此问题的规定不一致。从登记的权限来看，上述行政法规对于登记的内容、审核、变更登记、法律责任等规定基本一致，也就是说，除了主管机关不同以外，行政登记的内容基本一致。那么，两个行政主管部门的行政职权是否存在交叉呢？那就要看两个行政机关的行政职权是否具有同质性，如果两个行政机关行政职权的行政管理目的一致，可以认为行政职权具有一致性；如果两个行政机关行政职权的行政管理目的不一致，可以认定行政职权不具有一致性，两个行政机关可以分别作出行政登记行为。

一般来说，工商登记是政府在对申请人进入市场的条件进行审查的基础上，通过注册登记确认申请者从事市场经营活动的资格，使其获得实际营业权的各项活动的总称。而医疗机构登记则是在对申请人条件进行审查的基础上，通过注册登记确认申请者从事疾病诊断和治疗活动的资格，使其获得执业许可的各项活动的总称。两者在行政执法的目的上存在不同，前者重在对经营者的监督管理，后者重在对医疗机构是否具有疾病诊断和治疗活动资质的监督管理。这就意味着，如果医疗机构是作为纯粹的市场主体进入市场，就有必要进行工商登记。

1997年1月，中共中央、国务院作出了《关于卫生改革与发展的决定》（中发〔1997〕3号），改变了医疗机构计划经济的模式，开始走向市场。《决定》明确指出："社会力量和个人办医实行自主经营，自负盈亏。政府对其积极引导，依法审批，严格监督管理。当前，要切实纠正乱办医的现象。"

2000年2月21日，国务院办公厅转发《国务院体改办等部门关于城镇医药卫生体制改革指导意见的通知》（国办发〔2000〕16号）要求建立新的医疗机构分类管理制度。将医疗机构分为非营利性和营利性两类进行管理。国家根据医疗机构的性质、社会功能及其承担的任务，制定并实施不同的财税、价格政策。非营利性医疗机构在医疗服务体系中占主导地位，享受相应的税收优惠政策。政府举办的非营利性医疗机构由同级财政给予合理补助，并按扣除财政补助和药品差价收入后的成本制定医疗服务价格；其他非营利性医疗机构不享受政府补助，医疗服务价格执行政府指导价。卫生、财政等部门要加强对非营利性医疗机构的财务监督管理。营利性医疗机构医疗服务价格放开，依法自主经营，照章纳税。根据上述通知精神，对于营利性和非营利性的医疗机构实行分类管理。

2000年7月18日，卫生部、国家中医药管理局、财政部、国家计委《关于城镇医疗机构分类管理的实施意见》主要明确了两个内容：一是非营利性医疗机构和营利性医疗机构的界定。非营利性和营利性医疗机构按机构整体划分。划分的主要依据是医疗机构的经营目的、服务任务，以及执行不同的财政、税收、价格政策和财务会计制度。1.非营利性医疗机构是指为社会公众利益服务而设立和运营的医疗机构,不以营利为目的,其收入用于弥补医疗服务成本,实际运营中的收支结余只能用于自身的发展,如改善医疗条件、引进技术、开展新的医疗服务项目等。营利性医疗机构是指医疗服务所得收益可用于投资者经济回报的医疗机构。政府不举办营利性医疗机构。2. 政府举办的非营利性医疗机构主要提供基本医疗服务并完成政府交办的其他任务,其他非营利性医疗机构主要提供基本医疗服务,这二类非营利性医疗机构也可以提供少量的非基本医疗服务;营利性医疗机构根据市场需求自主确定医疗服务项目。当发生重大灾害、事故、疫情等特殊情况时,各类医疗机构均有义务执行政府指令性任务。3. 政府举办的非营利性医疗机构享受同级政府给予的财政补助,其他非营利性医疗机构不享受政府财政补助。非营利性医疗机构执行政府规定的医疗服务指导价格,享受相应的税收优惠政策。营利性医疗机构医疗服务价格放开,依法自主经营,照章纳税。4. 非营利性医疗机构执行财政部、卫生部颁布的《医院财务制度》和《医院会计制度》等有关法规、政策。营利性医疗机构参照执行企业的财务、会计制度和有关政策。二是医疗机构分类的核定程序。医疗机构按《医疗机构管理条例》进行设置审批、登记注册和校验时,需要书面向卫生行政部门申明其性质,由接受其登记注册的卫生行政部门会同有关部门根据医疗机构投资来源、经营性质等有关分类界定的规定予以核定,在执业登记中注明"非营利性"或"营利性"。取得医疗机构执业许可证的营利性医疗机构,按照有关法律法规还需到工商行政管理、税务等有关部门办理相关登记手续。医疗机构改变其性质,需经核发其医疗机构执业许可证的卫生行政部门和有关部门批准并办理相关变更手续。同年,卫生部和国家中医药管理局发布的《关于印发城镇医疗机构分类登记暂行规定的通知》(卫医发〔2000〕385号)第六条明确,核定为"营利性"医疗机构的,还应按照有关法律法规到工商行政管理、税务等部门办理相关登记手续。可见,几个部门的联合规章性文件对于这一问题有了比较明确的规定。

1999年1月19日,最高人民法院行政审判庭作出《对吉林省高院〈关于个体诊所是否应向工商行政部门办理营业执照的请示〉的答复》(〔1996〕法行字第14号):关于个体诊所是否应向工商行政部门办理营业执照问题,法律、行政法规未作明确规定。人民法院在审理这类案件时,如地方性法规有明确规定,可参照地方性法规的具体规定办理。2003年7月31日,最高人民法院行政审判庭作出《对个体医疗机构是否应向工商行政管理机关办理注册登记的问题的答复》(〔2002〕行他字第8号)。该答复的内容与前述答复完全一致。

三、应当注意的问题

在适用本答复时,应当注意以下问题:

1. 这里的"行政法规未作明确规定"并非指行政法规对此没有规定,而只是没有作出区分性、界别性很强的规定,这个问题可以在修订相应法律和行政法规时统筹考虑。如果地方性法规对此有明确规定的,应当参照地方性法规的具体规定办理。

2. 行政许可法颁布以后,一些部门认为上述行政登记行为不符合行政许可法的规定。2007年6月18日,国家工商管理总局作出《关于个体诊所和个人行医登记管理有关问题的答复》(工商个字〔2007〕123号)明确:"根据《国务院办公厅转发国务院体改办等部门关于城镇医药卫生体制改革指导意见的通知》(国办发〔2000〕16号)精神,国家将医疗机构分为非营利性和营利性两类进行管理。单位或个人设立营利性医疗机构,在取得相关审批文件后应当办理工商登记。对经卫生行政部门核定为营利性医疗机构,但未办理工商登记的单位或个人开展医疗经营活动的,工商行政管理机关依照《无照经营查处取缔办法》的职责分工进行查处。"2009年6月19日,国家工商行政管理总局发出《关于允许港澳居民个体工商户从事个体诊所等行业的通知》明确,港澳居民申请登记个体诊所的,应当持有审批权限的卫生行政管理部门颁发的医疗机构执业许可证(营利性),向经营所在地工商行政管理机关申请办理个体工商户登记手续。其经营范围登记为"个体诊所"。其他问题仍按国家工商行政管理总局关于港澳居民在内地申办个体工商户登记管理工作的有关文件执行。人民法院在审理此类案件时,应当参照上述规章性文件。

六、公安

68. 公安交警部门不能以交通违章行为未受处理为由不予核发机动车检验合格标志
——《最高人民法院关于公安交警部门能否以交通违章行为未处理为由不予核发机动车检验合格标志问题的答复》解读

2008 年 11 月 17 日　　　　　　　　　　〔2007〕行他字第 20 号

一、问题的提出

2007 年 3 月 19 日至 28 日，原告董爱平等八名出租汽车车主所有的出租汽车在经过机动车安全检测后，先后向被告荆门市交通警察支队车辆管理所提供了机动车安全检验记录单、机动车行驶证、机动车交通事故强制保险单等材料，并申请办理机动车年检手续，核发检验合格标志。

荆门市交通警察支队车辆管理所根据《机动车登记规定》[①] 第三十四条的规定，以上述出租汽车涉及交通违章行为未处理为由不予办理，并出具了退办单，并告知原告将违法行为处理完毕后再核发车辆检验合格标志。此前，被告已针对上述出租汽车的超速及违章停靠行为，向其挂靠的荆门人杰出租汽车有限公司邮寄送达了《非现场处罚告知书》，该公司拒收，信件被退回。

原告对被告拒绝为其办理年检手续及核发检验合格标志的行为不服，向

[①] 指 2004 年 4 月 30 日公安部发布的《机动车登记规定》。2008 年 5 月 27 日，公安部公布了修订后的《机动车登记规定》。根据 2012 年 9 月 12 日公安部令第 124 号公布了《关于修改〈机动车登记规定〉的决定》。

荆门市中级人民法院提起诉讼，请求判令被告为其办理机动车年检手续，核发检验合格标志。

因本案涉及的法律适用问题较为复杂，荆门市中级人民法院向湖北省高级人民法院进行了请示。湖北高院在审理中形成了两种意见。

第一种意见认为，被告适用《机动车登记规定》（2004年）第三十四条的规定，以涉嫌交通违章行为未处理为由不予核发车辆检验合格标志，没有法律依据。根据道路交通安全法第十三条的规定，只要提供机动车行驶证、机动车第三者责任强制保险单、机动车安全技术检验合格证，公安交通管理部门就应当发给检验合格标志。《道路交通安全法实施条例》对机动车安全技术检验机构及年限作了规定，并不涉及对交通违章的处理。虽然根据立法法第七十一条的规定，公安部可以根据法律和行政法规，在本部门权限范围内，制定规章。但公安部《机动车登记规定》是为实施道路交通安全法及其实施条例而制定的，在没有法律、法规依据的情况下，《机动车登记规定》（2004年）将交通违章行为的处理作为核发检验合格标志的前提条件，与道路交通安全法的规定相冲突。

第二种意见认为，被告适用《机动车登记规定》（2004年）第三十四条的规定不予核发车辆检验合格标志，并无不当。《机动车登记规定》（2004年）是对道路交通安全法的补充，是为了解决行政管理中的具体事项。机动车涉及道路交通违法行为未予处理，说明其违法状态没有消除，公安交通管理部门要求其到有关部门接受处理后再予办理车辆检验合格标志，并不违反法律的禁止性规定。

湖北高院审委会经讨论后决定向最高人民法院请示。

二、分析

本案争议的焦点在于，被告荆门市交通警察支队车辆管理所根据公安部《机动车登记规定》的规定，以机动车涉嫌交通违章未处理完毕为由，不予核发检验合格标志，有无法律依据。

定期对机动车进行检验，是保证道路交通安全的重要环节。道路交通安全法第十三条第一款规定："对登记后上道路行驶的机动车，应当依照法律、行政法规的规定，根据车辆用途、载客载货数量、使用年限等不同情况，定期进行安全技术检验。对提供机动车行驶证和机动车第三者责任强制保险单的，机动车安全技术检验机构应当予以检验，任何单位不得附加其他条件。对符合机动车国家安全技术标准的，公安机关交通管理部门应当发给检验合格标志。"对于这一规定，应当从以下几个方面来理解：一是机动车的安全技术检验是根据道路交通对机动车的要求和国家有关安全的强制性标准（《机动车运行安全技术条件》）对车辆与行驶有关的全部或者部分性能进行检验。检验的范围、检验的期限等有关检验的规则，只能由法律、行政法规规定，有关部门的规定是无效的。[①] 二是定期对机动车进行检验，只是检验机动车是否符合运行安全，各检验机构对于被验车辆不能附加其他条件，只要提供机动车行驶证和机动车第三者责任强制保险单的，就应当进行检验。在常委会审议中，有的常委委员提出，一些地方在进行机动车安全技术检验时，要求提供停车泊位等与机动车安全技术性能无关的证明，这种做法应予禁止。[②] 可见，立法者对于"任何单位不得附加其他条件"作了强调。

公安部《机动车登记规定》（2004 年）第三十四条第一款规定："机动车所有人申请检验合格标志，应当提交行驶证、机动车第三者责任强制保险凭证、机动车安全技术检验机构出具的安全技术检验合格证明。"该条第三款规定："机动车涉及道路交通安全违法行为和交通事故未处理完毕的，不予核发检验合格标志。"很明显，作为下位法的公安部规章，对安全技术检验附加了条件——道路交通安全违法行为和交通事故处理完毕。本案中，被告荆门市交通警察支队车辆管理所在原告提交了机动车行驶证、机动车第三者责任强制保险凭证、机动车安全技术检验合格证明的情况下，以机动车涉嫌交通违章未处理完毕为由，不予核发检验合格标志。

行政许可法第十六条第四款规定，法规、规章对实施上位法设定的行政许可作出的具体规定，不得增设行政许可；对行政许可条件作出的具体规定，不得增设违反上位法的其他条件。据此，公安部《机动车登记规定》在对机动车年检合格标志的发放作出具体规定时，不能违反道路交通安全法第十三条第一款的规定，不得在该法明确规定的条件之外增设其他条件。公安部《机动车登记规定》第三十四条将机动车涉及道路交通安全违法行为和交通事故是否处理完毕，作为核发检验合格标志的前提条件之一，增设了核发检

[①] 张世诚主编：《中华人民共和国道路交通安全法释义》，中国长安出版社 2003 年版，第 63 页。

[②] 李忠信、周晓红主编：《中华人民共和国道路交通安全法释义》，中国物价出版社 2004 年版，第 58 页。

验合格标志的条件，与道路交通安全法第十三条第一款的规定相抵触，应当执行《道路交通安全法》的规定。

据此，2008年11月17日，最高人民法院行政审判庭作出《关于公安交警部门能否以交通违章行为未处理为由不予核发机动车检验合格标志问题的答复》（〔2007〕行他字第20号）："湖北省高级人民法院：你院鄂高法〔2007〕鄂行他字第3号《关于公安交警部门能否以交通违章行为未处理为由不予核发机动车检验合格标志问题的请示》收悉。经研究答复如下：《道路交通安全法》第十三条对机动车进行安全技术检验所需提交的单证及机动车安全技术检验合格标志的发放条件作了明确规定：'对提供机动车行驶证和机动车第三者责任强制保险单的，机动车安全技术检验机构应当予以检验，任何单位不得附加其他条件。对符合机动车国家安全技术标准的，公安机关交通管理部门应当发给检验合格标志。'法律的规定是清楚的，应当依照法律的规定执行。"

三、应当注意的问题

2008年5月27日，公安部对《机动车登记规定》有关申请检验的规定进行了一定的修订。修订后《机动车登记规定》第四条规定："机动车所有人可以在机动车检验有效期满前三个月内向登记地车辆管理所申请检验合格标志"。"申请前，机动车所有人应当将涉及该车的道路交通安全违法行为和交通事故处理完毕。申请时，机动车所有人应当填写申请表并提交行驶证、机动车交通事故责任强制保险凭证、机动车安全技术检验合格证明。""车辆管理所应当自受理之起一日内，确认机动车，审查提交的证明、凭证，核发检验合格标志。"2012年9月12日修订时该条更改为四十九条，内容未作更改。从文字表达方式来看，该规章没有将道路交通违法行为和交通事故处理完毕作为许可条件。但是，由于"申请前"和"申请时"规定在一个条文中，很容易理解为在"申请时"必须将涉及该车的道路交通安全违法行为和交通事故处理完毕。"该车的道路交通安全违法行为和交通事故处理完毕"固然是该车所有人的行政义务，但是该行政义务的履行与该车是否达到安全要求是两个问题。因此，对于上述规章的规定应当作适当修订，以免在执行中出现变形。

69. 对仅有一次盗窃行为的公民不能实行劳动教养
——《最高人民法院关于能否对仅有一次盗窃行为的公民实施劳动教养问题的答复》解读

2005 年 7 月 21 日　　　　　　　　　　　　　〔2005〕行他字第 8 号

一、问题的提出

2003 年 10 月 3 日上午，崔建村到山东省滨州市滨城区市东办事处任铁匠村其同学任学站家帮助搬家。期间，崔建村发现大立橱内被子下有人民币。10 时许，崔建村趁任学站家中无人之机，盗窃大立柜中的新版人民币 3000 元，藏于自家的储藏室内。孙佃仙（任学站之妻）发现被盗后到公安机关报案，公安机关接到报案后立案侦查，并对原告崔建村进行传唤。原告崔建村对自己盗窃 3000 元的事实供认不讳。2003 年 10 月 9 日，原告崔建村被取保候审。侦查后，滨城区公安分局以原告崔建村涉嫌盗窃罪将此案于 2004 年 2 月 6 日移送滨城区人民检察院审查起诉。滨城区人民检察院经审查认为，崔建村犯罪情节轻微，不需要判处刑罚，于 2004 年 4 月 14 日对崔建村作出不起诉决定。

2004 年 4 月 21 日，滨城区公安分局以涉嫌盗窃罪报被告劳教委对原告崔建村劳动教养。被告经审核，于 2004 年 4 月 23 日批准对崔建村劳动教养一年，并制作了劳动教养决定书、通知书。次日，劳教委委托滨城区公安分局工作人员向原告崔建村宣布了劳动教养决定，并告知其依法应享有的诉权、复议权等。2004 年 4 月 26 日，崔建村被解除取保候审。原告崔建村对该劳动教养决定不服，于 2004 年 7 月 9 日向滨州市中级人民法院提起行政诉讼。

原审法院经审理认为，《国务院关于劳动教养问题的决定》第一条第（一）项规定的是"不务正业，有流氓行为或者有不追究刑事责任的盗窃、诈骗等行为，违反治安管理，屡教不改的，应当加以收容实行劳动教养"。该条是把"屡教不改"作为有上述情况进行劳动教养时所必需的前置条件。而原告只是一次盗窃，以前无任何盗窃行为，构不成"屡教不改"，不具有该前置条件，因此，被告作出被诉劳动教养决定，属适用法律错误，应予撤销。依照行政诉讼法第五十四条第（二）项第二目的规定，判决撤销被告劳教委滨教字〔2004〕第 023 号劳动教养决定。诉讼费 50 元由劳教委负担。

上诉人劳教委不服原审法院判决上诉称：1. 劳教委对崔建村劳动教养的法律依据是《国务院关于劳动教养问题的决定》，其第一条第（一）项规定："不务正业，有流氓行为或者有不追究刑事责任的盗窃、诈骗等行为，违反治安管理、屡教不改的"，此规定有三种并列情形：（1）不务正业，有流氓行为的；（2）有不追究刑事责任的盗窃、诈骗等行为；（3）违反治安管理、屡教不改的。崔建村的违法犯罪行为符合第二种情形，所以适用《国务院关于劳动教养问题的决定》对崔建村作出劳动教养决定是正确的。2. 参照《公安机关办理劳动教养案件规定》第九条第二款的规定："对实施危害国家安全、危害公共安全、侵犯公民人身权利、侵犯财产、妨害社会管理秩序的犯罪行为的人，因犯罪情节轻微人民检察院不起诉、人民法院免予刑事处罚，符合劳动教养条件的，可以依法决定劳动教养。"《山东省公安厅关于实施公安部〈公安机关办理劳动教养案件规定〉若干问题的意见》第二条第（三）项规定，《公安机关办理劳动教养案件规定》第九条第二款的适用对象必须符合下列条件：（1）必须符合"因犯罪情节轻微人民检察院不起诉，人民法院免予刑事处罚"的条件，并有相应的法律文书或书面材料；（2）必须是《公安机关办理劳动教养案件规定》中第九条第一款所列举范围之内的违法犯罪行为。这也充分证明劳教委对因盗窃而被人民检察院不起诉的崔建村依法决定劳动教养是正确的。综上，原审法院把"屡教不改"作为此案批准劳动教养时所必需的前置条件的认定是错误的。请求二审法院维持劳教委对崔建村的劳动教养决定，以利及时打击违法犯罪，更好地维护社会治安秩序。

被上诉人崔建村答辩称：1. 从劳教委作出劳动教养决定的依据看，只有在不追究刑事责任的盗窃、诈骗等行为违反治安管理，屡教不改的情况下，才能给予劳动教养改造。而被上诉人只有一次盗窃行为，不是屡教不改，劳教委对被上诉人决定劳教属适用法律错误。2. 按照刑事诉讼法的规定，对不起诉人需要给予处理的，人民检察院应当提出检察意见，移送有关主管机关处理，有关主管机关应当将处理结果及时通知检察院。本案中滨城区人民检察院仅对被上诉人作出了不起诉决定，并没有提出劳教的检察意见，且劳教委亦未将处理结果通知滨城区人民检察院,以接受人民检察院的监督。3.依据行政处罚法第三十一条、第三十二条、第四十一条的规定,在作出处罚前应当告知当事人作出处罚的事实、理由及依据,并告知其权利。而上诉人劳教委没有履行告知义务,故程序违法。综上,上诉人上诉理由不能成立,希望二审法院驳回上诉,维持原判。

本案法庭经合议并经院审判委员会讨论,形成两种意见。

第一种意见(倾向性意见)认为,《劳动教养试行办法》第十条第(三)项规定,对有流氓、卖淫、盗窃、诈骗等违法犯罪行为,屡教不改,不够刑事处分的,收容劳动教养。《国务院关于劳动教养问题的决定》第一条第(一)项规定,不务正业,有流氓行为或者有不追究刑事责任的盗窃、诈骗等行为,违反治安管理,屡教不改的,应当加以收容实行劳动教养。上述规定均把"屡教不改"作为必需条件。被上诉人崔建村只有一次盗窃行为,构不成"屡教不改",上诉人劳教委依据前述决定第一条第(一)项的规定,对崔建村决定劳动教养,属适用法律、法规错误,原审法院予以撤销正确。上诉人上诉理由不能成立,依照行政诉讼法第六十一条第(一)项之规定,应当判决驳回上诉,维持原判。

第二种意见认为,《公安机关办理劳动教养案件规定》第九条第二款规定,对实施危害国家安全、危害公共安全、侵犯公民人身权利、侵犯财产、妨害社会管理秩序的犯罪行为的人,因犯罪情节轻微人民检察院不起诉、人民法院免予刑事处罚,符合劳动教养条件的,可以依法决定劳动教养。本案中的崔建村虽然只有一次盗窃行为,但其行为已构成犯罪,人民检察院亦出具了不起诉决定书,可以对其实施劳动教养。上诉人劳教委上诉理由成立,应予支持。应当依照行政诉讼法第五十四条第(一)项,第六十一条第(一)项之规定,判决撤销滨州市中级人民法院〔2004〕滨中行初字第9号行政判决和维持滨州市劳动教养管理委员会滨教字〔2004〕第023号劳动教养决定书。

2005年3月18日,山东省高级人民法院就公民仅有一次盗窃行为,在人民检察院决定不起诉的情况下,劳动教养管理委员会能否按照《公安机关办理劳动教养案件规定》第九条第二款的规定,对该公民进行劳动教养问题向最高人民法院请示。

二、分析

对于劳动教养的适用条件，主要依据是 1957 年 8 月 1 日全国人民代表大会常务委员会第 78 次会议批准，同年 8 月 3 日国务院公布的《国务院关于劳动教养问题的决定》和 1982 年 1 月 21 日国务院转发、公安部发布的《劳动教养试行办法》。在本案中涉及的主要是《国务院关于劳动教养问题的决定》第一条的规定。该条规定，对于下列几种人应当加以收容实行劳动教养：(1) 不务正业，有流氓行为或者有不追究刑事责任的盗窃、诈骗等行为，违反治安管理、屡教不改的；(2) 罪行轻微，不追究刑事责任的反革命分子、反社会主义的反动分子，受到机关、团体、企业、学校等单位的开除处分，无生活出路的；(3) 机关、团体、企业、学校等单位内，有劳动力，但长期拒绝劳动或者破坏纪律、妨害公共秩序，受到开除处分，无生活出路的；(4) 不服从工作的分配和就业转业的安置，或者不接受从事劳动生产的劝导，不断地无理取闹、妨害公务、屡教不改的。其中，本案涉及的是对于"不务正业，有流氓行为或者有不追究刑事责任的盗窃、诈骗等行为，违反治安管理、屡教不改的"的理解。

所谓不务正业是指不从事自己应当做的事情，而从事自己不应当做的事情。这个词语是一个常用语，本身没有太多的法律意义。特别是在建国初期的规范性文件中，此类措辞大多具有政治教化意义。例如，《国务院关于劳动教养问题的决定》指出："根据中华人民共和国宪法第一百条的规定，为了把游手好闲、违反法纪、不务正业的有劳动能力的人，改造成为自食其力的新人；为了进一步维护公共秩序，有利于社会主义建设，对于劳动教养问题，作如下决定"。根据《现代汉语词典》的解释，所谓流氓行为是指调戏妇女、不务正业、为非作歹。[①] 可见，在词语上"不务正业"也属于有流氓行为的情形。而这些行为如果要受到法律判断，必须符合"违反治安管理，屡教不改"的基础条件。

考诸该条的规定，四项内容中，第一项的基础条件是"违反治安管理，屡教不改"，第二项和第三项的基础条件是"受到开除处分，无生活出路的"，第四项的基础条件是"屡教不改"。因此，第一项的内容应当分解为"不务正业，有流氓行为或者有不追究刑事责任的盗窃、诈骗等行为"和

[①] 《现代汉语词典》，商务印书馆 2010 年版，第 875 页。

"违反治安管理、屡教不改"。只要存在"不务正业，有流氓行为或者有不追究刑事责任的盗窃、诈骗等行为"并且"违反治安管理、屡教不改"的，就符合劳动教养的条件。在1957年7月23日，公安部向中央提交的《关于当前普通刑事犯罪活动情况和开展对刑事犯罪斗争的请示报告》和《关于处理盗窃、流氓、诈骗、凶杀、抢劫等刑事犯罪分子的政策界限的规定》中，将下列人员列为劳动教养的对象：无正当职业危害社会治安屡教不改的少年犯；刑满释放出来的惯匪、惯盗、惯窃、诈骗分子；有盗窃、流氓犯罪行为，屡教不改，无家可归或者家庭确实管教不了的；以卖淫为生，屡教不改或者无家可归，必须收容改造的暗娼。"屡教不改""违反治安管理"均为重要的基础条件。那种将第一项条件分解为"不务正业，有流氓行为""有不追究刑事责任的盗窃、诈骗等行为""违反治安管理、屡教不改的"三种情形的观点是不正确的。

1982年1月21日国务院转发、公安部发布的《劳动教养试行办法》第十条是对《国务院关于劳动教养问题的决定》劳动教养对象的进一步规定。即"对下列几种人收容劳动教养：（一）罪行轻微、不够刑事处分的反革命分子、反党反社会主义分子；（二）结伙杀人、抢劫、强奸、放火等犯罪团伙中，不够刑事处分的；（三）有流氓、卖淫、盗窃、诈骗等违法犯罪行为，屡教不改，不够刑事处分的；（四）聚众斗殴、寻衅滋事、煽动闹事等扰乱社会治安，不够刑事处分的；（五）有工作岗位，长期拒绝劳动，破坏劳动纪律，而又不断无理取闹，扰乱生产秩序、工作秩序、教学科研秩序和生活秩序，妨碍公务，不听劝告和制止的；（六）教唆他人违法犯罪，不够刑事处分的。"该条第（三）项规定的"有流氓、卖淫、盗窃、诈骗等违法犯罪行为。屡教不改，不够刑事处分的"实际内容与《国务院关于劳动教养问题的决定》第一条第（一）项内容相当。该项规定的基础条件也包括了"屡教不改"。《劳动教养试行办法》与《国务院关于劳动教养问题的决定》都规定了"屡教不改"的标准并非偶然，可以视为具有一致的、相同的内容。

有观点认为《公安机关办理劳动教养案件规定》（2002年4月12日，公通字〔2002〕21号）第二款规定的"对实施危害国家安全、危害公共安全、侵犯公民人身权利、侵犯财产、妨害社会管理秩序的犯罪行为的人，因犯罪情节轻微人民检察院不起诉、人民法院免予刑事处罚，符合劳动教养条件的，可以依法决定劳动教养"并无"屡教不改"的限定，因此无需有"屡教不改"的限制。这种理解是错误的。理由是，上述规章是根据《国务院关于劳动教养问题的决定》和《劳动教养试行办法》制定的，必须与上位法保持一致。此外，该规章也明确"符合劳动教养条件"，"符合劳动教养条件"显然是指符合《国务院关于劳动教养问题的决定》和《劳动教养试行办法》的有关劳动教养的条件。

实际上，综合有关劳动教养的法律、法规和规章，劳动教养的适用对象包括两类：一是违反治安管理处罚法的行为，屡教不改的；二是有轻微犯罪行为，不够或者不需要给予刑事处罚的行为。我们只讨论第一种情况。

违反治安管理处罚法的行为，构成违法行为。这些违法行为包括盗窃、扒窃、抢夺、诈骗、敲诈勒索、招摇撞骗、聚众斗殴、寻衅滋事、聚众淫乱、猥亵、引诱、介绍、容留卖淫、强买强卖、欺行霸市、称霸一方、欺压群众、聚众扰乱社会秩序等行为。一些规章还就屡教不改的违反治安管理的行为进行了规定。例如公安部《公安机关执行〈中华人民共和国治安管理处罚法〉有关问题的解释》（2006年1月23日，公通字〔2006〕12号）第七条规定了有关"强制性教育措施"的问题，即"《治安管理处罚法》第76条规定，对有'引诱、容留、介绍他人卖淫'，'制作、运输、复制、出售、出租淫秽的书刊、图片、影片、音像制品等淫秽物品或者利用计算机信息网络、电话以及其他通讯工具传播淫秽信息'，'以营利为目的，为赌博提供条件的，或者参与赌博赌资较大的'行为，'屡教不改的，可以按照国家规定采取强制性教育措施'。这里的'强制性教育措施'目前是指劳动教养；'按照国家规定'是指按照《治安管理处罚法》和其他有关劳动教养的法律、行政法规的规定。……"

那么，什么是屡教不改呢？一般观点认为，其含义为屡次教育，屡次重犯。屡，即构成屡教不改的违法行为次数。司法实践中对屡次是指两次以上还是三次以上还有不同意见。《公安部关于对非法倒卖各种票证而又屡教不改的违法分子给予收容劳动教养的批复》认为应是违法行为人被"多次"抓获教育。《公安部关于妨害国（边）境管理犯罪案件立案标准及有关问题的通知》中偷越国（边）境屡教不改的行为，为偷越国（边）境三次以上。教，即一般是指构成行政处理或者行政处分的情形。司法实践中，对违法行为达到哪种危害程度，才是屡教不改意义上的"一次"违法行为存在争议。一般来说，只要存在违法行为，无论是口头警告、通报批评还是拘留、罚款都构成一次"教"。《公安部关于对非法倒卖各种票证而又屡教不改的违法分子给予收容劳动教养的批复》就曾规定被抓获教育就构成一次。但是，考虑到劳动教养对限制人身自由的严厉性超过了拘留，对于"教"应当理解为大额罚款和拘留。不改，即违法行为人的主观心理状态。对违法行为的处理，应当坚持教育与制裁相结合的原则。违法行为被制裁后，应给予一段时间改过自新，在该期限内未再违法的，即为已改过。改过后若再违法，不应再对之前违法行为予以重复评价。公安部《公安机关执行〈中华人民共和国治安管理处罚法〉有关问题的解释》（2006年1月23日，公通字〔2006〕12号）第七条规定，"屡教不改"是指有上述行为被依法判处刑罚执行期满后五年内又实施前述行为之一，或者被依法予以罚款、行政拘留、收容教育、劳动教养执行期满后三年内实施前述行为之一，情节较重，但尚不够刑事处罚的情形。《公安部关于适用〈治安管理处罚法〉第七十六条有关问题的批复》（2006年6月11日，公复字〔2006〕1号）再次明确，为了防止不适当地扩大劳动教养的适用范围，需要从严掌握"屡教不改"的标准，即认定"屡教不改"的行为应当限定为同一行为；前述《解释》中规定的"罚款"一般掌握在500元以上。公安部的两个答复意见可以作为认定"屡教不改"的标准。

根据以上考虑，2005年7月21日，最高人民法院作出《关于能否对仅有一次盗窃行为的公民实施劳动教养问题的答复》（〔2005〕行他字第8号）："根据国务院《关于劳动教养问题的决定》第一条第（一）项规定和公安部制定并经国务院转发的《劳动教养试行办法》第十条第（三）项规定，"屡教不改"系对盗窃行为人实施劳动教养的必要条件之一，据此，对只有一次盗窃行为的公民实施劳动教养不符合上述规定。"

70. 不满 14 周岁不予刑事处分的，必要时也可以由政府收容教养
——《最高人民法院对甘肃省高级人民法院〔2003〕甘行终字第 98 号请示的答复》解读

2004 年 7 月 15 日　　　　　　　　〔2004〕行他字第 10 号

一、问题的提出

2002 年 6 月 6 日晚 8 时许，胡起立（时年 13 周岁）在本村邻居邸维荣家附近将一同玩耍的邸某（5 周岁）强奸。经榆中县妇幼保健院诊断某"处女膜裂伤（3 点、6 点），阴道口及尿道口充血"。榆中县公安局在学校班主任在场的情况下，对胡起立进行了讯问，随后书面提出了对胡起立收容教养一年的书面意见，报兰州市公安局，兰州市公安局又报省公安厅审批。2003 年 4 月 2 日，省公安厅作出甘公（法）发〔2003〕13 号《少年收容教养决定书》，以胡起立的行为已触犯刑法第二百三十六条之规定，构成强奸罪，因胡起立实施犯罪时尚不满十四周岁，根据刑法第十七条之规定，决定对胡起立收容教养一年。省公安厅适用刑法第十七条第四款的规定对尚不满十四周岁的胡起立决定收容教养，其依据是《公安部关于对不满 14 周岁的少年犯罪人员收容教养问题的通知》（公通字〔1993〕39 号）。该通知的内容是："我国《刑法》第十四条[①]第四款规定，对犯罪人'因不满十六岁不处罚的，责令他的家长或者监护人加以管教；在必要的时候，也可以由政府收容教养'，此处'不满十六岁'的人既包括已满十四岁犯罪，应负刑事责任，但不予刑事处罚的人，也包括未满十四岁犯罪，不负刑事责任的人。"胡起立向兰州市中级人民法院提起诉讼，请求撤销省公安厅〔2003〕13 号《少年收容教养

---

① 现为第十七条。编者注

决定书》。

兰州市中级人民法院于2003年10月16日作出〔2003〕兰行初字第11号行政判决，认为省公安厅依据公安部的规章对13岁的胡起立涉嫌强奸一案作出收容教养一年的处理决定，违反了行政处罚法第二十五条"不满十四周岁的人有违法行为的，不予行政处罚，责令监护人加以管教"的规定，判决撤销省公安厅作出的甘公（法）发〔2003〕13号《少年收容教养决定书》。原审被告甘肃省公安厅不服，向甘肃省高级人民法院提起上诉。

经甘肃省高级人民法院审委会讨论，产生两种不同意见：

第一种意见（倾向性意见）认为，刑法第十七条第四款不适用于因不满14周岁不予刑事处罚的情形。理由是：第一，我国刑法第十七条是对刑事责任年龄界定作出的规定。根据该条规定，最低刑事责任年龄是14周岁。因此，该条第四款规定的收容教养对象应是已满14周岁不满16周岁的应负刑事责任但不予刑事处罚的人。公通字〔1993〕39号通知作出的"不满十六周岁的人既包括已满十四周岁犯罪，应负刑事责任，但不予刑事处罚的人，也包括未满十四周岁犯罪，不负刑事责任的人"的解释，不符合刑法立法精神的本意，不能作为决定少年收容教养的依据。第二，行政处罚法第二十五条规定，不满14周岁的人有违法行为的，不予行政处罚，责令监护人加以管教，并无可以劳动教养的规定。

另一种意见认为，刑法第十七条第四款适用于因不满14周岁不予刑事处罚的情形。理由是：第一，不满14周岁不予刑事处罚也属于不满16周岁不予刑事处罚的范围。第二，《公安部关于对不满十四周岁的少年犯罪人员收容教养问题的通知》（1993年4月26日，公通字〔1993〕39号）有明确的规定。

二、分析

本请示案件也涉及刑法第十七条第四款的理解问题。无论是修订前1979年刑法第十四条第四款，还是修订后的1997年刑法第十七条第四款的规定，内容基本一致："因不满十六周岁不予刑事处罚的，责令其家长或者其他监护人加以管教；必要时，也可以由政府收容教养。"而修订前的未成年人保护法（1991年9月4日第七届全国人民代表大会常务委员会第二十一次会议通过）第三十九条规定："已满十四周岁的未成年人犯罪，因不满十六周岁不予刑事处罚的，责令其家长或者其他监护人加以管教；必要时，也可以由政府收容教养。"这两个条文中，刑法的条文没有"已满十四周岁的未成年人犯罪"的限制，未成年人保护法的条文则有该限制。这一限制意味着，只有已满 14 周岁的未成年人犯罪，因不满 16 周岁不予刑事处罚的，才能由政府收容教养，而未满 14 周岁的未成年人犯罪则不能实施收容教养。在学术界，有观点认为，作为立法目的或者社会政策，究竟有无将 14 周岁以下的未成年人纳入收容教养的必要性，具有很强的政策考量性。如果这种社会政策确定了，相关法律的解释也就成了一个技术问题。例如，如果采取纳入的社会政策，那么就可以适用后法优于前法的规则解决法律冲突；如果采取不纳入的社会政策，就可以采取特别法优于一般法的规则解决冲突，或者直接解释这些法律之间不冲突，而是相互补充的，即刑法等未限定对 16 周岁以下未成年人收容教养的年龄下限，未成年人保护法限定了下限，将两者解释为补充关系而不是冲突关系。正是由于涉及重大的社会政策的选择，该事例完全可以适用"颠倒论法"，即先确定社会政策，然后再确定解决法律冲突的方式，从而使法律方法退居次要地位，成为实现既定社会政策的工具。①

在学术界，有观点认为，只要不满 16 周岁的未成年人犯罪，除了 1979 年刑法第十四条第二款规定的犯罪行为之外，其他犯罪行为不予刑事追究的，均可收容教养。理由是：对于犯罪的未成年人，虽然应当按照未成年人保护法的规定，坚持教育为主，惩罚为辅的原则，但对于已经构成犯罪的未成年人，还是必须坚持罪责相当的原则，符合收容教养条件的坚决收容教养，进行教育改造。从 1979 年刑法第十四条的四款条文的相互关系来看，收容教养犯罪未成年人的对象不应当只限于犯有杀人、重伤、抢劫、放火、惯窃等罪，而是应当对凡构成了犯罪的未成年人，都可以纳入到收容教养的范围。第十四条第四款的规定，应当理解为 16 岁以下的未成年人犯罪，除犯了第二款规定的几种严重罪行需由人民法院追究刑事责任给予刑罚以外，犯其他罪行的，只要不满 16 岁不由人民法院判处刑罚的，必要的时候都可以由政府收容教养。这样的理解符合刑法第十四条的本意。② 1993 年 4 月 26 日，公安部在征得全国人大常委会法工委的同意后，就上述理解不一致的问题作出答复："我国《刑法》第十四条第四款规定，对犯罪人'因不满十六岁不处罚的，责令他的家长或者监护人加以管教；在必要的时候，也可以由政府收容教养'，此处'不满十六岁'的人既包括已满十四岁犯罪，应负刑事责任，但不予刑事处罚的人，也包括未满十四岁犯罪，不负刑事责任的人。《未成年人保护法》第三十九条的规定不是修改《刑法》。对未满十四岁的人犯有杀

---

① 孔祥俊：《法律方法论（第一卷）法律规范的选择与适用》，人民法院出版社 2006 年版，第 14～15 页。

② 阮京人、方新文、邓俊彬：《对收容教养犯罪少年的几个问题的研究》，载《公安大学学报》1994 年第 5 期。

人、重伤、抢劫、放火、惯窃罪或者其他严重破坏社会秩序罪的,应当依照《刑法》第十四条的规定办理,即在必要的时候,可以收容教养。"这一答复认为,"不满十六岁"(修订后的刑法改为"不满十六周岁")包括了未满14周岁犯罪不负刑事责任的人,并且收容教养适用的范围是"犯有杀人、重伤、抢劫、放火、惯窃罪或者其他严重破坏社会秩序罪"。当然,这一答复由于针对的是修订前的刑法,鉴于刑法已经对第十七条第二款作了重要修订,上述答复已经相应失去效力。但是,该答复中涉及的问题仍然存在,即刑法第十七条第四款规定的"收容教养"是否适用于14周岁以下的未成年人。

由于上述问题的存在,修订后的未成年人保护法(2006年12月29日第十届全国人民代表大会常务委员会第二十五次会议修订通过)取消了第三十九条的规定。考虑到劳动教养制度逐步向行为矫治制度发展,该法第五十九条规定,对未成年人严重不良行为的矫治与犯罪行为的预防,依照预防未成年人犯罪法的规定执行。

在制定预防未成年人犯罪法的过程中,为了进一步突出对已经触犯刑法规定但依法不予刑事处罚的未成年人的管理和教育,防止其进一步走向犯罪道路,预防未成年人犯罪法第三十八条几乎重申了刑法第十七条第四款的规定:"未成年人因不满十六周岁不予刑事处罚的,责令他的家长或者监护人严加管教;在必要的时候,可以由政府依法收容教养"。根据立法参与者的解释,本条规定的"因不满十六周岁不予刑事处罚的",主要包括两种情况:一是已满14周岁不满16周岁的未成年人,实施刑法规定的故意杀人、故意伤害致人重伤或者死亡、强奸、抢劫、贩卖毒品、放火、爆炸、投放危险物质以外的犯罪行为,按照刑法规定不予追究刑事责任的;二是不满14周岁的未成年人实施刑法规定的犯罪行为不予追究刑事责任的。对这两种情况的未成年人,虽然不追究刑事责任,但其对社会造成的危害是客观存在的,如果加强管教,及时予以矫治和正确引导,就可以使其转变思想,走上正确的人生道路。但如果放松教育,或者听之任之,就可能在错误的道路上越走越远,最终既害了本人,也给社会造成了更大的危害。[①] 可见,对于不满14周岁的未成年人在实施犯罪行为后不予追究刑事责任的,也可以实施收容教养。

据此,2004年7月15日,最高人民法院作出《对甘肃省高级人民法院〔2003〕甘行终字第98号请示的答复》(〔2004〕行他字第10号),主要内容是:"刑法第十七条第四款关于"因不满十六周岁不予刑事处罚的,责令他的家长或者监护人加以管教;在必要的时候,可以由政府收容教养"的规

[①] 胡康生主编:《中华人民共和国预防未成年人犯罪法释义》,法律出版社1999年版,第85~86页。

定,适用于因不满十四周岁不予刑事处罚的情形。"

三、应当注意的问题

由于本请示批复涉及的是具体案件,在适用其他案件时应当严格把握适用的条件。这些条件主要是:

一是首先强调家长和监护人的管教。在上述情况下,未成年人主观恶性还不是很深,行为给社会造成的危害和影响还不是非常恶劣,对这一部分人,可以采取这种管理教育方式。"责令"由公安机关向未成年人的父母或者其他监护人提出。值得注意的是,刑法第十七条第四款规定的是"责令他的家长或者监护人加以管教",预防未成年人犯罪法第三十八条规定的是"责令他的家长或者监护人严加管教"。将"加以管教"改为"严加管教"。这一部分人一般仍在学校接受正常教育,学校应当按照本法的要求,与学校的家长紧密配合,共同做好该未成年人的教育、矫治工作。① 根据刑法的规定,对于因不满16周岁不予刑事处罚的,首先应当责令其家长或者监护人加以管教,这实际上是在强调家长或者监护人的管教义务。但是,刑法和预防未成年人犯罪法都没有关于家长或者监护人不履行管教义务的法律责任。在国外,监护人不履行相应的教养义务的,要承担包括刑罚在内的法律责任。例如,德国刑法典第171条规定了监护人严重违背对未满16周岁人所负教养义务,以违背监护或者教养义务罪论处;俄罗斯刑法典第156条对于父母或者其他有教养义务的人不履行或者不正确履行对未成年人的教养义务的,以不履行对未成年人的教养义务论处。此外,法国刑法典227-17条、匈牙利刑法典第195条、瑞士刑法典第219条也有对不履行教养义务的刑事责任的规定。如果不强调父母及其监护人的管教义务,不仅使刑法的规定落空,也容易淡化和取消收容教养的前置环节,从而导致收容教养扩大化。因此,在决定是否给予未成年人收容教养时,必须强调父母及其监护人的教养职责。1995年10月23日,公安部《公安机关办理未成年人违法犯罪案件的规定》第二十八条规定:"未成年人违法犯罪需要送劳动教养、收容教养的,应当从严控制,凡是可以由其家长负责管教的,一律不送"。预防未成年人犯罪法规定的"严加管教"也是在突出这一点。

二是准确把握"在必要的时候"。何谓"在必要时候"?《刑法》和相关法律规范并无明确的规定和解释。一般情况下,如果家长或者监护人的管教

---

① 胡康生主编:《中华人民共和国预防未成年人犯罪法释义》,法律出版社1999年版,第86页。

足以让未成年人走入正途，消灭其危险性，则不构成"必要时候"，无须收容教养。如果未成年人实施的危害行为情节恶劣，后果严重、公愤极大，社会强烈要求政府收容教养的未成年人在家中无人管教的或者未成年人的家长或者监护人无法管教的，即可视为有收容教养的必要。

三是适当注意未成年人的年龄底限。相关法律规范和本批复中虽然认可14周岁以下未成年人不予刑事处罚的，可以适用收容教养，但是没有确定未成年人的年龄底限。14周岁以下未成年人包括幼岁龄童，显然是不能收容教养的。此外，行政处罚法尚且规定未满14周岁的人，不予行政处罚。作为强制性教育措施的收容教养更应当降低其年龄底限。1983年4月，公安部等七个单位联合发布的《关于做好有违法或者轻微犯罪行为青少年教育工作的几点意见》明确规定，凡13至28岁的青少年，确有违法或者轻微犯罪不够或者不予刑事处罚，经教育没有悔改表现，仍可能继续进行违法犯罪活动的，应当列为帮教对象。许多国家和地区的刑事责任年龄起刑点较低，例如，法国为13周岁，印度、加拿大、希腊、荷兰、丹麦、匈牙利等国为12周岁，墨西哥为9岁。各个国家和地区根据本地的历史传统、人种、未成年人发育状况等确定其刑事责任年龄。据统计，少年犯罪实施严重危害行为的始发年龄最小为10岁，较普遍的是12~13岁。我国未成年人收容教养的下限年龄没有法律法规明确规定，但是司法实践大多控制在12、13岁。① 因此，对于未成年人实施收容教养的年龄底限把握在12岁以上为宜。

四是严格把握适用的犯罪行为范围。并非所有的16周岁以下未成年人不予刑事处罚的，都一概予以收容教养，而是应当适当考虑未成年人实施犯罪行为的种类。在学术界和实务界，大多数的观点认为，只有那些"严重危害社会的行为"才能收容教养，即对于不满14周岁的人实施刑法规定的严重危害社会的行为，在他的家长或者监护人坚持不进行管教、客观上无法管教或者确实管不了的时候，也可以由政府收容教养，但应当从严把握。②《公安机关办理劳动教养案件规定》第十条规定："对未成年人决定劳动教养，应当从严控制。对违法犯罪未成年人中的初犯、在校学生，且其父母或者其他监护人有实际管教能力的，不得决定劳动教养，但是应当依法责令其父母或者其他监护人严加管教。"这也从侧面反映了应当严格把握适用收容教养的犯罪行为范围。笔者认为，这一范围可以参照刑法第十七条第二款的规定。这一观点实际上也是公安部《关于对不满十四岁的少年犯罪人员收容教养问题

---

① 转引自贾洛川：《未成年违法犯罪人员矫正制度研究》，中国人民公安大学出版社2006年版，第107页。

② 《法律问答·不满14周岁的人犯罪是否可以收容教养》，载《人民公安》2000年第7期。

的通知》的观点:"对未满十四岁的人犯有杀人、重伤、抢劫、放火、惯窃罪或者其他严重破坏社会秩序罪的,应当依照《刑法》第十四条的规定办理,即在必要的时候,可以收容教养。"刑法在修订后,该内容也相应理解为,对未满14周岁的人犯有故意杀人、故意伤害致人重伤或者死亡、强奸、抢劫、贩卖毒品、放火、爆炸、投放危险物质罪的,应当依照刑法第十七条的规定办理,即在必要的时候,可以收容教养。

71. 司法解释适用于解释生效后发生的案件或者正在审理的案件
——《最高人民法院行政审判庭关于审理行政案件时对善意取得适用法律问题的答复》解读

1999年11月24日　　　　　　　　　　　〔1999〕行他字第5号

一、问题的提出

广东省潮州市金贸经济发展公司不服饶平县公安局冻结、扣划银行存款一案，潮州市中级人民法院于1997年11月12日作出行政判决，撤销饶平县公安局作出的冻结和扣划银行存款的决定。被告饶平县公安局不服，向广东省高级人民法院提起上诉。经广东高院审委会讨论，因对案件适用法律的有关问题存在不同意见，故向最高人民法院请示。本案的基本案情是：

1993年3月，金贸分公司与潮州市意溪水产养殖场（以下简称意溪养殖场，该场承包人为黄宏阳）签订投资合同，金贸分公司向意溪养殖场投资100万元用于鳗鱼养殖。金贸分公司只按合同规定收取投资分红，不参与经营管理，不承担经营风险。合同到期后，意溪养殖场于1993年12月汇还金贸分公司10万元。1994年3月，黄宏阳以与潮州市食品工业总公司和中国银行潮州市分行的人熟悉，能将鳗鱼卖好价钱，并能迅速拿到货款为名，骗取郑壮平的信任，将郑壮平、伍桂信的鳗鱼12.864吨以意溪养殖场的名义先后分5批售给潮州市食品工业总公司，计款1007060元。1994年4月，意溪养殖场通过中国银行潮州分行转账划入金贸分公司在该行开立的018090000278号账户90万元，另又付给金贸分公司现金67661.12元，清偿了金贸分公司的投资及红利。饶平县公安局以追赃和侦查需要为由，按照刑事诉讼法第三十四条和第八十四条、刑法第六十条、《公安机关办理刑事案件程序规定》第八十五条以及《关于查询、冻结、扣划企业事业单位、机关、团体银行存款的通知》第二条的规定，分别于1994年10月11日和12月12日作出停止支付金贸分公司在中国银行潮州分行开立的018090000278号账户存款1023321.12元和扣划90万元的决定。饶平县公安局作出上述两项决定时没有送达金贸分公司。1994年10月19日，金贸分公司接到中国银行潮州分行关于饶平县公安局冻结其存款的通知后，于同月28日提出复议申请，饶平县公安局于同年11月1日根据《行政复议条例》第二十九条的规定复函称，原告在法定期限内没有申请复议，视为放弃申请复议权。1994年12月21日，金贸分公司接到中国银行潮州分行关于被告扣划其存款的通知后，向潮州市中级人民法院提起行政诉讼。

潮州市中级人民法院一审认为，金贸分公司向意溪养殖场投资期届后，在不知道该场所出售鳗鱼来源的情况下，通过合法途径收回投资款本利，根据《公安机关办理刑事案件程序规定》第八十五条，金贸分公司属善意取得，依法应予保护。被告对金贸分公司作出冻结、扣划银行存款的决定，没有送达金贸分公司，违反法定程序。金贸分公司在中国银行账户上的存款进出频繁，被告认定其冻结扣划的款项系黄宏阳的诈骗赃款，依据不足。该行为不符合法律规定，是滥用职权行为，侵犯了金贸分公司的合法财产权。金贸分公司经工商行政管理部门批准歇业后，其债权债务及民事责任归属金发公司。根据《关于查询、冻结、扣划企业事业单位、机关、团体银行存款的通知》第二条的规定，被告冻结原告的存款不属赃款，银行应补计利息付还原告，原告要求被告赔偿其存款被冻结期间的利息，依据不足，不予支持。被告提出其作出冻结、扣划金贸分公司存款的行为是刑事侦查措施，非具体行政行为，原告的诉讼行为已妨碍其刑事诉讼行为，理由不能成立，不予采纳。依照民法通则第五条、第七十二条、行政诉讼法第五十四条第（二）项第3、5目和《最高人民法院关于审理诈骗案件具体应用法律的若干问题的解释》第十一条的规定，判决撤销被告饶平县公安局1994年10月11日作出的停止支付储蓄存款通知和同年12月12日作出的饶公扣字〔1994〕第1号关于扣划金贸分公司银行存款的决定。案件受理费由被告负担。

另外，饶平县公安局于1994年10月8日对黄宏阳诈骗一案立案侦查，同月12日将黄宏阳收容审查。1994年12月26日解除对黄宏阳收审并提请检察院批准逮捕。饶平县检察院1995年1月4日决定对黄宏阳逮捕。1998年5月29日，潮州市中级人民法院作出刑事附带民事判决，以诈骗罪判处黄宏阳有期徒刑十四年，并在判决生效之日起6个月内付清伍桂信鳗鱼款1007060元。黄宏阳不服上诉，1998年10月20日，广东高院维持了潮州中级人民法院上述判决。

广东高院承办案件的合议庭一致认为，虽然刑事案件的被告人黄宏阳的行为被认定构成骗罪并被判了徒刑，但上诉人冻结和扣划了刑事案件案外人的款项，而且案外人金贸分公司属"善意取得"，公安局的追赃行为已超出了刑事侦查行为的范围，追赃到金贸分公司的账户，缺乏法律依据，应属具体行政行为，且程序违法，适用法律错误，原判正确，应予维持。

广东高院审委会多数意见认为，黄宏阳的行为已构成诈骗罪，公安机关冻结、扣划金贸分公司银行存款是刑事侦查行为，按照最高人民法院研究室1992年8月26日给新疆维吾尔自治区高级人民法院《关于对诈骗后抵债的赃款能否判决追缴问题的电话答复》，即使是享有债权的人善意取得，也应顺着赃款的流向一追到底，故公安机关的行为应认定为刑事侦查中的追赃行为。最高人民法院1996年12月16日发布的《关于审理诈骗案件具体应用法律的若干问题的解释》第十一条规定"善意取得，不再追缴"，但公安机关的追赃行为发生在该司法解释发布之前，该司法解释不具有溯及力，故本案应驳回原告的诉讼请求。本意见为倾向性意见。

审判委员会少数意见同意合议庭的意见，并认为最高人民法院研究室的电话答复不是司法解释，不能引用。《关于审理诈骗案件具体应用法律的若干问题的解释》是司法解释，司法解释往往是在适用法律处理具体案件时作出的，一般滞后于案件事实的发生时间，应具有溯及力。本案上诉人的行为属具体行政行为，且该行为缺乏法律依据，程序违法，适用法律错误，应予撤销，原审判决应予维持。

二、分析

本请示案件涉及的主要问题是，对于诈骗财物是否适用善意取得制度。关于这个问题有必要回顾一下相关的司法解释和司法政策。

建国初期，司法解释曾经否定赃物的善意取得。例如，1951年11月22日，最高人民法院对最高人民法院东北分院《关于善意非直接由所有人手中取得之所有权应否保护的问题的复函》中指出："财物所有人遗失财物或被盗窃，并不影响其所有权。""因甲的猪是由于乙的窃取，再转手出售于丁，甲尚未失所有权；故虽丁是不知情的第三人，甲对丁买得的猪仍有请求返还之权。"这个批复否认赃物适用善意取得，重在对失主财物所有权进行保护。

1965年12月1日，《最高人民法院、最高人民检察院、公安部、财政部关于没收和处理赃款赃物若干问题的暂行规定》（〔1965〕法研字第40号）规定："在办案中已经查明被犯罪分子卖掉的赃物，应当酌情追缴。对买主确实知道是赃物而购买的，应将赃物无偿追缴予以没收或退还原主；对买主确实不知是赃物，而又找到了失主的，应该由罪犯按卖价将原物赎回，退还原主，或者按价赔偿损失；如果罪犯确实无力回赎或赔偿损失，可以根据买主与失主双方的具体情况进行调解，妥善处理。"该规定明确规定了善意的盗赃物买受人应当予以适当保护，但是并未明确盗赃物买受人对赃物的善意取得。

1992年8月26日，最高人民法院研究室在对新疆维吾尔自治区高级人民法院作出的《关于对诈骗后抵债的赃款能否判决追缴问题的电话答复》中认为："经研究，我们认为，犯罪分子以诈骗手段，非法骗取的赃款，即使用以抵债归还了债权人的，也应依法予以追缴。追缴赃款赃物的方式法律规定有多种，判决追缴只是其中一种。根据最高人民法院、最高人民检察院、公安部、财政部1965年12月1日〔1965〕法研字第40号《关于没收和处理赃款赃物若干问题的暂行规定》第三条关于'检察院、公安机关依法移送人民法院判处案件的赃款赃物，应该随案移送，由人民法院在判决时一并作出决定'的规定，人民法院对需要追缴的赃款赃物，通过判决予以追缴符合法律规定的原则。赃款赃物的追缴并不限于犯罪分子本人，对犯罪分子转移、隐匿、抵债的，均应顺着赃款赃物的流向，一追到底，即使是享有债权的人善意取得的赃款，也应追缴。刑法并不要求善意取得赃款的债权人一定要参加刑事诉讼，不参加诉讼不影响判令其退出取得的赃款。"这一答复完全排除了诈骗赃物的善意取得。

1996年12月16日，最高人民法院公布的《关于审理诈骗案件具体应用法律的若干问题的解释》（法发〔1996〕32号）第十一条规定，行为人将诈骗财物已用于归还个人欠款、货款或者其他经济活动的，如果对方明知是诈骗财物而收取，属恶意取得，应当一律予以追缴；如确属善意取得，则不再追缴。

1997年1月9日，公安部颁布的《关于办理利用经济合同诈骗案件有关问题的通知》（公通字〔1997〕6号）规定："行为人将诈骗财物已用于归还债务、货款或者其他经济活动的，如果对方明知是诈骗财物而收取，属恶意取得，应当一律予以追缴；如确属善意取得，则不再追缴。被害人因此遭受损失的，可依法提起附带民事诉讼解决。"这一规定肯定了对于诈骗财物的善意取得。

1998年4月21日，最高人民法院公布的《关于在审理经济纠纷案件中涉及经济犯罪嫌疑若干问题的规定》（法释〔1998〕7号）第七条规定："单位直接负责的主管人员和其他直接责任人员，将单位进行走私或其他犯罪活动所得财物以签订经济合同的方法予以销售，买方明知或者应当知道的，如因此造成经济损失，其损失由买方自负。但是，如果买方不知该经济合同的标的物是犯罪行为所得财物而购买的，卖方对买方所造成的经济损失应当承担民事责任。"该条虽然没有明确赃物适用善意取得制度，但体现了对善意购买者给予保护的精神。

1998年5月8日，最高人民法院、最高人民检察院、公安部和国家工商行政管理局公布的《关于依法查处盗窃、抢劫机动车案件的规定》（公通字〔1998〕31号）第十二条规定："对明知是赃车而购买的，应将车辆无偿追缴；对违反国家规定购买车辆，经查证是赃车的，公安机关可以根据《刑事诉讼法》第一百一十条和第一百一十四条规定进行追缴和扣押。对不明知是赃车而购买的，结案后予以退还买主。"该司法解释也认可赃物适用善意取得。

上述司法解释和司法批复是有关赃物是否适用善意取得的基本依据。在本请示案件办理过程中，我国司法解释对于赃物适用善意取得已经明确。但是，本案发生之时，《关于审理诈骗案件具体应用法律的若干问题的解释》尚未公布，能否适用该司法解释呢？这个问题涉及新旧法律规范的适用。根据《最高人民法院关于审理行政案件适用法律规范问题的座谈会纪要》（2004年5月18日，法〔2004〕96号）规定："根据行政审判中的普遍认识和做法，行政相对人的行为发生在新法施行以前，具体行政行为作出在新法施行以后，人民法院审查具体行政行为的合法性时，实体问题适用旧法规定，程序问题适用新法规定，但下列情形除外：（一）法律、法规或规章另有规定的；（二）适用新法对保护行政相对人的合法权益更为有利的；（三）按照具体行政行为的性质应当适用新法的实体规定的。"也就是说，对于诈骗赃物是否善意取得的实体问题应当适用案件发生当时的法律规范。但是，如果适用新的法律规范对于保护行政相对人的合法权益更为有利，则应当适用新的法律规范。本案中，作为原告的合法权益是已经善意取得的财产，新的法律规范中有关诈骗赃物适用善意取得的规定显然更有利于保护其合法权益，则在本案处理中应当适用新的法律规范，即《最高人民法院关于审理诈骗案件具体应用法律的若干问题的解释》。

至于潮州市金贸经济发展有限公司被扣划的存款是否为善意取得，属于本案的认定事实问题。最高人民法院对于请示案件中的事实认定问题不作答复。《最高人民法院关于审判工作请示问题的通知》（1999年1月26日，法〔1999〕13号）规定："对于审判案件如何具体应用法律的问题，需要最高人民法院作出司法解释的，高级人民法院、解放军军事法院可以向最高人民法院请示。""高级人民法院、解放军军事法院向最高人民法院请示的案件必须是：1.适用法律存在疑难问题的重大案件；2.依照有关规定应当报最高人民法院审核的涉外、涉港澳、涉台和涉侨案件。报送请示案件的事实、证据问题由高级人民法院、解放军军事法院负责。案件事实不清、证据不足的不得报送请示。"《最高人民法院行政审判庭关于严格执行行政审判工作请示制度的通知》(2000年12月29日,法行〔2000〕44号)也规定:"高级人民法院向最高人民法院请示的内容必须是:1.适用法律存在疑难问题;2.适用法律规范冲突,应当由最高人民法院与有关部门协调或者确认的;3.依照有关规定应当报请最高人民法院审核的涉外、涉港澳台和涉侨案件。报送请示的事实、证据问题由高级人民法院负责。事实不清、证据不足的,不得报送请示。"最高人民法院仅仅对法律适用问题作出批复,对于事实问题,应当由办理案件的法院依法予以确认。

据此,1999年11月24日,最高人民法院行政审判庭作出《关于审理行政案件时对善意取得适用法律问题的答复》(〔1999〕行他字第5号):"广东省高级人民法院:你院〔1998〕粤高法行终字第9号《关于潮州市金贸经济发展有限公司诉饶平县公安局冻结、扣划银行存款上诉一案有关法律适用问题的请示报告》收悉,经研究答复如下:最高人民法院1996年12月16日发布的《关于审理诈骗案件具体应用法律的若干问题的解释》适用于该解释生效后发生的案件或者正在审理的案件。关于潮州市金贸经济发展有限公司被扣划的存款是否为善意取得,请你院在查清事实的基础上依法确认。"

三、应当注意的问题

值得注意的是,本答复下发之后,《关于审理诈骗案件具体应用法律的若干问题的解释》已为新的司法解释所替代。《最高人民法院、最高人民检察院关于办理诈骗刑事案件具体应用法律若干问题的解释》(2011年4月8日,法释〔2011〕7号)第十条规定:"行为人已将诈骗财物用于清偿债务或者转让给他人,具有下列情形之一的,应当依法追缴:(一)对方明知是诈骗财物而收取的;(二)对方无偿取得诈骗财物的;(三)对方以明显低于市场的价格取得诈骗财物的;(四)对方取得诈骗财物系源于非法债务或者违法犯罪活动的。他人善意取得诈骗财物的,不予追缴。"该司法解释中有关诈骗赃物适用善意取得的规定没有发生变化。

72. 公安机关无权依据无法律法规依据的地方政府规章行使没收的行政处罚权
——《最高人民法院行政审判庭关于〈呼和浩特市废旧金属管理暂行规定〉的效力问题的答复》解读

1996年9月23日　　　　　　　　　　　　〔1996〕行他字第23号

一、问题的提出

呼和浩特市新城区人民法院受理的原告李东升等5人不服呼和浩特市公安局新城分局没收财物处理决定一案，该案涉及呼和浩特市人民政府《呼和浩特市废旧金属管理暂行规定》（呼政发〔1992〕8号）可否作为参照依据的问题，层报最高人民法院答复。该案的基本事实是：

原告李东升、向春生、张万平、郭发金、闫芝起5人系河南省台前县农民，为制造小农工具合伙来呼和浩特市购买废旧金属。1993年3月3日，原告从内蒙古金属材料公司以17904元购买φ6.5m/m线材5.11吨，与呼和浩特市建筑工程公司预制厂串换废旧金属（下脚料）13吨。3月4日下午，原告雇用两辆汽车准备将所换旧金属运往河南时，汽车刚出预制厂就被呼和浩特市公安局新城分局扣留，并将扣留物转卖给了呼和浩特市物资局再生资源公司，经过磅为13.08吨，按物价部门价格计款10006.20元。3月5日，被告作出《关于李东升等人倒运金属材料的处理决定》（呼公新发治字〔1993〕2号），认定李东升等5人非法外运旧金属予以全部没收。依据是《呼和浩特市废旧金属管理暂行规定》（呼政发〔1992〕8号）第十八条规定即："违反本规定第十一条，即私自外运的，按照自治区有关规定，由公安部门没收其全部非法外运的废旧金属，交由废旧金属经营公司按物价部门规定价格收购，并酌情处以罚款等经济制裁。"因原告没有办理准运证，呼市公安局新城分局将旧金属全部没收，并警告原告不准再非法从呼市外运废旧金属。

原告不服上述处理决定，于 1993 年 8 月 31 日向呼和浩特市新城区人民法院提起行政诉讼。经新城区人民法院审理认为，被告认定原告所实施的行为事实清楚，但处理决定所引用的法律依据不当，撤销了被告作出的被诉处理决定。其理由：被告的行为是根据《呼和浩特市废旧金属管理暂行规定》作出的，该规定是根据国发〔1991〕73 号文件制定，而国发〔1991〕73 号文件未规定以购买的新钢材串换旧金属需要在当地金属回收管理部门办理准运证，同时也尚未设定公安机关可以行使没收等权力。被告不服上诉呼和浩特市中级人民法院。中院就如何适用法规和规章问题请示内蒙古高级人民法院。

经内蒙古高院审委会研究认为，《呼和浩特市废旧金属管理暂行规定》是根据《国务院关于加强再生资源回收利用管理工作的通知》（国发〔1991〕73 号）和自治区对废旧金属管理的有关规定制定。而《国务院关于加强再生资源回收利用管理工作的通知》中并未规定串换旧金属需要在当地金属回收部门办理准运证和公安部门有权没收违法经营废旧金属，而自治区经委、计委、工商局、公安厅、物资局等七个职能部门联合下发的《关于加强生产性废旧金属收购管理工作的通知》（内公发〔1986〕14 号）中作了此规定，《呼和浩特市废旧金属管理暂行规定》仅按内公发〔1986〕14 号文件作出规定，任意扩大公安部门的职责范围。这两个规定均缺乏法律和法规依据，且无权设定公安有处罚权。

因此，内蒙古高院的意见是，在审理此类案件中不应参照《呼和浩特市废旧金属管理暂行规定》，但为慎重起见，报请最高人民法院答复。

二、分析

对废旧金属进行循环利用，是再生资源回收利用的组成部分，也是建设节约型社会的要求，对于收旧利废，发展生产，也有着积极的作用。但是，由于受经济利益的驱使，无证经营、倒买倒卖废旧金属的现象也十分突出。有的收购站点甚至违反收购政策，乱收滥购，甚至内外勾结，教唆犯罪，成为犯罪分子销赃场所，给社会治安和生产建设带来严重危害。因此，国家对废旧金属，特别是生产性废旧金属的收购作了一系列的规定。在《治安管理处罚条例》（1986年）制定之前，国家经委、公安部、国家工商局、国家物资局、商业部下发了《关于清理整顿生产性废旧金属收购工作的通知》（1986年6月4日，〔1986〕公发14号），该通知严禁个人收购生产性废旧金属，对个人出售拣拾的生产性废旧金属实行专点收购。收购专点由物资、商业部门会同工商行政管理、公安部门确定。但是，该通知对公安机关的职权未作明确规定。

《治安管理处罚条例》（1986年）对于公安机关在废旧金属方面的职权没有规定。1994年1月5日经国务院批准的《废旧金属收购业治安管理办法》是公安机关对废旧金属进行管理的基本依据。该办法规定，收购生产性废旧金属的企业，应当经其业务主管部门审查同意，向所在地县级人民政府公安机关申请核发特种行业许可证，并向同级工商行政管理部门申请登记，领取特种行业许可证和营业执照后，方准开业；收购非生产性废旧金属的企业和个体工商户，应当向所在地县级人民政府工商行政管理部门申请登记，领取营业执照，并向同级公安机关备案后，方准开业。① 在本案中，原告为个体工商户，只能收购非生产性的废旧金属，且须向公安机关备案。如果未向公安机关履行备案手续收购非生产性废旧金属，公安机关予以警告或者处以500元以下的罚款。除此之外，该办法对于个体工商户因备案、许可而承担法律责任并无规定。之后，公安部还就废止金属收购的管理问题作了若干通知。②

对于串换废旧金属的行为，公安部的规章曾经就生产性废旧金属企业之间的串换行为的合法性予以肯定。根据《公安部关于收购生产性废旧金属问题的批复》（2002年3月28日），公安机关对合法的收购生产性废旧金属企业之间相互串换、买卖生产性废旧金属的行为，不得依照《废旧金属收购业治安管理办法》和《公安部关于对废旧金属收购业治安管理中有关问题的批复》进行处罚。③ 也就是说，对于串换行为，规范性文件并未作出禁止性规定。

---

① 该办法已于2006年1月20日被《公安部关于修改和废止部分部门规章及规范性文件的通知》（公通字〔2006〕11号）宣布决定修改。

② 例如，《公安部关于整顿废旧金属收购站点严厉打击盗窃生产性废旧金属犯罪活动的通知》（1997年1月30日，公通字〔1997〕8号）、《公安部关于进一步加强废旧金属收购业治安管理工作的通知》（2007年11月9日，公通字〔2007〕70号）、《国家工商行政管理总局、公安部关于开展废旧金属收购站点专项整治工作的通知》（2008年4月9日，工商个字〔2008〕58号）。

③ 该批复已被《公安部清理部门规章及规范性文件目录》（2005年5月19日）废止。

本案涉及的《呼和浩特市废旧金属管理暂行规定》是根据《国务院关于加强再生资源回收利用管理工作的通知》制定的。该通知有关废旧金属的管理主要有两项：（1）废金属的经营，应继续执行国家已有的规定，由物资、商业部门的回收企业经营，物资、商业两部门在具体经营中应协商配合，不要相互挤占、争相收购。冶金企业所需废钢铁的串换和采购，仍按原国家计委、经委《关于改革废钢铁计划管理体制的通知》（计原〔1986〕216号）规定执行，其他单位和个人不得经营。个体工商户只限于收购城乡居民出售的生活器具和废旧工具、农具、自行车、人力车等的废旧零部件。生产性废金属，不准进入集市贸易。物资、商业部门的回收企业必须在当地政府统一领导下，经各自主管部门审查同意，并由公安部门核发特种行业许可证，工商行政管理部门核发营业执照后，方可经营废金属收购业务。（2）严禁经营单位和个体工商户从个人手中收购铁路、油田、供电、电信通讯、矿山、水利、测量和城市公用等生产性和军用设施的专用金属器材。严禁个人收购生产性废金属。对个人捡拾的生产性废金属，应设立专点凭证明登记收购，收购专点由物资、商业部门会同工商、公安部门确定。非专点不准收购个人出售的生产性废金属，违者除没收全部所得外，还要处以罚款或依法惩处。从以上规定看出，公安机关的职权也有两项：核发特种行业许可证和给予没收、罚款的行政处罚。可见，《关于加强再生资源回收利用管理工作的通知》中并未规定串换旧金属需要在当地金属回收部门办理准运证和公安部门有权没收违法经营废旧金属，《呼和浩特市废旧金属管理暂行规定》的规定显然与上位法的规定相抵触，应当执行国务院的规范性文件。

据此，1996年9月23日，最高人民法院行政审判庭作出《关于〈呼和浩特市废旧金属管理暂行规定〉的效力问题的答复》（〔1996〕行他字第23号）："内蒙古自治区高级人民法院：你院关于在审理案件中是否适用《呼和浩特市废旧金属管理暂行规定》的请示，经研究原则上同意你院意见，即：《呼和浩特市废旧金属管理暂行规定》中关于废旧金属出省区运输必须办理准运证，非法外运的由公安机关没收的规定是没有法律法规依据的。人民法院在审理此类案件中应以国务院有关规定为依据。"

三、应当注意的问题

在适用本批复时，应当注意以下两个问题：

一是注意行政许可法的有关规定。在本批复下发时，行政许可法尚未制定。行政许可法对于行政许可的设定有着严格的规定。根据行政许可法第十五条的规定，只有作为省、自治区、直辖市人民政府的规章可以设定临时性的行政许可，但是作为自治区首府的呼和浩特市并无此项职权。且根据该法第十六条的规定，规章可以在上位法设定的行政许可事项范围内，对实施该行政许可作出具体规定。法规、规章对实施上位法设定的行政许可作出的具体规定，不得增设行政许可；对行政许可条件作出的具体规定，不得增设违反上位法的其他条件。行政许可法反证了上述批复的规定是符合法律精神的。

二是治安管理处罚法对公安机关对废旧金属管理职权作了明确。该法第九十九条第（二）项规定，对违反国家规定，收购铁路、油田、供电、电信、矿山、水利、车辆和城市公用设施等废旧专用器材的，公安机关可以处500元以上1000以下罚款；情节严重的，处5日以上10日以下拘留，并处500元以上1000元以下罚款。其对于废旧金属外运出省的，公安机关是否行使处罚权也未作出规定。

73. 出售淫秽物品行为结束以及追诉时效的判断
——《最高人民法院行政审判庭关于出售淫秽物品如何计算追溯期限问题的电话答复》解读

1991 年 8 月 21 日

一、问题的提出

对于行为人违反《治安管理处罚条例》，将淫秽物品出售他人后，致使淫秽物品接连不断地在社会上转卖、复制、传播，对行为人如何确定追溯期限[①]的问题，四川高院与公安机关认识不一致，特向最高人民法院请示。其主要争议问题是：

公安机关认为，行为人将淫秽物品出售后，淫秽物品继续在社会上转卖、复制、传播，应视为行为人出售淫秽物品处于继续状态。公安机关查获时，无论是否超过 6 个月，都可对最初出售淫秽物品的行为人进行处罚。这样有利于同这种毒害社会的违法行为做斗争。

四川高院认为，行为人将淫秽物品一经出售，违法行为即告终结，根据《治安管理处罚条例》第十八条第一款的规定，其追溯期限应从出售之日起计算，在 6 个月内公安机关没有发现的，不再处罚。所谓继续状态是指行为人直接实施的出卖淫秽物品的行为处于行为人出售造成的后果延续。

二、分析

公安机关对违反治安管理的人追究其应当承担的法律责任，是有一定的期限限制的。这个期限限制就是追诉时效。对于公安机关而言，追诉时效的规定有利于公安机关集中精力处理现行的违法行为，避免纠缠于年深日久的

[①] "追溯期限"与"追诉时效"曾互用，现规范表述为"追诉时效"。

案件。同时，对于违反治安管理行为人而言，有利于使其头脑中产生违法与处罚的紧密联系，从而起到惩处、警醒和告诫作用。

所谓追诉时效是指对违反治安管理的人追究行政责任的有效期限。如果超过了这个期限，公安机关没有发现，就不能进行处罚。这里的"有效期限"是指公安机关发现违反治安管理行为的期限，而不是发现违反治安管理人或者是将违反治安管理人抓获。如果违反治安管理的行为已经发生，并且在6个月内已经被公安机关发现，但是由于种种原因还没有确定违反治安管理人，或者已经确定违反治安管理人但行为人已经藏匿、逃跑、失踪，使公安机关无法进行裁决的，应当认定为没有超过追诉时效，公安机关仍然有追究行为人责任的权力和义务。据此，《公安部关于执行〈治安管理处罚条例〉若干问题的解释》（1987年7月7日，〔1987〕公发25号）第八条关于"对违反治安管理的人追究法律责任的有效期限如何确定"明确，《治安管理处罚条例》第十八条规定，违反治安管理的行为在6个月内没有发现的，不再处罚。如果违反治安管理的行为在6个月内已经被公安机关发现，但行为人未被查获或者行为人逃避处罚，6个月后公安机关将其查获的，仍可以处罚。

一般来说，公安机关"没有发现"的原因主要是：受害人或者知情人没有及时到公安机关报案、控告、检举；公安机关因懈怠、疏于管理未察觉到违反治安管理行为的发生和存在；违反治安管理人未主动到公安机关投案自首；违法行为已经完成但违法后果需要经过一段时间经过才能发现等等。公安机关发现的标准是公安机关已经对违反治安管理行为予以立案。对于已经立案的，应当认定为公安机关已经发现；对于没有立案的，不能认定为公安机关已经发现，即公安机关"没有发现"。

《治安管理处罚条例》对于追诉时效的规定是逐步完善起来的。《治安管理处罚条例》（1957年）第十九条规定："违反治安管理行为过了三个月没有追究的，免予处罚。前款期限从违反治安管理行为成立之日起计算，违反治安管理行为有连续或者继续状态的，从行为终了之日起计算。"这一规定有三个特点：一是追诉时效为3个月。二是追诉时效经过是由于过了3个月"没有追究"。三是追诉时效从"违反治安管理行为成立之日起"计算。《治安管理处罚条例》（1986年）第十八条规定："违反治安管理的行为在六个月内公安机关没有发现的，不再处罚。前款期限从违反治安管理行为发生之日起计算，违反治安管理行为有连续或者继续状态的，从行为终了之日起计算。"《治安管理处罚条例》（1986年）之所以将追诉时效确定为6个月，主要是从违反治安管理的性质和处罚的目的考虑的。治安管理是对少数违反治安管理的人实行强制性的处罚。但是这种处罚并非单纯的消极的手段，而是通过这个积极的措施，达到教育本人和广大人民群众遵纪守法、树立法治观念的目的。如果某一违反治安管理的行为超过了法定追究时效，在此期间，原违反治安管理的行为人没有再发生违反治安管理的行为，从《治安管理处罚条例》的特殊预防意义和现实教育意义上，再行处罚显然没有太大意义。而且过迟的处罚，也会因时间过久，出现当事人、证人记忆模糊，不利于搜集证据和保证办案质量的问题。但是，对于追诉时效又不能规定得太短，对有些危害比较大、影响很坏的行为，本来应当处罚，由于超过时效不能处罚，也同样达不到教育的目的，甚至会助长某些不良行为。因此，将《治安管理处罚条例》（1957年）的3个月的追诉时效修订为6个月是合适的，可以起到及时追究、及时处罚的作用。[①] 此外，为了科学确定追诉时效的前提，《治安管理处罚条例》（1986年）将"没有追究"修订为"没有发现"；为了更准确确定追诉时效的起算点，将"违反治安管理行为成立"修订为"违反治安管理行为发生。"

对于违反治安管理行为人的追诉时效，包括两种情况：

（一）对于一般违反治安管理行为，追诉时效从该行为发生之日起计算

违反治安管理的行为有的是短暂的行为，有的是有继续状态或者持续状态的行为。对于大多数的违反治安管理的行为来说，持续的时间很短，有的甚至是在瞬间完成。对于这类违反治安管理行为的追诉时效的起算，应当从违反治安管理行为发生的特定日期开始计算，向后计算6个月。

违反治安管理行为发生一般包括四个要件：一是违法的故意或者过失。这是违反治安管理行为的主观要件。二是实施了违反治安管理行为。这是违反治安管理行为的行为要件。三是违反治安管理行为已经危害到法律保护的国家和社会公共利益、他人合法权益。四是该行为应当受到处罚。这是违反治安管理行为的评价要件。只要具备上述四个要件，可以认定违反治安管理行为已经发生。

（二）对于有连续状态或者持续状态的违反治安管理的行为，追诉时效从该行为终了之日起计算

对于有连续状态或者持续状态的违反治安管理的行为，因其行为处于连贯状态，为了更加准确地适用行政处罚，其追诉时效应当从该行为终了之日起计算。这个问题涉及连续犯和持续犯的讨论。

[①] 公安部治安局审定：《〈中华人民共和国治安管理处罚条例〉通俗讲话》，北京出版社1987年版，第59页。

所谓连续犯，是指在一定的较短时间内，连续多次实施了种类、性质相同的违反治安管理行为。连续犯是实质的数个违法行为，处断的一个违法行为。其理论依据源于一事不再理、双重危险等理论。连续犯通常作为处断的一个违法行为处理，因其违法故意的同一性和概括性、行为的连续性以及违法行为的同一性，并不将其作为数个违法行为来处断。例如，某人在数周之内连续数次倒卖火车票、某人在一个月内数次用言语侮辱、调戏妇女等。该违法行为从该违法人员停止或者被制止之日起计算，向后推算6个月。

所谓继续犯，又称为持续犯、永续犯，是指违反治安管理行为开始实施后，在一定时间内，该违法行为一直继续，并未停止或者中断。该继续状态不仅是违反治安管理行为的持续，而且因违法行为所造成的不法状态也处于持续之中。继续犯实施的必须是一个违法行为，之所以是一个违法行为，是因为在主观上继续犯支配行为的主观故意或者过失只有一个，且这种主观故意或者过错贯穿行为的开始到终了。继续犯的行为必须持续地作用于同一对象。继续犯的前举动与后举动均针对同一违法对象，如果前后侵害的对象不具有这种同一性，虽然从外观上、形式上看，行为人的违法行为具有一定的持续性，仍然不成立继续犯。例如，治安管理处罚法第七十一条规定非法种植罂粟的违反治安管理行为，从私种罂粟之日起，到其收割或者所种罂粟被依法铲除之日止，在这段时间内，私种罂粟的违反治安管理行为一直处于持续状态。由于这类违反治安管理行为有一个持续期间，因此对其进行追究的有效期限的计算，就应当从该行为终了之日起计算。前例中，私种罂粟的行为并非从私种之日起计算，而是从其收割或者被依法铲除之日起开始计算，向后推算6个月。

连续犯和继续犯的区别主要是，前者实施的是数个性质相同的违反治安管理行为，后者则只是实施了一个违反治安管理行为，只不过这个行为在时间上处于不间断的持续状态而已。公安部的规章对此作了解释。《公安部关于执行〈治安管理处罚条例〉若干问题的解释》（1987年7月7日，〔1987〕公发25号）第九条关于"如何理解违反治安管理行为的'连续状态'和'继续状态'"中明确：违反治安管理行为的"连续状态"是指行为人在一定时间内连续数次实施《治安管理处罚条例》规定的同一种性质完全相同的违反治安管理行为。对连续行为的处罚，不适用《治安管理处罚条例》第十三条规定的"分别裁决，合并执行"原则。违反治安管理行为的"继续状态"（也叫"持续状态"）是指违反治安管理行为实施之后，在一定时间内其行为的状态仍处于持续之中。"持续状态"不仅是违反治安管理的持续，而且由违反治安管理行为所造成的不法状态也处于持续之中，如故意涂改户口证件，隐匿文物等。"连续状态"与"继续状态"的主要区别是：前者行为有时间上的间隔,是在一定的时间内连续实施数个性质相同的行为,特点主要是数个行为;后者行为处于不间断的持续状态,特点是一个行为。①该规章虽然已被废止,但是其有关继续状态和连续状态的解释仍然是准确的。对于继续状态的认定,最高人民法院行政审判庭也有过批复。例如,最高人民法院行政审判庭在针对国土资源部《关于如何计算土地违法行为追诉时效的请示》(〔1997〕国土(法)字第135号)作出的《关于如何计算土地违法行为追诉时效的答复》(1998年5月4日,〔1997〕法行字第26号)中明确:"对非法占用土地的违法行为,在未恢复原状之前,应视为具有继续状态,其行政处罚的追诉时效,应根据行政处罚法第二十九条第二款的规定,从违法行为终了之日起计算;破坏耕地的违法行为是否具有连续或继续状态,应根据案件的具体情况区别对待。"②

在本案中,行为人将淫秽物品出售给他人之后,该行为已经完成,完全构成一个独立的违法行为。治安管理处罚法第六十八条规定的制作、运输、复制、出售、出租淫秽的书刊、图片、影片、音像制品等淫秽物品的违法行为,只要存在制作、运输、复制、出售、出租的任何一项,均分别构成违法行为,并非只有上述各项行为均符合才能进行处罚。因此,本案中,行为人的出售行为是一个可以独立评价的行为。淫秽物品不断地在社会上转卖、复制、传播,并非该出售行为的连续或者继续行为。对于该出售行为的追诉时效,应当从该出售行为发生之日起计算,不适用关于连续或者继续状态的追诉时效的规定。

据此,1991年8月21日,最高人民法院行政审判庭作出《关于出售淫秽物品如何计算追溯期限问题的电话答复》:"四川省高级人民法院:你院川法研〔1991〕30号《关于出售淫秽物品如何计算追溯期限问题的请示》收悉。经研究答复如下:原则上同意你院的意见。一、行为人'将淫秽物品出售他人后',应当视为其违法行为已经终了。'致使淫秽物品接连不断地在社会上转卖、复制、传播',只能作为其违法行为的情节(即所造成的后果)来考虑,而不能视为连续或继续状态。二、根据《治安管理处罚条例》第十八条之规定,违反治安管理处罚条例的行为,只要超过法定追溯期限,即不能追究行为人的法律责任。"治安管理处罚法颁布之后,上述条文并未修订,本批复应当参照适用。

---

① 该规章已被《公安部关于修改和废止部分部门规章及规范性文件的通知》(2006年1月20日,公通字〔2006〕11号)废止。

② 该批复由国土资源部办公厅以《转发最高人民法院行政审判庭关于如何计算土地违法行为追诉时效的答复的通知》(国土资源部办公厅〔1998〕10号)下发执行。

74. 对无财产的已满 14 岁不满 18 岁的人可以适用罚款

——《最高人民法院行政审判庭关于对无财产的已满 14 岁不满 18 岁的人违反〈治安管理处罚条例〉可否适用罚款处罚问题的电话答复》解读

1988 年 10 月 21 日

一、问题的提出

四川省涪陵地区中级人民法院就无财产的已满 14 岁未满 18 岁的人违反《治安管理处罚条例》可否适用罚款的问题,请示四川省高级人民法院。四川高院经研究,产生两种意见:

第一种意见认为,对无财产的已满 14 岁未满 18 岁的人违反《治安管理处罚条例》不能适用罚款处罚。因为罚款是对违反《治安管理处罚条例》的行为人的一种行政处罚而不是民事赔偿,只能由行为人自己承担责任;如果对无财产的已满 14 岁未满 18 岁的人处以罚款,由其监护人支付,对行为人起不到教育处罚的作用,也不符合责任自负的原则。此种意见为倾向性意见。

第二种意见认为,《治安管理处罚条例》中没有关于对无财产的已满 14 岁未满 18 岁的人违反《治安管理处罚条例》不能适用罚款处罚的规定。且其监护人对无财产的已满 14 岁未满 18 岁的人负有法律上的监护责任,可以由监护人负担罚款。

二、分析

本案涉及到原《治安管理处罚条例》有关已满 14 岁不满 18 岁的人违反

治安管理的人员如何处罚的问题。① 对于这个问题首先要讨论治安管理处罚的责任年龄。所谓责任年龄是指由《治安管理处罚条例》规定的行为人对自己违反治安管理行为承担法律责任所必须达到的年龄。《治安管理处罚条例》对违反治安管理的人规定了三种责任年龄：

一是完全负责任的年龄。指已满18岁的人违反治安管理规定的，一律按照条例的规定根据行为性质进行处罚。已满18岁的人是成年人，成年人由于对自己的行为的性质、意义和后果有充分的认识，也有控制自己行为的能力，因此应对自己行为承担责任。

二是相对负责任的年龄。指已满14岁（或者已满13岁）不满18岁的人违反治安管理规定的，从轻处罚。对于这一年龄段的少年，因其生理和智力尚未成熟，社会生活经验缺乏，辨别事物和控制自己行为的能力还比较差，容易受到社会不良因素的影响。因此，对其违反治安管理的行为，既不能放任不管，也不能不予处罚。对其主要是正面教育和引导。

三是完全不负责任的年龄。指不满14岁（或者不满13岁）的人，因其不理解自己行为的性质和意义，免予处罚。不满14岁的人，其心智还未健全，社会化也远远没有完成，对自己的行为的社会效果、法律后果均缺乏清楚的认识，自我控制力较差。他们实施的某种危害社会的行为主要是幼稚无知的表现。在这种情况下要求他们对自己所实施的危害社会的行为承担责任，显然是不适宜的。

我国的治安管理处罚法律对于责任年龄的规定，经历了一个不断完善的过程。

已经废止的《治安管理处罚条例》（1957年）对于不满18岁的人违反治安管理的行为作了规定。该条例第二十六条规定："不满十三岁的人的违反治安管理行为，不予处罚；已满十三岁不满十八岁的人的违反治安管理行为，从轻处罚。但是应当责令他们的家长或者监护人严加管教。如果这种行为出于家长、监护人的纵容，处罚家长、监护人，但是以警告或者罚款为限。"这一规定有三个特点：一是对于不满13岁的违反治安管理的人，不予处罚。对于已满13岁不满18岁的人的违反治安管理行为，从轻处罚，而非免予处罚。二是在从轻处罚的同时，应当责令他们的家长或者监护人严加管教。三是如果家长、监护人纵容未成年人的行为，被处罚人为家长和监护人，处罚

---

① 1957年10月22日，全国人民代表大会常务委员会第81次会议通过《治安管理处罚条例》。1986年9月5日第六届全国人民代表大会常务委员会第17次会议通过了《治安管理处罚条例》，1957年《治安管理处罚条例》废止。1994年5月12日第六届全国人民代表大会常务委员会第17次会议修订。2005年8月28日，第十届全国人民代表大会常务委员会第17次会议通过治安管理处罚法，1986年公布的《治安管理处罚条例》废止。

方式限于警告或者罚款。

《治安管理处罚条例》（1986年）第九条规定："已满十四岁不满十八岁的人违反治安管理的，从轻处罚；不满十四岁的人违反治安管理的，免予处罚，但是可以予以训诫，并责令其监护人严加管教。"这一规定包括了两个内容：一是已满14岁不满18岁的人违反治安管理的，从轻处罚。所谓"已满"是指自行为人出生之日到特定日期实施违反治安管理行为时的实足年龄。所谓"从轻处罚"是指公安机关根据条例规定的有关条款，对违反治安管理的行为人，在规定的处罚范围和幅度以内，选择较轻的处罚种类。二是在同一种处罚幅度内选择一个较轻的处罚档次。一般是指在警告、罚款和拘留三种处罚范围内适用较轻的方法或者在同一处罚幅度内适用较轻的处罚。"从轻处罚"与"免予处罚"不同。后者是指公安机关对违反治安管理的行为，本来应当处罚，但行为人由于条例规定的特定条件，可以免除其处罚。免予处罚的前提是该行为已经构成违反治安管理的行为，只是由于某种法定原因或者条件而免除对其的处罚。[1] 二是不满14岁的人违反治安管理的，免予处罚，但是可以予以训诫，并责令其监护人严加管教。免予处罚是指应当给予处罚但由于其符合法定条件免除其行政责任。当时一般的观点认为，免予处罚与不予处罚不同。免予处罚是该行为已经构成违反治安管理的行为，只是由于某种原因和条件而免除处罚。不予处罚是指该行为没有违反治安管理，因此不能给予任何处罚。"训诫"是指公安机关对不满14岁的违反治安管理的行为人，采用口头批评教育的方式，指出其错误所在，使其知错即改保证不再重犯的教育方法。"责令管教"是指公安机关对不满14岁的违反治安管理的行为人的监护人进行批评教育，责令其履行管教义务的行政措施。

那么，对于已满14岁不满18岁违反治安管理的人从轻处罚的，是否也适用"可以予以训诫，并责令其监护人严加管教"呢？回答是肯定的。也就是说，对于根据本条规定，从轻处罚或者免予处罚的（两者关系是并列的），均可以予以训诫，并责令其监护人严加管教。

《治安管理处罚条例》（1994年）修订后该条未作修订。本案涉及的《治安管理处罚条例》（1986年）的规定。对于已满14岁不满18岁的人违反治安管理的，从轻处罚，也就意味着，不能是免予处罚或者不予处罚。本案可以适用警告、罚款和拘留处罚。但是，对于已满14岁不满18岁的人处以罚款，如果其没有收入来源，可能造成无法执行。这个问题就要谈到罚款的性质和家长、监护人的责任。

---

[1] 公安部治安局审定：《〈中华人民共和国治安管理处罚条例〉通俗讲话》，北京出版社1987年版，第55~56页。

罚款是指公安机关对违反治安管理的人，依法强制其在一定期限内向国家缴纳一定数额金钱的处罚形式。罚款适用的对象主要是那些贪财图利的违法行为，也包括其他目的的一些违法行为（例如违反交通管理的行为、违反消防管理的行为等）。罚款的对象是违法人员本人，一般情况下应当由其承担罚款。如果其无收入来源，应当参照民法通则的规定，由其家长或者监护人承担缴纳罚款义务。

所谓监护，就是监督保护的意思。民法上的监护制度是对无民事行为能力人和限制民事行为能力人的权益进行监督和保护的一项民事法律制度。监护的内容主要是对被监护人财产利益和人身利益进行监督保护，并代理被监护人完成必要的民事法律行为。民法通则第十六条规定："未成年人的父母是未成年人的监护人。未成年人的父母已经死亡或者没有监护能力的，由下列人员中有监护能力的人担任监护人：（一）祖父母、外祖父母；（二）兄、姐；（三）关系密切的其他亲属、朋友愿意承担监护责任，经未成年人的父、母的所在单位或者未成年人住所地的居民委员会、村民委员会同意的。对担任监护人有争议的，由未成年人的父、母的所在单位或者未成年人住所地的居民委员会、村民委员会在近亲属中指定。对指定不服提起诉讼的，由人民法院裁决。没有第一款、第二款规定的监护人的，由未成年人的父、母的所在单位或者未成年人住所地的居民委员会、村民委员会或者民政部门担任监护人。"家长（父母）对未成年子女的监护权，有时也可称为亲权。监护人对被监护人的职责包括人身监护、生活照顾、财产管理和行为代理等。

根据民法通则第一百三十三条的规定："无民事行为能力人、限制民事行为能力人造成他人损害的，由监护人承担民事责任。监护人尽了监护责任的，可以适当减轻他的民事责任。有财产的无民事行为能力人、限制民事行为能力人造成他人损害的，从本人财产中支付赔偿费用。不足部分，由监护人适当赔偿，但单位担任监护人的除外。"这里虽然规定的是民事责任，也可以参照适用。因为上述行为人的行为实际上是对国家、社会公共利益和他人合法权益的侵害，必须应当承担相应的法律责任。对于有财产的已满14岁不满18岁的人员违反治安管理的，从其本人财产中支付罚款，不足部分，由监护人适当支付；对于无财产的已满14岁不满18岁的人员违反治安管理的，应当由其监护人支付罚款。

据此，1988年10月21日，最高人民法院行政审判庭作出《关于对无财产的已满14岁不满18岁的人违反〈治安管理处罚条例〉可否适用罚款处罚问题的电话答复》："四川省高级人民法院研究室：你院川法研〔1988〕48号请示收悉。关于对无财产的已满14岁不满18岁的人，违反《治安管理处罚条例》可否适用罚款处罚的问题，经研究，我们同意你院的第二种意见。

这个问题条例第九条已作明确规定，已满14岁不满18岁的人违反治安管理的，从轻处罚；不满14岁的人违反治安管理的，免予处罚，但是可以予以训诫，并责令其监护人严加管教。条例对无财产的已满14岁不满18岁的人违反治安管理，没有规定不适用罚款处罚。鉴于监护人对未成年人员有法定的监护责任，所以对无财产的已满14岁不满18岁的人违反治安管理的可以适用罚款处罚，由其监护人支付罚款。"

三、应当注意的问题

值得注意的是，根据行政处罚法第二十五条关于"不满十四周岁的人有违法行为的，不予行政处罚，责令监护人加以管教；已满十四周岁不满十八周岁的人有违法行为的，从轻或者减轻行政处罚"的规定，治安管理处罚法（2005年）作了修订。对于该案涉及的相关内容，相应的条文为第十二条："已满十四周岁不满十八周岁的人违反治安管理的，从轻或者减轻处罚；不满十四周岁的人违反治安管理的，不予处罚，但是应当责令其监护人严加管教。"与原《治安管理处罚条例》相比，修订的内容主要是：一是将"岁"修订为"周岁"，使其含义更为准确。二是将已满14周岁不满18周岁的人违反治安管理的，由"从轻处罚"修订为"从轻或者减轻处罚"。三是将不满14周岁的人违反治安管理的，由"免予处罚，但是可以予以训诫，并责令其监护人严加管教"，修订为"不予处罚，但是应当责令其监护人严加管教"，取消了免予处罚的规定。这一规定更为科学，因为不满14周岁的人，不应当受到治安处罚，也就不存在免予处罚的问题。可见，《治安管理处罚条例》相关内容并未作原则性的修订，本答复可以参照适用。

七、国土资源与房地产

75. 房地产管理机关可以撤销其作出的错误的注销抵押登记行为
——《最高人民法院关于房地产管理机关能否撤销错误的注销抵押登记行为问题的批复》解读

2003 年 11 月 17 日　　　　　　　　　　　　法释〔2003〕17 号

一、问题的提出

广西高院审理的首长机电设备贸易（香港）有限公司不服柳州市房产局注销抵押登记、吊销0410号房屋他项权证并要求返还0410号房屋他项权证上诉一案中涉及柳州市房产局注销抵押登记行为被确认违法后，能否责令其恢复抵押登记的问题，即恢复抵押登记是否有法律依据。该院对该问题把握不准，特向最高人民法院请示。该案的基本案情是：

海隆国际有限公司（以下简称海隆公司）是在香港注册的法人公司，1997年1月2日为担保履行其与首长机电设备贸易（香港）有限公司（下称首长公司）的购销合同，将其所有的已领取柳州市房产局颁发的房屋所有权证（建筑面积15332.08平方米并于1996年由广西资产评估事务所评估价值为234158600元，位于柳州市飞鹅路的银兴商业城富荣城第三层商场）作为抵押物，向首长公司出具了不可撤销抵押声明书，且经南宁市公证处公证。1997年3月10日，海隆公司委托代理人赖汉林与首长公司委托代理人陈志华到柳州市房产交易所办理了抵押登记手续。同年3月21日，柳州市房产局颁发了柳房他证字第0410号房屋他项权证，权利价值1000万美元，权利存续期限为自1997年1月1日至2000年12月31日。1997年9月25日，海隆公司的委托代理人赖汉林到柳州市房产交易所申请办理上述房地产抵押注销登记，称两公司的债权债务已结算完毕，要求解除双方的抵押关系，且柳房他证字第0410号房屋他项权证不慎遗失。柳州市房产局于9月25日注销了柳房他证字第0410号房屋他项权证，并由海隆公司委托代理人赖汉林办理手续在《柳州日报》上登记声明该证遗失作废。与此同时，海隆公司与华商银行签订了综合融资授信合同，海隆公司以柳州市银兴商业城富荣城第三层商场作为抵押担保，经柳州市公证处公证，海隆公司和华商银行于1997年10月10日向柳州市房产局申请办理了柳房他证字第00666号房屋他项权证。

1998年10月2日，首长公司向柳州市公安局报案称，海隆公司法定代表人俞云伪造首长公司关于房屋他项权证遗失声明作废的证明，私刻首长公司章、冒充首长公司法定代表人黎志荣的签名、印单、制造债务已清偿的假象，骗取柳州市房产局注销了海隆公司和首长公司的房产抵押登记，又将房产抵押给华商银行，请求公安机关追究诈骗罪犯的法律责任。1998年10月23日，柳州市公安局作出了印单文及笔迹检验鉴定书，证明了海隆公司伪造首长公司的文件等事实。该局于1998年10月30日向柳州市房产局出具了法律意见书，认为第00666号房屋他项权证是违法犯罪行为所引起的后果，但又经法定程序以合法形式颁发，而0410号房屋他项权证虽被撤销，但实际上又客观存在，应如何处理，请柳州市房产局予以确定。首长公司与海隆公司则分别于1998年10月30日、11月2日向柳州市房产局申请恢复抵押登记。1999年6月9日，柳州市房产局恢复首长公司对富荣城第三层商场的抵押登记，重新给首长公司颁发了柳房他证字第1000898号房屋他项权证；注明该证的有效期从原登记日1997年3月21日起算，并书面通报华商银行。

华商银行向柳州市中级法院提起诉讼，请求撤销柳州市房产局恢复首长公司对银兴商场富荣城第三层商场抵押权登记的具体行政行为，案经一、二审程序，广西高院于2002年3月26日作出〔2001〕桂行终字第21号行政判决，认为柳州市房产局给首长公司恢复抵押权登记无法律依据，且侵犯了华商银行的利益，判决撤销了柳州市房产局恢复首长公司对柳州市飞鹅路银兴商业城富荣城第三层商场抵押权登记的具体行政行为。

在前一案件审理期间，首长公司于2000年11月12日向柳州市中级人民法院提起行政诉讼，请求确认柳州市房产局1997年9月注销首长公司1997年3月办理的抵押登记、吊销〔1997〕柳房他证字第0410号房屋他项权证的行为违法，判令柳州市房产局发还被其非法吊销的〔1997〕柳房字第0410

号房屋他项权证,赔偿其违法行政行为已造成的首长公司的经济损失8万元。

柳州市中级法院经审理认为,海隆公司与首长公司申请办理注销抵押登记,向柳州市房产局提供了双方关于撤销房屋抵押的协议及报告、授权委托书,填写了房地产抵押注销申请审核表,并登报申明遗失的房屋他项权证作废。虽然上述协议、报告、授权委托书及其上面首长公司的印章、签字系伪造,但柳州市房产局在办理注销抵押登记时,并没有辨别印章、签字真伪的能力和职能;首长公司抵押权的丧失,是由于诈骗行为所致,柳州市房产局并无过错,首长公司由此受到的损失,应由海隆公司承担。该院一审判决驳回了首长公司的诉讼请求。

广西高院经审理认为,柳州市房产局依据海隆公司伪造的文件材料作出的注销海隆公司与首长公司的房屋抵押登记,吊销0410号房屋他项权证的行为属主要证据不足,依照行政诉讼法第五十四条第(二)项第一目规定,应予撤销。但对是否责令柳州市房产局给予上诉人恢复抵押登记,则形成两种意见:

第一种意见认为:房产局应当给上诉人恢复房屋抵押登记,即柳州市房产局恢复房屋抵押登记是有法律依据的。理由是:

1. 严重违法的具体行政行为被撤销后,该行为自始无效,相对人的权利应恢复到原来的行政法律关系状况。本案中,注销登记行为被撤销后,作为善意人的首长公司与柳州市房产局之间原来存在抵押登记关系,前者有权申请恢复,后者则有义务恢复,且后者不给恢复,没有法律依据。

2. 违法的行政行为被撤销后,行政机关应有纠正错误的权力和义务。纠错方式可以是应当事人的申请,恢复原法律上的权利义务关系,当然也可以通过给予当事人经济损失赔偿的方式。但本案中柳州市房产局实际上采取了恢复登记的方式,特别是当事人已申请要求恢复,行政机关纠错时,首先选择恢复登记,是行政机关行使裁量的职权范围。

3. 恢复登记不存在法律上的障碍。一是虽然本案中的抵押物在被违法注销抵押登记后,华商银行在其之上设定了另一抵押权,但华商银行在首长公司发现其登记被违法注销时,仍未行使和处分抵押权,抵押物仍在,且所有权并没有转移。因此,基于首长公司与海隆公司的原抵押登记合同(仍生效,从未被双方当事人合意解除),经柳州市房产局给予恢复登记,即产生抵押效力。二是华商银行的抵押权不应成为阻止恢复登记的法定障碍。根据《最高人民法院关于执行〈中华人民共和国担保法〉的若干问题的解释》第五十八条第二款规定，因登记部门的原因致使抵押物进行连续登记的，抵押物第一次登记的日期，视为抵押登记的日期，并依此确定抵押权的顺序。因此，后一抵押权的存在，不能当然否定前一抵押权的存在和效力。三是恢复登记后，首长公司与华商银行的抵押权顺序纠纷，属于民事纠纷，不属恢复登记时就作处理的问题。

第二种意见认为，柳州市房产局恢复抵押登记无法律依据，应驳回首长公司要求发还0410号房屋他项权证的诉讼请求。主要理由是：

1. 我国现行立法没有"恢复"抵押登记的提法，柳州市房产局办理"恢复"抵押登记实际上适用的程序是重新办理抵押，其恢复抵押登记的生效时间从1997年3月起算没有法律依据，因此恢复登记的行为不具有合法性。首长公司的抵押权已经被注销，依照法律规定，抵押权是通过登记而产生的，而不是通过恢复而产生的，抵押权生效时间应从登记之日起算，如果首长公司要取得抵押权，必须重新办理抵押登记。

2. 根据行政法原理，行政行为一经作出，就具有公定力、确定力，对于行政机关和相对人都产生约束力。如果行政行为是违法的，行政机关有权予以撤销或变更。但是，如果行政行为已经使行政相对人对其产生信赖，行政相对人在此信赖基础上已经作出一定行为，行政机关在考虑撤销违法或不当行政行为时，应保护行政相对人的信赖利益。本案中，华商银行不是单方面地信任海隆公司，是在柳州市房产局确认该房产不存在先前抵押的前提下申请办理抵押权登记的，因此华商银行更信任的是柳州市房产局。根据不动产物权的公示公信原则，海隆公司依法定程序办理了房屋抵押登记，其取得的房屋抵押权是合法的，应受法律保护。如果允许柳州市房产局通过恢复登记的方式确认首长公司的原房屋抵押权，将侵犯华商银行的合法权益。

第一种处理意见为倾向性意见。

二、分析

对于本请示案件，主要涉及撤销错误的注销抵押登记行为的合法性以及信赖利益保护的问题，以下分述之。

（一）本案撤销错误的注销抵押登记行为的合法性

根据我国法律规定，在特定情形下，应当办理抵押登记。担保法第四十一条规定："当事人以本法第四十二条规定的财产抵押的，应当办理抵押物登记，抵押合同自登记之日起生效。"城市房地产管理法第三十五条规定："房地产转让、抵押，当事人应当依照本法第五章的规定办理权属登记。"《城镇国有土地使用权出让和转让暂行条例》第三十五条规定："土地使用权和地上建筑物、其他附着物抵押，应当按照规定办理抵押登记。"抵押登记是一种公示手段，主要是为了保护交易安全，保护善意第三人的利益。如果仅仅是为了保障当事人之间的利益，法律没有必要设立登记制度，因为双方当事人之间的合同即可明确其权利义务关系。所以说，登记是一种公示的手段，其基本功能是让他人知晓权利变动的效力。这种效力一般体现为：登记是不动产物权变动的根据，决定着当事人的实体权利；不动产登记簿上登记的权利，除对登记错误具有过错的权利人、恶意第三人之外，对于任何善意第三人都具有正确性推定的效力；在交易中信赖登记的善意第三人取得登记的不动产物权时，即便登记有误，法律也应当保护他们已经取得的权利。世界各国几乎无例外地规定了对抵押权的取得、设立、丧失或者变更须予以登记的法定程序，这一制度对于维护市场经济条件下的交易安全，保护第三人的合法权益，强化抵押担保的社会功能，避免纠纷发生，具有重要的法律意义。

房屋抵押登记是不动产抵押登记的一种。根据《房屋登记办法》的规定，所谓房屋登记是指房屋登记机构依法将房屋权利和其他应当记载的事项在房屋登记簿上予以记载的行为。这个概念包括四层含义：一是房屋登记是房屋登记机构依法进行的行为；二是房屋登记是一种将房屋特定事项进行记载的行为；三是房屋登记的对象是房屋所有权、担保物权和用益物权以及其他应当记载的事项；四是房屋登记的结果是将登记内容记载于房屋登记簿。房屋登记行为是一种物权公示的方法，目的在于将房屋权利状况对外公开，保证房屋交易的安全。房屋登记包括所有权登记、一般抵押权登记、最高额抵押权登记、在建工程抵押权登记、地役权登记、预告登记、变更登记、异议登记、撤销登记、集体土地范围内房屋登记等。

本案涉及的是一般抵押权登记。房屋抵押是抵押人以其合法的房地产以不转移占有的方式向抵押权人提供债务履行担保的行为，债务人不履行债务时，抵押权人有权依法以抵押的房屋拍卖所得价款优先受偿。房屋抵押登记则是将有关权利和相关事项记载于登记簿的行为。房屋抵押登记是房屋权属登记管理的重要组成部分，根据城市房地产管理法的规定，这项工作由房地产行政主管部门办理。房屋抵押实质上是房地产产权的抵押,房屋抵押是设定在房屋所有权上的一种他项权利,在进行产权管理时房屋抵押登记需要办理他项权利登记,这是房地产权属登记的组成部分。① 抵押权人以房地产登记部门登记时办理的他项权利证书为权利凭证。

根据《房屋登记办法》的规定,抵押权登记包括设立登记、变更登记、转移登记、注销登记等。《房屋登记办法》第四十八条规定,经依法登记的房屋抵押权发生下列情形之一的,权利人应当申请抵押权注销登记:主债权消灭,抵押权已经实现,抵押权人放弃抵押权,法律、法规规定抵押权消灭的其他情形。本案涉及的是主债权是否消灭的问题。根据担保法第五十二条的规定,抵押权与其担保的债权同时存在,债权消灭的,抵押权也消灭。抵押权是为担保债权而设定的,是从属于作为主权利的债权的从权利。抵押权所担保的债权如果消灭,抵押权也随之消灭。被担保的主债权可因如下原因而消灭:债务人或者第三人为全部清偿;债务人对抵押权人亦存在债权并符合抵押条件时,其债权相互抵销;抵押权人与债务人因继承、合并等事由发生混同,抵押权人与债务人成为一人;抵押权人在不损害第三人利益的情况下免除债务人的债务。如果被担保的债权因上述原因消灭的,权利人应当申请抵押权注销登记。

抵押权注销登记与抵押权设立登记同等重要,甚至错误的注销登记比错误的设立登记更为严重。正因为如此,《法国民法典》第2158条第1款规定,注销登记需要提交公证书或者判决书副本。在不动产登记比较完善的国家和地区,一般规定注销申请人为抵押权人。我国《城市房地产抵押管理办法》第三十五条第一款规定:"抵押合同发生变更或者抵押关系终止时,抵押当事人应当在变更或者终止之日起15日内,到原登记机关办理变更或者注销抵押登记。"本案中,如果首长公司和海隆公司之间的债权债务关系已经消灭,作为权利人(即抵押权人)的首长公司可以申请抵押权注销。作为债务人的海隆公司不能申请抵押权注销。根据《房屋登记办法》第四十九条的规定,申请抵押权注销登记的,应当提交以下材料:登记申请书;申请人的身份证明;他项权利证书;证明房屋抵押权终止的材料;其他必要材料。这里的"证明房屋抵押权终止的材料"非常重要,这些材料一般是双方签订的抵押权解除或者主债权消灭的合同、由抵押权人出具的债权已履行的证明以及抵

---

① 《建设部关于重申房地产抵押登记必须由房地产行政主管部门办理的紧急通知》(1996年7月18日,建房〔1996〕420号)。

押权人放弃抵押权的证书等。

可见，我国有关规章对于申请抵押权注销的规定还不够完善，导致有的地方将申请注销的权利人理解为抵押人或者抵押权人，规章规定的提交抵押权终止的材料真实性不能保证等等。正因为如此，作出注销登记的行为比设立登记的风险更大，因为涉及对已受到保护的权利的丧失，因此在作出注销登记的行为时，登记机构应当尽到审慎审查义务。对于属于登记机构审查范围的，应当予以辨别，对无法予以辨别的，只要尽到了审慎审查义务，即便行政行为被撤销，登记机构也不承担相应的赔偿责任。[1] 根据《最高人民法院关于审理房屋登记案件若干问题的规定》第十二条的规定："申请人提供虚假材料办理房屋登记，给原告造成损害，房屋登记机构未尽合理审慎职责的，应当根据其过错程度及其在损害发生中所起作用承担相应的赔偿责任。"这就要求法院在处理案件时，应当充分考虑行政机关在损害后果发生过程中所起作用的大小，来确定行政机关应当承担的赔偿数额。如果行政机关基于一般过失对材料审查不严导致注销登记错误，应当承担次要的赔偿责任；如果行政机关具有故意或者重大过失，则应当承担主要赔偿责任。

（二）撤销抵押登记中的信赖利益保护问题

在抵押登记行为中，有信赖利益的存在。抵押权作为一种担保物权，必须向外展示，避免因当事人或者第三人不知情而导致交易不安全、权益受损，而这种公示需要通过房屋登记机关的登记行政行为进行。信赖利益理论主要针对的是授益性行政行为。其主要含义是，如果行政机关撤销授益性行政行为，则意味着受益方基于对行政行为确定的合法权益和行政机关公信力的合理期待受到侵害。因此，为了保护登记行为中的信赖利益，必须对授益性行政行为的撤销予以严格限制。这些限制包括：

1. 房屋登记机关有核实确认的审慎审查义务

建设部发布的规章中强调："如果房产抵押双方当事人到房地产行政主管部门申请抵押登记，房地产行政主管部门将依照《城市房地产管理法》的规定，对抵押人的房地产产权进行查档核实，辨别《房屋所有权证》的真伪，经核实确认后，才能颁发《房屋他项权证》，并在原《房屋所有权证》

---

[1] 住房和城乡建设部政策法规司、住宅与房地产业司、村镇建设办公室编：《房屋登记办法释义》，人民出版社2008年版，第214页。该书在对涉及注销登记进行释义时，大篇幅地引用本请示案件说明抵押权注销登记的重要性。

上填注他项权摘要。"① 这就意味着，行政机关必须对申请登记行为进行实质性审查，即登记机关必须对登记的物权的存在状况进行实质的、是否准确、是否可靠、是否确凿的审查。在本案中，房屋登记机关必须对抵押权是否消灭这一事实进行审慎的审查。房屋登记机关没有对虚假材料进行审慎审查，在申请人声称其他项权利证书丢失没有登报声明作废的情况下就办理了注销登记手续，违背了审慎审查义务。实行实质审查也是德国、瑞士等大陆法系国家的通例。相应地，如果登记机关因故意或者重大过失登记错误，就应当承担行政赔偿责任。此外，物权法第十二条规定，登记机构应当查验申请人提供的权属证明和其他必要材料，就有关登记事项询问申请人，可以要求申请人补充材料，必要时可以实地查看。登记机关要对上述必要材料的真实性进行审查。

2. 严格申请人的资格

根据前述内容，抵押注销登记的申请人应当是抵押权人。即便是根据《城市房地产抵押管理办法》的规定，亦应当是"抵押当事人"，包括抵押权人和抵押人。在本案中，房屋登记机关在作为抵押权人的首长公司没有到场的情况下，就办理了注销抵押登记手续，违反了上述规章的规定。对于这一资格的审查不需要特别专业的审查即可实现，可见登记机关不仅违反了审慎审查义务，也违背了一般的审查义务。

3. 避免重复抵押

我国法律有关重复抵押的规定不多。《民通意见》第 115 条规定，在抵押期间，非经债权人同意，抵押人就抵押已设置抵押部分再作抵押的，其行为无效。担保法第三十五条规定："抵押人所担保的债权不得超过其抵押物的价值。""财产抵押后，该财产的价值大于所担保的债权的余额部分，可以再次抵押，但不得超出其余额部分。"在本案中，抵押物经过评估价值为 2 亿元人民币，首长公司和海隆公司的抵押债权为 1000 万美元。海隆公司与华商银行担保债权为 800 万美元。显然，这两次抵押的标的额没有超出抵押物的价值，因此，该抵押物在设置抵押后，由于抵押物财产价值大于前一担保债权，其余额部分仍然可以再次抵押。由于评估价值和实际价值可能存在误差，因此，可能出现首长公司和华商银行均主张其为第一顺序抵押权人的问题。在本案中，房屋登记机关恢复了首长公司和海隆公司的抵押登记，实际上是

---

① 《建设部关于重申房地产抵押登记必须由房地产行政主管部门办理的紧急通知》（1996 年 7 月 18 日，建房〔1996〕420 号）。

对注销首长公司和海隆公司的抵押登记的撤销，是一种行政机关改变其行政行为的自我纠错行为。

4. 考虑对善意第三人的影响

撤销错误注销登记的行为固然是一种自我纠错的行为，但是该行为必须考虑对善意第三人的不利影响。在本案中，如果华商银行属于善意，则其出于先前抵押行为被撤销或者根本不知道有先前抵押行为的情况下，才同意以该房产作为抵押物进行担保，那么，其合法权益应当得到保护。但是对于是否对抗善意第三人的问题属于民事审判的范畴，不属于行政审判解决的问题，更不属于司法批复的内容，有关问题可以由二审法院根据案件具体情况进行判断。当然，也有学者主张，对于抵押登记行为不能仅仅进行合法性审查，而应当考虑物权法规定的不动产善意取得制度，以维护交易安全制度为目的，通过房屋登记产生的公信效力，以有效保护房屋交易过程中善意第三人的合法权益。例如，人民法院经审查认为，一方当事人以提供虚假证明与第三人进行了房屋交易，但是第三人属于善意取得且经房屋登记已具有公信力。如果法院仅以行政诉讼法确立的合法性审查原则认定物权变动是建立在虚假事实基础上，判决撤销房屋登记行为，则第三人的房屋登记行为被撤销后，只有通过民事诉讼途径解决，其合法权益很难得到维护，这与物权法确定的物权变动的公信原则中保护交易关系中善意第三人对于公示的权利状态的信赖相矛盾。且如果法院以保护第三人的权利为目的，判决驳回原告的诉讼请求，又与行政诉讼法确定的合法性审查原则相违背。由此看来，对被诉行政行为即房屋登记行为的合法性进行审查的同时，应当参照物权法确定的物权变动的公信原则依法进行判决。[①] 这种观点也有一定道理。

据此，最高人民法院肯定了登记机关的自我纠错行为。2003 年 11 月 17 日，最高人民法院作出《关于房地产管理机关能否撤销错误的注销抵押登记行为问题的批复》（法释〔2003〕17 号）："广西壮族自治区高级人民法院：你院《关于首长机电机备贸易（香港）有限公司不服柳州市房产局注销抵押登记、吊销〔1997〕柳房他证字第 0410 号房屋他项权证并要求发还 0410 号房屋他项权证上诉一案的请示》收悉。经研究答复如下：房地产管理机关可以撤销错误的注销抵押登记行为。"

登记机关撤销错误的注销登记行为之后，抵押物上便存在两个抵押权。

[①] 张静：《房屋登记案件的司法审查——从〈物权法〉的视角审视房屋登记行为》，载《法律适用》2009 年第 1 期。

这两个抵押权并非连续登记。根据《最高人民法院关于执行〈中华人民共和国担保法〉的若干问题的解释》第五十八条第二款规定，因登记部门的原因致使抵押物进行连续登记的，抵押物第一次登记的日期，视为抵押登记的日期，并依此确定抵押权的顺序。本案中，这两个抵押权并非第一次、第二次的反复登记行为，而是在同一抵押物上的分别抵押行为。对于经抵押登记而设定的抵押权，应当按照抵押权设定的先后次序清偿担保债权；次序相同的，按照债权比例清偿。在本案中，两个抵押权次序并不相同，应当按照抵押权设定的先后次序清偿担保债权，那么，哪个抵押权在先呢？首长公司和海隆公司的抵押在先，但是，抵押登记注销后，海隆公司和华商银行又进行了抵押，之后，登记机关撤销了对首长公司和海隆公司的注销登记行为。由于登记机关撤销了对首长公司和海隆公司的注销登记行为后，其抵押登记得以恢复，首长公司的抵押权应当属于第一次序。如果次序在先的抵押权所担保的债权先到期的，该债权人可将抵押物拍卖、变卖，就所得价款优先受偿。该债权人债权实现后的剩余价款可以提存，也可以提前清偿后次序抵押权所担保的未到期债权。予以提存的，后次序抵押权及于该剩余价款；提前清偿的，应当扣除相应的利息。次序在后的抵押权所担保的债权先到期的，抵押权人只能就抵押物价值超出顺序在先的抵押权所担保的部分受偿。因此，该债权人将抵押物拍卖、变卖后，应当留足顺序在先债权人的主债权及其利息，并由债务人将该部分价款予以提存，剩余部分方可由后序债权人受偿。

76. 关于对其他财产共有人起诉期限计算及对抵押权人是否适用善意取得制度的问题
——《最高人民法院行政审判庭关于对其他财产共有人起诉期限计算以及对抵押权人是否适用善意取得制度答复》解读

2011 年 12 月 13 日　　　　　　　　　　〔2011〕行他字第 75 号

一、问题的提出

山东省高级人民法院就金延花诉烟台芝罘区人民政府及第三人烟台鹏程实业发展有限公司（以下简称鹏程公司）房屋登记案中其他共有权人起诉期限计算、抵押权人是否适用善意取得制度相关法律问题向最高人民法院提出请示。该案的基本事实是：金延花与王永岐系夫妻关系，王永岐于 2007 年 9 月 24 日病逝。1988 年 6 月，王永岐经烟台市芝罘区人民法院拍卖程序购得坐落于只楚街道北上坊社区南街 1 号 54 间厂房，总价款 14 万元。1993 年 12 月，王永岐取得烟芝集建（93）字第 0003 号集体土地建设用地使用证和编号为 3706021310025 号房产证，两证均登记在王永岐个人名下，并一直保存于金延花手中。1996 年 11 月 20 日，经王永岐申请，在未交回原产权证的情况下，芝罘区房屋管理局将涉案房屋转移登记在第三人鹏程公司名下，并为鹏程公司颁发了烟芝房自（E）证第 307001 号房屋所有权证（以下简称 307001 号房权证）。鹏程公司系王永岐与其儿子王树波于 1993 年 5 月 3 日开办，王树波是公司的法定代表人，该公司于 1998 年被吊销营业执照。1996 年 11 月 22 日，鹏程公司为烟台开发区信南实业有限公司（以下简称信南公司）提供财产担保，将涉案房屋作为担保财产抵押给中国农业银行烟台市芝罘区支行胜利路分理处（以下简称芝罘农行），贷款金额为人民币 100 万元，期限一个月。信南公司逾期未偿还贷款。1999 年芝罘农行以信南公司、烟台市工业经营公司、烟台新华书店、王永岐、王树波为被告诉至法院，请求判令被告清偿贷款 100 万元及利息。烟台市中级人民法院以〔1999〕烟经初字第17号民事判决书判决：信南公司偿还芝罘农行本金100万元，利息226852.53元，王永歧、王树波对信南公司应付的款项在抵押担保的财产范围内承担连带清偿责任。2008年，济南德丰联合经贸发展有限公司（以下简称德丰公司）购买芝罘农行上述债权，后以担保合同纠纷为由将鹏程公司诉至法院。烟台市中级人民法院作出〔2008〕烟商初字第109号民事判决：德丰公司对鹏程公司提供的抵押物只楚街道北上坊社区南街1号房产在借款本金97.5万元，利息249271元范围内享有优先受偿权。2009年8月5日，涉案房产被法院查封。同月20日，金延花向烟台市中级人民法院提起诉讼，请求撤销307001号房权证。

烟台中院一审判决认为，涉案房屋系王永歧在1988年经法院拍卖程序取得，1993年登记在王永歧个人名下。原告与王永歧系夫妻关系，但涉案房屋并未注明是夫妻共有。从王永歧参加竞拍购买房屋到芝罘区政府颁发307001号房权证所形成的档案材料，体现不出原告是涉案房屋的共有人。被告办理307001号转移登记的事实清楚，主要证据充分，适用法律法规适当，程序合法。依照《若干解释》第五十六条第（四）项的规定，判决驳回金延花的诉讼请求。

二审期间，山东高院就金延花起诉是否超过起诉期限和不动产抵押权是否适用善意取得制度两个问题向最高法院提出请示。

二、法理分析

（一）关于财产共有人起诉期限的计算问题

行政诉讼法第三十九条规定："公民、法人或者其他组织直接向人民法院提起诉讼的，应当在知道作出具体行政行为之日起三个月内提出。法律另有规定的除外。"《若干解释》第四十二条规定："公民、法人或者其他组织不知道行政机关作出的具体行政行为内容的，其起诉期限从知道或者应当知道该具体行政行为内容之日起计算。"上述法律、司法解释中的"公民、法人或者其他组织"是都一个泛指的概念，但是，具体到每一个诉讼案件，应当是指提起行政诉讼的起诉人。在行政机关告知公民、法人或者其他组织诉权和起诉期限的情况下，该公民、法人或者其他组织提起行政诉讼的有效期限是3个月；未告知诉权和起诉期限的，该公民、法人或者其他组织的起诉期限为从其知道或者应当知道行政行为内容之日起2年。

实践中，不同的起诉人知道或者应当知道具体行政行为内容的具体日期是不一样的。有的起诉人可能因行政机关直接送达行政法律文书知道行政行为的内容；有的则可能通过自行向行政机关申请查询获知，情形不一，林林总总。即便在同为送达的情形下，行政机关就同一行政法律文书分别向不同的当事人送达，也可能存在送达日期不同的情形。可见，对同一行政法律文书，相关当事人知道其内容的具体时间很可能是不相同的。由于行政诉讼法及其司法解释规定是从起诉人知道或者应当知道具体行政行为内容之日开始计算其起诉期限的，同时，起诉期限的长短又因行政机关是否告知起诉人诉权和起诉期限而存在不同，因此，对同一行政行为提起行政诉讼，因起诉人不同，其提起行政诉讼是否超过法定起诉期限必然会存在差异。有可能存在两位起诉人同时对同一具体行政行为提起行政诉讼，其中一位起诉人的起诉在法定期限内，而另一位起诉人起诉已经超过法定起诉期限的情形。因此，我们认为，在审查起诉人是否超过起诉期限问题上，应当因人而异，要严格考察每一位起诉人知道或者应当知道具体行政行为内容的时间，以及行政机关是否告知其诉权和起诉期限等情况，分别判定各位起诉人的起诉是否超过法定起诉期限。

就本案而言，对同一土地房产存在夫、妻两个财产共有人（一审判决以房产登记在丈夫名下，排除妻子对夫妻关系存续期间获得房产的共有权，值得商榷）。丈夫作为一方共有人，在未经另一方共有人妻子同意的情况下，擅自处分了共有财产，并办理转移登记手续。且有证据证明，在办理产权转移登记时，丈夫未从妻子处要回原产权证书，交回房管部门。这一事实可以证明，存在作为另一共有人的妻子对转移登记行为不知情的可能性。转移登记行为对妻子的共有权有可能造成损害，妻子与转移登记行为之间存在法律上的利害关系，妻子对该转移登记行为具有原告资格。妻子因对转移登记行为一开始并不知情，要求其与丈夫具有完全一致的起诉期限，显然不符合事实，其起诉期限应当为知道或者应当知道转移登记行政行为内容之日起2年内。也就是说，本案中，妻子对转移登记行为的起诉开始日期与丈夫对该同一行政行为提起行政诉讼的具体日期是不相同的。

至于说一些人担心，赋予其他共有人诉权，尤其是在夫妻关系中，夫妻一方作为共有人以不知情为由，请求撤销经另一方同意的转让登记行为，可能会对交易安全产生不利影响，不利于第三人合法权益的保护。笔者认为，这种担心的确是必要的，在没有证据证明夫妻一方确实对共有房屋转移登记行为不知情的情况下，可以根据生活常理推定另一方同时应当知道转移登记行为，从而维护交易的安全和稳定。正因为如此，《最高人民法院关于适用〈中华人民共和国婚姻法〉若干问题的解释（一）》第十七条第（二）项规定："夫或妻非因日常生活需要对夫妻共同财产做重要处理决定，夫妻双方应当平等协商，取得一致意见。他人有理由相信其为夫妻双方共同意思表示的，另一方不得以不同意或不知道为由对抗善意第三人。"这条规定就体现了通常情况下对善意第三人合法权益及交易安全的倾斜性保护。但是，本案中确实有保管于另一共有人的产权证原件可以证明，其对转移登记行为当时可能是不知情的。在此情形下，按照生活常理推定其应当知道转移登记行为缺乏证据支持。同时，共有人合法权益的保护与第三人和合法权益的保护同样重要，也是不可忽视的。任何制度设计必须在两者之间达到一个利益的平衡，决不能仅考虑一方合法权益的保护，而完全忽略另一方的合法权益。赋予其他共有人在确实不知情的情况下对转移登记行为具有较长的起诉期限，给予起诉权，恰恰能够对行政机关在办理转移登记时是否尽到审慎的审查义务予以司法监督，促进其严格依法行政，避免共有人一方侵犯另一方合法权益事件发生。另一方面，给予不知情共有人一方诉权，也并非一定会彻底否定交易的安定性，如果经审查第三人确实属于善意取得，而行政机关又尽到审慎审查义务的，法院只能判决确认该转移登记行为违法，承认善意第三人已取得的房屋产权。不知情一方共有人合法权益保障问题则应当通过提起民事侵权之诉向另一方共有人求偿。

（二）关于不动产抵押权可否适用善意取得制度的问题

物权法第一百零六条规定："无处分权人将不动产或者动产转让给受让人的，所有权人有权追回；除法律另有规定外，符合下列情形的，受让人取得该不动产或者动产的所有权：（一）受让人受让该不动产或者动产时是善意的；（二）以合理的价格转让；（三）转让的不动产或者动产依照法律规定应当登记的已经登记，不需要登记的已经交付给受让人。受让人依照前款规定取得不动产或者动产的所有权的，原所有权人有权向无处分权人请求赔偿损失。当事人善意取得其他物权的，参照前两款规定。"抵押权系物权范畴，属于物权变更的原因和方式之一，该条最后一款中善意取得的"其他物权"即应包括抵押权。抵押权人只要出于善意，以相应的合理对价——支付贷款，并在登记机关办理抵押登记，其取得的抵押权就符合善意取得的法定条件。之所以抵押权能够善意取得，主要是为了充分保护抵押权人的合法权益。抵押登记具有公示的效力，通过办理抵押登记，使得抵押权人有充分的理由和根据相信自身的权利最终能够通过抵押物得到实现，从而保障金融交易活动的安全性，促进实体经济的发展。如果由于抵押人或者抵押登记机关的过错，造成抵押人将其无权抵押的财产办理了抵押登记，而不利法律后果由抵押权人承担，这显然有悖于抵押登记的公示效力作用，也不利于交易的安全和稳定。所以法律规定，包括抵押权在内的其他物权也适用善意取得制度。即只要符合善意取得的法定条件，抵押权人同样可以以善意取得方式从抵押物上实现自身合法权益。

本案中，原告的丈夫未经其同意，将夫妻共同财产涉案房产转移登记至鹏程公司名下，已经办理了转移登记，该行为侵犯了申诉人合法的共有财产权利。但是，由于办理了产权转移登记，该登记行为对外产生了公信力，芝罘农行基于对登记行为公信力的信赖，同意以该房产作为抵押，并办理抵押登记手续，发放了贷款，该抵押登记行为经生效民事判决确认合法有效。如果上述情况属实，抵押权人芝罘农行履行了支付贷款义务、办理了抵押登记，就符合善意取得的法定要件，属于"善意第三人"范畴。因此，为了保护"善意第三人"的合法抵押权，维护政府部门房产转移登记和抵押登记的公信力，不宜简单撤销转移登记行为。如果经审查该转移登记确实存在违法的，应当根据《最高人民法院关于审理房屋登记案件若干问题的规定》第十一条第三款关于"被诉房屋登记行为违法，但判决撤销将给公共利益造成重大损失或者房屋已为第三人善意取得的，判决确认被诉行为违法，不撤销登记行为"的规定，依法判决确认转移登记行为违法，认可转移登记的法律效力。其他共有人的合法权益因主要是另一方共有人侵权行为造成，其损失应当通过向致害人或者其继承人提出。如果行政机关在变更登记过程中未尽合理审慎审查职责的，当事人也可以提起行政赔偿之诉，人民法院应当根据行政机关的过错程度及其在损害发生中所起作用，判决登记机关承担相应的行政赔偿责任。

据此，最高人民法院答复山东高院：一方共有人未经其他共有人同意处分共有财产，行政机关作出产权变更登记，有证据证明其他共有人不知道该产权变更登记行为的，其他共有人自知道该变更登记内容之日起2年内，有权依法提起行政诉讼。抵押权的实现是物权变更的原因和方式之一，同样可以适用善意取得制度。

三、审判实践中应当注意的问题

（一）关于其他共有人应当知道转移登记行为的认定问题

答复明确规定："有证据证明其他共有人不知道该产权变更登记行为的，其他共有人自知道该变更登记内容之日起2年内。"也就是说，在认定其他共有人是否应当知道产权变更登记行为时，首先是推定其他共有人与实施转移登记行为的共有人应当是同时知道该转移登记行为的。为何如此规定，主要是基于共有人之间的特殊的身份关系，夫妻共有财产、其他家庭成员之间的共有财产或者是非家庭成员之间产生的共有财产，通常情况下共有人之间都会具有区别于一般人的特别亲密关系。基于这种特殊的亲密关系，其中一位共有人代表其他共有人处分共有财产，通常会告知其他共有人，并征得他共有人的同意。同样基于共有人这种特殊的亲密关系，对外而言，其中一位共有人的行为往往会被其他人认为是代表其他共有人的行为，构成表见代理。正因为如此，一般情况下，推定共有人同时知道转让登记行为，代为办理转移登记的共有人知道转移登记的时间就是所有共有人知道转移登记行为的时间。但是，现实是复杂多样的，确实也会存在共有人之一未经其他共有人同意，擅自处分共有财产，侵犯其他共有人合法权益的情形。如何维护其他共有人的合法权益，从行政诉讼的角度，就是应当赋予其他共有人对此转移登记行为的起诉权，只要有证据证明其他共有人对转移登记行为确实不知情，就应当从其实际知道转移登记行为内容之日起计算其起诉期限，因未告知诉权和起诉期限，其起诉期限为2年。

谁来承担"不知道该产权变更登记行为"的举证责任？举证达到何种程度算是完成举证责任？这些问题也是需要解决的。笔者认为，起诉人应当对此负举证责任，因为，根据生活常识和代理规则，通常推定共有人知道转移登记行为的时间是一样的，其他共有人主张对另一共有人处分共有财产行为不知情，应当说明理由并举证加以证明。只要有证据能够证明其他共有人可能存在不知情的情形，即相对于认定其办理转移登记时就知道该转移登记行为内容，起诉人的举证证明其当初不知道变更登记行为更具说服力，就可以认为起诉人已经完成了举证责任。

（二）关于受理其他共有人起诉的裁判结果问题

其他共有人对转移登记行为提起行政诉讼，符合法定受理条件的人民法院应当受理。但是，受理后的裁判结果却并非因为作为原告的其他共有人合法权利受到损害就必须撤销被诉转移登记行为。根据不同情况，可能会出现如下几种判决形式：

1. 撤销判决。经审理查明，受让人系非善意取得的，人民法院应当判决撤销转移登记行为，并恢复原共有产权证的法律效力。受让人受让财产不符合物权法第一百零六条规定的条件即属于非善意取得，可能是共有人之一与受让人合谋侵犯其他共有人财产权益，也可能是受让人无偿或者以低于市场价格的非合理价格取得财产，等等。这种情形下，既然不适用善意取得，转让归于无效，就应当返还财产，恢复原状。

2. 确认违法。经审理查明，受让人属善意取得的，人民法院应当以转移登记行为事实不清为由，确认转移登记行为违法。确认违法判决实质是承认了转移登记行为的法律效力，认可了受让人取得共有财产所有权的事实，彻底保护了受让人的合法权益。那么，作为原告的其他共有人的合法权益如何救济呢？一是其他共有人向未尽审慎审查义务的登记机关申请行政赔偿，人民法院应当根据登记机关违法行为在损害形成中的作用承担一定比例的行政赔偿责任。二是其他共有人可以以侵权为由对擅自转让共有财产的共有人提起民事诉讼，要求该共有人赔偿损失。

　　应当注意的是，此类案件无论如何都不应当判决驳回原告的诉讼请求。实践中有人主张，在受让人系善意取得的情况下，原告主张撤销被诉转移登记行为的诉讼请求不能成立，为维护善意第三人的合法权益，可以直接判决驳回原告的诉讼请求；一些登记机关在答辩中也主张，登记机关只是形式审查，造成转移登记行为错误责任完全是申请人提供虚假材料所致，在登记机关无过错的情况下，撤销登记行为不当，应当驳回原告诉讼请求。笔者认为，上述认识是错误的。首先，转移登记行为无论是何种原因引发的错误，最终都表现为将共有财产在未经其他共有人同意的情况下转让给了第三人，实际上是转移登记行为的基础事实不清，主要证据不足。事实不清、主要证据不足这样严重违法的行政行为，不应当属于判决驳回原告诉讼请求的情形。驳回原告诉讼请求判决实质是基本认可了行政行为的合法性，因此，只有在行政行为存在瑕疵，而非重大明显违法的情况下才可以采用。其次，确认违法判决并非对行政机关主观过错的确认，只是对其行政行为客观上违反法律的一种评价。尽管有可能行政机关尽到了审慎的审查义务仍然没有能够避免将共有财产在未经其他共有人同意的情况下转移登记给了第三人，但是，此时转移登记行为的违法性是确定无疑的，存在严重违法当然不能驳回原告诉讼请求，不能因为登记机关无过错就将明显违法的行政行为视为基本合法。至于登记机关无过错，免除的是其承担行政赔偿的法律责任，而非从对行政行为的判决形式上予以关照。

77. 在已取得土地使用权的范围内开采砂石无需办理矿产开采证和缴纳资源补偿费

——《最高人民法院行政审判庭关于在已取得土地使用权的范围内开采砂石是否需办理矿产开采许可证问题的答复》解读

2006 年 10 月 31 日　　　　　　　　　　〔2006〕行他字第 15 号

一、问题的提出

2003 年 7 月 1 日，青海省三江水电公司经国务院批准，在青海省黄南州尖扎县康扬镇黄河段动工修建康扬水电站。2004 年初，黄南州国土资源局发现三江水电公司在未申请采矿登记、领取采矿证的情况下，从批准用土的施工现场大量挖取砂石料浇筑混凝土大坝。4 月 6 日，黄南国土局向三江水电公司送达了责令履行矿产资源法定义务通知书。9 月 17 日，又送达了责令停止矿产资源违法行为通知书。三江水电公司均未理睬。9 月 24 日，黄南国土资源局向该公司送达了矿产资源行政处罚告知书和矿产资源行政处罚听证告知书。在该公司拒绝履行的情况下，9 月 30 日，黄南州国资局向该公司送达了国土资源字〔2004〕第 2 号矿产资源行政处罚决定书。该公司对处罚决定不服，向青海省国土资源厅提起行政复议。2005 年 2 月 1 日，青海省国土资源厅作出维持黄南州国土资源局的处罚决定的复议决定。该公司不服复议决定，于 2005 年 2 月 25 日向黄南州中级人民法院提起行政诉讼。黄南州中级人民法院审理后作出维持黄南州国土局处罚决定的判决。

青海省三江水电公司上诉称：经国务院批准于 2003 年 7 月 1 日开始修建康扬水电站，因开挖厂房基础，自然会产生一些弃渣废料（砂石）。为保持水土和恢复地面原貌，施工通过回收利用，处理这些废料，既有利于环保要求，也有利于水土保持，符合国家政策。根据国土资源部《关于开山凿石、采挖砂、石、土等矿产资源适用法律问题的复函》和《关于解释工程施工采挖砂、石、土等矿产资源有关问题的复函》的规定，其行为正是该复函所规定的"不办理采矿许可证，不缴纳资源补偿费"的情形，其行为并非违法。

黄南州国土资源局辩称：依据矿产资源法和《矿产资源法实施细则》的有关规定，青海省三江水电公司未取得采矿许可证而擅自采矿属违法行为。国土资源部的两个复函针对的是为建设公益事业，可不办理采矿许可证、不缴纳资源补偿费，而青海三江水电公司修建水电站属非公益性建设外的其他工程建设项目，应依法办理采矿登记手续并缴纳矿产资源补偿费。

2006年10月12日，青海省高级人民法院就本案法律适用问题向最高人民法院请示。

对于本案的处理，主要有两种不同意见：

一种意见认为，青海省三江水电公司应根据法律和法规的规定，办理采矿许可手续。根据矿产资源法第三条"……勘查、开采矿产资源，必须依法分别申请，经批准取得探矿权、采矿权，并办理登记……"；第三十九条"违反本法规定，未取得采矿许可证擅自采矿的，擅自进入国家规划区、对国民经济具有重要价值的矿区范围采矿的，擅自开采国家规定实行保护性开采的特定矿种的，责令停止开采、赔偿损失、没收采出的矿产品和违法所得，可以并处罚款"和《矿产资源法实施细则》的有关规定，青海三江水电公司应当依法办理采矿许可证手续。因矿产资源法和《矿产资源法实施细则》均未对在已取得土地使用权的范围内开采矿产作特别规定，也未规定例外情形。

另一种意见认为，青海省三江水电公司无需办理采矿许可手续。在已取得土地使用权的范围内开采矿石，矿产资源法和《矿产资源法实施细则》确未作特别规定。但是，根据《矿产资源法实施细则》第四十五条"本细则由地质矿产部负责解释"的规定，法规已授权国土资源部对该细则解释。《国土资源部关于开山凿石、采挖砂、石、土等矿产资源适用法律问题的复函》（国土资函〔1998〕190号）第二条规定："建设单位因工程施工而动用砂、石、土，但不将其投入流通领域以获取矿产品营利为目的，或就地采挖砂、石、土用于公益性建设的，不办理采矿许可证，不缴纳资源补偿费。"《国土资源部关于解释工程施工采挖砂、石、土矿产资源有关问题的复函》（国土资函〔1999〕404号）中明确："我部《关于开山凿石、采挖砂、石、土等矿产资源适用法律问题的复函》'二'中的'因工程施工'和'就地'是指在工程建设项目批准占地范围内，因工程需要动用或采挖砂、石、土用于本工程建设。目的是鼓励建设单位在建设中充分利用已批准占地范围内的矿产资源，减少异地开采，以利于保护环境。"国土资源部的两份复函应视为是对《矿产资源法实施细则》的有权解释。青海省三江水电公司依据该解释在批准用地的范围内,就地采挖砂、石用于本工程符合国土资源部两个复函精神,可不办理采矿许可证,不缴纳资源补偿费。

二、分析

本请示案件的焦点问题是对于行政法规的一般性规定,国土资源部作出的特别规定的效力问题。

矿产资源法及其实施细则规定了取得采矿许可证的一般要求。根据矿产资源法第三条第四款规定,勘查、开采矿产资源,必须依法分别申请、经批准取得探矿权、采矿权,并办理登记;但是,已经依法申请取得采矿权的矿山企业在划定的矿区范围内为本企业的生产而进行的勘查除外。该法第三十九条规定,违反本法规定,未取得采矿许可证擅自采矿的,擅自进入国家规划矿区、对国民经济具有重要价值的矿区范围采矿的,擅自开采国家规定实行保护性开采的特定矿种的,责令停止开采、赔偿损失,没收采出的矿产品和违法所得,可以并处罚款。《矿产资源法实施细则》第五条第一款规定,国家对矿产资源的勘查、开采实行许可证制度。勘查矿产资源,必须依法申请登记,领取勘查许可证,取得探矿权;开采矿产资源,必须依法申请登记,领取采矿许可证,取得采矿权。对于在何种情况下无须办理采矿手续,根据矿产资源法的规定,只有一种例外情形"已经依法申请取得采矿权的矿山企业在划定的矿区范围内为本企业的生产而进行的勘查"。而根据矿产资源法的上述规定,勘查单位、矿山企业或个体采矿者须依据所取得的探矿权或者采矿权从事勘查或开采活动。取得探矿权的法律形式是取得勘查许可证,取得采矿权的法律形式是取得采矿许可证,而取得勘查许可证和采矿许可证就必须依法申请和登记。[①] 也就是说,矿产资源法虽然规定了例外情形,但是这种例外情形针对的是勘查许可证,对于采矿许可证没有作出规定。

《矿产资源法实施细则》几乎重申了矿产资源法的有关规定。对于采矿许可证和缴纳资源补偿费没有规定例外情形。《矿产资源法实施细则》第四十五条规定,本细则由地质矿产部负责解释。对于办理采矿许可证和缴纳资源补偿费的例外情形,实际上涉及该事项应当由法律、行政法规还是由其他规范性文件来明确的问题。

对于涉及工程建设的开采矿产资源的行为,矿产资源主管部门长期以来

---

① 中华人民共和国地质矿产部编:《中华人民共和国矿产资源法讲话》,法律出版社1992年版,第15页。

一直坚持办理采矿许可证的态度。① 之后，由于使用土石方的行为是建设工程施工的必要条件，对于这种情况，矿产资源部门采取了宽松的态度。1998年8月12日，国土资源部作出《关于开山凿石、采挖砂、石、土等矿产资源适用法律问题的复函》（国土资函〔1998〕190号），复函的内容是："一、根据《中华人民共和国矿产资源法实施细则》第二条'矿产资源是指由地质作用形成的，具有利用价值的，呈固态、液态、气态的自然资源'的规定，砂、石、粘土及构成山体的各类岩石属矿产资源。二、建设单位因工程施工而动用砂、石、土，但不将其投入流通领域以获取矿产品营利为目的，或就地采挖砂、石、土用于公益性建设的，不办理采矿许可证，不缴纳资源补偿费。三、需异地开采砂、石、土用于上述公益性建设的，应按规定办理采矿许可证，矿产资源补偿费原则上应按法规规定酌情减免。四、凡以营利为目的开采上述及其他矿产资源的单位、个人，均应按照矿产资源法及其配套法规的有关规定办理采矿登记手续，领取采矿许可证；矿产品均应按照《矿产资源补偿费征收管理规定》的相关条款缴纳矿产资源补偿费。五、其他类似情况可参照本文件精神办理。"这一复函涉及本案处理的是第二、三、四条内容。根据这一复函的内容，不办理采矿许可证和缴纳资源补偿费的情形包括两种：建设单位因工程施工而动用砂、石、土，但不将其投入流通领域以获取矿产品营利为目的；就地采挖砂、石、土用于公益性建设的。这两种情形是并列的关系，只要符合其中一种就可以。1999年8月19日，国土资源部又作出《关于解释工程施工采挖砂、石、土矿产资源有关问题的复函》（国土资函〔1999〕404号）："一、我部《关于开山凿石、采挖砂、石、土等矿产资源适用法律问题的复函》（国土资函〔1998〕190号）（以下简称《复函》）'二'中的'因工程施工'和'就地'是指在工程建设项目批准占地范围内，因工程需要动用或采挖砂、石、土用于本工程建设。目的是鼓励建设单位在建设中充分利用已批准占地范围内的矿产资源，减少异地开采，以利于保护环境。但建设单位在上述范围内采挖砂、石、土进行销售或用于其他工程建设项目的，必须依法办理采矿登记手续并缴纳矿产资源补偿费。二、《复函》'三'中的'异地'是指在工程建设项目批准占地之外范围。"本案中，青海省三江水电公司在批准用地的范围内，就地采挖砂、石用于"本工程"完全符合第一种情形。对于黄南州国土资源局所辩称的"复函针对的是为建设公益事业"不符合上述规定，是对复函中相关并列情形的错误理解。

---

① 例如，《地质矿产部对长春市〈关于修、筑铁路、公路、林区运材路采挖砂、石、土资源适用法律条款请示的函〉的复函》（1994年9月12日）。

对于本案中的两个复函，属于主管部门制定发布的规范性文件。这些规范性文件一般针对具体的事项在不与上位法冲突的前提下对上位法进行补充规定。这些规范性文件虽然不是正式的法律渊源，对人民法院不具有法律规范意义上的约束力。但是，人民法院经审查认为该具体应用解释和其他规范性文件合法、有效并且合理适当的，应当承认其效力。据此，2006年10月31日，最高人民法院行政审判庭作出《关于在已取得土地使用权的范围内开采砂石是否需办理矿产开采许可证问题的答复》（〔2006〕行他字第15号）："根据《矿产资源法实施细则》第四十五条关于'本细则由地质矿产部负责解释'的规定，参照国土资源部国土资函〔1998〕190号《关于开山凿石、采挖砂、石、土等矿产资源适用法律问题的复函》中关于'建设单位因工程施工而动用砂、石、土，但不将其投入流通领域以获取矿产品营利为目的，或就地采挖砂、石、土用于公益性建设的，不办理采矿许可证，不缴纳资源补偿费'的解释，水电站建设单位因工程施工而在批准用地的范围内采挖砂、石、土，用于水电站大坝混凝土浇筑工程的，无需办理矿产开采许可证及缴纳资源补偿费。"

78. 用水单位从水库取水应否缴纳水资源费，应当视有无供水功能而定
—— 《最高人民法院行政审判庭关于用水单位从水库取水应否缴纳水资源费问题的答复》解读

2004 年 4 月 25 日　　　　　　　　　　〔2004〕行他字第 24 号

一、问题的提出

原告湖北省荆门市供水总公司所用水源取自漳河水库，每月向漳河工程管理局缴纳水利工程水费，因一直未缴纳水资源费，湖北省水利厅多次向原告下达催缴水资源费的通知。其间，经省政府有关部门协调，原告缴纳部分水资源费后，拒绝继续缴纳。2003 年 11 月 27 日，湖北省水利厅作出《关于责令限期缴纳水资源费的通知》。该通知根据水法和《湖北省水资源费征收管理办法》的规定，认定原告 2000 年 11 月至 2003 年 9 月在漳河水库取水 9000 余万立方米，应缴水资源费及滞纳金 520 余万元。原告不服，向武汉市中级人民法院提起诉讼。请求撤销被告湖北省水利厅作出的《关于责令限期缴纳水资源费的通知》，确认被告收取原告水资源费的行为违法并返还违法收取的水资源费。

湖北省高级人民法院对是否参照《湖北省水资源费征收管理办法》的规定存在认识分歧，2004 年 11 月 29 日，以〔2004〕鄂行他字第 5 号文向最高人民法院提出请示。

该案主要涉及下位法（地方政府规章）是否符合上位法（法律）的判断和适用，即《湖北省水资源费征收管理办法》是否符合水法关于水资源费征收的有关规定。水法第四十八条第一款规定："直接从江河、湖泊或者地下取用水资源的单位和个人，应当按照国家取水许可制度和水资源有偿使用制度的规定，向水行政主管部门或者流域管理机构申请领取取水许可证，并缴

纳水资源费，取得取水权。但是，家庭生活和零星散养、圈养畜禽饮用等少量取水的除外。"《湖北省实施〈中华人民共和国水法〉办法》的规定与水法一致。而湖北省政府制定的《湖北省水资源费征收管理办法》第二条规定："本省行政区域内凡利用水工程或者机械提水设施直接从江河、湖泊（含水库）和地下取水的单位和个人，均应缴纳水资源费。"由于该条将应征收水资源费的范围扩大为湖泊（含水库），与水法规定不一致，且由于修订后的水法实施后，相应的配套法规未及时出台，对《湖北省水资源费征收管理办法》的适用产生意见分歧。主要有两种意见：

一种意见认为，本案不应当适用《湖北省水资源费征收管理办法》。理由是：《湖北省水资源费征收管理办法》属于地方政府规章，规章应当符合法律规定。由于《湖北省水资源费征收管理办法》规定从水库取水征收水资源费，超出了水法规定的"直接从江河、湖泊或者地下取用水资源"的范围，根据上位法优于下位法的法律适用原则，本案不适用地方政府规章。这种意见是倾向性意见。

另一种意见认为，本案应当适用《湖北省水资源费征收管理办法》。根据水法第七条规定："国家对水资源依法实行取水许可制度和有偿使用制度。但是，农村集体经济组织及其成员使用本集体经济组织的水塘、水库中的水除外。"显然仅将"农村集体经济组织及其成员使用本集体经济组织的水塘、水库中的水"作为例外排除。荆门市供水总公司作为在水库取水的供水企业，应当缴纳水资源费。从湖北省的实际情况看，水库占全省水资源量的50%以上，是征收水资源费的主要渠道，因湖北省水库大多系拦蓄自然江河形成，并未改变河流的自然流域属性。因此，在水库中取水应当征收水资源费。且水利部正在制定的水资源费条例已将从拦蓄自然流域水工程取水作为征收水资源费的对象。

二、分析

水资源属于国家所有，国家对水资源实行取水许可和有偿使用，这是水法确立的法律制度。水资源有偿使用制度是国家基于水资源的所有者和管理者的双重身份，为实现所有者权益，保障水资源的可持续利用，对直接取用江河、湖泊或者地下水资源的单位和个人征收水资源费的一种制度。2002年修订前的水法第三十四条规定了对城市中直接从地下取水的单位征收水资源费；其他从地下或者江河、湖泊取水的可以由省、自治区、直辖市人民政府决定征收水资源费。当时水资源还相对比较充沛，限制范围仅仅是城市地下取水，而对其他从地下、江河、湖泊取水的，是否征收水资源费，由各省、自治区、直辖市人民政府根据本行政区域水资源供求的实际情况决定。到水法修订前，绝大多数的省、自治区、直辖市都已制定了水资源费征收管理办法，而且征收的范围均是既含城市地下，也含农村地下和江河、湖泊。水法修订后，将征收水资源费的范围，扩大到所有的江河、湖泊或者地下。

根据修订后的水法第四十八条第一款的规定，"直接从江河、湖泊或者地下取用水资源的单位和个人应当按照国家取水许可制度和水资源有偿使用制度的规定，向水行政主管部门或者流域管理机构申请领取取水许可证，并缴纳水资源费，取得取水权。但是，家庭生活和零星散养、圈养畜禽饮用等少量取水的除外。"本条款仅仅规定了一个除外规定，即以家庭为取水单位的为了自己家庭生活和少量散养、圈养畜禽的取水，而不包括家庭办的养殖场取水和自来水厂为居民生活供水而取水的行为。将修订前水法中的取水改成了现在的取用水资源，扩大了取水许可的范围，包含了水电厂的用水等。

本案涉及的法律问题是从水库中取水是否属于"直接从江河、湖泊或者地下取用水资源"。《湖北省水资源费征收管理办法》第二条规定，本省行政区域内凡利用水工程或者机械提水设施直接从江河、湖泊（含水库）和地下取水的单位和个人，均应缴纳水资源费。也就是说，湖北省人民政府认为，从水库中取水的也应当视为从湖泊中取水。焦点问题仍然是从水库中取水是否就是直接从湖泊中取水。

根据《现代汉语词典》的解释，所谓"湖泊"，是指湖的总称；所谓"水库"，是指拦洪蓄水和调节水流的人工湖，可以用来灌溉、发电和养鱼等。根据《辞海》的解释，"湖泊"是指陆地上相对封闭的洼地中汇积的广阔水体。所谓"水库"，是指在山谷、河道或低洼地区用挡水和泄水等水工建筑物形成的人工水域。那么，是不是可以将水库解释为湖泊的一种？如果将水库界定为"人工湖泊"，则水库似属于湖泊的一种。但是，从通常人的观点来看，湖泊一般是指自然湖泊，例如太湖、洞庭湖等；如果包括人工湖泊，大多数人也会认为颐和园的昆明湖、北海等，把水库称为人工湖显然是一种扩大解释。

那么，这种扩大解释是否符合立法原意呢？从水法第四十八条第一款的规定来看，其采取的立法技术是概括式肯定与否定式排除相结合的方式。其中"直接从江河、湖泊或者地下取用水资源的单位和个人，应当按照国家取水许可制度和水资源有偿使用制度的规定，向水行政主管部门或者流域管理机构申请领取取水许可证，并缴纳水资源费，取得取水权"是概括式肯定；而"但是，家庭生活和零星散养、圈养畜禽饮用等少量取水的除外"则是否定式排除。概括式肯定方式体现的是一种一般的情形，而否定式排除则是一种例外情形。从法条上看，我们可以理解为，立法者并非要将取水范围限制在"直接从江河、湖泊或者地下取用水资源",而应当理解为除了"家庭生活和零星散养、圈养畜禽饮用等少量取水"之外,"直接从江河、湖泊或者地下取用水资源"都应当缴纳水资源费。[①] 水库中的水一般是通过拦截江河形成的相对封闭的水体。这个水体中水实质上还是江河湖泊中的水。因此,对于取水人而言,不能因为其从水库中取水,就认为没有"直接从江河、湖泊或者地下取用水资源"。

也就是说,本案中取水人应当缴纳水资源费。但是,本案的取水人供水总公司已经向漳河水库缴纳了水利工程水费,不应当另行缴纳水资源费。而湖北省水利厅则认为,供水总公司除了应当向水库管理单位支付水利工程水费外,还应当依法履行向国家缴纳水资源费的义务。那么,取水人缴纳的水利工程水费是否包含了水资源费呢?

水利工程水费是水利部门通过拦、蓄、引、提等工程措施向用水户提供用水过程中耗费的价值补偿,是水利供水产业的价格表现,其价格构成为工程的运行管理费、直接材料费、修理费、固定资产折旧费、应缴税金和合理收益。这里有一个前提条件是,水利工程水费必须是有供水功能的水利工程。一般说来,水利工程水费分为农业水费和非农业水费。农业水费是指水利工程直接供应粮食作物、经济作物、退耕还林(用材林除外)和水产养殖用水水费;非农业水费是指水利工程直接供应工业、自来水厂、水力发电、城市环境和其他用水水费。水利工程水费是指供水经营者通过拦、蓄、引提等水利工程设施销售给用户的天然水价格。水利工程供水是供水的源头,取水需要缴纳水资源费,在《水利工程管理单位财务会计制度》中,水资源费是供水成本中制造费用中的一项,是工程水价成本的一部分。对用水户而言,其缴纳的水费中已经包括水资源费、水利工程供水水费、自来水生产费和污水处理费。可见,水利工程水费中已经包括水资源费,无须另行缴纳。

据此,2004年4月25日,最高人民法院行政审判庭作出《关于用水单位从水库取水应否缴纳水资源费问题的答复》(〔2004〕行他字第24号):"湖北省高级人民法院:你院〔2004〕鄂行他字第5号《关于荆门市供水总公司诉湖北省水利厅水利行政征收一案法律适用问题的请示报告》收悉。经研究并征求国务院法制办的意见,现答复如下:《水法》对水资源属于国有和水资源实行有偿使用只作了原则性规定,在国务院制定水资源费征收办法

[①] 此外,根据《取水许可和水资源费征收管理条例》(2006年)第四条的规定,下列情形也无需缴纳水资源费:农村集体经济组织及其成员使用本集体经济组织的水塘、水库中的水的;家庭生活和零星散养、圈养畜禽饮用等少量取水的;为保障矿井等地下工程施工安全和生产安全必须进行临时应急取(排)水的;为消除对公共安全或者公共利益的危害临时应急取水的;为农业抗旱和维护生态与环境必须临时应急取水的。

前,除法律、行政法规明确规定不得征收水资源费的情况外,水资源费征收范围应暂按省、自治区、直辖市的规定执行。目前水库分为设计有供水功能的水库和没有供水功能的水库。有供水功能的水库,且水库管理单位已向水行政主管部门申请取水许可证并缴纳水资源费的,用水户仅需按用水量和水利工程供水价格向水库管理单位支付水利工程水费,无需再向国家缴纳水资源费;没有供水功能的水库,则用水户应当依法直接向水行政主管部门申请取水许可并缴纳水资源费。"这里包括两个内容:一是认可了地方政府规章在征收范围上的参照效力。二是是否需要另行缴纳水资源费,要看水库是否有供水功能。如果有供水功能,水库已经收取了水利工程水费的,其费用中已经含有水资源费,无须缴纳水资源费;如果没有供水功能,用水户应当依法直接向水行政主管部门申请取水许可并缴纳水资源费。在本案中,漳河水库在设计时没有供水功能,供水总公司应当直接向水行政主管部门申请取水许可并缴纳水资源费。当然,漳河水库因其没有供水功能,亦不应当代替水利部门收取包含水资源费的水利工程水费。

79. 行政机关对于雇工引起草原火灾的行为进行处罚属于越权行为
——《最高人民法院行政审判庭关于对雇工引起草原火灾的，可否追究雇主的连带经济责任的答复》解读

1998年7月7日 〔1998〕法行字第4号

一、问题的提出

内蒙古自治区高级人民法院在审理宝林不服呼伦贝尔盟新巴尔虎右旗人民政府林业行政处罚一案时，就相关法律适用问题向最高人民法院请示。该案的基本情况是：

1993年5月3日，宝林与边巴夫妇签订了边巴夫妇为宝林放牧的合同。1996年4月25日，新巴尔虎右旗达米东苏木地区刮七级大风，边巴苏荣（女）在自家蒙古包内做饭时，烟筒跑火，造成草原火灾，烧毁他人蒙古包三顶，烧死大小牲畜240头（只），烧毁95平方米房屋。烧毁草场12000公顷，扑火费用7656元。牲畜及物品损失经鉴定估价为12935元。事后，边巴苏荣被判处有期徒刑二年，边巴被行政拘留15天。1996年5月25日，新巴尔虎右旗森林草原防火指挥部作出林业行政处罚决定，根据《草原防火条例》[①]（1993年）第三十一条之规定，决定由雇主宝林赔偿经济损失73750元。[②]宝林不服，提起诉讼。经呼伦贝尔盟中级人民法院审理判决撤销林业行政处罚决定，由新巴尔虎右旗人民政府重新作出行政行为。新巴尔虎右旗

[①] 该条例经2008年11月9日国务院第36次常务会议修订通过，自2009年1月1日起施行。
[②] 1993年10月5日，国务院以中华人民共和国国务院令第130号公布了《草原防火条例》，2008年11月19日国务院第36次常务会议修订。

人民政府不服一审判决,向内蒙古高院提起上诉。在此期间,新巴尔虎右旗人民政府通过内蒙古自治区防火指挥办公室向农业部草原防火指挥部请示,请求解答《草原防火条例》有关条款。农业部草原防火指挥部办公室 1997 年 12 月 11 日给予了答复。

内蒙古高院审委会经研究,产生两种意见:

第一种意见认为,《草原防火条例》(1993 年)中没有规定草原失火可以追究雇主连带责任的条款,旗人民政府处罚决定让宝林负赔偿责任没有法律、法规依据,对旗人民政府处罚决定应予撤销。本意见为倾向性意见。

第二种意见认为,《草原防火条例》(1993 年)第三十一条中规定,责任人应当负赔偿责任。但具体责任人是谁没有规定,雇主宝林可以列为共同责任人,应负赔偿责任。

二、分析

本请示案件的焦点问题是,《草原防火条例》(1993 年)是否赋予人民政府赔偿经济损失的行政处罚权。

《草原防火条例》(1993 年)第三十一条规定:"有下列第(一)项、第(二)项所列行为之一的,责令纠正,可以给予警告或者处以十元以上五十元以下的罚款;有第(三)项、第(四)项、第(五)项所列行为之一的,给予警告,并处以一百元以下的罚款;有第(六)项、第(七)项所列行为之一的,可以处以五百元以下罚款,造成损失的,应当负赔偿责任:(一)草原防火期内,擅自进入草原防火管制区的;(二)草原防火期内,在草原上使用枪械狩猎、吸烟、随意用火,但是未形成火灾危害的;(三)违反本条例规定使用机动车辆和机械设备,成为火灾隐患的;(四)有草原火灾隐患,经草原防火主管部门通知仍不清除的;(五)拒绝或者妨碍草原防火主管部门实施防火检查的;(六)损毁防火设施设备的;(七)过失引起草原火灾,尚未造成重大损失的。"本案涉及"造成损失的,应当负赔偿责任"的理解问题。笔者认为,上述条款并不意味着旗人民政府可以作出要求赔偿的行政处罚决定。理由是:

第一,要求负赔偿责任并非行政处罚种类。根据行政处罚法第八条的规定,行政处罚包括警告、罚款、没收违法所得、没收非法财物、责令停产停业、暂扣或者吊销许可证、暂扣或者吊销执照、行政拘留、法律、行政法规规定的其他处罚。要求负赔偿责任并非行政处罚种类。

第二,要求负赔偿责任不符合行政处罚的涵义。行政处罚是指行政机关对于违反国家法律、法规但是未构成犯罪的行政相对人给予制裁的行政行为。

要求负赔偿责任属于填平补齐性质，不具备可惩罚性。行政处罚的重要特征是其惩罚性，而非补偿性，对于补偿可以通过民事途径加以解决①。

第三，要求负赔偿责任也不是责令改正。责令改正的行为本质上是行政机关对违法行为同时构成民事侵权行为时依法作出的行政裁决或者行政强制，不属于行政处罚。②责令改正还是一种救济性措施，不具有惩罚性。

第四，《草原防火条例》（1993年）第三十二条规定："本条例第三十一条规定的行政处罚，由县级以上人民政府草原防火主管部门或者其授权单位决定。""当事人对行政处罚决定不服的，可以自接到处罚决定通知之日起十五日内向作出处罚决定的上一级机关申请复议；对复议决定不服的，可以自接到复议决定之日起十五日内向人民法院起诉；当事人也可以直接向人民法院起诉。当事人对行政处罚决定逾期不申请复议也不向人民法院起诉、又不履行的，作出处罚决定的机关可以申请人民法院强制执行。"也就是说，只有行政处罚才能由县级以上人民政府草原防火主管部门或者其授权单位决定，非行政处罚的行为没有法律依据。

据此，1998年7月7日，最高人民法院行政审判庭作出《关于对雇工引起草原火灾的，可否追究雇主的连带经济责任的答复》（〔1998〕法行字第4号）："内蒙古自治区高级人民法院：你院《关于对雇工引起草原火灾的，可否追究雇主的连带经济责任的请示》（〔1998〕内法行请字第4号）收悉。经研究，答复如下：《草原防火条例》第三十一条规定的'造成损失的应当负赔偿责任'，系民事责任。该条未就民事责任授权行政机关处理。本案被告就民事责任问题作出行政处理决定无法律依据，属越权行为。"

本批复下发后，《草原防火条例》进行了修订。修订后的《草原防火条例》取消了上述条款。如果该违法行为构成犯罪，根据该条例第四十七条"违反本条例规定，故意或者过失引发草原火灾，构成犯罪的，依法追究刑事责任"处理。

---

① 江必新、梁凤云：《行政诉讼法理论与实务》（上卷），北京大学出版社2009年版，第154~155页。

② 江必新、梁凤云：《行政诉讼法理论与实务》（上卷），北京大学出版社2009年版，第155页。

80. 对农民长期使用但未取得合法权属证明的土地应当参照规章确定并给予适当补偿
——《最高人民法院行政审判庭关于对农民长期使用但未取得合法权属证明的土地应如何确定权属问题的答复》解读

1998年8月17日　　　　　　　　〔1997〕行他字第17号

一、问题的提出

广西壮族自治区北海市中级人民法院受理一起不服县政府土地确权上诉案件，并就该案如何适用法律的问题向广西高院请示。因所请示的问题具有普遍性及代表性，广西高院把握不准，向最高人民法院请示。案件的基本情况是：

原审原告与原审第三人争议的土地位于营盘镇白龙村公所坪底岭北面，地名为坪底屋背岭，面积约46亩，四至为：东至樟木根路，南至坪底村委会第八生产队的木薯地，西至炮台路，北至国社合办细叶桉林地。1994年11月24日，合浦县人民政府作出处理决定：双方争议的土地属国家所有。在争议的土地范围内，其中约23亩由坪底第三生产队使用，八（三）生产队在此地所种的木薯，限于本处理决定发生法律效力1个月内自行处理，其余的土地由八（三）生产队使用。坪底村委会第八（三）生产队不服，向合浦县人民法院提起行政诉讼。

一审法院审理查明，合作化时期，坪底村社员即于讼争地上种植松林。1968年至1979年期间，讼争的双方当事人同属白龙大队第八生产队。1972年，白龙大队第八生产队出售争议地上的松林购买了一艘渔船。1979年白龙大队第八生产队分为现在的八队、八（一）队、八（二）队和八（三）队，分队时对现争议的土地没有划分。1981年，经白龙大队主持按人口均分坪底村屋背岭地，八（三）队分得讼争地，八队分得八（三）队南侧地，八

(一) 队和八 (二) 队分得炮台路以西地。岭地划分后，各队各管其地，并无争议。1993 年，因政府征用土地，原告与第三人为讼争地权属发生纠纷。

法院认为，讼争地靠近村庄且长期由农民管理使用，依法应归集体所有，不应定为国有。1981 年间，坪底村委会第八、八 (一)、八 (二)、八 (三) 生产队经大队主持划分的岭地，依法应予维护，不应再变动。第三人以土地产权登记表为据而要求确认产权不应支持。被告处理决定主要证据不足，适用法律、法规错误，不应维持。依照土地管理法第六条第二款、第十三条第四款，行政诉讼法第五十四条第二项第 (一)、(二) 目的规定，作出判决：撤销被告 1994 年 11 月 24 日作出的合政裁〔1994〕17 号处理决定，并由被告重新作出具体行政行为。

第三人北海市铁山港区营盘镇白龙村公所坪底村委会第八生产队不服一审判决，上诉于北海市中级人民法院。

北海市中级人民法院审理后，认为本案争议的土地长期由营盘镇白龙村公所坪底村社员耕种，但从未办理土地产权文书，1978 年坪底村分队时也没有形成分配耕地的书面协议。合浦县人民政府将该争议地确认为国有土地的依据与土地管理法的规定相抵触，而应当从实际出发，将土地确认为集体所有并合理处理使用权归属，不能一律将所有权确认为国有。二审法院遂以〔1995〕北行终字第 4 号文向广西高院作书面请示。

广西高院认为，合浦县人民政府将讼争的土地确定为国有土地依据不充分，依法应属集体所有，理由为：

第一，县人民政府将讼争地确定为国有土地之依据与宪法、土地管理法的规定相冲突。县政府将讼争地确认为国有土地是依据国务院颁布的《土地管理法实施条例》第三条："下列土地属于全民所有即国家所有：(三) 国家未确定为集体所有的林地、草地、山岭、荒地、滩涂、河滩地以及其他土地。"同时还适用了国家土地管理局《确定土地所有权和使用权的若干规定》(〔1995〕国土籍字第 26 号) 第十八条："土地所有权有争议，不能依法证明争议土地属于农民集体所有的，属于国家所有。"县政府适用上述两条规定显然与宪法及土地管理法相抵触。宪法第十条第二款规定："农村和城市郊区的土地，除由法律规定属于国家所有的以外，属于集体所有；……"土地管理法第六条第二款也规定："农村和城市郊区的土地，除由法律规定属于国家所有的以外，属于集体所有。"按照宪法与土地管理法的规定，应理解为，农村和城市郊区的土地，如果属于国家所有，应当由法律作出明确规定，如果法律没有规定，则属集体所有的土地。

第二，县政府将农民长期使用的农村土地确定为国有土地，没有考虑历史原因，更没有保护农民的集体利益。按照历史的状况，土改时未分配给农民或是农民长期使用而国家从未颁发土地证的土地，发生争议后，要农民举证相当困难。如果一概而论，不能举证证明属集体所有的，则属国家所有，这不符合实际情况，会损害农民的利益。广西高院认为，从经营情况来看，如果争议的土地长期由农民耕种，由于历史的原因未办有土地产权文书，仍应从实际出发，将土地所有权确定为集体所有。

二、分析

本请示案件首先要明确宪法有关规定的准确涵义。宪法第十条第二款规定："农村和城市郊区的土地，除由法律规定属于国家所有的以外，属于集体所有；……"对于农村土地的所有权应当如何规定，在1982年修改宪法时曾经有两种不同意见。少数意见认为，农村的土地也应当一律收归国有。理由是：现在有一种不良现象，就是当国家征用土地进行国防建设和经济建设时，土地所有者漫天要价，每亩要几万元甚至更高的价钱，这样就妨碍了经济建设和国防建设的进行。如果将土地收归国有，就可解决上述问题。多数意见认为，农村和城市郊区的土地还是应当归集体所有，而不应当轻易收归国有。理由是：农民从参加土地革命开始，为了打土豪、分田地进行了长期艰苦的斗争。如果今天突然宣布将土地收归国有，就会在农民心理上产生不良的影响。而国家实际上也没有得到多少好处，因为土地还由农民去耕种、使用。要解决土地要价高的问题，应当用制定土地征用条例的办法解决，而不应当随便宣布土地国有。宪法修改委员会采纳了后一种意见。这里的"除由法律规定属于国家所有的以外"是一种排除性的规定，具体是指依法被国家征用的土地（如在农村或郊区属于国有企业用地，国家的公路、机场、军事设施用地，经依法没收、征收、征用为国有的），依法不属于集体所有的林地、草地、荒地、滩涂及其他土地农村集体经济组织全部成员转为城镇居民后，原属于其成员集体所有的土地，国家组织移民后原属于迁移农民所有的土地等。[①] 土地管理法第六条第二款也规定："农村和城市郊区的土地，除由法律规定属于国家所有的以外，属于集体所有。"

宪法对"农村和城市郊区的土地，除由法律规定属于国家所有的以外，属于集体所有"采取的是农村和城市划分的方式，除此之外，宪法还针对具体的自然财产形态规定国家所有权。宪法第九条规定，矿藏、水流、森林、山岭、草原、荒地、滩涂等自然资源，都属于国家所有，即全民所有；由法律规定属

[①] 肖蔚云：《我国现行宪法的诞生》，北京大学出版社1986年版，第42~43页，转引自蔡定剑：《宪法精解》，法律出版社2004年版，第170~171页。

于集体所有的森林和山岭、草原、荒地、滩涂除外。也就是说，国家法律未确定为集体所有的森林和山岭、草原、荒地、滩涂，应当属于国家所有。对于森林和山岭、草原、荒地、滩涂，如果法律没有明确其集体所有权归属，属于全民所有。正因为如此，《土地管理法实施条例》第三条规定："下列土地属于全民所有即国家所有：……（三）国家未确定为集体所有的林地、草地、山岭、荒地、滩涂、河滩地以及其他土地。……"也就是说，对于遍布农村和城市郊区的林地、草地、山岭、荒地、滩涂、河滩地等土地，如果国家没有将这些土地确定为农民集体所有的，则这些土地属于国家所有。①

在本案中，诉争土地没有办理土地产权文书，该山岭不能证明其属于国家确定其为农民集体所有。国家土地管理局《确定土地所有权和使用权的若干规定》（〔1995〕国土籍字第 26 号）第十八条关于"土地所有权有争议，不能依法证明争议土地属于农民集体所有的，属于国家所有"的规定与《土地管理法》、《土地管理法实施条例》规定的精神一致。根据该规章第十九条关于"土地改革时分给农民并颁发了土地所有证的土地，属于农民集体所有；实施《六十条》②时确定为集体所有的土地，属于农民集体所有"的规定，诉争土地亦不符合农民集体所有的情形。但是，考虑到该诉争土地长期由农民集体使用，如果国家使用该争议地，应参照国家征用土地的有关规定给予适当补偿为宜。

据此，最高人民法院行政审判庭作出《关于对农民长期使用但未取得合法权属证明的土地应如何确定权属问题的电话答复》（1998 年 8 月 17 日，〔1997〕行他字第 17 号）。答复的内容是："根据宪法、土地管理法关于土地所有权规定的基本精神，对土地所有权有争议，但不能依法证明土地属农民集体所有的土地，应依照《土地管理法实施条例》第三条第（三）项的规定，并参照原国家土地管理局确定土地所有权使用权的有关规定确定土地所有权。此外，考虑到该案的争议土地系农民长期使用，但未取得合法权属证明的特殊情况，建议你院向政府提出司法建议，即：如果国家使用该争议地，应参照国家征用土地的有关规定给以适当补偿。"

---

① 孙佑海、王炜、齐湘泉编著：《中华人民共和国土地管理法讲话》，中国政法大学出版社 1998 年版，第 44 页。

② 1962 年《农村人民公社工作条例修正草案》。编者注

81. 地下热水的双重属性及法律适用
——《最高人民法院关于对地下热水的属性及适用法律问题的答复》解读

1996年5月6日　　　　　　　　　　　　　〔1996〕法行字第5号

一、问题的提出

1994年5月4日，福建省地质矿产厅（以下简称地矿厅）向福建省水利水电勘测设计研究院（以下简称研究院）作出《关于开采地热必须依法办理采矿许可证的通知》。要求研究院办理采矿登记。同年7月18日，地矿厅又发出《限期办理采矿许可证通知书》。研究院未予履行。1994年7月27日，地矿厅以研究院无采矿许可证开采地热、在限期内未办理采矿登记，违反了《全民所有制矿山企业采矿登记管理暂行办法》第二条的规定，并依据该《暂行办法》第二十七条第（一）项的规定，对研究院处以5000元罚款。1994年8月12日，研究院不服，向福州市中级人民法院提起行政诉讼。

原告诉称，地下热水（温泉）与地热在学术上是两个不同的概念。根据《地理学词典》和《辞海》的解释：地热是存在于地球内部的热能量，是蕴藏在地球内部的天然能源；地下热水（温泉）则是埋藏在地壳岩石的孔隙、裂隙和溶洞中温度超过20℃的地下水，它露至地表，就成为温泉。地下热水属于水资源，应当受水法和《福州市地下热水（温泉）管理办法》（福建省人大常委会1991年6月批准）的调整。因此，被告无权作出行政处罚。

被告辩称，根据1987年4月29日国务院颁布的《矿产资源勘查登记管理暂行办法》第二条第三款的规定，地下水、地热、矿泉水是不同的矿产资源。地下热水是法定的能源矿产，只有单一的矿产资源属性，应当受到矿产资源法律法规的调整。

1996年2月25日，福建省高级人民法院就地下热水的属性及适用法律问题向最高人民法院请示。

对于地下热水的属性，主要有两种意见：

一种意见（主要是人大和政府一些部门）认为，地下热水属水资源，应当受水资源法律法规调整。根据福建省人大常委会批准福州市人大常委会制订的《福州市地下热水（温泉）管理办法》把地下热水（温泉）的开发、管理授权给城建部门的规定，法院审理有关案件应当按此规定办理。

另一种意见认为，依照宪法和行政诉讼法关于适用法律法规的原则，地方性法规不得与法律和行政法规相抵触，地方性法规与法律和行政法规不一致时，应当执行法律和行政法规。根据国务院《矿产资源法实施细则》和《矿产资源补偿费征收管理规定》有关条款及附件的规定，地下热水（25℃以上）属于地热资源，具有矿产资源和水资源的双重属性。地下热水的勘查、开发、利用、保护和管理，应适用以上两个行政法规，属于地矿部门主管。因为国务院的上述两个行政法规颁布在后，生效实施后，地方性法规与行政规定不一致的，应当执行行政法规的规定。这种意见为倾向性意见。

二、分析

本案请示的问题是由于地下热水可能具有矿产资源和水资源的双重属性而引起，水法和矿产资源法规范竞合的问题。本案的焦点问题是地下热水的物理属性和法律属性的问题。

在原告提起诉讼之前，福建省地质矿产厅就地热和地下热水的关系以及地下热水的属性问题向地质矿产部请示。1994年7月15日，地质矿产部以地函177号作出两点明确：一是地热是指地壳内岩石和流体（液、气相）中能被经济合理地开发出来的热能，共分为蒸气型、热水型、地压型、干热岩型和岩浆岩型五种类型。热水型地热即地下热水，是地热资源的一种。温泉是地热资源的天然露头。地下热水、温泉都是地热资源。地热资源的开发对象是热能，以热水形式存在的地热资源只是地热资源的一种，而水只是热能的载体。二是《矿产资源法实施细则》所附矿产资源分类细目将地热列为第一类矿产，即能源矿产；将地下水列为第四类矿产，即水气矿产。地热和地下水是不同类别的矿产资源。地热是单一属性的矿产资源。地下水即地下淡水，既是矿产资源又是水资源，具有双重属性。地热资源和地下淡水在温度、物质组成、成因等方面有很大区别。地热资源应属矿产资源法及其配套法规调整，地下淡水则由矿产资源法和水法共同调整。[①] 福建省地矿厅收到该答复后，遂于1994年7月27日作出被诉行政行为。

---

① 《地质矿产部关于明确地下热水属性的复函》（1994年7月15日，地函177号）。

国务院法制局认可了地质矿产部的答复。1995年7月24日，经国务院领导同志同意，国务院法制局针对天津市人民政府法制局作出《关于地下热水属性和适用法律问题的复函》（国法函〔1995〕60号），内容是："一、地下热水（25℃以上）属于地热资源，具有矿产资源和水资源的双重属性。二、地下热水的勘查、开发、利用、保护和管理，适用《中华人民共和国矿产资源法》、《中华人民共和国矿产资源法实施细则》和《矿产资源补偿费征收管理规定》。鉴于地下热水管理与水资源管理的关系较为密切，在城市规划区内又涉及城市建设管理，在依法办理地下热水（25℃以上）的开采登记手续时，应当附具水行政主管部门和城市建设行政主管部门的审查意见。"①

地质矿产部认为，矿泉水、地下热水作为矿产资源管理是国际上的通行做法，我国也历来如此。因矿产资源法立法过程中未能附具矿产资源分类细目，因此在水法公布实施后，水利部门的同志曾提出把矿泉水、地下热水纳入"地下水"范畴的建议。针对这个问题，国务院在1984年审议《矿产资源法实施细则》和《矿产资源补偿费征收管理规定》时，责成国务院法制局进行了多次协调，并邀集地矿部、水利部有关人员一起交换了意见。最后，国务院决定将地下水和矿泉水、地下热水分开处理，明确矿泉水、地下热水适用矿产资源法及其配套法规（详见国务院第150、第152号令）。国务院第150号和第152号令发布实施后，仍有一些观点认为矿泉水、地下热水适用水法。天津市和福建省都先后遇到了这个问题，并专就此事向国务院进行了请示。为巩固以往大量协调工作的成果，保证国务院政令畅通，避免在地方政府立法执法工作中产生不必要的误解，经国务院领导审定，国务院法制局先后于1994年9月1日、1995年7月24日印发了《国务院法制局关于矿泉水属性和适用法律问题的复函》及《国务院法制局关于地下热水属性和适用法律问题的复函》，两函中对矿泉水、地下热水的自然属性，适用法律以及管理办法都有了明确的规定。②

考虑到国务院法制部门和矿产资源主管部门已经对地下热水的属性予以了明确。1995年9月6日，最高人民法院行政审判庭作出批复（〔1995〕行他字第8号）称："现将国务院法制局国法函〔1995〕60号《国务院关于地下热水属性和适用法律问题的复函》转发给你们，请你们在审理有关案件时，参照该函的有关规定执行。"这就意味着，最高人民法院已经认可了国

---

① 此外，国务院法制局1996年1月25日以国法办函〔1996〕6号对辽宁省人民政府法制办公室、1996年11月22日对河北省人民政府法制办公室作出了同样内容的答复。

② 《地质矿产部关于矿泉水、地下热水适用法律问题的函》（1995年8月14日，地函238号）。

务院法制局有关地下热水双重属性的观点，下级法院在适用法律时应当予以参照。之后，为了更有效地规范此类案件的审理，1996年5月6日最高人民法院以院的名义作出《关于对地下热水的属性及适用法律问题的答复》（〔1996〕法行字第5号）。内容是："福建省高级人民法院：你院〔1995〕闽行他字第4号《关于地下热水的属性及适用法律问题的请示》收悉。经研究并征求国务院法制局的意见，现答复如下：地下热水（25℃以上）属于地热资源，具有矿产资源和水资源的双重属性。对地下热水的勘查、开发、利用、保护和管理应当适用《中华人民共和国矿产资源法》、《中华人民共和国矿产资源法实施细则》和《矿产资源补偿费征收管理规定》。但在依法办理城市规划区内地下热水（25℃以上）的开采登记手续时，应当附具水行政主管部门和城市建设行政主管部门的审查意见。"这个批复完全采纳了国务院法制局的观点。

此外，对于矿泉水的属性和管理，也参照上述规定执行。1994年9月1日，国务院法制局针对福建省人民政府法制局作出答复认为，矿泉水具有矿产资源和水资源的双重属性。矿泉水的勘查、开发、利用、保护和管理，适用矿产资源法、《矿产资源法实施细则》和《矿产资源补偿费征收管理规定》。鉴于矿泉水管理与水资源管理关系较为密切，互有一定影响，在依法办理矿泉水的开采登记手续时，应当附具水行政主管部门签署的审查意见。① 之后，地质矿产部认定矿泉水是矿产资源，适用《矿产资源法》及其配套法规。②

但是，这种双重管理的制度，导致了执法主体不明确、执法活动不统一、重复收费、重复处罚等混乱现象。1998年适值中央机构改革，地下热水和矿泉水的管理体制问题又一次被提上日程。1997年12月24日，地质矿产部就勘查、开采矿泉水、地下热水行政管理问题向国务院法制局请示。1998年1月19日，国务院法制局作出答复。答复主要包括两个方面的内容：一是再次明确矿泉水和地下热水均具有矿产资源和水资源的双重属性；二是矿泉水和地下热水的勘查、开发、利用、保护和管理，适用矿产资源法、《矿产资源法实施细则》和《矿产资源补偿费征收管理规定》。鉴于矿泉水、地下热水

---

① 《国务院法制局关于矿泉水属性和适用法律问题的复函》（1994年9月1日，国法函67号）。

② 例如，《地质矿产部对〈矿泉水的属性及其适用法律行专文法律解释的请示〉的复函》（1995年8月8日，地函230号）、《地质矿产部关于对矿泉水酿造啤酒是否缴纳矿产资源补偿费的复函》（1997年3月13日，地函67号）；《地质矿产部关于矿泉水、地下热水属性适用法律的复函》（1997年12月9日，地函410号）。后一答复更明确："地热属于能源矿产，矿泉水属于水气矿产。"

管理与水资源管理关系较为密切，在依法办理矿泉水或者地下热水的开采登记手续时，应当附具水行政主管部门的审查意见。为了避免重复管理、重复收费，对于依法取得矿泉水或者地下热水采矿许可证的，不再办理取水许可证。这就较以往的规定有了一个明显的变化，即已经取得采矿许可证的，不再办理取水许可证。

之后，有关地下热水和矿泉水的管理又经历了一些变化。1998年3月10日，第九届全国人民代表大会第一次会议听取了时任国务委员兼国务院秘书长罗干关于国务院机构改革方案的说明，审议了国务院机构改革方案，决定批准国务院机构改革方案。其中，拟组建国土资源部。对于地下水和矿泉水的管辖问题，《国务院办公厅关于印发水利部职能配置内设机构和人员编制规定的通知》（国办发〔1998〕87号）规定，原地质矿产部承担的地下水行政管理职能，交给水利部承担。开采矿泉水、地热水，只办理取水许可证，不再办理采矿许可证。1998年12月16日，中央机构编制委员会办公室出台了《关于地热水、矿泉水管理职责分工问题的通知》（中编办发〔1998〕14号）。该通知对矿泉水、地热水的管理职责分工问题作了规定。主要内容包括四个方面：第一，国家对水资源实行统一管理。开采已探明的矿泉水、地热水由水行政主管部门在统一考虑地表水与地下水的资源状况和生活用水、农业用水、工业用水的实际需要的基础上，先办理取水许可证，确定开采限量。水行政主管部门在办理取水许可证时，只能收取工本费。第二，开采矿泉水、地热水，用于商业经营的企事业单位（如矿泉水厂、温泉宾馆、地热电厂等），凭取水许可证向地质矿产行政主管部门登记，办理相应的采矿许可证，并按照水行政主管部门确定的开采限量开采。地质矿产行政主管部门办理采矿许可证时，只能收取工本费。第三，企事业单位开采矿泉水、地热水的采矿权使用费和矿产资源补偿费，由地质矿产行政主管部门按照《矿产资源开采登记管理办法》和《矿产资源补偿费征收管理规定》征收，并及时全额上缴财政。企事业单位已经缴纳矿泉水、地热水的采矿权使用费和矿产资源补偿费的，不再缴纳水资源费。第四，依法转让矿泉水、地热水的采矿权的，由地质矿产行政主管部门按照《探矿权采矿权转让管理办法》的规定办理。可见，对于是否办理了取水许可证以后是否还需要办理采矿许可证，上述规范性文件规定不一致。但是，对于不重复征收相关费用、分别管理的体制则有了比较统一的意见。

2002年12月19日，国土资源部的有关文件规定，中央机构编制委员会办公室《关于地热水、矿泉水管理职责分工问题的通知》（中编办发〔1998〕14号）对地热（含地热水，下同）、矿泉水的管理职责分工作了明确规定，是各级国土资源行政主管部门履行管理地热、矿泉水资源职责的重要依据，同时也是商业经营企事业单位办理各种手续、维护自己权益的重要保障。根据《矿产资源法实施细则》《矿产资源补偿费征收管理规定》《矿产资源勘查登记管理办法》和《矿产资源开采登记管理办法》，以及国务院法制局《关于矿泉水属性和适用法律问题的复函》（国法函〔1994〕67号）和《关于地下热水属性和适用法律问题的复函》（国法函〔1995〕60号）的规定，地热、矿泉水均为矿产资源和征收矿产资源补偿费的独立矿种。因此，地热、矿泉水的勘查、开发、利用和管理及其矿产资源补偿费的征收管理，必须适用矿产资源法及其配套法律法规的规定和调整。勘查、开采地热、矿泉水应按有关规定办理手续。根据《矿产资源勘查登记管理办法》《矿产资源开采登记管理办法》的有关规定，勘查、开采地热、矿泉水，必须有偿出让并依法办理勘查、采矿登记手续，取得勘查许可证和采矿许可证，成为探矿权人和采矿权人。开采所依据的储量，必须经有资质的单位评审通过。矿泉水是直接关系到人们饮用健康的一种矿产资源，各级国土资源行政主管部门要做好矿泉水资源的勘查评价、开发、年检和保护等监督管理工作，要严格按照国家饮用天然矿泉水标准（GB8537—95）做好矿泉水的动态监测，特别是做好每年的矿泉水水源地年检工作。对年检不合格及拒绝参加年检的单位，要取消其采矿资格。地热资源是宝贵的矿产资源，是重要的清洁能源之一，各级国土资源行政主管部门对此要有足够的认识，要加大地热资源的勘查评价力度，加强地热资源的开发和保护，严格地热井审批、施工和年审程序，开展地热开发利用示范项目和地热水回灌等新技术的研究推广工作，实现地热资源的可持续利用。① 可见，对于地热和矿泉水的监督管理，目前水行政部门和国土资源部门仍然存在不同观点。我们认为，从自然属性来讲，地热和矿泉水与其他水体的关联性、可转换性的特点决定了其属于水法的调整对象；从其自然形成性、液体矿物性的特点决定了其属于矿产资源法的调整对象，因此，我们倾向于适用中编办发〔1998〕14号文件中有关职责范围的规定。在司法实践中，对于经过水行政部门物化管理，改变了矿泉水自然属性的，除了办理有关采矿许可证手续之外，还需要办理取水许可证。② 可见，涉及地热和矿泉水管理方面的问题仍然复杂。地方法院在适用有关问题时，为稳妥起见，应当层报最高人民法院决定。

---

① 《国土资源部关于进一步加强地热、矿泉水资源管理的通知》（2002年12月19日，国土资发〔2002〕414号）。

② 《乌鲁木齐天山宝矿泉水饮料有限公司不服新疆水利厅水磨沟流域管理处以其开采矿泉水未经许可和交费为由对其作出处罚决定案》，载最高人民法院中国应用法学研究所编：《人民法院案例选》（总第23辑），时事出版社1998年版，第322~329页。

82. 河道采砂应当缴纳矿产资源补偿费
——《最高人民法院关于对河道采砂应否缴纳矿产资源补偿费问题的答复》解读

1995 年 9 月 6 日　　　　　　　　　　　　法行〔1995〕9 号

一、问题的提出

湖南省某法院在审理衡阳市砂石公司诉衡阳市矿产资源管理局征收矿产资源补偿费一案中，遇到如何适用《矿产资源补偿费征收管理规定》和国家防汛抗旱指挥部国汛〔1993〕76 号文件、全国治理"三乱"领导小组会议纪要的问题。国务院颁布的《矿产资源补偿费征收管理规定》第二条规定："在中华人民共和国领域和其他管辖海域开采矿产资源，应当依照本规定缴纳矿产资源补偿费；法律、行政法规另有规定的，从其规定。"根据国家地质矿产部地函〔1994〕186 号行政解释，河道中的砂石是矿产资源，属非金属矿产，在河道中从事采矿活动，应缴纳矿产资源补偿费。

但是，国家防汛抗旱总指挥部国汛〔1993〕6 号通知明确指出："河道砂石不是矿产资源。"国家治理"三乱"领导小组会议纪要认定："水利部门和地矿部门都对河道采砂收取管理费，造成重复收费，决定由水利部门一家收取河道采砂管理费。"按照上述政策文件理解，如果国家防汛抗旱总指挥部的文件和国务院治理"三乱"领导小组的会议纪要具有行政法规的效力，在河道中采砂，地矿部门不能收取矿产资源补偿费，只能由水利部门收取河道采砂管理费。

1995 年 5 月 15 日，湖南省高级人民法院就河道采砂是否应征收矿产资源补偿费的问题请示最高人民法院。

二、分析

矿产资源补偿费制度是我国矿产资源有偿使用制度的主要内容。矿产资源属于资源性资产,采矿权人必须向其所有权人(国家)支付一定的费用,以保证国家作为矿产资源所有者权益的实现。多年来,由于经济的持续高速发展,对于建筑材料的需求量也非常大,对于砂石的需求量已经到了供不应求的程度,采砂的利润呈几何级增长。一些地方出现大量盗采盗挖砂石的现象,"使得国家所有财富被无形损耗,这意味着国家财产的大量流失,造成一些靠国家资源发财、暴富的现象,同时也助长了以牺牲矿产资源为代价片面追求利润的行为",[1] 必须要依法严格予以管理。

我国有关法律确立了矿产资源的有偿使用和收取补偿费制度。矿产资源法第三条规定,矿产资源属于国家所有,由国务院行使国家对矿产资源的所有权。地表或者地下的矿产资源的国家所有权,不因其所依附的土地的所有权或者使用权的不同而改变。第五条规定:"国家实行探矿权、采矿权有偿取得的制度;但是,国家对探矿权、采矿权有偿取得的费用,可以根据不同情况规定予以减缴、免缴。具体办法和实施步骤由国务院规定。""开采矿产资源,必须按照国家有关规定缴纳资源税和资源补偿费。"《矿产资源补偿费征收管理规定》第二条规定,在中华人民共和国领域和其他管辖海域开采矿产资源,应当依照本规定缴纳矿产资源补偿费;法律、行政法规另有规定的,从其规定。根据前述规定,矿产资源行政主管部门负责对矿产资源进行包括征收矿产资源补偿费在内的管理。也就是说,如果河道砂石属于"矿产资源",即应当由矿产资源法进行调整,不应当适用国家防汛抗旱总指挥部的文件和国务院治理"三乱"领导小组的会议纪要等文件。

那么,河道砂石是否为矿产资源,是一个极为专业的问题。对于这样一个专业性问题,法院不宜以自己的判断代替行政机关的判断。对于河道采砂的物理属性,法院应当尊重行政机关的认定。根据《最高人民法院关于审理行政案件适用法律规范问题的座谈会纪要》的规定,"在裁判案件中解释法律规范,是人民法院适用法律的重要组成部分。人民法院对于所适用的法律规范,一般按照其通常语义进行解释;有专业上的特殊涵义的,该涵义优先"的规定,我们应当首先考察主管行政机关对于"河道采砂"是否矿产资源的专业认定。《矿产资源补偿费征收管理规定》第二十一条规定,本规定

---

[1] 中华人民共和国地质矿产部编:《中华人民共和国矿产资源法讲话》,法律出版社1992年版,第18~19页。

由地质矿产部负责解释。对于河道砂石是否属于矿产资源，首先要明确"矿产资源"的涵义以及河道砂石的范围。我们先看一下《矿产资源法实施细则》和地质矿产部行政批复中的有关认定。

所谓"矿产资源是指由地质作用形成的，具有利用价值的，呈固态、液态、气态的自然资源"。[①] 1994年的《矿产资源法实施细则》中将天然石英砂（玻璃用砂、铸型用砂、建筑用砂、水泥配料用砂、水泥标准砂、砖瓦用砂）列入了矿产资源分类目录。这里的"天然石英砂"就是河道砂石的主要成分。1994年7月22日，地质矿产部作出《关于征收河道采砂矿产资源费有关问题的复函》（地函186号）称："河道中的砂石是矿产资源，属非金属矿产，任何采矿权人（国有矿山企业、集体矿山企业、私营矿山企业、个体采矿者等）在河道中从事采矿活动，都应当按照《矿产资源补偿费征收管理规定》缴纳矿产资源补偿费。"1995年7月17日，地质矿产部作出的《关于对万宁县环境资源局有关矿产资源补偿费问题请示的意见的函》（地函202号）称："一、粘土、砂、石属于矿产资源。二、对于请示中所提到的情况应视具体情形分别对待：其中，对于具有经营性质的，有采石（砂、粘土）场的应视为采矿行为，采矿者应该按照矿产资源法律法规的有关规定，办理采矿许可证，并按照规定缴纳矿产资源补偿费；对于临时用于基本建设回填或其他土地整治行为采挖移运粘土、砂、石资源的也应向地矿主管部门备案，并由地矿主管部门根据具体情况决定是否征收矿产资源补偿费。"1995年10月26日，地质矿产部作出的《关于征收建筑用砂岩资源补偿费适用法规的复函》（地函324号）称："石英砂岩是砂岩的一种，《矿产资源补偿费征收管理规定》附录中，对砂岩是根据其不同成分而划分成不同用途类型的。在实际生产中其应用领域可能更广泛，但就其成分而言，并不超过'附录'中所列范围。石英砂岩用于建筑是指它的应用方式，因此，开采石英砂岩应按《矿产资源补偿费征收管理规定》附录中所规定的砂岩费率，缴纳矿产资源补偿费。"可见，除了矿产资源法第三十五条规定的例外情况之外，河道采砂都应当缴纳矿产资源补偿费。[②] 1995年9月6日，最高人民法院作出《关于对河道采砂应否缴纳矿产资源补偿费问题的答复》（法行〔1995〕9号）："湖南省高级人民法院：你院湘高法行〔1995〕2号请示收悉。关于河道采砂应否缴纳矿产资源补偿费的问题，经研究，答复如下：国务院1994年4月1

[①] 见《国土资源部关于征收矿产资源补偿费有关问题的复函》（1998年10月5日，国土资源函259号）。

[②] 该条规定，允许个人采挖零星分散资源和只能用作普通建筑材料的砂、石、粘土以及为生活自用采挖少量矿产。

日颁布施行的《矿产资源补偿费征收管理规定》第二条规定：'在中华人民共和国领域和其他管辖海域开采矿产资源，应当依照本规定缴纳矿产资源补偿费，法律、法规另有规定的，从其规定。'附录中将天然石英砂（玻璃用砂、建筑用砂、铸型用砂、水泥标准用砂、砖瓦用砂）列在应征收矿产资源补偿费的矿种之内。据此，采砂人凡在《矿产资源补偿费征收管理规定》施行以后在河道采砂的，均应依照该规定缴纳矿产资源补偿费。法律、行政法规另有规定的除外。"

此外，值得注意的是，有的河道主管部门审批发证后，就准许行政相对人进行河道采砂，结果导致拥有合法采矿权的第三人合法权益受到损害。法院一般要既执行水法、《河道管理条例》的规定，也要执行矿产资源法的规定。① 即对于河道采砂的行为，政府各主管部门根据各自的管辖权限行使行政管理权。梳理现行有效的法律规范，涉及河道采砂的主要有矿产资源法、水法、《河道管理条例》《矿产资源开采登记办法》等法律、行政法规以及一些地方性法规和地方政府规章。

根据第九届全国人民代表大会第一次会议批准的《国务院机构改革方案》和《国务院关于机构设置的通知》（国发〔1998〕5号）规定，由国土资源部承担地质矿产部原有的职能。目前，作为矿产资源的河道砂石，由国土资源部门进行管理。同时，由于河道采砂不仅是开采河砂等矿产资源，还会影响河道管理、防洪安全、航道管理等，因此河道采砂还由河道主管部门、航道主管部门负责监督管理。1989年11月20日，河北省人大常委会就"在河道内开采砂石、砂金由哪个部门审批发证"请示全国人大法工委。主要问题是，矿产资源法第十三条规定，"国营矿山企业，由国务院地质主管部门……根据批准文件颁发采矿许可证"。水法第二十四条规定，"在行洪、排涝河道和航道范围内开采砂石、砂金，必须报经河道主管部门批准"。对在河道内开采砂石、砂金的审批发证，是执行矿产资源法还是执行水法？1990年5月18日，全国人大常委会法工委答复称："矿产资源法第十三条关于开办国营矿山企业的审批程序的规定，是为保护和合理开发利用矿产资源而作出的监督管理规定；水法第二十四条第四款关于在河道内开采砂石、砂金的审批程序的规定，是为保证行洪、排涝和航行安全而作出的监督管理规定。两个法律的上述规定并不矛盾。国营矿山企业在行洪、排涝河道和航道范围内开采砂石、砂金，既应执行矿产资源法第十三条的规定，由地质矿产主管部

---

① 参见《浦城县交通工程队不服浦城县水利电力局行政侵权案》，载中国高级法官培训中心、中国人民大学法学院编：《中国审判案例要览（1992年综合本）》，中国人民公安大学出版社1992年版，第1301页。

门依法颁发采矿许可证；同时也应执行水法第二十四条的规定，经河道主管部门批准或者经河道主管部门会同航道主管部门批准。"① 这一答复肯定了对于河道采砂的多个部门进行管理的做法。1990 年 6 月 11 日，地质矿产部转发了全国人大的答复，并在通知中称："为了合理开发利用和保护矿产资源，同时保护行洪、排涝、航行安全，任何单位和个人申请在河道、航道范围内开采砂石、砂金等矿产资源，须先经河道主管部门批准或者经河道主管部门会同航道主管部门批准。单位和个人凭批准文件和办矿审批文件到采矿登记管理机关办理采矿登记手续。全民所有制矿山企业应按矿山资源法和《全民所有制矿山企业采矿登记管理暂行办法》的规定办理；乡镇集体矿山企业和个体采矿按各省、自治区、直辖市人大常委会颁布地方法规的规定办理。以上规定适用于包括砂石、砂金在内的所有矿山资源。"② 1991 年 3 月 7 日，对于河道采砂问题的管辖权问题，全国人大常委会法工委再次作出答复："一、国营矿山企业在行洪、排涝河道和航道范围开采砂石，既应执行水法第二十四条的规定，经河道主管部门批准或者会同航道主管部门批准，同时也应执行矿产资源法第十三条的规定，由地质矿产主管部门颁发采矿许可证。二、乡镇集体矿山企业和个体在行洪、排涝河道和航道范围开采砂石，既应执行水法第二十四条的规定，经河道主管部门批准或者会同航道主管部门批准，同时也应执行省、自治区、直辖市人大常委会制定的开办乡镇集体矿山企业的审查批准、颁发采矿许可证的办法和个体采矿的管理办法中的有关规定。"③ 上述各个机关的答复与修订前的水法（1988 年）第二十四条第四款关于"在行洪、排涝河道和航道范围内开采砂石、砂金，必须报经河道主管部门批准，按照批准的范围和作业方式开采；涉及航道的，由河道主管部门会同航道主管部门批准"的规定一致。这一规定也与 1988 年国务院制定的《河道管理条例》的规定一致。问题是，修订后的水法（2002 年）删去了上述规定。但是，修订后的水法第三十九条规定，国家实行河道采砂许可制度，河道采砂许可制度实施办法，由国务院规定。而国务院至今尚未制定新的行政法规。因此，《河道管理条例》仍然有效。

综上，对于河道采砂既应当适用矿产资源法，也要适用水法、《河道管理条例》等法律法规，由地质矿产主管部门、河道主管部门和航道主管部门

---

① 参见《全国人大常委会法制工作委员会关于如何理解和执行法律若干问题的解答（三）》。
② 参见《地质矿产部关于转发全国人大常委会法工委办公室对在河道、航道范围内开采砂石、砂金适用法律问题答复的通知》（1990 年 6 月 11 日，地发 197 号）。
③ 参见《全国人大常委会法制工作委员会关于在河道、航道范围内开采砂石、砂金适用法律问题的再次答复》（法工委发 18 号）。

按照法定的职责和权限分别行使监督管理权。也就是说，采矿权人不仅应当取得河道管理部门的许可，还应当取得矿产资源主管部门的许可。这种管理是根据不同法律、从不同角度的各司其职，采矿权人应当分别取得有关部门的许可才能在河道采砂。① 当然，各个行政主管部门应当在自己的权限范围内依法行使职权，并在工作中注意各自行政许可方面的衔接，否则极有可能侵害河道采砂权利人的合法权益，从而导致败诉。在司法实践中存在个别行政主管部门由于在同一采砂河段重复颁证，且不积极履行协助权利人尽快办理所有许可证照，法院依法判决其败诉的案例。②

---

① 例如《佃庄镇后石罢村民委员会不服偃师市地矿局矿产资源管理处罚决定案》，载最高人民法院中国应用法学研究所编：《人民法院案例选》（总第27辑），第313~315页。

② 例如《永兴砂石厂诉绵阳市涪城区农机水电局违法要求其履行义务案》，载最高人民法院中国应用法学研究所编：《人民法院案例选（行政卷）》（1992年~1996年合订本），人民法院出版社1997年版，第621~625页。

八、其他

83. 雷电防护设施检测机构不需要进行计量认证
——《最高人民法院关于雷电防护设施检测机构是否应当进行计量认证问题的答复》解读

2003 年 11 月 26 日　　　　　　　　　〔2003〕行他字第 13 号

一、问题的提出

原审原告五常市气象局不服哈尔滨市五常质量技术监督局行政处罚一案，五常市人民法院于 2001 年 8 月 28 日作出〔2001〕五行初字第 20 号行政判决。五常气象局不服，向哈尔滨市中级人民法院提起上诉。2002 年 7 月 26 日，哈尔滨市中级人民法院对本案适用法律问题向黑龙江省高级人民法院请示。

一审法院认定，五常市气象局内设机构五常市防雷装置检测站未经质量技术监督行政管理部门计量认证，自 2000 年 4 月始开展了对五常市范围内机关、企事业单位的防雷装置检测工作。2000 年 12 月 20 日，黑龙江省气象局经资质认证授权五常市防雷装置检测站承担五常辖区内防雷装置检测工作，颁发了授权书，期限为 2001 年 1 月 1 日至 2003 年 12 月 31 日。被告对原告从事防雷装置检测的事实进行调查并以原告未经计量认证为由，于 2001 年 5 月 30 日向原告下达了行政处罚告知书，依据计量法第二十二条、《黑龙江省计量条例》第二十五条、第四十七条、第五十条的规定，于 2001 年 6 月 5 日邮寄送达了〔2001〕1042 号行政处罚决定书，责令原告停止检验、检定、校准、测试并处以 9000 元罚款。一审法院认为，原告未经计量认证即开展防雷装置检测工作，违背了计量法第二十二条、《黑龙江省计量条例》第二十五条的规定。被告所作处罚认定事实清楚，证据充分，适用法律正确，程序合法，依据行政诉讼法第五十四条、《行政赔偿规定》第三十三条之规定，判决：一、维持哈尔滨市五常质量技术监督局作出的〔2000〕1042 号行政处罚决定书；二、驳回原告其他诉讼请求。

五常市气象局上诉称：一审法院认定中国气象局政策法规司文件不具有法律效力属于超越职权行为，一审法院关于"黑龙江省气象局授权书是资质授权"的认定没有法律依据。国家技术监督局和中国气象局《关于对各级防雷检测机构开展计量认证工作的通知》中所称防雷检测机构是指防雷产品的检测机构，上诉人从未从事过被上诉人作出的责令停止的四种活动。请求撤销一审判决，撤销被上诉人具体行政行为。

二审法院经审理，认定如下事实：1999 年 7 月，五常市气象局根据哈尔滨市气象局文件成立了五常市雷电防护设施检测站，并在物价部门办理了收费许可证，自 2000 年 4 月开展对五常市范围内机关、企事业单位的防雷装置检测工作。2000 年 12 月 20 日，黑龙江省气象局经资质认证授权五常市雷电防护设施检测站承担五常辖区内防雷装置检测工作，颁发了授权书。哈尔滨市五常质量技术监督局对上诉人从事防雷装置检测的事实进行调查，以上诉人未经计量认证为由，于 2001 年 5 月 30 日向上诉人下达了行政处罚告知书，并根据《黑龙江省计量条例》第二十五、四十七、五十条的规定，于 2001 年 6 月 5 日作出〔2001〕1042 号行政处罚决定书。

2003 年 7 月 1 日，黑龙江省高级人民法院就本案的法律适用问题向最高人民法院请示。

主要有两种意见：一种意见认为，雷电防护设施检测机构不需要进行计量认证。理由是，计量法规定的计量公证对象是为"社会提供公证数据的产品质量检验机构"，而雷电防护设施检测机构是依据气象法第三十一条、《防雷减灾管理办法》第十一、十二、十三、二十条成立的，无需进行计量认证。另一种意见认为，雷电防护设施检测机构需要进行计量认证。理由是，根据《黑龙江省计量条例》第二十五条的规定，"为执行工作提供检测数据的技术机构"亦应当进行计量认证，雷电防护设施检测机构作为"为执行工作提供检测数据的技术机构"应当依法进行计量认证。

二、分析

雷电防护设施检测机构（以下简称防雷检测机构）主要是通过现场检测，对防雷装置（接闪器、引下线、接地装置、电涌保护器和其他连接导体）的设计、安装是否符合现行国家标准进行检查，对防雷装置的有效性进行测量。① 防雷检测机构实施计量认证，可以不断规范防雷检测机构管理工作，提高防雷检测工作的公正、有效和科学性，为防灾减灾工作提供计量保证，维护国家和人民利益。

计量法第二十二条规定："为社会提供公证数据的产品质量检验机构，必须经省级以上人民政府计量行政部门对其计量检定、测试能力和可靠性考核合格。"《计量法实施细则》第三十二条规定："为社会提供公证数据的产品质量检验机构，必须经省级以上人民政府计量行政部门计量认证。"《黑龙江省计量条例》第二十五条规定："向社会提供公证数据的产品质量检验机构、计量公正服务机构和为执法工作提供检测数据的技术机构，应当按照规定经国家或者省质量技术监督行政管理部门对其计量检定、测试能力和可靠性进行计量认证。"可见，对于计量认证的对象，《黑龙江省计量条例》第二十五条比计量法第二十二条规定增加了"计量公正服务机构"和"为执行工作提供检测数据的技术机构"。就本案的事实来看，关于五常市雷电防护设施检测站的性质问题，从该局提供的防雷装置检测授权书、防雷装置验收委托书等证据看，该站承担所辖区域内防雷装置检测、防雷工程监督、防雷装置设计审核及装置验收工作，是依据气象法第三十一条、《防雷减灾管理办法》第十一、十二、十三、二十条成立的，即说明该机构应属于为执法工作提供检测数据的技术机构，显然属于《黑龙江省计量条例》第二十五条"为执行工作提供检测数据的技术机构"的范围。

防雷检测机构的观点认为，防雷检测机构对防雷装置进行检测是依法履行职能，检查建筑物和其他设施安装的雷电灾害防护装置是否符合气象部门规定的要求，其所出具的检测报告仅是向被检测的单位通报检查结果，并提出整改意见，而不是计量法和《黑龙江省计量条例》第二十五条所针对的计量公证对象。防雷检测机构对防雷装置进行检测并出具防雷检测报告的行为属于气象法的规范和调整，防雷检测机构依照气象法的规定应进行资质管理。国家气象局发布的《防雷减灾管理办法》第二十条规定，省、自治区、直辖市气象主管机构应当会同有关部门组织对本区域内从事防雷装置检测的单位进行资质认证。在本案中，参照国家气象局发布的《防雷减灾管理办法》第二十条规定，五常市雷电防护设施检测站已取得省气象局的资质认证，可以开展防雷装置的检测工作。

既然《黑龙江省计量条例》第二十五条规定的"为执行工作提供检测数据的技术机构"与该条规定的"为社会提供公证数据的产品质量检验机构、计量公正服务机构"相并列，说明"为执行工作提供检测数据的技术机构"

---

① 《防雷减灾管理办法》（中国气象局令第3号，2000年6月26日）。

并非"为社会提供公证数据的产品质量检验机构",既然不是"为社会提供公证数据的产品质量检验机构"就不属于计量法第二十二条的情形。可见,《黑龙江省计量条例》第二十五条的规定超越了计量法第二十二条的规定。

此外,按照国家技术监督局、中国气象局技监局下发的评发〔1998〕37号《关于对各级防雷检测机构开展计量认证工作的通知》关于"还未取得计量认证合格证书的防雷检测机构,……要向所在地省级技术监督部门提出计量认证书面申请,并抄报省级气象局。……已通过计量认证的防雷检测机构应接受发证部门和当地技术监督部门的监督管理,确保防雷检测工作开展的科学性和公正性"的要求,该站需要经过计量认证。而按照中国气象局《防雷减灾管理办法》第二十条的规定则只需资质认证,不需计量认证。前一通知是国家技术监督局和中国气象局的下属局联合下发的,似应当较中国气象局制定的《防雷减灾管理办法》效力为高。但是,《防雷减灾管理办法》颁布实施在后,且其对于资质的认证有法定的职责。中国气象局在气法发〔2000〕22号复函中认为:防雷装置检测机构只需进行资质认证,不需要计量认证。这一复函的主要依据在于,根据气象法和《防雷减灾管理办法》的规定,防雷装置检测并非是对防雷产品质量进行检验,不属于计量法所指的任何一种计量行为,因此不属于产品质量检验机构的行为。防雷装置检测是对防雷装置的安全性能进行检测,并对外出具防雷装置检测报告,其行为属于气象法行使行政管理职能,其单位性质属于防雷装置检测机构。根据计量法等有关法律的规定,防雷装置检测机构仅需进行资质认证,不需要计量认证。同时,也考虑到《黑龙江省计量条例》的规定超越了计量法的规定,因此,2003年11月26日,最高人民法院作出《关于雷电防护设施检测机构是否应当进行计量认证问题的答复》(〔2003〕行他字第13号):"黑龙江省高级人民法院:你院《关于五常市气象局不服哈尔滨市五常质量技术监督局行政处罚一案有关法律适用问题的请示报告》收悉。经研究,答复如下:根据《中华人民共和国计量法》等有关法律的规定,雷电防护设施检测机构需要经过资格认证。但不需要经过计量认证。"这个批复肯定了防雷检测机构需要进行资格认证,但是同时明确"不需要经过计量认证"。在司法实践中,亦有符合上述司法批复意旨的判决,可资参照。①

随着防雷检测机构的逐步发展,其职能也有了很大的变化,特别是对于防雷装置的检测已经成为其一项重要的工作。防雷装置是建筑工程的配套设

---

① 《儋州市防雷技术所不服儋州质量技术监督局行政处罚案》,载国家法官学院、中国人民大学法学院编:《中国审判案例要览(2005年行政审判案例卷)》,中国人民大学出版社、人民法院出版社2006年版,第277页。

备，其安全性能的测试是产品质量评价的重要内容，对防雷装置的避雷形式、保护范围安装工艺、接地形式、接地电阻、材料规格及型号等各项指标的综合考核作出质量评价的内容之一。计量主管部门一直坚持防雷检测机构属于产品质量检验机构，应当接受计量认证。国家认证认可监督委员会国认法函〔2002〕168号复函认为：防雷装置检测机构应当适用计量法第二十二条的规定，进行计量认证。一些地方也开始了防雷检测机构的计量认证。[①] 事实上，修订前和修订后的《防雷减灾管理办法》都明确规定了"对社会提供公证数据的防雷产品质量检验机构，应当按照国家有关规定通过计量认证或者获得资格认可。"同时，产品质量法第二条规定，建筑工程不适用本法规定，但是建筑工程使用的建筑材料、建筑物构件和设备属于产品质量法规定的产品范围，适用本法规定。因此，防雷检测机构应当根据计量法第二十二条和《计量法实施细则》第三十二条"经省级以上质量技术监督部门对其计量检定、测试的能力和可靠性进行考核，取得计量认证合格证书后，方可开展检测业务"的规定进行计量认证。特别是防雷装置亦属于气象计量器具。根据气象法第十四条第一款"气象计量器具应当依据《中华人民共和国计量法》的有关规定，经气象计量检定机构检定。未经检定、检定不合格或者超过检定有效期的气象计量器具不得使用"和第三十一条"各级气象主管机构应当加强对雷电灾害防御工作的组织管理，并会同有关部门指导对可能遭受雷击的建筑物、构筑物和其他设施安装的雷电灾害防护装置的检测工作"，防雷装置有必要实行计量认证。当然，对于防雷检测机构是否一律要经过计量认证，也需要结合具体案情予以判断。下级法院如果对防雷检测机构是否需要经过资质认证还是计量认证无法判断，一个重要的标准是是否"对社会提供公证数据"，这个问题专业性较强，同时涉及不同主管行政部门的权限划分，稳妥的方式是层报最高人民法院作出答复。

正如前文所阐述的，从质量技术监督部门对整个产品质量检验监督的流程来看，质量技术监督部门主要承担三种职能：实验室认可、计量认证和审查认可（验收）。这三种职能是有着连续性的三种不同的质量监督过程。例如，某工程质量检测中心通过了省质量技术监督局计量认证之后，依法取得了建设厅颁发的《技术资质证书》。上述证书赋予了该中心对建筑工程相关项目的检测资格，明确了该中心可以对属于建筑质量整体检测的分部工程

[①] 例如，上海市技术监督局、上海市气象局、上海市消防局下发的《关于对各级防雷检测机构开展计量认证工作的通知》（1998年6月23日，沪技监量〔1998〕201号）中规定，凡为社会提供公证数据的防雷检测机构，均应经市气象局、市消防局审查批准，必须按计量法第二十二条的规定，通过计量认证后方可对社会开展防雷检测工作。

"建筑电气"的子分部"防雷及接地安装"分项工程"防雷接地电阻"是否符合建筑工程过程中的质量控制规范进行检测。某气象局认为该中心没有获得省级气象主管机构颁发的防雷检测资质证书,对其作出行政处罚。该中心不服向法院提起行政诉讼。气象局认为,根据国务院令412号令第三百七十七条的规定,防雷装置检测、防雷工程专业设计、施工单位资质认定的实施机关为中国气象局、省、自治区、直辖市气象主管机构。而原告认为,被告处罚决定中涉及的防雷装置检测已为《技术资质证书》所包括,不应当再次对此进行认证。

笔者认为,根据建筑法的规定,国务院建设行政主管部门对全国的建筑活动实施统一监督管理。上述规定明确了建设行政主管部门负责对建筑活动进行监督管理,建筑活动中的防雷工程属于其配套的设备安装活动,应当由建设主管部门管辖。根据建设部和国家质量技术监督总局联合下发的《建筑电气工程施工质量验收规范》的规定,防雷接地装置安装质量验收作为适用于满足建筑物预期使用功能要求的电气安装工程施工质量验收的内容。对于防雷接地装置的安装活动,不可能既由建设主管部门行使职权又由气象主管行政部门行使职权。对于这个问题,实际上涉及的是监督流程的问题。在建筑物交付使用之前,应当适用建筑法的规定来管理作为满足建筑物预期使用功能的防雷工程。建筑法第六十一条规定,建筑工程未经验收或者验收不合格的,不得交付使用。即在建筑物、构筑物验收合格交付使用之前,建筑物、构筑物的雷电防护装置不能交付使用。该雷电防护装置必须符合《建筑电气工程质量验收规范》规定的验收要求。对其检测活动需要按照《建筑工程质量管理条例》进行工程检测资质的审核。而在建筑工程交付使用之后,应当适用气象法对建筑物的防雷工程进行管理。因为气象法规定的防雷装置是指建筑物、构筑物(包括防雷装置本身)在施工单位交付建设单位使用之后的雷电防护设施。即气象法调整的对象是雷电防护装置使用过程中的活动,是对验收使用后的建筑物、构筑物进行雷电防护装置的管理。

84. "立即停航通知"属于行政强制措施，不适用行政处罚法
——《最高人民法院行政审判庭关于对人民法院审理港务监督行政案件适用法律问题的答复》解读

2000年11月1日　　　　　　　　　行他〔2000〕第13号

一、问题的提出

　　大连中级人民法院受理的原告大连康大船务公司诉被告大连港务监督停航通知行政案件现已审理完结。但因对被告停航通知这一具体行政行为的性质是行政强制措施还是行政处罚存在分歧意见，法律也无明确规定，故请示最高人民法院给予答复。该案的基本情况是：

　　被告中华人民共和国大连港务监督（对内称中华人民共和国辽宁海事局，以下简称大连港务监督）于1999年12月8日向原告大连康大船务公司送达了《关于"南海明珠"轮停航的紧急通知》。该通知称："我局接交通部'交通安全大检查领导小组'通知，你公司所属'南海明珠'号客轮立即停航。请向中国船级社提出申请，进行全面彻底检查。"原告不服，于2000年3月30日向大连市中级人民法院提起行政诉讼。

　　原告诉称：1994年5月，交通部为原告颁发了水路运输许可证；1994年8月，原告所有的"南海明珠"轮正式营运，即往来于大连至烟台之间经营客滚运输。至1999年1月7日，原告该船一直按规定正常营运，无任何违规行为，也没有发生任何责任事故。该轮一直处于适航状态。1999年12月8日，被告却作出了《关于"南海明珠"轮停航的紧急通知》。该通知既没有说明原告有何违法违规行为，也没有指出该轮有何不适航之处，更没有依据任何法律、法规。更为严重的是违背了行政处罚法关于责令停产停业的行政

处罚应当举行听证程序的规定，是一个明显违法的行政行为。至 2000 年 6 月底，该轮已停航半年多，造成原告经济损失 7225086 万元，请求法院确认被告作出的行政处罚违法，判决撤销该停航通知，判令被告赔偿给原告造成的直接经济损失，立即批准开航，并承担本案诉讼费用。

被告在庭审中辩称：根据国务院 1999 年 11 月 30 日下发的《关于加强安全生产有关问题的紧急通知》及交通部 1999 年 12 月 30 日下发的《关于开展交通安全大检查的紧急通知》以及交通部 1999 年 12 月 7 日电话通知精神，我港务监督 1999 年 12 月 8 日作出的关于"南海明珠"停航的紧急通知是依法履行职责，对不适航的船舶，对海上交通安全有妨害或者可能有妨害的船舶采取的行政强制措施，而不是行政处罚。采取该行政强制措施，依据的事实清楚，证据充分，适用法律法规正确，程序合法，没有给原告合法权益造成任何损失，请求判决维持该行政行为，驳回原告的诉讼请求。

在庭审质证时，原告对被告提供的停航通知的性质提出质疑，认为该通知是一个责令停止营运的行政处罚决定而非行政强制措施。

经庭审质证，大连中级人民法院对本案事实作如下认定：1999 年 11 月 24 日，渤海湾发生"大舜"轮沉船事故后，交通部组织实施了对客滚船的安全检查。交通部安全检查组 12 月 6 日在烟台港对"南海明珠"轮进行了检查。1999 年 12 月 7 日上午 10 时许，被告大连港务监督副监督长王杰武接到了其上级机关交通部安全检查领导小组成员、交通部海事局船舶处处长智广路的电话。电话中向其通报了检查组 12 月 6 日在烟台港对"南海明珠"轮检查的情况，认为该轮存在严重的缺陷，已处于不适航状态，要求被告大连港务监督根据有关法律、法规的规定，对该轮进行处理。同日，被告组织人员在大连港对"南海明珠"轮进行了检查。1999 年 12 月 8 日，被告向原告送达了《关于"南海明珠"轮停航的紧急通知》。接此通知后，原告所属的"南海明珠"轮当即停航在大连港内。12 月 8 日，原告向中国船级社大连分社递交了《关于申请特别检验的报告》，中国船级社大连分社于 12 月 9 日、10 日对"南海明珠"轮进行了检查。原告分别于 1999 年 12 月 23 日、2000 年 1 月 11 日、2000 年 1 月 19 日三次向被告提交了申请"南海明珠"轮开航的请示。2000 年 1 月 21 日，中国船级社大连分社向原告下达了整改通知单。2000 年 3 月 16 日，交通部海事局、中国船级社、被告方等 20 余人登"南海明珠"轮进行了检查。3 月 23 日前述人员又要登轮检查时，受到了船员的抵制而未成行。

大连中级人民法院合议庭、审委会经讨论均产生两种意见，少数人认为是行政处罚行为；多数人认为是行政强制措施，审委会决定向辽宁高院请示。辽宁高院审委会讨论也是两种意见：

第一种意见认为，该停航通知属于行政处罚。理由是：被告人作为海上交通运输安全管理机关无论在何种情况下，都应依法进行管理。本案中被告的停航通知这一具体行政行为从形式上是一种对所有的检查对象客滚船都常用的一种行政措施。但从实际内容看，它又是在交通部安全大检查小组12月6日在烟台港对该轮检查之后，12月7日电话通知被告该轮存在严重缺陷，已处于不适航状态，请被告按有关规定作出处理，被告的工作人员12月7日也登船检查之后才作出的。这一行政行为与行政处罚法规定的责令停产停业种类相似。而行政处罚的实施有明确的法律规定，被告的这一行政行为显然不符合该法的规定。被告用学理解释来证明自己的行政行为是行政强制措施而不是行政处罚，不具有法律效力。用此来证明自己这一行为的合法性也缺乏根据。

第二种意见认为，该停航通知属于行政强制措施。理由是：1999年"11·24"海难发生后，被告根据《交通部关于开展安全大检查的紧急通知》精神以及交通部对"南海明珠"轮检查后的电话通知，对该船进行检查是必要的，也是在履行其法定职责。原告人作为船东，应当自觉接受被告的管理，主动配合检查。停航是对不适航或有可能妨害海上交通安全的船舶采取的一种行政强制措施，停航不是目的，也是为了强制原告的船去接受船检。而处罚则是对某违法事实的最终认定和处理的结果。本案中被告责令原告的船停航，让其到中国船级社接受检查。如检查适航就可以复航，并不是最终令其停航。因此不能以行政处罚法规定的行政处罚决定程序来衡量被告这一行政强制措施行为是否合法。海上交通安全法只规定了可以采取停航这一手段，但对停航这一行为如何实施并无明确规定，因此无法断定被告的行为违法。

二、分析

本请示案件涉及的是停航通知属于行政处罚还是行政强制措施的问题。

行政处罚是指行政机关对于违反国家法律、法规但是未构成犯罪的行政相对人给予制裁的行政行为。我国行政处罚实行"法定原则"，即只有法律或者法规明确规定应予处罚的，才能实施行政处罚。实施行政处罚必须有明确的法定依据，必须遵守法定程序。本案中，原告提出停航通知是责令停产停业，应当适用行政处罚法。责令停产停业是能力罚的一种。所谓责令停产停业是指行政机关作出的要求企业、事业单位、个体工商户在一定期限内停止生产或者经营的一种行政处罚。责令停产停业一般由工商管理机关、卫生管理机关和药品监督管理机关作出。

行政强制措施是指行政机关为了履行行政管理职能、实现特定的行政目的，强行对公民的人身或者行政相对人的财产或者行为加以约束或者控制的行政行为。行政强制措施主要包括以下三层涵义：

一是行政强制措施的目的是为了履行特定的行政管理职能。行政强制措施的目的具有行政性，也就是以履行特定的行政管理职能为目的。这就与诉讼法上规定的民事诉讼、行政诉讼、刑事诉讼中的强制措施有明显区别，同时也与行政诉讼法规定的由人民法院强制执行行政机关的行政行为有着明显的区别。值得注意的是，由于行政诉讼法已经明确只有对具体行政行为才能提起行政诉讼，因此这里的行政强制措施是一种具体行政行为，而非抽象的行政行为。也就是说，这里的行政强制措施也不同于宪法上的"行政措施"，因为后者包括了抽象的行政行为。

二是行政强制措施是行政机关强行采取的一种暂时性的强迫或者约束手段。行政强制措施具有暂时性，也就是说，一般而言，行政强制措施不是为了强制而强制，而是服务于一定的行政管理目的。例如，对财产进行查封、扣押、冻结的强制行为并非仅仅是为了强制，而是为了防止行政相对人转移、毁损或者隐匿财产，不利于下一步的行政行为或者已经作出的行政行为的实现。从这个意义上讲，行政强制措施在大多数的情况下是作为一种保障性的措施而存在。当然，不管行政强制措施是作为一个中间行为、程序行为还是处分行为，都不影响其可诉性。行政强制措施还具有强制性，即行政强制措施是行政机关作出的代表国家强制力的行为。与行政处罚等行政行为不同的是，行政强制措施更具有强烈和直接的强制性，行政相对人在提起行政诉讼之前有容忍之义务。

三是行政强制措施针对的对象既可以是公民的人身，也可以是公民、法人或者其他组织的财产或者行为。行政强制措施可以对公民的人身采取，例如，强制戒毒、劳动教养；也可以对财产采取，例如，查封、扣押、冻结财产；还可以针对行为采取，例如，公民拒绝服兵役的，可以强制其服兵役等等。

行政强制措施与行政处罚不同。目前，行政处罚已经基本做到有法可依，行政处罚法对于行政处罚的种类作了比较明确的规定。但法律法规对于行政强制措施的规定仍然比较分散。两者之间在行使方式上虽然具有一定的相似性，但是，两者的区别也是非常明显的，主要是：第一，两者针对的对象不同。行政处罚针对的对象是具有违法行为的行政相对人；行政强制措施针对的对象不一定是违法的行政相对人，对于不存在违法行为的行政相对人也可以适用行政强制措施。行政强制措施针对的对象是拒不履行行政义务的行政相对人或者对社会秩序以及他人人身健康和安全构成危害或者其本身处于或者即将处于某种危险状态下的公民、法人或者其他组织。第二，两者适用目的不同。行政处罚的目的主要是为了制裁某项违法行为，而行政强制措施的目的是为了履行特定的行政管理的职能。行政强制措施的目的是限制违反义务的公民、法人或者其他组织的人身、财产或者行为，从而达到维护正常的行政法律秩序，保护行政相对人免受侵害。第三，两者对于行政相对人的法律效果不同。一般情况下，行政处罚是一个最终意义上的处分行为，而行政强制措施的法律效果根据不同的情况予以确定，行政强制措施可能是一个独立的行政行为，亦可能是附属于其他行政行为之上的行政行为。①

在本案中，要求立即停航的行为是对不适航或有可能妨害海上交通安全的船舶采取的一种行政强制措施。首先，要求立即停航的目的不是为了处罚原告，而是为了强制原告的船去接受船检。要求立即停航的措施具有一定的强制性，但不具有惩罚性。其次，要求立即停航针对的是拒不履行行政义务的行政相对人。本案中，立即停航是针对海上交通安全有妨害或者可能有妨害的船舶采取的行政强制措施。交通部海事局在烟台港对"南海明珠"轮检查之后，认定该轮存在严重的缺陷，已处于不适航状态，要求立即停航。这是行政机关强行采取的暂时性的约束或者控制手段，是一种保障性的措施。最后，要求立即停航符合海上交通安全法的有关规定。根据海上交通安全法第十九条的规定："船舶、设施有下列情况之一的，主管机关有权禁止其离港，或令其停航、改航、停止作业：……二、处于不适航或不适拖状态；……"第四十八条规定："国家渔政渔港监督管理机构，在以渔业为主的渔港水域内，行使本法规定的主管机关的职权，负责交通安全的监督管理，并负责沿海水域渔业船舶之间的交通事故的调查处理。……"《渔港水域交通安全管理条例》第十八条也规定了"令其停航"的行政强制措施。综上，本案的要求立即停航的行为属于行政强制措施，不适用行政处罚法的规定。

据此，2000年11月1日，最高人民法院行政审判庭作出《关于对人民法院审理港务监督行政案件适用法律问题的答复》（行他〔2000〕第13号）："辽宁省高级人民法院：你院〔2000〕辽行疑字第12号《关于大连康大船务公司诉大连港务监督停航通知行政行为的性质的请示报告》收悉。经研究，原则上同意你院审判委员会多数人的意见，即：大连港务监督大港监字〔1999〕第25号《关于'南海明珠'轮立即停航的紧急通知》，其性质属于行政强制措施，应适用《中华人民共和国海上交通安全法》。"

---

① 江必新、梁凤云：《行政诉讼法理论与实务》（上卷），北京大学出版社2009年版，第156~157页。

85. 建设工程质量监督站不需要经过计量认证
——《最高人民法院对山西省高级人民法院〈关于对县级以上人民政府设立的建设工程质量监督站是否应由计量行政主管部门进行计量认证问题的请示〉的答复》解读

1997年8月29日　　　　　　　　　〔1996〕法行字第7号

一、问题的提出

山西省某法院在审理一起计量处罚行政案件中，对县级以上人民政府设立的"建设工程质量监督站"是否应由计量行政部门进行计量认证产生了分歧意见。1996年4月29日，山西省高级人民法院就此问题向最高人民法院请示。

第一种意见认为，应当由计量行政部门进行计量认证。依据计量法第二条的规定，对任何单位计量工作的监督管理均适用计量法。国家技术监督局技监局政函〔1996〕14号批复认为，建筑材料（包括预制构件）是经过加工、制作用于销售的产品，属于产品质量法调整的范围，不应适用产品质量法第二条第三款（即"建设工程不适用本法规定"）的规定。工程质量监督站对社会开展建筑材料（包括预制构件）的检验，属于为社会提供公证数据的产品质量检验机构，应由省级以上计量行政部门对其进行计量认证。

第二种意见认为，不应当由计量行政部门进行计量认证。计量法公布实施在1986年，而依据1993年实施的产品质量法第二条第三款和1990年实施的《标准化法实施条例》第四十二条的规定，对建设工程（含预制构件等建筑材料）质量的监督管理归建设行政主管部门负责。建设工程质量监督站是各级政府成立并授权专门从事建筑工程质量监督检查的机构，并且国务院1992年发布的《关于加强质量工作的决定》规定质量工作分为产品质量、工程质量、服务质量。建设工程质量监督站已不是计量法中所指的"产品质量检验机构",已不属计量法确定的应由省级以上人民政府计量行政部门进行计量认证的主体,而应按建设部根据产品质量法、《标准化实施条例》的规定制定发布的《建设工程质量管理办法》(1993年11月16日,建设部第29号令)第九条的规定,由省级以上人民政府建设行政主管部门进行资质审定并颁发证书。

二、分析

是否经过计量认证,必须依照计量法第二十二条的规定来判断。该条规定,为社会提供公证数据的产品质量检验机构,必须经省级以上人民政府计量行政部门对其计量检定、测试能力和可靠性考核合格。《计量法实施细则》第三十二条规定:"为社会提供公证数据的产品质量检验机构,必须经省级以上人民政府计量行政部门计量认证。"计量法的立法原则是保障国家计量单位制的统一和量值的准确可靠,计量认证的根本目的也是保证量值统一。如果该机构属于为社会提供公证数据的产品质量检验机构,即应当进行计量认证。在本案中,建设工程质量监督站是否要经过计量认证,焦点问题主要是建设工程质量监督站是否为"产品质量"的监督检查机构。

1993年11月16日,建设部颁布了《建设工程质量管理办法》①。该办法第三条规定,本办法所称建设工程是指房屋建筑、土木工程、设备安装、管线敷设等工程。本办法所称建设工程质量是指在国家现行的有关法律、法规、技术标准、设计文件和合同中,对工程的安全、适用、经济、美观等特性的综合要求。第六条规定,国务院建设行政主管部门负责建设全国工程质量的监督管理工作。县级以上地方人民政府建设行政主管部门负责本行政区域内的建设工程质量监督管理工作。第八条规定,实行建设工程质量监督制度。凡新建、扩建、改建的工业、交通和民用、市政公用工程(含实施监理的工程)及构配件生产,均应由建设行政主管部门或国务院工业、交通行政主管部门授权的城市或专业质量监督机构实施质量监督。第九条规定,建设工程质量监督、检测机构必须具备相应的监督、检测条件和能力,经省级以上人民政府建设行政主管部门、国务院工业、交通行政主管部门或其授权机构考核合格后,方可承担建设工程质量监督、检测任务。这一办法明确的内容包括:第一,建设行政主管部门负责工程质量的监督管理工作。第二,对于包

---

① 该规章已被《建设部关于废止〈建设工程质量管理办法〉等部令的决定》(2001年10月26日)废止。

括构配件生产在内的建设工程质量均由建设主管行政部门实施质量监督。第三,对于建设工程质量监督、检测机构实施资质认证,只有考核合格的,才能获得资质证书。

本案涉及的建设工程质量监督站即是建设行政主管部门为了监督管理本区域内的建设工程质量而设立的机构。根据有关规章的规定,建设工程质量监督站是在当地政府领导下履行工程质量监督的专职执法机构。其主要职能是组织审定重点工程的质量监督计划、参与竣工检验,核查监督检测工作质量,并有权对质量低劣工程(构件)的施工(生产)单位停工及经济处罚决定进行审批[①]。那么,建设工程是否属于"产品"的范畴呢?

根据修订前的产品质量法第二条第三款的规定,建设工程不适用本法规定。[②] 根据《标准化法实施条例》第四十二条规定,工程建设标准化管理规定,由国务院工程建设主管部门依据标准化法和本条例的有关规定另行制定,报国务院批准后实施。[③] 可见,产品质量法和《标准化法实施条例》明确了建设工程不适用,但并未明确对建设工程组成部分的"建筑材料""建筑构配件和设备"是否适用予以明确。修订前的产品质量法第二条第二款规定,本法所称产品是指经过加工、制作,用于销售的产品。很显然,"建筑材料""建筑构配件和设备"是经过加工、制作,用于销售的产品,应当属于产品质量法的调整范围。当然,修订后的产品质量法第二条对于"产品"和"建造材料、建筑构配件"分别作了明确的规定:本法所称产品是指经过加工、制作,用于销售的产品。建设工程不适用本法规定;但是,建设工程使用的建筑材料、建筑构配件和设备,属于前款规定的产品范围的,适用本法规定。由于本案的事实发生在修订前的产品质量法之前,因此不能直接适用修订后的产品质量法的规定。

对于这个问题,最高人民法院采取了区别情况的方式予以明确。即对于建设工程质量监督站的资质认证应当属于建设行政主管部门的职权,无需经过计量行政主管部门的计量认证;对于构成建设工程组成部分的建筑材料,属于产品,适用产品质量法的规定;对于向社会提供公证数据的,还应当适用计量法的规定。1997年8月29日,最高人民法院作出《对山西省高级人民法院〈关于对县级以上人民政府设立的建设工程质量监督站是否应由计量

[①] 参见《城乡建设环境保护部关于印发〈建筑工程质量监督站工作暂行规定〉的通知》(1985年2月5日)和《建筑工程质量监督站工作补充规定》(1987年5月3日)的有关规定。

[②] 该法于1993年2月22日第七届全国人民代表大会常务委员会第三十次会议通过,根据2000年7月8日第九届全国人民代表大会常务委员会第十六次会议《关于修改〈中华人民共和国产品质量法〉的决定》修正。

[③] 该条例于1990年4月6日中华人民共和国国务院第53号令发布。

行政主管部门进行计量认证问题的请示〉的答复》(〔1996〕法行字第7号)。批复的内容是:"一、县级以上人民政府根据国家有关规定和实际情况设立的工程质量监督站是专门负责对建设工程质量监督检查的机构,该机构不需要经计量行政部门计量认证。二、对建筑材料的质量管理应适用《中华人民共和国产品质量法》。凡从事建筑材料质量检验的机构必须具备相应的检验条件和能力,并经省级以上人民政府质量监督管理部门或者其授权的部门考核合格后,方可承担建筑材料的质量检验工作。三、依据《中华人民共和国产品质量法》第十条的规定,根据监督抽查需要对产品进行检验的,不得向企业收取检验费用。"

在本批复下发之后,相关法律和政策发生了一些新的变化。1998年,国务院的"三定方案"中明确了质量技术监督部门质量执法监督和综合管理的职能。修订后的产品质量法赋予了质量技术监督部门对检验机构考核与中介检验机构管理的职责和权力。根据计量法的规定,质量技术监督部门对检验机构有计量认证的权力。同时,随着技术机构改革的不断深入,原有的类似本案的建设工程质量监督站不断被中介检验机构所替代。从质量技术监督部门对整个产品质量检验监督的流程来看,主要承担三种职能:一是实验室认可。根据《产品质量认证管理条例》第十四条的规定,检验机构须经国务院标准化行政主管部门审查认可后,方可承担认证的检验任务。即只有获得中国实验室国家认可委员会认可证书的检验机构才能承担产品质量认证检验。二是计量认证。即根据计量法第二十二条的规定,只有获得计量认证的检验机构,才能向社会提供公证数据。三是审查认可和验收。标准化法第十九条的规定,县级以上政府标准化行政主管部门,可以根据需要设置检验机构或者授权其他单位的检验机构,对产品是否符合标准进行检验,法律、行政法规对检验机构另有规定的,依照法律、行政法规规定执行。产品质量法第十九条规定,产品质量检验机构必须具备相应的检测条件和能力,经省级以上人民政府产品质量监督部门或者其授权的部门考核合格后,方可承担产品质量检验工作。法律、行政法规对产品质量检验机构另有规定的,依照有关法律、行政法规的规定执行。依据上述法律规定,只有获得审查认可证书或者验收合格证书的检验机构才能承担产品质量仲裁检验或者监督检验,其检验结果才能作为评价产品质量是否合格的依据。这些不同的职能虽然密切相关,但是不能相互替代。对于检验机构进行评审而言,计量法相对于标准化法、产品质量法是一般法,即只要向社会提供公证数据,任何检验机构都必须经计量认证。对于承担产品质量检验机构而言,仅仅获得计量认证还不够,还需要经过审查认可或者验收,获得相应的认可证书才能开展产品质量检验。这些相对于作为一般法的计量法的法律、行政法规还包括种子法、食品卫生法、药品管理法、进出口商品检验法、节约能源法、建筑法、《锅炉安全监察条例》等。

  这些情况都是本批复下发之后发生的。例如，建设部于2005年8月23日发布了《建设工程质量检测管理办法》。工程质量检测机构承担的任务类似于本批复中的建设工程质量监督站，其主要担负涉及结构安全和重要使用功能内容的抽样检测和进入施工现场建筑材料构配件和设备的见证取样检测，其检测结果作为建设工程质量的重要依据。该办法第四条规定，"检测机构是具有独立法人资格的中介机构。检测机构从事本办法附件一规定的质量检测业务，应当依据本办法取得相应的资质证书。检测机构资质按照其承担的检测业务内容分为专项检测机构资质和见证取样检测机构资质。检测机构资质标准由附件二规定。检测机构未取得相应的资质证书，不得承担本办法规定的质量检测业务。"而在附件二中，对于专项检测机构和见证取样检测机构应满足的基本条件中包括"所申请检测资质对应的项目应通过计量认证"。

行政赔偿编
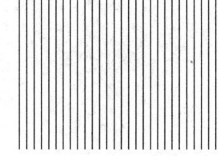

86. 行政机关不履行、拖延履行法定职责如何承担行政赔偿责任
——《最高人民法院关于公安机关不履行、拖延履行法定职责如何承担行政赔偿责任问题的答复》解读

2013 年 9 月 22 日　　　　　　　　〔2011〕行他字第 24 号

一、问题的提出

张美华等五人诉天水市公安局麦积区公安分局（以下简称麦积分局）行政赔偿案，天水市麦积区人民法院作出〔2009〕麦行初字第 3 号行政判决，张美华等五人及麦积分局均不服，向天水市中级人民法院提起上诉。天水中院二审过程中向甘肃省高级人民法院请示。甘肃高院审判委员会对公安机关不作为造成当事人损害如何赔偿问题存在分歧，向最高人民法院请示。该案的基本事实是：2006 年 3 月 3 日凌晨 3 时许，被害人刘伟洲（系张美华的丈夫）路过麦积区桥南伯阳路农行储蓄所门前时，被罪犯苏福堂、吴利强、佟彬拦截抢劫。刘伟洲被刺伤后呼叫求救，个体司机胡某看见后，即用手机于 4 时 02 分给 "110" 打电话报警。尔后 "都市丽人" 美容中心经理梁某见刘伟洲在店外马路上半卧招手求救，满地是血，便用固定电话先后于 4 时 13 分、4 时 20 分、4 时 24 分三次给 "110" 打电话报警。"110" 值班接警人员四次接到报警电话，均未立即处置。至 6 时 23 分值班民警才电话指令桥南派出所出警。此时被害人刘伟洲已经死亡（派出所距案发现场不足 200 米）。经法医鉴定：被害人刘伟洲系被他人持锐器刺破股动脉，致失血性休克死亡。另查，麦积区人民法院于 2007 年 3 月 23 日作出〔2007〕麦刑初字第 4 号刑事判决，认定麦积分局 "110" 值班干警高玉芳犯玩忽职守罪，免予刑事处罚。上诉后，二审维持原判。另查明，天水市中级人民法院〔2006〕天刑一

初字第 24 号刑事附带民事判决：被告人苏福堂、吴利强、佟彬三被告赔偿刘伟洲死亡赔偿金 161736.40 元、丧葬费 7269.50 元、被害人之父赡养费 30932.86 元、被害人之母赡养费 36391.60 元、被害人之女扶养费 9793.80 元、被害人之子扶养费 16323 元，共计 262647.16 元。2008 年 6 月 3 日天水市中级人民法院作出〔2008〕天执字第 29 号民事裁定，裁定被告人苏福堂（已被执行死刑）应付的赔偿款终结执行，被告人吴利强、佟彬靠父母养活，无财产可供执行赔偿款，本次执行程序终结。张美华等五人于 2009 年 1 月 16 日以公安机关行政不作为为由向麦积分局提出行政赔偿申请，麦积分局作出不予行政赔偿的决定。张美华等五人遂于 2009 年 4 月 27 日向麦积区人民法院提起行政赔偿诉讼。麦积区人民法院作出一审行政赔偿判决：麦积分局赔偿原告张美华等五人 116916 元（按 2008 年全国在岗职工年平均工资 29229 元计算，20 倍为 584580 元，承担 20%）。天水中院二审中经审委会讨论认为一审判决适当，但因对本案是否应予赔偿各方分歧较大，于是向甘肃省高级人民法院请示。甘肃高院经审判委员会讨论，形成两种不同意见。多数意见认为，根据人民警察法第二十一条及最高人民法院〔2001〕法释 23 号《关于公安机关不履行法定行政职责是否承担行政赔偿责任问题的批复》的规定，公安机关应当承担相应的赔偿责任。本案中公安机关的赔偿责任是混合侵权下的补充赔偿责任，致害人是第一侵权人，承担主要赔偿责任，公安机关应当根据其侵权行为在损害结果形成过程中的作用大小承担相应的赔偿责任。少数意见认为，公安机关迟延履行法定职责不应当承担行政赔偿责任，刑事附带民事案件判决后不能给付的，由国家救助金予以解决，不应当通过行政赔偿解决。甘肃省高级人民法院因此就延迟履行法定行政职责行政赔偿问题向最高人民法院提出请示。具体而言，可分为以下四个问题：一是公安机关不履行、拖延履行法定职责是否要承担行政赔偿责任；二是第三人致害情况下公安机关不履行、拖延履行法定职责行为如何承担行政赔偿责任；三是第三人致害情况下公安机关以何标准承担行政赔偿责任；四是第三人致害情况下公安机关承担行政赔偿承担行政赔偿责任的程序。

二、分析

（一）关于行政机关不履行、拖延履行法定职责是否应当承担行政赔偿责任问题

行政机关不履行、拖延履行法定职责致使公民、法人或者其他组织人身、财产损失，可以分为以下几种情况：第一，行政机关不履行、拖延履行法定作为义务，造成当事人合理的先期投入损失。例如，公安出入境管理部门未在法定六个月期限内对当事人提出的去香港定居的申请作出答复，致使当事人数年奔波于居住地和公安机关之间而产生的合理的差旅费损失。第二，行政机关不履行、拖延履行因先前行为而产生的法定作为义务，造成当事人损失。例如，行政机关违法长期扣押当事人的机械设备逾期不作处理，造成机械设备锈蚀毁坏的损失。第三，行政机关不履行、拖延履行因自然灾害等不可抗力对公民、法人或者其他组织的人身、财产权利的救助义务，造成当事人人身、财产损失的。例如，由于突发山洪，在某河心岛钓鱼处于危险之中的公民向公安机关电话求救，负有救助义务的公安机关在接到求救电话迟迟不履行施救义务，最后因迟延施救导致该公民被洪水冲走溺水身亡。第四，行政机关不履行、拖延履行请求制止第三人违法侵权行为或者由此产生的救助义务，造成当事人人身财产损失的。例如，本案情形即属此类。

长期以来，关于行政机关不履行、拖延履行法定职责是否应当承担行政赔偿责任问题，一直存在争议。但是，总体而言，无论是理论界还是实务界，赞成应当承担行政赔偿责任的还是占据了绝对优势。主要理由是：第一，行政诉讼法第十一条规定："申请行政机关履行保护人身权、财产权的法定职责，行政机关拒绝履行或者不予答复的"属于可诉具体行政行为。而具体行政行为侵害公民法人或者其他组织合法权益的应当承担行政赔偿责任。不履行法定职责行为造成他人损害的，当然亦应承担行政赔偿责任。第二，国家赔偿法第三条第（五）项规定："造成公民身体伤害或者死亡的其他违法行为"以及第四条第（四）项"造成财产损害的其他违法行为"，受害人均有取得行政赔偿的权利，这里的"其他违法行为"不仅仅是指行政机关履行法定职责的违法行政行为，同时也应当包括不履行、拖延履行法定职责的违法行为。这基本是学术界和实务界比较一致的理解。第三，国家赔偿法第三条第（三）项规定："以殴打、虐待等行为或者唆使、放纵他人以殴打、虐待等行为造成公民身体伤害或者死亡的""受害人有取得赔偿的权利。"其中，"放纵"即属于不履行法定职责的行为。第四，最高人民法院法释〔2001〕

23号《关于公安机关不履行法定行政职责是否承担行政赔偿责任问题的批复》① 和〔1999〕行他字第11号《关于劳动教养管理所不履行法定职责是否承担行政赔偿责任问题的批复》② 均明确了相关行政机关不履行法定职责造成当事人损害的,应当承担行政赔偿责任。

但是,在《答复》讨论过程中,相当一部分同志也提出,目前情况下以本案为范例,规定所有行政机关不履行、拖延履行法定职责的行为都要承担相应的行政赔偿责任,条件尚不成熟。主要理由是:第一,行政机关不履行、拖延履行法定职责的情形十分复杂,目前审判实务尚难以穷尽各类不同情形。如果仅仅根据本案的情形,推而广之地认为所有行政机关不履行、拖延履行法定职责行为都要承担相应的行政赔偿责任,可能会带来无法预料的结果。例如,因行政机关监管不严造成有毒、有害的食品、药品流入市场,从而导致消费者生命、健康权利损害,行政机关是否要予以赔偿?如果赔偿,国家财政将难以负担。第二,我国现行法律并未对行政机关不履行、拖延履行法定职责作出应当承担行政赔偿责任的明确规定。行政诉讼法第六十七条规定:"公民、法人或者其他组织的合法权益受到行政机关或者行政机关工作人员作出的具体行政行为侵犯造成损害的,有权请求赔偿。"这里的规定仅限于"作出的具体行政行为"造成损害才予以赔偿,不包括不履行、拖延履行法定职责的行为。国家赔偿法第三条第(三)项尽管有"放纵他人以殴打、虐待等行为造成公民身体伤害或者死亡的"应当承担行政赔偿责任的规定,但其列举仅限于"放纵"他人殴打、虐待的行为,且损失限定在人身损害的范围之内。关于国家赔偿法第三条第(五)项、第(四)条第(四)项"其他违法行为"将其扩大解释为包含不履行、拖延履行法定职责行为,完全属于学理解释,并无法律效力。因此,他们主张:不宜急于制定有关行政机关不履行、拖延履行法定职责承担行政赔偿责任一般性规定的司法解释。本案

---

① 最高人民法院法释〔2001〕23号《关于公安机关不履行法定行政职责是否承担行政赔偿责任问题的批复》的主要内容是:"由于公安机关不履行法定行政职责,致使公民、法人和其他组织的合法权益遭受损害的,应当承担行政赔偿责任。在确定赔偿的数额时,应当考虑该不履行法定职责的行为在损害发生过程和结果中所起的作用等因素。"

② 最高人民法院〔1999〕行他字第11号《关于劳动教养管理所不履行法定职责是否承担行政赔偿责任问题的批复》的主要内容是:"重庆市西山坪劳动教养管理所未尽监管职责的行为属于不履行法定职责,对刘元林在劳动教养期间被同监室人员殴打致死,应当承担行政赔偿责任。人民法院在确定赔偿的数额时,应当考虑重庆市西山坪劳动教养管理所不履行法定职责的行为在造成刘元林死亡结果发生过程中所起的作用等因素。"

系公安机关不履行、拖延履行警察法第二十一条规定①的保护人身权、财产权法定职责从而造成公民人身损害的情形，最高人民法院对此类问题也已有法释〔2001〕23号批复等司法解释的明确规定。所以，本案仅宜从公安机关不履行、拖延履行保护人身权、财产权法定职责致使公民法人或者其他组织遭受人身、财产损失应当承担行政赔偿责任的角度，作个案答复和指导性案例，予以发布实施和对下指导。通过不断积累审判经验，进一步加强调研，待时机成熟时再制定有关行政机关不履行、拖延履行法定职责承担行政赔偿责任的一般性规定的司法解释。

鉴于上述不同意见，《答复》最终将针对的对象限定在公安机关不履行、拖延履行保护人身权、财产权法定职责范围，未扩大至整个行政机关。但是，笔者认为，就讨论中的意见来看，《答复》并不否定其他行政机关不履行、拖延履行法定职责致使公民、法人或者其他组织人身、财产权利遭受损失的，应当承担相应行政赔偿责任。实践中地方各级人民法院可以参照本《答复》，对其他行政机关不履行、拖延履行法定职责行政赔偿问题作出判决，以不断丰富和积累审判实践经验，为最终制定相关司法解释奠定基础。

（二）关于第三人致害情况下行政机关不履行、拖延履行法定职责应当承担何种行政赔偿责任问题

公民、法人或者其他组织的人身权、财产权受到第三人侵害，请求行政机关履行保护人身权、财产权的法定职责，行政机关不履行、拖延履行，最终造其人身、财产损失的，行政机关是否承担行政赔偿责任？这与一般情况下的行政机关不履行、拖延履行法定职责行为致使公民法人或者其他组织人身财产损失的行政赔偿责任确实有所不同。一般情况下，行政机关不履行、拖延履行法定职责不存在第三人的侵权行为的参与，行政机关不履行、拖延履行法定职责造成当事人多大损失，承担多少赔偿责任，如果损失系当事人自行行为造成、或者因自然原因造成，行政机关不承担行政赔偿责任；但是，在第三人侵权行为的情况下，当事人的损失系第三人侵权行为直接形成，行政机关不履行、拖延履行法定职责本身并不会直接造成当事人损失，只是由于不履行、拖延履行法定职责，没有及时制止侵权行为的发生，未能阻止损害结果的发生或者有效防止损失的扩大，单纯行政机关不履行、拖延履行法定职责行为并不能形成当事人的损失。两者区别明显。对此，各方面比较一

---

① 人民警察法第二十一条规定："人民警察遇到公民人身、财产安全受到侵犯或者处于其他危难情形，应当立即救助；对公民提出解决纠纷的要求，应当给予帮助；对公民的报警案件，应当及时查处。人民警察应当积极参加抢险救灾和社会公益工作。"

致的意见是行政机关应当对其不履行、拖延履行法定职责行为造成的损失承担行政赔偿责任。然而，对行政机关此时应当承担什么样的行政赔偿责任，各方面存在较大争议。主要有以下三种不同观点：

第一，补充责任。这种观点认为，第三人致害情况下，受害方首先应当通过民事救济途径向第三人主张权利，请求民事赔偿。在第三人没有能力承担全部民事赔偿责任的情况下，受害方才能向不履行或者拖延履行法定职责的行政机关主张赔偿，行政机关应当对第三人无力承担的民事赔偿剩余部分承担赔偿责任。主要理由是：第三人行为是造成公民、法人或者其他组织损害的直接原因，行政机关不履行或者拖延履行法定职责的行为属于第二位的原因。没有第一责任人的侵权行为，就不存在行政机关需要履行法定职责的事由，也就不会产生行政机关不履行或者拖延履行法定职责的事实，更不可能发生损害结果。行政机关不履行或者拖延履行法定职责始终属于从属性的。所以，侵权人是一位赔偿责任人，对损害承担全部赔偿责任；只有在侵权人无力负担全部赔偿的情况下，才由行政机关对剩余部分承担补充赔偿责任。之所以要由行政机关承担剩余部分的全部责任，主要是考虑行政机关的不履行、拖延履行法定职责行为与第三人的侵权行为共同形成当事人的损失，行政机关与侵权人应当对该损失承担连带赔偿责任，以充分保护受害方当事人的合法权益。

第二，相应责任。这种观点认为，因第三人致害行为与行政机关不履行、拖延履行法定职责行为属于两个无意思关联的行为，这两个行为共同作用造成当事人人身、财产损害结果。参照侵权责任法第十二条①规定，当事人可以向实施侵权行为的第三人主张民事赔偿，实施侵权行为的第三人根据其对损失的过错大小承担相应的民事赔偿责任；同时当事人还可以向不履行、拖延履行法定职责的行政机关主张行政赔偿，由行政机关根据其不履行、拖延履行法定职责行为在损害发生过程和结果中所起的作用等因素，承担相应的赔偿责任。主要理由是：行政机关只应根据其不履行法定职责、拖延履行法定职责行为在损失形成过程中的作用大小承担赔偿责任，对因第三人过错造成的损失不应当承担责任。

第三，相应的补充责任。这种观点认为，行政机关不履行、拖延履行法定职责行为与第三人致害行为共同作用造成当事人损害情形下行政机关所承

---

① 侵权责任法第十二条规定："二人以上分别实施侵权行为造成同一损害，能够确定责任大小的，各自承担相应的责任；难以确定责任大小的，平均承担赔偿责任。"

担的行政赔偿责任，类似于侵权责任法第三十七条①宾馆、商场等未尽安全保障义务所应承担的民事赔偿责任。参照该条规定，致害人应当对全部损失承担民事赔偿责任；行政机关应当根据其不履行、拖延履行法定职责行为在损害发生过程和结果中所起的作用等因素，承担相应的补充赔偿责任。理由是：第一，第三人侵权行为是造成受害人损失第一位的原因，行政机关不履行、迟延履行法定职责属于第二位的原因。因此，侵权赔偿责任首先应当由侵权人承担，只有在侵权人不能承担全部损失的情形下，行政机关才承担行政赔偿责任。第二，鉴于行政机关不履行、拖延履行法定职责，造成原本可以避免的损失未能得到有效避免，对此行政机关应当承担第二位的补充赔偿责任。也就是说，在第一位的侵权行为人不能承担全部损失的情况下，行政机关应当根据其在损害形成中的作用承担相应的行政赔偿责任，而不是就剩余部分的损失承担全部赔偿责任。这样充分体现了过错与责任相当的原则。第三，与"补充责任"相比较，"补充责任"注意到了在第三人致害情况下，行政机关应当承担第二位的赔偿责任。但是，它忽略了行政机关应当承担责任的合理份额问题。只要是第三人无力承担的，剩余部分全部由行政机关承担，不符合过错与责任相适应的基本原则。第四，与"相应责任"相比较，"相应责任"注意到了行政机关应当按照其不履行、拖延履行法定职责行为在损失发生和结果中的作用合理分担赔偿责任，却忽视了无意思关联的不作为行为和作为行为共同造成损害，与两个无意思关联作为行为共同造成损害的区别。两个无意思关联的作为行为共同造成同一损害结果的，适用侵权责任法第十二条规定，根据各自行为在损失形成过程中的作用确定各方赔偿责任份额。而一个作为行为与一个不作为行为共同造成同一损害结果的，并不适用该条规定，而应适用侵权责任法第三十七条规定。第五，参照侵权责任法确立行政赔偿的基本规则并不否定行政赔偿的特性。原本行政赔偿就来源于民事赔偿，至今英美法系国家依然适用民事审判规则审理判决行政赔偿案件。在当前我国国家赔偿法对第三人侵权情况下行政机关不履行、拖延履行法定职责行政赔偿问题未作明确规定，参照侵权责任法第三十七条"相应的补充责任"这一赔偿规则既考虑了侵权人的第一位赔偿责任问题，又考虑了根据行政机关不作为行为在损害形成过程中的作用确定其合理赔偿份额，非常科学合理，参照本身并不与国家赔偿法的基本原则相冲突。

---

① 侵权责任法第三十七条规定："宾馆、商场、银行、车站、娱乐场所等公共场所的管理人或者群众性活动的组织者，未尽到安全保障义务，造成他人损害的，应当承担侵权责任。因第三人的行为造成他人损害的，由第三人承担侵权责任；管理人或者组织者未尽到安全保障义务的，承担相应的补充责任。"

最高人民法院讨论过程中，多数意见主张：在第三人致害情况下，行政机关不履行、拖延履行法定职责应当参照侵权责任法第三十七条规定，由行政机关承担相应的补充赔偿责任。但是在语词的使用上，一些同志提出，既然主张当事人可以先向行政机关请求行政赔偿，行政机关赔偿之后再向致害的第三人追偿，就不存在"补充"问题，为避免产生只有先向实施侵权的第三人主张民事赔偿后才能提起行政赔偿诉讼的误解，建议取消"补充"这两个字。笔者认为，尽管目前的最终答复意见在文字上取消了"补充"两字，但是，究其实质内容而言，依然是参照侵权责任法第三十七条作出的，因此，《答复》所确立的第三人致害情况下行政机关不履行、拖延履行法定职责行政赔偿责任实际上还是"相应的补充行政赔偿责任"。

第三人致害的情况下，行政机关不履行、拖延履行法定职责致使公民法人或者其他组织人身、财产遭受损失的，应当承担"相应的补充赔偿责任"。所谓"相应的"，是指行政机关应当根据其不履行、拖延履行法定职责行为对损失形成所起的作用大小来承担行政赔偿责任。第三人致害情况下，当事人的全部损失系多因一果形成，既有实施侵权行为第三人的违法侵权行为的原因，又有行政机关不履行、拖延履行法定职责的原因。如果依法及时履行法定职责能够完全避免损失发生的，行政机关应当对当事人的全部损失承担行政赔偿责任；行政机关依法及时履行法定职责当事人的损失也不可避免的，行政机关仅对其因不履行、拖延履行法定职责扩大部分的损失承担行政赔偿责任；行政机关不履行、拖延履行法定职责未对当事人损失形成产生任何作用的，行政机关不承担行政赔偿责任。如何描述行政机关应承担的"相应的"行政赔偿责任，讨论中曾有不同意见。《答复》讨论稿中，曾试图使用"因果关系"一词来描述行政机关应承担的"相应的"行政赔偿责任，即，根据行政机关不履行、拖延履行法定职责行为与当事人损害之间的因果关系大小确定行政机关应当承担的行政赔偿数额。但是，讨论中部分同志认为，"因果关系"难以判断，也难以操作，建议删除。因此，《答复》中没有出现"因果关系"一词。在此问题上，《答复》最终稿仍然沿用了法释〔2001〕23号《批复》中的表述，即：根据行政机关"不履行法定职责的行为在损害发生过程和结果中所起的作用等因素"确定其应承担的行政赔偿责任。那么，如何理解法释〔2001〕23号《批复》的上述表述呢？笔者认为，其实质就是考虑错过问题，要综合考虑行政机关不履行、拖延履行法定职责行为在损失形成中的过错大小，决定行政机关承担行政赔偿责任的份额。这种过错责任，最终体现为行政机关所承担的行政赔偿数额在全部赔偿总额中的比例。例如，行政机关不履行法定职责对于损失的形成过错责任大，可以确定行政机关承担行政赔偿总额的70%或者80%；过错小则可以确定行政机关承担

20%或者30%。具体比例确定,要在综合分析论证基础上确定。

(三)关于第三人致害情况下行政机关以何标准承担行政赔偿责任问题

实践中,对于第三人致害情况下行政机关按照什么标准来承担行政赔偿责任一直是存在争议的。有人主张,应当按照民事赔偿标准确定赔偿数额。理由是:第一,既然行政机关承担的是第二位的"相应的补充赔偿责任",而第一位责任人——实施侵权的第三人的行为构成民事侵权,依法适用民事赔偿标准承担赔偿责任,那么,第二位的责任人行政机关的赔偿标准就应当按照该标准予以确定;第二,实施侵权的第三人按照民事赔偿标准承担民事赔偿责任,而行政机关按照国家赔偿法标准计算行政赔偿数额,两者总额不一致,无法统一实际应赔偿数额。另一种意见认为应当适用国家赔偿标准。理由:第一,行政机关不履行、拖延履行法定职责承担的是行政赔偿责任,当然应当适用国家赔偿标准。适用民事赔偿标准确定行政赔偿数额,与行政诉讼法和国家赔偿法的规定相抵触。第二,行政赔偿与民事赔偿采取不同赔偿标准,赔偿总额不同,但并不影响两者的具体判决和执行。因为,民事判决和行政判决走的是完全不同的两个诉讼程序,互不相扰;民事判决按照民事赔偿标准判决第一位侵权人承担全部民事赔偿责任;行政判决按照国家赔偿法规定确定行政赔偿总额并按照相应比例决定行政机关的具体赔偿数额。实践中两者不会发生直接的冲突。

最高人民法院讨论比较一致的意见主张应当按照国家赔偿标准确定赔偿数额。也就是说,无论民事赔偿在先,还是行政赔偿在先,在确定行政机关赔偿数额时,赔偿义务机关或者人民法院首先要根据国家赔偿法规定的国家赔偿标准确定应当赔偿的总额,然后根据行政机关不履行拖延履行法定职责在损害形成过程中的作用——过错大小,确定行政机关承担赔偿责任的比例,最后得出行政机关应赔偿的实际数额;而民事诉讼中,人民法院则根据民事赔偿标准计算出实施侵权的第三人应当承担的民事赔偿的总额,判决其承担全部损失。行政赔偿和民事赔偿分别采用不同的标准计算赔偿数额。

(四)关于民事赔偿程序与行政赔偿程序的顺序问题

对第三人致害情况下民事赔偿程序优先还是行政赔偿程序优先存在以下四种不同意见:

1. 民事赔偿诉讼先行。即,受害方当事人必须先向实施侵权的第三人提出民事赔偿,只有民事赔偿无法全部实现的情况下,受害方当事人才能提起行政赔偿。主要理由是:第一,既然第三人致害情况下,存在第一位和第二位赔偿责任的区分，在赔偿程序上也只有让受害方当事人先行提起民事赔偿。第二，只有先行民事赔偿，才能实际确定第一位的赔偿义务人是否有能力承担全部赔偿责任；如果第一位赔偿责任人已经承担全部民事赔偿责任，第二位的赔偿责任人行政机关则无需承担任何行政赔偿责任。未进行民事赔偿程序直接先行行政赔偿，则有可能造成国家财政损失。

2. 受害方当事人根据因果关系不同享有有限选择。即，区分直接因果关系和间接因果关系，不履行、拖延履行法定职责行为与损害结果之间存在直接因果关系的，赋予受害方选择先行提起行政赔偿诉讼的权利；存在间接因果关系则受害方只能先提起民事诉讼，民事执行不能全额赔偿时，才可以提起行政赔偿诉讼。理由是：直接因果关系中行政机关不履行、拖延履行法定职责行为与损害之间的关联性更为密切；而间接因果关系相对关联性较小，当事人应当先向关系更为密切的实施侵权的第三人主张赔偿权利，赔偿权不能完全实现时才有权向行政机关主张。

3. 受害方当事人根据民事赔偿实际情况享有选择权。即，在实施侵权的第三人无力赔偿、逃逸或者下落不明的情况下，应当给予受害方当事人先行提起行政赔偿的权利。理由是：第一，实施侵权的第三人是第一赔偿人，理应有其先行赔偿。因此，一般情况下，受害方应当先行向实施侵权的第三人主张民事赔偿。第二，确实存在通过民事诉讼实际无法获得赔偿的情形，如果此时坚持要求受害方当事人必须先行向第三人主张民事赔偿，往往是程序空转，不利于当事人及时获得赔偿。赋予当事人在第三人无力赔偿、逃逸或者下落不明情况下可以优先选择申请行政赔偿，能够解决当事人及时获得赔偿问题。

4. 由受害方自行选择。即，受害方当事人既可以选择先行行政赔偿程序，也可以选择先行民事赔偿程序。主要理由是：第一，给予当事人选择权，有利于受害方及时获得实质性救济，要求受害方当事人必须先行提起民事侵权诉讼，穷尽民事救济手段之后再提起行政赔偿诉讼，赔偿过于延迟。第二，先行行政赔偿不会造成国家多承担赔偿责任。行政赔偿之后，行政机关可以获得追偿权，也就是说，行政机关先行承担相应的行政赔偿责任后，在第一位赔偿责任人有赔偿能力时，行政机关可以向其追偿。

由于本问题不属于甘肃高院的请示范围，《答复》最终未明确回答此问题。但是，笔者认为，根据讨论过程中的各种不同意见，以及《答复》第二部分"第三人民事赔偿不足、无力承担赔偿责任或者下落不明的，应当根据公安机关不履行、拖延履行法定职责行为在损害发生过程和结果中所起的作用等因素，判决其承担相应的行政赔偿责任"的表述分析，可以认为《答复》并未完全限制当事人先行申请行政赔偿。在有证据证明实施侵权的第三人民事赔偿能力不足、无力承担赔偿责任或者下落不明的情况下，受害方当事人有权选择先行申请行政赔偿。理由是：第一，《答复》出台前的几稿中都明确了当事人的选择权，仅仅是在最后一稿删除了相关内容。从讨论过程看，绝大多数人对于当事人可以选择先行提起行政赔偿并不持反对意见。第二，《答复》第二部分将"第三人民事赔偿不足、无力承担赔偿责任或者下落不明"一起表述，说明此三种情形下行政机关均应承担相应的行政赔偿责任，而其中"下落不明"有可能存在实施侵权的第三人为何人也不清楚的情况，在此情形下没有明确的被告，要先行民事赔偿，根本无法进行，只能先行行政赔偿程序。因此，第二部分尽管规定第三人致害情况下由实施侵权的第三人承担民事赔偿责任，但是，并未明确必须先行民事赔偿程序。第三，先行民事赔偿程序，民事赔偿法律文书实际执行不能时再给予当事人提起行政赔偿的权利，权利救济的时间过长。从方便受害方当事人及时取得赔偿的角度考虑，不应限定当事人必须先行提起民事赔偿。第四，以"因果关系"为标准给当事人有限选择权的方案不便于操作。"因果关系"问题本身已经是十分复杂，将区分直接因果关系和间接因果关系作为是否准予当事人优先提起行政赔偿程序的条件，实践中难以执行。第五，在实施侵权的第三人完全有能力支付全部民事赔偿数额的情况下，依然允许受害方当事人先行申请行政赔偿，行政赔偿之后再由行政机关向实施侵权的第三人追偿，程序过于复杂。而且，如果行政机关不及时行使追偿权，有可能放纵实施侵权的第三人，造成国家财税收入的重大损失。因此，笔者赞同第三种方案，即：受害方当事人可以根据实施侵权的第三人民事赔偿实际情况，有条件地优先选择申请行政赔偿，这个条件是：有证据证明第三人民事赔偿不足、无力承担赔偿责任或者下落不明。除此情况外，受害方当事人只能先行民事赔偿程序，民事赔偿执行不能才可以申请行政赔偿。

最高人民法院经审判委员会讨论，于2013年9月22日作出〔2011〕行他字第24号《关于公安机关不履行、拖延履行法定职责如何承担行政赔偿责任问题的批复》，答复甘肃高院如下："公安机关不履行或者拖延履行保护公民法人或者其他组织人身权、财产权法定职责，致使公民、法人或者其他组织人身、财产遭受损失的，应当承担相应的行政赔偿责任。""公民、法人或者其他组织人身、财产损失系第三人行为造成的，应当由第三人承担民事侵权赔偿责任；第三人民事赔偿不足、无力承担赔偿责任或者下落不明的，应当根据公安机关不履行、拖延履行法定职责行为在损害发生过程和结果中所起的作用等因素，判决其承担相应的行政赔偿责任。""公安机关承担相应的赔偿责任后，可以向实施侵权行为的第三人追偿。"

三、应当注意的问题

(一) 关于不履行、拖延履行法定职责行政赔偿的范围问题

行政机关不履行、拖延履行法定职责在立法、司法解释过程中之所以难以作出明确规定，核心问题是有人担心，普遍规定行政机关不履行、拖延履行法定职责应当承担行政赔偿责任，在类似于"三聚氰胺"这样的事件中，因相关行政职能部门未有效履行监管职责，致使有害食品、药品流入市场，造成老百姓生命健康损害，都要承担行政赔偿责任，国家财政将无法负担。这确实也是一个实际问题。如何解决这类问题，首先要明确，《答复》中关于行政机关不履行、拖延履行法定职责承担行政赔偿责任的拓展解释不适用于上述类似情形。即，未经请求对特定公民、法人或者其他组织履行法定职责的一般行政失职行为，不能作为申请行政赔偿的事实根据。也就是说，在我国目前经济和法治条件下，当事人就类似于"三聚氰胺"事件这样的情形，以行政机关未履行监管法定职责为由申请行政赔偿的，可以以特定损害缺乏具体违法确认事实为由，不予受理。但是，类似事件不排除重复发生的可能性，国家应当对此未受损的老百姓提供救济的渠道。建议可以学习国外的经验，在药品、食品领域建立专项的保险制度。即，从企业销售收入中拿出一定比例强制建立食品药品安全保障基金，当某一企业因安全问题引发普遍的损害赔偿无力承担时，可以从基金中向社会百姓予以赔偿。

讨论中还有人提出，在建设工程等行政许可案件中，因行政机关不履行、拖延履行项目审批中法定职责，也会给当事人造成无法估量的损失，如果这些损失也要国家赔偿，国家财政同样是难以承受的。笔者认为：首先，行政机关不履行、拖延履行行政许可法定职责给行政许可申请人造成损失的，应当依法承担行政赔偿责任，不能以国家财政难以负担为由放弃国家法律的执行，拒绝行政赔偿。其次，国家赔偿法规定的赔偿损失范围限于直接损失的赔偿，对于间接损失、可得利益不予赔偿。行政机关不履行、拖延履行项目审批、建设施工许可等行为，行政许可申请人的损失一般是类似于停产停业中的经常性费用开支损失，不会造成当事人特别大的直接财产损失。通常所指"国家财政难以负担的损失"主要是指项目开发建设的可得利益等间接损失，这些损失不在国家赔偿之列。因此，将行政机关不履行、拖延履行行政许可法定职责行为纳入行政赔偿范围一般情况下不存在国家财政无法承担的困扰。当然，随着法治中国建设的进一步深入，国家财力的逐步提升，对不予国家赔偿的间接损失的范围应当逐步缩小，扩大对当事人损失的赔偿范围，

促进国家赔偿更加公平合理。

（二）关于行政机关与实施侵权行为的第三人事先恶意串通不履行法定职责的行政赔偿问题

通常情况下行政机关不履行、拖延履行法定职责是因为职责上的疏忽，并非故意情形。但是，也不排除实践中可能会存在行政机关值班工作人员与第三人事先恶意串通的情形。例如，双方事先约定，由第三人实施侵权行为，享有法定制止或者救助义务的行政机关接到举报后故意不履行、拖延履行法定职责，最终酿成当事人重大人身、财产损失。此类情形下简单套用行政机关承担"相应补充赔偿责任"的规定，就有可能放纵行政机关的违法失职行为。实际上，恶意串通情形下的侵权，是第三人与行政机关的共同侵权行为，为此，行政机关与第三人应当对受害方当事人承担连带赔偿责任，即，受害方当事人有权选择行政机关、实施侵权的第三人共同或者任何一方就全部损失承担赔偿责任。如果受害方当事人请求行政机关和实施侵权的第三人承担行政赔偿责任，人民法院应当将行政机关列为被告，实施侵权的第三人列为行政诉讼第三人，判决行政机关对全部损失承担行政赔偿责任，同时第三人承担连带赔偿责任；如果受害方当事人就行政机关、实施侵权行为的第三人承担民事赔偿责任的，人民法院应当将他们作为共同被告，被判决两被告对全部损失承担连带民事赔偿责任；如果受害方当事人仅就行政机关一方（在履行先行处理程序后）提出行政赔偿诉讼的，人民法院应当将实施侵权的第三人追加为第三人，判决行政机关就全部损失承担行政赔偿责任，并判决第三人对此承担连带赔偿责任；如果受害方当事人仅就实施侵害的第三人提起民事侵权赔偿诉讼的，人民法院应当将行政机关追加为第三人，判决被告实施侵权行为的第三人承担全部损失的民事赔偿责任，同时判决行政机关承担连带赔偿责任。

（三）关于是否设定行政赔偿的上限问题

由于民事赔偿与行政赔偿在残疾赔偿金、死亡赔偿金、被扶养人生活费等方面的计算标准不同，行政赔偿与民事赔偿总额会存在一些差距；如果再考虑实践中先民后行，行政赔偿过于迟延，因行政赔偿以决定赔偿的上一年度国家职工平均工资计算赔偿总额，行政赔偿数额有可能远远高于民事赔偿的数额。在此情形下，会带来两个问题，一是行政赔偿总额是否可以高于民事赔偿总额；二是行政机关承担行政赔偿责任后能否就高于民事赔偿部分的数额向实施侵权的第三人追偿。关于第一个问题，笔者认为，通常情况下，行政赔偿时需要考虑的是行政机关不履行、拖延履行法定职责对当事人损失形成所起的作用，或者说是过错，根据过错大小确定其在行政赔偿总额中承担的赔偿份额，不应当考虑民事赔偿总额问题。理由是：第一，在第三人致害的情况下，受害方的同一损害结果是由两种不同性质的侵权行为造成，从而形成了两个不同性质的赔偿责任，因两种赔偿的法定计算标准不同，赔偿总额存在差异是正常现象。其中，行政赔偿主要赔偿标准全国统一，民事赔偿标准则因地而异，在我国东南沿海地区可能民事赔偿标准高于行政赔偿标准，而西部欠发达地区行政赔偿标准高于民事赔偿标准。这完全是法定赔偿标准差异引起的，不必过度紧张。第二，由于这种法定赔偿标准差异，即便是实践中存在部分当事人因赔偿标准差异获得较高数额的赔偿，也是符合法律规定的，是在法定范围内获取的合法权利，有利于给受害方更充分的救济，有利于维护社会和谐稳定。第三，既然是法定标准引发的问题，即便需要改革，也用当从立法上予以解决，而不能在实践中通过变通执行法律解决，这样做是破坏法治。如果允许在行政赔偿高于民事赔偿时，要就低不就高；那么，在东南沿海发达地区民事赔偿高于行政赔偿时是否也要就低不就高，民事判决要按照行政赔偿标准计算呢？这显然是违法的，行不通的。关于第二个问题，笔者认为，追偿只能在实施侵权的第三人应当承担的民事赔偿总额内，如果实施侵权的第三人已经实际支付部分民事赔偿金额，还应当扣除已实际支付的款额。理由是：第一，实施侵权的第三人依法应当承担的是民事侵权赔偿责任，民事赔偿总额是其应当承担的全部民事法律责任，在此之上增加其赔偿数额，违背法律责任承担的基本原理。第二，由行政机关承担超过部分的赔偿责任，更符合公平负担原则，同时也可以对行政机关不履行、拖延履行法定职责起到一定的警醒作用。如果行政机关工作人员有故意或者重大过失，就此部分损失行政机关还可以向有故意或者重大过失的公务员追偿。

（四）关于非公安机关不履行、拖延履行法定职责行政赔偿的法律适用问题

如前所述，因对行政机关不履行法定职责行政赔偿问题复杂性的担忧，《答复》将不履行、拖延履行法定职责的主体范围限定在了"公安机关"，法定职责也限定在了不履行、拖延履行保护公民、法人或者其他组织的人身权、财产权法定职责的范围。那么，如果在审判实践中遇到非公安机关的其他去行政机关不履行、拖延履行法定职责需要判决其承担行政赔偿责任，可否适用最高人民法院法释〔2001〕23号批复以及本《答复》作出行政判决？笔者认为，原则上可以参照上述批复和答复的精神作出判决，但不宜直接作为判决依据，毕竟上述批复和答复主体已经限定在公安机关，非公安机关不履

行、拖延履行法定职责行为，主体本身不符合批复和答复的适用条件。同时，为下一步制定行政机关不履行、拖延履行法定职责行政赔偿问题普遍性的司法解释或者修改完善立法准备条件，建议各地法院可以对有类似典型意义的案件依法由高级人民法院提级一审，由最高人民法院作二审判决，作为指导判例予以发布，或者请示最高人民法院作出司法解释。

87. 犯罪嫌疑人、被告人或者罪犯在看守所羁押期间，被同仓人致残而引起的国家赔偿如何处理

——《最高人民法院行政审判庭关于犯罪嫌疑人、被告人或者罪犯在看守所羁押期间，被同仓人致残而引起的国家赔偿如何处理问题的答复》解读

2006年12月7日　　　　　　　　　　　　〔2006〕行他字第7号

一、问题的提出

陕西省汉中市中级人民法院向陕西省高级人民法院请示的周乾炳诉镇巴县公安局行政违法及赔偿一案，经该院审委会讨论，仍存在不同的认识，遂就有关问题请示最高人民法院。该院的基本情况是：

上诉人周乾炳因涉嫌重大责任事故罪于2001年4月24日被镇巴县公安局刑事拘留。同年5月30日被依法逮捕，并羁押于镇巴县公安局看守所。同年10月30日与涉嫌故意杀人、故意伤害罪罪犯王克杨（已被汉中市中级人民法院以故意伤害罪执行死刑）关押于同一监舍。2001年11月30日凌晨，王克杨趁周乾炳熟睡之机，用私藏的铁丝将其右眼刺伤，后经医院诊断为右眼球穿透伤，经镇巴县劳动鉴定委员会评定为五级伤残。镇巴县公安局为周乾炳治伤支付医疗费4万多元，并给予了一定的生活补助费。2001年12月21日，镇巴县人民检察院作出关于对看守所在押人员致伤问题的调查报告，结论为周乾炳被刺伤一事系王克杨因琐事产生不满故意实施报复行为所致，看守所领导和当日值班民警刘霞、封成喜没有失职、渎职行为。2004年2月10日，周乾炳请求镇巴县公安局确认看守所在监管过程中违法失职并请求行政赔偿。2004年4月14日，镇巴县公安局根据县检察院的调查报告，认为看守所不存在违法失职，周乾炳申请赔偿事由不在行政赔偿范围之内，故拒

绝赔偿。2004年5月25日，周乾炳向镇巴县法院提起行政诉讼，镇巴县法院口头裁定不予受理，并告知周乾炳按照刑事赔偿程序请求赔偿。2004年6月4日，周乾炳向镇巴县公安局申请刑事赔偿，2004年8月3日，镇巴县公安局以其申请不在刑事赔偿范围之内为由，拒绝赔偿。周乾炳向汉中市公安局申请复议，汉中市公安局予以维持。周乾炳不服，向汉中市中级人民法院赔偿委员会申请司法赔偿，汉中市中级法院以违法侵权事项未经先行确认为由不予受理。2005年7月1日，周乾炳向镇巴县人民法院提起行政诉讼，请求依法确认公安局在对其监管过程中违法失职并请求赔偿其人身损害损失45万余元。镇巴县人民法院于2005年7月6日作出〔2005〕镇行初字第4号行政裁定，以周乾炳的起诉不属于行政案件的受案范围为由裁定不予受理。周乾炳不服，以看守所是行政管理机关，履行的是行政管理职能，本案应属于行政赔偿诉讼受案范围为由提出上诉。

汉中中院在讨论本案时，对看守所的监管工作属于行政行为还是刑事司法行为，看守所在监管工作中是否履行了职责，是否存在违法失职行为，本案应否受理，公安局应不应该承担经济赔偿责任等法律适用问题，有两种不同意见。

第一种意见认为，看守所是羁押刑事犯罪嫌疑人、罪犯的场所，执勤民警对上述人员进行监管是履行刑事诉讼法规定的法定职责，是刑事司法行为而非行政行为。上诉人周乾炳被伤害的后果是由罪犯王克杨的个人行为所致，应由加害人赔偿，看守所履行了相应职责，没有违法失职行为，本案不属于行政诉讼及行政赔偿受理范围，人民法院不予受理，故应驳回上诉，维持原审裁定。

第二种意见认为，看守所依据国务院颁布的《看守所条例》这一行政法规的有关规定行使职权，其职权来源于行政法规的规定而非刑事诉讼法的明确授权，故其羁押看管人犯的行为在性质上属于行政行为而非刑事司法行为，看守所应当保障在押人犯的人身安全，保证其合法权益，防范和制止人犯自杀、逃脱、行凶等，对监室、人犯的人身及其活动场所应当定期或不定期地进行检查，消除可供人犯自杀、逃脱、行凶和进行破坏活动的物品。被告看守所未尽到严密警戒和看管、防止人犯行凶的行政职责，疏于管理，致使二次伤害他人身体的在押犯王克杨再次伤害原告周乾炳的身体健康，被告公安局应承担赔偿责任，根据国家赔偿法第三条第（五）项之规定，行政机关及其工作人员在行使行政职权时，有造成公民身体伤害或者死亡的其他违法行为，受害人有取得赔偿的权利。被告镇巴县公安局看守所监管失职，应承担行政不作为的赔偿责任，原告的起诉在行政赔偿受案范围内，人民法院应予受理。

请示的问题是：看守所监管在押人犯的行为属于行政行为还是刑事司法行为；看守所在押人犯因人身伤害申请国家赔偿，属于行政赔偿还是司法赔偿，公安局应否承担赔偿责任。

关于看守所监管在押人犯的行为属于行政行为还是刑事司法行为，陕西高院审委会在讨论中，形成两种不同的意见。

倾向性意见为，看守所监管在押人犯的行为属于刑事司法行为。理由是：第一，看守所对犯罪嫌疑人实施羁押监管，其职权的立法依据来源于刑事诉讼法。根据刑事诉讼法的规定，刑事拘留、执行逮捕由公安机关负责。而将被拘留逮捕的犯罪嫌疑人予以羁押正是执行拘留、逮捕刑事强制措施的不可或缺的重要方面。羁押场所的设置则是这一措施的物质保障。基于此，《看守所条例》第一条规定："为保障刑事诉讼活动的顺利进行，依据《中华人民共和国刑事诉讼法》及其他有关法律的规定，制定本条例。"第二条第一款规定："看守所是羁押依法被逮捕、刑事拘留的人犯的机关。"第二款规定："被判处有期徒刑一年以下，或者余刑在一年以下，不便送往劳动改造场所执行的罪犯，也可以由看守所监管。"第三条规定："看守所的任务是依据国家法律对被羁押的人犯实行武装警戒看守，保障安全；对人犯进行教育；管理人犯的生活和卫生；保障侦查、起诉和审判工作的顺利进行。"由此可见，看守所设置、任务、职责主要是保障刑事诉讼活动的顺利进行，其职权的立法依据来源于刑事诉讼法。第二，不能将羁押与监管完全割裂开来，从而将羁押与监管性质区别对待。因为两者的前提都是对犯罪嫌疑人采取的刑事强制措施的决定。羁押是强制措施的外在表现及手段，监管则是羁押一种动态的过程，两者往往是你中有我，我中有你，紧密相连，相互依附。第三，看守所对在押人犯的监管从职能、目的上看，与一般的行政执法行为有明显的区别。行政执法行为其目的是对国家行政事务进行有效管理，而看守所对在押人犯进行监管则是为了保障刑事诉讼活动的顺利进行；行政执法行为依附于行政管理活动，而监管行为则依附于司法活动，没有刑事强制措施，就不存在对人犯的监管；行政执法行为其前提往往存在一个行政决定（如治安拘留行政处罚决定），而作为刑事拘留、逮捕的执行手段的羁押其前提是刑事强制措施决定。第四，根据《看守所条例》第八条规定，看守所的监管活动受人民检察院的法律监督。而刑事诉讼法第八条也规定："人民检察院依法对刑事诉讼实施法律监督。"这两种监督的性质应该是同一的。

少数人意见倾向于汉中中院请示的第二种意见，认为根据《看守所条例》的规定，看守所是对被依法刑事拘留、逮捕的犯罪嫌疑人予以羁押的场所，并负有保护被羁押人在羁押期间人身安全的法定职责和义务。看守所履行上述职责的行为，是行政法规赋予的行政职责行为，不属于行使侦查职权的司法行为,故看守所对在押人犯的监管行为属于行政行为。

二、分析

本请示案件涉及的是看守所因监管不力,导致犯罪嫌疑人、被告人或者罪犯在看守所羁押期间,被同仓人致残的,是否属于行政赔偿的问题。根据国家赔偿法第二条的规定,国家机关和国家机关工作人员行使职权,有本法规定的侵犯公民、法人和其他组织合法权益的情形,造成损害的,受害人有依照本法取得国家赔偿的权利。看守所无疑属于"行使职权"的国家机关,可以成为国家赔偿义务机关。问题的关键是,看守所疏于监管的行为属于行政行为还是刑事司法行为。

关于看守所羁押人员在被羁押期间被同监室的人犯殴打致死,公安机关是否承担责任的问题,最高人民法院曾经于1998年1月19日作出《对"姜玉英申请国家赔偿一案公安机关应否承担赔偿责任"问题的答复》(〔1997〕行他字第9号)。答复的内容是:"甘肃省高级人民法院:你院〔1996〕甘法赔字第33号请示收悉。经研究,答复如下:公民在羁押期间被同监室人犯殴打致死,根据国家赔偿法的规定,不属于国家赔偿的范围,应由加害人承担赔偿责任。根据本案情况,被羁押人员受到不法侵害向公安机关呼请给予保护,公安机关未及时采取措施制止,使加害行为得以继续发生,导致受害人死亡,公安机关应承担管理不善、教育不严的责任,对受害人家属适当补助。"这一答复认为,公民在羁押期间被同监室人犯殴打致死,看守所不承担责任,只承担"适当补助"的支付义务。这一答复下发后,引发了较大的争议。之后,最高人民法院于2001年7月17日又发布了《关于公安机关不履行法定行政职责是否承担行政赔偿责任问题的批复》(法释〔2001〕23号),该批复明确两个问题:一是由于公安机关不履行法定行政职责,致使公民、法人和其他组织的合法权益遭受损害的,应当承担行政赔偿责任;二是在确定赔偿的数额时,应当考虑该不履行法定职责的行为在损害发生过程和结果中所起的作用等因素。2002年5月23日,最高人民法院发布的《予以废止的2000年以前发布的有关司法解释目录(第六批)》中,明确废止了《对"姜玉英申请国家赔偿一案公安机关应否承担赔偿责任"问题的答复》,废止理由是"已被2001年6月26日发布的法释〔2001〕23号《最高人民法院关于公安机关不履行法定行政职责是否应当承担行政赔偿责任问题的批复》代替。"① 对于公安机关不履行法定行政职责导致损害的，公安机关应当承担赔偿责任。公安机关既是刑事司法机关，同时也是公安管理机关。公安机关"不履行法定行政职责"的，是因其不履行公安管理机关的法定行政职责。如果看守所的性质、行为的性质能够明确，本请示的法律问题也就迎刃而解了。

看守所的性质应当首先考察《看守所条例》的规定。根据《看守所条例》的规定，看守所是羁押依法被逮捕、刑事拘留的人犯的机关。被判处有期徒刑一年以下，或者余刑在一年以下，不便送往劳动改造场所执行的罪犯，也可以由看守所监管。看守所的任务是依据国家法律对被羁押的人犯实行武装警戒看守，保障安全；对人犯进行教育；管理人犯的生活和卫生；保障侦查、起诉和审判工作的顺利进行。对于看守所的性质，不能望文生义，看到"保障侦查、起诉和审判工作的顺利进行"就认定其是刑事司法机关。从看守所的设置来看，看守所属于公安机关的内设机构。《看守所条例》第五条规定，看守所以县级以上的行政区域为单位设置，由本级公安机关管辖。省、自治区、直辖市国家安全厅（局）根据需要，可以设置看守所。铁道、交通、林业、民航等系统相当于县级以上的公安机关，可以设置看守所。《看守所条例实施办法（试行）》第二条规定，县级以上行政区域的公安机关未设置看守所需要设置时，应报本省、自治区、直辖市公安厅、局备案；铁道、交通、林业、民航系统相当于县级以上的公安机关未设置看守所需要设置时，应报各部（局）公安局备案。可见，看守所作为公安机关的内设机构，主要的职责是保障侦查、起诉和审判工作等刑事司法工作的顺利进行。这些保障工作属于行政职责，看守所的行为属于行政行为，不属于刑事司法行为。

根据《看守所条例》和《看守所条例实施办法（试行）》，看守所承担的主要职能包括收押人犯、警戒、看守、提讯、押解、教育人犯等。为了保障在押人犯的安全，维护看守所正常秩序，看守所必须履行相应的监管职责。这些监管职责主要包括：（1）定期值班。看守所实行 24 小时值班制度。值班人员应当坚守岗位，随时巡视监房。看守所必须严格执行值班制度。看守所根据监所布局和实际情况确定值班区域。每个区域必须有 2 名以上干警值班。值班干警必须坚守岗位，加强巡查，不准擅离职守，不准睡觉，不准饮酒，不准从事其他有碍值班的一切活动。值班干警发现问题，要果断采取有效措施，及时处置，并按规定向上级报告。值班干警应当认真做好值班记录，

---

① 该废止理由中所称的"2001 年 6 月 26 日发布的法释〔2001〕23 号"应为"2001 年 7 月 17 日发布的法释〔2001〕23 号"，该批复于 2001 年 6 月 26 日由最高人民法院审判委员会第 1182 次会次通过，2001 年 7 月 17 日最高人民法院公告公布，自 2001 年 7 月 22 日起施行。

交接班时，必须清点人犯人数，有需要注意的事项，要向接班干警交待清楚。这一制度主要在于及时发现在押人犯的动向。(2) 熟知情况。看守干警应当熟知所分管人犯的基本情况，包括姓名、年龄、性别、民族、相貌主要特征、家庭情况和住址，主要案情，逮捕拘留前的工作单位、职业，有无前科等。通过观察、交谈、向办案人员了解情况等方法，随时掌握人犯的思想动态。这一制度主要在于准确掌握在押人员是否存在危险性等个人情况。(3) 定期或者不定期检查。对监室、人犯的人身及其活动场所，应当定期或者不定期地进行检查，清除可供人犯行凶、脱逃、自杀和进行破坏活动的物品，发现可疑或者破坏迹象必须立即调查，依法处理。这一制度主要在于排除隐患。(4) 严禁使用人犯管理其他人犯。不准让人犯自由出入监室、掌管钥匙、管理财物和劳动工具，不准用人犯当炊事员。这一制度主要在于保障人犯人身安全，防止出现牢头狱霸。(5) 对男性人犯和女性人犯，成年人犯和未成年人犯，同案犯以及其他需要分别羁押的人犯，应当分别羁押。这一制度也主要是为了保障在押人犯的人身安全。可见，确保在押人犯的生命和健康不受侵害，保障刑事诉讼活动的顺利进行，是看守所的法定义务。

本案中，看守所将受害人与涉嫌故意杀人、故意伤害罪罪犯王克杨（已被汉中市中级人民法院以故意伤害罪执行死刑）关押于同一监舍，后者身犯重罪、身负重刑且其涉嫌故意杀人、故意伤害，不仅具有高度的人身危险性和较高的犯罪主观恶性，其心理也并不稳定和正常。对于这些情况，看守所应当知道，也应当尽量避免危险的发生。"熟知所分管人犯的基本情况"是看守所的基本职责。在将受害人与加害人王克杨关押于同一监舍后，看守所应当严格执行 24 小时值班制度，随时巡视监房，防止监房内发生人身伤亡等事件。王克杨因琐事对受害人施害的行为，是故意伤害的行为，应当承担包括刑事附带民事赔偿在内的法律责任。但是，这并不影响追究看守所疏于监管导致受害人人身损害的行政赔偿责任。看守所疏于监管的行为与受害人遭受损害的事实之间存在因果关系。虽然该损害是由王克杨的致害行为直接造成，但看守所在安排监所、随时监管等方面存在监管漏洞，也是造成损害的重要原因，应当承担国家赔偿责任。

2005 年 5 月 18 日，最高人民法院作出《关于看守所怠于行使法定职责，致犯罪嫌疑人伤害或者死亡的，该犯罪嫌疑人及其家属有权申请行政赔偿的答复》（〔2004〕赔他字第 11 号）："广东省高级人民法院：你院〔2004〕粤高法赔复字第 1 号《关于潘兰清等五人申请广东省龙门县公安局国家赔偿一案的请示》收悉。经研究，答复如下：1. 看守所作为法定的羁押场所，其负有保护被羁押人人身安全的法定职责和义务，由于看守所民警怠于行使法定职责，使犯罪嫌疑人在看守所羁押期间被同仓人犯殴打致伤或者致死的，该犯罪嫌疑人及其家属有申请行政赔偿的权利。2. 本案惠州中院针对殴打刘伟军的九名人犯作出刑事附带民事判决，申请人不应基于同一损害事实，再行提起国家赔偿。"本答复同时还强调了人民法院已经作出刑事附带民事判决的，申请人不应当再行提起国家赔偿。这一精神还体现在最高人民法院于2002年8月5日公布的《关于行政机关工作人员执行职务致人伤亡构成犯罪的赔偿诉讼程序问题的批复》中："一、行政机关工作人员在执行职务中致人伤、亡已构成犯罪，受害人或其亲属提起刑事附带民事赔偿诉讼的，人民法院对民事赔偿诉讼请求不予受理。但应当告知其可以依据《中华人民共和国国家赔偿法》的有关规定向人民法院提起行政赔偿诉讼。二、本批复公布以前发生的此类案件，人民法院已作刑事附带民事赔偿处理，受害人或其亲属再提起行政赔偿诉讼的，人民法院不予受理。"

2006年12月7日，最高人民法院行政审判庭作出《关于犯罪嫌疑人、被告人或者罪犯在看守所羁押期间，被同仓人致残而引起的国家赔偿如何处理问题的答复》（〔2006〕行他字第7号）："陕西省高级人民法院：你院《周乾炳诉镇巴县公安局行政违法及赔偿一案的请示报告》收悉。经研究，答复如下：犯罪嫌疑人、被告人或者罪犯在被羁押期间，被同仓人致残所引起的国家赔偿，应当按照《中华人民共和国行政诉讼法》和《中华人民共和国国家赔偿法》规定的行政赔偿程序处理。"值得注意的是，在确定赔偿时，可以适用《最高人民法院关于公安机关不履行法定行政职责是否承担行政赔偿责任问题的批复》，即应当考虑该不履行法定职责的行为在损害发生过程和结果中所起的作用等因素。

88. 劳动教养管理所不履行法定职责应当承担行政赔偿责任
——《最高人民法院关于劳动教养管理所不履行法定职责是否承担行政赔偿责任问题的批复》解读

2001 年 7 月 4 日　　　　　　　　　〔1999〕行他字第 11 号

一、问题的提出

重庆市高级人民法院就王承玉、刘克勤诉重庆市西山坪劳动教养管理所行政赔偿一案涉及的法律问题向最高人民法院请示。该案的基本情况是：

1997 年 10 月，王承玉和刘克勤之子刘元林因吸毒被重庆市劳动教养委员会批准劳教两年，并于同年 10 月 15 日被送进西山坪劳教所。当日下午 16 时许，刘元林等 10 人被西山坪劳教所劳教人员付庆（受戒毒大队整训队管理干部委托任整训组组长）领进舍房，付庆等人以刘元林等新教进房未喊报告为由，便用锄把、铁水管打，铁丝鞭子、布鞭子抽，拳打脚踢等方式对刘元林等人进行不间断殴打。当劳教人员付庆得知北碚区团委组织检查团来检查工作时，便停止殴打，并叫被打人员刘元林等到舍房后墙（弯腰，双手抱头），其殴打行为未被干部发现。当检查团走后付庆等人再次对刘元林殴打，当刘元林被打得忍受不住时，便提起地上的小凳子向付庆砸去，付庆等人认为刘元林反抗便对刘元林一阵乱打，当刘元林喊"打死人"时，付庆等人又用毛巾捂住刘的嘴，继续殴打，直到刘元林不能动时，才停止了殴打，过程长达 3 小时。晚饭前站队点名时，发现少两名新教，付庆便有意安排两名劳教人员顶替答应躲过了管理干部的检查。当晚 19 时许，干部检查舍房才发现刘元林表情痛苦，并有外伤，急送医院抢救无效死亡。死后经尸检：刘元林在疾病状态下，受暴力打击致呼吸循环系统衰竭而死。王承玉和刘克勤向重庆市北碚区人民法院提起行政诉讼。

一审法院经审理认为，构成行政赔偿的法定要件必须是行政机关及其工作人员在行使职权时有侵犯公民人身权、财产权的违法行为，违法行政行为包括作为和不作为两个方面。该案原告要求行政赔偿，是认为被告具有不作为的行政行为。但原告及其委托代理人在诉讼中没有提供被告确有不履行法定职责的不作为的事实依据，而以刘元林死亡后果推断是被告西山坪劳教所在管理劳教工作中违反"不间断管理"和"巡逻"等法定职责，造成劳教人员付庆等人殴打刘元林致死为由，要求行政赔偿的证据不足，对原告要求赔偿的请求不予支持。刘元林的死不是被告及其管理人员的违法行为造成的，而是劳教人员付庆等人的犯罪行为所致的结果，刘元林被打应呼救而未呼叫，致使干部多次到场也不知道刘元林的人身被侵害。因此被告不构成不作为的违法行政行为，不具有国家赔偿法（1994年）第二条、第三条规定的行政赔偿责任。因此判决：驳回原告王承玉、刘克勤的诉讼请求。

原告王承玉、刘克勤不服，其上诉理由是：有损害事实的存在，也有损害结果；西山坪劳教所的管理干部违反了《劳教管理工作若干制度》第六条和第十七条，违反了强制戒毒法第二条、第十二条；西山坪劳教所的违法行为与损害结果之间有着内在联系；根据国家赔偿法（1994年）第二十七条第（三）项的规定，应赔偿124200元。

因涉及被告是否存在不作为以及是否赔偿的问题，本案逐级请示重庆市高级人民法院。

重庆高院审委会经讨论，在以下两个问题上存在不同意见：

（一）关于西山坪劳教所是否存在不作为行为，是否应负赔偿责任

一种意见认为，劳教所不存在不作为，因为被告提供的规章制度和值班登记等书面材料证实，劳教所进行了巡逻和不间断的直接管理。之所以没有发现情况，是因为付庆等人采取了规避检查手段，所以应认定劳教所进行了正常的管理，即该作为的已经作为了，刘元林死亡主要是付庆等人所为，责任自负，付庆等人已经承担了法律责任，故劳教所不应再承担赔偿责任。并且，即使是不作为，该不该负赔偿责任也有争论，因为法律规定对行政机关具体行政行为造成的损害才予以赔偿，并没有明确规定对不作为行为造成损害的可以赔偿。

另一种意见认为，劳教所确有不作为，应承担赔偿责任，虽然从被告提供的规章制度和值班登记看被告表面上履行了法定职责，但从舍房里发现诸如锄把、铁水管、铁丝鞭等物品以及晚饭前站队点名时没有及时发现刘元林

未到应是劳教所的失职,对这种失职行为应该追究责任,包括赔偿责任。并且不作为造成的损害应当进行赔偿,因为从法理上说,具体行政行为包括作为和不作为,应当与作为案件一起纳入行政赔偿范围。

(二) 关于被委托人超越委托权限范围的行为应如何承担责任

根据 1982 年 1 月 21 日《国务院关于转发公安部制定的〈劳动教养试行办法〉的通知》第二十一条规定,劳动教养人员的班、组长,应当物色表现好的劳动教养人员担任,并由中队干部集体选定。班、组长的任务是:协助干部搞好本班、组的劳动、学习、生活、卫生等事务性工作。对班、组长应当经常教育考核,对称王称霸,为非作歹的,随时撤换,严肃处理。第二十一条应是作为行政委托主体的西山坪劳教所与被委托人付庆之间存在委托法律关系的依据。劳教所为了行政管理的需要,将自己的部分管理职权委托给特定的个人,让其对劳教人员的某些事务(如劳动、学习、生活、卫生)进行管理。依法理,由此而产生的法律责任,应由委托的行政机关负责。国家赔偿法(1994 年)第七条第四款规定也反映了这种精神。但这必须是建立在被委托人在委托的权限范围内所进行的管理行为,一旦被委托人的行为超出委托人委托的权限范围,对这种越权行为由谁承担法律责任,法律没有明确规定,为此形成两种意见。

一种意见认为,应由被委托人自己承担法律责任。被委托人在委托授权的范围内行使管理职权的行为,才对委托行政机关产生法律效力,超越委托权限的,对委托行政机关不产生法律效力,应由被委托人自负其责。再者,委托人西山坪劳教所委托付庆为整训组长,实际就是《国务院关于转发公安部制定的〈劳动教养试行办法〉的通知》第二十一条规定的"班、组长",班、组长的任务大多又是班内生活、卫生等内部管理事项,算不算一种委托行使行政管理职权也值得研究。

第二种意见认为,应由委托人承担全部法律责任。因为只有在法律、法规和规章有明确规定的情况下,行政机关才可依法将有限的行政职权委托给符合法定条件的组织或个人行使,只有相信他才能委托他,委托行政机关要对被委托人行使管理权的行为负有全面的监督责任,并且这种监督责任是无条件的,由此决定了委托行政机关不仅要对被委托人在委托权限范围内的行为承担法律责任,而且要对被委托人的越权行为承担法律责任。所以,对于刘元林的死亡后果应由西山坪劳教所承担赔偿责任。况且,当事人付庆被处死刑并已执行,要求付庆及其家属再进行赔偿也有困难,从保护被害人的合法权益出发,也应由劳教所承担赔偿责任。按照国家赔偿法(1994 年)第二十七条第一款第(三)项之规定,造成死亡的,应当支付死亡赔偿金、丧葬费，总额为全国上年度职工平均工资的 20 倍，因此，对刘元林的亲属即原告赔偿总额为：1996 年全国职工平均工资 6210×20 年 = 124200 元。

二、分析

本请示案件涉及以下三个问题：

（一）劳动教养管理所是否存在怠于执行职务的行为

所谓怠于执行职务，是指行政机关及其工作人员不行使职务上应予行使的消极行为。换言之，它是职务上应予执行而不执行的消极行为。法律上的行为可分为作为和不作为两种形式。怠于行使职权的行为属于不作为的行为。此种不作为行为的认定，以行政机关有作为义务为前提。行政机关工作人员依其职务，如果对第三人有作为义务而不作为或迟缓履行的，就属于怠于行使职权，如果因此侵犯第三人合法权益造成损害的，国家应当承担赔偿责任。

1. 行政机关的作为义务

行政机关的作为义务的来源主要包括以下几个方面：

（1）法律法规明确规定的行政作为义务。法律法规明确规定的行政作为义务是行政作为义务的主要来源。法律法规明确规定的作为义务是指法律法规明确规定的并且能够接受司法审查的行政机关的作为义务。这类的规定主要有两种，一种是相对明确和详尽的规定。例如，婚姻法规定婚姻登记机关对当事人符合结婚条件的，应当当场予以登记，发给结婚证。明确式规定一般较为详细地规定了行政作为义务的履行条件以及对于行政不作为的救济途径等。目前，此类案件的数量较多。另外一种是概括式规定。法律对于某类行政事项采取了一揽子式的、相对空泛和抽象的规定。这种类型的行政作为义务在司法实践上非常难以认定，法院缺乏有效的判决方式。例如，某公民举报违法行为要求有权行政机关查处，而行政机关认为，法律规定的只是没有具体内容的"查处"，因而对相关人员进行了协调没有处罚，某公民不服此协调行为，认为行政机关不作为即是其例。法院作出的履行判决的内容是要求行政机关查处还是具体如何查处，做法不一。

（2）特定行政机关的特定的行政作为义务。特定行政机关的特定作为义务是指行政机关由于其从事某项特定公共义务而依法要求履行的一定作为义务。例如，公安机关有保护人民生命、财产安全的行政作为义务；消防机关有扑灭火灾的行政作为义务等。这些行政作为义务实际上也是由法律法规规定的，但是由于其具有的特殊性而成为独特的行政作为义务来源。这种特殊性表现在：这种行政作为义务通常涉及公民重大的健康权利和财产权利；这种行政作为义务即使没有法律规定亦应当积极行使；履行这种作为义务的行政机关通常具备其他行政机关不具备的专业和人员优势。例如，根据人民警察法的规定，人民警察的任务是维护国家安全，维护社会治安秩序，保护公民的人身安全、人身自由和合法财产，保护公共财产，预防、制止和惩治违法犯罪活动。某公民因举报行为受到人身威胁，要求公安机关提供保护，公安机关以法律没有明确规定、警力不足为由拒绝作出保护措施，结果某公民不幸遇害。该案中，公安机关作为最有能力保护公民生命安全的行政机关，其不作为行为（实质意义上）与某公民的遇害有相当因果关系，应当承担行政赔偿责任。行政机关不能因法律没有明确规定而拒绝履行作为义务。法律明确规定通常是当事人处于合法或者无辜状态（例如公民上下班途中受到匪徒劫持），对于当事人存在违法状态的保护却是没有规定，此时要不要保护公民的生命、财产权呢？例如，某人因盗窃高层住宅处于急迫之中、某人扬言自杀而耸立于高层建筑物顶端等。此时，因公安机关本身的特殊行业性质，纵然法律没有规定警察在此种情形下有作为义务，公安机关亦有保护之义务。再如，大陆法系国家中普遍确立了公立医院的行政机关的地位，对于生命垂危而医院要求先交钱后治疗，结果导致病人耽误治疗死亡。作为具有特定行政作为义务的公立医院应当承担相应的赔偿责任。

（3）行政合同、行政承诺等契约行为产生的行政作为义务。尽管行政合同行为和行政承诺行为的性质仍然没有明确的界定，但是相关的行政案件已经逐步在增多。拒不履行、拖延履行行政合同义务、行政承诺义务已经成为司法实践中难以解决的重大问题。与法律法规规定的行政作为义务不同，行政合同中的行政作为义务通常是在订立行政合同中发生的行政作为义务。当然，这种区别不能过分强调。实际上，我国的行政合同立法大多强调通过单行法律明确授予行政机关签订行政合同权的倾向。① 但是，现代国家一般强调行政合同的合同功能，即除法律对缔约有特别的限制外，对于符合行政目标且属于公权力范畴的事项，均得允许缔结行政合同。此谓行政合同的容许性。② 司法实践中亦有相关的案例出现。行政承诺实际上不是一个学术上的专有名称。在合同法理论中存在要约和承诺两个阶段的过程。但是在行政法学上，行政承诺既可以由相对人的申请产生，也可以由行政机关的单方行为

---

① 例如，根据城市房地产管理法的规定，土地使用权的出让可以采取双方协议的方式。再如，《城镇国有土地使用权出让和转让暂行条例》第十一条授权市、县人民政府管理部门与土地使用者签订土地使用权出让合同。

② 例如，《德国行政程序法》第54条规定，"公法领域的法律关系可通过合同确立、变更和撤销（公法合同），但法律规定不准许时除外。对利害关系人本应作出行政行为的，行政机关亦可与之签订公法合同以代替行政行为。"

作出。例如，税务机关发布公告对举报偷税漏税行为的公民给予奖励。行政机关的此种行为非常类似民法上的要约邀请，但在行政法上通常认为公民只要有属实的举报行为，行政机关的承诺就应当兑现，否则也属于行政机关的不作为。行政机关的这种义务是基于契约或者合意产生的。值得注意的是，这里的契约性义务并不包括行政机关签订的民事合同。

（4）先行行为引起的行政作为义务。所谓先行行为的义务是指行政机关因自己的行为导致产生一定危害结果的危险而负有采取积极措施防止危害结果发生的行政义务。与一般的被诉行政行为的审查标准不一样，对先行行为的审查不在于此行为是否违法，而在于先行行为产生的结果是否超出了合理的范围并且增加了行为之外的危险。先行行为即使合法，也存在防止危险发生的行政义务。例如，行政机关依法拆除违章建筑，使用爆破手段对周围的房屋造成了损害而产生的恢复原状的行政义务；公立医院的医生在救治过程中发现病人情况严重而放弃治疗而产生的继续治疗的义务。也有一部分先行行为是由于违法行为产生的。例如，公安机关违法采取限制人身自由措施后发现违法，将受害人置于离限制人身自由地点几百公里的派出所等。先行行为在行政诉讼法学上是一个不易理解的概念，主要是由于传统的行政诉讼法学主要研究行政机关的合法性问题，即主要判断行政机关是否在法律法规规定的范围内行事，对于行政机关其他的行政义务如对危险源的监督义务等缺乏关注。由先行行为导致的危险源监督义务主要包括三个方面：一是危险的先行行为产生了对他人的危险，对于此种危险，先行行为人有消除的义务；二是对于行政管理范围之内的危险源，可产生危险源监督义务；三是行政机关对于受其监督人的行为有进行监督的义务。由先行行为导致的危险源监督义务主要是第一种情形。

（5）信赖利益引发的行政作为义务。信赖利益是行政法学上的重要概念，主要是指公民基于对行政机关的公益性和作出行为的先定性而产生的合理期待和信赖。信赖利益实际上来源于民法上的诚信原则，诚信原则被视为实现公平正义的最高指导原则。这种诚信是基于民事主体之间的平等关系和意思自治。行政法上的信赖原则是基于一个假定，即行政机关是公益的代表。公权力的设置要求将公民对于行政机关的信任置于头等位置。当然，信赖利益本身不是行政义务，而是因信赖利益而产生的给付义务和附随义务。这种附随义务不是双方义务，而是单指行政机关的单方义务。行政诉讼是相对人不服行政机关的行为而提起的，因此，不可能出现行政机关认为相对人的行为违反信赖利益的问题。行政机关与相对人之间发生法律关系后，行政机关即负有作为义务和不作为义务。该义务可以分为给付义务和附随义务。给付义务可以分为主给付义务和从给付义务。附随义务可以分为解释义务（包括解释义务、通知义务、指示义务、建议义务、开导义务、公开义务和警告义务等)、保护义务(包括保守秘密义务、竞业禁止义务、检查义务等)。信赖利益通常是基于行政机关的作为行为而产生的。例如,行政机关核发了行政许可证照,次年年审时,行政机关无故拒绝年审;行政机关已经准许相对人通过竞争方式从事某项独占性活动,后行政机关又准许其他相对人进入该领域,公民要求排除此妨碍,行政机关予以拒绝。行政机关在作出某项行政行为时,与相对人之间已经形成了信赖。行政机关对于公民合法的信赖利益负有作为之义务,例如正常情况下应当予以年审等。

2. 怠于执行职务行为的认定

(1) 怠于执行职务

一般来说,怠于执行职务可以分为拒绝履行和不予答复两种形式。从原理上讲,所谓"拒绝履行"是一种明示的作为行为,因此,拒绝履行实际上是一个否定性的行政行为。但是,这种拒绝履行的"作为"行为又与通常的作为类的行为有着较大的不同。因为从利害关系人的角度而言,拒绝履行的法律效果和不予答复的法律效果几乎没有什么区别,因为利害关系人得到的都是"零"。从这个意义上讲,笔者赞同有学者提出的"拒绝履行"是形式上的作为、实质上的不作为的观点。所谓"不予答复"是一种在形式上和实质上都不作为的情形。在形式上,行政机关并未对利害关系人作出任何有意思表示的行为;在实质上,行政机关没有作出任何具有法律约束力的行政行为。

一般而言,利害关系人向行政机关提出申请之后,行政机关不予答复的情形主要包括:①完全置之不理。即行政机关对于利害关系人的申请没有任何意思表示或者超过法定期限之后仍然没有答复。②不完全答复。即行政机关对于利害关系人的部分申请作了答复,部分申请没有答复。③拖延答复。即行政机关对利害关系人的申请超过法定的期限答复。④推拖答复。即行政机关以办事人员不在或者正在研究等等借口,对利害关系人的申请不予实质性的答复。⑤无价值的作为。即行政机关在受理申请或者依法应当主动作为的情形下,虽然在相应的时限内积极作为,但是该作为不利于申请人或者对于受保障的公民、法人或者其他组织的合法权益并无积极贡献,属于无价值的作为,这种无价值的作为其实质仍然是不作为。

(2) 作为义务保护的利益

国家赔偿法上的"作为义务",须为第三人(受有损害的人)的利益而设,其目的是保障和增进第三人的利益。如果该作为义务旨在增进和保护社会公益,虽然个人因该作为也可得到某种间接利益,不能因国家机关不执行该作为,而认定为怠于行使职权。例如:公证员错证经第三人之申请,公证机关负有撤销义务；法院执行错误经第三人（此处指案外人）申请，法院就负有执行回转义务。这种义务就是专为第三人而设定的义务。相反的例证是，国家计划在几年内建成10个"大庆"，届时未建成，企业（果能建成的放射利益的受益者）不能因此请求国家赔偿；某市计划在一定期限内修建市区防护（风、沙）林，该市居民不能因计划迟迟未实施而诉请赔偿。这里作为义务只在保护或增进社会公益，此种作为义务不能认定是国家赔偿法上的作为义务。个人不能因国家机关的不作为而请求赔偿。作为义务如果既保障社会公益，又保障个人权益，亦可认定系国家赔偿法上的作为义务。例如：夜班女工途中遭受抢劫之际呼求警察救助，警察置若罔闻而不加制止，此种情况下警察负有作为义务而怠于作为，受害女工即可请求国家赔偿。

本案中，劳动教养管理所是否存在怠于执行职务的行为，主要看其是否属于行政机关以及是否具有法律法规规定的监管职责。《劳动教养试行办法》第四条规定，省、自治区、直辖市和大中城市人民政府组成的劳动教养管理委员会，领导和管理劳动教养工作，审查批准收容劳动教养人员。劳动教养管理委员会下设办事机构，负责处理日常工作。公安机关设置的劳动教养工作管理机构，负责组织实施对劳动教养人员的管理、教育和改造工作。劳动教养场所，是对被劳动教养的人，实行强制性教育改造的机关，是改造人、造就人的特殊学校，也是特殊事业单位。第七条规定，省、自治区、直辖市和大中城市的劳动教养场所的设置，由省、自治区、直辖市人民政府根据需要确定。劳动教养场所的名称，为××省（市、自治区）××（地名）劳动教养管理所。生产单位的命名，应根据生产类型确定。办得好的劳动教养场所，经过省、自治区、直辖市劳动教养管理委员会批准，可以改名为劳动教养学校。劳动教养管理所的设置、撤销，须报公安部备案。可见，劳动教养管理所行使行政职能的性质是比较明确的。

本案中，劳教人员付庆（受戒毒大队整训队管理干部委托担任整训组组长）以刘元林进门未喊报告为由，采取铁水管打、铁鞭子抽、拳打脚踢的方式对刘元林进行不间断的殴打致其死亡。在请示案件中，有意见认为，付庆的伤害行为是否属于被委托人超越委托权限，是承担国家赔偿责任与否的关键。其理由是，《劳动教养试行办法》第二十一条规定，劳动教养人员的班、组长，应当物色表现好的劳动教养人员担任，并由中队干部集体选定。班、组长的任务是：协助干部搞好本班、组的劳动、学习、生活、卫生等事务性工作。对班、组长应当经常教育考核，对称王称霸，为非作歹的，随时撤换，严肃处理。因此，作为组长的付庆是在履行劳动教养管理所委托的职责，因此，被委托人的致害行为应当由委托人（即劳动教养管理所）承担相应的赔偿责任。我们认为，付庆是否属于受戒毒大队整训队管理干部委托、任命为整训组组长,与劳动教养管理所是否存在怠于执行职务的行为并无直接的关系。也就是说,即便付庆是不担任班、组长职务的一般被劳动教养人员,其实施致害行为导致其他被劳动教养人员死亡的,作为监管机关的劳动教养管理所也有相应的责任。

劳动教养管理所是实行强制性教育改造行政措施的机关。劳动教养管理所不仅要承担教育、挽救、改造劳动教养人员的法定职责,也要承担保障其生命安全的法定职责。《劳动教养试行办法》强调了劳动教养管理所的行政管理职能。在第四章第十七条规定,对劳动教养人员应按照处理人民内部矛盾的原则,实行严格管理,并规定他们必须严格遵守的纪律和制度。该法规还明确了劳动教养管理所应当保障劳动教养人员的健康权和残废补助费等有关待遇。例如该法规第四十九条规定,劳动教养管理所设置医院或卫生所,购置必要的医疗设备。要贯彻"预防为主"的方针,定期对劳动教养人员进行体格检查。对患病人员的生活要适当照顾。病重的,经主管劳动教养机关批准,征得家属同意,通知当地公安派出所,可以所外就医。所外就医人员,除工伤外,医药费用由本人自理。要经常检查了解所外就医人员的治疗情况和表现,病愈后应当及时收回。第五十条规定,劳动教养人员在劳动教养期间因公和非因公致残,在解除劳动教养时,其残废补助费,是保留公职的,按国家职工对待;原无工作的,参照国家有关规定执行。

劳动教养管理所还具有依照法律规定履行相关监管职责的义务。《劳动教养试行办法》第六十六条规定,劳动教养工作干部必须认真贯彻执行劳动教养工作的方针和政策,严格遵守国家法律。处理任何问题,都要坚持调查研究,实事求是,防止主观片面,草率从事。第六十七条规定,劳动教养工作干部要建立岗位责任制。要深入现场,组织和检查劳动教养人员的学习、生产、生活情况;认真执行夜间值班、查铺制度,作到 24 小时有人管;切实了解和掌握劳动教养人员的思想动态,发现问题,及时处理。加强请示报告制度。一切重大问题,要及时上报。本案中,虽然从被告提供的规章制度和值班登记看被告表面上履行了法定职责,但从舍房里发现诸如锄把、铁水管、铁丝鞭等物品以及晚饭前站队点名时没有及时发现刘元林未到、受害人遭受长达数小时、数次殴打中间尚有管教人员的检查行为等现象来判断,劳动教养管理所存在严重的失职行为,对这种失职行为应该承担相应的赔偿责任。

(二) 对不作为行为如何承担赔偿责任

受害人死亡的赔偿责任应当由谁来承担?本案中,导致受害人死亡的原因主要有两个:加害人付庆的殴打行为;劳动教养管理所疏于监管的怠于执行职务的行为。应当说,导致受害人死亡的直接原因是付庆的殴打行为。付庆的行为已经触犯刑法，构成故意伤害（致人死亡）罪。其对受害人的死亡应当承担刑事责任和相应的附带民事赔偿责任。

劳动教养管理所应当承担国家赔偿责任，其应当承担其"违法"造成的损害。在司法实践中，"违法"造成损害的情形很多，违法程度不同，其承担的国家赔偿亦有所不同。例如，劳动教养管理所管理人员实施殴打行为致人死亡与劳动教养人员殴打他人致人死亡承担的国家赔偿责任必不相同。在国家赔偿责任的确定中，必须首先明确造成损害的若干条件或者原因。这些条件或者原因共同造成了损害，对于损害的赔偿必须按照原因或者条件在其中所起的作用来确定。也就是说，虽然劳动教养管理所存在怠于行使职务的行为且造成了受害人死亡的损害后果，但是该损害后果并非全部由劳动教养管理所来承担，而是应当考虑劳动教养管理所不作为在造成受害人死亡结果发生过程中所起的作用等因素。

2001年7月4日，最高人民法院作出《关于劳动教养管理所不履行法定职责是否承担行政赔偿责任问题的批复》（〔1999〕行他字第11号）："重庆市高级人民法院：你院〔1999〕渝高法行示字第1号《关于王承玉、刘克勤诉重庆市西山坪劳动教养管理所行政赔偿上诉案的请示报告》收悉。经研究，答复如下：重庆市西山坪劳动教养管理所未尽监管职责的行为属于不履行法定职责，对刘元林在劳动教养期间被同监室人员殴打致死，应当承担行政赔偿责任。人民法院在确定赔偿的数额时，应当考虑重庆市西山坪劳动教养管理所不履行法定职责的行为在造成刘元林死亡结果发生过程中所起的作用等因素。"

三、应当注意的问题

在适用本批复时，应当注意以下五个问题：

1. 关于"考虑因素"的理解。最高人民法院在有关怠于执行职务承担国家赔偿责任的另外一个重要的司法解释中重申了这一观点，即由于公安机关不履行法定行政职责，致使公民、法人和其他组织的合法权益遭受损害的，应当承担行政赔偿责任。在确定赔偿的数额时，应当考虑该不履行法定职责的行为在损害发生过程和结果中所起的作用等因素。[①] 该批复为因公安机关

[①] 《最高人民法院关于公安机关不履行法定行政职责是否承担行政赔偿责任问题的批复》（2001年7月22日，法释〔2001〕23号）。

不履行法定职责引发的行政赔偿提供了法律依据。① 当然，也有的学者对该两个批复中的"考虑因素"的提法提出质疑。该学者认为，上述答复中"考虑因素"实际上体现的是过错责任原则，与国家赔偿法规定的"违法原则"并不一致。而且，在这种情况下，如果在劳教所等行政机关巡查次数增多的情况下仍然导致被害人死亡的，公权力机关可以"等因素"减轻或者免除赔偿责任，也就是考虑行政机关不作为行为在被害人被殴打致死过程和结果中有无过错或者过错大小来承担责任。在司法实践中可能出现由于各方因赔偿数额再起争执，从而导致受害人的损害无法得到及时赔偿的情形。② 我们认为，上述观点不准确。理由是：第一，国家赔偿法修订之后，归责原则已经从违法原则修订为多元的归责原则，并且过错原则与违法原则也并非完全排斥。第二，"考虑因素"仅仅说明行政机关对于损害后果所承担赔偿责任的比重，上述的"考虑因素"也仅仅是法院在审理此类案件中的酌定情节而已。

2. 对于行政不作为的赔偿的主要依据是司法批复。由于最高人民法院的批复只能针对具体的案例，对于劳动教养所、公安机关之外的行政机关的行为还没有统一的规定。在修订国家赔偿法时，一些学者和实务界人士均主张参照最高人民法院司法解释的规定对不作为的赔偿问题作出规定。③ 主要理由是：第一，不作为赔偿有利于树立诚信政府、责任政府的形象，有利于社会稳定。近年来，由于行政监管不作为导致的矿难事件、奶粉事件、面粉事件等不仅对人民群众的生命权造成了严重损害，也对政府的公信力造成了极大的冲击。如果不树立不作为赔偿，而仅仅采用法外补偿的方式，无助于问题解决，无助于社会的和谐稳定。第二，不作为赔偿有利于促进行政机关依法行使职权和履行公共义务。不作为赔偿对于促进行政机关严格依法办事，真正做到有法可依、有法必依、执法必严、违法必究，作用不容忽视。第三，不作为赔偿具有法律和司法解释的依据。不作为造成的损害属于国家赔偿法规定的"行使职权侵犯公民、法人和其他组织的合法权益造成损害"。行政

---

① 孟昭阳、曹作义：《公安机关不履行法定职责行政赔偿问题研究》，载《中国人民公安大学学报》2003年第3期。
② 陈小珍：《违法的行政不作为及其国家赔偿》，载《湖南行政学院学报》2003年第3期。
③ 例如，孙运利：《论行政不作为的国家赔偿责任》，载《山东公安专科学校学报》2003年第1期；黄垣：《论不行政作为的国家赔偿责任》，载《黑河学刊》2008年第3期；刘柏平：《论行政不作为违法的国家赔偿责任》，载《浙江公安高等专科学校学报》2002年第4期；曹建章：《行政不作为及其国家赔偿责任》，载《甘肃政法学院学报》总第58期（2001年9月）等。极少数的意见认为，不作为可能是行政机关在处理特殊事件过程中一种特殊处理方式的选择，法律应当允许行政机关享有这种选择权。或者即便规定，也应当作严格的限制。

诉讼法规定的"申请行政机关履行保护人身权、财产权的法定职责"实际上也确立了不作为诉讼和不作为赔偿诉讼。有的学者还就如何完善不作为赔偿提出主张，认为应当将不作为赔偿问题在国家赔偿法总则中予以明确；在分则中对不作为赔偿从侵权要件、举证责任分担等方面进行区分；明确不作为赔偿应当坚持"穷尽性原则"，即只有在相对人对由此不作为引起的损失在第三人无法求偿的情况下才可以向国家请求赔偿。① 最高人民法院在《法院建议稿》中也曾建议将原国家赔偿法第三条增加一款："行政机关及其工作人员怠于履行职责，侵犯公民、法人和其他组织的合法权益的，受害人有取得国家赔偿的权利"，第七条第一款修订为"行政机关及其工作人员违法行使职权或怠于履行法定职责侵犯公民、法人和其他组织的合法权益造成损害的，该行政机关为赔偿义务机关。"但是，由于本次修订没有涉及赔偿范围部分，有关内容的完善可能留待下次进行修订或者通过司法解释予以进一步明确。全国人大法工委国家法室副主任武增在就国家赔偿法修订问题回答记者提问时说："关于行政机关不作为要纳入国家赔偿法，我们在修改过程中，也听到了这个意见。现在国家赔偿法第三条关于行政赔偿的范围，没有出现不作为不纳入国家赔偿的范围这个字眼，但是并不是说国家行政机关不作为的行政行为已经构成违法的，不属于赔偿范围。你可以看一下国家赔偿法第三条第（五）项，就是造成公民身体伤害或者死亡的其他违法行为，这里面就可以包括不作为构成违法的情形，可以适用这一条款。为什么在国家赔偿法中没有作出明确规定？主要是考虑到行政不作为在实践中情况非常复杂，首先是要行政机关有作为的义务，并且可以行使职权，这是行政机关作为的一个前提。行政机关不作为有一些限定的条件，在法律中规定比较困难，所以在条文中没有明确表述。对于具体案件，司法实践中如果遇到这种情况，行政机关的不作为已经构成了违法，那么还是要承担赔偿责任的。在国家赔偿法实施过程中，以前我们也看到已经有了这方面的案例。"可见，立法机关对于不作为行为的赔偿责任是认可的。

3. 不能将是否申请作为不作为成立的必要条件。不作为可以分为依申请的不作为和依职权的不作为。对于依申请的不作为的赔偿自无异议。值得讨论的是对于依职权的不作为是否亦应以申请为要件。我们认为，将申请作为不作为成立的条件既忽视了不作为的种类划分，同时也忽视了司法实践中大量存在的依职权不作为致害行为。例如，行政机关具有监管职能而不履行相

---

① 杜国强：《行政不作为的国家赔偿问题初探》，载《西安石油大学学报（社会科学版）》第15卷第4期；薛雨：《行政不作为之国家赔偿》，载《天水行政学院学报》2007年第1期（总第43期）。

应职能导致公民遭受损害，警察路遇劫匪抢劫而视而不见，消防机关遇火警而无动于衷等等，此时，公权力机关应当积极作为而不作为造成受害人合法权益遭受损害的，属于不作为赔偿范围。

4. 法律、法规赋予公权力机关自由裁量权情形下怠于执行职务的认定。有人认为，对于属于行政机关自由裁量范围的事项，是否行使该职权（履行该义务）行政机关有完全自主权，无论是履行还是不履行造成的损害，都不应当赔偿。美国联邦侵权赔偿法第2680节列举的国家不予赔偿的事项中，就包括了行使裁量的情况。美国对行政机关或其职员行使自由裁量权的行为或不作为不负责任，目的在于避免当事人和法院利用损害赔偿之诉，干涉行政机关的职权。日本法院在实施《国家赔偿法》20年之前，也一直认为"公共官员的自由裁量决定只是简单的正确或错误，不涉及违法与否，因此，法院拒绝判定后来证明是不正确或鲁莽的自由裁量决定违法，这些自由裁量决定不会使国家承担赔偿责任"。我们认为，行政机关行使自由裁量权并非是指行政机关对于属于其裁量的是否具有完全的裁量权限，而不顾社会公益和公共目的的实现。行政机关的自由裁量行为原则上不产生违法的问题，但是，如果该裁量行为具有显失公正或者极度不合理的情形时，不能排除不作为赔偿。"具有显失公正或者极度不合理的情形"是指：国家工作人员如行使裁量权即可避免有关人员生命、身体或财产的危险或损害，却以自由裁量权为借口不予行使，不采用这一最适当的解救方法，此种不作为就可以认定为"具有显失公正或者极度不合理的情形"。

5. 行政不作为的免责情形。在下列情形下行政机关可以免除赔偿责任：第一，由于不可抗力致使相应的公法义务无法履行的，例如，由于山洪暴发无法及时赶到出事地点导致损害后果的发生。第二，已经通过其他途径获得相应的赔偿。例如，受害人因遭受他人殴打报警，警察未及时出警，事后受害人已经获得全部的医疗费用。第三，损害后果全部或者部分是由受害人或者第三人的过错造成的。受害人因邻居纵火要求消防机关及时到场，后消防机关未能及时到现场，导致受害人财产遭受损失，对于由于邻居的纵火行为导致的损害部分，主要应由纵火者承担。

89. 乡政府应承担乡治安室工作人员侵权造成损失的赔偿责任

——《最高人民法院行政审判庭关于乡治安室工作人员执行职务中故意伤害当事人造成的损害乡人民政府应否承担责任问题的电话答复》解读

1991 年 10 月 10 日

一、问题的提出

1991 年 9 月，四川省高级人民法院就乡治安室工作人员在执行治安管理职务中故意伤害当事人的，乡政府是否应当承担国家赔偿责任问题向最高人民法院请示。该省一些地方乡治安室工作人员在执行治安管理职务中故意伤害当事人的案件时有发生，有的被打致残。此类损害，乡人民政府应否承担赔偿责任的问题，有关部门和法院内部认识不够统一，四川高院审委会在讨论中，形成了三种意见：

第一种意见认为，乡治安室受乡政府领导、在公安派出所指导下负责管理辖区内的治安工作，其工作人员在执行治安管理职务中违法乱纪打伤当事人，不属正当履行职务造成的损害，应由行为人承担赔偿责任，乡政府不承担赔偿责任。

第二种意见认为，行政诉讼法第六十八条规定："行政机关或者行政机关工作人员作出的具体行政行为侵犯公民、法人或者其他组织的合法权益造成损害的，由该行政机关或者该行政机关工作人员所在的行政机关负责赔偿。……"根据这一规定，乡政府应承担治安室工作人员侵权造成损失的赔偿责任。乡政府赔偿损失后，可视情况责令行为人承担部分或者全部赔偿费用。

第三种意见认为，治安室工作人员在执行治安管理职务中违法乱纪打伤当事人，不属具体行政行为造成的损害，而属于执行职务中造成的民事侵权损害。民法通则第一百二十一条规定："国家机关或者国家机关工作人员在执行职务中，侵犯公民、法人的合法权益造成损害的，应承担民事责任。"根据这一规定，乡政府应承担民事赔偿责任。

第二种意见为倾向性意见。

二、分析

本请示案件涉及的是行政诉讼法第六十七条和第六十八条的理解问题。主要涉及以下两个问题：

（一）行政诉讼法规定的行政赔偿责任的构成要件

行政诉讼法第六十七条第一款规定，公民、法人或者其他组织的合法权益受到行政机关或者行政机关工作人员的具体行政行为侵犯造成损害的，有权请求赔偿。这是关于行政赔偿请求权的主要依据。一般来说，行政赔偿责任需要满足以下四个要件：

1. 行为主体要件。对于行政赔偿责任构成的要件，首先应当判定主体的范围，即确定行为主体。行为主体要件是指实施侵权行为能够引起国家承担赔偿责任的机关或者个人。根据行政诉讼法第六十八条的规定，侵权行为的主体为行政机关和行政机关工作人员。可见，我国行政诉讼法确定的是二元制行为主体结构。这里的"行政机关"是指广义上的"行政机关"，包括行政机关和法律法规授权的组织。"行政机关工作人员"不仅包括公务员，而且还包括执行职务的工勤人员、聘用人员等；不仅包括执行职务的国家机关工作人员，还包括视为执行职务的公务辅助人员等；不仅包括国家机关工作人员，还包括法律法规授权组织内依法执行职务的有关人员等。

2. 瑕疵行为要件。瑕疵行为要件是行政赔偿责任构成要件的最基本的内容。对于行为主体要件而言，只是构建了行政赔偿责任外围的框架，一定的侵权主体的确定并不导致行政机关承担赔偿责任。从全世界范围来看，主体要件呈现出弱化的倾向，主体要件已经逐步为行为所吸收。一般来说，各个国家和地区都将存在瑕疵的执行职务行为作为行政赔偿责任的行为界限。瑕疵行为主要包括积极执行职务的行为和怠于执行职务的行为。这里的"瑕疵"的确定与各个国家和地区确定的归责原则有关，例如有的国家认为是违反法律规定，有的国家则认为是存在公务过错等。本条规定的公民、法人或者其他组织的合法权益受到行政机关或者行政机关工作人员作出的具体行政行为"侵犯"造成损害,已经暗含了"违法"的寓意,表明该行为具有瑕疵。①

3. 损害事实要件。损害事实是瑕疵行为的后果,也是国家赔偿责任构成的必要条件。行政诉讼法第六十七条规定的"合法权益造成损害",即是指的损害事实要件。从损害的分类而言,一般包括对人身权利的损害和对财产权利以及其他合法权利的损害;物质损害和精神损害;直接损害和间接损害等。就损害的特征而言,损害必须具备现实性,即实际上已经发生或者必然会发生的损害,而不是抽象的可能的损害;必须具有合法性,即受到损害的利益必须是合法的利益,非法利益的损害不能发生国家赔偿责任;必须具有特定性,即受到的损害必须是特别的损害,而非针对全体社会成员的一般损害;必须具有非常性,即损害已经超过了公共生活正常负担的损害;必须具有非反射利益性,国家对于非反射利益的损害承担赔偿责任,对于反射利益则不承担赔偿责任。

4. 因果关系要件。各国法律都无一例外地承认因果关系是侵权赔偿责任的构成要件。因果关系要件构成了归责原则的条件和基础。因果关系指的是执行职务的行为与损害事实之间的因果关系,执行职务的行为是原因,损害事实则是后果。因果关系要件的讨论内容主要包括损害事实是不是由于行政机关及其工作人员执行职务的行为造成的,以何种标准来判断二者之间是否存在因果关系。对于因果关系的学说,学术界提出了诸如条件说、原因说、相对因果关系说、相当因果关系说等等观点。

(二)行政诉讼法规定的行政赔偿主体和求偿权

行政诉讼法第六十八条规定了两个内容:一是赔偿主体。即行政机关或者行政机关工作人员作出具体行政行为侵犯公民、法人或者其他组织的合法权益造成损害的,由该行政机关或者该行政机关工作人员所在的行政机关负责赔偿。"该行政机关"是指实施具体行政行为的机关;"该行政机关工作人员所在的行政机关负责赔偿"是指行政机关工作人员不直接对受害人承担赔偿责任,而由其所在的机关作为赔偿主体。本条将行政行为的实施者分为行政机关和行政机关工作人员两种情形,是一种例示性的规定,意在明确无论是以行政机关身份作出行政行为,还是以行政机关工作人员身份作出行政行为,均须由行政机关承担相应的法律责任,而非行政行为的作出主体除了

---

① 江必新:《行政诉讼法——疑难问题探讨》,北京师范学院出版社1991年版,第226~227页。

"行政机关"之外还有"行政机关工作人员"。① 这一规定也是为了防止那种刻意强调行政机关的行为与行政机关工作人员的行为区别的论调。

二是求偿权。即行政机关赔偿损失后,应当责令有故意或者重大过失的行政机关工作人员承担部分或者全部赔偿费用。也就是说,对于工作人员一般过失造成的侵权损害,则不要求其承担赔偿费用。规定只对有故意或者重大过失的行为人追偿,主要是在故意和重大过失的情况下,行为人有着不可推卸的责任,不要其承担一定的赔偿费用,不利于促进行政机关工作人员依法执行职务,恪尽职守。但是,如果要求行政机关工作人员对工作中的一般轻微过失都负有赔偿责任,会使他们遇事畏手畏脚,不愿负责,不敢负责,这对于提高行政效率不利。②

(三) 行使职权的行为与个人行为

本请示案件中,乡治安室受乡政府领导并在公安派出所的指导下负责辖区内的治安工作,该治安室隶属于乡政府。因此,其作出的履行"治安"职能的行为应当视为乡政府作出的行政行为。因此,乡治安室有关人员作出的有关治安管理的行为并非代表其个人意志的行为,而是代表乡政府的行为。对于个人行为与行使职权的行为的区别,学术界提出了很多标准。

判断致害行为是否行政行为,一个重要的标志是看该行为是否行政机关或者行政机关工作人员行使职权的行为。所谓行使职权的行为,是指以行政机关的名义行使行政管理职权,履行行政法上职责的行为。如果损害事实是行政机关工作人员在执行职务以外的行为造成的,就只能构成民事赔偿责任,而不能构成行政侵权赔偿责任。③ 根据我国国家赔偿法(1994 年)第二条的规定,国家机关和国家机关工作人员行使职权,有本法规定的侵犯公民、法人和其他组织合法权益的情形,造成损害的,受害人有依照本法取得国家赔偿的权利。参与过国家赔偿法制定的学者认为:"国家仅对国家机关及其工作人员行使职权时的侵权行为负赔偿责任。国家机关及其工作人员与行使职权无关的侵权行为,不发生国家赔偿问题,应当由该机关或者该机关工作人员对损害后果负民事上的赔偿责任或者刑事责任。"④ 也就是说,这里的"行

---

① 这一规定模式体现于行政诉讼法整部法律之中,例如,行政诉讼法第二条规定,公民、法人或者其他组织认为"行政机关和行政机关工作人员"的具体行政行为侵犯其合法权益,有权依照本法向人民法院提起诉讼。
② 胡康生主编:《行政诉讼法释义》,北京师范学院出版社 1989 年版,第 117 页。
③ 江必新:《行政诉讼法——疑难问题探讨》,北京师范学院出版社 1989 年版,第 225 页。
④ 胡康生主编、全国人大常委会法制工作委员会民法室编著:《〈中华人民共和国国家赔偿法〉释义》,法律出版社 1994 年版,第 5 页。

使职权"意味着只有当致害行为是与行使职权有关的行为时，国家才能根据国家赔偿法的规定承担侵权赔偿责任。那么，如何认定这种相关性呢？主要有以下几个标准：

1. 名义标准。名义标准是指公权力机关工作人员在实施具体的公权力行为时，必须以公权力机关的名义而确定的标准。名义标准可以通过公务人员身着制服、佩戴标志、出示证件、宣示身份等来进行判断，也可以根据公务人员的特殊职责、实际身份来进行综合判断。例如，根据行政处罚法第三十四条的规定，执法人员当场作出行政处罚决定的，应当向当事人出示执法身份证件，填写预定格式、编有号码的行政处罚决定书。这里的"出示执法身份证件"就是身份表明程序。但是，在特殊的情况下，身份表明程序可能违背职务行为实现的目标，可以不表明身份。例如缉毒警察在缉毒之前提前暴露身份，就无法完成拘捕违法人员的执法目标。在这种情况下，缉毒警察虽然没有表明身份，也不能认为其是以个人名义实施抓捕。是否是以公权力机关的名义，也要观察工作人员的实际身份，如果该"工作人员"是假冒的，即便其身着制服、佩戴标志也不能认为其在执行职务，当然也就不能由国家赔偿。

2. 时空标准。时空标准是指公权力机关工作人员在实施公权力行为时必须在特定的时间和地点的标准。公权力机关的工作人员是否在执行职务，时间和空间是一个重要的标准，一般情况下，公权力机关是在工作时间或者特定的工作环境下实施职务行为。例如，税务机关需在特定工作时间办理相关税务；一定的行政机关需按照特定的行政区域行使行政管理权限等。当然，也不能仅仅以工作时间和工作地点为唯一标准。行政机关的工作人员在其工作时间和工作地点内实施的侵权行为不一定与其行使职务有关。例如，某公安机关工作人员甲见与自己有嫌隙的公民乙路过办公室，故意将其殴伤，不能认为其侵权行为与行使职务有关。反之，公安机关工作人员节假日在百货商场偶遇通缉逃犯，在抓捕逃犯时，错将其他人的贵重物品作为逃犯赃物带走，此行为就不能认为与行使职务无关。[1]

3. 职权标准。职权标准是指行政机关的工作人员必须符合相应的法律赋予的权限的标准。职权标准实际上表明的是行政行为与受损害事实的相关性。例如，某警察发现某公民有盗窃嫌疑，而将其传唤到派出所并将其殴打致死。某警察的行为是以公安机关的名义作出，并且在特定的时间和地点，是否执行职务呢？有人认为，法律并没有规定警察可以殴打他人，该警察的行为是

---

[1] 姜明安：《论国家侵权责任的构成》，载罗豪才、应松年主编：《国家赔偿法研究》，中国政法大学出版社1991年版，第41页。

基于自己主观恶意实施的行为，属于个人行为，不应当属于国家赔偿范围。我们认为，某警察的行为实际上与执行公务具有相当的关联性，其殴打行为是该警察基于其公务员的身份实施的，虽然法律并未授权其可以殴打违法人员，但其殴打行为也是在执行职务，只不过是超越法律权限、错误地执行公务罢了。如果执行公务都是合乎法律规范的，都是在法律授予的权限内，无异于取消了国家赔偿制度。但是，如果该警察在饭店吃饭不付账发生撕扯，该警察持枪致人伤亡的。这一行为与执行职务完全无关，属于个人行为，国家不承担赔偿责任。

违法的、存在瑕疵的"行使职权的行为"可以是行政机关或行政机关工作人员积极执行职务的行为，也可以是行政机关工作人员怠于执行职务的行为。本请示案件涉及的积极执行职务的行为。所谓积极执行职务的行为，是指公权力机关的工作人员在行使其职务上的权力或者履行其职务上的义务，而与其执行的公务有密切关联的行为。何谓"执行职务"，各国的规定不尽相同，学术界执有不同的看法，法学上有主观说与客观说之别。

主观说认为，认定某一行为是否为执行职务的行为，应当重点考察工作人员主观上的意思，只要其行为的意图，目的是执行职务，就可以认定其为执行职务，缺乏这种意图、目的的，即使有执行职务之表征，也不能认定执行职务。

客观说认为，认定某一行为是否为执行职务的行为，应当重点考察工作人员的外部特征，如该行为系对执行职务有必要的行为或有助于执行职务的行为，即可认定为执行职务的行为，至于行为人的主观意图或目的在所不问。例如，在日本，对于其《国家赔偿法》第1条规定的"关于其职务之执行"的涵义，有广义说和狭义说之分。狭义说认为，执行职务的行为必须与本来的职务行为表里一致，如果本来的职务行为有错误的，必然与其行为发生关系，只能是本来职务行为的半面，该行政主体应当承担责任，而与职务行为无关的私人行为以及相关联职务的行为，均非执行职务的行为。广义说认为，加害行为固然是职务行为本身，即是属于执行职务行为的手段行为，或者与职务内容有密切的关系而附随于职务行为的行为也包括在内。也就是说，只要在客观上具有执行职务的外观就已经满足。

主观说和客观说互有长短，都有缺陷。对于主观说而言，对于公务员的行为是否出于执行职务的意思，在司法实务中很难准确把握，也不利于保障受害人的合法权益。从立法宗旨考虑，为了保障公民、法人或者其他组织的合法权益，及时填补其因执行职务行为遭受的损害，我们认为应当以客观说为宜。但是，客观说也并非尽善尽美。如果仅仅以客观上、外形上判断是否执行职务，实际上就走向了形式主义，也容易无端扩大国家赔偿的范围，也使得执行职务的行为与在执行职务中挟私报复的个人行为无法准确判断。因此，在判断执行职务行为基准上，应当以客观说为基础，并结合对于行为人的主观意思的综合判断。

如前所述，判断一个致害行为是否执行职务的行为，首先要看是否以行政机关的名义行使职权、履行职责的行为。如果损害事实是行政机关工作人员在执行职务以外的行为造成的，就只能构成民事赔偿责任，而不能构成侵权赔偿责任。该行为就成为个人行为、民事侵权行为、行政违法行为或者刑事违法行为。其次，正如前文所述，所谓"执行职务"，既指执行职务过程中，又指执行职务范围内。执行职务过程，是指执行职务时间上的延续性，即从执行职务开始到任务完成；执行职务范围，是指行为必须与行使职权或职责有关，执行职务的范围的大小应根据规定职务关系、职务权力及职务责任等的法律法规来确定，并非所有的执行职务的行为都是行使公权力的行为。最后，要根据行为人与受害人之间的关系、行为人的品质、行为人通常在执行职务过程中的惯常行为等对其主观故意进行判断，从而综合判断其行为是否属于国家赔偿法中的"执行职务"。

积极执行职务的行为不仅包括执行职务本身的行为，还包括与职务本身有牵连关系的行为。主要的表现形式是：(1) 执行职务本身的基础行为。这种行为的性质即是执行职务本身，而非从执行职务行为中衍生出来的行为。例如，行政机关违法进行行政处罚、食品卫生监督机关公布不合格的产品名单致使利害关系人蒙受经济损失、工商行政管理机关吊销营业执照、警察在追捕逃犯时将路边零售小摊撞塌、民政机关取缔未经许可的社会团体等等。这类行为本身就是执行职务，因此造成损害的，国家理应承担赔偿责任。(2) 与执行职务密切关联的行为。这种行为在外部表现形式上，虽然并非执行职务本身，但是却与执行职务本身具有密切的关联性。例如：警察利用讯问违法嫌疑人之机，对其进行殴打、体罚等；税务机关在进行税务执法时，诱使纳税人承认不利事实；卫生监督机关工作人员因在工作场所吸烟，造成部分账簿销毁；消防警察在灭火前后，在途中违章造成交通事故等等。这些行为在客观上、外形上均具有执行公务的特征，应当承担国家赔偿责任。(3) 勤务时间、空间之外的执行职务行为。行政机关工作人员在特定的时间和空间之外，如果从客观上、外形上可以判断为与执行职务的行为有关，国家应当承担赔偿责任。在时间方面，公权力机关的工作人员应当按照法定的上班时间上班，不得迟到或者早退。那么，在法定的上班时间之外的行为是否不属于执行职务行为呢？不能这样理解。实际上，有关上班时间的规定仅仅是公权力机关的内部管理规范，并非发生对外效力的规范。例如，治安警察在凌晨执行取缔黄赌毒场所的行为，海洋渔政机关在午夜的巡查行为等等。

从空间上来说，公权力机关工作人员应当在辖区内执行职务，但是，在特定情形下，即便是在辖区外执行的行为也可能是执行职务的行为。例如，由于山火蔓延，甲地消防警察到乙地执行灭火任务。这些行为均具有执行职务的身份和执行职务的外观，对此造成的损害，应当由国家承担赔偿责任。与此相类似的还有回程行为的问题。一般情况下，行政机关在执行职务完毕之后，可以认为法律效果已经结束，那么，如果行政机关工作人员在执行职务完毕后，例如警察清查暂住人口、卫生监督机关查缴不达标食品后，回单位途中发生交通事故的，是否属于执行职务的行为，学术界还有不少争论。德国和我国台湾地区学者一般认为属于执行职务行为，日本学者则认为不属于执行职务的行为。我们认为，上述行为实际上从客观上、外形上以及回程对于执行职务的必要性上等方面进行考察，应当属于执行职务的行为。（4）超越职权的执行职务行为。超越职权是指超越行政机关本身的权限、法律授权或者允许的范围。广义上，超越职权可以泛指任何违法行为，因为任何违法行为都超出法律授权之外。超越职权的行为可以体现为不同行政机关的职权划分，例如工商机关违法对纳税人办理所谓完税证明等；可以体现为超越法律赋予的职权种类，例如交通警察对违章停车的人员处以治安拘留，而对于违章停车者只能处以罚款；可以体现为超越法律赋予的职权幅度，例如，卫生监督管理机关具有 5000 元以下的处罚权，而对相对人处以 10000 元的罚款；可以体现为超过法定时效，例如，某项行政业务截至 8 月 30 日，行政机关在没有正当延长事由的情况下 9 月 3 日给予办理等等。对于这种行为，判断的基准在于行政机关是否具有一般的职务权限，只要该职务权限为一般常识和社会观念所认同的，应当认定为执行职务的行为。（5）滥用职权的执行职务行为。滥用职权是指利用职务所给予的机会、条件，并且以执行职务的方式、手段达到非法的目的。例如，公安派出所人员在扣押违法人员的物品后，不进行登记而中饱私囊；卫生监督机关因对某饭店对其提起行政诉讼一事，经常性对饭店进行检查，顾客均认为该饭店卫生有问题而导致客源减少等等。

一般来说，不属于执行职务的行为主要包括：（1）个人行为。如果行政机关的工作人员完全是基于个人的原因，而非执行职务的原因致人伤害的，属于个人行为。例如，某警察因怀疑其妻与某人有外遇将某人殴伤。这种行为的认定实际上涉及到其主观意图的认定，因此在司法实践中表现得比较复杂。例如，警察身着制服将某人殴伤，根据客观说理论，从外形上具备执行职务特征，似应属于执行职务的行为，在处理过程中，双方的证词表明双方是因隙互殴，可以认定为个人行为。（2）冒充行为。冒充行为是指非行政机关工作人员冒充行政机关所实施的侵权行为。例如，某公民冒充乡镇干部对超生家庭收取"超生费"。（3）潜称行为。潜称行为是指行政机关工作人员本身不具有另一行政机关的一般职务权限，而冒充具有该职务权限所为的侵权行为。例如，乡政府工作人员冒充治安警察对正在聚众赌博的人员进行处罚。这种行为与超越职权的执行职务行为的一个不同之处就在于，潜称行为一般属于明知故犯，并且在客观上、外形上明显不具有执行职务的特征，更不具有执行职务的目的；而超越职权的行为在客观上、外形上具有执行职务的特征，非经特定程序审查才能确定其超越职权，并且具有执行职务的目的，属于执行职务的行为。（4）私法行为。私法行为是指行政机关非基于行政机关的身份而是基于私人的身份所为的侵权行为。例如，行政机关向商店购买行政用物品；行政机关违反合同约定义务拒不履行付款义务等等。

（四）民法通则中规定的"执行职务中"

本请示案件中，还有观点认为本案应当适用民法通则的有关规定。应当说，有关国家机关和国家机关工作人员的赔偿责任的规定最早来源于民事法律。我国民法通则第一百二十一条规定，国家机关或者国家机关工作人员在执行职务中，侵犯公民、法人的合法权益造成损害的，应当承担民事责任。该条中所称的"执行职务中"体现了与一般民事责任的根本区别。"执行职务中"一般是指执行法律规定的公务活动而言，主要包括执行职务的范围和执行职务的程序。

就执行职务的范围而言，是指国家机关依照法律规定的职责范围。执行职务必须与其职责范围紧密相关，职责范围的大小依照法律规定、上下级之间的权力划分、职务行为的权力和责任等方面的因素来加以确定。值得注意的是，对于超越职权的行为，有的可能属于执行职务的行为，有的则可能不属于执行职务的行为，判断的标准主要是看该行为的目标。如果该行为的目的是为了实现公务目标，就属于执行职务的行为；如果该行为的目的是为了非公务的目标，就不属于执行职务的行为。例如，行政机关与特定的建筑公司签订的建筑承包合同属于一般的民事合同，行政机关并非为了实现行政管理的目标而签订合同，这种行为不属于执行职务的行为。我们认为，属于职务范围的行为主要包括两个内容：（1）构成职务行为的基础行为。基础行为的特点是其行为本身即是行政机关实施的职务行为。例如公安机关违法拘留、违法罚款等等。（2）与职务行为有关的关联行为。这类行为虽然不是基础行为，但是与执行职务密切相关。主要包括以下几个类型：①为执行职务而积极采取不法手段。例如，为审讯而采取的刑讯逼供、暴力殴打行为。②利用执行职务之机泄私报复。例如，利用工商机关工作人身份多次查处与自己有嫌隙的商户。③为执行职务而放任自己的行为。例如为追捕逃犯，在人群聚集处所高速行驶致人伤亡。④在执行职务时间或者地点内实施的行为。例如，公安机关在前往某地执行任务过程中,违章撞伤他人等等。

就执行职务的程序而言,是指行政机关依照法律规定的应当遵循的法定的或者正当的程序。也就是行政机关对公民、法人或者其他组织的活动进行管理、行使职权履行国家职能在时间、空间、步骤等方面的要求。执行职务的程序实际上是时间的经过(时间的流逝)与权力空间(公权力之间的分工与制约)的关系。

一般情况下,执行职务的范围和执行职务的程序是合二为一的,即执行职务范围内的行为一般是在执行职务的程序之中。但是,在特定的情况下,即便属于执行公务程序中的行为有时并不属于执行职务的行为,例如公安机关在追捕逃犯过程中因个人恩怨将已经失去反抗能力的逃犯击毙的行为就不属于执行职务的行为。可见,民法通则上的"执行职务中"的涵义既包括了执行职务本身,还包括与执行职务有关联的、不可分离的事项,只要在客观上、外在形式上、外部特征上,依照一般理性人的观念认为是执行职务范围内的行为,均可认定为执行职务的行为。这一观念和认知,与行政诉讼法和国家赔偿法上的观念基本一致。行政诉讼法、国家赔偿法颁布之后,国家机关和国家机关工作人员的行为违法侵犯公民、法人或者其他组织合法权益的,应当适用这两部法律的规定。

(五)行政诉讼法、国家赔偿法规定的行政机关的追偿权

追偿,仅从字面意义看,即追回所赔金额。其含义与一般情况下的要求行政赔偿有很大不同:首先,追偿的主体一般为赔偿义务主体,对象则是对损害的造成有故意或重大过失的工作人员、受委托行使公务的人员;行政赔偿的启动者则是请求权人,对象是行使职权的国家行政机关。第二,追偿权只能在赔偿义务主体对受害人的损害赔偿后才能行使;请求国家赔偿的权利只要是在请求时效内行使均可。第三,追偿的程序与请求行政赔偿的程序不同。追偿的程序是一种内部的求偿程序,国家赔偿的程序则是外部的求偿程序。同样,追偿权作为国家赔偿法中的一项制度已成为大多数国家立法例。行政赔偿所表现的是国家(行政机关)与受害人之间的赔偿与受赔偿的关系,即所谓外部关系,追偿权所表现的是赔偿义务机关与公务员之间偿还的关系,即内部关系;国家赔偿的目的在于保证受害人得到救济,而追偿权的目的在于对工作人员实施某种惩戒,但是,追偿权与行政赔偿直接相关。行政赔偿是追偿权存在和行使的前提,而追偿是弥补行政赔偿弊端的一种手段,二者在程序上也密切相连。

国家赔偿法上的追偿行为与民事追偿行为亦不相同,主要的区别是:第一,国家赔偿追偿行为中,追偿人与被追偿人是领导与被领导的关系,是不

平等的特别权力关系；民事追偿行为则是平等民事主体之间的赔偿关系。第二，国家赔偿的追偿一般不是以诉讼程序而是以协商或者决定程序解决；民事追偿则是可以通过诉讼来解决。第三，国家赔偿的追偿是以惩戒为主要目的的，民事追偿行为则是以填平补齐为目的。第四，国家赔偿追偿是部分追偿或者全部追偿；民事追偿则一般是全部追偿。

国家赔偿法（1994年）第十六条规定：赔偿义务机关赔偿损失后，应当责令故意或重大过失的工作人员或者受委托的组织或者承担部分或者全部赔偿费用。对有故意或者重大过失的责任人员，有关机关应当依法给予处分，构成犯罪的，应当依法追究刑事责任。第三十一条规定："赔偿义务机关赔偿损失后，应当向有下列情形之一的工作人员追偿部分或者全部费用：（一）有本法第十七条第（四）、（五）项规定情形的；（二）在处理案件中有贪污受贿、徇私舞弊、枉法裁判行为的。对有前款规定情形的责任人员，有关机关应当依法给予处分；构成犯罪的，应当依法追究刑事责任。"根据上述规定，国家机关责令所属工作人员承担部分或者全部赔偿费用，必须具备以下条件：

1. 受害人的损害必须是由该机关工作人员在执行职务中造成的

这是赔偿义务机关享有和行使追偿权的前提条件。这一条件包括以下两个方面的内容：一是该机关工作人员的行为是执行职务的行为；二是该机关工作人员执行职务的行为与损害之间具有相当因果关系。实践中，国家机关的一个行为通常由若干人共同完成，在这种情况下，应当注意判明哪些人的行为是导致行为违法的原因。如果有共同原因或混合原因存在，应当注意判明每一个机关工作人员的职务行为在导致违法结果过程中的地位和作用的大小。

2. 该工作人员在执行职务时存有致害故意或重大过失或具有法定情形

在侵权责任法理论上，通常把加害人的过错分为三级。一是故意（称为一级过错），即认识到其行为违法、违反义务并有致人损害之可能而立意为之者，而不论其主观上是希望还是有意放任结果发生。二是重大过失（称为二级过错），具有某种特定身份或执行某种专门业务的人，如果其行为不但没有达到其身份或职务所特别要求的注意标准，而且连一般应有的注意标准都没有达到，即违反了法律对一个公民的起码要求，就构成重大过失。三是一般过失（称为三级过错），特别身份或者专门业务人欠缺其职务要求的注意，或者一般人欠缺其通常应有的注意，均为一般过失。法国行政法院通过判例确定了公务员一般过错和重过错的区分标准：以某一具体情况下的中等程度的注意和勤奋为标准。欠缺中等程度的注意和勤奋为一般过错；超过一般标准的欠缺，以及明显而严重的欠缺，或故意行为为重过错。例如，消防队员在救火时,操作笨拙或者错误,在一定程度以内是一般过失;如果消防队员在此危急时刻,停止操作进行吃喝,属于重过错。①

作为国家赔偿制度中的追偿条件,只限于故意和重大过失两种过错和形式。我国行政诉讼法和国家赔偿法也以"有故意或者重大过失"作为追偿的必要条件,意即在国家机关赔偿损失后,对因机关工作人员一般过失以及正当防卫、意外事件等原因造成的损害不进行追偿。

有的学者提出,我国国家赔偿法规定的追偿权包括行政追偿权和刑事追偿权,这两种追偿权的标准不一样。例如,国家赔偿法(1994年)第十六条针对行政追偿规定了"故意或者重大过失"标准,而国家赔偿法第二十四条规定的则是对于有刑讯逼供或者以殴打、虐待等行为或者唆使、放纵他人以殴打、虐待等行为造成公民身体伤害或者死亡的、违法使用武器、警械造成公民身体伤害或者死亡的、在处理案件中有贪污受贿、徇私舞弊、枉法裁判行为的才能实施追偿,实行的是列举主义标准。并且执行职务致害是以故意为标准,违法使用武器警械则是以过失为标准。② 我们认为,这种理解是不准确的。无论是行政赔偿、刑事赔偿还是非刑事司法赔偿,实行的均是"故意或者重大过失"标准,这一标准适用于行政赔偿范围的所有行为,也适用于刑事赔偿、非刑事司法赔偿的列举事项。属于故意还是重大过失必须具体案件具体分析。不能认为某一类案件中只有故意而没有过失或者只有过失而没有故意。例如,对于非法使用武器警械的情形,有的是属于故意的心理状态,有的则属于过失的心理状态。列举的可以追偿的行为范围不能作为追偿的标准。以下就这两种主观心理状态作一阐述:

(1)故意。所谓故意,是指公务人员明知自己违法行使职权的行为会造成公民、法人或者其他组织合法权益的损害,却希望或者放任这种结果发生的心理态度。在这种心理状态下,该公务人员的主观恶性极大,往往不具备行使职权、履行职务的目的。故意一般分为直接故意和间接故意。所谓直接故意是指公务人员明知自己违法行使职权的行为会造成公民、法人或者其他组织合法权益的损害,却希望或者追求这种结果的发生;所谓间接故意是指明知自己违法行使职权的行为会造成公民、法人或者其他组织合法权益的损害,却放任这种结果的发生。

(2)重大过失。过失是行为不法性的具体体现,因而也是判断不法性的依据或标志。因此,一方面,行为的不法与否必须借助过失的概念来确定。不能要求行为人对于一般的过失承担责任,这是因为由于行政行为裁量空间

---

① 王名扬:《法国行政法》,中国政法大学出版社1988年版,第724页。
② 闫越:《国家追偿权及其立法完善》,载《法制与社会发展》1998年第6期。

的存在，公权力行为执行本身就存在着可能造成侵害的危险性。如果苛求公务人员时时皆尽高度之注意，事事皆毫无差错，实际上是束缚了公务人员的手脚，不利于公务行为的行使；但是，如果对其主观状态毫无限制，就可能导致公务人员挟无责之便利逞专制之威风。因此，有必要对其重大的、明显的过失行为进行适度限制，只有这样才能既保护公务人员恪尽职守、秉公执法的信心，同时监督其不超越职权、滥用公权力。

另一方面，行政人员有无过失须运用一定的法律标准来衡量。如果法律对国家机关工作人员执行职务所应当注意和能够注意的程度有较高要求时，如果行为人没有达到这一较高要求，为一般过失；如果行为人不但没有达到法律对他的较高要求，并且连普通人应当注意和能够注意的程度也没有达到的，为重大过失。因此，判断行为人是否有重大过失，应当考虑两个因素：一是法律要求该工作人员在特定情形下的注意标准。工作人员违反法律规定的注意职责和注意义务，导致的危险和危害结果越大，其过失程度就越大。二是行为人自身的客观的注意程度。行为人有意识违反法律和自身组织者产生的过失比无意识产生的过失程度要大；在同等情况下，注意能力强的行为人比注意能力弱的过失程度大；行为人对损害后果的发生越容易预见或者越容易避免，其过失程度也越大。在特定的极其危险的情况下，对于"法律规定的注意程度"应当严格解释，例如，公安机关的工作人员在闹市区执行抓捕任务，必须谨慎地使用武器，而公安机关人员却向聚集的人群开枪，只要该损害事实存在，即应当推定为重大过失，无须和普通人的过失相比较。只有将这两个因素结合起来考虑，才能对行政机关工作人员是否有重大过失作出合理判断。

3. 致害工作人员所在的国家机关或其他赔偿义务机关已经对请求权人履行了赔偿义务

追偿制度的实质就在于弥补因赔偿而给国家造成的损失，因此，只有当致害人员所在的国家机关或者其他赔偿义务机关已经对请求权人履行了赔偿义务之后，受害人的赔偿请求权归于消灭而其本身受到损害的情况下才能对其工作人员行使追偿权。在国家机关或者其他赔偿义务机关没有履行赔偿义务之前，追偿权尚未发生。如果国家机关经过审查认为对损害后果不应当承担国家赔偿责任时，国家赔偿没有发生，此时不能对其工作人员进行追偿。

值得注意的是，"履行了赔偿义务"的涵义是什么呢？修订前的国家赔偿法第十四条和第二十四条均规定"赔偿损失后"，2010年修订后的国家赔偿法第十六条规定的是"赔偿义务机关赔偿损失后"，第三十一条规定的是"赔偿后"，这仅仅是立法措辞上的变动，涵义没有任何改变。即无论是"赔偿后"还是"赔偿损失后"，均是"履行了赔偿义务"。有的学者认为，"履行了赔偿义务"仅仅指赔偿义务机关向受害人实际支付了赔偿费用,如果赔偿义务机关只是返还财产、恢复原状或者消除影响、恢复名誉、赔礼道歉,并没有实际支出赔偿费用,就不能行使追偿权。① 我们认为,这种理解是不准确的,履行赔偿义务不仅包括支付赔偿金,还包括了返还原物、恢复原状、赔礼道歉、消除影响等方式。况且即便在返还原物、恢复原状等过程中也要产生一定的费用。

  本请示案件中,乡治安室的行为属于乡政府"行使职权""执行职务"的行政行为,其工作人员作出的具体行政行为侵犯公民、法人或者其他组织合法权益造成损害的,应当承担相应的赔偿责任。如果工作人员在执行职务中有故意或者重大过失的,应当适用行政诉讼法第六十八条有关追偿权的规定。综上,1991 年 10 月 10 日,最高人民法院行政审判庭作出《关于乡治安室工作人员执行职务中故意伤害当事人造成的损害乡人民政府应否承担责任问题的电话答复》:"四川省高级人民法院:你院川法研〔1991〕45 号《关于乡治安室工作人员执行职务中故意伤害当事人造成的损害乡人民政府应否承担赔偿责任的请示》收悉。经研究,同意你们的第二种意见。"即乡政府应当承担治安室工作人员侵权造成损失的赔偿责任;乡政府赔偿损失后,应当责令有故意或者重大过失的行为人承担部分或者全部赔偿费用。

---

① 孙运利:《试论我国的行政追偿制度及其完善》,载《行政与法》2005 年第 6 期。

附录：

废止的行政诉讼司法解释、司法解释性质文件目录

（1980年1月1日至2011年12月31日）

序号	司法解释和司法解释性质文件名称	发文日期、文号	废止理由
1	最高人民法院关于地方人民政府规定可向人民法院起诉的行政案件法院应否受理问题的批复	1987年10月9日	行政诉讼法已有明确规定
2	最高人民法院、中国人民银行关于法院对行政机关依法申请强制执行需要银行协助执行的案件应如何办理问题的联合通知	1989年1月11日 法（行）发〔1989〕2号	原依据的民事诉讼法（试行）有关规定已废止，不再适用
3	最高人民法院关于新法规定当事人可以起诉而旧法规没有规定可以起诉而当事人起诉的，人民法院可否受理的函	1989年1月23日 法（行）函〔1989〕11号	已被行政诉讼法代替
4	最高人民法院行政审判庭关于行政机关对业已进入诉讼程序的行政行为作出的复议决定应如何处理问题的电话答复	1989年10月10日	已被行政诉讼法代替
5	最高人民法院关于《中华人民共和国行政诉讼法》实施前行政审判试点工作中几个问题的答复	1989年11月20日	只适用于特定时期，已失效

序号	司法解释和司法解释性质文件名称	发文日期、文号	废止理由
6	最高人民法院行政审判庭关于工商行政管理机关的处罚决定所依据的法规没有规定可以起诉被处罚的个体工商户不服依据《城乡个体户管理暂行条例》向法院起诉应否受理问题的电话答复	1989年12月22日	已被行政诉讼法代替
7	最高人民法院行政审判庭关于铁路系统治安案件处罚权问题的电话答复	1990年3月20日	原依据的治安管理处罚条例已不适用
8	最高人民法院行政审判庭关于高速公路交通警察支队"二裁"的案件人民法院可否受理问题的电话答复	1990年5月7日	原依据的道路交通管理条例已不适用
9	最高人民法院行政审判庭关于收容审查法律依据问题的电话答复	1991年5月22日	与刑事诉讼法规定相冲突
10	最高人民法院关于实施《食品卫生法（试行）》中卫生防疫部门能否采用"查封"措施的答复	1991年10月9日 法（行）函〔1991〕108号	原依据的食品卫生法（试行）已失效，答复不再适用
11	最高人民法院关于不服工商行政管理机关的确认经济合同无效及财产损失的处理决定的案件应属行政案件的答复	1992年4月1日	原依据的经济合同法已失效，答复不再适用

序号	司法解释和司法解释性质文件名称	发文日期、文号	废止理由
12	最高人民法院关于经工商行政管理机关确认经济合同无效，并对财产纠纷作出处理决定后，当事人一方逾期既不起诉又不履行的，对方当事人可否申请人民法院强制执行问题的复函	1993年1月17日 法函〔1993〕2号	原依据的经济合同法已失效，复函不再适用
13	最高人民法院关于海源县土畜产公司诉丰宁满族自治县公安局赔偿一案应否受理的复函	1994年5月11日	与国家赔偿法规定相冲突
14	最高人民法院关于土地被征用所得的补偿费和安置补助费应归被征地单位所有的复函	1995年1月16日 法经〔1995〕13号	已被国有土地上房屋征收与补偿条例代替
15	最高人民法院对有关不动产的非诉行政案件执行管辖问题的答复	1995年8月24日 法行〔1995〕13号	已被《最高人民法院关于执行〈中华人民共和国行政诉讼法〉若干问题的解释》代替
16	最高人民法院关于对征收水资源费法律适用问题的答复	1995年10月20日 法函〔1995〕132号	与水法规定相冲突
17	最高人民法院关于当事人不服公安机关收审向人民法院提起上诉应如何处理的答复	1995年10月24日	与刑事诉讼法规定相冲突
18	最高人民法院关于工商行政管理检查所是否具有行政主体资格问题的答复	1995年12月18日 法函〔1995〕174号	原依据的投机倒把行政处罚暂行条例已失效，答复不再适用

序号	司法解释和司法解释性质文件名称	发文日期、文号	废止理由
19	最高人民法院关于印发《人民法院赔偿委员会审理赔偿案件程序的暂行规定》的通知	1996年5月6日 法发〔1996〕14号	已被《最高人民法院关于人民法院赔偿委员会审理国家赔偿案件程序的规定》代替
20	最高人民法院行政审判庭关于贯彻最高人民法院法发〔1996〕12号文件，做好非诉行政执行案件的审查工作的通知	1996年9月2日 〔1996〕法行字第12号	已被《最高人民法院关于执行〈中华人民共和国行政诉讼法〉若干问题的解释》代替
21	最高人民法院行政审判庭关于中央直属火电厂的循环冷却水是否征收水资源费的答复意见	1996年10月9日 〔1996〕法行字第13号	与水法规定相冲突
22	最高人民法院关于公安部规章和国务院行政法规如何适用问题的复函	1997年3月7日 〔1996〕法行字第19号	原依据的《道路交通事故处理办法》已废止，复函不再适用
23	最高人民法院行政审判庭关于对云南省高级人民法院适用公安部《交通管理处罚程序补充规定》法律效力的请示的答复	1997年4月10日 〔1997〕法行字第7号	原依据的《交通管理处罚程序补充规定》已废止，答复不再适用
24	最高人民法院行政审判庭关于拆迁强制执行的有关问题的答复意见	1999年2月14日 〔1998〕行他字第13号	情况已变化，实际已失效

序号	司法解释和司法解释性质文件名称	发文日期、文号	废止理由
25	最高人民法院行政审判庭关于人民法院在审理药品管理行政案件中，涉及行使药品监督职权时应当适用《药品管理法》的有关规定的答复	1999年12月8日〔1999〕行他字第23号	情况已变化，实际已失效
26	最高人民法院关于刑事赔偿和非刑事司法赔偿案件案由的暂行规定（试行）	2000年1月11日	已被《最高人民法院关于国家赔偿案件立案、案由有关问题的通知》废止
27	最高人民法院关于工伤认定法律适用的请示的答复	2001年6月15日法行〔2000〕26号	情况已变化，实际已失效
28	最高人民法院行政审判庭关于对如何适用《城市房屋拆迁管理条例》第十五条规定的答复	2001年12月29日〔2001〕行他字第12号	情况已变化，实际已失效
29	最高人民法院关于道路运输市场管理的地方性法规与部门规章规定不一致的法律适用问题的答复	2003年8月15日〔2003〕行他字第4号	情况已变化，实际已失效
30	最高人民法院关于审理人民法院国家赔偿确认案件若干问题的规定（试行）	2004年8月10日法释〔2004〕10号	与《全国人民代表大会常务委员会关于修改〈中华人民共和国国家赔偿法〉的决定》相冲突
31	最高人民法院关于贯彻执行《关于审理人民法院国家赔偿确认案件若干问题的规定（试行）》的通知	2004年8月16日法发〔2004〕19号	与《全国人民代表大会常务委员会关于修改〈中华人民共和国国家赔偿法〉的决定》相冲突

序号	司法解释和司法解释性质文件名称	发文日期、文号	废止理由
32	最高人民法院关于印发《关于证券监督管理机构申请人民法院冻结资金账户、证券账户的若干规定》的通知	2005年4月29日 法〔2005〕55号	通知内容已被证券法、行政强制法代替
33	最高人民法院关于证券监督管理机构申请人民法院冻结资金帐户、证券帐户的若干规定	2005年4月29日 法释〔2005〕2号	已被证券法、行政强制法代替
34	最高人民法院行政审判庭关于《中华人民共和国水法》第四十八条如何适用问题的电话答复	2005年8月12日	情况已变化,实际已失效
35	最高人民法院行政审判庭关于如何适用《工伤保险条例》第五十三条有关问题的答复	2005年8月15日 〔2005〕行他字第19号	与工伤保险条例规定相冲突
36	最高人民法院行政审判庭关于农村集体土地征用后地上房屋拆迁补偿有关问题的答复	2005年10月12日 法〔2005〕行他字第5号	情况已变化,实际已失效